Christlicher Glaube und intellektuelles Gewissen

Christentumskritik am Ende des zweiten Jahrtausends

von

Helmut Groos

J. C. B. Mohr (Paul Siebeck) Tübingen

CIP-Kurztitelaufnahme der Deutschen Bibliothek

Groos, Helmut:
Christlicher Glaube und intellektuelles Gewissen: Christentumskritik am Ende
d. 2. Jahrtausends / von Helmut Groos. – Tübingen: Mohr, 1987.
   ISBN 3-16-145245-3

Satz und Druck von Gulde-Druck GmbH in Tübingen. Einband von Heinrich Koch in Tübingen.

Printed in Germany.

Dank

meiner Frau, die mir durch stete Fürsorge, Rücksichtnahme und manchen Verzicht die Arbeit ermöglichte, meiner Tochter Elke, deren geistiges Mitgehen die Arbeitsstunden des Diktierens zum Vergnügen machte, Frau Therese Carstens, die in einmalig großzügiger Hilfsbereitschaft und unermüdlichem Fleiß den überarbeiteten Text nochmals, großenteils mehrfach, abgeschrieben hat, Elke und Klaus v. Sichart für das sorgfältige und kritische, noch sehr fruchtbar gewordene Lesen der Korrekturen, den Herren Thorsten Schicke und Dr. Harald Steffahn als Wegbereitern des Buches.

Besonderen Dank weiß ich Herrn Georg Siebeck, der diese Arbeit in seinen theologisch traditionsreichen Verlag aufgenommen und durch sein Verständnis und Entgegenkommen ihren Abschluß wesentlich gefördert hat.

H. Groos

Inhalt

Einleitung

Das Christentum in unserer Zeit

Die Lage des Christentums in der geistigen Landschaft unserer Zeit ist alles andere als eindeutig. Oftmals längst totgesagt, scheint es trotz bedenklicher Schwächezeichen keineswegs am Ende zu sein. Allerdings ist die evangelische Kirche in Deutschland (EKD) schon infolge nicht abreißender Austritte zahlreicher ihrer Mitglieder in einem Schrumpfungsprozeß begriffen. Wenn das Kirchenamt der EKD die hohe Zahl der Austritte seit 1970 als Herausforderung bezeichnet und meint, es müsse verstärkt nach den Gründen gefragt werden, warum Menschen die Kirche verlassen[1], so dürfte, was die Gründe betrifft, doch wohl klar auf der Hand liegen, daß die Austretenden zwar nicht sämtlich, aber in der Regel diese Sache nicht mehr für wichtig und glaubwürdig halten. Viel schwerer aber wiegt: Auch die große Mehrheit der in der Kirche Verbleibenden bedient sich ihrer allenfalls noch zur feierlichen Ausgestaltung einiger Lebensstationen – vor allem für Trauungen und Trauerandachten ist die »Servicekirche« noch vielfach gefragt –, oder man erinnert sich ihrer einmal im Jahre, am Weihnachtsabend, aus Stimmungsgründen und zu Stimmungszwecken, während die sonntäglichen Gottesdienste durchweg spärlich besucht werden und von einem lebendigen Glauben und seiner Bewährung im Alltag immer nur bei einer kleinen Minderheit die Rede sein kann. Es bedarf keiner demoskopischen Umfragen, um zu wissen, daß tägliches Bibellesen und ein Gebetsleben – das, was man darunter versteht – zu Ausnahmen, wahrscheinlich sehr seltenen Ausnahmen, geworden sind. Wohl gehört eine gemäßigte christliche Einstellung in manchen Kreisen noch ein wenig zum guten Ton. In ihrer übergroßen Mehrheit sind die zeitgenössischen Deutschen jedoch, von einzelnen Landschaften und Orten abgesehen, die eine Nachwirkung einstiger Erweckungsbewegungen zeigen, weder eigentlich gläubig noch freilich erklärte Gegner des Christentums; sie dürften den Glauben vielmehr einfach dahingestellt sein lassen. Er wird zwar mehr oder weniger respektiert, aber keinesfalls wirklich ernst genommen. Als christlich kann ein solches Verhältnis zu dem Einen, was not tut, sicherlich nicht gelten. Erst recht hat unsere Kultur insgesamt mit christlichem Geist nicht mehr viel zu tun, geschweige daß beide einander, wie früher einmal, weitgehend durchdringen.

Das ist indessen nur die eine Seite der Sache. Die andere ist zunächst die, daß

---

[1] Die Welt, 9. 12. 86, S. 12.

das Christentum immer noch einen beträchtlichen Einfluß auf unser öffentliches Leben ausübt. Man denke an den christlichen Kalender, die gesetzlichen christlichen Feiertage, »Das Wort zum Sonntag« sowie die Gottesdienste und Andachten im Rundfunk, den offiziell in Übereinstimmung mit den Grundsätzen der Kirchen zu erteilenden Religionsunterricht in den staatlichen Schulen, das Fortbestehen und sogar die Neuerrichtung theologischer Fakultäten nach dem letzten Kriege sowie die Ämter von Militärpfarrern, Krankenhaus- und Gefängnispastoren, wenngleich sie nicht mehr wie einst Staatsbeamte sind. Hierher gehört auch die Tatsache, daß die Eidesleistung, ohne daß jemand dazu verpflichtet wäre, wohl nach wie vor weit überwiegend unter Anrufung Gottes stattfindet. Schwerer noch als solche Dinge, die dem Gewicht der Tradition und der Macht des Bestehenden zuzuschreiben sind, wird ein mehr persönlicher Sachverhalt zu veranschlagen sein: In manchen verehrungswürdigen, auch geistig bedeutenden Menschen lebt das Christentum immer noch mitten unter uns. Einzelne Politiker, Wirtschaftsführer, auch Forscher und Gelehrte, bekennen sich zu ihm, und wer könnte etwa in unserer jüngsten Geschichte, bei den Männern des Widerstands gegen ein Regime, das mit dem sogenannten »positiven Christentum« Schindluder getrieben hat, den echten christlichen Standpunkt verkennen, in dem ihr Pflichtgefühl und Mut bei dem Versuch, das Vaterland zu retten, mit begründet war! Bemerkenswert erscheint auch jener stillschweigende Konsens, vom Christentum in ablehnendem oder auch nur zweifelndem Sinne in der Öffentlichkeit und in guter Gesellschaft lieber nicht zu sprechen. Den meisten Zeitgenossen ist der Glaube zwar, wie gesagt, keineswegs mehr so etwas wie Lebensstütze oder gar Lebensinhalt, aber eine kritische Erörterung von Glaubensfragen und womöglich das unzweideutige Abrücken vom christlichen Glauben gilt trotz aller Denk- und Gewissensfreiheit vielfach noch als Fauxpas. Das »Christliche« ist insofern auch heute noch weitgehend eine »gesellschaftliche Selbstverständlichkeit«. Und dies nicht nur im Sinne einer gewissen Rücksichtnahme, so daß man es aus Gründen des Taktes vermeidet, anderen heilige Glaubensüberzeugungen anzugreifen oder herabzusetzen. Dieses gesellschaftlich Selbstverständliche kann vielmehr unter Umständen von weittragender praktischer Bedeutung werden und sogar einmal unmittelbar über Leben und Tod entscheiden, wie es Carlo Schmid in seinen Erinnerungen schildet. Er hatte sich im Kriege als aufsichtsführender Offizier über die französische Gerichtsbarkeit bei einem deutschen General, von dem die Erschießung von Geiseln angeordnet worden war – sie stand unmittelbar bevor – gegen jede Vorschrift melden lassen und sagte ihm: »Herr General, Sie sind getaufter Christ. Sie kennen die zehn Gebote. Sie wissen, daß es Sünde ist, was Sie zu tun beabsichtigen.« Daß der General sich daraufhin an eine in dem Raum befindliche Orgel setzte und den Choral »Wie schön leuchtet der Morgenstern« anstimmte, ist zwar eine fast märchenhaft anmutende Sache für sich, die der Erzähler sicherlich nicht hat voraussehen können. Jedenfalls aber erreichte er seinen Zweck. Kaum weniger erstaunlich wohl als dieser Erfolg selbst dürfte dabei gewesen sein, daß ein General so geradewegs auf sein Getauftsein angeredet und ihm gar das Wort

Sünde entgegengehalten wird. Dieser Vorgang zeigt vielleicht besser als alles andere, wieviel das Christentum immer noch bedeuten und bewirken kann. Es ist nicht nur eine gesellschaftliche Äußerlichkeit, sondern eine seelische Macht, die sich in einem so gelagerten Fall gegen strenge Regeln der Form und selbst militärische Befehle durchzusetzen vermochte.

Es geht dabei auch um mehr als die Feststellung einer bloßen Nachwirkung bestehender Geltung in sittlicher Hinsicht. Zweifellos läßt sich da und dort ein darüberhinausgehendes Interesse für Glaubensfragen oder sogar ein echtes christliches Engagement wahrnehmen. Die weithin vegetierende und kümmernde Kirche zeigt manchmal ein von dem früheren, weitgehend traditionell bestimmten Zustand sich abhebendes Leben. Wie weit dazu freilich die Veranstaltung riesiger spektakulärer Kirchentage zu zählen ist, erscheint fraglich. Die ihnen zuteil werdende allgemeine Beachtung ist gewiß zunächst einmal eine nicht zu bestreitende überraschende Tatsache. Aber hinsichtlich ihrer Substanz und tiefergreifender Wirkungen dürfen solche Massenveranstaltungen sicherlich nicht überschätzt werden. Der Hamburger Kirchentag 1981 brachte erstmalig den Versuch zahlreicher Gruppen, die Losung dieses großen Treffens »Fürchtet euch nicht!« umzufunktionieren in die Parole »Fürchtet euch!« im Sinne der politischen Friedensbewegung. Wenn der Kirchentag in Düsseldorf 1985 ein »Fest des Glaubens« genannt wurde, so wird man jedenfalls gerade dies insofern bezweifeln müssen, als es sich offenbar bei nicht wenigen um die Ablösung der eigentlichen Glaubensmotive durch politische Perspektiven und Aktivitäten handelte. Und was noch wichtiger sein dürfte als die politische Verfremdung von Glaubensanliegen, war der Eindruck, daß die Jugend nicht etwa sehnsüchtig gekommen war, um etwas Neues, Größeres, Höheres, ganz anderes zu erfahren, sondern doch wohl überwiegend, um sich ihre Ansichten und Bestrebungen bestätigen zu lassen und überhaupt *ihre* Art, ihre Interessen, ihre Lebensfreude auszuleben. Der von ihr gestaltete große Schlußgottesdienst mit seinen an das griechische Theater erinnernden symbolischen Darbietungen war im Grunde weniger ein eigentlicher Gottesdienst als Selbstdarstellung. Offensichtlich viel guten Willen, aber von dem ernsten Motiv des Eingehens in die enge Pforte zeigt ein solcher fröhlicher Massenbetrieb herzlich wenig. Auf der anderen Seite war die starke Beteiligung an den »Bibelarbeiten« allerdings erstaunlich, so daß ein einheitliches Urteil hier kaum möglich erscheint.

Anders und auch wiederum ähnlich dürfte es mit den Evangelischen Akademien und ihren Versuchen stehen, christliches Glauben, Denken und Handeln in die Diskussion der Gegenwart hineinzustellen. Bei den Mitgliedern kirchlicher Chöre meint man manchmal noch etwas von Ausstrahlung der gesungenen Gläubigkeit eines Schütz oder Bach auf die Sänger zu spüren. Vielleicht läßt auch der Name Taizé den einen oder anderen aufhorchen und spricht jedenfalls nicht dafür, daß das Christentum schon als passé anzusehen ist.

Sieht man freilich genauer hin, so wird deutlich, daß sowohl jene anfangs genannten öffentlichen Institutionen und Veranstaltungen als auch die Haltung der Teilnehmer an solchen mehr persönlich ausgerichteten Bestrebungen und

Zusammenkünften nicht ohne weiteres das Bild unproblematischer Christlichkeit bieten. Besonders aufschlußreich sind beispielsweise die Morgenandachten
im Rundfunk. Da treten die früher üblichen, in christlichem Sinne gehaltvollen,
aber für die meisten Hörer reichlich anspruchsvollen Ausführungen immer
mehr zurück hinter solchen allgemeinerer Art, die zwar keinerlei Verwunderung
oder gar Anstoß erregen können, die sich jedoch mit christlichen Glaubensgehalten mehr nur am Rande berühren: kleine besinnliche Geschichten und Betrachtungen oder Appelle im mitmenschlichen Bereich, die gewiß Beherzigung
verdienen, indessen kaum mehr Ausdruck kraftvollen spezifisch christlichen
Glaubens sind. Beim Religionsunterricht, ob obligatorisch oder freiwillig, wird
man sich manchenorts, sofern er nicht mangels dafür ausgebildeter Lehrer
überhaupt ausfällt, ohnehin nicht danach erkundigen dürfen, wie er vor sich
geht, was er behandelt und welche Wirkungen er erzielt.

Und was die hier und da anzutreffenden geistig interessierten Kreise und
Gruppen betrifft, die in kleinen Arbeitsgemeinschaften zu Ausspracheabenden
und Freizeiten zusammenkommen, oder auch die Evangelischen Akademien:
Welche Themen beschäftigen sie nun eigentlich, welche Fragen stehen im Vordergrund ihrer Vorträge und Gespräche? Spielen da nicht politische, soziale,
soziologische, literarische, weltanschauliche, gelegentlich sogar philosophische
Probleme eine viel größere Rolle als die eigentlichen Glaubensfragen? Geht es da
nicht schon seit langem mehr um Martin Luther King als um Martin Luther?
Üben nicht Namen wie Heidegger, Sartre, Camus, Teilhard de Chardin, Martin
Buber, Ernst Bloch eine unter dem Gesichtspunkt christlichen Glaubens eher
zweifelhafte, wenn nicht gar verdächtige Anziehungskraft aus? Von der Exi-
stenzangst des Menschen ist viel die Rede, von seiner Identitätskrise, vom
Suchen nach dem Sinn des Lebens. Dieser vor allem ist gefragt, die Sinnfrage
treibt den heutigen Menschen um, viel weniger oder kaum noch dagegen das
Bedrücktsein von der Macht und Last der Sünde, und wo fände man noch ein
spontanes Frohlocken über die Erlösung von ihr durch Jesus Christus, wo den
Dank gegen Gott, der uns den Sieg gegeben hat? Innerlich zerrissen und fru-
striert, mit dem Gefühl der Leere lebt mancher moderne Mensch, aber nicht
eigentlich schuldig, sündig weiß er sich; wohl engagiert für eine gute Sache, aber
nicht erlöst und gläubig vertrauend. Der Frieden, für den man nicht oft genug
demonstrieren zu können meint, ist, so sehr wir ihn brauchen und wünschen,
jedenfalls nicht unbedingt »der Friede, der höher ist denn alle Vernunft«. Muß es
nicht auch nachdenklich stimmen, wenn ein Prediger in einem vom Rundfunk
übertragenen Gottesdienst seinen eigenen Glaubensmangel so stark zu betonen
für angebracht hält, daß ein dem Christlichen innerlich fernstehender Hörer dies
zwar vielleicht recht sympathisch und für die eigene Person auch beruhigend
findet, aber dadurch nicht gerade Mut zum Glauben gewinnen wird? Oder wenn
ein anderer Prediger, sogar ein Bischof, in der Osterpredigt, ebenfalls vom
Rundfunk übertragen, über dem verständnisvollen Eingehen auf die Mentalität
des zweifelnden Menschen der Gegenwart schon aus zeitlichen Gründen kaum
mehr zur positiven Verkündigung des Auferstandenen kommt? Überhaupt muß

der geistliche Gehalt heutiger Predigten vielfach quantitativ wie qualitativ als recht bescheiden bezeichnet werden, wobei unentschieden bleiben mag, ob dies mehr der Rücksichtnahme auf die Aufnahmefähigkeit der Gemeinde, d. h. dem allgemeinen geistlichen Pegelstand, oder aber gegebenenfalls auch der inneren Verfassung des betreffenden Redners selbst entspricht. Freilich kann es ein Prediger, wie immer er es anstellt, nicht allen recht machen, und es gibt ja gewiß auch heute noch eine feste und rechte Glaubensverkündigung, die dann wieder bei manchem Anwesenden Verwunderung und inneres Kopfschütteln hervorruft. Noch weniger als die Predigt hat dem modernen Durchschnittsmenschen und wohl auch der Mehrzahl der Gottesdienstbesucher, wenigstens auf protestantischem Boden, die Liturgie zu sagen. Während man noch am ehesten Verständnis und Hochachtung für die diakonischen Dienste der Kirche, für ihre Liebestätigkeit, aufbringt, liegt der eigentliche »Gottesdienst« als solcher, die Wortverkündigung sowie die Anbetung und Lobpreisung Gottes den meisten Zeitgenossen sehr, sehr fern. Mehr als alle Kirchenaustritte und der geringe Besuch der sonntäglichen Gottesdienste besagt für den Zustand der Kirche einerseits der Rückgang des eigentlichen geistlichen Lebens auch in den Kreisen, die noch verhältnismäßig treu zur Kirche halten, und andererseits die enorme Schwierigkeit, weitere Kreise mit dem Kern der Botschaft überhaupt anzusprechen. Und nichts dürfte angesichts einer kaum vorstellbaren Unkenntnis und Interesselosigkeit schwerer und aussichtsloser sein als der Versuch, heutige Jugendliche für sie zu gewinnen. Bei gelegentlichen Befragungen junger Menschen, was sie sich unter Christentum vorstellen, stößt man nicht selten auf eine gähnende Leere.

Und die Kirche stellt sich nolens volens darauf ein. Von jenem Teil der vorwiegend jüngeren Pfarrer noch ganz abgesehen, denen aktuelle Diskussion, praktische Motivation, politische Aktion heute wichtiger zu sein scheint als die eigentliche Verkündigung des Evangeliums, erhält man den Eindruck, daß im Vordergrund der Gemeindearbeit mehr und mehr die Betreuung der Jüngsten in Kindergärten und die Unterhaltung der Alten in Seniorenkreisen steht. »Viele Amtsträger verstehen sich«, klagt einer, der selbst »Geistlicher« ist und es wirklich sein will, »mehr als Sozialingenieure, Konfliktstrategen und Weltverbesserer oder auch nur als freundliche Conférenciers kirchlicher Unterhaltungsdarbietungen« – Pastoren, »die in ihren Gemeinden zwar einen Tennisclub oder eine Fotoarbeitsgemeinschaft einrichten, aber nicht einen Bibelkreis«.[2] Man muß sich einmal ansehen, wie da für einen Gemeindeausflug geworben wird – »Bringen Sie Ausgelassenheit mit!« –, um zu erkennen, was man heute meint, den Leuten zumuten zu können und anbieten zu müssen, um Beachtung zu finden und Beteiligung zu erzielen. Um Jugendliche mit ihrem Bewegungsdrang und ihrer Vorliebe für rhythmisches Musikmachen mit entsprechenden Körperverrenkungen einzubinden, werden Gottesdienste in der befremdlichsten Weise verunstaltet (»Liturgische Modeschauen«[3]) Und noch bedenklicher

---

[2] JENS MOTSCHMANN nach einem Bericht der »Welt« vom 17. 5. 1985.
[3] JOHANNES LEPPICH S. J. (»Die Welt«, 15. 3. 1986).

dürfte sein, wenn es in einem Jugendgottesdienst[4] etwa heißt: »Wir sprechen unsere Anliegen in unserer Sprache und in der unserer Mütter und Väter« und dann den verschiedenen Friedens- und Umweltsorgen jeweils einfach die alten Glaubensartikel folgten. So sehr die Bewahrung der Umwelt dem Schöpfungsgedanken und der Einsatz für den Frieden der christlichen Ethik gemäß ist: die Gleichsetzung mit dem Glaubensbekenntnis entspricht nicht der Wahrheit.

Wo die Reduktion des Gemeindelebens auf die Darbietung bloßer Unterhaltung ebenso vermieden wird wie das Ausweichen auf politische Bestrebungen, die zwar Ansatzpunkte in der Bergpredigt finden, aber ohne deren ausgiebige Betonung und in ihrer isolierten Zielsetzung eine starke Verfremdung und Verfälschung der eigentlichen Glaubensbelange bedeuten, wo man sich stattdessen um eine gehaltvollere, mehr innerliche Lebensgestaltung bemüht, da findet sich nicht selten eine Anknüpfung an Gedanken und Einstellungen, die unter dem Stichwort Meditation zusammenzufassen sind und sich eher mit der indischen und fernöstlichen Geistigkeit berühren, zugleich aber deutlich fortführen von derjenigen Haltung, die den christlichen Glauben ausmacht. Bezeichnend ist auch der immer mehr aufkommende Brauch, seelische Schwierigkeiten gruppentherapeutisch anzugehen, anstatt sich an einen Seelsorger im alten Sinne zu wenden. Und *wenn* eine Einzelberatung gewählt wird, so in der Regel die eines Psychiaters. Gewiß werden auch die Pfarrer von Menschen aufgesucht, die sich aussprechen möchten und Hilfe und Rat brauchen, aber um Gott geht es dabei wohl zuallerletzt.[4a]

Mit dem allen soll keineswegs bestritten werden, daß es auch heute noch beachtliche Strömungen, Gruppen, Kreise und manche Einzelne gibt, denen die Orientierung keine Probleme bereitet, in ihrem Glauben innerlich gegründete, gefestigte Menschen, die auch alles andere als beschränkt erscheinen und die man nicht etwa auf eine Stufe mit den geistig abgekapselten Angehörigen christlicher Sekten stellen darf. Der Niveauunterschied zwischen überzeugten evangelischen Christen von einer durchschnittlichen Aufgeschlossenheit und dem äußerst engen und selbstsicheren Typus des Sektierers kann nicht groß genug gedacht werden. Das gilt sowohl für die so unterschiedliche Weite des Gesichtskreises und die Vielfalt der Glaubensmotive selbst als auch für das Maß an Takt bei deren Verarbeitung und ihrer Vertretung nach außen. Auch ist hier ja nicht nur von einem Durchschnittstypus solcher Christenmenschen die Rede, sondern, wie schon erwähnt, auch von menschlich und geistig hochstehenden Persönlichkeiten, die sich entweder ganz selbstverständlich aus einer lebendigen Tradition heraus oder aufgrund der eigenen Entwicklung und Entscheidung sehr bewußt zum christlichen Glauben bekennen und unter Umständen eine nicht geringe Überzeugungs- und Ausstrahlungskraft besitzen. Aber man wird sich im klaren darüber sein müssen, daß es sich dabei, insgesamt gesehen, um eine kleine

---

[4] Übertragen am 1. Advent 1986 aus Hannover.
[4a] Kirche nein – Pfarrer ja. Bericht von Peter Grubbe u. Jürgen Stahf (über die Lage in Berlin). 3. Fernsehprogr. des NDR, 15. 3. 1987.

Minderheit handelt, die freilich immer noch beträchtlich sein wird im Vergleich mit den bewußt freigeistig oder gar freidenkerisch Eingestellten.[5]

Konnte es früher so aussehen, als ob das Christentum sich noch am meisten und besten auf dem Lande konserviere, während in den Städten, vor allem den Großstädten, der Geist der Kritik und des Abfalls vom Glauben herrscht, so hat sich dieses Verhältnis inzwischen beinahe umgekehrt. Das Gros der ländlichen Bevölkerung scheint überwiegend bei einem traditionell bestimmten, weniger tiefgehenden Verhältnis zur Kirche zu verharren. Einzelne Menschen und Gruppen von Menschen, die noch oder wieder wirklich offen sind für die Belange des Glaubens, finden sich eher in städtischen Gemeinden, wo die Entfaltung solcher Interessen und Initiativen mit einem gewissen Bildungsstand einherzugehen pflegt. Dieses positive Verhältnis zur Bildung erstreckt sich freilich nur auf eine gewisse seelisch-geistige Aufgeschlossenheit und Differenziertheit, während von den wissensmäßigen Bildungsinhalten gerade der mit dem Glauben zusammenhängende Bereich weitgehend unberührt bleibt. Ein namhafter Neutestamentler, *H. Conzelmann*, hat einmal geäußert, die christliche Gemeinde lebe davon, daß die Ergebnisse historisch-kritischer Bibelwissenschaft ihr weitgehend unbekannt sind. Wenn dies auch zunächst einen gewissen Schutz gegen eine weitere Auflösung des kirchlichen Lebens bedeuten mag, so erscheint ein solcher Zustand doch, auf die Dauer gesehen, bedenklich.

Besonders kennzeichnend für die Lage vor allem im protestantischen Bereich sind der Horizont und das Klima der gegenwärtigen Theologie. Diese hat nicht nur, namentlich auf dem Gebiet der neutestamentlichen Forschung, sehr bedeutsame Ergebnisse aufzuweisen, sie bewegt sich auch bei der Glaubensauseinandersetzung, in den systematischen Fächern, vielfach auf einem beachtlichen Niveau. Nur wenige Christentumskritiker haben die Atmosphäre des weitgehend selbstverständlich werdenden Atheismus, in der wir alle leben, so klar erkannt und so schonungslos beschrieben wie gerade heutige Theologen.[6] Die Erkenntnis dieses Zustandes wirkt sich unmittelbar auf einen Teil der gegenwärtigen theologischen Arbeit aus, namentlich hinsichtlich des Ausmaßes dessen, was da alles nicht selten am Bestand des Glaubens infrage gestellt und ausführlich diskutiert zu werden pflegt, welche Rolle wohl gar atheistische Philosophen wie Sartre und Bloch oder Strömungen wie die »Theologie nach dem Tode Gottes« spielen. Probleme und Positionen, vor denen man sich früher beinahe bekreuzigt hätte, sind heute offenbar auch einzelnen Theologen unheimlich nahegerückt und werden außerordentlich wichtig genommen. Man bekommt geradezu den Eindruck, daß diejenigen, die der Glaubenssubstanz enger verbunden geblieben sind, so wenig sie übersehen werden dürfen, es doch manchmal schon schwer haben, die ihnen gebührende Beachtung zu finden. Eine gewisse Neigung, den

---

[5] Nicht zufällig gibt es keinen den betont christlichen Verlagen, vor allem dem Herder-Verlag, auch nur von ferne ebenbürtigen Verlag auf der anderen Seite. Der seinerzeit angesehene rege Szczesny-Verlag der sechziger Jahre hat diese nicht überdauert.

[6] Vgl. die instruktive Anthologie von Heinz Zahrnt: Gespräch über Gott. Die protestantische Theologie im 20. Jahrhundert. Ein Textbuch. 1968, S. 383 ff.

zentralen Bereich der Theologie weitgehend in Anthropologie, Soziologie und
Sozialethik zu überführen, wenn nicht gar in Politologie und Politik aufzulösen,
ist nicht ganz selten zu beobachten. Und dazu ist es gekommen im Zeitraum
einiger weniger Jahrzehnte: Wenn ein für diese Dinge interessierter Beobachter
in den zwanziger oder dreißiger Jahren sich nicht genug darüber hatte wundern
können, was alles Karl Barth und die Seinen ohne viel Federlesens ihren Hörern
und Lesern zu glauben zumuteten, so vermag derselbe nachdenkliche Beobachter seit den sechziger Jahren nur noch den Kopf zu schütteln angesichts des
Zurücktretens fundamentaler christlicher Glaubenselemente und des ungenier-
ten Umbenennens offenkundig nichtchristlicher Auffassungen durch christliche
Vokabeln.

Fast einerlei also, ob man auf die Kirche und Theologie oder die ihnen mehr
oder weniger entfremdeten Strömungen blickt: Die Minderung christlicher
Substanz sowie der Rückgang in der Geltung christlicher Glaubensgrundsätze
und selbst hinsichtlich der bloßen Verbreitung elementarer Kenntnisse auf dem
Gebiete von Bibel, Gesangbuch und Katechismus ist nicht zu verkennen. Es
handelt sich dabei nicht nur um vielerlei Einzelheiten, sondern auch und mehr
noch um die gesamte geistige Luft. Einer der bedeutendsten Theologen der
Gegenwart, *Gerhard Ebeling*, stellt »eine Emanzipation vom Christentum« fest,
»deren Ausmaß z. T. viel weiter reicht, als es hinter der offiziellen Fassade den
Anschein hat. Wichtiger als der Rückzug aus gesellschaftlichen Machtpositionen
ist die atmosphärische Verdrängung des Christlichen aus dem Bereich des bil-
dungsmäßig Präsenten und des empfindungsmäßig Selbstverständlichen«.[7]

Ein zwiespältiger Zustand scheint sich auch auf katholischer Seite anzubah-
nen. Der zwar bei weitem nicht so große, aber auch schon sehr beträchtliche und
schnell zunehmende Rückgang des Kirchenbesuchs, der empfindliche Priester-
mangel, erst recht das außerordentliche Schrumpfen der geistlichen Orden
einerseits, die mit dem II. Vatikanischen Konzil aufgekommenen Hoffnungen
auf eine Neugestaltung des kirchlichen Lebens, insbesondere der neue Stil
zweier außergewöhnlicher Päpste in Amtsführung und Auftreten und das freu-
dige Echo hierauf beim Kirchenvolk andererseits sind unübersehbar. Es fragt
sich jedoch, ob diese Zustimmung über die Bejahung des menschlicheren,
weniger betont hierarchischen Stils hinausgeht, ob also diese neue Spielart
kirchlichen Lebens die eigentliche Bestimmung der Kirche wirklich zu fördern
vermag und ob zum Beispiel die tiefe Kluft zwischen ihren sexualethischen
Forderungen und der Wirklichkeit noch überbrückt werden kann. Daß immer
weniger für die Ausübung des Priesteramtes an sich Interessierte bereit sind, den
Zölibat auf sich zu nehmen, ist nicht nur von praktischer Bedeutung. So vieles
man gegen die Lehre und die Organisation der römischen Kirche sagen kann und
so manches wohl nicht Unberechtigte auch gegen die Ehelosigkeit der Priester
vorgebracht wird: Nichts vielleicht ist so sehr geeignet wie der Verzicht auf diese
elementare und für die meisten Menschen unverzichtbare Seite des Lebens, um

---

[7] Gerhard Ebeling: Dogmatik des christlichen Glaubens. Bd. 3. 1979, S. 392.

die weltüberwindende Kraft des Glaubens zu erweisen. Diese Kraft scheint in rapidem Schwinden begriffen zu sein. Eine im Norddeutschen Rundfunk (April 1980) mitgeteilte demoskopische Umfrage »Wie ich die Kirche erlebe« ergab, daß auch die Katholiken heute in ihr vor allem mitmenschliche Kommunikation, soziale Geborgenheit und dergleichen schätzen. Etwas in die spezifisch religiöse Dimension Weisendes wurde von keinem der Befragten zur Sprache gebracht. Wenn auch das sehr Problematische solcher Umfragen stets mit in Rechnung zu stellen ist, so war doch der sonderbar oberflächliche, beinahe banal wirkende Tenor jener Äußerungen auffallend. Da fehlte es doch wohl nicht nur an der Fähigkeit zur Artikulation, sondern am Sensorium für die Sache selbst. Was die katholische Theologie betrifft, so bleibt abzuwarten, ob sie, wie es den Anschein hat, der Entwicklung der protestantischen, wenngleich in erheblichem Abstand, folgen oder sich noch wieder fangen wird.

Nimmt man dies alles zusammen: den starken Rückgang des kirchlichen Lebens, die in der Luft liegende, weitgehende Ablehnung christlicher Glaubensmotive und -interessen, ja, schon und vor allem das äußerst geringe Verständnis für sie, erst recht die zunehmende Unfähigkeit, überhaupt im vollen Sinne zu glauben, und demgegenüber den immer noch bedeutenden öffentlichen Einfluß der großen Kirchen und innerhalb ihrer das Vorhandensein und Wirken kleinerer Gruppen und Kreise sowie einzelner Persönlichkeiten, auch solcher von einem gewissen Format, denen es mit der christlichen Haltung ernst ist, so zeigt sich hier eine merkwürdige Gegensätzlichkeit zwischen der Geltung christlicher Traditionen und Institutionen einerseits und der, auf weitere Kreise gesehen, Verflachung und Schrumpfung des Glaubenslebens, ja, der in hohem Maße in Frage gestellten Gesamtposition des Glaubens andererseits. Das Christentum erscheint zweifellos immer noch als eine geistige Weltmacht ersten Ranges. Zugleich aber ist der christliche Glaube auch zu einem Problem ersten Ranges geworden. Während er den einen noch immer ganz selbstverständlich die Wahrheit und die maßgebende Norm ihres Lebens ist, halten die anderen ihn ebenso selbstverständlich für etwas längst Überholtes, an das man im Ernst kaum noch einen Gedanken wendet – so, wie *Walter Dirks* es einmal sehr deutlich zum Ausdruck gebracht hat: »›Eigentlich‹, so empfinden und sagen die einen, leben wir in einem christlichen Land, eigentlich ist unsere Kultur christlich, der Unglaube« »ein möglicherweise vorübergehender Kulturzwischenfall oder Abfall«. »Zur gleichen Zeit empfinden und sagen andere Leute, wir seien ›eigentlich‹ schon lange säkularisiert, das Christentum gebe es ›eigentlich‹ gar nicht mehr, es existiere nur noch als Rest, als gewohnheitsmäßig festgehaltene Überlieferung, aber ›eigentlich‹ sei der Mensch, sei das moderne Bewußtsein längst darüber hinaus«.[8] Damit erhebt sich immer brennender die Frage: Wie steht es nun letztlich, ist der christliche Glaube seinem Kerngehalt nach nur ein in unsere Zeit hineinragendes Relikt aus einer im Untergang befindlichen oder ihm entgegengehenden geistigen Welt oder kommt ihm auch unter Berücksichtigung der

---

[8] WALTER DIRKS in: Frankfurter Hefte. Jg. 13. 1958, S. 392.

genannten Krisenerscheinungen nach wie vor wesentliche, entscheidende Bedeutung für die Gegenwart und eine reale Chance für die Zukunft zu?

Gewiß ist die Krisis des Christentums nicht erst von heute, sie reicht bekanntlich weit zurück. Schwerwiegende Einwände gegen seine zentralen Aussagen
sind schon von Philosophen des zweiten und dritten Jahrhunderts erhoben
worden. Die Neuzeit aber hat, wie jeder weiß, eine unerhörte Vervielfachung
und Verschärfung der Christentumskritik gebracht. Nicht nur wurden in einzelnen Punkten Zweifel angemeldet oder sogar entschiedener Einspruch eingelegt.
Es ist eben vor allem das ganze geistige Klima, das eine deutliche Änderung
erfahren hat, dem Christlichen in zunehmendem Maße fremd geworden und
mit Ablehnung begegnend. Im 19. Jahrhundert stehen nach dem Erlöschen des
Deutschen Idealismus, der zusammen mit der Aufklärung die Entchristlichung
des Geisteslebens eingeleitet hat, die epochemachenden Namen mit alleiniger
Ausnahme Kierkegaards im Zeichen des Gegensatzes zu Grundanschauungen
des Christentums: David Friedrich Strauß, Ludwig Feuerbach, Karl Marx,
Charles Darwin, Arthur Schopenhauer, Friedrich Nietzsche, um nur die allerwichtigsten zu nennen. Und sie alle haben ihre Nachfolger und Fortsetzer
gefunden. So wurde an Strauß in gewisser Hinsicht, könnte man vielleicht
sagen, von Bultmann angeknüpft, Feuerbach durch Freud ergänzt und vertieft,
Marx und Engels haben den atheistischen Glauben eines großen Teils der heutigen Menschheit begründet, Darwins weltanschaulich umwälzende Perspektiven haben Forscher wie Heberer, Monod, Eigen bestätigt und weitergeführt.
Eduard v. Hartmann, der Elemente Hegels und Schopenhauers, idealistische
und realistische Züge in einer großen philosophischen Synthese zu verbinden
suchte, war ein in Sachen der Theologie besonders kundiger entschiedener
Gegner des Christentums, und wenn auch bei Nietzsche von bedeutsamen
Einsichten manche Einseitigkeiten, Übertreibungen und Irrtümer in Abzug zu
bringen sind, so hat doch sein Denken sich in zahlreichen Verästelungen ausge-
breitet und im Sinne einer völligen Abwendung von der christlichen Tradition
gewirkt.

Die sich damit nahelegende und weitgehend in Gang gekommene Infragestellung des Christentums wurde zunächst noch einmal unter dem Einfluß der in
den Vordergrund des Interesses rückenden Dialektischen Theologie, namentlich
Karl Barths, und dann durch Erscheinungen im Gefolge des Nationalsozialismus, insbesondere den in Deutschland einsetzenden Kirchenkampf bis zu einem
gewissen Grade aufgehalten. Nichts wohl in unserem Jahrhundert hat so sehr
zur Belebung, Erstarkung und Verinnerlichung christlichen Glaubens und Denkens beigetragen wie deren Beeinträchtigung im Dritten Reich. Wer jene Jahre
bewußt und geistig unabhängig erlebt hat, konnte, auch bei völlig andersartiger
Einstellung, den Kampf der Bekennenden Kirche gegen den Ungeist des Regi-
mes und der ihm verfallenen Massen nur mit tiefer Anteilnahme und größtem
Respekt verfolgen. Mit dem Ende des Krieges und der nationalsozialistischen
Herrschaft setzte sogar eine die fünfziger Jahre bestimmende Welle der Rückbe-
sinnung auf christliche Grundwerte und Anschauungen ein. Schon um die Mitte

unseres Jahrhunderts meldeten sich aber auch die ersten Stimmen, die mit einer solchen christlichen Restaurierung nicht einverstanden sind und auf die längst fällige endgültige geistige Distanzierung des öffentlichen Lebens vom Christentum drängen.

Heute dürfte diese Distanzierung im wesentlichen abgeschlossen sein. Niemand, der sich vom Christentum losgesagt hat, wird sich noch über Vorrechte oder unangebrachte Einflußnahme kirchlicher Stellen beschweren müssen. Der viel berufene »mündige Bürger« ist insofern wirklich frei. Wenn die Kirchensteuer durch das Finanzamt eingezogen wird, kann ihm das ziemlich gleichgültig sein. Wie wenig noch bestehende kirchliche Rechte und Belange tatsächlich bedeuten, zeigt nichts so sehr wie die erwähnte Handhabung des Religionsunterrichts. Seine offiziell christliche Ausrichtung steht wohl ganz überwiegend lediglich auf dem Papier. Nicht bestreiten läßt sich andererseits, daß angesichts der Überhäufung der Ärzte und des Pflegepersonals mit fachlichen Aufgaben die Wirksamkeit von Geistlichen auch in staatlichen Krankenhäusern vielfach segensreich sein kann. Entsprechendes mag in einzelnen Fällen für Gefängnisse gelten. Die Beseitigung einiger letzter Querverbindungen zwischen Staat und Kommunen zur Kirche ist deshalb weder dringend erforderlich noch würde sie sich lohnen, sondern höchstens einem als Selbstzweck betriebenen Perfektionismus dienen. Daß der bestehende Zustand für alle Seiten einigermaßen in Ordnung ist, ersieht man am besten aus der bescheidenen Rolle, die den freigeistigen Organisationen gegenwärtig zukommt: Es gibt kaum noch Stoff für Ärger oder gar zum Kämpfen.

Was es noch gibt, ist jene leise gesellschaftliche Selbstverständlichkeit des Christentums in manchen gutbürgerlichen Kreisen, die den bewußt Nichtglaubenden zum Outsider stempelt. Aber das fällt nicht in den Geltungs- und Wirkungsbereich von Institutionen und Regelungen. Gelegentliche Differenzen und Spannungen solcher Art können sogar einen gewissen Reiz besitzen im Interesse der Verschiedenartigkeit und Farbigkeit unserer ein wenig monotonen Verhältnisse. Allzu eifrig praktizierte Toleranz kann auch langweilig werden. Im übrigen sollte man solche feinen Dinge der Zeit überlassen.

Die jetzige Lage erscheint somit für kritisch Eingestellte dazu angetan, sich mit dem Anliegen und Gehalt des Glaubens ganz bewußt und grundsätzlich unaufgeregt und leidenschaftslos, rein sachlich zu beschäftigen. Damit ist ein Maßstab gefunden für die Stellungnahmen zum Christentum, die im ersten Teil dieses Buches nunmehr besichtigt werden sollen, und dieses Streben nach unbedingter Sachlichkeit wird auch die Untersuchungen des zweiten Teils leiten. Der christliche Glaube war und ist ein Gegenstand, der Anspruch darauf hat, einmal jenseits von Verkündigung einerseits und Polemik andererseits rein an sich, unter den Gesichtspunkten von Wert und Wahrheit überdacht zu werden, was auch immer dabei herauskommen mag. Und alles spricht wie gesagt dafür, daß die Zeit für eine vorurteilslose kritische Betrachtung, was sowohl die Lage der zuständigen wissenschaftlichen Disziplinen als auch die Mentalität im allgemeinen betrifft, nunmehr gekommen ist.

Erster Teil

Christentumskritik seit der Jahrhundertmitte

Im Vergleich mit den Jahr für Jahr herauskommenden theologischen Publikationen handelt es sich bei den christentumskritischen Stellungnahmen der letzten Jahrzehnte um ein kleines Häuflein, das indessen, für sich genommen, schon nicht mehr ganz unbeträchtlich und vor allem so weit verstreut ist, daß es wohl nur selten von jemandem überblickt wird. Es dürfte an der Zeit sein, dieses ungemein vielfältige, hinsichtlich Niveau und Kompetenz unterschiedliche, jedoch überwiegend beachtliche und in einigen Fällen als hervorragend einzuschätzende Schrifttum einmal im Zusammenhang in Augenschein zu nehmen und im einzelnen auf Wert und Bedeutsamkeit hin zu überdenken. Seine kritische Sichtung könnte einen Beitrag zur jüngsten Geistesgeschichte in einem kleinen, aber besonders wichtigen Sektor liefern, ein Unternehmen, das schon insofern gerechtfertigt erscheint, erst recht aber unerläßlich für den, der über das geistesgeschichtliche Interesse hinaus an der Auseinandersetzung mit der Glaubenswelt um ihrer selbst willen Anteil nimmt.

Die Ausführungen der zu behandelnden Autoren werden möglichst weitgehend mit ihren eigenen Worten wiedergegeben, und zwar aus einem zweifachen Grunde. Einmal im Interesse der sachlichen Korrektheit, d. h. um die Stellungnahmen zu diesen stark kontroversen Fragen auch nicht ungewollt, vielleicht nur in Nuancen, zu verzeichnen. Nicht weniger aber ist dabei an den Leser gedacht, dem ein möglichst lebendiger Eindruck von den individuell z. T. recht verschiedenartigen, persönlich gefärbten Ansichten und Urteilen vermittelt werden soll, wie er so reizvoll nur anhand zahlreicher originaler Äußerungen entstehen kann.

Selbstverständlich wird bei einer derartigen Musterung nicht an Vollständigkeit gedacht, die wahrscheinlich langweilig und ohnehin kaum möglich wäre. Vor allem ist zu betonen, daß uns hier lediglich oder doch vorwiegend solche Schriften beschäftigen sollen, die das Christentum als Ganzes im Auge haben[1]; nicht dagegen geht es um Teilaspekte und Einzelprobleme. Außerdem beschränkt sich unsere Aufmerksamkeit auf das Christentum als geistige Größe und insbesondere auf den Glauben; mit der organisierten Kirche, ihrer Lage, ihren praktischen Anliegen und Aussichten haben wir es im folgenden nicht zu tun. Wollte man freilich nur Werke wie »Die Krisis des Christentums«, »Das Elend des Christentums«, »Abschied vom Christentum« in Betracht ziehen, welche die besagte Thematik schon auf den ersten Blick erkennen lassen, so würden manche wichtige Erörterungen unberücksichtigt bleiben, weil sie in anderem Zusammenhang oder unter anderen Vorzeichen auftreten. So kann

---

[1] Eine »Abrechnung« mit dem Katholischen Christentum, wie sie z. B. GERHARD GUMMERER (Weltbild ohne Dogma. Zeitkritische Betrachtungen. 1986) vornimmt, bleibt deshalb hier unberücksichtigt.

beispielsweise im Titel einer Arbeit von dem umfangreicheren Begriff der Religion die Rede, hauptsächlich gemeint aber das Christentum sein. Umgekehrt ist der Titel einer dieser Veröffentlichungen, »Der letzte Gott«, offensichtlich im Sinne einer pars pro toto zu verstehen, so daß da in der Tat dem Christentum als solchem das Ende diagnostiziert wird. Bei der Schrift über »Die Zukunft des Unglaubens« steht das Christentum formal noch weniger im Vordergrund; trotzdem bringt sie in Abgrenzung und Gegenüberstellung so Wesentliches hinsichtlich der Glaubenskritik zur Sprache, daß sie zu übergehen ein schwerer Fehler wäre. Und auch die Ausschließung von Einzelproblemen darf nicht absolut verstanden werden. Insbesondere ist die Frage der Wirklichkeit Gottes von so fundamentaler Bedeutung, daß die Stellungnahme zu ihr nicht ganz außer acht bleiben kann. Schließlich gilt unser Interesse nicht nur der kritischen Betrachtung des christlichen Glaubens selbst, sondern auch der Auseinandersetzung mit der ihn darstellenden, begründenden und verteidigenden Theologie.

Erster Abschnitt

Problematische Publikationen und ein grundlegendes Werk

Abgesehen von der praktisch unvermeidlichen Beschränkung des darzustellenden Schrifttums auf hauptsächlich deutsche oder durch Herkunft als deutsch anzusehende Autoren wird das Thema selbst insofern eingegrenzt, als zweierlei Behandlungsweisen unberücksichtigt bleiben: Darlegungen, die entweder über das Christentum, wenn auch vielleicht noch so interessant und geistvoll, nur reflektieren, ohne eigentlich Stellung zu beziehen, oder aber umgekehrt auf die Absicht hinauslaufen, es zu verändern im Sinne einer Korrektur, einer Verbesserung, einer Fortentwicklung.[2] Ein Phänomen wie das Christentum ändert man nicht wie einen zu eng gewordenen Anzug. Unser Interesse gilt also ausschließlich solchen Beiträgen zum Thema, die das Christentum nehmen, wie es war und ist, und die sich zugleich unzweideutig von ihm absetzen oder es doch wenigstens überwiegend kritisch beurteilen. Arbeiten, die zwar Probleme, Schwierigkeiten für die christliche Position sehen und eine endgültige Entscheidung zu fordern scheinen, diese aber nicht vornehmen und das Problem im Raume stehen lassen, scheiden deshalb ebenfalls aus der Zielsetzung aus.

Von dieser Planung werden jedoch zwei Autoren in mehrfacher Hinsicht aus- und hier wenigstens kurz vorweggenommen, da sie, gerade weil sie keine eindeutige Entscheidung vollziehen, für unsere Problematik einleitungsweise besonders lehrreich sind.

Zunächst der aus Polen stammende und in England lehrende Philosoph *Leszek Kolakowski*. In seinem Buch »Geist und Ungeist der christlichen Traditionen« (1971) zeigt sich dieser Autor in ungewöhnlichem Maße mit der Theologie vertraut. Eine leise Andeutung seines eigenen Verhältnisses zum Christentum läßt sich finden, wenn er vom Gedankengut des Erasmus sagt, es verdiene »auch bei denen Aufmerksamkeit«, »die selbst außerhalb des Christentums stehen, denen aber das Schicksal des Christentums nicht gleichgültig sein kann; schließlich gehört« es »zu derselben Geschichte und Kultur, zu der wir gehören«[3] – eine nicht nur wahre, sondern auch würdige Feststellung. Ähnlich hat Kolakowski einmal einem Interviewer die Frage, ob er Christ sei, dahin beantwortet: »Nicht im Sinne der Zugehörigkeit zu einer Kirche oder einer Sekte. Aber ich sehe mich als Teilnehmer einer lebendigen christlichen Kultur«.[4] Über diese Anschauung, mit welcher sich manche Zeitgenossen, die das Christentum weder wirklich bekennen noch bewußt ablehnen, identifizieren können, geht unser Denker jedoch gelegentlich nach

---

[2] Z. B. das äußerst fragwürdige Buch von GERD BAUER: Ende oder Wende des Christentums. Ein kulturpolitisches Manifest. 1967.

[3] KOLAKOWSKI: Geist und Ungeist der christlichen Traditionen. S. 57.

[4] Interview mit FRITZ J. RADDATZ in der »Zeit«, Jg. 1977, Nr. 43.

beiden Seiten hinaus. Einmal sieht er sich »gezwungen, innerhalb des rationalen Denkens Atheist zu bleiben«. Das soll indessen die Echtheit der religiösen Erfahrung nicht aus-schließen.[5] Das Verhältnis zwischen der rationalen und der religiösen Sphäre ist weder »völlige Integration noch Separation«. Dem »absoluten Humanismus« des früher von ihm geteilten marxistischen Denkens gibt er jetzt eine Absage. Vielmehr haben wir »es mit zwei nie ganz zu vereinbarenden Einstellungen oder Grundsätzen zu tun, zwischen denen notwendig immer eine Spannung bestehen muß: auf der einen Seite steht der Glaube an die menschlichen Möglichkeiten, an die Vervollkommnung des Menschen; auf der anderen Seite die Skepsis, das Bewußtsein, daß alle menschlichen Projekte doch unüberwindbare Grenzen haben«. »Zwischen dem Humanismus und dem Glauben an die Erbsünde gibt es eine Spannung, die nie eliminiert werden kann. Heute sehe ich die Gefahren eines anthropozentrischen, autonomistischen Weltbildes viel deutlicher. Ich glaube nicht daran, daß die Menschheit fähig sein wird, oder daß es wünschbar wäre, daß sie je in der Lage sein würde, Religion als eine Quelle des Sinnes, als eine sinngebende Instanz loszuwerden.«[6] »Das Spezifische des Christentums« ist dabei für Kolakowski »die Idee der Erlösung durch das Leiden des Gottessohnes auf Erden, d. h. der Glaube, daß in einem gewissen Moment Gott eine Komponente der menschlichen Geschichte werden mußte, um durch eigenes Leiden die Menschen von der Sünde zu befreien«. Die hier vertretene »Unmöglichkeit der Selbsterlösung« ist eine klare Position; nur läßt sich nicht einsehen, wie sie sich mit dem weiterhin bejahten Atheismus vertragen könnte. Und wenn Kolakowski dann »das Gefühl der sinnhaften Zweckmäßigkeit«, das innerhalb der rationalen Einstellung zu schwinden scheint, im Mythos erblickt, so dürfte damit ein Element in die Betrachtung eingeführt werden, das in einer Zeit, da die Theologen sich damit plagen, den Glauben vom Mythos zu befreien, sehr sonderbar anmutet. Für das bitterernste Glaubensproblem scheint auf diese Weise schwerlich etwas herauskommen zu können.

Dieselbe Zwiespältigkeit zeigt, noch stärker zugespitzt, Kolakowskis Buch »Wenn es keinen Gott gibt«. (1982). Entscheidende rationale Bedenken hinsichtlich des Glaubens-standpunktes werden übernommen und offenbar anerkannt. Besonders wichtig ist die Feststellung: Wenn Menschen mit einem starken Glauben besser imstande sind, Schick-salsschläge hinzunehmen, »so erscheint das gleichwohl logisch irrelevant für die Frage der Wahrheitsansprüche eines solchen Glaubens«.[7] Ja, »es gibt« »keine unmißverständlich in der Welt entdeckbaren Spuren Gottes«.[8] Und abgesehen von den »unüberwindlichen Schwierigkeiten, die Idee der Schöpfung verständlich zu machen«, würde ein absolutes Wesen »sehr weit (vielleicht unendlich weit) vom Gott der Gläubigen, einem Freund und Vater, entfernt« sein.[9] Ein Schöpfer und Lenker des Universums ist ja nicht notwendig ein väterlicher Pfleger.[10] Wie kann überhaupt »das Absolute Gemütsbewegungen unterwor-fen sein?«[11] Dazu kommen noch die beiden großen zentralen Absurditäten des Christen-tums, die Erbsünde und die Erlösung, einmal also die Frage, »ob es nicht schlichte Grausamkeit ist, für eine geringfügige Übertretung, die ein unbekanntes Paar in ferner Vergangenheit beging, die gesamte Menschheit zu bestrafen«, und dann die »absurde Legende« von einem Gott, »der seinen unschuldigen Sohn den Menschen auslieferte, auf

---

    [5] Der Mythos des Christentums und die Realität des Bösen. Ein Gespräch (Gesine Schwan) mit Leszek Kolakowski. In: HerKorr Jg. 31. 1977, H. 10, S. 501.
    [6] S. 503.
    [7] KOLAKOWSKI: Falls es keinen Gott gibt. Aus d. Engl. S. 33.
    [8] S. 68.   [9] S. 83.
    [10] S. 60.   [11] S. 112.

daß sie ihn zu Tode foltern und dadurch Vergebung ihrer früheren Verbrechen erlangen könnten«.[12] Das alles sind alte, rational gesehen, schwerwiegende Einwände. Ebenso offen ist Kolakowski indessen für die Sicht des Glaubenden. Er scheint sich Dostojewskis Diktum zueigen zu machen: »Falls es keinen Gott gibt, ist alles erlaubt«[13], und bemerkt, in der Erkenntnis, »die von Gott verlassene Welt ist eine absurde Welt«, befinde sich Nietzsche in Übereinstimmung mit großen christlichen Lehrern. Die Welt der Rationalisten läßt keinen Sinn erkennen.[14] »Innerhalb eines naturalistischen Konzepts vom Menschen kann die menschliche Würde nicht begründet werden.« Die Abwesenheit Gottes bedeutet deshalb im Grunde den »Untergang des Menschen«, des eigentlichen Menschseins.[15] Den Atheisten wird zwar darin recht gegeben, daß die gesamte Weltauffassung beim Gläubigen »auf einem unbeweisbaren Vertrauen in eine Person beruht, deren Existenz« »nicht festgestellt werden kann«. Aber die Glaubensgewißheit braucht von diesem Bedenken nicht erschüttert zu werden.[16] Denn »die Frage, was für uns wirklich oder unwirklich ist, entscheidet sich im praktischen und nicht im philosophischen Engagement. Das Wirkliche ist, wonach die Menschen sich wirklich sehnen«[17] – eine für einen Philosophen erstaunliche, keineswegs einleuchtende These, die jedoch als letzter Satz des Buches das letzte Wort des Verfassers darzustellen scheint. Es läßt sich gewiß nicht annehmen, daß er damit die von ihm so prägnant kritisch beleuchteten Glaubenspositionen schließlich doch wieder einnehmen wolle. Das wäre diesem »skeptisch gewordenen Aufklärer« und »an der Eigenart des Religiösen mehr und mehr interessierten Humanisten«[18] wohl nicht zuzutrauen. Andererseits dürfte es angesichts jenes letzten Satzes kaum erlaubt sein, ihn zu den Vertretern einer vorbehaltlosen, mehr als partiellen Christentumskritik zu rechnen.

Erst recht verhält es sich so mit dem Werk des verstorbenen Zürcher Philosophen *Erich Brock*: »Die Grundlagen des Christentums« (1970). Als diese Grundlagen werden das Judentum, Jesus und Paulus behandelt. Daß der Verfasser freilich auf diesem Gebiet historisch nicht ganz zuständig ist, wirkt sich auf seine Auffassung in wesentlichen Punkten nachteilig aus, so vor allem in der Annahme, daß Jesus sich von Anfang an als Messias verstanden habe, in der Übernahme der Hypothese Albert Schweitzers, Jesus habe sein Ende selbst herbeigezwungen, und auch darin, daß der Gedanke der Prädestination schon Jesus, nicht erst Paulus zugeschrieben wird – alles Urteile, die nach dem Stande der neueren neutestamentlichen Forschung nicht haltbar sind.

Das eigentliche Anliegen Brocks, der ein origineller, echter Denker war, besteht darin, das Christentum, das ihm als »eine Erscheinung ersten Ranges« gilt, zugleich als »eine bis auf den Grund zwiegesichtige Erscheinung«[19] aufzuzeigen. »Das religiöse Leben gewann im Christentum eine Inständigkeit und Tiefe wie kaum in einer anderen Form der Frömmigkeit. Das Dogmenwesen gewann eine Unduldsamkeit und blutrünstige Grausamkeit wie in keiner anderen höheren Religion.« »Die gotischen und romanischen Kathedralen des Mittelalters« »erhoben sich neben den flammenden Scheiterhaufen und den Folterstätten der Inquisition; die protestantische geistliche Musik erwuchs aus demselben Untergrund wie der dumpfe pietistische Hochmut.«[20] Überwiegend negativ beurteilt Brock den Gott des Alten Testaments mit seiner despotischen Willkür und Grausamkeit. Was Jesus betrifft, so werden die harten, mitleidlosen Strafen beanstandet,

---

[12] S. 44 f.   [13] S. 74.
[14] S. 196 f.   [15] S. 200.   [16] S. 198.
[17] S. 211. – Damit geht der Autor deutlich über die Haltung hinaus, die noch die Schrift »Geist und Ungeist der christlichen Traditionen« gezeigt hatte.
[18] So Gerd-Klaus Kaltenbrunner in seiner Besprechung (Die Welt, 4. 12. 1982)
[19] Erich Brock: Die Grundlagen des Christentums. S. 331.
[20] S. 363 f.

die in Aussicht zu stellen ihm keine Schwierigkeiten macht.[21] Der Autor mißbilligt ferner, daß Jesus sich nicht gegen den »Ausschließlichkeitswahn« des völkisch-religiösen Bewußtseins der Juden gewandt hat. In Frage gestellt werden sodann Jesu Glaube an die individuelle Vorsehung Gottes und die eigentümliche Verherrlichung der Kinder. Als Mangel anzusehen ist nach Brock auch die einseitige Bevorzugung des rein religiösen Menschentypus (Maria) vor dem uns näherstehenden, der die Werte dieser Welt ernst nimmt (Martha). Entschieden abgelehnt wird schließlich eine Reihe übersteigerter sittlicher Forderungen Jesu wie die der unbeschränkten Vergebung oder das Gebot, nicht zu richten, und das der Feindesliebe. Manche Ausführungen des Autors, die den feinen Menschenkenner und bedeutenden Ethiker[22] am Werk zeigen, erfahren nur wie gesagt eine gewisse Einschränkung durch die Frage, wie weit hier die Einstellung Jesu historisch richtig gesehen wird. Und die eigentliche Bedeutung des Paulus für das ·Christentum kommt bei Brock gar nicht zur Geltung. Von seiner durchaus zentralen Versöhnungslehre ist kaum die Rede.

Besonders bedauerlich erscheint aber vor allem, daß Brocks Grundabsicht, des Christentums »Lichtseiten als untrennbar mit dazugehörigen Schattenseiten verknüpft aufzuzeigen«[23] in diesem Buch nur vereinzelt erkennbar wird. Die positive Ergänzung der überwiegend negativen Sicht in den »Grundlagen« scheint einem späteren religionsphilosophischen Werk vorbehalten geblieben zu sein[24], das der Verfasser vollendet hinterlassen haben soll, das aber bisher nicht erschienen ist. Bei dieser Lage ist es schwer vorstellbar, wie Brocks positives Verhältnis zum Christentum ausgesehen haben mag, zumal wenn man bedenkt, daß er nicht nur an Jesus in wesentlichen Punkten Kritik geübt, sondern sich in einem anderen, rein philosophischen Zusammenhang auch nicht gescheut hat, Gott so etwas wie »Ungerechtigkeit und Bösartigkeit« zuzuschreiben.[25] Obgleich »Die Grundlagen des Christentums« allein die Einreihung in das christentumskritische Schrifttum im genannten Sinne durchaus rechtfertigen würden, muß mit Rücksicht auf die nicht erkennbare Gesamtposition dieses Denkers darauf verzichtet werden, sein Werk so eingehend zu behandeln, wie es dies an und für sich verdient hätte.[26]

Last not least wird man bei den hier zu betrachtenden christentumskritischen Stellungnahmen ein gewisses geistiges Niveau und sachliches Gewicht voraussetzen müssen. Nicht jede Antwort auf die Umfrage »Was halten Sie vom Christentum?« und nicht jeder Beitrag zum Thema »Warum ich aus der Kirche ausgetreten bin« ist von Belang. Primitive Christentumsschelte lassen wir links liegen, und eine bloße Materialsammlung für polemische Agitation scheidet für die Zwecke der vorliegenden Darstellung selbstverständlich von vornherein aus.

Als ein extremes, in gewisser Hinsicht sensationelles Beispiel für eine qualitativ durchaus unzulängliche Stellungnahme sei das kleine Buch von *Bertrand Russell*: »Warum ich

---

[21]   S. 247.

[22]   Vgl. sein Buch »Befreiung und Erfüllung«. 1958.

[23]   BROCK: Grundlagen, S. 5.

[24]   ebd.

[25]   E. BROCK: Entwurf einer Naturphilosophie. In: Studia Philosophica. Jahrb. der Schweizerischen Philos. Gesellschaft. Vol. 32. 1973, S. 72.

[26]   Zur Person sei hinzugefügt, daß der Philosoph nicht nur kirchlich bestattet worden ist, sondern sogar einmal, in seinem letzten Lebensjahr, gepredigt hat (Erich Brock 30. August 1889–28. Januar 1976, Trauergottesdienst in der Kirche zu Predigern, Zürich, S. 7).

kein Christ bin«[27] angeführt. Der erste und wichtigste der in dieser Schrift vereinigten Aufsätze, der ihr den Titel gegeben, reicht in das Jahr 1927 zurück, fällt also nicht nur durch die Nationalität des Autors, sondern auch schon zeitlich aus dem Rahmen der vorliegenden Darstellung heraus. Indessen könnte in dieser Beziehung wegen der sonstigen Bedeutung des berühmten Denkers eine Ausnahme erlaubt erscheinen, wenn nicht eben auch und vor allem die Qualität seines einschlägigen Beitrags gegen eine ausführlichere Berücksichtigung spräche. Es verhält sich in der Tat so: Der große Logistiker, Mitverfasser des grundlegenden Werkes »Principia mathematica«, Nobelpreisträger für Literatur, genügt den an eine solche Auseinandersetzung zu stellenden Anforderungen nicht im mindesten. Lediglich eine kurze Begründung dieses Urteils ist hier am Platze.

Dem bedeutenden Denker, der auch ein begeisterter praktischer Idealist war: Pazifist, Lebensreformer, Nonkonformist vom Scheitel bis zur Sohle, fehlte es für den hier zu behandelnden Gegenstand am allerelementarsten Verständnis. Er greift das Christentum nicht nur an, sondern setzt es in einer Weise herunter, die ihn selbst kleiner macht. Wenn ihm die in den Kirchen organisierte christliche Religion »der Hauptfeind des moralischen Fortschritts« ist[28], so fragt man sich, ob eine derartige Sicht die Diskussion überhaupt fruchtbar werden zu lassen vermag. Der Christ wird so definiert, daß einer »an Gott und Unsterblichkeit« glaubt und darüber hinaus »in irgendeiner Form an Christus, d. h. daß Christus, wennschon nicht göttlich, so doch zumindest der Beste und Weiseste der Menschen war«[29] – beweist nicht schon die Hilflosigkeit dieses Vokabulars, wie fern der Verfasser einem echten Christentum steht, wie wenig er an Voraussetzungen mitbringt, um es angemessen beurteilen zu können? Wenn dann über Jesus – Russell schreibt auch hier »Christus« – nicht viel anderes ausgesagt wird, als daß es »ziemlich zweifelhaft« sei, ob er »jemals gelebt hat«[30], und ihm als ein »sehr schwerer Charakterfehler« angerechnet wird, »daß er an die Hölle glaubte«[31], so zeigen derartige Äußerungen nur, daß ein hochbedeutender Mathematiker, Logiker und Erkenntnistheoretiker nicht schon als solcher dazu berufen ist, ohne weiteres in einem anderen Sachgebiet mitzureden. Man kann sich nicht genug darüber wundern, daß ein so scharfsinniger und auch sittlich engagierter Autor beim Christentum so wenig in die Tiefe zu gehen vermochte und sich nicht scheute, dermaßen flache und schiefe Urteile abzugeben. Hier sind nicht einmal die einfachsten Grundzüge der christlichen Geisteswelt einigermaßen adäquat erfaßt, geschweige, daß auch ein wenig Sinn für das Atmosphärische des Glaubenslebens vorhanden wäre. Irgendein beliebiger Freidenker bescheidensten Formats würde die Abrechnung mit dem Christentum an einem Vortragsabend seines kleinen Vereins kaum weniger anspruchslos besorgt haben können als dieser namhafte Vertreter der strengsten wissenschaftlichen Disziplin der Philosophie, überdies, wie schon erwähnt, dem nobelsten internationalen Kreis der Literatur zugehörig! Ein sehr sonderbarer Fall, daß ein solcher Kopf – ein Wunder an Intelligenz, Klarheit und Witz, wie man ihn, sicherlich mit Recht, genannt hat – in einem so wichtigen Sachbereich wie diesem so völlig versagt und mit seiner unqualifizierten plumpen Polemik kaum noch ernst zu nehmen ist.[32]

---

[27] Bertrand Russell: Why I am not a Christian and other Essays on Religion and Related Subjects. 1957. Deutsch 1963. Zit. im folgenden nach der dt. Taschenbuchausg. 1968.
[28] Russell: Warum ich kein Christ bin. S. 32.
[29] S. 18.
[30] S. 28.
[31] S. 29.
[32] Der katholische Theologe Heinrich Fries bemerkt denn auch sehr treffend: »Die Aussagen, die Russel über den zentralen Inhalt des christlichen Glaubens, über Jesus Christus macht, sind einfachhin falsch, unverstanden und primitiv.« (Ärgernis und Widerspruch. Christentum u. Kirche im Spiegel gegenwärtiger Kritik. 2. Aufl. 1968, S. 26). Russell betreibt seine Sache

Die eigentliche Behandlung des einschlägigen Schrifttums wird hier mit
Wilhelm Nestles Werk »Die Krisis des Christentums. Ihre Ursachen, ihr Werden
und ihre Bedeutung« (1947) begonnen.[33] Mit diesem Buch, das sein Verfasser in
hohem Alter veröffentlicht hat, setzte die Christentumskritik nach dem Zweiten
Weltkrieg ein, und wegen seiner umfassenden Anlage wie auch in der außerordentlich informativen Ausführung ist es für unser Thema zugleich als das
sachlich grundlegende Werk anzusehen. Nestle bezeichnet sich bescheiden als
Laien auf diesem Gebiet, der für Laien schreibe. Er besaß jedoch aufgrund seiner
geistigen Umwelt[34], eines lebenslangen Interesses und eingehender Beschäftigung mit den Problemen, was seine Kenntnisse und seine Urteilsfähigkeit
betrifft, weitgehend fachwissenschaftliche, auch theologische Kompetenz[35] und
neben einem großen Wissen den Blick für das Wesentliche. Vor allem hat er es
verstanden, die historischen Darlegungen mit einer überzeugenden Erörterung
der Wahrheitsfrage zu verbinden und eine begründete Kritik ohne verletzende
Schärfe zum Ausdruck zu bringen.

Nestle setzt methodisch sorgfältig mit einer historischen Bestimmung dessen
ein, was als Christentum zu gelten hat. (Das Evangelium Jesu – Das Evangelium
des Paulus – Das Evangelium des Johannes – Die Kirche und ihr Bekenntnis).
Anschließend wird die Stellung des Christentums zu den Grundproblemen der
Welt- und Lebensanschauung (Erkenntnis – Gott – Natur – Geschichte – Ethik –
Staat – Volkstum) kurz umrissen. Es folgt, bei weitem am umfangreichsten, die
historische Darstellung der »Gegenbewegungen« (von Renaissance und Humanismus über Aufklärung und den Deutschen Idealismus bis zum Pessimismus,
Positivismus, Naturalismus und Historismus des 19. Jahrhunderts, zuletzt
Nietzsche und die seinerzeit jüngste Bewegung des Rassismus). Ein kurzer
abschließender Teil zieht »Die Bilanz des Christentums«. Die Bestimmung des
Gegenstandes, um dessen kritische Betrachtung es sich handelt, hätte sich gewiß
auch weniger ausführlich machen lassen. Die historische Darstellung hat jedoch
den Vorteil einer das Verständnis erleichternden Einführung in die Problematik.
Die Sicht des Verfassers zunächst im neutestamentlichen Bereich wird im fol-

---

»voreingenommen und leichtfertig«. Was er »vom Inhalt des christlichen Glaubens darstellt,
kann kaum unterboten werden« (aaO., S. 27). – Nicht anders urteilt ein scharfer Gegner des
Christentums, der ehemalige protestantische Theologe *Joachim Kahl* in seinem später zu behandelnden Büchlein »Das Elend des Christentums« (1968). Gewissen Passagen Russels bescheint
er »Plattheit und Ignoranz« (S. 14). Das ist in der Tat die kürzeste und zugleich erschöpfende
Formel für das, was dieser sonst so hervorragende Name in Sachen des Christentums bedeutet.

[33] WILHELM NESTLE (1865–1959) war von Fach Altphilologe, insbesondere Gräzist, Verfasser
einer Anzahl instruktiver Arbeiten zur griechischen Philosophie und Geistesgeschichte, von
Beruf Direktor des angesehenen Karls-Gymnasiums in Stuttgart. Im Alter ist er noch Honorar-
professor in Tübingen geworden.

[34] Er war der Bruder des 20 Jahre älteren Theologen und Orientalisten Bernhard Nestle und
der Freund Christoph Schrempfs.

[35] Ein lehrreiches Zeugnis seiner wissenschaftlichen Arbeit auf dem Gebiet der Christentumskritik ist für die alte Zeit die Abhandlung »Die Haupteinwände des antiken Denkens gegen
das Christentum« im Archiv für Religionswiss. 37 (1941), S. 51ff., wieder abgedr. in NESTLE:
Griechische Studien. 1948, S. 597ff.

genden mit wenigen Leitsätzen, weitgehend seinen eigenen Formulierungen, beschrieben.

In der Nachfolge der Propheten und des Täufers fühlte Jesus sich berufen, auf das Kommen des Reiches Gottes vorzubereiten. Im Unterschied aber von der Predigt des Täufers, die den Zorn Gottes hervorhob und vor allem Gerichtspredigt war, verkündete Jesus das »Evangelium«, die frohe Botschaft, wobei er den Anbruch des Gottesreichs noch zu Lebzeiten seiner Generation erwartet. Gegenüber der Vielfalt äußerlich beobachteter Gebote der alten Religion dringt Jesus auf Vereinfachung und Verinnerlichung. Er war ethischer Optimist, »keine Spur« von der die Unfähigkeit des Menschen zum Guten voraussetzenden späteren »christlichen« Lehre. Er war auch kein Asket. Die Sündenvergebung knüpft Jesus an keine andere Bedingung als die des entsprechenden Verhaltens den Mitmenschen gegenüber. Der Gedanke des Opfertods wird nirgends von ihm berührt. Ob Jesus sich für den Messias hielt, ist fraglich; gewichtige Gründe sprechen dagegen. Er beschränkt seine und seiner Jünger Wirksamkeit auf das Volk Israel. Der alle Völker einbeziehende Taufbefehl ist in seinem Munde undenkbar. Auch hat er weder selbst getauft, noch seine Jünger dazu angewiesen. Ebensowenig hat er das Abendmahl als eine zu wiederholende kultische Feier eingesetzt. Auch das Vaterunser ist ein unter Heranziehung von Worten und Gedanken Jesu zusammengestelltes Gemeindegebet. Im Anschluß an den Propheten Jeremia hat er die Zerstörung des Tempels in Jerusalem als einen Gottesspruch verkündet, und aufgrund dieser Gotteslästerung, nicht wegen eines Bekenntnisses zu seiner Messianität, wurde er zum Tode verurteilt. »Nicht mit ihm gestorben ist der Kerngedanke seines Evangeliums von der dreifachen Liebe: der barmherzigen Vaterliebe Gottes zu den Menschen, der vertrauenden Kindesliebe des Menschen zu Gott und der hilfsbereiten Bruderliebe der Menschen zueinander«.[36] Die Auferweckung Jesu ist aus »den Schriften«, aus vermeintlichen Weissagungen des Alten Testaments abgeleitet, und »nachdem man den festen Glauben gewonnen hatte, daß der Gekreuzigte lebe, stellten sich auch die Visionen ein, die diesen Glauben bestätigen«.[37]

Bei Paulus finden sich diese Visionen aufgezählt, während er das leere Grab und die Himmelfahrt noch nicht zu kennen scheint. Anders als in der Urgemeinde spielt für Paulus das Erdenleben Jesu keine Rolle. Nur die Menschwerdung als solche und »das Leiden, der Tod und die Auferstehung des Christus sind für ihn wertvoll; denn in diesen Vorgängen liegt das Heil nicht nur der Juden, sondern aller Menschen«.[38] Jesus Christus ist für Paulus, der sich »nie auf die Autorität des geschichtlichen Jesus« beruft[39], »ein überirdisches, himmlisches Wesen, das von Anfang an bei Gott war, sich freiwillig seiner göttlichen Herrlichkeit entledigte und zum Heil des Menschen ›Knechtsgestalt annahm‹ und diese bis zum Tod am Kreuze trug«. So wird das »Evangelium Jesu zu einem Erlösungsmythus umgeschaffen«[40] und Paulus »der Begründer der Dogmatik und inner-

---

[36] WILHELM NESTLE: Die Krisis des Christentums. 1947, S. 40.
[37] S. 47. [38] S. 51.
[39] S. 55. [40] S. 52.

halb dieser der Christologie«[41]. Es findet »eine Verschiebung des Schwerpunktes der christlichen Lebenshaltung vom Handeln auf das Glauben« statt[42]. Während Paulus einerseits das Heil nicht mehr nur auf die Juden bezieht, sondern auf die Menschheit erweitert, ergibt sich andererseits eine »starke Einschränkung« durch die Einführung des Gedankens der Prädestination der »Auserwählten«[43]. Wie die Lehre von der Präexistenz des Christus bei Gott, so ist auch die von der Prädestination das Werk des Paulus. »Gott erbarmt sich nun, wessen er will und verstockt, wen er will.« Der Apostel, der das Christentum vom Judentum losgelöst hat, »steckt doch noch tief im jüdischen Denken«. »Er kommt nicht los« von dem Gott der Willkür, der »ja auch ›Jakob geliebt und Esau gehaßt‹« hat, »von dem zornigen Judengott, der ›versöhnt‹ werden und dem ein Opfer fallen muß, wenn er Sünde vergeben soll, und wäre es das Blut seines eigenen Sohnes«. Jüdisch ist auch »seine Geschichtsauffassung, das Walten Gottes in einzelnen geschichtlichen Ereignissen«.[44] Ob freilich auch der »ethische Pessimismus« seiner Sündenlehre, der so sehr im Gegensatz zur Einstellung Jesu steht, jüdisch ist, wie Nestle annimmt, wird man bezweifeln können. Jedenfalls aber ist Paulus »nicht der Fortsetzer des Evangeliums Jesu«, er hat an dessen Stelle »ein anderes Evangelium, das Evangelium von Jesus« gesetzt. Schon »mit der Lehre des Paulus von Christus beginnt der verhängnisvolle Prozeß der Vergottung Jesu.«[45] Während nun der paulinische Christus sich noch seiner göttlichen Herrlichkeit für die Zeit seines Erdenlebens entäußert, hält der johanneische Christus seine göttliche Würde auch im irdischen Dasein fest. Christus ist beinahe der auf Erden erschienene Gott selbst. Damit ist die Entwicklung zum Dogma in vollem Gange.

Sieht man von der Auffassung des Prozesses Jesu ab, in welcher Nestle seinem schwäbischen Landsmann Daniel Völter folgt, so entspricht die Darstellung im großen und ganzen den Ergebnissen der damaligen neutestamentlichen Forschung. Nur *ein* Zug im Bilde Jesu, sein besonderes Vollmachtsbewußtsein, wie es in den letzten Jahrzehnten herausgearbeitet worden ist, wird von Nestle noch nicht hinreichend berücksichtigt. Hier wie auch sonst zeigt sich eine gewisse Nachwirkung des liberalen Jesusbildes einer früheren Zeit mit seiner Unterstreichung des Einfachen, Gewinnenden, nicht des Fremdartigen – das eschatologische Moment ist zwar erkannt, aber nicht in seinem vollen Gewicht zur Geltung gebracht. Im ganzen wird man in der Auffassung Jesu manches zurückhaltender beurteilen. Auch hätte man sich in der Behandlung des Paulus neben der sehr berechtigten Hervorhebung des Jüdischen seines Denkens die eigentümliche Verbindung betont gewünscht, die das Jüdische mit dem Hellenistisch-Gnostischen eingeht. Doch wird durch solche gelegentlichen Mängel die Auseinandersetzung insgesamt nicht entscheidend beeinträchtigt.

Vom Verhältnis des Christentums zu den welt- und lebensanschaulichen Grundproblemen in der Sicht Nestles genügt es, an dieser Stelle die Themen

---

[41] S. 56. [42] S. 55.
[43] S. 53. [44] S. 54. [45] S. 56.

Gott, Natur, Geschichte und Ethik anzuschlagen. Durch das Erbe des Alten Testaments mit seinem stark anthropomorphen Gott entsteht im Gottesbild des Christentums von vornherein ein Bruch. Dem Sinne Jesu am nächsten kommt, wie Nestle freilich allzu gewagt annimmt, die johanneische Auffassung Gottes als Liebe – »das kühnste Paradoxon, das jemals angesichts aller Übel und alles Bösen in der Welt aufgestellt worden ist«[46]. Der schon insofern spannungsvolle Monotheismus wird noch in zweifacher Weise modifiziert, einmal durch die Vergöttlichung Jesu und das künstliche Dogma von der Dreieinigkeit Gottes, sodann durch den Teufelsglauben. Dem hiermit gegebenen Dualismus entspricht es, daß die Natur einerseits als Werk Gottes, andererseits aber in Welt und Natur die durch den Sündenfall des Menschen gefallene Schöpfung gesehen wird. Eine Folge davon ist, daß jede Gottesoffenbarung übernatürlicher Art sein muß, Gott sich also eigentlich nur im Wunder kundgeben kann. Auch die Geschichte interessiert das Christentum nur als Geschichte der Offenbarung Gottes. Das bedeutet, wie der klassische Philologe feststellt, im Vergleich mit der griechisch-römischen Geschichtsbetrachtung eine ungeheure Verarmung. Was das Verhältnis des Christentums zur Ethik betrifft, so liegt dessen Stärke nach Nestle in seinem Charakter als einer ethischen Religion. Bei der Frage nach dem, was die christliche Ethik sei, ergeben sich jedoch wiederum statt einer Antwort deren zwei: einerseits die Liebesethik Jesu, andererseits die Erlösungsethik des Paulus. In der volkstümlichen Auffassung des Christentums hat jene über diese gesiegt. Aber in zwei Punkten nimmt Nestle Anstoß auch an der im Sinne Jesu verstandenen christlichen Ethik, am Lohngedanken und an dem völligen Gegensatz zur Welt, der Absage an sie. Die Gesinnung der Abkehr von der Welt, der Heroismus des Duldens, die Forderungen der Selbstverleugnung und der Sorglosigkeit gegenüber den Existenzmitteln sowie die der Besitzlosigkeit erklären sich aus der Situation eines Daseins, das nur noch kurze Zeit, bis zum Anbruch des Reiches dauert. In einer seither fortbestehenden Welt erweisen sich einzelne Forderungen Jesu als undurchführbar.

Auf der anschließenden verhältnismäßig umfangreichen und in dieser zusammenhängenden Weise erstmaligen Darstellung der »Gegenbewegungen« gegen das Christentum liegt der Schwerpunkt des Nestleschen Werkes. Die erste große Gegenbewegung ist die Renaissance mit ihrem neuen Lebensgefühl, der Abwendung vom asketisch-weltflüchtigen Lebensideal und der Ersetzung der christlichen Gesinnung durch die Idee der Humanität, aber auch mit der Entstehung eines neuen Weltbildes und dem Aufkommen der historischen Kritik. Daß in diesem Zusammenhang auch die Reformation behandelt wird, vermag freilich nicht ganz zu überzeugen; denn eine Gegenbewegung ist diese ja nur gegen die römische Kirche, im Verhältnis zum Christentum im allgemeinen eher das Gegenteil, genauer: wenigstens überwiegend, wenn auch nicht ausschließlich, eine Zurückbesinnung auf sein Wesentliches, seinen paulinischen Ursprung. Auch die Beurteilung Luthers wirkt nicht ganz befriedigend. Nur ein Mann mit

---

[46] S. 101.

seinen beiden Eigenschaften des ausschließlich religiösen Interesses und des
todverachtenden Heldenmutes konnte diesen Kampf durchführen, das erkennt
Nestle an. Für verhängnisvoll hält er jedoch die Begründung auf den Paulinismus. Die Rechtfertigung allein aus dem Glauben ist indessen, wie man Nestle
wird entgegenhalten müssen, so sehr das zentrale Erlebnis und Anliegen des
Reformators, daß ohne dies Luther nicht Luther wäre wie auch das Christentum
nicht Christentum. Ein Wunsch, wie man es lieber gesehen hätte, dürfte aus
geschichtlicher Sicht insofern nicht statthaft sein. Für die Aufklärung dagegen
wird dann die ganze paulinische Theologie allerdings hinfällig, der zürnende
Judengott ebenso wie der erlösungsbedürftige Mensch, an dessen Stelle die
autonome sittliche Persönlichkeit tritt. Darüber hinaus wird überhaupt die
Vorstellung des persönlichen Gottes durch den Deismus oder Pantheismus oder
einen metaphysischen Spiritualismus ersetzt, erst recht die Lehre von der Dreieinigkeit vollständig aufgelöst und die sogenannte Absolutheit des Christentums
verdrängt durch die Anerkennung eines Wahrheitsgehaltes auch in anderen
Religionen. Zur Aufklärung rechnet Nestle unter dem Gesichtspunkt des Verhältnisses zum Christentum mit Recht auch Kant, bei dem das Wunder und das
echte Gebet wegfallen, die Erlösung keine Rolle mehr spielt und schon das
Erlösungsbedürfnis des Menschen im Grunde fehlt. »Gott« bleibt zwar ein
Postulat, dieser postulierte Gott aber völlig untätig. Das Ergebnis ist der endgültige Bruch mit dem Supranaturalismus. Im ganzen neueren Humanismus von
Lessing bis Wilhelm von Humboldt wird der Paulinismus ignoriert und fallen-
gelassen. Die beiden maßgebenden Züge der neuen Denkweise sind Diesseitigkeit und Menschlichkeit (Humanität). Auch hinsichtlich der Philosophie des
Deutschen Idealismus, die mit ihren gedanklichen Kapriolen so manchen getäuscht hat, sieht Nestle klar, daß »hier eine ganz andere Denkweise als die des
Christentums vorliegt«[47]. Im gesamten Deutschen Idealismus bis zu Hegel und
Schelling hin tritt ein monistisch-pantheistisches Denken an die Stelle des dualistischen im Christentum, und ebenso verdrängt die optimistische Auffassung
des Menschen den Sündenpessimismus. Das Zentraldogma der Erlösung wird
beiseite geschoben und die Christologie im eigentlichen Sinne gestrichen. Die in
der Romantik vor sich gehende Reaktion konnte nicht von Bestand sein, wie die
ihr folgenden Gedankenrichtungen des Pessimismus, Positivismus, Naturalismus und Historismus gezeigt haben. Über sie bietet Nestle in mehreren Abschnitten einen instruktiven, nur vielleicht reichlich großzügigen Überblick, in
den sich nicht alles, was noch wichtig gewesen wäre, hat einfügen lassen. So
wünschte man, daß neben dem berühmten »Leben Jesu« von David Friedrich
Strauß auch dessen »Glaubenslehre«, dieses vielleicht bedeutendste Kompen-
dium des Unglaubens, herangezogen worden wäre. Auch vermißt man einige

---

[47] Das Verhältnis des Deutschen Idealismus zum Christentum war schon in den zwanziger
Jahren besonders lebhaft diskutiert worden. s. dazu H. GROOS: Der Deutsche Idealismus und
das Christentum. 1927. Dem darin versuchten Nachweis ihrer radikalen Verschiedenheit
stimmt Nestle uneingeschränkt zu.

Namen, welche die Krisis des Christentums wie wenige verdeutlichen: Eduard
v. Hartmann, der von den deutschen Philosophen des 19. Jahrhunderts am
besten über theologische Probleme unterrichtet war und mehrere einschlägige
überaus kritische Schriften zu diesem Thema veröffentlicht hat, sowie Franz
Overbeck, den ungläubigen Theologieprofessor und Gesprächspartner Nietzsches in Basel. Verständlicher, weil dem Historiker der griechischen Geistesgeschichte fernliegend, aber sachlich nicht weniger bedauerlich ist die Außeracht-
lassung Sigmund Freuds. Doch bei einem so umfassenden Thema besagen
einzelne derartige Lücken nicht viel.

Philosophie, Naturwissenschaft, Geschichtsforschung und Religionswissen-
schaft haben den Umfassungsmauern der christlichen Kirche empfindliche Bre-
schen beigebracht, aber immer noch schien der innerste Kern der Festung –
wenigstens dessen, was Nestle für den innersten Kern hält – uneinnehmbar zu
sein: die christliche Ethik oder doch die Liebesethik Jesu. Nun erschien Nietzsche und erklärte dem Christentum den Krieg bis aufs Messer. Trotz der maßlosen Übertreibungen und Entstellungen, zu denen er sich hinreißen ließ, enthält
seine Kritik des Christentums nach Nestles unbeirrbarem Urteil »sehr viel
Wahres und Treffendes«[48]. In historischer Hinsicht hat Nietzsche recht mit der
Erkenntnis der wesentlichen Verschiedenartigkeit von Jesus und Paulus, trotz
irriger Bestimmung des Wesens beider. Für wichtig hält Nestle insbesondere,
was Nietzsche am neutestamentlichen Christentum zu rügen hat: den »Gegensatz zu den Naturbedingungen und den Naturwerten, die Verachtung des Leibes
und des Lebens und die Verlegung seines Schwerpunkts ins Jenseits«, »die
Verachtung der ›Welt‹ in Bausch und Bogen«. Vollkommen im Recht war
Nietzsche auch, »wenn er einen ›christlichen Staat‹ und ›christliche Politik‹ für
einen Widerspruch in sich selbst erklärt«.[49] »Nicht sein kleinstes Verdienst« ist es
schließlich, daß er am modernen Christentum den »›Mangel an intellektuellem
Gewissen‹ tadelt und die ›Forderung der intellektuellen Rechtschaffenheit‹ erhebt«.[50]

Nach allem kann die Bilanz des Christentums für Nestle nur negativ ausfallen.
»Die Krisis der christlichen Dogmatik« entsteht hauptsächlich dadurch oder
besteht darin, daß der Mythus seine Stelle heute nur in Kunst und Dichtung hat,
während er aus dem Glauben eliminiert werden muß. Das greift hinsichtlich der
Christologie und Eschatologie tief in die Substanz ein. Mit dem ganzen Wunderglauben wird davon vor allem auch die Auferstehung Jesu betroffen. Das religiöse Hauptproblem der Gegenwart aber sieht Nestle in der Frage nach Gott, und
dabei ist nicht nur die die Gottheit Christi voraussetzende Lehre von der Dreieinigkeit zur Verlegenheit, sondern auch der naive Theismus unhaltbar geworden,
desgleichen die Lehre von der gefallenen Schöpfung, mit welcher wiederum der
gesamte Sündenpessimismus zusammenhängt, wie zur Abrundung der dogmatischen Bilanz hier noch zu ergänzen wäre. Will man Nestles Kritik in dogmatischer Hinsicht mit einigen Stichwörtern kennzeichnen, so wären hauptsächlich

---

[48] Krisis, S. 485.   [49] ebd.   [50] S. 486.

zu nennen der Anthropomorphismus und Supranaturalismus der Gottesauffas-
sung, die eschatologische Erwartung, die absolute Bedeutung der beschränkten
geschichtlichen Offenbarung und der mythische Charakter des gesamten Glaubensgehalts.

Fast ebenso einschneidend wie der Abbau in Sachen der Dogmatik ist das Fazit
bei der Krisis der christlichen Ethik. Sie besteht in der Frage, ob diese Ethik
»noch haltbar sei, wenn man ihre eschatologischen Voraussetzungen fallen
läßt«, was die Wahrhaftigkeit erfordert.[51] In der wirklichen Welt erwies sich die
eschatologisch bedingte Ethik »teils als undurchführbar, teils als zu einseitig und
insofern unzureichend«.[52] Die Berufsethik fehlt in der Ethik Jesu vollständig.
Sie hinzugefügt zu haben, ist das Verdienst der Reformation. Aber die Entwicklung ist weiter gegangen. Wir sind zu einer »Ethik der Diesseitigkeit zurückgekehrt«[53]. Wir brauchen eine Ethik, »in der an die Stelle des spezifisch Christlichen wieder das Menschliche tritt«[54]. »Wir kehren zurück zu dem Humanitätsideal, das im Altertum schon die Stoa erarbeitet hat, zu der Humanitätsethik und
Humanitätsreligion, die im Anschluß daran unsere großen Dichter und Denker
des 18. Jahrhunderts neu gestaltet und verkündet haben«[55].

Nicht ganz leicht ist die Frage zu beantworten, worauf Nestle selbst letztlich
hinaus will, bzw. zu welchem Ergebnis er eigentlich gelangt ist. Die Einleitung
seines Buches erläutert dessen Titel im medizinischen Sinne: Krisis als »das
Stadium einer Krankheit, das entweder zur Gesundung oder zum Tode führt«[56].
Am Ende der Schlußbetrachtung heißt es: »Fast will es scheinen, als ob der
Weltentag des ›Christentums‹ sich seinem Ende zuneige, als seien wir mindestens schon in seine Dämmerung eingetreten. Ob und wann eine neue Religion
der Zukunft kommen und welcher Art sie sein wird, wir wissen es nicht.«[57]
Diese Sätze sprechen vom wahrscheinlichen Ende des Christentums und der
ungewissen Zukunft einer »neuen« Religion, d.h. einer vom Christentum
verschiedenen. Dann heißt es jedoch weiter: »Das aber wissen wir, daß das
›geschichtliche‹ Christentum in eine schwere Krisis eingetreten ist, aus der wir
nur herauskommen können, wenn die Christen wieder *ehrliche* Menschen werden, alle Heuchelei und alles Überlebte in der Religion abtun und allein der
Wahrheit die Ehre geben. Dann erst wird sich an ihnen das Wort des johanneischen Christus erfüllen: ›Die Wahrheit wird euch frei machen‹.«[58] Hiernach
würde also die Zukunft eines stark veränderten, radikal reduzierten Christentums immer noch eine Möglichkeit bleiben. Ob die eine oder die andere Mög-

---

[51] S. 523.

[52] S. 530.   [53] S. 525.   [54] S. 526.

[55] S. 527.   [56] S. 11.   [57] S. 558.

[58] An dieser Stelle klingt bei Nestle die Erinnerung an seinen Freund Christoph Schrempf an,
dem das Buch mit gewidmet ist. Dieser hatte einst als Pfarrer von der Kanzel dem Apostolischen Glaubensbekenntnis abgesagt und zugleich der Kirchenbehörde angezeigt, daß er es auch
in Zukunft nicht mehr zu verwenden gedenke, was ihm ein Lehrbeanstandungsverfahren mit
dem Ergebnis der Amtsenthebung eintrug.

lichkeit, das Ende oder die Wandlung, die eigentliche Meinung Nestles bildet, ist die Frage, die zu entscheiden wäre. Nach dem Gesamteindruck des Buches kann die Antwort nur lauten: Sein Verfasser hat zwar eine Scheu, dem Christentum regelrecht den Totenschein auszustellen, aber die Krankheit und die Anzeichen des Sterbens hat er so eingehend beschrieben, daß an eine etwaige Gesundung im Ernst nicht zu denken ist. Nestle wird auch am besten gewußt haben, daß die frei machende Wahrheit des Johannesevangeliums im supranaturalistisch verstandenen Christus besteht, einer Ansicht also, der fast auf jeder Seite des Buches abgeschworen wird. Wer sich auf das Wort Emersons beruft »Es gibt keine andere Welt«[59], wer erklärt: »An die Stelle der Christlichkeit in unserem Denken, Fühlen und Wollen muß wieder die *Menschlichkeit* treten«[60], der hat mit dem Christentum offenbar abgeschlossen. Nur noch dem Glauben an die Gotteskindschaft scheint eine positive, »überzeitliche Geltung« zuerkannt zu werden[61], wobei sich freilich sofort die Frage einstellt, an einen wie beschaffenen Gott bei dieser Gotteskindschaft zu denken ist; denn der »Vatergott Jesu« wird von Nestle als »der letzte freundliche und seelenvolle Anthropomorphismus in der Geschichte der Gottesvorstellung« bezeichnet[62].

Etwas anderes ist die Frage, was man sich unter der etwaigen »neuen Religion der Zukunft« vorzustellen hat. Auch hier muß eine zweifache Möglichkeit erwogen werden. Wenn wir zurückkehren »zu dem *Humanitätsideal*, das im Altertum schon die Stoa erarbeitet hat, zu der Humanitätsethik und Humanitätsreligion, die im Anschluß daran unsere großen Dichter und Denker des 18. Jahrhunderts neu gestaltet und verkündet haben«, so ist dabei von zweierlei die Rede: von Ethik *und* Religion. Und für die Religion als etwas immerhin weiterhin Bestehendes spricht auch das Motto auf dem Titelblatt: »Fossil ist die mythisch getrübte, lebendig die rein ethische Religion« (Fr. Th. Vischer). Andererseits hat Nestle nicht nur nicht ausgesprochen, worin diese Religion, vom Sittlichen abgesehen, noch bestehen könnte oder sollte, sondern das ist auch weit und breit nicht erkennbar. Deshalb ist das Urteil eines anderen Christentumskritikers, *Kurt Port*, verständlich, wenn auch nicht völlig zutreffend, Nestle habe wie sein Freund Schrempf nicht klar erkannt, daß er im Grunde nicht nur den Boden des Christentums und des Theismus, sondern in kühnem Vordringen auch schon den der pantheistischen Lebensphilosophie und damit der Religion überhaupt verlassen habe und sich »im Neuland des Idealismus« befinde[63].

Im Zusammenhang seiner wissenschaftlichen Arbeit hat Nestle sich eine Berücksichtigung seiner letzten persönlichen Einstellung nicht gestattet. Nimmt man diese jedoch hinzu, so läßt sich nicht verkennen, daß Ethik und Religion für ihn nicht völlig identisch geworden sind, daß er vielmehr eine religiöse Haltung nach Art der stoischen eingenommen und dabei nicht einmal eine an die christliche sich anlehnende Formgebung ganz verschmäht hat. In dieser Hinsicht ist bemerkenswert, daß der Hochbetagte als Grablieder für sich u. a. E. M. Arndts »Geht nun hin und grabt mein Grab« und »Gott ist getreu«

---

[59] S. 545.   [60] S. 549.
[61] S. 127.   [62] S. 515.
[63] KURT PORT: Übergänge. In: Die Pforte, H. 1 (Jg. 1. 1947), S. 802.

ausgesucht und zum Text für die Grabrede die dritte Bitte des Vaterunseres bestimmt hat.[64] Seine eigenste persönliche Einstellung aber bringen einige späte Gedichte zum Ausdruck. Aus dem Jahre des Erscheinens seines uns hauptsächlich angehenden Buches stammt das Gedicht »Der Sinn des Lebens«, dessen beide erste Strophen lauten: »Du fragst mich nach dem Sinn des Lebens. / Die Frage, tausendmal gestellt / war noch zu jeder Zeit vergebens, / weil niemand Antwort drauf erhält. / Der *Gott* nur kann die Antwort wissen, / der diese Welt ins Dasein rief; / uns Menschen läßt er sie vermissen, / nichts Offenbartes reicht so tief.«[65] Auch in einem Gedicht auf den Tod seines ermordeten Sohnes fügt er sich nach einem Aufschrei dem unbegreiflichen Willen Gottes: »Sei's denn! Ich beuge mich deinem Willen. / Du bist die Macht, du bist das Leben; / Du kannst auch den Sturm der Seele stillen. / Du hast genommen, was du gegeben. / Einmal schlägt der Erlösung Stunde.«[66] Und zwei Jahre vor seinem Tode diktierte der erblindete Zweiundneunzigjährige die Verse: »Ich spüre eine Macht in dieser Welt, / die höher ist als alles Menschenwalten, / die der Natur kunstvollen Bau erhält / und schafft in immerwährendem Gestalten. / Ihr überlass' ich lebend mich und tot.«[67] Erwähnt sei auch noch »ein fast goetheischer Glaube an das Fortleben seines Geistes zu neuer Wirksamkeit«.[68] Damit dürfte der seltene Fall gegeben sein, daß der persönliche Glaube eines Autors nicht weniger, sondern mehr enthält als der öffentlich von ihm vertretene sachliche Standpunkt.

Angesichts der besonderen Bedeutung Wilhelm Nestles für unser Thema wird die Berücksichtigung seiner persönlichen Antwort auf die im Zusammenhang der obigen sachlichen Erörterungen sich ergebende Frage nicht ungerechtfertigt erscheinen.

Gegen Nestles Buch sind drei Einwände erhoben worden. Man hat ihm erstens einen blinden Glauben an die Wissenschaft und zweitens ethischen Optimismus vorgeworfen[69] – jenes völlig zu Unrecht und auch dieses kaum mit Recht. Die Einschätzung der Wissenschaft durch Nestle ist keineswegs übertrieben, sie hält sich, wie man sagen muß, durchaus im Rahmen des Üblichen, geradezu Selbstverständlichen. Und auch die Betonung eines Zutrauens zum sittlichen Vermögen des Menschen im Gegensatz zum christlichen, insbesondere paulinischen »Sündenpessimismus« ist zweifellos vertretbar, ohne daß damit die tatsächliche Existenz und Macht des Bösen übersehen oder auch nur unterschätzt zu werden braucht.

Ein drittes Bedenken ist dagegen nicht ganz von der Hand zu weisen. Es bezieht sich auf die Frage, ob Nestle mit der in seiner Sicht auf die Humanitätsidee abzielenden Entwicklung des Christentums diesem wirklich gerecht geworden ist oder ihm nicht vielmehr in gewissem Sinne sogar Unrecht getan hat. Seine Betrachtungsweise geht ja im Grunde von der Voraussetzung aus, daß der eigentliche Kern und Sinn des Evangeliums Jesu wie überhaupt des Christen-

---

[64] Abschied von Wilhelm Nestle. Privatdr., S. 5.

[65] S. 16.

[66] S. 17.

[67] S. 8.

[68] Briefliche Mitteilung seines Schwiegersohnes, Pfarrer Hans Ziegler, vom 18. 5. 1959 an den Verfasser.

[69] HANS HERMANN WALZ: Der christliche Glaube in der Krise des Christentums. In: MPTh Jg. 38. 1949, S. 2–13.

tums die Liebesethik ist und daß die dogmatische Entwicklung mehr oder
weniger eine Fehlentwicklung darstellt, die in langwierigen Kämpfen und An-
strengungen allmählich rückgängig gemacht werden muß. Diese vom theologischen Liberalismus inspirierte Sicht ist sicher nicht mehr haltbar.

Ein schon angeführter, der vorletzte Satz des Nestleschen Werkes bedarf einer
starken Einschränkung. Wir können aus der schweren Krisis des Christentums
nur herauskommen, »wenn die Christen wieder *ehrliche* Menschen werden, alle
Heuchelei und alles Überlebte in der Religion abtun und allein der Wahrheit die
Ehre geben«. Dagegen wendet ein theologischer Kritiker des Buches offenbar
mit Recht ein: »Es ist nun doch nicht so, wie der Verfasser anzunehmen scheint,
daß nur Heuchler oder doch völlig unwissenschaftliche Menschen bereit sind,
die Grundwahrheiten des Christentums anzuerkennen.«[70] In der Tat: Es gibt,
wie schon anfangs betont wurde, auch heute ein, obschon der Zahl der Bekenner
nach sehr verringertes, durchaus lebendiges und bewußt gläubiges Christentum, das fern aller Heuchelei sehr viel mehr als Humanitätsreligion sein will,
ohne doch am Geistesleben unserer Zeit unbeteiligt vorüberzugehen. Der Vorwurf der Heuchelei kann deshalb nur die große Masse der bloßen Namenschri-
sten treffen, die es vermeiden, sich darüber klar zu werden oder nicht zugeben
wollen, daß sie längst nicht mehr wirklich, mit Ernst, glauben.

Wilhelm Nestle war, was den eigenen Standpunkt betrifft, über die liberale
Theologie deutlich hinausgewachsen. Aber in der Beurteilung des Wesens und
der Zukunft des Christentums zeigt er sich von der liberalen Auffassung immer
noch so sehr beeinflußt, daß die Neuansätze etwa der jungreformatorischen
Bewegung von ihm nicht ins Auge gefaßt werden. Das beeinträchtigt sein
Gesamturteil, so daß sein Werk zwar zeitlich und der Anlage nach die grundlegende Arbeit der neueren Christentumskritik darstellt, aber nicht in jeder Hinsicht schon das letzte Wort in dieser Sache sein kann.

---

[70] ADOLF KÖBERLE: Zur Krisis des Christentums. In: ZW Jg. 19. 1947/48, S. 649.

Zweiter Abschnitt

Christentumskritik aus philosophischer Sicht

Gleichzeitig mit dem Erscheinen des für die Christentumskritik zeitlich und sachlich grundlegenden Buches von Wilhelm Nestle begann *Kurt Port*, wie Nestle Schwabe, in der von ihm begründeten Zeitschrift »Die Pforte« die Auseinandersetzung mit dem Christentum.[1] Im Unterschied von Nestles vorwiegend historisch angelegter Betrachtung begegnen wir in Port einem reinen Philosophen, dem alles Historische fern zu liegen scheint und der auch, ebenfalls anders als Nestle, gar keinen Kontakt mit der Theologie zeigt.[2]

Zur Unterrichtung über diesen verhältnismäßig noch zu wenig bekannt gewordenen Philosophen sei vorausgeschickt, daß Port von der Phänomenologie sowie der philosophischen Welt- und Lebensanschauung Dietrich Heinrich Kerlers ausgegangen ist, die er nicht nur selbst vertreten und verbreitet, sondern auch in grundlegenden Punkten einer einschneidenden Kritik unterzogen, darüber hinaus wesentlich ergänzt und so zum »Wertidealismus« um- und ausgebaut hat. Mit Kerler teilt Port zunächst den »Impersonalismus« in der Ethik, d. h. die Ablehnung alles bloßen Strebens nach Befriedigung und

---

[1] Kurt Port (1896–1979) hatte unter den politischen Umständen des Jahres 1934 eine begonnene akademische Tätigkeit abgebrochen und eine Verlagsarbeit aufgenommen. Nach Teilnahme am Zweiten Weltkrieg gründete er den Port-Verlag in Urach, der später nach Esslingen verlegt wurde. Von seinen eigenen Veröffentlichungen in Buchform seien hier nur genannt: Das System der Werte (1929), eine Auseinandersetzung mit der Wertphilosophie seines Lehrers Dietrich Heinrich Kerler. sowie: Sexdiktatur, Volksverdummung, Volksverführung, Volksvernichtung (1972), womit der entschiedene Kirchengegner sogar die Beachtung und den Beifall katholischer Theologen fand.

Für unsere Belange kommt jedoch allein die philosophisch-kulturpolitische Zeitschrift »Die Pforte« in Betracht, die von Port 1947 begründet und bis zu seinem Tode herausgegeben wurde. Für sie hat er die meisten und grundlegenden Aufsätze selbst verfaßt, darunter eine große Anzahl umfangreicher Abhandlungen wie auch viele Diskussionsbeiträge und Rezensionen, die sich z. T. überaus kritisch mit Religion und Christentum beschäftigen.

Erwähnt sei noch, daß Port eine für einen Philosophen bemerkenswert verständliche Schreibweise eigen und daß er ein glänzender Redner war, der sich auf den Jahrestagungen des von ihm gegründeten und geleiteten »Pfortebundes« über schwierige Themen ohne Manuskript zwei Stunden lang druckreif verbreitete.

[2] Eine mehrfache Auseinandersetzung Ports mit Hermann Raschke in der »Pforte« spricht nicht gegen diese Feststellung. Sein Interesse für Raschke war mehr zufälliger Art, in persönlicher Bekanntschaft begründet. Auch war Raschke zwar von Beruf Pastor, aber alles andere als ein typischer christlicher Theologe, vielmehr ein gelehrter später Nachfahre der Gnosis. (Hauptwerk: Das Christusmysterium. Wiedergeburt des Christentums aus dem Geiste der Gnosis. 1954).

Glück, sei dieses egoistischer oder altruistischer bzw. sozialeudämonistischer Art, während ihm als sittlich allein ein völlig selbstloses Wollen und Handeln im Dienste der Werte gilt. Port hat dabei jedoch die Einseitigkeit des von Kerler weit über Kant hinaus gesteigerten Rigorismus sichtbar gemacht und durch die Herausarbeitung und sogar Bevorzugung eines weiteren höheren Wertes neben dem ethischen, des »mystischen« Werts mit seiner Vorstufe des musischen, also des ästhetischen, überwunden. Dem bloß subjektiv-eudämonistischen Wert, durch den das Streben nach Befriedigung bestimmt ist, stehen mithin der ethische Hochwert und der mystische Tiefwert (auch »bathischer« Wert oder Wert der »Wunderbarkeit« genannt) als die beiden höheren Werte mit objektivem Sollenscharakter gegenüber und erheben den Anspruch, daß der Mensch sich ihrem Dienst widme. Nicht das Sein, die Wirklichkeit, weder unsere empirische mit ihren fragwürdigen Interessen und Zielen noch die höhere Gottes, stellt demnach die höchste Instanz dar. Sie als solche zu nehmen, ist unsittlich. Motiv und Maßstab des menschlichen Handelns haben vielmehr die Werte zu bilden, jene beiden höheren Werte, die um ihrer selbst willen da sind und deren Verwirklichung den eigentlichen Sinn des menschlichen Lebens ausmacht.

Im Unterschied von Nestle wird die Kritik am Christentum bei Port nicht nur schärfer und schriller, sondern auch radikaler und geradezu total. Dabei zieht er das Christentum lediglich als die in unserem Kulturkreis bedeutendste Religion in Betracht. Die Religion überhaupt, ob theistisch oder pantheistisch, wird von ihm als wahrheitswidrig und schädlich ebenso entschieden und konsequent abgelehnt wie ihr Gegensatz, die naturalistisch-biologistische Weltauffassung einschließlich der freireligiösen Lebensanschauung. Denn beiden, Religion und Naturalismus, ist die höchste, letzte Instanz nicht ein Wert, sondern eine – tatsächliche oder vermeintliche – Wirklichkeit, der Wille Gottes oder die Gesetze der Natur und der Gesellschaft, aus welcher Wirklichkeit die Werte erst abgeleitet werden. Die Theologie wie die Soziologie belassen den Menschen, insofern ihn letztlich ein geglaubtes oder erfahrenes Wirkliches motiviert, in der Sphäre der Heteronomie, an deren Stelle für den wahrhaft geistigen Menschen die Herrschaft der autonom bejahten Werte tritt. Der durch diese Erkenntnis und praktische Zielsetzung bestimmte »Wertidealismus« ist damit entschieden impersonalistisch und atheistisch eingestellt. Um den übergeordneten Rang der höheren Werte zum Ausdruck zu bringen, spricht Port, wenn er den Gegensatz zum Christentum bezeichnen will, im Unterschied von einem heute verbreiteten Sprachgebrauch, auch nicht gern von »Humanismus«, weil dieser Begriff ihm noch zu personalistisch schmeckt, sondern formal präziser und sachlich strenger von »Idealismus«. Sein letztes Ziel aber war die Ausbildung einer irreligiösen, gottlosen Mystik: Im Versenkungserlebnis wird nicht Gott erlebt – das ist eine falsche Interpretation –, sondern das Ureigenste der Seele selbst und damit die Wunderbarkeit, der tiefste und zugleich höchste Wert. Das Glück dieses Erlebens ist nicht gewöhnliche Lust, sondern Seligkeit.

Erwähnt sei noch, was Ports persönliche Eigenart betrifft, daß wir es bei ihm mit einem ungemein vielseitigen, scharfsinnigen und tiefen, aber auch äußerst temperamentvollen Denker zu tun haben, der die berüchtigte rabies früherer Theologen, erst recht die etwa noch vorhandene heutiger, bei weitem übertrifft.

Ihm ist ein Zug von Maßlosigkeit eigen, der ihn bei der Gedankenentwicklung und Stellungnahme nicht selten schneidend scharfe, manchmal auch recht grobe Formulierungen verwenden läßt. Ablehnung oder Zustimmung finden jeweils im Superlativ statt. An einem in der Grundeinstellung von ihm einmal abgelehnten Autor oder Werk läßt er kein gutes Haar. Sein Denken ist durch vorbildliche Klarheit und äußerste Entschiedenheit gekennzeichnet, ein Umstand, der sich vor allem auf denjenigen Gebieten vorteilhaft auswirkt, die seine eigentliche Domäne bilden, der Erkenntnistheorie im weitesten Sinne sowie besonders der Wertphilosophie. Viel weniger nahe steht ihm die Welt der Religion, und am wenigsten Verständnis und wirkliches Interesse bringt er für das Christentum auf. Für das spezifisch Christliche scheint er gar kein Organ besessen zu haben, seine Urteile sinken hier gelegentlich zur Schelte herab, bei einem Autor dieses Ranges auffallend und bedauerlich.

Trotzdem darf dieser Denker hier nicht übergangen werden. Vielmehr verdient bei aller Einseitigkeit auch seine grundsätzliche Stellungnahme zur Religion teilweise Beachtung, und insofern das Christentum eben auch eine Religion ist, erlangen einige gegen diese aus seiner wertidealistischen Sicht vorgetragene Einwände für unser Thema größeres Gewicht. Während man über manche seiner Ausführungen zum Christentum nur den Kopf schütteln kann, sind andere durchaus und sogar in hohem Grade bedenkenswert.

Völlig daneben greift Port mit der wohl von dem später noch zu behandelnden Karlheinz Deschner übernommenen Behauptung, »nichts an Jesu Lehre« sei »originell«[3], und ganz und gar indiskutabel sind auch Äußerungen wie die, wo man es unternehme, das Christentum von »theologischen Irrtümern und Lügen« zu befreien, bleibe von seiner Substanz nichts übrig[4], oder: seine Dogmen würden »nur noch von dümmeren und dümmsten Volksteilen ernstlich geglaubt«[5]. Und welcher Grad von Verständnislosigkeit muß erreicht sein, um fragen zu können: »Gibt es etwas Entsetzlicheres als einen gemeinsamen Gottesdienst?«[6], eine völlig einseitig aus der Haltung des Mystikers erwachsene Bemerkung, auf die sich im Hinblick auf Art und Bedeutung des christlichen Gottesdienstes nur entgegnen läßt: Gibt es etwas Haarsträubenderes als eine derartige Frage? Zwar meint Port immerhin, daß »jede Religion neben der zu ihrem Wesen gehörenden wertfeindlichen Komponente auch eine mehr oder weniger wertfreundliche besitzt«.[7] Aber dann bringt er es fertig, bei einer zusammenfassenden Stellungnahme zu behaupten, das Christentum sei »nicht eine Religion der Ideale und der Liebe, sondern eine von krasser Wertfeindlich-

---

[3] PORT: Die praktische Bedeutung des Wertidealismus. 2. In: Die Pforte (weiterhin zit.: Pf), H. 117/118 (Jg. 13/14, 1963/64), S. 42.

[4] PORT: Reformation des Christentums, der Religion? In: Pf H. 68 (Jg. 6, 1954/55), S. 480.

[5] PORT: Warum nicht Religion? In: Pf H. 101/102 (Jg. 9/10. 1959/60), S. 342.

[6] PORT: Über die Erotik. Religion wird Sittlichkeit und Seelentiefe. In: Pf H. 82/83 (Jg. 8. 1957), S. 112.

[7] PORT: Die neuen Religionen und der Wertidealismus. 1. In: Pf H. 111/112 (Jg. 11/12. 1961/62), S. 279.

keit getragene Lebensanschauung«[8]. Dieses Urteil erinnert in fataler Weise an Russell und bleibt auch dann sachlich unverzeihlich, wenn man berücksichtigt, daß dem Wertidealismus schon das Sichunterordnen des Menschen unter ein Wirkliches überhaupt als wertfeindlich gilt. Port sieht nicht, daß für den Christen Gott als die höchste Wirklichkeit die Fülle der Werte einschließt. Dies außer acht zu lassen, den Sachverhalt der selbstverständlichen Identifikation von Gott und Wert im christlichen Denken aufgrund der eigenen Auffassung völlig zu verkennen, ist ein vielleicht begreiflicher, nichtsdestoweniger schwerer Fehler.

Andererseits ist es, um sogleich auch ein durchaus anerkennenswertes Moment seiner Kritik ins Treffen zu führen, vom wertidealistischen Standpunkt unvermeidlich, aber auch sehr berechtigt, ein Gebot wie die Feindesliebe abzulehnen, weil sie zwar als »Verzicht auf Rache« subjektiv wertvoll, als »völlige Gleichgültigkeit gegenüber dem Charakter des gegenerischen Handelns« aber objektiv »vollkommen verwerflich« und »jedenfalls sittlich falsch« ist.[9] Damit sind hier beide Seiten des Sachverhalts ebenso eindeutig festgestellt wie in aller Kürze zutreffend beurteilt. Auch die Liebe zum Nächsten, die ihrem Wesen nach »ohne Rücksicht auf seinen Wert« erwiesen wird, kann der Wertidealist nicht billigen. Und dabei ist nicht nur an den objektiven Aspekt Nietzsches, »den christlichen Kult des Mittelmäßigen und Minderwertigen« zu denken. Wichtiger noch dürfte hier der subjektive sein: Man kann »rein seinsmäßig vielleicht nur einen Menschen wirklich lieben, unter Umständen ein paar, aber keine Millionen. Man muß vor allem wohl einen Menschen zuerst einmal kennen, bevor man ihn liebt.«[10] Diese Ablehnung der christlichen Nächstenliebe schließt »die sittliche Aufgabe«, »den Armen, Unterdrückten und Kranken unter Mensch und Tier zu helfen, wo immer ich kann«, keineswegs aus. »Aber dann bin ich idealistisch von einem Wert ergriffen und nicht religiös von einer Wirklichkeit«.[11] Beispiele, wie dieser Denker das eine Mal bei allgemeinen Urteilen über Religion und Christentum ganz und gar daneben und dann wieder in einzelnen Punkten ins Schwarze trifft.

Kurt Port hat seine Einwände gegen das Christentum kurz zusammengefaßt in einem Beitrag zu dem Sammelband »Warum ich aus der Kirche ausgetreten bin«[12]. Dieser Beitrag genügt jedoch nicht, um sich ein ausreichendes Bild von seinem Verhältnis zum Christentum zu machen. Unerläßlich sind dafür wie gesagt außerdem mancherlei Ausführungen in der »Pforte«, namentlich in den beiden ersten Jahrgängen, die, wie schon bemerkt, gleichzeitig mit dem Buche Nestles die Christentumskritik nach dem letzten Kriege eröffneten.

Auf die »naturwissenschaftlichen Einwände« (Schöpfungsbericht, geozentrisches Weltbild, Wundertaten, Auferstehung Jesu) und die »historischen Unmöglichkeiten der christlichen Heilslehre«, von denen Port spricht, soll hier nicht

---

[8] PORT: In: Warum ich aus der Kirche ausgetreten bin. Hrsg. von K. Deschner. 1970, S. 48.
[9] PORT: Praktische Bedeutung, S. 39.
[10] PORT: Reformation, S. 487.
[11] PORT: Ist Liebe Religion? In: PfH. 69 (Jg. 7. 1956), S. 25.
[12] PORT: In: Warum ich (Deschner), S. 35–51.

eingegangen werden, da er bei jenen wenig originell und für diese nicht kompetent ist. Um so mehr Beachtung, am meisten Beachtung auch nach seiner eigenen Einschätzung, verdienen die eigentlich philosophischen Argumente, zumindest einige von ihnen, während andere hier nur eben gestreift zu werden brauchen.

Die Erklärung der Welt durch die Annahme eines allmächtigen Gottes, der sie eines Tages geschaffen hat, lehnt Port ab, weil sie »zu dem Wunder, das das Sein überhaupt darstellt, nur noch drei weitere Wunder völlig überflüssigerweise« hinzufügt: »erstens das Wunder eines allmächtigen Gottes«, »doch wahrhaftig nicht das kleinste«, »das man sich vorstellen kann; sodann das absolute Wunder«, daß »ein reiner Geist durch ein reines Wollen eine materielle Substanz oder eine menschliche Seele schafft – eine Vorstellung, die« zwar »nicht unmöglich ist«, also nicht einem einsehbaren oder, wie Port sagt, »eidetischen« Sachverhalt widerspricht, »aber doch so mit Unverständlichkeit getränkt ist, daß sie« »als Erklärungsprinzip denkbar ungeeignet erscheint«. Das dritte und »schlechthin unmögliche Wunder, das unnötigerweise noch herangeholt wurde, ist« die Aseität Gottes: »Wenn ich angesichts der Welt fragen soll«: »wer hat sie geschaffen? und die Antwort erhalte: Gott! dann muß ich auch« fragen: »wer hat Gott geschaffen? Natürlich erhalte ich hierauf die Antwort: er hat sich selbst geschaffen«. Demgegenüber scheint es Port »*eidetisch unmöglich zu sein, daß ein Gott sich selbst erzeugt.* Er kann sein – Götter sind nicht unmöglich! – aber er kann sich nicht selbst schaffen. Denn um sich selbst zu schaffen, müßte er zunächst sein. Ein nichtseiender Gott kann aber auch nichts schaffen, also auch nicht sich selbst«. »Was habe ich nun also«, fragt der Philosoph »für die Erklärung der Wirklichkeit« »mit der Gotteshypothese gewonnen? Ich habe nur dreimal gegen das methodologische Prinzip der Metaphysik verstoßen, keine Hypothesen zu bilden, zu denen ich nicht durch die Erfahrung *gezwungen* wurde«.[13] Überzeugten Christen wird eine derartige logisch-ontologische Zergliederung und Infragestellung des Gottesglaubens fern liegen. Aber an ihrem Glauben sind, bewußt oder unbewußt, wenigstens teilweise gewisse metaphysische Annahmen beteiligt, deren kritische Analyse erlaubt sein muß. Nichts anderes als eine solche nimmt Port hier vor. Nur argumentiert er mit der an sich durchaus richtigen Behauptung, daß ein Gott sich nicht selbst erschaffen kann, am christlichen Glaubensdenken vorbei. Welcher Theologe oder christliche Denker sollte die Selbsterzeugung Gottes vertreten haben? Gott ist für den gläubigen Menschen vielmehr der Ewige des 90. Psalms: »Ehe denn die Berge wurden und die Erde und die Welt geschaffen wurde, bist Du Gott, von Ewigkeit zu Ewigkeit« – diese großartige Sicht dürfte jedoch mehr oder weniger zu dem gehören, was Port das erste Wunder nennt, zu dem Wunder also der Existenz des allmächtigen Gottes, der eben nicht nur allmächtig ist, sondern auch immer schon war, sie steht und fällt mit der Stellungnahme zu ihm. Das Problem wird hierdurch auf die Frage reduziert: Bedeutet die Annahme eines göttlichen Wesens, das lauter wunderba-

---

[13] PORT: Gottesbeweise und Gottesrechtfertigungen. In: Pf H. 4 (Jg. 1. 1947/48), S. 446.

re Eigenschaften wie Allmacht und Ewigkeit besitzt und in wunderbarer Weise schafft, einen Erkenntnisfortschritt über die einfache Feststellung der Rätselhaftigkeit der uns gegebenen Welt hinaus? Erscheint es unter dem Gesichtspunkt eines methodisch vorsichtig operierenden Erkennens befriedigender, die Unerklärlichkeit der Welt durch die Annahme eines unbegreiflichen Gottes zu beheben, eben damit aber die Unerklärlichkeit des Seins insgesamt zu steigern, oder ist das Stehenbleiben bei einer »okkasionalistischen« Erklärung, wie sie in Übereinstimmung mit seinem philosophischen Lehrer Kerler und mit dem Gros der Naturwissenschaftler Port vertritt, einleuchtender, d. h. wäre eine absichtslose, rein zufällige Entstehung des rein biotischen, des seelischen und des geistigen Lebens »bei Gelegenheit« des zufälligen Zusammentreffens entsprechender Kausalreihen für ein dem Erkennen verpflichtetes Denken vorzuziehen? Die Frage soll an dieser Stelle nicht weiter verfolgt werden; es genügt einstweilen die Klärung der Problemlage, die Formulierung der Fragestellung.

Während sich die angeführten Argumente kaum über die üblichen Kontroversen auf diesem Gebiet erheben, sind einige andere von Port gegen die Position des Glaubens erhobene Einwände, bei denen es um das Verhältnis Gottes zu den Werten geht, sehr viel eigenartiger und gewichtiger, wenngleich gerade hier immer die Gefahr besteht, daß unser Denker erneut in Rage gerät. Zunächst spricht Port, wie es dann später auch der eingangs erwähnte Erich Brock getan hat, dem biblischen Gott gewisse elementare sittliche Qualitäten ab, vor allem Güte und Liebe. Der Jahve des Alten Testaments ist »ein wüster Dämon«, gekennzeichnet durch »schrankenlosen Egoismus« und »brutale Rachsucht«.[14] Aber auch der paulinische Gott, dessen reiner Willkür es überlassen bleibt, wer von den Berufenen auserwählt wird, ist nach Port »tief verabscheuungswürdig«[15]. Und überhaupt: »welch unerhörter und lächerlicher Gott, der seinen Sohn aus unendlicher Liebe zum Menschen in den Opfertod schickt, um die Folgen seiner eigenen hochverbrecherischen Tat zu beseitigen« – gemeint ist mit dieser offenbar der Schöpfungsakt. Selbst wenn »Gott der Schöpfer und Erhalter der Welt« wäre, dann wäre er doch »nach aller Erfahrung kein guter Gott der Liebe, sondern der ›ungeheuer Schuldige‹ Spittelers, denn die Gesetze des Lebens sind niederträchtig. Daß jede Art einer anderen als Nahrung dient, könnte doch nur die Erfindung eines göttlichen Ursadisten sein: ›Der Tod ist der Sünde Sold‹ ist doch wohl die dümmste und frechste Lüge aller Theodizee«.[16] Wenn Eva und Adam vom Baum der Erkenntnis aßen »trotz des unerhörten Verbots Gottes, der sie, d. h. die Menschheit, weiterhin« in Unfreiheit, d. h. »ungeistig erhalten wollte«, so war das »höchste sittliche Tat«.[17] »Sie schwangen sich« damit »zum Geist, zur Autonomie, zur Selbstentscheidung auf, und für diese ›Sünde‹ wurden sie gleich für alle Zeiten mit Qual und Tod bestraft«[18], »auch ihre Kinder und Kindeskinder, das ganze Menschengeschlecht. Dies ist zweifel-

---

[14] PORT: In: Warum ich, S. 47.
[15] S. 48.
[16] Ebd.
[17] S. 47f.
[18] S. 48.

los die schändlichste und wahnsinnigste Tat, die je ein Gott begangen hat«.[19] Dieselbe Umwertung des »Sündenfalls« hatte schon der Deutsche Idealismus vollzogen, freilich wieviel gemäßigter in der Form und damit vielleicht auch weniger anstößig in der Sache! Port erklärt hierzu abschließend mit dem bekannten Stendhal-Wort radikal und drastisch: »Für Gott gibt es nur eine Entschuldigung, daß er nicht existiert.«[20] Auch diese Argumente sind noch nicht eigentlich neu; originell daran ist freilich der geradezu erbitterte, entrüstete Ton der Argumentation und eben diese Tonart und extremen Formulierungen machen es auch dort nicht leicht, darauf einzugehen, wo man einen sachlichen Anlaß zum Aufwerfen eines Problems oder sogar ein gewisses Recht der Einwände zugestehen muß.

Ein wirklich neues Motiv kommt in die Argumentation und ein ganz anderes Niveau erreicht diese, wenn die übliche unmittelbare sittliche Verurteilung Gottes überschritten und allgemein das Verhältnis Gottes und seiner Schöpfung zum Geiste ins Auge gefaßt wird. Der Wertidealist zeigt eine hochgradige Empfindlichkeit hinsichtlich der unendlich geringfügigen Rolle, welche die Werte im Universum spielen, insofern der Geist eine verschwindende Insel im Weltall bildet, inmitten von Sonnen, Monden, Ozeanen, Gebirgen, Kristallen, Viren und Tieren.[21] Und wie in räumlicher, so verhält es sich auch in zeitlicher Hinsicht: »Wenn der allmächtige Gott der Schöpfer des Weltalls ist, warum hat er dann überhaupt so lange gebraucht, bis er auch nur eine Zelle, geschweige den Menschen zustande brachte?«[22] Jahrmilliarden und -millionen! Und nun geht der ästhetisch und geistesaristokratisch anspruchsvolle Wertidealist noch einen Schritt weiter im Rechten mit Gott: »Welche Geschmacklosigkeit sodann, etwa unsere Seele an einen Tierstaat, Leib genannt, anzuhängen, der, wenn er sich erst recht entwickelt hat, schon wieder zu verwesen beginnt, und überhaupt, statt eines kleinen Paradieses für wenige erlesene Seelen, dieses astronomische Plumpsal zu schaffen«[23]! Soweit damit die Vorstellung dieses Denkers zum Ausdruck kommt, wie er unter dem Gesichtspunkt des Primats des Geistes, vom Standpunkt des Wertbewußtseins aus, das Tempo und die Ausgestaltung der Weltwerdung lieber gesehen hätte, sind solche Darlegungen nicht ganz ohne unfreiwillige Komik. Allerdings ist ja nicht in Abrede zu stellen – dies der sachlich diskutable Kern einer solchen Betrachtungsweise –, daß die Ausmaße des Weltprozesses nicht gerade für eine auf den Menschen und seine Erlösung ausgerichtete göttliche Zielstrebigkeit zu sprechen scheinen.

Wie dem auch sei, wichtiger noch als die Frage der Bewertung der Wirklichkeit ist eine speziellere und zugleich ganz grundsätzliche, für den Wertidealismus außerordentlich bezeichnende Problematik, bei der es um einen für ihn funda-

---

[19] PORT: Glaube und Wissen. In: Pf H. 21/22 (Jg. 2. 1950), S. 718.
[20] PORT: In: Warum ich, S. 49.
[21] PORT: Praktische Bedeutung, in: Pf H. 115/116 (Jg. 12. 1962), S. 407.
[22] PORT: Gottesbeweise, S. 450.
[23] Ebd.

mentalen Sachverhalt geht. Angenommen einmal, es gäbe Gott, und »auch wenn der Gott gut und tief, also noch so« verehrungs-[24] »und anbetungswürdig wäre, darf ich nicht kritiklos seine Gebote erfüllen und mein Leben damit zubringen, ihn personalistisch anzubeten, sondern muß autonom die für mich gültigen Werte erkennen und verwirklichen«.[25] Damit nähern wir uns dem Kernpunkt der wertidealistischen Sicht. Wie schon nach Kerler »Gottesverehrung auf alle Fälle widersittlich« war[26], so ist für Port die Verehrung eines Wirklichen immer verwerflich, selbst wenn sie einem guten Gott gelten würde, weil »ich nie mit Sicherheit feststellen kann, ob Gott wirklich ein vollkommener Realisator der Werte ist«[27]. Und jetzt bedarf es nur noch eines letzten Schrittes, um ins innerste Zentrum dieses Denkens zu gelangen: es geht ihm im Grunde weniger um Gott in seinem Verhältnis zum Guten als vielmehr umgekehrt, um das Verhältnis des Guten zu Gott. Das Gute, dieser Wert als solcher, ist der feste Ausgangspunkt, und nicht so sehr um das mehr oder minder Gutsein Gottes handelt es sich hier, vielmehr wird jetzt das grundsätzliche Verhältnis von Gut und Gott zum eigentlichen Problem. Welche Funktion kann Gott noch zukommen, wenn wir auch ohne ihn wissen, was gut ist und was der Verwirklichung des Guten dient? So wie Port in Übereinstimmung mit Kerler die grundsätzliche und totale Unabhängigkeit des ethischen Wertes gegenüber der Religion verficht, so insbesondere die Selbständigkeit des Guten gegenüber Gott. Dieser hat die Gebote nicht geschaffen, er kann nicht willkürlich festsetzen, was gut ist. Das Gute »ist nicht deshalb das Gute, weil es von Gott gefordert wird, sondern umgekehrt wäre Gott, wenn es ihn gäbe, nur dann echter Gott, wenn er vollkommen gut wäre, also dem Wert gemäß. *Gott bezieht seine Gottheit vom Wert* und *nicht* der Wert *seine Werthaftigkeit von Gott.*«[28] Das mag dem Neuling in solchen Gedankengängen spitzfindig oder verschroben, vielleicht auch theologisch wenig bedeutsam erscheinen und ist doch in Wahrheit von größtem Belang. Dies wird schon deutlicher bei dem folgenden Satz: »Die Vorstellung, daß für Gott das Sittengebot nicht gelte«, »ist ebenso absurd, wie, daß er in der Lage wäre, den Inhalt des Sittengebotes beliebig nach seinem Willen abzuändern oder daß er es geschaffen habe.«[29] Damit wird Gott, nachdem er bereits die Funktion des Schöpfers verloren hat, nun auch noch die des Gesetzgebers abgesprochen. Für den Wertidealisten ruht das Gute wie jeder höhere Wert, selbstverständlich auch der Wahrheitswert, in sich, gilt aus eigenem Recht, nicht kraft einer von Gott abgeleiteten Autorität. Deshalb werden solche von Gott unabhängige Sachverhalte, »eidetische Wahrheiten«, »für die Religiösen unbe-

---

[24] Im Text heißt es versehentlich »verehrungsvoll«.

[25] PORT: In: Warum ich, S. 47.

[26] DIETRICH HEINRICH KERLER: Weltwille und Wertwille. Linien des Systems der Philosophie. Aus hinterlassenen Notizen aufgebaut u. hrsg. von Kurt Port. 1925, S. 171.

[27] PORT, aaO.

[28] PORT: Die religiöse Entwertung des Wertes zur Wirklichkeit und die kategoriale Rückverlegung des Wertursprungs. In: Pf H. 81 (Jg. 8. 1957), S. 38.

[29] PORT: Sittliches Wissen und unsittliches Glauben. In: Pf H. 5 (Jg. 1), S. 563.

quem, sehr unbequem«[30], von Port in den Vordergrund gerückt. »Hier sind die Grenzen ihrer Götter«, ruft der Wertidealist selbstbewußt aus. So wird auch die Annahme, daß das Gewissen »nur deshalb die maßgebende Instanz« ist, »weil es die Stimme Gottes im Menschen sei«[31], ausdrücklich abgelehnt. »Das Gewissen ist das Gewisse, viel gewisser als Gott«.[32] Danach brauchte Port die Ansicht, »der Glaube an Gott« »sei wichtiger als die Erfüllung der Gebote«, kaum noch ausdrücklich zurückzuweisen.[33]

Die christliche und die wertidealistische Auffassung des Verhältnisses von Gott und Gut sind auf keine Weise zusammenzubringen. Für den Christen besitzt Gott ganz selbstverständlich den Primat, so selbstverständlich ihm dieser Gott dann auch gut ist. Daß einige anfechtbare Eigenschaften des alttestamentlichen Gottes weit davon entfernt sind, das An-sich-sein Gottes überhaupt darzustellen, sondern dem Denken einer noch unentwickelten Geistesstufe zugeschrieben werden müssen, dürfte auch dem Glaubenden anzuerkennen nicht schwerfallen. Der Gott, von dem der Christ glaubt, daß er die sittlichen Gebote gegeben hat und selber Liebe ist, kann jedenfalls nicht anders als gut sein. Wo dieses Gutsein nicht erkennbar ist, da gelten seine Wege dem Glaubenden als unerforschlich, da tritt ihm Gott als der ganz andere gegenüber, mit dem man nicht zu rechten, in dessen Willen man sich zu ergeben hat. Das sittliche und übersittliche Sein Gottes fügen sich auf diese Weise einigermaßen widerspruchslos, wenn auch für den menschlichen Verstand nicht spannungslos, ineinander. Der Wertidealist dagegen geht eindeutig vom Primat der Werte und damit des Guten aus, so daß für ihn auch der Gott des Glaubenden am Wert zu messen ist. Neben dem selbstherrlichen Wert und der mangelhaften Wirklichkeit gibt es dann für ein ganz Anderes im Grunde genommen keinen Platz.

Daß die wertidealistische Bestimmung des Verhältnisses von Gut und Gott nicht etwa ein belangloses Gedankenspiel ohne wesentliche Folgen ist, daß sie sich vielmehr mit Notwendigkeit gegen das Zentrum des christlichen Glaubens auswirkt, wird, wenn es bisher noch zweifelhaft geblieben sein sollte, vollends deutlich im Hinblick auf einen so wichtigen Punkt wie die Frage der göttlichen Vergebung. Port erklärt, in seiner Sicht durchaus folgerichtig und sachgemäß: »Gott kann einem Menschen tausendmal seine Sünden vergeben, aber was geschieht, wenn er«, der *Mensch,* »sie sich nicht vergibt? Dagegen ist Gott und das Jenseits und die Stunde des Gerichts machtlos, ebenso machtlos wie gegenüber dem Sachverhalt, daß eine geschehene Sünde eine Sünde bleibt und nicht ungeschehen gemacht werden kann, so wenig wie ein vollbrachtes gutes Werk. Es ist schwer zu verstehen, daß die Christen in zweitausend Jahren daran noch nie gedacht haben.«[34] An dieser Stelle befinden wir uns im Brennpunkt der wertidealistischen Auseinandersetzung mit dem Glauben. Was so manche Auto-

---

[30] S. 564.
[31] PORT: Religiöse Entwertung, S. 37.
[32] PORT: Erwiderung zum Theodizeeproblem. In: Pf H. 2 (Jg. 1), S. 218.
[33] PORT: Übersinn ist Sinnwidrigkeit. In: Pf H. 10 (Jg. 2), S. 174.
[34] S. 173.

ren in umfangreichen Arbeiten nicht bis ins letzte geklärt haben, das ist hier ganz kurz, aber unvergleichlich prägnant zum Ausdruck gebracht: wenn *ich* in meiner Eigenschaft als sittlicher Mensch mir nicht vergeben kann, so wird an dem Sachverhalt auch eine Rechtfertigung des Menschen durch Gott nichts Entscheidendes ändern: Nicht nur die äußeren Folgen meines Handelns für den anderen bleiben bestehen; nein, vor allem das Geschehen selbst, die ethisch-relevante Tat als solche läßt sich nicht ungeschehen, nicht rückgängig machen. Zwar muten Ports Ausführungen zum Gesamtproblem »Gut und Gott« auch an dieser Stelle reichlich dick aufgetragen an. Wieviel sachlicher wirkt im Vergleich damit Nicolai Hartmanns grundsätzliche Darlegung der zwischen Ethik und Religion bestehenden Antinomien am Schluß seiner Ethik! Aber die tiefe Bedeutsamkeit und unzweifelhafte Geltung der Portschen Stellungnahme selbst bleibt hier von der Art seiner Diktion unberührt: Wenn *ich* mir nicht vergebe, kann auch Gott mir nicht helfen!

Im Anschluß an diese Erörterung sei noch ein Gesichtspunkt zur Sprache gebracht, der im weiteren Zusammenhang mit der Gut-Gott-Problematik steht und sich auf die vergleichende Bewertung einerseits des religiösen, andererseits des idealistischen rein sittlichen Ethos bezieht. In einer Anwandlung von Milde gegenüber dem Gegner, wie sie auch bei Port einmal vorkommen kann, gibt er zu, daß die durch »das tapfere Wort ›Dennoch bleibe ich stets an Dir!‹« repräsentierte Haltung in ihrer »praktischen Realisierung« verehrungswürdig ist. Dann aber hält er dem sogleich die Frage entgegen: »Wie denn, wenn ein vom Schicksal und der Niedertracht der Welt Verfolgter ebenso am *Guten* festhielte wie Hiob an *Gott*, ohne der doch etwas wurmstichig gewordenen Krücke des Gottesglaubens zu bedürfen? Wollte jemand ernstlich behaupten, daß dessen Haltung« minder wertvoll sei, »als die des Frommen?«[35]In »metaphysischer Einsamkeit«, ohne Hoffnung und Vertrauen auf Gott »der nackten häßlichen Wahrheit, dem Nichts der Wirklichkeit ins Gesicht zu sehen und *trotzdem* den Werten treu zu bleiben«, ist unbedingt noch größer als jenes berühmte Dennoch des Glaubens.[36] Der Idealist hat nämlich dem Gläubigen dreierlei voraus: »Die Ehrlichkeit und Tapferkeit seiner Vorwürfe gegen die Welteinrichtung«, »die größere Wahrheit und Wahrhaftigkeit seiner Weltanschauung und vor allem die größere ethische Leistung eines Lebens, das, ganz auf sich gestellt«, dem Guten sich weiht.[37] Vielleicht würde Port seinen Lesern die Zustimmung zu seiner Bewertung dieser Alternative erleichtert haben, wenn er zwar nicht die Wahrheit, aber doch die Wahrhaftigkeit hier aus dem Spiel ließe, die man beiden Seiten in gleicher Weise zubilligen sollte. Davon abgesehen ist jedoch mit dem Gesagten ein Punkt von existentieller Bedeutung getroffen. Der übliche A-theist, der nur noch von Gnaden der mangelhaften Wirklichkeit lebt, ist vielleicht in gewisser Hinsicht ärmer als der Glaubende – der autonom im Dienst der Werte stehende Idealist weiß sich ihm überlegen.

---

[35] PORT: Was haben wir mit Gott vor? In: PfH. 8 (Jg. 1), S. 917.
[36] S. 917 f.   [37] S. 918.

In Betracht zu ziehen sind in diesem Zusammenhang schließlich noch einige Bemerkungen, die Port macht, indem er auf die persönlichen Gründe und Hintergründe seiner Stellungnahme zum Gottesproblem zu sprechen kommt. An und für sich bestreitet er, *persönlich-praktische* Gründe gegen die Annahme eines persönlichen guten Gottes zu haben. Er würde, wie er in seiner manchmal ein wenig überschwenglichen Weise sagt, dessen Existenz insofern sogar »begeistert begrüßen«, als sie ihm »Gewähr dafür gäbe, daß trotz der negativen Erfahrungen innerhalb der überblickbaren Welterfahrung doch das Gute endlich siege«.[38] Wenn also für Port ein persönlich-praktischer Erlebnisgrund gegen den Gottesglauben eigentlich nicht besteht, so führt er doch einen anderen persönlichen Grund an, einen emotionalen, mehr ästhetischer Art sozusagen: »einen Grund des guten Geschmacks«. Er »fände es peinlich, wenn es Gott gäbe«, »wenn ein lebender Geist mich als Marionette an seinen Drähten auf der Schaubühne tanzen ließe«. Leider beeinträchtigt Port auch hier die Argumentation durch seine Neigung zu übertreibenden Formulierungen. Der wirklich fromme Gläubige wird das Verhältnis zu seinem Gott ganz anders als in dieser Weise erleben. Was Port meint, läßt sich jedoch auch ohne karikierende Verzerrung sagen und würde dann erst recht in eine ernstzunehmende Alternative zu der Einstellung des Glaubens münden, eine Alternative, die sich mit der Frage berührt, ob der Geborgenheit des gläubigen Christen oder eben jener stolzen »metaphysischen Einsamkeit« des Idealisten letztlich der Vorzug gebührt. Es wird sich nicht ein jeder in der Lage sehen, die neue Alternative im eigenen Innern nachzuvollziehen und zu entscheiden. Wer die Fragestellung mit der hier vorgenommenen Korrektur, die beide Seiten erst gleichgewichtig werden läßt, sich zu eigen zu machen vermag und sich vielleicht noch mehr als Port für beide Möglichkeiten offenhält, kann es nur anerkennenswert finden, daß dieser an das Problem gerührt hat. Als besonders unwürdig würde Port, wie er hinzufügt, die »in den Händen Gottes liegende Kreatürlichkeit für die Liebenden« empfinden. In einer ganz tiefen, wie unser Wertphilosoph sie nennt: »mystischen« Liebe zwischen zwei Menschen ist für einen Dritten kein Platz, »am allerwenigsten für Gott«[39]. »Die Geliebte tritt an die Stelle Gottes.«[40] Mögen die meisten Leser diesem Gedankengang nur schwer folgen können: »die feindliche Tendenz zwischen Religion und Liebe, einen der gewaltigsten Grundsachverhalte der Wertwelt«, »noch nie erkannt«, wie Port, auch hier vielleicht reichlich stark aufgetragen, sagt, nunmehr entdeckt oder doch die besondere Aufmerksamkeit darauf gelenkt zu haben, ist ein wirkliches Verdienst dieses Denkers, welcher der subjektiven Haltung des Glaubens zwar oftmals nicht gerecht wird, aber dem Glaubenden in mehrfacher Hinsicht zu denken geben müßte.

Und noch eine letzte von Port aufgeworfene Frage, die ebenfalls sehr persönlich empfunden ist, doch zugleich zum Allgemeinen und Grundsätzlichen zu-

---

[38] S. 926.
[39] Ebd.
[40] S. 927. – Vgl. auch PORT: Gespräch über Religion und Idealismus. In: Pf H. 3 (Jg. 1), S. 324. – PORT: Ist Liebe Religion?, S. 22.

rückführt, muß hier gewürdigt werden. Wie wäre es, meint er, »wenn der Religiöse sich nun täuschte, wenn nur die Vernunft und nicht die Glaubenskraft recht hätte, wenn es keine hintergründige Welt, kein Jenseits«, keinen später sich enthüllenden göttlichen Sinn »für die Gemeinheit und die Leiden und die abgeschnittenen Lebenswege gäbe? Wer wollte dann die ungeheure Verantwortung dafür tragen, die Menschen betrogen, ihre ethischen Kräfte statt auf erreichbare Werte und Ziele des Diesseits auf unerreichbare, weil nicht vorhandene Werte und Ziele des Jenseits gelenkt zu haben? Der Idealismus kann, selbst wenn er irrte, wenigstens keinen Schaden anrichten. Aber der Glaube kann, wenn er irrt, unvorstellbaren Schaden anrichten.«[41] Wiederum brauchte und sollte nicht von Betrug die Rede sein, wozu doch wohl eigentlich die bewußte Absicht gehören würde. Man kann es weniger massiv ausdrücken, und es bleibt immer noch das sehr ernste Problem des ungeheuren Wagnisses, das der Glaube darstellt. Ein Wagnis war er immer schon, sonst wäre er nicht Glaube. Aber ist dieses Wagnis in der heutigen Geisteslage nicht fast schon zu groß geworden? Das ist die außerordentlich schwerwiegende Frage, die sich hier in der Tat ergibt, die Frage aller Fragen: Läßt sich der christliche Gottesglaube in seinem vollen Sinne, ohne Abstriche an allen Ecken und Kanten, wirklich noch vertreten, aus voller Überzeugung verantworten, allen Ernstes rechtfertigen? Wäre es nicht richtiger, klüger, weiser, sich vielmehr auf die andere Möglichkeit einzustellen, daß alles im Sinne des christlichen Glaubens Geglaubte und Erhoffte nicht die Wahrheit ist, d. h. in Wirklichkeit nicht gilt, nicht besteht oder nicht eintreffen wird? Eine Frage von elementarer existentieller Bedeutung, welche den, der diesem Glauben stärker verbunden war und gefühlsmäßig positiver gegenübersteht, noch tiefer bewegen könnnte, als es bei Port der Fall ist. Aber daß dieser sie zur Sprache bringt, wiegt manche Überspitzung und polemische Entgleisung seiner sonstigen Ausführungen in Sachen des Christentums auf. In einigen Urteilen außerordentlich unbefriedigend und gelegentlich sogar schwer erträglich, kommen Port dennoch einige wesentliche Verdienste in dieser Auseinandersetzung zu.

Zusammenfassend wird man sagen dürfen: Nicht in den altbekannten metaphysischen Argumenten, daß Gott sich nicht selbst geschaffen haben könne und dergleichen, liegt Ports hauptsächliche Bedeutung für unser Thema. Sie besteht vielmehr vor allem in drei Punkten. Der eine ist durch den Einwand bezeichnet, der sich aus dem Verhältnis von Wert und Gott, insbesondere dem von Gut und Gott, ergibt, aus der Selbstherrlichkeit des Guten, dem, was in dem Begriff der Autonomie im weitesten Sinne beschlossen liegt. Dieser Einwand konkretisierte sich in der entschiedenen Ablehnung des Rechtfertigungsglaubens, die Port in der zugespitzten Form zum Ausdruck bringt, daß, möge Gott dem Menschen auch tausendmal seine Sünden vergeben, dieser selbst sie sich möglicherweise nicht vergeben kann. Eindeutiger läßt sich der Primat des Wertes nicht proklamieren.

---

[41] PORT: Übersinn, S. 176 f.

Der zweite Punkt, in dem Ports Stellungnahme besondere Beachtung verdient, betrifft jenes mehr gefühlsmäßig motivierte Bedenken hinsichtlich der Existenz Gottes, zumal er hier nicht ganz so sehr die ihm sonst eigene Schroffheit im Urteil und bei dessen Artikulation zeigt. Indem es sich gegen die Allgegenwart Gottes richtet, wird das Interesse des Eigenlebens des Menschen, seiner Unabhängigkeit, Selbständigkeit, seiner Würde, wahrgenommen, d. h. es geht dabei um das höhere Recht der Gottlosigkeit, der metaphysischen Einsamkeit des Menschen in existentieller Hinsicht gegenüber dem verbreiteten Wunsch nach Geborgenheit bei Gott. Als am wichtigsten aber ist drittens hervorzuheben, daß Port, wohl als einziger der christentumskritischen Autoren, endlich einmal das ungeheure, intellektuell schwer zu rechtfertigende Risiko des Glaubens zu bedenken gibt, mit dessen völliger Gegenstandslosigkeit sehr ernsthaft gerechnet werden muß.

Die zuletzt besprochenen Ausführungen sind von großer Tiefe und Tragweite. Indem Port nicht nur die Unabhängigkeit und Selbstherrlichkeit der Werte vertritt, sondern auch das Interesse der Selbständigkeit und Würde des Menschen gegenüber dem souveränen Gott wahrnimmt, hat dieser der Existenzphilosophie sonst recht fernstehende und sie z. T. ablehnende Denker ein gerade in deren radikalem Flügel wirksames wichtiges Motiv besonders einleuchtend zur Geltung gebracht. Am schwersten aber wiegt wie gesagt jenes ebenso naheliegende wie selten, auch von Port wohl nur ein einziges Mal herausgestellte Bedenken der möglichen, wenn nicht sogar wahrscheinlichen Vergeblichkeit des Glaubens insgesamt, das das ganze Leben des Glaubenden überschatten müßte. Dieser allgemeine Gesichtspunkt dürfte an persönlicher Bedeutsamkeit alle kritischen Aspekte und Argumente im einzelnen übertreffen. Ohne sich mit der Theologie abzugeben, hat der geistsprühende Kämpfer auf entscheidend Wichtiges hingewiesen.

Von den Philosophen, die sich mit dem Christentum kritisch auseinandergesetzt haben, ist weitaus am bekanntesten *Karl Jaspers*. Sein »philosophischer Glaube« hat etwas eigentümlich Unbestimmtes, Diffuses, Schwebendes. Daß er Begriffe wie Gott, Transzendenz, »das eigentliche Sein« gleichsetzt, mag noch angehen. Aber bei der Charakterisierung des philosophischen Glaubens als solchen wird die Unbestimmtheit in mancher Hinsicht geradezu widerspruchsvoll, so, wenn dieser Glaube mit Wissen und Vernunft zu tun haben soll und doch letztlich als nichtwissend und als Wagnis hingestellt wird.

Unter unserem Gesichtspunkt ist indessen von Interesse lediglich, daß in dem Hauptwerk »Der philosophische Glaube angesichts der Offenbarung« (1962) die Unbestimmtheit in eine auffallende Bestimmtheit umschlägt, sobald es um den christlichen Glauben geht. Nur in zwei wichtigen Punkten läßt Jaspers sich auf eine kritische Behandlung christlicher Glaubensgehalte ein, beide Male gelangt er zu einer überraschend eindeutigen Ablehnung.

Diese Ablehnung gilt einmal der Offenbarung in Christus. Der eigentliche Offenbarungsglaube ist dem unbestimmt-schwebenden Charakter der »Chiffren« der Transzendenz, die bei Jaspers eine so große Rolle spielen, allzusehr entgegengesetzt und kann in seiner Prägnanz und Dynamik vom »philosophischen Glauben« nicht anerkannt werden. Zwar vermag dieser auch den Menschen Jesus, der für Jaspers außerordentlich hoch steht, »als einzigartige Chiffre« zu nehmen.[42] »Aber Christus ist als leibhaftig realer Gott nicht als Chiffre geglaubt. Hier ist das Maximum an Leibhaftigkeit Gottes erreicht.«[43] Leibhaftigkeit bedeutet für Jaspers Gegenständlichkeit und Anspruch auf absolute Geltung, genau das Gegenteil von dem, was er an den Chiffren schätzt. Es bleibe dahingestellt, ob die Alternative »Jesus als Chiffre oder Christus als leibhaftiger Gott« der Sachlage im vollen Maße gerecht wird. Feststeht jedenfalls, daß Jaspers sich als Philosoph mit dem, was er als Objektivierung Gottes versteht, mit der Erhebung des Menschen Jesus zum Gottmenschen und mit der durch ihn und in ihm gegebenen Exklusivität und Endgültigkeit der Offenbarung nicht abfinden kann; denn »durch Christus ist die Transzendenz nicht mehr verborgen in der Vielfachheit von Chiffern Gottes, sondern als realer Gott offenbar.« Diese Sicht erklärt Jaspers für eine »Ungeheuerlichkeit«[44]. »Der Mensch gewordene Gott Christus ist philosophisch unmöglich.«[45] Für den Offenbarungsglauben wird »in der Welt der objektiven Tatsächlichkeiten Gott selber dadurch Geschichte«, »daß er eine Folge von Offenbarungshandlungen in der Zeit vollzieht.«[46] Die damit vertretene »Realität der Zeitlichkeit des ewigen Gottes, des Unveränderlichen«, führt zu einer zweifachen Absurdität. Erstens: Realität ist, wenn Realität, doch nachweisbar für jeden Verstand und nicht Glaubensinhalt. Zweitens: Gott als Transzendenz – ›der Ewige‹ – ist kein werdender Gott, hat keine Geschichte.« Zwar ist Absurdität für Jaspers »eine Form auch der philosophischen Vergewisserung«, aber dann ist sie »ein Spiel des Gedankens, dessen Ernst in der Erwerbung von Kräften inneren Handelns liegt, nicht im Bekenntnis zu ihrer Wahrheit«[47], um die es hier letztlich geht. So viel ist klar, daß der Offenbarungsglaube mit der Gestalt des Christus in seiner Ausschließlichkeit grundsätzlich nicht in das Konzept der Jasperschen Philosophie hineinpaßt, insofern der Gehalt dieses Glaubens etwas ganz anderes und weit mehr darstellt als eine Vielheit von Chiffren. Mag auch der Philosoph hoffend, doch nüchtern abwartend vor dem Vorhang der Transzendenz stehen und sich seinen Meditationen, Reflexionen, Spekulationen hingeben: die Offenbarung wäre die Durchbrechung dieses Vorhangs, die Ausnahme von der Regel, das große einmalige Wunder. Durch die Offenbarung wird für den Glaubenden die Unzugänglichkeit der reinen Transzendenz in einem bestimmten Punkt aufgehoben. Diese Annahme des christlichen Glaubens bleibt für den philosophischen Glauben im Sinne von Jaspers, also ohne daß er sich hier auf eine Prüfung im einzelnen einließe, außer Betracht, ja, sie wird ausdrücklich verworfen. Jaspers' Stellungnahme ist insofern kaum überraschend, als dem Existentiali-

---

[42] JASPERS: Der philosophische Glaube angesichts der Offenbarung, S. 225. Jaspers schreibt stets verdeutscht »Chiffer«.

[43] AaO. S. 227.　　[44] Ebd.

[45] AaO. S. 225.　　[46] AaO. S. 253.　　[47] Ebd.

sten, welcher seinem Wesen nach nichts anderes als Relativist sein kann, der immer auf Absolutheit gerichtete, Ausschließlichkeit verkündende und beanspruchende Offenbarungsglaube schon deshalb nicht gemäß erscheint, weil er mit voller Toleranz nicht verträglich ist. Freilich muß man doch wohl sagen: Toleranz in allen Ehren, aber tolerant und intolerant sind, wie man mit Recht bemerkt hat, »keine Fragen der Wahrheit, sondern des Verhaltens«.[48] Im übrigen aber ist diese eindeutige Ablehnung[49] des Offenbarungsglaubens, insbesondere der Menschwerdung Gottes in Christus, mehr, als man nach allem, was da über die Chiffren ausgeführt und ins Unbestimmte gerückt worden war, erwarten konnte.

Der zweite Punkt von zentraler Bedeutsamkeit, in welchem Jaspers entschiedenen Widerspruch gegen die Position des christlichen Glaubens erhebt, betrifft die Versöhnung mit Gott, die Rechtfertigung. Befreiung von Schuld gibt es für Jaspers nicht anders als »durch Sühne und verläßliche Haltung in dieser Welt«[50]. »Verzeihung gibt es zwischen Menschen. Es ist der wunderbarste Akt menschlicher Kommunikation: das Unrecht wird von beiden Seiten« »anerkannt. Aus der Liebe geboren, die hellsichtig in ihrer Wahrhaftigkeit nichts übersieht, gründet die Verzeihung neue liebende Kommunikation. Nicht zu tilgende Folgen bleiben. Aber die Schuld ist nicht mehr absolut.« Der Satz »Verzeihung gibt es zwischen Menschen« will besagen: *nur* zwischen Menschen. Sich »von Gott anders verzeihen zu lassen als dadurch, daß Menschen sich verzeihen, das wäre Flucht vor den Menschen und sich selbst zu Gott und selber gottlos«.[51] Inwiefern gottlos, wäre hier zu fragen; das wird nicht gesagt. Davon abgesehen lassen diese Ausführungen an Klarheit nichts zu wünschen übrig. »Versöhnung durch den Glauben an den objektiven Heilsprozeß, den Glauben, durch Christi Opfertod und Auferstehung erlöst zu sein«, findet Jaspers »philosophisch unbegreiflich, wenn sie als Rechtfertigung allein durch den Glauben (Paulus, Luther) gemeint ist.«[52] Und während er in anderen Zusammenhängen so manchem, allzu vielem auch, wie man sagen muß, Absonderlichem, als Chiffre genommen, immerhin noch einen bejahenswerten Sinn abzugewinnen weiß, wird an dieser Stelle mit beinahe schneidend wirkender Schärfe hinzugefügt, »nicht einmal als Chiffer« vermöge er sich »die ›Rechtfertigung‹ zugänglich zu machen«.[53] Einem solchen Rechtfertigungsglauben gegenüber erklärt Jaspers vielmehr seine »völlige Unbetroffenheit im Nichtverstehen«. Übrig bleibe ihm nur

---

[48] Fries: Ärgernis, S. 86.

[49] Von einer solchen muß man doch wohl sprechen, obgleich Jaspers gelegentlich äußert, von ihm aus sei »der Offenbarungsglaube nicht zu bejahen und nicht zu verneinen, sondern eine gewaltige Wirklichkeit«, die er »mit Betroffenheit« sieht (in dem Zwiegespräch: Karl Jaspers und Heinz Zahrnt: Philosophie und Offenbarungsglaube 1963, S. 29). Lieber freilich bezeichnet der Existentialist das Verhältnis zwischen »philosophischem Glauben« und Offenbarungsglauben nur als Getrenntsein (Glaube, S. 527), als »Unterschied« (S. 532).

[50] Jaspers: Glaube, S. 366.

[51] Ebd.

[52] AaO. S. 367.

[53] Ebd.

»die Betroffenheit von der Tatsache, daß Menschen so sprechen«. In diesem Punkte ist es dem Existenzphilosophen offensichtlich besonders ernst. Hier verhält er sich, wie bei der Frage der geschichtlichen Offenbarung in Jesus Christus einmal nicht nur verstehend, sondern urteilt ausnahmsweise ganz bestimmt und entschieden, wenngleich nicht zu verkennen ist, daß die Feststellung seines Nichtbetroffenseins vom Rechtfertigungsglauben wie auch seine Betroffenheit von der Tatsache, daß andere ihn bekennen, im Grunde über eine subjektive Haltung nicht wesentlich hinausgelangt. Es ist die existenzphilosophische Version des Relativismus, die damit zum Ausdruck kommt. Genau genommen enthält ja die Anerkennung, daß »nicht zu tilgende Folgen der Schuld bleiben«, nicht alles, was hier zu sagen wäre. Der von Port betonte entscheidende Umstand, daß grundsätzlich keine göttliche Vergebung meinen sittlichen Status rückwirkend zu verändern, die negative Qualität meines früheren Tuns auzulöschen vermag, wird damit nicht ganz ausreichend zur Geltung gebracht. Das ist auch gar nicht möglich innerhalb eines Denkens, das eine wirklich kritische Argumentation in bezug auf die Existenz Gottes, sein Wesen und sein Verhältnis zum Menschen nicht zuläßt.

Schließlich stellt Jaspers noch die interessante Frage, ob Offenbarungsglaube und philosophischer Glaube bzw. Theologie und Philosophie endgültig unvereinbar bleiben oder ob eine Möglichkeit des Sichtreffens beider bestehe. Kann der Offenbarungsgläubige überhaupt eine andere Wahrheit neben der seinigen anerkennen, da doch »Gott selbst für ihn spricht«? Muß nicht umgekehrt der philosophisch Glaubende »grundsätzlich die Offenbarung als Illusion verwerfen«? Wenn es eine gegenseitige Anerkennung geben soll, so müßte der Offenbarungsgläubige aus dem Verhalten der Mehrheit der Menschen »die Möglichkeit erschließen, daß das, was für ihn absolut, weil Offenbarung Gottes selber ist, nicht für alle Menschen verbindlich sei«. Der philosophisch Glaubende aber müßte den ihm fremden Glauben als aus anderem Ursprung kommende mögliche Wahrheit anerkennen, auch wenn er ihn nicht zu verstehen vermag.«[54] Beide können einander indessen auch zur Anfechtung werden: die »bezwingend quälende Macht des Philosophierens« dem Offenbarungsgläubigen mit der Folge, daß er »nicht mehr glauben kann«; die befreiende Möglichkeit dagegen, »wenn Gott selbst sich zeigte«, »absolute Sicherheit böte und mich an der Hand führte«, auch der Eindruck des kirchlichen Gottesdienstes dem philosophisch Glaubenden, der unter Umständen ästhetisch genießen möchte, was ihm die Redlichkeit verbietet.[55] Das sind gewiß ungemein feinsinnige Überlegungen, die jedoch kaum etwas daran ändern, daß die existenzphilosophische Sicht der hier bestehenden Problemlage nicht in vollem Maße gerecht zu werden vermag. Denn einerseits ist die gegenseitige Achtung verschiedener Standpunkte wie der hier in Rede stehenden selbstverständlich oder sollte dies wenigstens sein. Dazu bedarf es nicht so langwieriger Erörterungen. Andererseits besteht die Forderung, der philosophisch Glaubende müsse den ihm fremden Glauben »als aus anderem

---

[54] S. 533.   [55] S. 534 f.

Ursprung kommende mögliche Wahrheit anerkennen« gar nicht zu Recht. Für den, der den Relativismus der existentialistischen Haltung eines bloß philosophischen *Glaubens* überwunden hat, gibt es nicht mehrere Wahrheiten, sondern in der Regel nur *eine*, die in dem Maße, wie sie erreicht worden ist, dem anderen in der Tat abgesprochen werden *muß*, trotz und bei aller Toleranz, das ist unvermeidlich. Die Strenge und Härte dieser Haltung ist durch die Sache selbst bzw. das Wesen der Wahrheit gefordert und schließt nicht aus, daß der Gegner und die von ihm vertretene Möglichkeit (zwar nicht, wie Jaspers wünscht, »anerkannt«, aber) geachtet wird. Jenes »Oder« in der von Jaspers gestellten Frage würde dann fehl am Platze sein. Offenbarungsglaube und philosophischer Glaube sind demnach sowohl unvereinbar als auch des gegenseitigen Sichbegegnens fähig, aber eben auf verschiedenen Ebenen: sachlich ein für allemal getrennt, weil zutiefst entgegengesetzt; menschlich-persönlich in ihren Vertretern einander begegnend in gegenseitiger Achtung, vielleicht sogar Schätzung. Übrigens vermag gerade durch diese Erkenntnis des strengen, sachlichen, durch nichts zu mildernden Gegensatzes das menschliche Verständnis für den Gesprächspartner, der nicht anders kann und darf, als die Position des anderen ablehnen, sogar gefördert zu werden. »Jede Geschichtlichkeit«, sagt Jaspers in der ihm eigenen dunklen und vagen Ausdrucksweise – einfach und verständlich ausgedrückt: jeder überzeugte Anhänger einer bestimmten Religion oder Welt- und Lebensanschauung – »kann die andere in ihrem existentiellen Ernst lieben und sich ihr in einem Übergreifenden verbunden wissen«,[56] – gewiß, durchaus, nur eben nicht, wie Jaspers mißverständlich oder vielmehr geradezu unzutreffend sagt: sie anerkennen, und das ist hier allein entscheidend. Der Wert der Kommunikation auf der Grundlage gegenseitiger Achtung steht außer Zweifel; die Wahrheit muß jedoch im Konfliktfalle als ranghöher gelten. Jene dadurch bedingte sachliche Strenge und Härte, von der soeben die Rede war, darf nicht existenzphilosophisch verschleiert oder gar bestritten werden. Wenngleich also das Ergebnis reichlich aufwendig gewonnen wurde und inmitten ziemlich fließender Begriffe und Ausführungen steht, in der zuletzt empfohlenen Grundhaltung der »Anerkennung« auch unbefriedigend bleibt: um so bemerkenswerter ist am Ende, daß hier einer der prominentesten Philosophen seiner Zeit wenigstens in zwei Brennpunkten der Auseinandersetzung so eindeutig und entschieden zum nichtphilosophischen Glauben Stellung bezogen hat. Das unterscheidet ihn von den meisten seiner Fachgenossen. Was die Philosophen wie überhaupt die geistig interessierten Menschen sich in der Regel kaum bewußt machen und jedenfalls, von seltenen Ausnahmen abgesehen, auszusprechen sich scheuen, hat er offen dargelegt: seine völlige Unbetroffenheit vom Grundartikel und Herzstück des christlichen Glaubens.

Wie Jaspers hat auch *Karl Löwith* in Heidelberg gewirkt. Aber die geistige Atmosphäre ist bei ihm wesentlich anders als bei Jaspers. Von ihm konnte man sagen, daß er »wie kein zweiter seines Standes mit der christlichen Theologie

---

[56] S. 536.

beschäftigt« gewesen und daß bei ihm »die christliche Überlieferung als ganze so präsent« ist »wie zuvor nur bei Hegel«[57]. Wenn aber Hegel versucht hat, die Theologie ihrem wahren Gehalt nach in die Philosophie aufzunehmen, so ist es umgekehrt das Grundanliegen Löwiths, die Philosophie von der Last des in ihr wirksamen theologischen Erbes zu befreien, d. h. Theologie und Philosophie völlig zu sondern. Er zeigt sich sichtlich beeindruckt von der Gestalt eines Theologen, der insofern den denkbar größten Gegensatz zu Hegel bildet, Franz Overbeck, des Nietzschefreunds. Während Hegel die Religion insgesamt als ein Moment in der Entwicklung des Geistes und das Christentum als die offenbare, absolute, wahre Religion ansah, war Overbeck, dieser »denkwürdigste aller modernen Theologen«[58], mit dessen Würdigung Löwith schon zwei lange zurückliegende Arbeiten abgeschlossen hatte, der Überzeugung, daß »die bisherige religiöse Entwicklung der Menschheit eine heillose und darum stillzulegende Verirrung darstellt«.[59]

Zur Befreiung der Philosophie von theologischer Belastung mußte vor allem Klarheit und Ordnung und auf diese Weise Eindeutigkeit geschaffen werden; denn die nachchristliche Philosophie von Descartes bis Hegel ist für Löwith »religiös eine einzige Zweideutigkeit; sie denkt auf dem Boden der christlichen Überlieferung, aber so, daß sie den christlichen Glauben philosophisch begründen will«. »Mit dieser Umformung der christlichen Lehre in eine Religionsphilosophie vollzog sich zweierlei: eine *Rechtfertigung* des christlichen Glaubens durch die Philosophie und zugleich seine *Kritik.* «[60] Als die Höhepunkte der nach Hegel einsetzenden radikalen Glaubenskritik, die mit dieser Zweideutigkeit bricht, gelten Löwith Overbeck, in dem »die philosophische Religionskritik sich vollendet und als eine atheistische selbst aufgehoben« hat[61], und Nietzsche. Mit Löwith selbst verhält es sich folgendermaßen: Alle seine »Studien zur Geschichte der christlichen Überlieferung haben nur das eine Ziel, die dogmatisch-theologischen Voraussetzungen unseres eigenen nach-christlichen Geschichtsdenkens als problematisch, als *frag-würdig* erscheinen zu lassen«.[62]

Von Overbeck übernimmt Löwith die grundlegende Erkenntnis, daß das Christentum ursprünglich ganz und gar durch die Erwartung des Weltendes und der Parusie des Christus bestimmt war. Ferner verdankt er Overbeck die Erkenntnis, daß zu der früh einsetzenden Verweltlichung des Christentums auch die Ausbildung einer Theologie als solcher gehört, ganz besonders aber die Einsicht, daß das moderne Christentum in jeder Beziehung das Ende des Chri-

---

[57] HERMANN TIMM: Karl Löwith und die protestantische Theologie. In: EvTh Jg. 27. 1967, S. 573.

[58] KARL LÖWITH: Die philosophische Kritik der christlichen Religion im 19. Jahrhundert: In: ThR N. F. Jg. 5. 1933, S. 226.

[59] FRANZ OVERBECK: Christentum und Kultur. 1919, S. 77.

[60] LÖWITH: Vorträge und Abhandlungen. Zur Kritik der christlichen Überlieferung (weiterhin zit. als »Christliche Überlieferung«). 1966, S. 51.

[61] TIMM: Karl Löwith, S. 583.

[62] S. 579.

stentums überhaupt darstellt. Hieran anknüpfend hat er auf zwei Sachverhalte von entscheidender Bedeutsamkeit hingewiesen.

Einmal zeigt Löwith, daß das moderne Geschichtsbewußtsein aus dem Christentum stammt[63], und das heißt, daß schon »die Frage nach dem Sinn der Geschichte« »spezifisch jüdisch und christlich bedingt« ist.[64] Diese Fragestellung »zehrt von der Verwandlung des alt- und neutestamtlichen Glaubens an ein zielvolles Heilsgeschehen, überhaupt von der Voraussetzung, daß die Geschichte auf etwas abzielt und darin ihren Sinn erfüllt. Das Ziel und damit der Sinn, war ursprünglich im Glauben an den vorsehenden Willen Gottes begründet und hat sich, seit der Ablösung der älteren Geschichtstheologien durch die neueren Geschichtsphilosophien, im planenden Willen des Geschichte schaffenden Menschen verweltlicht. Die christliche Zuversicht ist dem modernen Geschichtsdenken abhanden gekommen, aber die Sicht auf die Zukunft als solche ist herrschend geblieben.«[65] »Die Welt nach Christus hat sich die Sicht auf ein Ziel und eine Erfüllung angeeignet und zugleich den lebendigen Glauben an ein bevorstehendes eschaton verabschiedet.«[66] Das Judentum und das ursprüngliche Christentum waren »nicht um die Geschichte der Welt besorgt, sondern um das Kommen des Reiches Gottes. Dieser Glaube hat sich von Augustin bis zu Hegel und von Joachim von Floris bis zu Schelling geschichtsphilosophisch verweltlicht.«[67] »Die *heute* vorherrschende Denkweise« ist »wesentlich durch den allgemein verbreiteten Glauben an die Wissenschaft und die *historische Denkweise* bestimmt.«[68] Wir haben ein Geschichtsbewußtsein, »das seiner Herkunft nach so christlich ist wie es in seinen Konsequenzen unchristlich ist.«[69] Für Löwith steht begreiflicherweise die positive Seite dieser Erkenntnis, die Herkunft der wegen ihres Anthropozentrismus von ihm abgelehnten gesamten Geschichtsphilosophie aus der jüdischchristlichen heilsgeschichtlichen Sicht, im Vordergrund. Unter dem unsere Betrachtung leitenden Gesichtspunkt ist dagegen die negative Seite das eigentlich Wichtige: der ungeachtet seiner Herkunft tatsächlich nicht mehr christliche Charakter des modernen Geschichtsbewußtseins, das wie gesagt im völligen Abbau der eschatologischen Einstellung besteht.

Aber nicht nur der Glaube an den kommenden Christus als Ziel und Ende der Geschichte ist uns abhanden gekommen, darüber hinaus ist, wie Löwith deutlicher als andere sieht, »der Atheismus im 19. Jahrhundert zur selbstverständlichen Voraussetzung des wissenschaftlichen Denkens geworden«.[70] Mit unvergleichlicher Prägnanz schreibt er: »Es genügt, sich historisch klar zu machen,

---

[63] Löwith: Weltgeschichte und Heilsgeschehen. 2. Aufl. 1953, S. 180.
[64] Löwith: Christliche Überlieferung, S. 40.
[65] Ebd.
[66] Weltgeschichte, S. 180.
[67] Christliche Überlieferung, S. 41.
[68] S. 45.
[69] Weltgeschichte, S. 180.
[70] Löwith: Gott, Mensch und Welt in der Metaphysik von Descartes bis zu Nietzsche. 1967, S. 191.

daß Gottes Existenz und die Unsterblichkeit der Seele noch bis zu Kant ein wesentliches Problem waren, um einzusehen, daß sie es nicht mehr sind. Die sachliche Aufgabe einer historischen Darstellung der Onto-Theologie kann darum nur einen *kritischen* Sinn haben: sie destruiert explizit und bringt zum Bewußtsein, was heute jeder Denkende ohnedies nicht mehr glaubt, obwohl es die wenigsten wahrhaben wollen: daß wir in einer gottlosen oder Gott losgewordenen Welt existieren«[71], »daß von der metaphysischen Trinität nur Mensch und Welt übrig blieben«[72]. Die Metaphysik hat sich also nicht weniger gewandelt als die Geschichtsphilosophie. Wir denken einfach »nicht mehr im Rahmen der biblischen Schöpfungslehre«[73], und der Begriff Atheismus ist insofern »zu einem Anachronismus geworden; denn welcher Denkende glaubt noch wirklich an den Gott des Alten und Neuen Testaments oder auch nur an eine Religion der praktischen Vernunft?«[74] Für die Gläubigen früherer Zeiten war kaum ein Name in Sachen Religionsphilosophie so verdächtig wie der des Spinoza, des geheimen Beinahe-Atheisten. Es ist deshalb ungemein bezeichnend für den Standort unserer Zeit, wenn Löwith gerade unter diesem Gesichtspunkt darauf hinweist, wie fern auch dieser Denker uns bereits steht: »Vielleicht hat Spinoza nicht nur nicht alles *gesagt*, was er dachte, sondern auch gar nicht alles *denken* können, was für uns, die Erben der durch ihn eröffneten Religionskritik, kaum noch des Denkens und Sagens wert ist: *daß überhaupt kein Gott ist – weder ein glaubwürdiger noch ein denkwürdiger, weder ein anwesender noch ein abwesender.* Wir sind in der Tat weder Theisten noch Atheisten, weil wir uns kaum noch vorstellen können, weshalb die Metaphysik überhaupt so lange und so beharrlich metaphysische Theologie war und meinte, Gott unbedingt denken zu müssen und nicht nur das Ganze der Welt, deren Gottlosigkeit für uns evident ist.«[75] [76] »Die biblische Anthropologie, die Partnerschaft von Gott und Mensch« ist uns »so fremd geworden« »wie die humanere Kosmotheologie der Griechen.«[77] Ebenso zutreffend wie glänzend formuliert wird hier der unser Denken beinahe schon selbstverständlich beherrschende Atheismus festgestellt.

Nun könnte ein Sachverhalt wie das Erlöschen der heilsgeschichtlichen Sicht und die nahezu allgemeine Geltung des Atheismus in der modernen Wissenschaft und weitgehend ebenfalls schon in der modernen Lebensanschauung und -einstellung auch von einem tiefgläubigen Christen, mit Bedauern, ausgesprochen werden. Daß es sich bei Löwith anders verhält, daß sein philosophisches Denken diese Entwicklung billigt, ist unverkennbar. Seine geistige Heimat ist nicht die jüdisch-christliche Anschauung der Welt und Geschichte, sein Herz schlägt eher für die alten Griechen. Sie »waren tief beeindruckt von der ewigen

---

[71] S. 68 f.   [72] S. 68.

[73] S. 237.   [74] S. 191.   [75] S. 250.

[76] Bereits in der älteren Abhandlung über die philosophische Kritik der christlichen Religion im 19. Jahrhundert (in: Theol. Rundschau. N. F. Jg. 5. 1933, S. 325 f.) hatte Löwith für die Philosophie einen Standort gefordert, »auf dem der ›Atheismus‹ so wenig noch eine wirkliche Frage ist wie der zu ihm gehörige Glaube an ›Gott‹.«

[77] Löwith: Gott, Mensch, S. 250.

Ordnung, der Größe und Schönheit der sichtbaren Welt, kein klassischer Denker ist aber je auf den Gedanken verfallen, diesen wohlgeordneten ewigen Kosmos mit den vergänglichen *pragmata* der menschlichen Geschichten in einer Weltgeschichte zusammen zu denken.«[78] »Um den Bruch zu verdeutlichen, den das Christentum in der heidnischen Welt bewirkt hat und seine nachchristlichen Folgen in der neuzeitlichen Metaphysik«, kommt er mehrfach auf das 30. Fragment des Heraklit zu sprechen: »Diesen Kosmos hier vor uns, derselbe für Alles und Alle, hat weder einer der Götter erschaffen noch der Mensch. Er war schon immer und er ist und wird sein.«[79]»Als eine Welt*ordnung*« ist der griechische »Kosmos ›gut‹ und ›schön‹ – sogar ›das Beste und Schönste alles Gewordenen‹ – in einem nicht bloß moralischen und ästhetischen Sinn«.[80] »Die biblische Voraussetzung eines persönlichen Schöpfergottes, der die Welt kraft seines Wortes und Willens aus Nichts erschuf, und den Menschen als Grund und Ziel der gesamten Schöpfung, eine solche ›Schwäche Gottes für den Menschen‹ (Schelling), lag dem griechischen Denken so fern wie die moderne Bestimmung des Menschen aus der Freiheit zur Selbstbestimmung.«[81] Aber das ist nun eben »der Weg der Geschichte der Philosophie«: »von der griechischen *Kosmo-Theologie* über die christliche *Anthropo-Theologie* zur *Emanzipation des Menschen*. Die Philosophie wird im selben Maße anthropologisch, wie sich der Mensch von dem göttlichen Kosmos der Griechen und dem überweltlichen Gott der Bibel emanzipiert und schließlich die Erschaffung der Menschenwelt selbst übernimmt.«[82]

Diese »Verkürzung des Kosmos zur Menschenwelt«[83] geht, wie Löwith zu betonen nicht müde wird, auf die jüdisch-christliche Gottes- und Geschichtsauffassung zurück. »Das Alte und Neue Testament kennt nicht den griechisch verstandenen Kosmos. Wenn die Welt eine auf den Menschen abzielende Schöpfung Gottes ist, die sich in dem Gottmenschen Christus erfüllt, dann ist sie als natürliche Welt depotenziert und denaturiert; es fehlt ihr das fundamentale ›aus sich selbst‹ der Selbstbewegung und Selbsterhaltung der Physis.« »Der immerwährende Kosmos wird zum *saeculum*, zu einer vergehenden Welt-Zeit, nach deren Ablauf Gott einen neuen Himmel und eine neue Erde schaffen wird. Die Welt, die für den griechischen Anblick Wahrheit, Leben und Licht ist, wird zum Gegenbegriff der Gottessohnschaft Christi, der nun seinerseits die Wahrheit, das Leben und das Licht ist.«[84] »Habt nicht lieb die Welt!«, heißt es nunmehr. Löwith macht »dem Christentum den Vorwurf, es habe mit seiner Schöpfungs-

---

[78] Löwith: Mensch und Geschichte (In: Ges. Abhandlungen. Zur Kritik der geschichtlichen Existenz. 1960), S. 155.

[79] Gott, Mensch, S. 11.

[80] S. 12.

[81] S. 15.

[82] S. 10.

[83] Arno Heinrich Meyer: Die Frage des Menschen nach Gott und Welt inmitten seiner Geschichte im Werk Karl Löwiths. 1977, S. 2. Vgl. auch S. 76.

[84] Löwith: Welt und Menschenwelt (In: Ges. Abhandlungen. Zur Kritik der geschichtlichen Existenz), S. 236.

lehre den Kosmos seiner göttlichen Eigenschaften, seiner Heiligkeit, Ewigkeit und Selbständigkeit beraubt«.[85] Und »zu den entfernten Folgen der biblischen Überlieferung gehört« eben »nicht nur die Depotenzierung der Natur, sondern auch die Potenzierung des Menschen, der als das einzige Ebenbild Gottes eine absolute Sonderstellung im Ganzen des von Natur aus lebendigen Seins erhält«.[86] Diese absolute Sonderstellung des Menschen und der dazugehörige Schöpfergott sind nicht nach Löwiths Sinn. »Woher weiß man denn, ob und wie Gott und das Sein, durch die sich das Menschenwesen ursprünglich bestimmen soll, überhaupt sind? Daß der Mensch und die Welt sind, sehen und wissen wir; ob beide dem Schöpferwillen eines unsichtbaren Gottes entspringen, läßt sich nicht einsehen; man muß es glauben.« Wenn aber »die Welt als das Ganze des Seienden nicht die Schöpfung eines außer- und überweltlichen Gottes ist, dann ist alles, was überhaupt ist, von Natur aus da, und diese Natur erscheint in allem, was ist, inbegriffen dem Phänomen, das wir Mensch nennen.«[87] Dieser ist »kein extramundanes Geschöpf und Ebenbild Gottes«[88], sondern ein Erzeugnis der Natur, die er bis zu einem gewissen Grade transzendieren kann – darin besteht in der Tat seine relative Sonderstellung –, ohne sich jedoch ihrem Bereich endgültig entziehen zu können. Und »was sollte die Natur sein, wenn sie nicht die *eine* Natur *alles* Seienden ist, deren Hervorbringung alles, was überhaupt ist, also auch den Menschen, aus sich hervorgehen und wieder vergehen läßt«.[89] Hier sind wir, wie man sieht, nicht fern von Spinoza, von dessen »Deus ›sive‹ Natura« Löwith sagt, er bzw. sie stehe »genau an der Grenze, an der das Vertrauen in Gott erlischt und der kritische Überschritt zur Anerkennung eines gottlosen Weltalls geschieht, das ohne Zweck und also ohne ›Sinn‹ oder ›Wert‹ ist«[90], wobei es nicht nur auf den Wortlaut dieses Satzes, sondern auch auf den Ort des ganzen Abschnitts innerhalb der Darstellung des Denkens von Descartes bis Nietzsche ankommt. Er bildet nämlich ihren Abschluß, was damit begründet wird, daß »die Geschichte der Philosophie kein kontinuierlicher Fortschritt« ist. »Der in Wahrheit ›fortgeschrittenste‹ Gedanke kann ein historisch weit zurückliegender sein, aber gerade deshalb noch eine Zukunft haben.«[91] Ganz im Sinne Spinozas heißt es denn auch in Löwiths »Curriculum vitae«: Von der Welt »ließe sich sagen, was die Theologie in ihren Gottesbeweisen von Gott gesagt hat: daß über sie hinaus nichts Größeres denkbar ist«. Und weiter: »Als ein Prädikat des ganzen und darum vollkommenen Kosmos ist das Göttliche kein persönlicher Gott über und außer der Welt und der Mensch kein einzigartiges,

[85] MEYER, S. 250.
[86] LÖWITH: Gott, Mensch, S. 133.
[87] LÖWITH: Natur und Humanität des Menschen (In: Ges. Abhandlungen. Zur Kritik der geschichtlichen Existenz), S. 183.
[88] S. 185.
[89] LÖWITH: Zu Heideggers Seinsfrage: Die Natur des Menschen und die Welt der Natur. In: Aufsätze und Vorträge 1930–1970. S. 193.
[90] Gott, Mensch, S. 250.
[91] S. 7f.

weil überweltliches Ebenbild Gottes, sondern wie jedes lebendige Wesen ein Weltwesen, durch das die Welt zur Sprache kommt.«[92]

Der Löwithsche Atheismus ist als ein »ruhiger, gelassener, unpolemischer Atheismus« charakterisiert und in Parallele zu dem des alten Bruno Bauer gestellt worden.[93] Das ist gewiß insofern berechtigt, als Löwith es auch an Overbeck schätzt, daß »ihm zu seiner Aufgabe einer Kritik der Theologie und des Christentums jeder Stachel eines ernsten Christen- und Religionshasses« fehlte.[94] Nur bedingt richtig ist es jedoch, wenn weiterhin gesagt wird, Löwith sei »kein Antitheist im Sinne der Leugnung oder Bekämpfung Gottes«, sondern einfach ein A-Theist.[95] Einmal stehen Leugnung und Bekämpfung einander nicht so nahe, wie es hiernach erscheinen könnte. Wäre eine Bekämpfung Gottes doch kaum weniger lächerlich als der berühmte Kampf gegen Windmühlenflügel, während seine Leugnung nicht nur allgemein ihren guten Sinn haben kann, sondern auf Löwiths Einstellung im großen und ganzen auch durchaus zutrifft. Außerdem ist die Unterscheidung zwischen Atheismus und Antitheismus allzu fließend. Löwith hat in seinem Denken nicht nur keinen rechten Platz für Gott, sondern er sieht in dem jüdisch-christlichen Gott, wie erwähnt, auch die Ursache jener von ihm verworfenen Haltung, die den Menschen von der Natur emanzipiert und ihn als Schöpfer seiner Welt ganz und gar in den Mittelpunkt stellt. »Wenn der heutige Mensch keine Scheu mehr hat vor den kosmischen Mächten und keine Ehrfurcht mehr kennt vor Zeugung, Geburt und Tod als den Grundphänomenen alles irdischen Lebens, so vielleicht deshalb, weil das Christentum den lebendigen Kosmos entheiligt hat und die Welt als Kosmos überhaupt nicht mehr kennt.«[96] Ein solches Urteil bringt offenbar sehr wohl eine antitheistische Note in seinen Atheismus. Wenn dieser dennoch mit Recht als ein »vornehmes und behutsames Absehen von Gott« beschrieben worden ist[97], so ließe sich schließlich fragen, ob ein derartiges Absehen von Gott nicht unter Umständen sehr viel mehr mit Gott fertig sein kann als der mit Gott hadernde Hiob oder ein den Gottesglauben noch so heftig ablehnender Freidenker. Löwith hat das Gottesproblem offensichtlich ad acta gelegt; es spielt, abgesehen von seinem produktiv gewordenen geistesgeschichtlichen Interesse, einfach keine Rolle mehr für ihn, und eben diese Sicht dürfte im Grunde genommen radikaler sein als das kritische Engagement dessen, der noch angelegentlich mit den Anwälten des Gottesglaubens ringt.[98]

---

[92] Mensch und Menschenwelt (Sämtl. Schriften, Bd. 1). 1981, S. 460 f.

[93] MEYER, S. 258 f.

[94] LÖWITH: Von Hegel zu Nietzsche, 2. Aufl. 1950, S. 413.

[95] MEYER, S. 238.

[96] LÖWITH: Mensch und Menschenwelt, S. 254.

[97] MEYER, S. 239.

[98] Deshalb erscheint es als sehr fragwürdig, Löwiths Haltung als agnostizistisch zu bezeichnen (so BIRGIT HEIDERICH: Zum Agnostizismus bei Karl Löwith. In: Der moderne Agnostizismus. Hrsg. von H. R. Schlette. 1979, S. 92 ff.). Richtig und bezeichnend aber ist das Fehlen aller Polemik und daß »Besonnenheit, Gelassenheit und Distanz« »die hervorstechenden Eigenschaften seines Denkens sind« (S. 96).

Löwith verkennt freilich nicht, daß der Mensch durch nichts so sehr gekennzeichnet ist wie durch sein Bedürfnis und seine Fähigkeit zu transzendieren. Es
kommt nur darauf an, wohin diese ihn führt. Wenn der Mensch nach Pascal das
Wesen ist, das sich unendlich überschreitet, so kann die Frage nicht ausbleiben:
überschreitet er sich wirklich un-endlich?[99] Wohl aber ist der Mensch das noch
nicht festgestellte Tier Nietzsches. Er fragt über sich hinaus, er kann sich
befehlen und gestalten und sogar sein Leben beenden. Doch was bedeutet dies
alles? »Das Tier fängt mit der Befriedigung seiner einfachen und natürlichen
Bedürfnisse immer wieder von vorne an, und es befriedigt sie jeweils auf immer
gleiche Weise. Der Mensch mag seine natürlichen Bedürfnisse noch so sehr
befriedigen, er bleibt unersättlich und unbefriedet, weil die Art und Weise und
die Vielfalt seiner Bedürftigkeit und die ihr gemäße Art der Befriedigung alles
ihm von Natur aus Gegebene und ihm Versagte überschreitet: in Erwartung und
Hoffnung, in Erinnerung und Reue, in Verzicht und rastloser Tätigkeit.«[100]
Komprimierter und sachgemäßer kann man das nicht sagen. Nun aber heißt es
weiter: »Fraglich ist nicht, ob der Mensch alles ihm von Natur aus Gegebene
überschreitet, denn das tut er schon immer, indem er darüber hinaus fragt, wohl
aber, *woraufhin* er sich übersteigt. Gewöhnlich nimmt man an, er transzendiere
im Sinne einer religiösen oder philosophischen Transzendenz, deren Unterschied sich im heutigen Sprachgebrauch infolge eines vagen Bedürfnisses nach
etwas Rettendem auf Kosten des Glaubens wie des Wissens verwischt hat.«[101]
Wieviel klarer als Jaspers, dessen Transzendenzbegriff geradezu darauf angelegt
zu sein scheint, im Schillern zu verharren, grenzt Löwith ihn ein, indem er
fortfährt: »Wenn man jedoch davon ausgeht, daß der Mensch keine leiblose Seele
und kein naturloser Geist und kein bloß existierendes Dasein ist, sondern eine
menschliche Natur – mit allen ihren Paradoxien und Zweideutigkeiten –, so
müßte auch sein Transzendieren ein natürliches sein, um seiner Natur zu entsprechen. Daß der Mensch die Natur in sich und um sich befragend überschreitet, besagt ja noch nicht, daß er sie zu einer Transzendenz überschreiten müßte,
um menschlich leben zu können.«[102]

So ausgezeichnet das im Wesen des Menschen liegende Transzendieren damit
von Löwith positiv bestimmt wird, wichtiger ist für unsere Blickrichtung auch
hier die negative Seite des Ergebnisses: Ein Zugang zur Transzendenz als einer
Art von Jenseits im Sinne des Glaubens findet nicht statt. Und es bleibt auch bei
der anfangs erwähnten völligen Trennung der Philosophie von der Theologie.
Löwith bekennt sich zum »Skepztizismus«, nicht im Sinne einer Verabsolutierung des Zweifels, sondern als Suchen, wörtlich als genaues Hinsehen verstanden. »Skeptisch philosophieren heißt suchen«, »aber nicht einer geoffenbarten
Wahrheit gewiß sein. Christliches Denken heißt, auf Grund des Glaubens denken, und wer wirklich glaubt, sucht im Letzten nicht mehr.« »Das Philosophieren im sokratischen und skeptischen Sinn hört auf, wo der Glaube beginnt, weil

---

[99] LÖWITH: Natur, S. 206. [100] S. 204.
[101] Ebd. [102] S. 205.

das Suchen der untersuchenden Skepsis aufhört, wenn man die Wahrheit gefunden hat.«[103] Es mag fraglich erscheinen, ob es sich empfiehlt, den Begriff der Skepsis, der nun einmal nicht nur im philosophischen, sondern auch im allgemeinen Sprachgebrauch so sehr den Sinn des Zweifels angenommen hat, in dieser Weise zu variieren. Wie dem auch sei, Philosophieren ist mit Glauben für Löwith jedenfalls nicht vereinbar. Und sehr aktuell fragt er, was »Bekennen«, »existenzphilosophisch gesagt«: »engagement, noch mit Erkenntnis zu tun habe«.[104] Nicht weniger treffend bezeichnet Löwith den wunden Punkt so mancher theologischen Darlegung von Glaubensgehalten mit einem einzigen kurzen Satz: »Die göttliche Autorität, der ich Glauben schenken soll, muß mir selbst« erst »den Glauben an sie schenken«, logisch ausgedrückt: »Was existenziell ein Wagnis, ein Risiko ist, das ist theoretisch auseinandergelegt ein Zirkel«.[105]

Schwierig wird es freilich bei der damit akut werdenden Problematik der Offenbarung. »Das Äußerste, was der christliche Glaube« nach Löwith »von der Philosophie verlangen kann, ist, daß sie die Möglichkeit einer sich selbst offenbarenden göttlichen Wahrheit nicht ausschließt.«[106] Diese Möglichkeit wird dann aber im eigentlichen Sinne bestritten, weil sie an dem Problem der zwiefachen Sprache scheitert, insofern der Mensch nur Menschliches versteht und Göttliches von Menschlichem gar nicht würde unterscheiden können.[107] Nun ließe sich allerdings auch genau umgekehrt argumentieren. *Wenn* Gott sich offenbaren will, so wird man doch wohl annehmen dürfen, daß er dazu über die nötigen Mittel und Wege verfügt. Diese Schwierigkeit erscheint jedenfalls theoretisch nicht ganz unüberwindlich. Andererseits liegt jedoch diese Voraussetzung, *daß* ein Gott sich dem Menschen bzw. der Menschheit überzeugend offenbart, der Philosophie bis zum etwaigen wirklichen Eintritt dieses Falles eben derart fern, daß sie bis zum Erweis des Gegenteils eine solche Möglichkeit in der Tat ausschließen kann. Nicht alles, was sich nicht schon auf den ersten Blick als total unmöglich erkennen läßt, darf deshalb als nicht ausgeschlossen und damit als möglich gelten.

Trotz seines Bemühens, die christlich-antichristlichen Zweideutigkeiten der neuzeitlichen Philosophie auszuräumen, ist Löwith nicht dem Schicksal entgangen, daß man auch bei ihm selbst etwas von Zweideutigkeit, einer »hintergründigen Theologie« hat sehen wollen.[108] Wie ist dies zu verstehen? Wenn er sich in einer Rede in der Akademie der Wissenschaften für die »christliche Geduld« seiner theologischen Partner und Freunde bedankt, mit der sie seine »nicht immer harmlose Einmischung aufgenommen haben«, und wenn er »mit den Theologen darin einig zu sein« hofft, daß »die Weisheit dieser Welt eine Torheit

---

[103] LÖWITH: Wissen, Glaube und Skepsis. 3. Aufl. 1962, S. 33.
[104] S. 17.
[105] S. 21.
[106] S. 25.
[107] LÖWITH: Die Sprache als Vermittlerin zwischen Mensch und Welt. In: Ges. Abhandlungen. Zur Kritik der geschichtlichen Existenz. S. 209 f.
[108] s. TIMM: Löwith, S. 575 f. 583 ff.

vor Gott ist«[109], so dürften diese Bemerkungen, auch die Anspielung auf die betreffende Korintherbriefstelle, lediglich dem Umgangsstil unter Akademiemitgliedern verschiedener Fakultäten bei einem derartigen Anlaß entsprechen. Mehr darin oder dahinter zu suchen, wäre kaum angemessen. Und wenn Löwith sich mit Karl Barth in der Ablehnung einer gewissen »kultur-protestantischen« Theologie und in der besonderen Hochschätzung Overbecks begegnet, wenn er namentlich Barths entschiedenes Nein zu allem, was in der Jahreszahl 1933 beschlossen ist, begrüßt, so wird er damit noch nicht zum »Barthianer«.[110]

Nicht ganz so einfach mag es bei einigen wenigen anderen Äußerungen liegen.[111] Mit Bezug darauf, »daß die Versprechungen des Alten und Neuen Testaments« »durch den tatsächlichen Verlauf der Geschehnisse immer fragwürdiger zu werden scheinen«, stellt Löwith verständnisvoll fest, daß »der Glaube an unsichtbare Dinge« »durch kein sichtbares Zeugnis erschüttert werden« kann. »Der christliche Glaube ist keine weltliche Erwartung, daß irgendetwas sich wahrscheinlich ereignen wird, sondern eine Gesinnung, die sich auf den bedingungslosen Glauben an Gottes Erlösungsplan gründet.« Dann folgen zwei Sätze, die in der Tat auch von einem Theologen stammen könnten: »Echte Hoffnung ist deshalb so frei und unabhängig wie der Glaubensakt selbst. Die christlichen Tugenden des Glaubens und der Hoffnung sind Gnadengeschenke.« Und auch die anschließende Erklärung dürfte der Zustimmung der Theologen sicher sein: »Die Gründe für solch einen bedingungslos hoffenden Glauben können nicht auf der rationalen Berechnung seiner Vernünftigkeit beruhen.«[112] Macht sich der Autor mit einer so einfühlsamen Art der Zweideutigkeit verdächtig? Doch wohl nicht, auch wenn man zugeben wird, daß eine so hochgradig sachliche, gleich distanzierte wie noble Beurteilung von zentralen Glaubensdingen bei einem Nichtglaubenden nicht alltäglich ist. Auf der nächsten Seite schließt das Buch[113] mit der Feststellung »Der neuzeitliche Geist ist unentschieden, ob er christlich oder heidnisch denken soll. Er sieht auf die Welt mit zwei verschiedenen Augen: mit dem des Glaubens und mit dem der Vernunft. Daher ist seine Sicht notwendig trübe.« Das ist mehr geistesgeschichtlich als theologisch gedacht. Der Autor selbst dürfte jedenfalls durchaus nicht trübe sehen und alles andere als unentschieden sein.

Sehr merkwürdig verhält es sich allerdings mit den ausklingenden Sätzen eines anderen Buches, »Von Hegel zu Nietzsche«, aus dem sich nun wirklich ein eigenartig christlicher Ton heraushören ließe: »Daß es mit dem Christentum dieser bürgerlich-christlichen Welt schon seit Hegel und besonders durch Marx und Kierkegaard zu Ende ist, besagt freilich nicht, daß ein Glaube, der einst die Welt überwand, mit der letzten seiner verweltlichten Gestalten hinfällig wird. Denn wie sollte die christliche Pilgerschaft *in hoc saeculo* jemals dort heimatlos

---

[109] LÖWITH: Mensch und Menschenwelt, S. 457f.
[110] Wie dies TIMM: (S. 588) meint.
[111] Das Folgende ohne Bezugnahme auf Timm.
[112] LÖWITH: Weltgeschichte, S. 187f.
[113] Von den Anhängen abgesehen.

werden, wo sie gar nie zu Hause ist?«[114] Sollten dies tatsächlich »qualitativ erste
Sätze der Theologie des 20. Jahrhunderts«[115] sein? Redet ein Autor, der sich im
übrigen für die völlige Trennung von Philosophie und Theologie, von Wissen
und Glauben ausgesprochen hat, hier ganz persönlich doch im letzten einem
Dualismus das Wort? Er vertritt ja die These: »Das Wissen der Philosophie hat«
»als skeptisch untersuchendes Fragen von sich aus kein Verhältnis zur Antwort
des Glaubens«.[116] Sollte dies in der Weise gemeint sein, daß man nun eben doch
mit dem Kopf ein Heide, mit dem Herzen ein Christ sein kann? Wäre damit also
der Fall gegeben, »daß ein Philosoph oder überhaupt der Mensch, der auf die
Kraft seiner denkenden Vernunft vertraut, nur in einer Art Bewußtseinsspaltung
auch noch ein Gläubiger sein könnte«? L. *Landgrebe*, von dem diese Formulierung stammt, fährt jedoch fort: »Aber es ist bekannt, daß sich die Philosophen
mit solcher Bewußtseinsspaltung zu keiner Zeit abgefunden haben.«[117] Das
wird auch für Löwith gelten. Wenn man nicht annehmen will, daß er seine
eigene Einstellung bewußt hat verschleiern wollen, so bleibt zusammenfassend
nur festzustellen, daß hier ein sehr eigenständiger und theologisch besonders
bewanderter Philosoph, der auch einen dem Gegenstand angemessenen Stil
schrieb, seiner Sache in einem Maße sicher ist, das ihn befähigt, einer zutiefst von
ihm abgelehnten Gedankenwelt derart aufgeschlossen zu begegnen, ohne dabei
sich selbst zu verlieren. Zum Abschluß seien hier noch drei äußerst konzentrierte
Sätze aus einem letzten Vortrag zur Sache angeführt, die noch einmal zeigen, wie
entschieden dieser Denker auf seiten des Unglaubens und des Heidentums stand.
Mit Bezug auf das berühmte Gespräch Jacobis mit Lessing über Spinoza bemerkt
Löwith: Jacobi »hat gegenüber Spinozas Entmenschlichung Gottes klar erkannt,
daß der christliche Glaube wesentlich anthropomorph ist, weil christliche Theologie überhaupt nur als Anthropo-Theologie denkbar ist, wogegen alles Heidentum ›cosmotheistisch‹ ist.«[118] »Es dürfte auch kein Zufall sein, daß es nicht
Philosophen vor, sondern nach dem Christentum sind (Leibniz, Schelling,
Kierkegaard, Scheler, Heidegger), welche fragen: warum ist überhaupt Seiendes? Um so zu fragen, muß man die Möglichkeit denken, daß alles Seiende auch
nicht sein könnte, wie es die Schöpfungslehre voraussetzt, indem sie allem
Seienden voraus einen unerschaffenen Gott setzt, der die Welt aus dem Nichts
erschuf.«[119] »Das Judentum wie das Christentum, das aber selbst nur ein Abfall
vom ersteren ist, setzen beide voraus, daß die Welt um des Menschen willen
geschaffen wurde, während in Wahrheit der sterbliche Mensch eine untergeord-
nete Erscheinung im ewigen Ganzen des göttlichen Kosmos ist.«[120]

---

[114] Löwith: Von Hegel, S. 415.
[115] Timm: Löwith, S. 587.
[116] Löwith: Wissen, S. 4 (Vorbemerkung).
[117] Ludwig Landgrebe: Philosophie und Theologie. In: NZSTh Bd. 5. 1963, S. 5.
[118] Karl Löwith: Atheismus als philosophisches Problem. In: Moderner Atheismus und
Moral (Weltgespräch 5). 1968, S. 14.
[119] AaO. S. 17.
[120] AaO. S. 18.

Tatsächlich hat Löwith nicht nur den jüdisch-christlichen Heilsglauben, sondern schon den jüdisch-christlichen Gottes- und Schöpfungsgedanken ganz und gar hinter sich gelassen. In einem weit höheren Grade noch als Jaspers fühlt er sich von diesem Glauben insgesamt nicht betroffen. Und auf jeden Fall ist Löwith »weit davon entfernt, eine Erneuerung des ursprünglichen Christentums oder auch die Vereinbarkeit von Moderne und Christentum für glaubwürdig zu erachten.«[121] Seine ebenso umfassende wie tiefgründige Betrachtungsart ist außerordentlich eindrucksvoll.

Während von den bisher behandelten Philosophen Port sich fast gar nicht und Jaspers nur wenig mit der Theologie abgegeben haben, bezog Löwith sie in starkem Maße in sein geistesgeschichtliches Interesse ein, ohne doch in die aktuelle Auseinandersetzung mit ihr einzugreifen. Nunmehr wenden wir uns zwei Philosophen zu, die eben dies tun. Zunächst dem Deutsch-Amerikaner *Walter Kaufmann*[122] mit zwei auch ins Deutsche übersetzten Büchern: »Religion und Philosophie« (1966) und »Der Glaube eines Ketzers« (1965)[123].

Mit scharfen Strichen hebt Kaufmann das Christentum vom Judentum ab, namentlich in zweifacher Beziehung. Im alten Israel »läßt sich keinerlei Interesse für ein jenseitiges Leben feststellen«[124], während »ein waches soziales Gewissen die zentrale Rolle« in der Religion des Alten Testaments spielt.[125] Und »in Israel ist niemals ein Mensch angebetet oder auch nur zum Halbgott erhoben worden«.[126] In beiderlei Hinsicht unterscheidet sich für Kaufmann das Judentum vorteilhaft vom Christentum, und der zweite Punkt stellt ja auch eine unbestreitbare Tatsache dar. Der erste erfordert indessen ein kurzes Eingehen, weil er, was das Christentum betrifft, von Kaufmann erheblich ausgeweitet wird. »Das Problem des Glücks wird im Alten Testament kaum in Betracht gezogen.« »Im Neuen Testament hingegen steht die alles überschattende Sorge des einzelnen um sein ewiges Glück – um sein Seelenheil – im Mittelpunkt und bestimmt die ganze Atmosphäre.« Es handelt sich dabei um die bekannte tiefgreifende »Veränderung des geistigen Klimas im Nahen Osten von der Zeit der Propheten bis zur Zeit Jesu.« »Die Sorge um das Seelenheil ist allgemein geworden.«[127] Hierin macht sich, wie Kaufmann hervorhebt, eine starke »Ichbezogenheit« geltend. »Jesus und die Evangelien« »sind an der sozialen Ungerechtigkeit an sich nicht interessiert: sie stellen den Himmel und das ewige Feuer in den Mittelpunkt.«[128] Wenn diese Einstellung mit der erwähnten Klimaveränderung zusammenhängt, so ist sie, sollte man meinen, Jesus im besonderen nicht allzusehr anzurechnen.

---

[121] HEIDERICH: Agnostizismus, S. 109.

[122] Geboren 1921 in Freiburg i. Br., aus einer zum Christentum übergetretenen jüdischen Familie stammend, lutherisch erzogen, kehrte Walter Kaufmann schon mit 11 Jahren aus eigenem Entschluß zum jüdischen Glauben zurück, weil er nicht an die Dreifaltigkeit und an die göttliche Wesenheit Jesu glauben konnte. Der 1939 in die USA Emigrierte ist Professor an der Princeton-University.

[123] Critique of Religion and Philosophy. 1958. – The Faith of a Heretic. 1961.

[124] KAUFMANN: Der Glaube eines Ketzers, S. 187.

[125] S. 199.   [126] S. 201.

[127] S. 219.   [128] S. 220.

Anstatt nun deshalb diesen Punkt auf sich beruhen zu lassen, stößt Kaufmann hier sogar noch nach. Das Seelenheil wird bei Jesus »zum Hauptmotiv der Nächstenliebe«.[129] »Nur eine Zeit, in der das Seelenheil fast jegliche Bedeutung verloren hatte, konnte die Sittenlehre Jesu so falsch deuten, wie es der liberale Protestantismus getan hat«[130], nämlich als Altruismus und Selbstaufopferung. In Wahrheit »appelliert« Jesus, wie Kaufmann meint, »an die Selbstsucht des einzelnen«.[131]

Das wird man vielleicht doch ein wenig differenzierter sehen müssen. Daß der liberale Protestantismus sich auf den Altruismus Jesu, seine einseitig in den Vordergrund gestellte Liebesethik konzentrierte, während der Erlösungsgedanke und der eigentliche Christusglaube stark zurückgedrängt wurden, ist *eine* Sache, eine andere die von Kaufmann vorgenommene Zurückführung der Nächstenliebe bei Jesus auf das Interesse am Seelenheil und letztlich auf die Selbstsucht. Er beruft sich hierfür auf *Ernst Troeltsch*, der den rein religiösen und stark individualistischen Charakter der Predigt Jesu hervorgehoben hat, ihre Ausrichtung auf die Sorge für das Seelenheil, so daß es ein Mißverständnis wäre, »in erster Linie ›soziale‹ Fragestellungen heranzubringen«[132]. Indessen steht, wie Troeltsch betont, unter den von Jesus geforderten Tugenden der »Selbstverleugnung« vor allem die Opferung der »Selbstliebe«[133], und zur Selbstheiligung für Gott gehören auch die altruistischen Gebote. Ja, im letzten Grunde verhält es sich so, daß »die für Gott sich Heiligenden im gemeinsamen Ziel, in Gott sich treffen« und »die in Gott Geeinten, vom Liebeswillen oder der Gesinnung Gottes erfüllt, den Liebeswillen Gottes betätigen«.[134] Von einer Ableitung der Nächstenliebe aus der Selbstsucht kann insofern bei Troeltsch wohl nicht gesprochen werden. Man darf von Jesus nicht eine rigoristische Ethik im Sinne Kants erwarten.[135] Der Lohngedanke verstand sich für seine Zeit und noch lange darüber hinaus von selbst. Jesus hat ihn in origineller Weise umgebildet und verfeinert. Drei Züge hebt *W. G. Kümmel* an ihm hervor. Jesus denkt bei Vergeltung erstens nur an eine jenseitige, »verbietet aber völlig, an irdische Belohnung oder Bestrafung zu denken«. Er kennt zweitens »keinerlei Verrechnung von Schuld und Leistung, von Lohn und Strafe«.[136] Jesus bestreitet drittens »jeden *Anspruch* des Menschen auf Gottes Lohn.«[137] Aber daß »die Forderung Jesu auf Gehorsam gegen Gottes Willen ihren Ernst verlöre, wenn Gott nicht auf das menschliche Handeln reagierte«[138], mit Anerkennung reagierte, ist den Men-

---

[129] S. 221.
[130] S. 222.
[131] S. 223.
[132] ERNST TROELTSCH: Die Soziallehren der christlichen Kirchen und Gruppen. 1922, S. 34.
[133] S. 37.
[134] S. 40.
[135] Vgl. auch BROCK: Grundlagen, S. 221 ff.
[136] WERNER G. KÜMMEL: Die Theologie des Neuen Testaments nach seinen Hauptzeugen Jesus, Paulus, Johannes. 1972, S. 50.
[137] S. 51.
[138] S. 52.

schen jener Zeit, wie gesagt, selbstverständlich. Eine andere Denkweise zu fordern, wäre unrealistisch. Die Tatsache, daß der Sinn des Glaubenden auf sein Seelenheil gerichtet ist, und sein Vertrauen, Gott werde der erwiesenen Nächstenliebe einmal gedenken, heißt nicht geradezu, daß Jesus mit dem Liebesgebot an die Selbstsucht appellierte. Wie umgekehrt die Ethik der Nächstenliebe freilich auch nicht einfach mit einem konsequenten Altruismus gleichzusetzen ist.

Überaus berechtigt erscheint Kaufmanns kritische Beurteilung Jesu in einem anderen Punkt. Im Hinblick darauf, daß »Jesus sich in der zentralen Lehre und Voraussetzung seiner Botschaft getäuscht hat« – was insbesondere die als nahe bevorstehend erwartete Ankunft des Gottesreichs betrifft – fragt Kaufmann weiter: »Wird dadurch nicht unser Vertrauen in seine Glaubwürdigkeit« überhaupt »erschüttert?«, und er wundert sich verständlicherweise, daß dies die Christen nicht sehr zu bekümmern scheint.[139] Der Einwand ist zwar nicht ganz neu, wiegt aber zweifellos schwer.

Bemerkenswert günstig äußerst sich Kaufmann über die Bedeutung des Apostels Paulus. Im Unterschied von allen dem theologischen Liberalismus nahestehenden Autoren, nach welchen Paulus die Lehre Jesu verfälscht hat und für das Christentum im Grunde ein Verhängnis gewesen ist, betont Kaufmann, Paulus habe nicht eine vollkommene Lehre umgestülpt, »er hat vielmehr ein Vakuum ausgefüllt«[140], indem er eine »eindrucksvolle Synthese von zwei großen Überlieferungen«[141], der Apokalyptik und den Mysterienreligionen, zustandebrachte. Ohne Paulus hätte es »kein Christentum gegeben, nur eine kurzlebige jüdische Sekte.«[142] »Das Christentum wurde erst geboren«, »als Paulus eine Theologie schuf und die jüdische Religion verwarf.«[143] Auch dies ist gewiß keine neue Entdeckung, doch bei einem Autor, der nicht Theologe und nicht Historiker ist, ein bemerkenswert umsichtiges und einsichtiges Urteil, das z. B. über die Sicht Nestles wesentlich hinausführt.

Besonders hervorgehoben werden muß daneben noch die schon berührte überraschend kritische Beurteilung des liberalen Protestantismus. Im Hinblick auf dessen Bevorzugung der Ethik der Nächstenliebe als des Wesentlichen im Christentum bemerkt Kaufmann: »Bevor im 19. Jahrhundert der liberale Protestantismus auftrat, wäre es kaum jemandem eingefallen, im liebevollen Verhalten das Merkmal eines Christen zu erkennen«[144]. Unser Autor hält nicht nur den von manchen gegen jene Geistesrichtung erhobenen Vorwurf der »Plattheit und Selbstzufriedenheit« für gerechtfertigt[145], sondern beanstandet auch das Verhältnis des Liberalismus zur Wahrheit und Wahrhaftigkeit weil er die Glaubens-

---

[139] KAUFMANN: Religion und Philosophie. S. 247.
[140] KAUFMANN: Glaube, S. 233.
[141] S. 240.
[142] S. 233.
[143] KAUFMANN: Religion, S. 261.
[144] S. 328.
[145] S. 324.

meinungen Jesu, namentlich seine »sehr hohe Vorstellung von sich selbst«[146], gering einschätzt und ganz in den Hintergrund treten läßt. Indem die Liberalen »Jesus nach ihrem eigenen Bilde wiederschufen«[147], haben sie aus ihm »einen reformierten Juden mit prophetischem Einschlag gemacht«[148]. Alles in allem hat der liberale Protestantismus »um die Vernunft geworben und zu diesem Zweck die Geschichte umgeschrieben, ohne sich an die Vernunft und die Tatsachen zu halten«. Mit Ausnahme von Löwith ist uns in diesem Zeitraum noch kein Philosoph begegnet, der den Neuprotestantismus so klar als eine Degenerationserscheinung erkannt hat.[149]

Von mehr aktueller Bedeutung ist Kaufmanns Auseinandersetzung mit einigen modernen Theologen, namentlich Bultmann und Tillich. Sehen die Philosophen es in der Regel gern, wenn das ihnen von der Theologie präsentierte Christentum nicht allzu handfest massiv ist, so nimmt Kaufmann umgekehrt Anstoß daran, daß bei den genannten Koryphäen der Kern des Christentums aufgeweicht oder umgangen wird. An Bultmanns Auslegung der Texte ist vor allem zu beanstanden, daß ein bestimmtes »Vorverständnis«, eine »Vorentscheidung« den Ausschlag gibt.[150] »Alle wichtigen Entscheidungen gehen der Auslegung voraus«[151]. Ferner ist Bultmann vorzuwerfen, daß er bei der Erarbeitung seines Standpunkts aus den Texten auswählt, was ihm zusagt, während er anderes übergeht, so in seiner Theologie des Neuen Testaments die Hölle, die ewige Verdammnis.[152] Ein weiteres Thema allerdings, die Frage der Auferstehung Jesu, konnte Bultmann nicht einfach auslassen, aber auch hier hat er seine eigene Ansicht in eigentümlicher Weise verschleiert, worauf Kaufmann nicht näher eingeht. Er hält sich dabei an eine ausnahmsweise so eindeutige Äußerung wie die in der Auseinandersetzung mit Karl Jaspers: dieser sei so gut wie er, Bultmann, selbst »davon überzeugt, daß ein Leichnam nicht wieder lebendig werden und aus dem Grab steigen kann«. Dazu erlaubt sich Kaufmann die gewiß nicht unangebrachte Bemerkung: »Christen, die mit Bultmanns Worten glauben, daß Jesus nicht ›wieder lebendig werden und aus dem Grab steigen‹ konnte, lehnen gerade den Glaubenssatz ab, durch den sich das Christentum vom Judaismus absetzte«[153].

Bultmann, anstatt den Glauben in seiner Gesamtheit und eigentlichen, vollen Form zu nehmen, konzentriert sich bekanntlich ständig auf zwei Punkte, das sogenannte Selbstverständnis des Menschen und das, was er die Entscheidungsfrage nennt, und er betont, was diese betrifft, die Theologie habe »die Frage deutlich zu machen, die Gott dem Menschen stellt«. Kaufmann meint dagegen ungerührt und wohl nicht ohne Grund, man könne »Zweifel hegen, ob das Neue Testament eine einzige Frage stellt. Bultmanns unbekümmerte Annahme, diese

---

[146] S. 326.   [147] S. 325.   [148] S. 349.
[149] In Amerika hat sich mit dem »Liberalprotestantismus« ähnlich kritisch wie Kaufmann und noch ausführlicher WILLIAM W. BARTHLEY befaßt (The Retreat to Comitment). Auch deutsch: »Flucht ins Engagement« 2. Aufl. S. 198.
[150] S. 242.   [151] S. 245.
[152] S. 241.   [153] Glaube, S. 140.

Frage bestünde darin, ob wir die (!) Auffassung von menschlicher Existenz annehmen, wie das Neue Testament sie vortrage, kann diese Zweifel nicht beilegen«[154]. Es verhält sich in der Tat so: »Seine überragenden wissenschaftlichen Fähigkeiten stellt« Bultmann »in den Dienst der Apologetik«[155]. Gewiß bleibt genug der gültigen Leistungen. Aber einiges Wesentliche ist von ihm »existential« stark verzeichnet worden. Das hat der Philosoph Kaufmann aus seiner größeren Distanz zu den Problemen sehr richtig gesehen.

Als besonders lehrreich erweist sich die Behandlung Tillichs. Dieser bildet für Kaufmann ein Beispiel für die Gepflogenheit der Theologen, »Begriffe in recht merkwürdiger Weise neu zu definieren und dann das zu üben, was man am besten als Doppelzüngigkeit bezeichnet«.[156] Kaufmann zeigt das an Tillichs Schrift »Wesen und Wandel des Glaubens«, in der auf 150 Seiten die Begriffe Glaube, Häresie, Atheismus und Offenbarung völlig umgedeutet werden. Danach brauchen Anhänger der altchristlichen Glaubenssätze, des Apostolischen Glaubensbekenntnisses oder der Glaubenssätze Luthers »nicht eigentlich gläubig zu sein«, »während diejenigen, die diese Glaubensformen in Zweifel ziehen und vor lauter Zweifeln keinen Schlaf finden, den Inbegriff von Gläubigkeit verkörpern können«. »So kommt es, daß nach Tillich Millionen von Theisten Atheisten sind, erklärte Atheisten wie Freud und Nietzsche dagegen nicht.«[157] Im Hinblick auf Tillichs Buch über den Protestantismus, das ein Kapitel über das sakramentale Denken enthält, bemerkt Kaufmann trocken: »Tillich möchte weder seinen Nietzsche noch sein Brot am Abendmahlstisch missen.«[158] Die Technik, bewußt mit mehrdeutigen Begriffen zu operieren, geht bei Tillich so weit, daß die Studierenden meist nicht erkennen können, »wo Tillich überhaupt steht; ohne Nachhilfe kommen sie kaum je darauf, daß er das sagt, wie seine Apologeten behaupten, klar sagt«.[159]

Zentrale Bedeutung für Tillichs Auffassung besitzt sein Symbolbegriff. Dasjenige Glaubenssymbol ist für ihn »der Wahrheit am nächsten, das nicht nur das Unbedingte, sondern zugleich seinen Mangel an Unbedingtheit ausdrückt. Das Christentum hat im Kreuz des Christus das Symbol in vollkommener Weise.« Insofern ist Jesu Tod am Kreuz »offenbar ein Hinweis darauf, daß Jesus nicht wirklich Gott war«, »sondern nur ein Symbol Gottes«. »Statt nun aber einzuräumen, daß das Christentum weiter ging als manche andere Religion und besonders das Judentum, indem es ein Symbol als Unbedingtes mißverstand und ein menschliches Wesen als Gott, gewährt ihm Tillich die Gunst seiner verwegenen Neuauslegung; und statt einzuräumen, daß Calvin und Luther ihn für eine so ketzerische Auslegung sicherlich auf den Scheiterhaufen gewünscht hätten, verkündet er, das Christentum sei (dank der Gunst seiner Auslegung) allen anderen Religionen überlegen.«[160] Diese werden dann »in umgekehrter Richtung manipuliert«, wobei Tillich ganz vergißt, daß auch sie »symbolisch

---

[154] Religion, S. 241.
[155] S. 242.
[156] Glaube, S. 131 f.
[157] S. 133.
[158] Religion, S. 257.
[159] Glaube, S. 135.
[160] S. 136.

gedeutet werden können«[161], so daß es »weder einen zwingenden Grund noch eine plausible Entschuldigung dafür« gibt, »andere Religionen als falsch zu verwerfen«[162]. Genauso ist es. Die symbolische Auffassung des Glaubens kann, konsequent durchgeführt, nur zu einem »extremen Relativismus« führen. Ihm entgeht Tillich lediglich durch Manipulieren, wozu auch die Anwendung von zweierlei Maß gehört.[163]

Nicht symbolischer Art ist nach Tillich allein die Aussage, »daß Gott das Sein selbst ist«. »Dies ist nun freilich«, wie Kaufmann überzeugend berichtigt, »weder eine symbolische Feststellung noch eine nicht-symbolische; es ist gar keine Feststellung, sondern eine Definition – und zwar eine solche, die sich leider überhaupt nicht mit der Bedeutung verträgt, die dem Ausdruck ›Gott‹ wohl in mehr als 95 Prozent unserer Religionsüberlieferung zukommt«.[164] In der Tat: »Tillichs ›Sein-selbst‹ ist weder der Gott Abrahams, Isaaks und Jakobs noch der Gott von Jesus, Paulus, Matthäus und Lukas noch der Gott der Märtyrer und Reformatoren noch der Gott, dem heute die große Menge der Gläubigen anhängt. Der Widerhall, den Tillich findet, beruht auf der Zweideutigkeit des Wortes ›Gott‹: Tillich spricht von Sein-selbst und seine Zuhörer denken an das, was sie eben unter ›Gott‹ verstehen. Die einen denken an den Gott Hiobs, die andern an den Gott des Paulus, die dritten an den Gott Calvins, wieder andere an ihren eigenen Götzen und noch mehr denken an gar nichts Bestimmtes, sondern fühlen sich erbaut.«[165] [166] Besseres in aller Kürze ist über Tillichs maßlos überschätzte Theologie nicht gesagt worden. Und wenn »Tillich meint, der Satz: ›Gott ist der Grund des Seins‹«, »sei ebenso ein ›nicht-symbolischer Satz‹ wie der Satz ›Gott ist das Sein-selbst‹«, so entgegnet Kaufmann wiederum recht einleuchtend, bei dem Ausdruck »Grund des Seins« sei »die Vieldeutigkeit nur noch offenkundiger als beim ›Sein-selbst‹«. Zusammenfassend ergibt sich: »Tillichs Aussagen über Gott sind durch und durch vieldeutig. Nimmt man sie wörtlich, als Feststellungen über das Sein-selbst, so sind sie zum größten Teil falsch. Sie sind ganz und gar an ihre Vieldeutigkeit gebunden.«[167] Wenn Kaufmann nicht mehr geleistet hätte als diese Abfertigung Tillichs, so würde er sich schon allein damit verdient gemacht haben.

»Wider die Theologie« im allgemeinen – ein Kapitel seines »Glaubens« trägt diese Überschrift – hat Kaufmann Schwerwiegendes in methodischer Beziehung vorzubringen. Mit dem besonders an Tillich exemplifizierten Begriff Manipulation ist »einer der Wesenszüge der Theologie« überhaupt bezeichnet.[168] Darunter fällt vielerlei. »Ihre Rede ist nicht: ja, ja, nein, nein«, schon »dies ist eines der

---

[161] S. 137.   [162] Ebd.
[163] S. 139.   [164] Religion, S. 229.   [165] Ebd.
[166] Das Letzte kann der Verfasser des vorliegenden Buches von sich freilich nicht sagen. Ich habe einmal eine Predigt von Tillich gehört, die eher einer akademischen Vorlesung glich, nur daß der Redner auf der Kanzel einer großen alten Kirche stand, verkleidet in den Talar eines Geistlichen, und der Eindruck der Verkleidung betraf nicht nur die textilische Seite seines Auftretens.
[167] Ebd.
[168] Glaube, S. 119.

wesentlichen Merkmale der Theologen«.[169] Eine weitere theologische Eigenart wurde bereits erwähnt: die Neudefinition von Begriffen und ihre planmäßige Benutzung in mehrfachem Sinne. Sehr interessant, wenn auch sicherlich nur mit nicht unerheblichen Einschränkungen gültig, ist ferner der Vorwurf, unzählige Theologen glichen »eher Anwälten als Philosophen oder Wissenschaftlern. Sie gleichen« ihnen »tatsächlich in zweierlei Hinsicht. Erstens nehmen sie Schriften und Traditionen für Fakten, die kritisch zu untersuchen ihnen nicht zusteht. Sie begnügen sich damit, durch ausgesuchte Zitate und zweckdienliche Beispiele den größtmöglichen Nutzen daraus zu ziehen.«[170] »Zweitens benutzen nicht wenige Theologen eine Taktik, wie sie in vielen Ländern in den Plädoyers der Strafverteidiger geübt wird: erfinderisches, raffiniertes Appellieren an Gefühle gilt ihnen als probates Mittel, ebenso das Verschweigen unbequemer Tatsachen bis zum letztmöglichen Augenblick.« »Wenn alle Taktiken fehlschlagen, versuchen die Verteidiger, dem Gegner die Beweislast aufzubürden.«[171] Ein wesentlicher Kunstgriff der Theologie »und eine ihrer stärksten Stützen« ist auch »die falsche Alternative«[172], »das falsche Argument von den zwei Möglichkeiten«, so etwa, »als ob die Alternative zum Christentum notwendig Materialismus wäre und als ob die Absage an einen albernen Optimismus uns nötige, an die Erbsünde und die Schriften des Paulus und Augustinus zu glauben«[173]. Vor allen für die Theologie genannten Wesenszügen aber müßte wohl eigentlich die These angeführt werden, in ihr seien »Voreingenommenheiten und die Benutzung von zweierlei Maß institutionalisiert«[174]. Hierin wird weniger bewußte Taktik als eine dem Theologen ganz selbstverständliche Sicht zu erblicken sein. Man braucht Kaufmann bei der Kennzeichnung und Beurteilung der Theologie keineswegs in allem zuzustimmen, aber daß nicht wenig des Gesagten sehr bedenkenswert und mindestens zum Teil durchaus zutreffend ist, läßt sich kaum bestreiten. Jedenfalls erscheint es verwunderlich, daß nicht schon viel früher ein solcher Versuch von philosophischer Seite gemacht worden ist, sich die der Theologie eigenen Verfahren insgesamt einmal näher anzusehen.

Eine ins einzelne gehende materielle Kritik des christlichen Glaubens unternimmt Kaufmann nicht. Aber im Zusammenhang mit dem, was er als die christliche Antwort auf die alte Frage des Leides ansieht, entwickelt er eine Reihe von nicht zu übersehenden Einwänden. Diese Antwort stellt für ihn eine ausgesprochene Pseudolösung dar. Sie besteht darin, das Leiden als notwendige Folge des freien Willens anzusehen, den der Mensch mißbraucht hat, indem er Gott nicht gehorchte. »Die offenbare Unlogik dieser vorgeblichen Lösung wird gewöhnlich mit einer Phrase verdeckt: Erbsünde.«[175] Der »Versuch, das Problem des Leidens durch die Postulierung der Erbsünde zu lösen, hängt von der Überzeugung ab, daß Grausamkeit gerechtfertigt sei, wenn sie Vergeltung ist, ja, daß die Sittlichkeit Vergeltung fordere«.[176] Erst recht kompliziert wird es,

---

[169] S. 111.
[171] S. 128.
[174] Glaube, S. 150.
[170] S. 127 f.
[172] S. 129.
[175] S. 170.
[173] Religion, S. 259.
[176] S. 173.

wo sich mit der Annahme der Hölle und der ewigen Verdammnis, die alle
Menschen verdient haben, der Glaube verbindet, daß Gott in seiner unendlichen
Barmherzigkeit einige von ihnen errettet.[177] Erbsünde, ewige Verdammnis,
Gnadenwahl: mit diesen Stichworten ist für Kaufmann die ganze christliche
Heilsgeschichte aus den Angeln gehoben und geradezu ad absurdum geführt. Es
sind sowohl der Sinn der ganzen Veranstaltung der Heilsgeschichte als auch
insbesondere die Liebe und Gerechtigkeit Gottes, die hier schwerste Rätsel
aufgeben. »Warum sollte Gott die Welt so eingerichtet haben, daß alle Menschen
zur ewigen Verdammnis bestimmt sind und er ihnen nicht anders helfen kann,
als daß er mit der Verlobten des Joseph einen Sohn erzeugt, den er verraten und
kreuzigen läßt, den er dann auferweckt und in die Hölle sendet, um Abraham
und ein paar der Verdammten herauszuholen, während die anderen alle ihrem
Schicksal überlassen bleiben, und als daß er nur die wenigen rettet, die diese
Geschichte nicht nur gehört, sondern auch geglaubt haben? Bestimmt ist dieser
Gott kein reines Symbol der Liebe.«[178] Die Heilsgeschichte ist in dieser Darstel-
lung freilich beinahe in Gefahr, zur Karikatur zu werden. Wohl versteht man,
daß angesichts mancher der einschlägigen Vorstellungen kritisch gestimmte
Köpfe gelegentlich spöttische Anwandlungen ankommen. Dennoch erscheint es
nicht glücklich, etwa die erwähnte Erzeugung des Gottessohnes in eine solche
Beleuchtung zu rücken. Andererseits ist es außerordentlich begrüßenswert, daß
Kaufmann sich der Gepflogenheit mancher Theologen widersetzt, unbequeme
Aussagen wegzuinterpretieren und umzudeuten. Er hat zweifellos recht, wenn
er betont: »Dieser Glaubensvorstellungen entkleidet, hört das Christentum auf,
Christentum zu sein und wird eine Art reformiertes Judentum oder Unitaris-
mus.«[179] Behält man sie aber bei, so bleibt eben, bei einer noch so großzügigen
Auffassung, zumindest das Problem der Liebe und Gerechtigkeit Gottes. »Solange wir an der Vorstellung von der Hölle festhalten, ist Gott nicht Liebe im
menschlichen Sinn – schon gar nicht solche Liebe im höchsten Grad der Vollendung.«[180] »Nur wenige Christen wären sich im Unklaren, was sie von einem
Vater zu halten hätten, der seine Kinder zwei Tage lang quälen würde, nur weil
sie unfolgsam waren oder eine andere Meinung hatten als er; und wenn er sehr
viele Kinder hätte, aber nur einigen wenigen eine einmalige Möglichkeit böte,
seinen Willen zu erkennen, die große Mehrheit aber unberücksichtigt ließe, so
würde dies doch den meisten als der Inbegriff unmenschlicher Lieblosigkeit und
Ungerechtigkeit erscheinen. Der Gott der christlichen Überlieferung überbietet
freilich noch diesen Vergleich, da er den größten Teil der Menschheit zu ewigen
Qualen verdammt.«[181] Wenn auch die Höllenqualen heutzutage nicht mehr
entfernt so drastisch wie einst aufgefaßt werden und überhaupt nicht mehr im
Vordergrund stehen: daß die hier berührten Einwände schon völlig verstaubt

---

[177] S. 174.
[178] Religion, S. 234. Ähnlich: Glaube, S. 238.
[179] Glaube, S. 144.
[180] Religion, S. 234 f.
[181] S. 237.

seien, wird man nicht sagen können. Kaufmann findet, daß der »herrschende Ton im Neuen Testament und seither erstaunlich unbarmherzig« ist[182] und daß »die Attribute der Liebe, Güte und Gerechtigkeit«, »sofern sie überhaupt noch etwas von ihrer gewöhnlichen Bedeutung beibehalten, die sie bezüglich menschlicher Wesen haben, ganz und gar nicht auf den Gott der christlichen Überlieferung passen«.[183] Wenn solche Feststellungen vielleicht reichlich massiv anmuten, gegenstandslos sind sie sicherlich nicht. Zu denken gibt auch, was den Erlösungsglauben betrifft, ein Vergleich: »Ist die Liebe des Bodhisattva nicht größer, wenn er sich immer von neuem gebären und von neuem ›auf die Folter dieser Welt‹ spannen läßt – nicht nur für ein paar Stunden, sondern für ein Menschenleben nach dem anderen?«[184] Fragen über Fragen!

Insgesamt urteilt Kaufmann: Das Christentum »hat sich von Anfang an als Feind der Vernunft und der weltlichen Weisheit verstanden.«[185] Freilich dürfte dies, wörtlich genommen, nur auf die Anfänge bezogen zutreffen. Nicht einmal für die mittelalterliche Theologie stimmt es ohne Einschränkung, geschweige hinsichtlich der neuen Zeit. Erst recht einseitig ist die Behauptung, das Christentum habe »sich angestrengt, die Entfaltung der Vernunft zu erschweren, ihre Leistungen herabgesetzt und sich an ihren Fehlschlägen geweidet«. Gewiß sind solche Tendenzen in bestimmter Hinsicht immer wieder aufgetreten; allein jedoch dürfte das angeführte Urteil zu weit gehen. Auch hier müßte differenziert und genauer formuliert werden. Wohl aber ist es als ein wesentliches Verdienst Kaufmanns hervorzuheben, daß er als einer der ganz wenigen Philosophen der Gegenwart gegenüber der einst in der Philosophie üblichen Harmonisierung von Glauben und Vernunft einige gern umgangene, besonders herausfordernde Glaubenselemente zum Nennwert genommen und zum Gegenstand unverhohlener Kritik gemacht hat. Insofern kann man von ihm lernen, sowohl was Christentum ohne apologetische Ab- und Anstriche ist als auch, wie schwer einige Bedenken und Einwände wiegen, die sich dem aufdrängen, der ohne die mehr oder weniger bewußten Rücksichten einer gewissen Pietät unbefangen wahrnimmt und rein sachlich urteilt.

In Walter Kaufmann ist uns zum ersten Mal in der Philosophie ein Autor begegnet, der nicht nur den christlichen Glauben hinsichtlich einzelner Aussagen oder als ganzen ablehnt, sondern zugleich die Aufmerksamkeit auf einige für theologisches Denken bezeichnende allgemeine Wesenszüge lenkt. Im Anschluß hieran wendet sich unsere Betrachtung jetzt einem Philosophen zu, der sich mehrfach anerkennend auf die kritische Behandlung »der im christlichen Bereich üblichen Deutungspraktiken« und theologischen »Strategien« durch Kaufmann bezogen hat[186] und der diese Kritik noch wesentlich ausgebaut hat, *Hans Albert*, dem namhaftesten Vertreter des Kritischen Rationalismus in Deutsch-

---

[182] S. 236.   [183] S. 238.
[184] S. 234.   [185] S. 348.
[186] Hans Albert: Traktat über Kritische Vernunft. 4. Aufl. 1980, S. 17, Anm. 12, u. S. 107, Anm. 7.

land. Insbesondere das Kapitel »Glauben und Wissen« seines bekannten »Traktats über Kritische Vernunft« (1. Aufl. 1968) bietet eine aufschlußreiche Analyse in der modernen Theologie gebräuchlicher Denkweisen und Verfahrensarten. Hinzuzunehmen sind die beiden letzten Kapitel des späteren Werkes »Die Wissenschaft und die Fehlbarkeit der Vernunft« (1982).[187]

Entsprechend dem Popperschen Grundsatz, daß Erkenntnisse, um sie als gültig zu erweisen, immer erneut in Frage gestellt werden müssen (Bedeutung der »Falsifikation« im Unterschied von der einfachen Verifikation), geht Albert davon aus, daß an die Stelle der die klassische Erkenntnislehre beherrschenden »Begründungsidee« – Begründung auf letzte feststehende Prinzipien – »die Idee der kritischen Prüfung«[188] mit Hilfe rationaler Argumente, insbesondere durch die Suche nach etwaigen Widersprüchen[189] zu treten habe. Der Wahrheit nähert man sich also nicht durch die Berufung auf Gewißheit, sondern auf dem Wege fortgesetzter Versuche, Behauptungen auf die Probe zu stellen, womöglich zu widerlegen. Während nun, wie Albert betont, »im philosophischen Denken heute die Idee der kritischen Prüfung im Vordringen begriffen zu sein scheint«, »kann man gleichzeitig eine starke Tendenz beobachten, die Anwendung der kritischen Methode nach Möglichkeit auf gewisse Bereiche einzuschränken«.[190] Andere Bereiche werden gegen das Eindringen kritischer Gesichtspunkte abgeschirmt. Dieses Verfahren bezeichnet Hans Albert als *Immunisierung*, und zwar derjenigen Gehalte, die man auf jeden Fall bewahren will. Sie spielt, wie er aufzeigt, gerade in der neueren Theologie eine erhebliche und ganz wesentliche Rolle.

Das allgemeinste Beispiel dafür ist die weit verbreitete Ansicht, daß zwischen den Bereichen des Glaubens und des Wissens ein fundamentaler Unterschied bestehe, »von dem her solche methodische Differenzen legitimiert werden können«. »Man entwickelt« »eine mit methodischen Ansprüchen ausgestattete Zwei-Sphären-Metaphysik, die in der Verbindung mit der Idee der doppelten Wahrheit geeignet erscheint, gewisse tradierte Anschauungen gegen bestimmte Arten der Kritik abzuschirmen und dadurch einen inselhaften Bereich unantastbarer Wahrheiten zu schaffen. In diesem Bereich ist man dann unter Umständen sogar bereit, die Logik außer Gefecht zu setzen, damit echte Widersprüche akzeptabel werden«[191]. So wird eine »milde Schizophrenie« ausgebildet, die es erlaubt, »die konsequente Anwendung kritischer Verfahrensweisen auf alle Bereiche ohne jede Ausnahme als Naivität zu belächeln«. Der Theologe sucht sich auf solche Weise eine Position zu schaffen, in der er sich erhaben fühlen kann über Urteile und Stellungnahmen, die ihn zu diskreditieren geeignet sein könnten.

Es kommt auf der beschriebenen Grundlage sogar zu einer »moralischen Prämierung des schlichten und naiven Glaubens, der keine Zweifel kennt und

---

[187] Ferner ein Beitrag »Theologie als Wissenschaft« zu der Schrift »Gottesbilder heute«, hrsg. von S. Moser u. E. Pilick. 1979, S. 55 ff.
[188] Traktat, S. 35.   [189] S. 43, 45.
[190] S. 104.   [191] S. 105.

daher unerschütterlich ist«.[192] »Glaubensgehorsam, Glaubenseifer und ähnliche ›Tugenden‹« »werden in Zusammenhang mit speziellen Inhalten immer wieder als moralisch wertvoll akzentuiert«.[193] Dazu gehört auch »die seltsame Idee, man sei einem speziellen Glaubensstand verpflichtet und nicht der unvoreingenommenen Wahrheitssuche, die Unterdrückung von Zweifeln – die in solchen Zusammenhängen die Bezeichnung ›Anfechtung‹ zu erhalten pflegen – sei unter Umständen hier von positiver moralischer Bedeutung und ein Glaube, der sich möglicherweise unter kritischen Gesichtspunkten als fragwürdig herausstellen mag, sei auf jeden Fall vor derartigen Argumenten zu schützen«.[194] Anzumerken wäre hier, daß der Begriff »moralisch« im engeren Sinne in diesem Zusammenhang wohl vor allem für das katholische Denken charakteristisch ist, während es sich im protestantischen nicht so sehr um artikulierte Aussagen wie um unterschwellig wirksame Motive und Tendenzen solcher Art handelt.

Bedenklich findet Albert ferner eine Denkweise, die den Glaubenden für seinen dem Zweifel standhaltenden Glauben nicht nur »moralisch« prämiert, sondern ihm auch noch ein »Erkenntnisprivileg« verleiht. Sie ist außerordentlich kennzeichnend gerade auch für die neuere evangelische Theologie: die Herstellung eines »Erkenntnisprivilegs« des Gläubigen vermittels der »These, daß nur dieser« das Geglaubte »eigentlich verstehen könne, so daß das Verständnis des Glaubensinhalts schon seine Annahme impliziert und der den Glauben Ablehnende ihn nicht verstanden haben kann«[195], dieser mithin im Grunde von vornherein als zur Beurteilung nicht kompetent zu gelten hat.

Wir stehen damit an einer entscheidenden Stelle der Auseinandersetzung mit der Theologie. Albert ist der hier auftretenden Problematik namentlich in zweierlei Hinsicht nachgegangen, bei der Behandlung der sogenannten Entmythologisierung und bei der Frage der Existenz Gottes. Dabei wird über die bisher besprochenen Punkte hinaus noch eine Reihe weiterer anfechtbarer Praktiken und Taktiken, die in der modernen Theologie gebräuchlich sind, zur Sprache gebracht. Ihr Nachweis ist für unsere gesamte Betrachtung von so überragender Bedeutung, daß er weitgehend mit den eigenen Worten dieses scharfsinnigen Analytikers dargestellt werden soll.

Bereits Kaufmann hatte darauf hingewiesen, daß Bultmann an die zu interpretierenden Texte mit einer Vorentscheidung herantritt. Albert nimmt die Kritik dieser Methode auf, indem er zeigt, daß die Entmythologisierung des Neuen Testaments »keineswegs, wie man dem Namen nach vermuten könnte, ein kritisches, sondern in erster Linie ein hermeneutisches Unternehmen« ist, »das darauf abzielt, den Kern des christlichen Glaubens durch eine mit dem heutigen Weltbild harmonisierende Interpretation zu retten, also genaugenommen *ein hermeneutisches Unternehmen in apologetischer Absicht*«.[196] Daß es Bultmanns Ziel nicht sei, »die Ergebnisse und Methoden der Wissenschaften für die Kritik des Glaubens fruchtbar zu machen«, sondern »Wissenschaft und Glauben nach

---

[192] S. 107.
[193] Ebd.
[194] S. 107f.
[195] S. 108.
[196] S. 109.

Möglichkeit sauber auseinanderzuhalten«, mag ein wenig überspitzt formuliert klingen; es dürften dabei z. T. auch kritische Gesichtspunkte wirksam sein, aber sie sind im Grunde selbstverständlich und keineswegs neu. Jedenfalls läuft das Verfahren bei Bultmann letztlich in der Tat auf die Bewahrung einer bestimmten Glaubenshaltung hinaus. Aufs Ganze oder doch Entscheidende gesehen, wird es insofern zutreffen, daß die Bultmannsche Entmythologisierung mehr hermeneutisch als kritisch gerichtet ist.

Der nur begrenzt kritische Charakter dieses Verfahrens wird durch einen bereits erwähnten Zug noch wesentlich verstärkt: »Dem Kerygma gegenüber tritt auch in der Bultmannschen Konzeption das Motiv des Glaubensgehorsams in den Vordergrund, das naturgemäß mit kritischer Wissenschaft nicht das geringste zu tun hat.«[197] Wenn Bultmann nach Ausscheiden der gröbsten mythischen Vorstellungen das dann übrigbleibende »Kerygma« als Gottes Wort nimmt, »dem gegenüber wir nicht die Legitimationsfrage stellen können, sondern das uns nur fragt, ob wir es glauben wollen oder nicht«[198], und wenn das hier entstehende Ärgernis nach Bultmann »nicht im philosophischen Dialog, sondern nur im gehorsamen Glauben überwunden wird«[199], so stellt Albert mit Bezug hierauf fest: »Das kritische Denken wird von Bultmann mit Hilfe der üblichen theologischen Verfahrensweise gänzlich willkürlich genau an dem Punkt suspendiert, an dem er es nicht mehr gebrauchen kann, weil es zu unangenehmen Konsequenzen führen würde.«[200]

Der heute im allgemeinen nicht eben hoch geschätzten liberalen Theologie des 19. und beginnenden 20. Jahrhunderts schreibt Albert gut, daß sie in die schon von ihr in Angriff genommene Entmythologisierung, anders als Bultmann, selbstverständlich auch das Kerygma mit einbezogen hat. An die Stelle dieser, wenigstens der Tendenz nach, grundsätzlichen Eliminierung des Mythischen tritt bei Bultmann die Interpretation des Mythos, die von dessen objektivem Weltbild absehen will und ausschließlich auf das sich in ihm aussprechende Selbstverständnis des Menschen gerichtet, also nicht kosmologisch interessiert ist, sondern eine »existentiale« Auffassung befürwortet. Dem hält Albert entgegen, daß »das damalige Existenzverständnis«, d. h. das des neutestamentlichen Menschen, »in einen kosmologischen Kontext gehört, von dem es sich nicht einfach durch existentiale Interpretation lösen läßt«.[201] »Die Trennung von Kosmologie und Existenzverständnis bei Bultmann ist« in der Tat »eine durch und durch künstliche und dogmatische Operation«.[202] »Bultmann kommt auf diese Weise zu völlig willkürlichen Entscheidungen darüber, was zu eliminieren ist und was nicht. Die Engel und die Wunder will er eliminieren, die Gottesvor-

---

[197] Ebd.
[198] BULTMANN: Neues Testament und Mythologie. In: Kerygma und Mythos. Hrsg. von H. W. Bartsch. [1.]. 1948, S. 50.
[199] S. 53.
[200] ALBERT: Traktat, S. 110.
[201] S. 111.
[202] S. 112.

stellung und das Heilsgeschehen scheint er lieber ›interpretieren‹ zu wollen, als ob sie besser in das moderne Weltbild passen würden als die gröberen mythologischen Phantasmen. Die Bultmannsche Deutung des *Heilsgeschehens* als einer *Tat Gottes*, die *Bedeutsamkeit* besitzt, gehört ohne Zweifel zur existentialen Interpretation, aber es ist schlechterdings unerfindlich, was diese Redeweisen für einen Sinn haben sollen, wenn sie keine kosmologische Bedeutung in Anspruch nehmen.« Auch Bultmann ist, wie Albert betont, ein theistisches Weltbild eigen und folglich auch »eine bestimmte Kosmologie, die, wenn auch nicht alle Details, so doch entscheidende Züge mit der biblischen Kosmologie gemeinsam hat«. Inwieweit es sich wirklich um entscheidende Züge handelt, die sich dabei erhalten, wäre freilich noch genauer zu untersuchen. Den Prozeß der auch bei Bultmann vor sich gehenden Glaubenserosion wird man nicht unterschätzen dürfen.

Albert schreibt Bultmanns Rettungsversuch der »korrumpierenden Wirkung gewisser philosophischer Strömungen auf das Denken« zu, mit vollem Recht – wobei bekanntlich vor allem an den Einfluß Heideggers zu denken ist. »Die Entmythologisierung ist jedenfalls«, so faßt Albert seine überzeugende grundsätzliche Kritik zusammen, »nichts anderes als ein hermeneutisches Immunisierungsverfahren für den Teil des christlichen Glaubens, den moderne Theologen angesichts der heute vorliegenden Kritik unter allen Umständen retten möchten. Dabei vergessen sie nur, daß die Strategie, die sie dabei verwenden – der Abbruch der Kritik am entscheidenden Punkt, den sie selber für wichtig halten – sich grundsätzlich überall durchführen läßt, wo man das gerne möchte«.[203] Abgeschlossen wird diese Analyse mit der pikanten Bemerkung: »Der sublime Dogmatismus protestantischer Theologen ist nicht deshalb erträglicher, weil sie ihre Dogmen nicht ertrotzen, sondern auf hermeneutischem Wege erschleichen möchten.«[204] Als einleuchtende kritische Folgerung aus alldem ergibt sich die Forderung, daß die Entmythologisierung bis zur Eliminierung des Kerygmas fortzuschreiten hat, d. h. daß der sogenannten Entmythologisierung die Entkerygmatisierung folgen müßte.

Die bei Bultmann zu beobachtende Suspendierung der Kritik, wo diese unbequem wird, und die dabei erfolgende Umstellung der Betrachtung auf Hermeneutik, Deutung auf einer gegebenen Grundlage, sowie die Isolierung des existentialen Verständnisses von dem kosmologischen Kontext und damit der Verzicht auf ontologisch relevante Aussagen, das sind zweifellos entscheidende Einwände gegen das weithin allzusehr hochgespielte Unternehmen der Entmythologisierung.

Wenngleich Gott für Albert letztlich auch zu den Vorstellungen mythischer Art gehört, behandelt er das Problem der Existenz Gottes, seiner zentralen Bedeutung entsprechend, noch gesondert. Zur »Immunisierungsstrategie« rechnet er dabei auch die in der modernen Theologie vorgenommene Entleerung der Gottesvorstellung, die so weit geht, »daß sie mit keiner möglichen

---

[203] S. 112f.   [204] S. 113.

Tatsache mehr kollidieren kann«.[205] Man ist sogar »zur ausdrücklichen Aufgabe des Supranaturalismus« bereit, »wenn dadurch das Hausen im theologischen Gebäude komfortabler gemacht wird, nur nicht zu einem, die Gottesidee ganz fallen zu lassen, etwa weil sie in keiner unter kritischen Gesichtspunkten überhaupt noch in Betracht kommenden Konzeption eine Rolle spielt, die ihre Aufrechterhaltung akzeptabel erscheinen lassen würde«.[206] Zum Vergleich zieht Albert »den Glauben an die Existenz von Wesenheiten« heran, »die nur in gescheiterten und überwundenen Theorien eine wesentliche Rolle spielen«, einen Glauben, den man »zusammen mit diesen Theorien« aufzugeben genötigt ist. So wird man heute »weder an die Existenz von Phlogiston, noch an die des Äthers oder eine spezielle Lebenskraft glauben, und zwar nicht deshalb, weil dieser Glaube *an sich* sinnlos wäre, sondern deshalb, weil die theoretischen Auffassungen, mit denen er verbunden war, sich als nicht haltbar erwiesen haben. Das gleiche Schicksal hat der Glaube an die Existenz von Hexen, Engeln, Teufeln und Göttern erlitten, wie sie im polytheistischen Weltbild vorkommen. Solche Konsequenzen des Erkenntnisfortschritts pflegen auch von christlichen Theologen im allgemeinen zugestanden zu werden. Geht es aber um den biblischen Gott, dann offerieren sie üblicherweise eine Spezialstrategie.«

Nun würde es sicherlich zu weit gehen, der Theologie das Aufgeben des Gottesglaubens zuzumuten. Was man aber von ihr erwarten dürfen sollte, ist, daß sie über die Problemlage nach Möglichkeit Klarheit zu schaffen sucht und nicht das Gegenteil bewirkt. Als nicht erlaubt muß jedenfalls das gelten, was Albert »eine der kuriosesten Strategien zur Immunisierung der Gottesidee, die in letzter Zeit Schule gemacht haben«, nennt: »die *Diffamierung* desjenigen Glaubensbegriffes, der auf das ›bloße‹ *Für-Wahr-Halten* einer Behauptung abstellt, ein Verfahren, das der Position des Subjektivisten eine höhere epistemologische Weihe zu geben scheint«.[207] Man kann dem Autor nur voll und ganz zustimmen, wenn er erklärt: »Das bloße Für-Wahr-Halten der These, daß ein Gott existiert, der bestimmte Eigenschaften hat oder in bestimmter Weise in das Weltgeschehen eingreift, mag nun in der Tat dem Gläubigen oft nicht genügen, aber sie ist wohl eine Mindestimplikation jedes Glaubens, innerhalb dessen in sinnvoller und gehaltvoller Weise von Gott geredet werden kann. Die Bagatellisierung oder gar Eliminierung dieses Existenzproblems ist also keineswegs ein Symptom dafür, daß man eine höhere oder weniger grobe Form des Gottesglaubens bevorzugt, sondern ein Zeichen dafür, daß man sich entweder über wichtige Konsequenzen der eigenen Weltauffassung im unklaren, oder aber daß man de facto *zum Atheismus übergegangen* ist, aber mittels einer theistischen Sprache die alte Fassade aufrechterhalten möchte.«[208] Beide Seiten dieser Alternative findet man in der gegenwärtigen Theologie gleichermaßen vertreten. Dabei kommt noch ein weiterer wichtiger Begriff von strategischer Bedeutung ins Spiel: die »These

---

[205] S. 116. [206] S. 117.
[207] S. 118. [208] S. 118f.

von der Nicht-Objektivierbarkeit Gottes, die in diesem Zusammenhang immer
wieder auftaucht« und mit der doch tatsächlich gar nichts erreicht wird.[209]
Albert fügt noch hinzu: »Wenn hier von einer ›Einsicht in die Unzuständigkeit
des begrifflich-gegenständlichen, wissenschaftlichen Denkens‹« »die Rede ist,
einer Einsicht, die dann zu der Behauptung führt, für begriffliches Erkennen
offenbare sich Gott schlechthin als Geheimnis, so ist damit eine These gewonnen, die offensichtlich nur eine Grenze für die anderen«, die Nichtglaubenden,
»ziehen soll, wie das so oft im theologischen Denken geschieht. Der Verfechter
einer solchen These kann hinfort unbefangen und ungestört weiter über Gott
reden, weil er offenbar über das begriffliche Erkennen hinaus ist, aber er verbindet mit dieser Rede keine Behauptungen, die auch nur eine Spur von Gehalt
haben«[210], keine Aussagen mithin, die in irgendeiner Hinsicht nachprüfbar sind
oder auch nur diskutierbar wären. »Jeder Unbefangene kann erkennen, daß man
hier nichts anderes tut, als sich durch einen semantischen Trick eine privilegierte
epistemologische Position zu verschaffen, die einem so leicht keiner streitig
machen kann, es sei denn, er habe dieses Verfahren durchschaut.«[211] Das ist zwar
sehr scharf gesagt, aber keineswegs übertrieben, und trifft einen Nerv modernen
theologischen Denkens.

Es verhält sich in der Tat vielfach so, wie Albert die Lage beschreibt: »In dieser
sich modern nennenden Theologie wird um das Existenz-Problem« (die Existenz Gottes), »wenn es überhaupt auftaucht, so herumgeredet, daß man keine
Klarheit darüber gewinnen kann, was der betreffende theologische – manchmal
auch philosophische – Autor wirklich glaubt. Eine spezielle Erkenntnistheorie,
in der von Subjekt-Objekt-Spaltung, Nicht-Objektivierbarkeit«, ungegen-
ständlichen Glaubensobjekten, »von Chiffren des Seins und ähnlichen Dingen
die Rede ist, ohne daß auch nur eine kleine Bemühung erkennbar wird, Resultate
der Logik, der Semantik, der Sprachforschung oder der modernen Erkenntnislehre zu berücksichtigen, und deren einziger Vorzug darin zu bestehen scheint,
daß sie dazu verhilft, irgendwelche Thesen der kritischen Diskussion zu entziehen, hilft dabei über alle Schwierigkeiten hinweg – eine pompös aufgetakelte
Immunisierungsmaschinerie, für deren Installation deutsches Philosophieren
die Verantwortung trägt. Es ist also dafür gesorgt, daß nichts, was man zu
behaupten scheint, irgendwie dem Risiko des Scheiterns ausgesetzt sein könnte.
Dabei ist trotzdem vom Wagnis des Glaubens die Rede, als ob da irgendetwas in
einem einigermaßen einsehbaren Sinne des Wortes riskiert werde.«[212]

Wenn auch die Schärfe der Albertschen Kritik, die bis zur Feststellung von
»Tricks« geht, manche Theologen in ihrer Überzeugung von der Verständnislosigkeit und Inkompetenz des Glaubensgegners nur bestärken wird: die sachliche
Berechtigung dieser Argumentation in den Hauptpunkten kann für den unvoreingenommen Urteilenden nicht zweifelhaft sein. Es ist das große Verdienst

---

[209] S. 119.
[211] S. 119f.

[210] Ebd.
[212] S. 120.

Alberts, daß er, nachdem Kaufmann, wie erwähnt, erstmals die Aufmerksamkeit auf die Bedeutung strategisch-taktischen Denkens in der neueren Theologie gelenkt hatte, eine Reihe von Verfahren, deren sich diese Theologie zu bedienen pflegt, im einzelnen aufgezeigt und beim Namen genannt hat. Neben dem Nachweis der übergreifenden Grundtendenz, die auf die Sicherung von Glaubensaussagen gegen kritische Einwände gerichtet ist und die er als Immunisierungsstrategie bezeichnet, handelt es sich dabei, um noch einmal zusammenzufassen, um die Herausstellung folgender Verfahrensweisen: die Unterscheidung fundamental verschiedener Erkenntnisarten – Wissen und Glauben –, die auf die Annahme einer Art von zweifacher Wahrheit hinausläuft, sodann die Einführung des Glaubensgehorsams im Zusammenhang der Vertretung und Bewahrung bestimmter Positionen von zentraler Bedeutung, ferner die mehr oder weniger deutlich ausgesprochene Prämierung der Glaubenshaltung und vor allem die Behauptung eines Erkenntnisprivilegs der Gläubigen, d. h. die Beschränkung des Glaubensverständnisses und damit der entscheidenden Urteilsfähigkeit auf den Glaubenden, aber auch die Diffamierung des bloßen Für-wahr-Haltens, als ob dieses nicht notwendig zum Glauben gehörte, und, hiermit in Verbindung stehend, die angebliche Nichtobjektivierbarkeit Gottes, überhaupt die Entleerung des Gottesbegriffs sowie die Bagatellisierung des Problems der Existenz Gottes, außerdem die Suspendierung der Kritik an bestimmten Punkten, bei Glaubenspositionen nämlich, die unbedingt bewahrt werden sollen, und schließlich die Ersetzung der eigentlichen kritischen Fragestellung durch bloße Hermeneutik. Dazu kommt später noch ein Verfahren, das. L. Kolakowski als »Erpressung mit der einzigen Alternative« bezeichnet hat. Wenn in einer solchen Aufzählung das eine oder andere auf den ersten Blick vielleicht ein wenig vereinfacht wirkt oder reichlich zugespitzt aussieht, so verhält es sich doch in der Tat so, daß mit diesen Ausführungen sehr wesentliche, entscheidende Züge des modernen theologischen Denkens deskriptiv getroffen sind und kritisch betroffen werden.

Nun wird die Betrachtung nicht auf die Herausstellung im engeren Sinne theologischer Strategien beschränkt, sondern ausgedehnt auf einen Bereich, der mit dem Interesse an den Verfahrensweisen der Theologie eng zusammenhängt, aber über den methodischen Gesichtspunkt weit hinausführt zur sachlichen Problematik selbst: zunächst zu den metaphysischen Voraussetzungen und Bestandteilen des Glaubens. Während die neuere Theologie überwiegend von Metaphysik nichts wissen will und den Zusammenhang des Glaubens mit dem Weltbild konsequent zu ignorieren sucht – schon den Begriff »Weltanschauung« meidet sie, sobald vom Glauben die Rede ist, wie der Teufel das Weihwasser – wird von Albert sehr mit Recht die Bedeutsamkeit der in den Glaubensaussagen enthaltenen kosmologischen Elemente und Voraussetzungen hervorgehoben. »Der Glaube an die Existenz göttlicher Mächte gehört« für ihn zur »soziokosmischen Auffassung«, mit welchem Begriff E. *Topitsch* das Weltbild der alten »Hochkulturen« bezeichnet hat. Hier werden, wovon später noch zu sprechen sein wird, die staatlichen Machtverhältnisse für die Interpretation des Universums herangezogen, so daß dieses Weltbild »ausgesprochen herrschaftlichen Charakter« erhält.[213]

»Die soziokosmische Auffassung liefert«, wie Albert daran anknüpfend ausführt, »einen *Sinnzusammenhang* für das gesamte Weltgeschehen, von dem her auch der *Sinn des menschlichen Lebens* bestimmt ist. Sie ist insofern eine – im weiteren Sinne des Wortes – hermeneutische Auffassung, als sie den Sinn des Geschehens aus Zeichen zu erschließen sucht, die von göttlichen Mächten gegeben werden.«[214] »Der Wille Gottes wird als verbindlich für menschliches Verhalten angesehen«[215]. Seine Interpretation ist für den Menschen lebenswichtig, er hat Heilsbedeutung. Was dem Theologen unter weitgehender Abstraktion von sachlichen Bezügen zur Umwelt eine höchst persönliche innerste Angelegenheit des Glaubens ist, betrachtet hier der Philosoph zunächst ganz von außen, vom Weltbild einer bestimmten Phase der Geistesgeschichte aus. Man wird Albert indessen nicht bestreiten können, daß »die Identifikations- und Interpretationsleistungen einer hermeneutisch verfahrenden Theologie« »auf Annahmen metaphysischen Charakters« »basieren« und daß »die Frage der Gültigkeit des betreffenden Gottesglaubens« »nicht rein hermeneutisch zu bewältigen« ist.[216] Im Rahmen jener Weltauffassung war die Theologie naturgemäß eine »sehr wichtige Wissenschaft«, »sie stand an der Spitze der Wissenshierarchie«.[217] Davon kann bekanntlich heute keine Rede mehr sein; denn inzwischen hat »im abendländischen Bereich unter dem Einfluß der neuzeitlichen Wissenschaft in den letzten Jahrhunderten« eine »Erosion der soziokosmischen Auffassung« stattgefunden, und sie hat »auch die Grundlagen des theologischen Denkens unterminiert«, weil in dem neu entstandenen Weltbild »die Annahme der Existenz eines Gottes und viele damit verbundene Annahmen keine Funktion mehr haben«. Das ist der eigentliche Grund, »warum man *heute* – also in der heute vorliegenden Problemsituation – den Gottesglauben und damit im besonderen auch den christlichen Glauben, sofern mit ihm die Annahme der Existenz eines persönlichen Gottes verbunden ist, für nicht mehr akzeptabel halten kann.«[218] Zwar ficht »die meisten Leute« und vor allem »den einfachen Gläubigen« das Problem, wie man derartige metaphysische Existenzannahmen zu beurteilen hat, nicht an, sie »pflegen sie immer noch aus der Tradition – aus dem überlieferten Glaubensgut ihres Kulturkreises – zu übernehmen«. Der Theologe aber kann sich so nicht verhalten, »zumindest nicht, wenn er Theologie *als Wissenschaft* im üblichen Sinne ansieht«.[219] Freilich gibt es daneben auch den Standpunkt, »der Theologe müsse den Glauben voraussetzen, so daß der von ihm vertretene Glaube selbst *innerhalb* der Theologie nicht mehr zur Diskussion« steht, und Albert erkennt an: »Das kann man so sehen«, fügt dem jedoch hinzu: »Aber wenn man es so sieht, dann muß man sich offenbar damit abfinden, daß über die *Gültigkeit* dieses Glaubens *außerhalb* dieser Disziplin befunden wird.«[220]

---

[213] ERNST TOPITSCH: Erkenntnis und Illusion. 1979, S. 74.
[214] ALBERT: Die Wissenschaft und die Fehlbarkeit der Vernunft. S. 95.
[215] S. 96.   [216] Ebd.   [217] S. 97.
[218] S. 98.   [219] Ebd.   [220] S. 99.

Albert selbst hält »alle Versuche, die metaphysischen Kernannahmen des christlichen Glaubens mit dem modernen Weltbild vereinbar zu machen, für aussichtslos.«[221]

Die Unterminierung des Gottesglaubens bedeutet selbstverständlich keineswegs, »daß man heute jemanden logisch *zwingen* könnte, seinen Gottesglauben aufzugeben, etwa deshalb, weil die Resultate bestimmter Wissenschaften diesem Glauben widersprächen. So einfach liegen die Dinge nicht.«[222] Sie liegen aber andererseits auch nicht einfach so, wie manche meinen, daß man sich ebenso gut für oder gegen den Glauben entscheiden könne. Wohl kann man die »Idee der Kritikimmunität sogenannter letzter Voraussetzungen« vertreten. Vor allem gibt es eben »auch die Möglichkeit, die Annahme der Existenz Gottes – wie übrigens jeden anderen Bestandteil einer Weltauffassung – so gegen mögliche Kritik zu immunisieren, daß sie unangreifbar wird«. Aber damit setzt man sich, wie besonders hervorzuheben ist, dem Einwand aus, »daß dieses Verfahren die betreffende Annahme kognitiv wertlos, also für Erkenntniszwecke unbrauchbar, mache, da auf diese Weise *jede beliebige* Behauptung *zu retten*« ist.[223] Albert weiß: »Gegen eine Dogmatisierung dieser Art ist kein Kraut gewachsen, wenn ihr Verfechter bereit ist, sie konsequent durchzuhalten.«[224] Nur hat eine solche Einstellung, erkenntniskritisch gesehen, eben rein defensiven Charakter: Man will und kann aufgrund ihrer nicht widerlegt werden, was aber nicht besagt, daß eine in dieser Weise angelegte und durchgehaltene dogmatische Behauptung wahr sei. Im Gegenteil, eine derartige Dogmatisierung »ist vor allem dann zu erwarten, wenn das Bedürfnis, die betreffende These aufrechtzuerhalten, größer ist als das Streben, zu einem brauchbaren Urteil über die Wahrheit zu kommen«.[225] Tatsächlich spielen hier vielfach in stärkstem Maße andere Belange, vor allem Glückserwartungen, hinein. »Die betreffenden Annahmen haben eben nicht nur *kognitive*, sondern darüber hinaus *existentielle* Bedeutung. Sie sind für die meisten Leute überhaupt nur wegen ihrer Beziehung auf das Heilsgeschehen wichtig, während deren unmittelbares Erkenntnisinteresse sich auf andere Zusammenhänge richtet.«

Nun macht der Glaube nicht nur metaphysische Voraussetzungen, beziehungsweise enthält er nicht nur metaphysische Bestandteile, die mit dem heutigen Wissensstand zusammenstoßen, so daß sie der Kritik des philosophischen Denkens ausgesetzt sind. Hinzu kommt, daß das Christentum »eine historische Religion« ist, wie Albert sagt, d. h. eine Religion der geschichtlichen Offenbarung. Bestimmte geschichtliche Ereignisse spielen »für diesen Glauben eine zentrale Rolle, denn vom Charakter dieser Ereignisse ist seine *Heilsbedeutung* abhängig«. Dadurch aber »ist dieser Glaube in besonderem Maße auch Einwänden ausgesetzt, die sich aus Fortschritten der historischen Forschung ergeben«.[226] »Wer den Offenbarungscharakter solcher Ereignisse für die Ausgestaltung seines Glaubens in Anspruch nehmen möchte, dem kann es« »keineswegs

---

221 S. 174.   222 S. 100.   223 S. 101.
224 S. 101 f.   225 S. 102.   226 S. 102 f.

gleichgültig sein, wenn sich aus der historischen Forschung Anhaltspunkte dafür ergeben, daß diese Ereignisse nicht stattgefunden haben, daß sie anders verlaufen sind, als früher angenommen wurde, oder daß Äußerungen, die im Ablauf dieser Geschehnisse aufgetreten sind, bisher falsch verstanden wurden.«[227] Kommt die Kritik der metaphysischen Glaubenselemente hauptsächlich von seiten der Philosophie, so ist die Kritik der geschichtlichen oder vermeintlich geschichtlichen Bestandteile des Glaubens Sache der Theologie selbst, sofern diese zu einem wesentlichen Teil auch historische Forschung und insbesondere Jesusforschung zu betreiben hat.

Diese zweifache Gefährdung der Glaubensaussagen durch die wissenschaftliche Kritik der mit ihnen verbundenen sachlichen Elemente hat dazu geführt, daß die moderne Theologie nicht selten ihre Zuflucht zu einer Umdeutung des christlichen Glaubens nimmt, »die seine Vereinbarkeit mit dem neuzeitlichen Weltbild wieder herstellen«[228] soll. Dem Nachweis und der Kritik solcher Umdeutungen gilt Alberts besonderes Interesse. Bekannte Beispiele der Umdeutung des Gottesbegriffs oder der Auferstehung Jesu sind Wendungen »wie: Gott heiße das Woher meines Umgetriebenseins oder Jesus sei auferstanden in die Verkündigung«. Es ist klar, daß solche Behauptungen mit keiner Vorstellung oder Erkenntnis zusammenstoßen können, weil sie gar keinen greifbaren Gehalt besitzen. »Offenbar gehen moderne Theologen vielfach so weit, daß sie die Annahmen der Existenz Gottes, der Gottessohnschaft Christi, der Auferstehung, des Gerichts und seiner Konsequenzen de facto aufgeben, aber durch Umdeutungen zentraler Ausdrücke« »den Eindruck erwecken, die Identität des christlichen Glaubens werde dabei aufrechterhalten.«[229] Sein *metaphysischer* Gehalt »wird dabei im wesentlichen *eliminiert*, sein *moralischer* Gehalt« »auf ein im Sinne der Mitmenschlichkeit verstandenes Liebesgebot *reduziert*«. Moderne Theologen – als Meister der Umdeutung werden namentlich Paul Tillich und Herbert Braun angeführt – »scheuen sich, zum offenen Atheismus überzugehen, verbinden aber ihre nur notdürftig verschleierte Preisgabe des alten Gottesglaubens kurioserweise nicht selten mit abwertenden Bemerkungen über eine solche Position«. So findet H. Braun, daß die atheistische Ansicht sich »belanglos« ausnehme, ja, er meint gar fragen zu dürfen, »ob es den Atheisten überhaupt gebe«, und besonders seltsam ist es, daß dieser Theologe »nicht nur den Atheismus, sondern auch den *Theismus* als uninteressant hinstellt«. »An die Stelle der Diskussion inhaltlicher Standpunkte tritt bei ihm daher die Erörterung der Bedeutung von Worten.« Er entzieht sich auf diese Weise in der Tat dem, worum es eigentlich geht und worauf es ankäme: der sachlichen Erörterung des fundamentalen Gottesproblems.

Hinsichtlich der Auferstehung Jesu hat die Auseinandersetzung mit der modernen Auffassung einen ungemein aufschlußreichen Ausdruck in der theologischen Disputation von Sittensen gefunden, wo als deren Vertreter Ernst Fuchs mit dem die volle Glaubensaussage repräsentierenden Walter Künneth konfron-

---

[227] S. 175.   [228] S. 102.   [229] S. 104.

tiert wurde. [230] Für die Fuchssche Auffassung dieser Ereignisse läßt sich aus dem Text der Dokumentation, wie Albert wiederum mit Recht bemerkt, »kein einigermaßen klarer Standpunkt eruieren.« Die Auferstehung Jesu war von Fuchs als »ein Ausdruck oder ein Name für den Anbruch der Heilszeit des Glaubens«, als »ein Name dafür, daß die Jünger nach dem Tode Jesu sich für die Stimme der Liebe entschieden haben« oder als »ein Name für einen Glaubensanstoß, für eine Besinnung des Glaubens« bezeichnet worden. »Wer diese Wendungen zur Kenntnis nimmt«, erklärt Albert, »wird die Konsequenz ziehen dürfen, daß hier mit ›Auferstehung‹ nicht das für die christliche Tradition zentrale Heilsereignis, sondern etwas anderes gemeint sei, und zwar in verschiedenen Zusammenhängen etwas jeweils Verschiedenes.« [231] Über den Verlauf dieser Disputation im ganzen urteilt Albert, er gebe »der von Künneth formulierten Auffassung recht, sein Diskussionspartner habe die Frage nach der Wirklichkeit der Auferstehung Jesu als belanglos beiseitegeschoben«, die Disputation habe damit »das Desinteresse moderner Theologen an den für den christlichen Glauben zentralen metaphysischen Fragen« gezeigt. [232] Was Fuchs damit bietet, ist »eine Immunisierung seiner Auffassungen durch unklare Ausweichmanöver.« Anders läßt sich das Verhalten dieses Theologen wirklich nicht beschreiben.

Man wird Albert nicht vorwerfen können, daß er in dem genannten Zusammenhang zu scharf polemisiere. Die von ihm behandelten Umdeutungen sind Musterbeispiele bewußt herbeigeführter Unklarheit. Diejenigen, »denen es um die alten Glaubensinhalte geht«, haben den Eindruck, daß durch »so drastische« »Umdeutungen zentraler Komponenten des christlichen Glaubens« »de facto der Kern des christlichen Glaubens verloren geht« und daß solche Bemühungen »auf eine Irreführung des Publikums hinauslaufen« [233]. Dieser Eindruck ist in vollem Maße berechtigt. Und mit gutem Grund betont unser Autor, um in diesen Dingen das relative Recht auf seiten der »orthodoxen Theologen« zu sehen, brauche man keineswegs deren übrige Auffassungen zu teilen. [234] Nicht das Bekenntnis zu einer gemeinsamen Sache leitet ihn bei dieser Stellungnahme, sondern das Interesse an der Diskutierbarkeit der Aussagen. Insofern dürfte er, von Kaufmann abgesehen, der erste Christentumskritiker innerhalb der philosophischen Zunft sein, dessen Stellungnahme nicht durch die Sympathie mit der weniger massiv gläubigen Position beeinflußt wird, der vielmehr vor allem klare und gehaltvolle Aussagen fordert, weil allein so eine Auseinandersetzung möglich und lohnend ist.

Jedenfalls hat Albert die heutige Lage, was sowohl das christliche als auch das moderne Denken angeht, außerordentlich zutreffend bestimmt. Auf dem Boden der evangelischen Kirchen sieht er »in bezug auf zentrale Glaubensaussagen

---

[230] ERNST FUCHS u. WALTER KÜNNETH: Die Auferstehung Jesu Christi von den Toten. Dokumentation eines Streitgesprächs. Hrsg. von Chr. Möller. 1973.
[231] ALBERT: Wissenschaft, S. 106.
[232] S. 107.   [233] S. 103 f.   [234] S. 107.

einen Deutungsspielraum, der vom Fundamentalismus der Evangelikalen bis zum unverschleierten Atheismus reicht«.[235] Die »für das europäische Denken bis in die Neuzeit charakteristische«, »durch den Gottesglauben vermittelte ethische Deutung der Welt« aber ist »durch die moderne Entwicklung des Wissens obsolet geworden«[236]. Das besagt zugleich, daß das moderne Denken nicht mehr als christlich bezeichnet werden kann. Mit Ausnahme von Löwith hat kaum ein Philosoph diesen Sachverhalt so scharfsichtig erfaßt und auch so unmißverständlich zum Ausdruck gebracht.

Als besonders wichtig muß noch hervorgehoben werden, daß Hans Albert die einschlägigen Fragen nicht nur im allgemeinen, sondern auch in Auseinandersetzung mit einzelnen Theologen behandelt hat. Von keinem anderen Philosophen sind die Verfahrensweisen einzelner Theologen so sorgfältig analysiert und so kritisch beleuchtet worden. Und mit zwei bekannten Autoren hat er sich in je einer besonderen Publikation ausführlich befaßt, mit Gerhard Ebeling (»Theologische Holzwege«, 1973)[237] und mit Hans Küng in der glänzenden und außerordentlich lohnenden Schrift »Das Elend der Theologie« (1979). Da die vorliegende Betrachtung den Katholizismus durchweg beiseite läßt, sei hier nur das in dieser Schrift formulierte Urteil über die gegenwärtigen Theologen im allgemeinen und die von ihnen betriebene Theologie als solche angeführt. Seit der Wende zur dialektischen Theologie, schreibt Albert, »haben sich gerade berühmte Vertreter des Fachs auf Verfahren eingelassen, die mit dem Streben nach reiner Erkenntnis wenig zu tun haben. Die Theologie ist in ihrem Denken mehr als je zuvor durch das Vorurteil für bestimmte Glaubensbestände geprägt. Sie ist gewissermaßen der professionalisierte und institutionalisierte Mißbrauch der Vernunft im Dienst des Glaubens, soweit dogmatische Fragen in Betracht kommen.«[238] Bei dem von Albert festgestellten »Elend der Theologie« geht es denn auch »weniger um einzelne Fehlleistungen als um die Hypothek, die auf einer Disziplin lastet, die sich gezwungen sieht«, »erkenntnisfremde Interessen zu honorieren«.[239]

Abgeschlossen seien diese Darlegungen mit dem Hinweis auf Alberts Stellungnahme zu einem bekannten theologischen Schriftsteller, Heinz Zahrnt, und insbesondere dessen Behandlung des Theodizeeproblems. Zahrnt beruft sich hierbei ähnlich wie H. Küng, auf ein *»Vertrauensvotum«*, »auf ein Grundvertrauen zur Welt, das letzten Endes darin begründet ist, daß Gott, wie ihn Jesus verkündet, als ›Grund‹ und ›Sinn‹ dieser Welt angesehen werden kann«. »Ich glaube Jesus seinen Gott«.[240] »Daß schon an dieser Stelle Jesus eingeschaltet

---

[235] S. 183.

[236] S. 181 f.

[237] s. hierzu S. 82, Anm. 251.

[238] Hans Albert: Das Elend der Theologie. Kritische Auseinandersetzung mit Hans Küng. 1979, S. 185 f.

[239] S. 186.

[240] Albert: Wissenschaft, S. 154. – Heinz Zahrnt: Warum ich glaube. Meine Sache mit Gott. 1974, S. 200.

wird als Bezugsperson für das Vertrauen in den Grund der Welt«[241], ist freilich höchst sonderbar und, eine Ungewißheit auf der anderen aufgebaut, alles andere als überzeugend. Im übrigen macht sich Zahrnt, wie Albert anerkennend erwähnt, die Behandlung dieses delikaten Problems »nicht so leicht«[242], wie das sonst üblich ist. Zahrnt gesteht nämlich zu: »Die einfachste und konsequenteste Antwort auf die Frage nach der Allmacht und Liebe Gottes angesichts des Leides in der Welt gibt nach wie vor der *Atheismus*: ›Es ist kein Gott –, die einzige Entschuldigung für Gott ist, daß er nicht existiert‹ (Stendhal).«[243] Durch die atheistische Antwort werde jedoch »das Sinnverlangen des Menschen nicht gestillt«. Albert sieht sich veranlaßt, diesen für Zahrnt entscheidenden Gesichtspunkt rundweg abzulehnen. »Ein Jahrhundert nach Nietzsches Kritik am theologischen Weltbild, in der gerade die dafür charakteristischen Sinnprojektionen als illusionär enthüllt werden«, ist es »schwer zu verstehen, daß man nur Problemlösungen für annehmbar erklären kann, in denen davon ausgegangen wird, die Welt sei so eingerichtet, daß sie dem menschlichen Sinnverlangen entgegenkommt.«[244] Und »auch die weitere These Zahrnts, daß wenn ›Gott als das schuldige Subjekt der Weltgeschichte‹ ausfalle, ›statt seiner der Mensch unter die Anklage‹ rücke«, ist für Albert »keineswegs selbstverständlich«. Es bestände »doch immerhin die nicht unplausible Möglichkeit, daß für den Gang der Weltgeschichte niemandem eine ›Schuld‹ zugewiesen werden kann, weil die Geschichte unter anderem vor allem die Fehlbarkeit des Menschen widerspiegelt. Die atheistische Antwort ist jedenfalls so leicht nicht zu erledigen.«[245]

Zahrnt macht nach seinem anfangs erwähnten Zugeständnis noch ein weiteres, sehr wesentliches. Er urteilt, daß die übliche, die, wie er sie nennt, »christlich-apathische Lösung« des Theodizeeproblems, »in der die Motive der Bestrafung und der Prüfung durch Gott dominieren«, mit einem »Gottesbild verbunden ist, das sadistische Züge aufweist«. Die Hiobsbotschaft bedeutet für diesen modernen Theologen geradezu den »Tod des moralischen Gottes«, eine Ansicht, die Albert mit der Feststellung kommentiert, man könne sie »auch in einer etwas anderen Sprache beschreiben, nämlich als das Auftauchen einer Gottesvorstellung, die mit dem üblichen Bild eines gerechten und barmherzigen Gottes unvereinbar ist«. Der christlich-apathischen Lösung stellt Zahrnt die von ihm befürwortete »christlich-sympathische« gegenüber, sympathisch nicht, weil sie ihm selbst, dem Verfasser, »besonders gefällt, sondern weil sich darin Gottes Sympathie mit den Menschen ausdrückt«. »Hier gewinnt«, so meint dieser Theologe, »die Pointe der von Jesus erlebten und erlittenen Gotteserfahrung für die Lösung des Leidensproblems entscheidende Bedeutung«, denn »Gott *steht bei den Menschen im Leiden*«, er ist »*Mitbetroffener*«, was den Autor nicht hindert, zuzugeben, daß »auch das Leid der Welt auf Gott zurückzuführen«

---

[241] ALBERT: Wissenschaft, ebd.
[242] S. 156.
[243] ZAHRNT, Warum ich, S. 314.
[244] ALBERT, Wissenschaft, S. 155.
[245] S. 156.

ist.[246] Damit wird nun aber nach Alberts Urteil klar, daß an der Lösung dieses Problems »auch Zahrnt gescheitert« ist; denn es steht eben so, daß seine Lösung »die ›Frage nach der Allmacht und Liebe Gottes angesichts des Leides der Welt‹, auf die, wie er zugestanden hatte, der Atheismus die ›einfachste und konsequenteste Antwort‹ gibt, *überhaupt nicht beantworten kann*, weil sie die *Unvereinbarkeit,* die darin involviert ist, *nicht beseitigt.* «[247] Albert führt für Zahrnts Auffassung, die sich auf die »Verborgenheit Gottes« zurückzieht, eine eindrucksvolle Formulierung an, die wohl als dessen letztes Wort anzusehen ist: Der Glaube, der »dennoch wider allen Augenschein« »an Gott festhält«, »versteht das Leid der Welt, seine Ursache und seinen Sinn nicht, aber er besteht es«.[248] Die Frage ist eben nur, ob diese Sicht, – ein typisches Beispiel für das, was man die »Flucht ins Engagement« genannt hat, – mehr als der eindrucksvolle Höhepunkt einer Predigt sein kann, ob ihr über den Erbauungswert hinaus eine wenn auch noch so geringfügige sachliche Bedeutung zukommt, und diese Frage läßt sich bei allem Verständnis und guten Willen nur verneinend beantworten. Es macht Zahrnt alle Ehre, daß er das selber einsieht: Seine christlich-sympathische Antwort, »gibt zwar eine Antwort, aber sie bietet keine Lösung«[249]. Albert kommt deshalb zu dem Schluß, die Antwort des Atheismus scheine dem Problem des Leidens tatsächlich eher gerecht zu werden, »zumal selbst das *Sinnverlangen* des Menschen durch die ›christlich-sympathische Antwort‹ nicht zufriedengestellt werden kann, was ja der wesentliche Einwand gegen den Atheismus war. «[250]

Insgesamt ist an der Stellungnahme dieses Philosophen, soweit sie der Auseinandersetzung mit Christentum und Theologie gilt, dreierlei als besonders wichtig zu bezeichnen. Einmal die dargelegte Herausstellung bestimmter theologischer Strategien und insbesondere die Kritik der in der modernen Theologie verbreiteten Umdeutung zentraler Glaubenspositionen. Sodann die Hervorhebung der metaphysischen und historischen Elemente in den Glaubensaussagen, die insofern der wissenschaftlichen Diskussion ausgesetzt sind und dem Wandel des Denkens unterliegen. Schließlich die Prüfung einiger brennender Hauptprobleme und ihrer bisherigen Behandlung wie namentlich der Entmythologisierung, der Existenz Gottes und des Theodizeeproblems. Mit Löwith zusammen bildet Albert den Höhepunkt der christentumskritischen Betrachtung innerhalb der Philosophie der letzten Jahrzehnte. Wenn bei Löwith die Weite und Tiefe des Blicks für die großen geistesgeschichtlichen Zusammenhänge zu unterstreichen war, so ist es bei Albert die scharfsinnige und sachlich kompetene Argumentation bei der Erörterung im Vordergrund des Interesses stehender theologischer Probleme vom wissenschaftstheoretischen Standpunkt aus, die in ihrem Gewicht gar nicht hoch genug veranschlagt werden kann. Mit der Analyse der spezifisch theologischen Strategien insbesondere und ihrer Kritik dürfte Hans

---

[246] ZAHRNT, Warum ich, S. 331 f.
[247] ALBERT: S. 157.
[248] ZAHRNT: Warum ich, S. 334; ALBERT, Wissenschaft, S. 158.
[249] ZAHRNT, S. 333.
[250] ALBERT: Wissenschaft, S. 157.

Albert der bedeutendste Kopf innerhalb der aktuellen Auseinandersetzung mit der Theologie überhaupt sein. Diese wird nicht umhin können, seine Darlegungen und Fragen an sie weitaus ernster zu nehmen als bisher.[251]

Nun steht noch ein Philosoph aus, der ein abgeschlossenes theologisches Studium aufzuweisen hat, so daß er auch im nächsten, den ehemaligen Theologen gewidmeten Abschnitt seinen Platz finden könnte. Indessen, wenn auch die theologische Ausbildung diesem Autor gerade unter dem uns interessierenden Gesichtspunkt sehr zustatten kommt, so ist er doch ganz und gar Philosoph und gehört deshalb durchaus noch in diesen Zusammenhang: *Wilhelm Weischedel*, fehlt ihm doch auch das Körnchen Renegatengeist der »ehemaligen«, während ihm im Unterschied von diesen, wie fast allen der hier zu behandelnden Philosophen ein ausgesprochen akademischer Charakter eignet. Zudem bringt er die kritische Stellungnahme zu christlichem Glauben und Theologie unter einen sehr allgemeinen, philosophischen Gesichtspunkt: Philosophie und Theologie, Denken und Glauben, und geht auch das bei weitem wichtigste und entscheidene Einzelproblem, Glauben und geschichtliche Offenbarung, so sehr vom philosophischen Standpunkt an, daß er schon insofern als der geeignete Abschluß der hier betrachteten Philosophen-Kritiker erscheint. Er bildet in gewisser Hinsicht genau den Kontrapunkt zu Karl Jaspers. Dessen Gegenstand nicht nur, sondern auch sein Standpunkt und Ziel waren der philosophische Glaube, während Weischedels Thema »Philosophie *und* Glaube« ist, wobei das »und« durchaus die Gegenüberstellung anzeigt.

Weischedel hat zusammen mit einem der bekanntesten Theologen der Gegenwart, Helmut Gollwitzer, im Wintersemester 1963/64 in Berlin ein interessantes Experiment unternommen: gemeinsame Vorlesungen über »Denken und Glauben« veranstaltet, die nicht als Parallelvorlesungen gehalten wurden, wie das wohl auch sonst schon geschehen ist, sondern zum ersten Mal einen wirklichen Dialog bezweckten. Man kann nicht umhin, Gollwitzer, dem als Verteidiger sicherlich der schwierigere Part zukam, besonderen Respekt zu bezeugen. Hier soll jedoch nur von Weischedels Argumentation die Rede sein, wobei die spätere Behandlung des Themas in dem Werk »Der Gott der Philosophen« (1975) mit einbezogen wird.

---

[251] Als typisch erscheint auf seiten der Theologen eine Stellungnahme zu Albert in der Weise, daß man ihm in einzelnen, gelegentlich sogar in wichtigen Punkten Anerkennung zollt, sich dann aber gegen seine weiter- und tiefergehende Kritik sperrt. Vgl. ADOLF-DIETER JUST: Kritischer Rationalismus und Theologie. In: ZEE Jg. 15. 1971, S. 12ff. – WOLFHART PANNENBERG: Wissenschaft und Theologie. 1973, S. 50f.
Ein Sonderfall ist die Schrift GERHARD EBELINGS: Kritischer Rationalismus? Zu Hans Alberts »Traktat über kritische Vernunft« (1973), das wirklich bemühte Buch eines namhaften Theologen von mehr als 100 Seiten, doch ohne ein greifbares Ergebnis, ein beinahe tragischer Fall und jedenfalls Dokument einer hoffnungslosen Lage. Vgl. dazu Alberts schon genannte Erwiderung »Theologische Holzwege«. Daß Albert seiner geistigen Haltung und wissenschaftlichen Tendenz nach den Theologen mißfällt, ist verständlich, aber es müßte doch deutlich geworden sein, daß er den Finger auf entscheidende Stellen, wirkliche Schwachstellen, gelegt hat, die sich nicht von selbst erledigen.

Völlig eindeutig und eminent wichtig ist sogleich das wie gesagt sehr Allgemeine und Grundsätzliche des gewählten Ausgangspunktes. »Die Unvereinbarkeit von christlichem Glauben und philosophischem Denken beruht offensichtlich auf ihren je verschiedenen Fundamenten.« »Der christliche Glaube enthält seine Gewißheit von der Offenbarung her«, das philosophische Denken »kann nur das als Wahrheit anerkennen, was es von sich selber her findet«.[252] Es gründet »ganz und gar auf Einsicht.«[253] Die »ihm eigentümliche Haltung« ist das »kritische Fragen«[254]. Das »radikale Fragen« macht sein Wesen aus. Die Folge davon ist sogar, »daß Philosophieren sich heute nicht anders vollziehen kann denn als nihilistisches Philosophieren«.[255] Ganz anders der Glaube. Er »läßt sich das zu Glaubende vorgeben«: von der »Schrift«, »von der Tradition, von der Kirche, von der je aktuellen Verkündigung«,[256] so daß am Anfang nicht die Einsicht, sondern »der Entschluß zur Übernahme des zu Glaubenden« steht.[257] »Der Glaubende unterstellt sich im Ursprung und im Vollzug seines Glaubens einer Autorität.« Philosophieren dagegen »vollzieht sich in Freiheit«. »Der Glaubende ist seines Gottes gewiß.« Der Philosophierende kennt nach Weischedel »keine Gewißheit, in der er fraglos ruhen könnte«[258], eine These, die freilich zu weit gehen dürfte. Es gibt sehr wohl zu recht mit Gewißheit verbundene sichere Erkenntnisse. Es genügt deshalb, auf den verschiedenartigen Charakter der Gewißheit zu verweisen, die der Philosophierende jeder Zeit nachzuprüfen vermag, während der Glaubende abhängig bleibt von der unterschiedlichen und oft nicht immer nachprüfbaren Vertrauenswürdigkeit seiner Glaubensquelle und -autorität. Und hier nun zeigt sich besonders deutlich, daß es beim Philosophieren und Glauben nicht etwa nur um zwei Haltungen geht, die vielleicht bis zu einem gewissen Grade nebeneinander in einer und derselben Person bestehen können. Vielmehr muß der Philosoph, der Denkende überhaupt, den Glauben, wie er im christlichen Glauben gegeben ist, von Grund auf ablehnen im Namen der Wahrheit. »Christlicher Glaube und philosophisches Denken sind unvereinbar.«[259]

Der eigentliche wunde Punkt des christlichen Glaubens liegt nun genau dort, wo er sich allen anderen Glaubens- und Denkarten überlegen weiß. Er meint, der Wahrheit in der Offenbarung begegnet zu sein. Dem kann der Philosoph nur entschieden widersprechen: »Die Wahrheit der Offenbarung begegnet nicht unmittelbar; die heute Existierenden erfahren sie nicht so, wie sie nach der christlichen Überlieferung den Propheten und den Aposteln widerfahren ist. Für

---

[252] HELMUT GOLLWITZER u. WILHELM WEISCHEDEL: Denken und Glauben. 2. Aufl. 1965 (weiterhin zit. als »Weischedel: Denken«), S. 33.
[253] DERS.: Der Gott der Philosophen. Grundlegung einer philosophischen Theologie im Zeitalter des Nihilismus. 1965, Bd. 2, S. 58.
[254] WEISCHEDEL: Denken, S. 36.
[255] AaO. S. 89.
[256] WEISCHEDEL: Gott, S. 57.
[257] AaO. S. 58.
[258] Ebd.
[259] WEISCHEDEL: Denken, S. 19.

uns ist die Situation anders. Unmittelbar gegeben sind uns gewisse geschichtliche und gegenwärtige Zeugnisse von dieser Wahrheit. Sie aber sind zunächst nicht mehr als Behauptungen von Menschen.« »Wenn aber das, was uns unmittelbar begegnet, nicht Gottes-Wort, sondern Menschenwort ist, dann entsteht das Problem, wie denn auf so vermitteltem Wege eine Erfahrung der absoluten Wahrheit möglich wird.«[260] Persönliche Glaubwürdigkeit reicht hier nicht aus. Sie ist »genauer betrachtet, eine höchst ungewisse Sache. Sie anzunehmen, entspringt nicht aus Einsicht, sondern selber aus einem Glauben.«[261] Ich kann »nur glauben, daß der andere glaubwürdig ist, kann es aber nie mit völliger Gewißheit wissen; er könnte sich ja in dem, was er sagt, wider seinen Willen täuschen«.[262] So »führt diese Problematik in ein Dilemma. Frage ich den Bezeugenden nach der Wahrheit des von ihm Bezeugten, so verweist er mich darauf, daß diese Wahrheit sich aus sich selber heraus bezeuge«. »Aber die Wahrheit der Offenbarung begegnet mir ja eben nicht unmittelbar, sondern nur im Zeugnis und durch das Zeugnis hindurch.« Und nun die entscheidende Einsicht: »Also bin ich doch wieder auf den Anfang zurückgeworfen: ich müßte primär dem Zeugnis glauben, um von der Wahrheit des Bezeugten überzeugt sein zu können.«[263] »Das aber heißt: im Hinblick auf die Frage nach seiner Wahrheit bewegt sich der Glaube im Zirkel.« So kommt es zu dem Ergebnis: »Der Glaube ist für das philosophische Denken nur im Zirkel bewahrheitbar und also unbewahrheitet.«[264]

Konkreter gesagt und auf den entscheidenden Punkt gerichtet: »Die frühesten Berichte erzählen zwar zunächst als Chronisten, daß ein Mensch namens Jesus am Kreuz gestorben ist. Was sie aber darüber hinaus aussagen, nämlich die heilsgeschichtliche Bedeutung dieser geschichtlichen Ereignisse« – und auf diese kommt es ja für den Glauben ganz allein an – »das sagen sie nicht als historische Berichterstatter, sondern als Glaubende aus«.[265] Um die aus dem Glauben heraus gemachten Aussagen dieser Zeugen als wahr annehmen zu können, müßte ich den Glauben also schon besitzen, den mir jene Zeugnisse erst vermitteln sollen. Das ist in der Tat ein klassischer Zirkel. Später bringt Weischedel ihn auf die Formel: »Die Glaubwürdigkeit des Boten wird durch die Botschaft bewahrheitet, die er überbringt; denn nur, wenn diese wahr ist, verdient der Bote Vertrauen. Aber die Botschaft zeigt sich in ihrer Wahrheit als nur durch den Boten vermittelt, weshalb es auf die Wahrhaftigkeit des Boten als des nächst Gegebenen ankommt.«[266] Daß der Bote die richtige Auffassung des Berichteten besitzt, könnte bestenfalls wahrscheinlich sein. Es ist jedoch »nicht möglich, das Heil auf Wahrscheinlichkeit zu gründen«.[267]

Besonders einleuchtend ist die unter den Begriff der Begegnung gerückte Argumentation. »Die unmittelbare Begegnung findet im Hören der Verkündigung statt, wie sie in den Heiligen Schriften laut wird, in der Kirche tradiert wird

---

[260] AaO, S. 61.
[262] AaO., S. 62.
[264] AaO., S. 63.
[266] Weischedel: Gott, S. 23.
[261] AaO., S. 61 f.
[263] Ebd.
[265] AaO., S. 75.
[267] Denken, S. 75.

und in der je gegenwärtigen Verkündigung im Wort oder in den kirchlichen Zeremonien immer wieder aktualisiert wird. Hier kommt der Mensch in eine reale Begegnung mit dem, was der Glaube lehrt. Das ist aber offensichtlich auch die einzige unmittelbare Begegnung. Als solche ist sie jedoch nicht ausreichend. Das bloße Hören eines menschlichen, geschichtlich vermittelten oder unmittelbar gesprochenen Wortes oder die bloße Teilnahme an kirchlichen Zeremonien hat«, dies ist in der Tat ganz und gar entscheidend, »für sich genommen, noch keine Glaubensbedeutung«. »Es muß also der Glaube hinzutreten, daß das, was da begegnet, nicht Menschenwort oder Menschentun, sondern Gottes Wort und Gottes Tun ist.«[268] Es läuft, von welcher Seite man die Sache auch betrachtet, immer wieder auf dasselbe hinaus: Der Glaube setzt das Glauben schon voraus. Mit dieser Einsicht ist die Theologie im zentralen Punkt aus den Angeln gehoben. Die Bedeutung des damit herausgestellten Sachverhalts kann nicht hoch genug veranschlagt werden. Die Feststellung, daß der Glaube nur durch einen Zirkel begründbar ist, findet sich schon bei Löwith. Weischedels Verdienst ist es, diesen Punkt zum zentralen Thema der Auseinandersetzung gemacht zu haben.

Während der Glaube in dieser Weise logisch von innen aufgerollt wird, ergänzt Weischedel die Argumentation in einem kurzen Hinweis durch eine Betrachtung von außen. Er macht darauf aufmerksam, daß die seltsamen Aussagen der Glaubensbekenntnisse dem, der in unserem Kulturkreis aufwächst, von Jugend an vertraut sind, so »daß man in Versuchung gerät, sie als selbstverständlich anzusehen und sich nichts Besonderes mehr dabei zu denken. Man muß sich jedoch klarmachen, was es für den Angehörigen eines anderen Kulturkreises oder einer anderen Religion bedeuten muß, diese Sachverhalte, Geschehnisse und Aspekte als Gegenstände des Glaubens vorgesetzt zu bekommen. Ihm wird zunächst, was da gesagt wird, höchst befremdlich erscheinen. Eben diese Befremdlichkeit – das Skandalon, von dem der Apostel Paulus spricht – gilt es auch für die Menschen unseres Kulturkreises wieder zu erwecken. Man muß versuchen, die Glaubensinhalte gleichsam mit fremden Augen anzusehen. Dann wird man entdecken, daß es sich in der Tat« »um Zumutungen handelt. Zumutungen nämlich an das Denken.« Es geht dabei größtenteils »um Aussagen über eine andere Wirklichkeit, teils wie sie in sich selber sein, teils wie sie bestimmend in unsere Welt und in unser menschliches Dasein hineinragen soll. Eben diese Befremdlichkeit aber wird dem zugemutet, der den christlichen Glauben akzeptiert.«[269] Wer sich daran erinnert, wie Philosophen vielfach das Massive des Glaubens und das Brenzliche des Glaubensproblems zu umschiffen pflegten, indem sie den christlichen Glauben weitgehend in sehr vage, luftige, symbolische Wahrheiten auflösten, um diese dann mit einigermaßen gutem Gewissen bejahen zu können, wird die Art, wie Weischedel die Dinge beim Namen nennt und ihnen im entscheidenden Punkt auf den Grund geht, außerordentlich begrüßen. Bemerkt sei nur noch, daß die Aufforderung zur Betrachtung des Glaubens von außen heutzutage nur einer verhältnismäßig kleinen Schicht Interessierter

---

[268] Gott, S. 56 f.　　　　　[269] AaO., S. 55.

beachtenswert erscheinen wird. Das große Publikum bedarf einer solchen Aufforderung nicht mehr. Es ist bereits so weit vom eigentlichen Glauben entfernt, daß es ihn von vornherein nur noch von außen zu betrachten vermag und kaum noch einen Gedanken daran wendet. Insgesamt hat Weischedel guten Grund, nicht nur zu erklären: »Christlicher Glaube und philosophisches Denken sind unvereinbar«[270], sondern darüber hinaus festzustellen, »daß die Zeit des Glaubens vorüber ist«.[271]

So gründlich und überzeugend unser Autor hinsichtlich des Hauptproblems, Glaube und Botschaft, Glaube und Offenbarung, zu Werke gegangen ist, so unbefriedigend bleibt letztlich seine Behandlung des Gottesproblems. Zwar ist ihm nicht nur in seiner gründlichen Auseinandersetzung mit Theologen und Philosophen weitgehend zuzustimmen, er sieht vor allem die Hauptsache durchaus richtig: »Gott, das ist für den nachdenklichen Menschen der Gegenwart nicht mehr ein höchstes Seiendes, denn die Wirklichkeit im ganzen ist fraglich geworden. Gott, das ist für den nachdenklichen Menschen der Gegenwart nicht mehr ein absoluter Geist, denn die Geisthaftigkeit des letzten Prinzips ist im radikalen Fragen untergegangen. Gott, das ist für den nachdenklichen Menschen der Gegenwart nicht mehr eine absolute Person; denn die Personhaftigkeit des Absoluten ist im Feuer des radikalen Fragens verbrannt.«[272] Weischedel erkennt deshalb und erkennt an: »Es wäre durchaus möglich, auf das Wort Gott zu verzichten.« Dazu kann er sich jedoch nicht entschließen. Wenigstens als Ausdruck für die »Fraglichkeit der Wirklichkeit« will er an Gott festhalten. Im Anklang an Tillich ist ihm Gott »das Vonwoher der radikalen Fraglichkeit«. Diese stehe »genau an der Stelle, an der im traditionellen Sprachgebrauch Gott steht«. Weischedel begnügt sich also mit einer negativen Angabe und verkennt, daß der Gottesbegriff ohne irgendeine positive Qualität ganz und gar leer und sinnlos ist. Wie seltsam bei einem Autor, der dem entscheidenden Problem so erfolgreich auf den Leib gerückt ist, hier das Hängen an einem Wort, noch dazu einem dermaßen ungehörigen, das in der dargelegten Lage – man kann nur sagen: – wie die Faust aufs Auge paßt.

270 WEISCHEDEL: Denken, S. 19.
271 AaO., S. 129.
272 WEISCHEDEL: Gott, S. 217.

Der Atheismus in der Philosophie des 20. Jahrhunderts

Mehrere der bisher behandelten Philosophen ließen einen ziemlich eindeutig atheistischen Standpunkt erkennen. Wenngleich die Frage der Existenz Gottes einerseits nur einen Teil des Problems Christentum bildet, andererseits weit darüber hinausreicht und sich insofern mit dem uns leitenden Interesse nicht deckt, kommt dem Gottesproblem, wie schon eingangs betont, eine so grundlegende Bedeutung zu, daß vom Atheismus in der Philosophie der Gegenwart jetzt noch gesondert zu sprechen ist. Im folgenden sollen einige hauptsächliche Motive und Richtungen des neueren Atheismus kurz herausgestellt werden, wobei freilich die Zeit vor der Jahrhundertmitte hier und da mit einbezogen werden muß.

Unter den verschiedenen Arten von Atheismus in der Philosophie unserer Zeit ist zunächst der rationale Atheismus zu nennen, der auf den Logischen Positivismus (Wittgenstein, Carnap) zurückgeht und von *Max Bense* als kosmologischer Atheismus bezeichnet wird. Begriffe, die in keiner Weise auf die Erfahrung reduziert werden können, haben als bedeutungsleer und somit sinnlos zu gelten. Eine Metaphysik, die sich derartiger Begriffe bedient, führt nicht über den Bereich der Semantik hinaus, sie kann nur Scheinsätze erbringen, und auch ihre Probleme sind Scheinprobleme. Anstatt es mit Sachverhalten zu tun zu haben, treibt sie Begriffsdichtung. Sätze über Gott wie der, er sei das höchste Wesen oder er sei transzendent, besagen deshalb für Bense nicht mehr, als wenn »von einem unbestimmten Etwas (x) ein unbestimmtes Prädikat (ist pektabel) ausgesagt« wird.[1] Solche Sätze sind weder wahr noch falsch sondern eben ganz einfach sinnlos. Die Nichtexistenz eines höchsten Wesens darf nach Bense deshalb ebensowenig wie seine Existenz behauptet werden. »Logisch sind vielmehr verneinende Aussagen über Gott genauso sinnlos wie bejahende«; denn auch die Behauptung seiner Nichtexistenz wäre ja durchaus leer. Rational atheistisch verhält sich nur, wer »die Idee Gottes und alle Sätze über sie suspendiert«.[2] Man wird freilich bezweifeln können, daß die Behauptung der Existenz und die der Nichtexistenz Gottes in gleichem Maße sinnlos sind. Die positive Behauptung mag insofern in der Tat als sinnlos zu bezeichnen sein, als sich, jedenfalls von den Offenbarungsreligionen abgesehen, nicht genau angeben läßt, was eigentlich

---

[1] MAX BENSE: Warum man Atheist sein muß. In: Club Voltaire. Bd. 1. 1963, S. 68.
[2] S. 69.

mit dem Wort »Gott« genau gemeint ist. Wenn aber deshalb die Existenz eines derart mangelhaft definierten oder mit unbegründeten Eigenschaften ausgestatteten Wesens bestritten wird, so wäre dieser negativen Aussage ein gewisses Recht wohl kaum abzusprechen. Ein so unbestimmtes Wesen für nichtexistent zu erklären, dürfte nicht ganz sinnlos sein.

Wie dem auch sei, wichtiger und entscheidend ist sicherlich der Punkt, in welchem sich der rationale Atheismus von der früheren Erörterung des Gottesproblems abhebt. War diese im allgemeinen davon ausgegangen, daß sowohl das Denken als auch das Erfahrung benötigende Erkennen Gottes ihr Recht haben, so ist die Lage jetzt grundsätzlich anders geworden. Das reine Denken Gottes scheidet aus der Diskussion überhaupt aus. Ohne eine Bezugnahme auf die Erfahrung gibt es keine Erkenntnis der Wirklichkeit, erübrigt sich also jede weitere Verhandlung über die Existenz Gottes.

Begriffe wie Gott, Allmacht, ewiges Wesen lassen sich nach Bense auch nicht dadurch rechtfertigen, daß sie der Instanz des Denkens enthoben und dem Glauben zugewiesen werden; denn auf diese Weise würden Denken und Glauben in ein gegensätzliches Verhältnis geraten, das sich so wiedergeben ließe: »Denken ist (im Prinzip) Wissen, wovon die Rede ist, und Glauben ist (im Prinzip) Nichtwissen, wovon die Rede ist«.[3] Das Ausweichen auf den Glauben erscheint demnach als nicht angängig.

Eine zweite Art von Atheismus ist der ethische, der seine Begründung und bedeutendste Ausprägung zuerst bei Dietrich Heinrich Kerler und Nicolai Hartmann erfahren hat. Für *Kerler* war schon früh nicht Gott, sondern das Wertgefühl des Menschen die letzte, höchste Instanz.[4] Später erklärt er die Gottesverehrung geradezu für widersittlich.[5] Vor allem aber hat *Nicolai Hartmann* in seiner »Ethik«, ohne von der Nichtexistenz Gottes ausdrücklich zu reden, den im sittlichen Interesse verstandenen Atheismus eindrucksvoll vertreten. Seine Stellungnahme in diesem Punkte hängt zusammen mit seiner gesamten Schichtenlehre, nach welcher die jeweils höhere Seinsschicht zugleich die schwächere ist. In einer Welt, in welcher den Werten der Primat vor dem Sein zukäme, die also von vornherein vom Wert bestimmt, auf die Verwirklichung von Werten festgelegt wäre, würde dem Menschen der Spielraum fehlen, um sich sittlich entscheiden zu müssen und somit überhaupt sittlich verhalten zu können. »In einer durchgehend teleologisch determinierten Welt ist ein sittliches Wesen ein Ding der Unmöglichkeit. Die konsequente Weltteleologie hebt die Ethik schlechterdings auf.«[6] Überzeugend entfaltet ist diese Sicht in der Antinomienlehre des letzten Kapitels: »Der Ethik kommt es letzten Endes immer auf den Menschen

---

[3] AaO., S. 68.

[4] DIETRICH HEINRICH KERLER: Jenseits von Optimismus und Pessimismus. Versuch einer Deutung des Lebens aus den Tatsachen einer impersonalistischen Ethik. 1914, S. 201.

[5] KERLER: Weltwille, S. 174. Kerler vertritt den Atheismus übrigens auch in kosmologischer Hinsicht. (Vgl. schon: Die auferstandene Metaphysik. 1921).

[6] NICOLAI HARTMANN: Ethik. 2. Aufl. 1935, S. 184.

an, dem religiösen Denken auf Gott« (2. Antinomie)[7]. Sittliche Werte müssen autonom sein, aus sich heraus gelten; für die Religion dagegen ist »alle sittliche Sollensforderung« »im Grunde Gottes Gebot, Ausdruck seines Willens« (3. Antinomie)[8]. Auch hat es der Wille in der Ethik nur mit dem Naturgesetz einerseits, dem Sittengesetz andererseits zu tun, im Rahmen des religiösen Weltbildes dagegen »außerdem auch noch mit der Vorsehung Gottes« (4. Antinomie)[9]. Auf der Grundlage des mit der göttlichen Vorsehung gegebenen, sich auf alles erstreckenden finalen Determinismus wäre der Mensch demgegenüber mit seiner eigenen Teleologie ohnmächtig. Der finale Determinismus der göttlichen Vorsehung hebt also die ethische Freiheit auf.[10] In den letzten Sätzen seines Werkes läßt Hartmann den Widerstreit zwischen Ethik und Religionsphilosophie dem Wortlaut nach ungelöst; es kann jedoch nicht dem geringsten Zweifel unterliegen: »Die logische Konsequenz aus den hartmannschen Antinomien ist die Forderung der Nichtexistenz Gottes«.[11]

In starkem Kontrast zu der Zurückhaltung Hartmanns hat später der temperamentvolle *Port* das gegensätzliche Verhältnis von Gut und Gott, wie an anderer Stelle ausgeführt, in größter Deutlichkeit und mit äußerster Heftigkeit dargelegt. Bei ihm wird besonders klar, daß der ethische Atheismus postulatorischen Charakter besitzt. Es gibt nicht nur keinen Gott, es darf und soll keinen Gott geben um der Selbstherrlichkeit des Guten willen.

In anderer Weise ist auch ein dritter Zweig des Atheismus postulatorischer Art: der existentielle Atheismus. Hier ist zunächst noch einmal an *M. Bense* anzuknüpfen. Die Haltung des Glaubens bedeutet ihm »ein Außerkraftsetzen der wesentlichen Funktionen des menschlichen Geistes. Das denkende Wesen setzt sich einer Begrenzung, einer Limitation seiner Fähigkeit aus, deren Gründe unaussprechlich und dunkel bleiben.« Das Denken ist nun aber »evident das entscheidende Prinzip unseres Geistes, und an keiner Stelle seines Prozesses tritt das Verbot auf, das uns veranlassen könnte, die Fortsetzbarkeit des Denkens aus freien Stücken aufzugeben.« So wird »die rationale Situation des Geistes« »zu einer zugespitzten existentiellen: entweder man entschließt sich zur im Prinzip möglichen Fortsetzbarkeit des Denkens, dann verschwindet das religiös hypostasierte Reich der Transzendenz, oder man entschließt sich, das Denken abzubrechen und den Glauben zuzulassen, dann verschwindet das denkende Wesen als ein Prinzip der Welt, wie die gesamte Weltobjektivität hinter die gläubige Subjektivität zurücktritt«. Der Philosoph entscheidet sich bei dieser Alternative für das Entweder, weil es »keine Gründe gibt, die tatsächlich angegeben werden könnten, kritische Maßstäbe der analytischen rationalen Denkweise an gewisse Vorstellungen, Inhalte oder Formulierungen nicht anzulegen«.[12] Der hier vertretene existentielle Atheismus ist, wie man sieht, ausge-

---

[7] AaO., S. 738.   [8] S. 739.
[9] S. 740.   [10] S. 741.
[11] WOLFGANG STEGMÜLLER: Hauptströmungen der Gegenwartsphilosophie. Bd. 1. 6. Aufl. 1978, S. 278.
[12] BENSE: Warum man, S. 69f.

sprochen intellektueller Art. Es geht ihm vor allem oder sogar ausschließlich um
die Forderung, daß »die Produktivität des denkenden Wesens« nicht aus dem
Auge verloren wird, an keiner Stelle abgebrochen, nicht durch die Annahme
eines göttlichen Wesens begrenzt werden darf.

Gewöhnlich wird der existentielle Atheismus in einem weiteren Sinne genommen, d. h. auf die gesamte Persönlichkeit des Menschen, seine allgemeine
Befindlichkeit, bezogen. So hat ihn namentlich *J. P. Sartre* vertreten. Seine Ausführungen über die Wirkung, die der Blick »des anderen« auf mich ausübt, sind
sehr eigenartig und bemerkenswert. Dieser Blick des anderen stellt nämlich
nicht nur einen Eingriff in meine subjektive Welt dar, den ich nicht gewollt habe,
sondern degradiert mich geradezu zum Objekt. Damit tritt die Scham auf, deren
Wesen darin besteht, mich als bloßen Gegenstand für einen anderen vorzufin-
den.[13] Gott aber ist »der bis an die Grenze vorgetriebene Begriff des Anderen«.[14]
Wenn ich mir vorstelle, daß dieser große Andere mich beständig anblickt, »dann
setze ich damit die Verewigung meines Objekt-seins und mache meine Scham zu
etwas Unaufhörlichem. Es ist die Scham vor Gott, das heißt die Anerkennung
meiner Gegenständlichkeit vor einem Subjekt, das niemals Objekt werden
kann; zugleich realisiere ich meine Gegenständlichkeit im Absoluten und hy-
postasiere sie; die Setzung Gottes ist von einer Verdinglichung meiner Objektivität begleitet; mehr noch, ich setze mein Für-Gott-Objekt-Sein als realer als
mein Für-sich; ich existiere mir entfremdet und ich lasse mich von meinem
Draußen darüber unterrichten, was ich sein soll.«[15] Da es aber für Sartre feststeht, daß der Mensch sich selber entwerfen und schaffen soll, erinnert er ihn
daran, »daß es außer ihm keinen anderen Gesetzgeber gibt und daß er in seiner
Verlassenheit über sich selber entscheidet«. So ist der Existentialismus »nichts
anderes als eine Bemühung, alle Folgerungen aus einer zusammenhängenden
atheistischen Einstellung zu ziehen«.[16] Es macht dabei wenig aus, daß es die von
Sartre vorausgesetzte absolute Freiheit in Wahrheit gar nicht gibt. Der Mensch
entwirft sich ja tatsächlich nicht selbst; im wesentlichen wird er entworfen von
der Natur, aber auch von der Kultur und den jeweiligen sozialen Verhältnissen.
Indessen geht von diesen Faktoren nicht jene negative Wirkung aus, die Sartre
im Hinblick auf den Gedanken an Gott so verabscheut. Insbesondere die Natur
blickt den Menschen nicht an, vor ihr braucht dieser keine Scham zu empfinden,
wie sie mit dem ständig auf ihn gerichteten Blick Gottes vermacht ist.

Besonders betont wurde der genannte Aspekt dann wiederum von *Kurt Port*,
indem dieser sich, wie erwähnt, auf die »Situation der Liebenden« bezieht,
welche die Gegenwart eines Dritten nicht duldet. Einen allgemeineren und
zugleich seinen leidenschaftlichsten Ausdruck hat ein solcher Atheismus schließlich bei *Tilman Moser* in seinem Büchlein mit dem geistreich bösartigen Titel

---

[13] JEAN PAUL SARTRE: Das Sein und das Nichts. Übers. u. hrsg. von Julius Streller. 1952,
S. 241.
[14] S. 210.
[15] S. 243.
[16] SARTRE: Ist der Existentialismus ein Humanismus?. 1947, S. 66.

»Gottesvergiftung« gefunden, in dem mit der Gottesvorstellung abgerechnet wird. »Aber weißt du«, redet er Gott an, »was das Schlimmste ist, das sie mir über dich erzählt haben. Es ist die tückisch ausgestreute Überzeugung, daß du alles hörst und siehst und auch die geheimen Gedanken erkennen kannst. Hier hakte es sehr früh aus mit der Menschenwürde; doch dies ist ein Begriff der Erwachsenenwelt. In der Kinderwelt sieht das dann so aus, daß man sich elend fühlt, weil du einem lauernd und ohne Pausen des Erbarmens zusiehst und zuhörst und mit Gedankenlesen beschäftigt bist.«[17]

Es braucht jedoch nicht notwendig ein so »giftiger« Gott zu sein, um den Menschen nach Befreiung von ihm sich sehnen zu lassen. Auch ein weniger penetranter, aber eben doch übermächtiger Gott kann belastend wirken. Wie soll, so ließe sich fragen, zu einem allmächtigen Gott, der mich so geschaffen hat, wie ich bin, und jederzeit mit mir verfahren kann, wie er will, überhaupt ein im eigentlichen Sinne persönliches Verhältnis möglich sein, wie kann ich, der ich gar nicht gefragt worden bin, ob ich so oder überhaupt sein will, diesem Gott etwa dankbar sein? Zu einem echten persönlichen Verhältnis gehört doch wohl eine gewisse Verhältnismäßigkeit. Einem Gott gegenüber, in dessen Händen ich allenfalls Ton bin für sein Gestalten, fehlt mir ein Mindestmaß an Selbständigkeit und damit Würde, das zu einer gefühlsmäßigen Bindung erforderlich wäre. Zwecks Aufrechterhaltung meiner Persönlichkeit wehre ich mich leidenschaftlich, einen solchen Gott anzuerkennen.

Im Hinblick auf das im Vordergrund stehende tiefe Unbehagen, das mit dem Bewußtsein von der Existenz eines derart übermächtigen, den Menschen innerlich erdrückenden Gottes verbunden ist, kann diese Art von Atheismus auch als emanzipatorischer Atheismus bezeichnet werden.

Der philosophische Atheismus wurde bisher auf drei Ebenen betrachtet. Die Frage lautete zunächst, ob es rational überhaupt angängig ist, von Gott zu sprechen und gar in vollem Ernst bestimmte Aussagen über ihn zu machen. In ihrer Verneinung besteht die Bedeutung dieses rationalen Atheismus. Der existentielle Atheismus andererseits, nach welchem der Mensch Gott im Grunde nicht leiden, nicht ertragen kann, da die stete Präsenz eines ihm derart überlegenen Wesens seine Freiheit und Würde beeinträchtigt, diese späteste, modernste Spielart des Atheismus, ist, obwohl in gewisser Hinsicht die elementarste, am tiefsten ins Persönliche reichende, theoretisch genommen doch wohl nicht von derselben Durchschlagskraft, zumindest in den Augen des gläubigen Menschen. Am merkwürdigsten, überraschendsten aber ist der ethische Atheismus. So lange meinte man, daß Religion und Ethik an demselben Strang ziehen, ja, als »das hartnäckigste Hindernis für die Annahme des Atheismus« galt geradezu »die vorherrschende Meinung, die moralischen und praktischen Konsequenzen des Atheismus seien verhängnisvoll«[18]. Nun muß man erkennen, daß die frühe-

---

[17] TILMAN MOSER: Gottesvergiftung. 3. Aufl. 1977, S. 13.
[18] J. L. MACKIE: Das Wunder des Theismus. Argumente für und gegen die Existenz Gottes. Aus d. Engl. 1985, S. 402.

ren Bundesgenossen zutiefst Gegner sind; denn die Ethik fordert letztlich: Es
darf kein Gott sein, wenn Sittlichkeit im reinen, vollen Sinne möglich sein soll.

Eine bedeutsame Ergänzung erfahren die bisher genannten Arten des Atheismus durch einen Gesichtspunkt, den schon *Bense* anklingen läßt, ohne ihn
ausführlicher zu behandeln, wenn er am Ende seines Aufsatzes bemerkt, daß der
Glaube im Verlauf der intellektuellen Entwicklung der Menschheit immer weniger wesentlich werde und sich immer deutlicher aus der historischen Welt
zurückziehe. Damit sind wir bei der geistesgeschichtlichen und soziologischen
Betrachtung, die auch mit dem erkenntniskritischen Gesichtspunkt verbunden
auftreten kann. Sie braucht nicht einmal eine hohe Schätzung des Christentums
hinsichtlich seines seelisch-geistigen, vor allem sittlichen Wertes auszuschließen.
So erkennt z. B. *Theodor W. Adorno* an, »daß im Christentum etwas steckt, was
die ganze Weisheit der Griechen noch nicht gehabt hat: nämlich die Erweckung
der Person, des Subjekts, man könnte wirklich sagen, den Begriff des Menschen, der eigentlich durch den Begriff der Rettung überhaupt erst da ist«[19], eine
Einsicht, die sich sehen lassen kann. In diesem Zusammenhang ist besonders
aufschlußreich die Stellungnahme des Begründers der Frankfurter Schule, *Max
Horkheimer*. Zwar hat ihn das Problem des Christentums literarisch nur wenig
beschäftigt, es scheint ihm aber in gewisser Hinsicht wichtig gewesen zu sein
und dies Interesse mit der Zeit eher noch zugenommen zu haben, was jedoch an
der grundlegend bleibenden soziologischen Einordnung des Phänomens nichts
ändern konnte, nach welcher es für das Christentum wie die Religion überhaupt
keine Zukunft gibt.

Horkheimers kurze Reflexion »Gedanke zur Religion« (1933) wurde in
Deutschland erst am Ende der sechziger Jahre veröffentlicht. Die soziologische
Betrachtung des Christentums, das dem Autor hier unverkennbar vor Augen
steht, faßt sich in einem Satz wie diesem zusammen: »Die produktive Gestalt der
Kritik am Bestehenden, die sich in früheren Perioden als Glaube an einen
himmlischen Richter geäußert hat, ist gegenwärtig das Ringen um vernünftige
Formen des gesellschaftlichen Lebens.«[20] Die Stellung der Kirche »beruht auf
dem Glauben, daß absolute Gerechtigkeit nicht bloß ein von den Menschen
entworfenes Bild, sondern wirklich eine Macht sei; auf seine Verbreitung würde
aber eine künftige Gesellschaft verzichten«.[21] Die im entscheidenden Punkt
negative Sicht erhält damit einen positiven Akzent, ohne daß freilich das in der
Hauptsache negative Urteil hierdurch eingeschränkt würde. Diese eigentümliche Mischung der negativen und positiven Beurteilung findet zuletzt einen
bemerkenswert feinsinnigen Ausdruck: »Die Menschheit verliert auf ihrem
Wege die Religion, aber dieser Verlust geht nicht spurlos an ihr vorüber. Ein Teil
der Triebe und Wünsche, die der religiöse Glaube bewahrt und wachgerufen hat,
werden aus ihrer hemmenden Form gelöst und gehen als produktive Kräfte in

---

[19] Theodor W. Adorno in einem Gespräch mit Eugen Kogon: Offenbarung und autonome
Vernunft. In: Frankfurter Hefte. Jg. 13. 1958, S. 488.
[20] Max Horkheimer: Kritische Theorie. Bd. 1. 1968, S. 374.
[21] S. 375.

die gesellschaftliche Praxis ein. Und selbst die Maßlosigkeit der zerstörten Illusion gewinnt in diesem Prozeß eine positive Form und wandelt sich in Wahrheit um. In einer wirklich freiheitlichen Gesinnung bleibt jener Begriff des Unendlichen als Bewußtsein der Endgültigkeit des irdischen Geschehens und der unabänderlichen Verlassenheit des Menschen erhalten und bewahrt die Gesellschaft vor einem blöden Optimismus, vor dem Aufspreizen ihres eigenen Wissens als einer neuen Religion.«[22]

Sehr konkret und persönlich kommt die beschriebene Spannung zwischen Anerkennung der Wirklichkeit als einer schlechthin letzten einerseits und dem Bewußtsein ihrer Mangelhaftigkeit andererseits bei Horkheimer Jahrzehnte später in einem Interview über »Die Sehnsucht nach dem ganz Anderen« (1970) zum Ausdruck. »Daß es einen allmächtigen und allgütigen Gott gibt«, wird »angesichts des Leidens, das seit Jahrtausenden auf dieser Erde herrscht, kaum glaubhaft« genannt. Doch schon im nächsten Satz heißt es: daß »hinter allem echten menschlichen Tun die Theologie steht«.[23] Im Positivismus vermißt Horkheimer eine Instanz, »die zwischen Hilfsbereitschaft und Profitsinn, Güte und Grausamkeit« unterscheidet.[24] »Wir können nur handeln mit dem inneren Gefühl, daß es einen Gott gibt.«[25] »Alles, was mit Moral zusammenhängt, geht letzten Endes auf Theologie zurück.«[26] Hierbei wird »Theologie« als »die Hoffnung« verstanden, daß es bei dem »Unrecht, durch das die Welt gekennzeichnet ist, nicht bleibe.« Auf die Frage »Theologie als Ausdruck der Hoffnung?« wird diese indessen sogleich wieder zurückgenommen: »Ich möchte lieber sagen: Ausdruck einer Sehnsucht danach, daß der Mörder nicht über das unschuldige Opfer triumphieren möge«.[27] Aber »die Sehnsucht nach vollendeter Gerechtigkeit« kann »in der säkularen Geschichte niemals verwirklicht werden«. Auch können wir »uns nicht auf Gott berufen. Wir können nicht behaupten, es gebe einen allmächtigen Gott, der uns ständig vorhält, was gut und böse ist.«[28] Dieses Hin und Her zwischen einem bewußten Positivismus und religiöser Sehnsucht, die beide dem Philosophen nicht zu genügen vermögen, macht beinahe den Eindruck einer rührenden Hilflosigkeit. Abgesehen von dem sittlichen Interesse an Gott ist die Sehnsucht schließlich auch darauf gerichtet, »dieses irdische Dasein möge nicht absolut, nicht das Letzte sein«.[29] Unser Denken ist allerdings nicht in der Lage, uns einen Anhaltspunkt für die Erfüllung dieser Sehnsucht zu geben. So kann es auch bei der Sehnsucht, die zunächst an die Stelle der Hoffnung getreten war, nicht bleiben. Der Satz »je weiter der Fortschritt, desto gefährdeter nicht nur der Glaube, sondern die wahre Sehnsucht nach einem Besseren« wird sogleich überboten durch das ein wenig dunkle, jedenfalls negativ getönte Bekenntnis: »Ich bin mehr und mehr der Meinung, man sollte nicht von der Sehnsucht sprechen, sondern von der Furcht, daß es diesen Gott

---

[22] S. 376.
[23] HORKHEIMER: Die Sehnsucht nach dem ganz Anderen. 1970, S. 60.
[24] S. 61.   [25] S. 72.   [26] S. 61.
[27] S. 62.   [28] S. 69.   [29] S. 67.

nicht gibt«.[30] Daß es ihn nicht gibt, war indessen anfangs ja bereits gesagt worden. Nun scheint die schon verabschiedete Sehnsucht noch einmal durchzubrechen. Die Sehnsucht nach dem Absoluten wird es vielleicht auch in der total verwalteten Welt, auf welche die Entwicklung zusteuert, geben, weil diese Welt »langweilig« sein wird; denn »man wird das Theologische abschaffen. Damit schwindet das, was wir ›Sinn‹ nennen, aus der Welt«.[31] So stellt uns ein Denker den inneren Kampf zwischen Furcht und Hoffnung, das Schwanken zwischen Sehnsucht und Resignation dar. Letzte Geltung dürfte dabei allerdings nur der unbestechlichen Erkenntnis und Anerkennung der Wirklichkeit und der Art, wie der Autor sich zugleich von ihr distanziert, zukommen. Hoffnung, Furcht, Sehnsucht klangen an und wurden mehr oder weniger wieder verworfen. Nur von einem war ausschließlich im negativen Sinne die Rede, vom Glauben. Absage an das Christentum ohne Ressentiment, mit einem gewissen Bedauern, aber unzweideutig. Im engeren Sinne christliche Glaubensgehalte kamen hier nicht einmal andeutungsweise zur Sprache.

Ohne die Winkelzüge des Interviews tritt uns das Nebeneinander der dem Religiösen zugekehrten und der ihm abgewandten Seite zuletzt in einer Rede »Zum Schicksal der Religion« einfach und würdig als ein mit Bedauern vollzogener Abschied entgegen: »Was einst Geist hieß, was im nüchternen Verstand nicht aufging, Phantasie und Liebe, weichen der sogenannten Sachlichkeit. Wie zweckmäßig die Resultate des technischen Fortschritts immer sich erweisen mögen, sie sind verbunden mit dem Rückgang des Inneren, mit seelischer Ernüchterung.«[32] Aber Gott und der zum Ewigen Leben bestimmte Mensch lassen sich mit dieser Einsicht nicht zurückholen. »Schien Gott zur Frühzeit des Monotheismus so gewiß der Lenker der Erde zu sein wie ein Künstler der Schöpfer seines Werks, durch den Begriff des Universums seit der Renaissance ist er in unendliche Ferne gerückt.« Und auch »die Konsequenz des Einzellebens nach dem Tod« »ist ein überholter Gedanke, wenn die Spontaneität, die einst dem Feudalherrn, dem Oberhaupt des Landes, später im Liberalismus dem freien Unternehmer eigen war, so sehr sich vermindert, daß ein jeder zum Rädchen in der sozialen Maschinerie, zum ersetzbaren Teilstück der verwalteten Welt sich reduziert.« Die Erde ist zu einem nichtigen Kügelchen im Universum geworden. »Konfessionen, deren Gott besonders jenem Kügelchen verbunden sei, erweisen sich als altertümlich.« So behält das letzte Wort die Einsicht: »Religion wird unmodern. Positives über sie zu sagen, macht unter zeitgemäßen Intellektuellen einen schlechten Eindruck, im Gegensatz zu den Jahrhunderten, in denen sie in Frage zu stellen, größten Mutes bedurfte.« Es führt, wie man sieht, auch beim besten Willen, den man dem Autor bescheinigen muß, kein Weg zurück zur Welt des Glaubens. Eine wirkliche Auseinandersetzung mit der

---

[30] S. 76.

[31] S. 88.

[32] MAX HORKHEIMER: Zum Schicksal der Religion. Rede anläßlich der Verleihung des Lessingpreises 1971 in Hamburg. (nicht pag.).

Theologie über ihre eigentlichen Aussagen ist auf diesem Boden weder mehr möglich noch erforderlich. Man disputiert nicht mit einem Sterbenden.

Vorwiegend kulturhistorisch und soziologisch, dabei rein sachlich, ohne daß Sehnsucht und Angst, wie sie soeben, sympathisch offenherzig, doch letztlich nicht maßgebend und zum Zuge kommend, einflossen, werden die einschlägigen Probleme von *Ernst Topitsch* behandelt. In seinen Werken »Vom Ursprung und Ende der Metaphysik« (1958) und »Erkenntnis und Illusion. Grundstrukturen unserer Weltauffassung« (1979) geht dieser Philosoph davon aus, daß das Kind und der Primitive sich das Unbekannte und Befremdliche nach Analogie des Naheliegenden und Vertrauten erklären. Dabei werden immer wieder bestimmte Modellvorstellungen herangezogen, und zwar sowohl »biomorphe« als auch »intentionale«. Für den biomorphen Mythos ist »die Welt aus einem Ei entstanden«, in der »›heilige Ehe‹ eines Urelternpaares erzeugt worden oder der Selbstbegattung eines doppelgeschlechtlichen Gottes entsprungen«.[33] Ungleich wichtiger sind jedoch die intentionalen, d. h. voluntativ bestimmten Vorstellungen. Sie entstammen »entweder den sozialen Beziehungen und Ordnungen von der Familie bis zum Staat oder der künstlerisch-handwerklichen Tätigkeit, der Techne«, so daß hier »die Untergruppen der soziomorphen und der technomorphen Analogien« zu nennen sind.[34] Die Entstehung dieser Motive auf der Stufe des primitiven Mythos und ihre Entfaltung in den alten Hochkulturen zwischen dem Ostmittelmeer und dem Indusgebiet wird ausführlich belegt: Gott als Befehlender, Herrscher, Richter, Vergelter[35] einerseits und Gott als Macher, Hersteller, Formender, Schöpfer andererseits.

Besonders bemerkenswert ist nun für unsere Zwecke der Umstand, daß sich im Judentum nicht etwas völlig anderes, eine einzigartige Offenbarung im engeren Sinne, von der beschriebenen Mentalität abhebt, daß es sich vielmehr als jenem mythischen Denken durchaus zugehörig erweist. Die Sonderstellung des Judentums besteht lediglich darin, daß »die intentionalen Elemente besonders stark hervortreten, und zwar nicht zuletzt deshalb, weil die biomorphen Motive planmäßig aus der jüdischen Religion ausgeschieden wurden. Die biblische Kosmogonie zeigt in idealtypischer Klarheit eine Weltschöpfung durch den Willen« Gottes und sein befehlendes »Wort (Gen 1,1–24)«. Auch um »die Entstehung des Menschen und der übrigen Lebewesen zu erklären, bedient sich die Bibel technomorpher Vorstellungen, nämlich des Formens und Bildens aus Erde«. »Das Verhältnis des Gottes zu den auf diese Weise hergestellten Menschen« wird dann »durchaus soziomorph gefaßt. Er ist der Herr, gibt ihnen Vorschriften und ahndet die Übertretung.«[36] In welchem Ausmaß Gott zum Richter und Herrscher und das jüdische Volk zum Volk Gottes, wie das »Reich Gottes« mit dem Christus-König schließlich das letzte Ziel der christlichen Erwartung wird, ist bekannt.

[33] Ernst Topitsch: Vom Ursprung und Ende der Metaphysik. S. 10.
[34] S. 3.
[35] Topitsch: Erkenntnis, S. 76.
[36] Ursprung, S. 46.

Daß der Glaube so weitgehend im Mythos verwurzelt ist und sich insofern als ausgesprochen naiv geartet zeigt, spricht schwerlich für seinen Anspruch auf Geltung im Sinne der Wahrheit. Doch Topitsch weist auch in einzelnen Punkten nach, daß die wichtigsten Modellvorstellungen des Glaubens gar nicht brauchbar sind, daß es vielmehr zu Spannungen und Widersprüchen zwischen ihnen kommt. Damit wird streng genommen die rein soziologische Betrachtung mit einer kritisch-metaphysischen Fragestellung verbunden. Es macht sich hier, wie Topitsch überzeugend zeigt, »die Tatsache geltend, daß das soziomorphe Grundmodell keine beliebige Steigerung der Herrschaftsmacht zuläßt. Auch der unbeschränkteste Machthaber in der menschlichen Gesellschaft kann die Willensakte seiner Untertanen nicht unmittelbar ›hervorrufen‹, sondern es besteht immer die Möglichkeit des Ungehorsams gegen seine Anordnungen.«[37] »Doch gerade diese Voraussetzung fällt weg, wenn die Herrschermacht zur Allmacht und Allursächlichkeit emporgesteigert wird. Das soziomorphe Modell ist in diesem Falle nicht mehr anwendbar.«[38] Sind »unsere Willensakte und Handlungen von einem allmächtigen und allursächlichen Gott bewirkt, der zugleich Inbegriff ethischer Vollkommenheit ist, so erübrigt sich jede Normgebung, da wir gar keine Möglichkeit haben, ein Sittengesetz zu übertreten.« Man wird sich der entsprechenden Ausführungen Nicolai Hartmanns erinnern. »Damit ist aber«, so lautet das bedeutsame Ergebnis dieser Darlegungen, »nicht nur der soziomorphen Auffassung Gottes als eines Gesetzgebers und Richters die Grundlage entzogen, sondern jede Verhaltenssteuerung durch soziale Normen.«[39] Und nicht nur der bis zu einem gewissen Grade selbständig wollende und handelnde Mensch steht im Widerspruch zu einer solchen Gottesvorstellung. Ebenso stark ist die Spannung zwischen diesem Gott und »der unleugbaren Wertirrationalität des tatsächlichen Weltgeschehens«.[40] Es ist das alte Problem der Theodizee, das sich hier erhebt, »die Tatsache, daß so häufig der Gute unverdientermaßen leidet und scheitert, während das Böse in Macht, Reichtum und Gesundheit triumphiert«. Dazu kommt »noch ganz allgemein die Existenz physischer Übel wie Krankheit, Schmerzen, Unglücksfälle oder Naturkatastrophen sowie – von den Philosophen allerdings nur selten beachtet – das mannigfache Leiden der unschuldigen Kreatur«. Alle gedanklichen Versuche, diese Schwierigkeiten zu überwinden, haben sich als reine Verlegenheitslösungen erwiesen, ob es sich nun um die Einschränkung der göttlichen Allmacht oder die Relativierung des Bösen und des Übels handelt. Auch der Ausweg, den ganzen Fragenkomplex »in den Bereich des Irrationalen und Unüberprüfbaren abzuschieben«, wie »die Behauptung, daß Gottes Wege unergründlich« sind, oder die Verlegung der ausgleichenden Gerechtigkeit ins Jenseits, vermag nicht zu überzeugen.[41] Wer diese Problematik einmal durchschaut hat, muß einsehen, daß die Unmöglichkeit, der Schwierigkeiten Herr zu werden, nicht an unserer mangelhaften Denkfähigkeit, sondern an den unbegründeten Voraussetzungen

---

[37] Erkenntnis, S. 184.   [38] Ebd.
[39] Ebd.   [40] S. 185.   [41] S. 193.

und Gehalten der Glaubensvorstellungen selbst liegt, und zwar, allgemein gesagt, an der unkritischen Annahme eines höchsten Wesens, dem sowohl ontologische als auch axiologische, d. h. ursächliche und zugleich werthafte, normative
Qualität eignet. Mit dieser naiv-unkritischen Annahme hat das kindliche Denken der Menschheit im Mythos eingesetzt, sie haben auch die ausgebauten
Glaubensanschauungen des Judentums und des Christentums übernommen, an
ihr hat lange Zeit sogar die Philosophie, wenngleich vielfach abgeschwächt,
festgehalten. Die Metaphysik wurde sich zwar »der inneren Schwierigkeiten der
intentionalen Weltauffassung« »in zunehmendem Maße« »bewußt, will diese
aber meist nicht aufgeben, sondern mittels der verschiedensten Hilfsannahmen
und Zusatzhypothesen retten. Sie ist in der Regel nicht bereit, die Interpretation
des Universums als moralische oder ästhetische Ordnung, welche durch jene
Analogien ermöglicht wird, entschlossen fallen zu lassen und der harten Tatsache ins Auge zu sehen, daß das Weltgeschehen sich nicht nach unseren Wert-
postulaten richtet.«[42] »Die außerordentliche Lebenskraft« der intentionalen
Weltanschauung beruht jedenfalls »nicht auf ihrer Richtigkeit, sondern auf ihrer
psychologischen Wirksamkeit«.

Dieses einfache, allzu großzügige Verfahren, das erst recht in der Theologie
heimisch ist, die unbegründete Voraussetzung des Wichtigsten, eines höchstes
Sein und höchsten Wert in sich vereinigenden göttlichen Prinzips oder Wesens,
hängt offenbar mit der unkritischen Haltung einer Gesamtschau der Welt zusammen und verliert nun in dem Maße an Überzeugungskraft, wie die Einzelwissenschaften sich entwickeln und an Geltung und Einfluß gewinnen, denn ihre
»Erkenntnisziele, Erklärungsmethoden und Gedankenmodelle sind von denjenigen der intentionalen Weltauffassung prinzipiell verschieden«.[43] Vor allem »ist
die Kausalität der modernen Wissenschaften streng wertneutral, während die
Vorstellung einer gottgesetzten Weltordnung ohne die Wertprädikate der Güte,
Gerechtigkeit und Schönheit kaum vollziehbar ist«.[44]

Wie fremd die technomorphen und soziomorphen Motive dem modernen
wissenschaftlichen Denken sind, ist mit Händen zu greifen. »Nach Abstoßung
der Handlungsanalogien bestehen die naturwissenschaftlichen Begründungszu-
sammenhänge wesentlich aus einem Gefüge von Maßgrößen und Maßanwei-
sungen«, »die zu moralischen und politischen Begriffen kaum mehr irgendeine
Beziehung haben«.[45] Überhaupt sind »Elemente und Strukturen der gegenwärtigen Physik« »nicht mehr anschaulich erfahrbar«. Ganz lebensfern ist »die
innere Struktur des naturwissenschaftlichen Weltschemas, in dessen Begrün-
dungszusammenhängen die Modellvorstellungen aus dem Bereiche wertdurch-
tränkter Alltagserfahrung keinen Platz mehr finden«. Einer von einem höchsten
Prinzip ausgehenden Weltauffassung, das höchste Wirklichkeit und höchster
Wert in einem ist – dies der entscheidende Punkt – wird durch den Prozeß der

---

[42] Ursprung, S. 4.
[43] S. 265.
[44] TOPITSCH: Atheismus und Naturrecht. In: Club Voltaire. Bd. 3. 1967, S. 357.
[45] Ursprung, S. 266.

Verwissenschaftlichung, der in den Einzelwissenschaften vor sich geht, offensichtlich mehr und mehr der Boden entzogen. Die moderne Theologie denkt – darauf wurde schon an anderer Stelle hingewiesen – unnötigen Ballast abzustoßen, wenn sie von Weltanschauung und Metaphysik nichts wissen will, während sie sich andererseits dem Niveau der Beschränkung auf den einzelwissenschaftlichen Betrieb überlegen fühlt, so daß ein rein wissenschaftliches Weltbild ihr als armselig und banausisch erscheint. In Wahrheit enthält der Glaube jedoch, solange er seine Substanz bewahrt, notwendig einen metaphysischen Kern. Indem das Christentum den Gott, der vor allem Wille ist, vom Judentum übernommen und weiterentwickelt hat, indem »der christliche Glaube gerade die intentionalen Prädikate des Gottes hervorhob«, mußten sich die Schwierigkeiten verschärfen.[46] Diejenigen Theologen, die nunmehr einer »Theologie ohne Gott« das Wort reden, wissen schon, wie wiederum über Topitsch hinausgehend bemerkt sei, warum sie dies tun, aber sie widmen sich einem nicht nur aussichtslosen, sondern, wie man sagen muß, absurden und geradezu perversen Unternehmen. Die Entwicklung geht darüber hinweg. Aussagen über die Beschaffenheit der Wirklichkeit bleiben nunmehr den Einzelwissenschaften vorbehalten. Mit der Nüchternheit und Bescheidenheit, die dem Charakter und Geltungsbereich ihrer Erkenntnisse entspricht, haben wir uns abzufinden. Diese Welt der Einzelwissenschaften mit ihren höchst differenzierten Problemstellungen und minutiösen Ergebnissen ist eine durchaus andere als diejenige, in welcher Glaube und Theologie sich mit Aussagen unermeßlichen Umfangs und unbegrenzten Bedeutungsanspruchs in einer nicht wirklich begründbaren und nicht mehr nachvollziehbaren Weise bewegen.

So zerfallen die »plurifunktionalen Führungssysteme«, die im Glauben und in der Philosophie alten Stils vorliegen und sowohl Wahrheit als auch Trost anbieten. Und »die explosionsartige Entwicklung der Wissenschaft« »steht in enger Wechselwirkung mit einer Umgestaltung der menschlichen Lebenssituationen und gesellschaftlichen Verhältnisse«.[47] »Vieles, das früher als unerforschlicher Wille einer Gottheit oder als blinde Fügung des Schicksals hingenommen werden mußte, ist vorhersehbar, beeinflußbar, kontrollierbar geworden – der Blitzableiter hat Jupiter seine Waffe entrissen. Dazu kommen tiefgreifende Veränderungen in jenen Bereichen, denen die Modellvorstellungen entstammen, welche für die älteren Formen der Weltauffassung und Selbstdeutung grundlegend sind. Die moderne Industriegesellschaft bildet weithin keine ›naturgegebene‹ oder ›gottgesetzte‹, dem menschlichen Willen entzogene Hierarchie mehr, und an die Stelle des Formens und Gestaltens mit der bloßen Hand oder mit einfachen Werkzeugen ist in steigendem Maße die maschinelle, zum Teil sogar bereits vollautomatische Produktion getreten. Damit verlieren die betreffenden Leitvorstellungen auch viel von ihrer suggestiven Kraft.«[48] So ist »den mythisch-metaphysischen Traditionen die Funktion der Welterklärung« »verlorengegangen«. Und daß ohne einen Gott, welcher der Herr der Welt ist, auch die

---

[46] S. 193.   [47] Erkenntnis, S. 176.   [48] S. 177.

Befriedigung des Trost- und Erbauungsbedürfnisses mehr als problematisch wird, ist ohne weiteres ersichtlich. Topitsch scheut sich nicht zuzugeben: »Zweifellos haben mythisch-metaphysische Vorstellungen zahllosen Generationen Trost und Erbauung gespendet, und oft genug hat die Illusion, ja die barmherzige Lüge den Menschen das Schwerste erleichtert. Hier vermag das wissenschaftliche Denken keinen Ersatz anzubieten, sondern sein Ethos fordert die Fähigkeit, der Härte der Realität ins Auge zu sehen, das Menschenmögliche zu leisten und das Unabwendbare mit Fassung auf sich zu nehmen.« Übrigens lief ja auch die Unerforschlichkeit der Wege Gottes letztlich darauf hinaus, sich mit dem, was kommt, abzufinden, und ohnehin wird man »in der menschlichen Illusionsbedürftigkeit nichts Großes und Schätzenswertes erblicken müssen«.[48a]

Das überaus Bedeutsame dieser Auffassung insgesamt wird man vor allem in drei Punkten zu sehen haben. Es handelt sich erstens um die kulturhistorisch-soziologische Bedingtheit und, kritisch, um die Unangemessenheit sowohl der technomorphen als auch der soziomorphen Analogie des Menschen und der letzten Wirklichkeit. Die Vorstellung eines Gottes als Schöpfer wie auch als Richter und Herrscher ist deshalb nicht mehr statthaft. Wenn schon von diesen beiden Modellen jedes für sich nicht gültig ist, so lassen sich zweitens erst recht nicht ontologische und axiologische Qualität, kausale Wirksamkeit und Wert, in einem insofern höchsten Wesen vereinigt denken. Das Sein und Geschehen ist vielmehr letztlich als wertneutral anzunehmen. Ein Gott, der allwirksam, zugleich dem Menschen Normen setzt, kann deshalb heute nicht mehr in Betracht gezogen werden. Drittens: So plausibel auf früheren Kulturstufen das technische und das soziale Modell für Gott erschien, genauso selbstverständlich scheidet ein solcher Gott jetzt sowohl aus dem wissenschaftlichen Denken als auch aus dem seelischen Haushalt des Menschen zusehends aus. Welt und Leben werden verwissenschaftlicht und mit der allgemeinen Versachlichung und Spezialisierung zunehmend nüchtern. Auf den Gott allen Trostes muß und wird ein Mensch, der immer mehr Dinge zwar nicht mehr anschaulich macht, schafft, aber nach Bedarf maschinell-industriell produziert und funktionieren zu lassen gelernt hat, verzichten. Die Herausarbeitung dieser Gesichtspunkte und Zusammenhänge durch Ernst Topitsch dürfte zu den wichtigsten Leistungen in der Behandlung des Gottesproblems überhaupt gehören.

Abschließend sei in diesem Zusammenhang noch der soziologisch ausgerichteten Stellungnahme eines Vertreters der Einzelwissenschaften, des Mediziners und Psychoanalytikers *Alexander Mitscherlich*, gedacht. Nach seiner Meinung gibt es den Atheismus bisher nur im Urteil einzelner Denker, aber es gibt noch keinen Atheismus »als gelebte Kultur. Es ist jedoch abzusehen, daß es eine atheistische Kultur geben wird«.[49] Noch ist der Atheismus der großen Öffentlichkeit fremd und unheimlich, er gilt als Heterodoxie, strafbar und unverzeihlich.

[48a] S. 228 f.

[49] ALEXANDER MITSCHERLICH: Thesen zu einer Diskussion über Atheismus. In: Club Voltaire. Bd. 1. 1963, S. 72.

Eine zugleich kritische und positive Würdigung des Christentums, wie sie besonders bei E. Brock zum Ausdruck kommt und zuletzt in etwa bei Adorno und Horkheimer anklang, findet bei Mitscherlich nicht statt. Sehr einseitig meint dieser vielmehr feststellen zu müssen, das Christentum sei »in institutioneller Form als die Religion des Schwertes und des Hasses alt geworden«.[50] Hierzu wäre zu betonen, daß gerade das alt gewordene Christentum doch in Wahrheit ausgesprochen friedlich und die heutige Friedensbewegung auch in manchen christlichen Kreisen sehr in Aufnahme gekommen ist. Darin allerdings wird Mitscherlich recht haben: »Daß wir nicht mehr so leicht in Glaubensterror« versinken, »verdanken wir allein den immer wiederholten Anläufen der Aufklärung in unserer Kultur, nicht der Erziehung durch unsere Religionslehrer«.[51] Nicht zustimmen läßt sich dagegen vor allem der auch sonst verbreiteten Ansicht, man habe durch die christliche Religion »nicht sehr viel verläßlicher lieben und achten gelernt als zuvor ohne sie«. Eben dies ist in der Tat der Fall. Daß die Religion, in welcher der Glaubensterror seinen Höhepunkt erreichte, zugleich wie keine andere die Liebe gelehrt und gelebt hat, ist die Wahrheit, so schwer begreiflich sie erscheint.

Die Anerkennung dieser Tatsache wird andererseits nicht dem richtigen Verständnis und dem Recht des Atheismus im Wege stehen dürfen. Mitscherlich wirft die Frage auf: »In welchem Augenblick der Evolution wird es möglich und wird es notwendig, auf einen Vater zu verzichten?«[52] Gewiß: »Auch der Atheismus (wie schon die verneinende Vorsilbe ›a‹ sagt) trägt Verzichte in sich. Aber Verzicht ist nicht notwendig Verarmung – das Kind, das zum Jugendlichen und reifen Menschen heranwächst, lernt« »auf Sicherheit zu verzichten, aber es lernt auch Beengungen abzustreifen und selbständig zu werden. Der Verzicht ist die Voraussetzung neuer Freiheit«. Freilich: »Immer bleibt ein Stachel der Erinnerung an Verlorenes zurück« – doch das kann den Vollzug der Ablösung nicht aufhalten. Die Frage, wann es möglich und notwendig wird, auf den göttlichen Vater zu verzichten, hat Mitscherlich an anderer Stelle beantwortet: »Alle Anzeichen sprechen dafür, daß die paternistischen Konstruktionen in Staat und Kirche das Erleben der Millionen kaum noch berühren, keine Anteilnahme mehr erwecken.«[53] Der Autor leugnet nicht, daß gerade in unserer Zeit ein gewisses Sektierertum, Reste magischen Denkens, viele in seinen Bann zieht. »Aber viele sind in Millionenbevölkerungen immer noch wenige. Die ›grauen‹ Massen der riesigen amorphen Städte sind indifferent für alles, was von einer Vaterautorität seinen Anspruch herleitet.« So hebt sich als Ergebnis dieser Beobachtungen und Überlegungen die Feststellung heraus: »Nach Jahrtausenden der Begründung menschlichen Verhaltens« auf »göttlichen Geboten können wir jetzt Atheismus denken. Wir können uns eine Weltordnung nach Gesetzen und Prinzipien vorstellen, die nicht auf uns hin von einem Gott zugeschnitten wurden«.[54] Erst

---

[50] S. 76.   [51] S. 75.   [52] S. 77.
[53] MITSCHERLICH: Auf dem Wege zur vaterlosen Gesellschaft. 1963, S. 310f.
[54] MITSCHERLICH: Thesen, S. 78.

einmal so weit, ist schließlich zu sagen: »Neue Bewußtseinslagen, wenn sie einmal zugänglich geworden sind, machen das Verharren in der alten immer mehr zur Unmöglichkeit«.[55]

Lange Zeit schon hat man sich zwar an den im engeren Sinne christlichen Glaubensaussagen mancherlei Zweifel und Abstriche erlaubt, aber Atheismus – damit wollten weder durchschnittlich anständige noch auch die meisten feinsinnigen, gebildeten Menschen etwas zu tun haben.[56] Ihn sah man allenfalls einem Denker wie Nietzsche nach, der als halber Dichter eine gewisse Narrenfreiheit besaß. Im übrigen war er eine Sache radikaler fanatisch-polemischer oder kleinkarierter abgeschmackter Freigeister. Diese Einschätzung wird sich nicht mehr aufrechterhalten lassen. Mit den dargestellten Spielarten des rationalen, des ethischen und des existentiellen Atheismus, ergänzt durch den soziologisch-geistesgeschichtlichen, dürfte der Atheismus philosophisch durchaus salonfähig geworden sein. Nicht er hat sich zu entschuldigen, sondern der Theismus ist in die Defensive gedrängt; er ist es, der sich zu rechtfertigen hat. Gewiß mutet es reichlich grobschlächtig an, wenn man sagt, die Wissenschaft habe bewiesen, daß es keinen Gott gibt. Aber eine solche Behauptung dürfte ein Philosoph auch kaum mehr aufstellen. Auf den beschriebenen vier Ebenen aber wird der Atheismus nunmehr nicht nur ernst zu nehmen sein, sondern voraussichtlich weitgehend selbstverständlich werden.

---

[55] AaO., S. 79.
[56] Mindestens spricht man lieber von Agnostizismus oder Humanismus als von Atheismus. Zur Bevorzugung des Begriffs Agnostizismus gegenüber dem des Atheismus vgl. HEINZ ROBERT SCHLETTE: Vom Atheismus zum Agnostizismus. In: Der moderne Agnostizismus. 1979, S. 207–233. Einige der darin angestellten Erwägungen lassen sich sehr wohl hören, können indessen nicht den Einwand beseitigen, daß mit dem befürworteten Begriff eine Frage offen gelassen wird, auf die eine Antwort erforderlich ist: wie man es mit Gott hält.

Dritter Abschnitt

Christentumskritik ehemaliger Theologen

Nachdem sich schon bei den im engeren oder weiteren Sinne philosophischen Autoren theologische Interessen und Kenntnisse als vorteilhaft für ihre Auseinandersetzung mit dem Christentum gezeigt haben, wird es lohnend sein, im folgenden einige Christentumskritiker in Augenschein zu nehmen, denen, so unterschiedlich ihre Einstellung und Lage bei der Abfassung ihrer Arbeiten im übrigen war, sämtlich ein absolviertes theologisches Studium zugute gekommen ist. Als Verfasser auch eines allgemeinverständlichen philosophischen Werkes gediegener Art, bildet *Gustav Wyneken*[1] den Übergang von jenen zu diesen.

Ein Vorläufer zu seinem einschlägigen Hauptwerk war die kleine Schrift »Acht Pastoralbriefe wider den heiligen Schlendrian« (1958). Nachdem er Hunderte von Morgenandachten im Rundfunk gehört hatte, griff er sich acht Redner heraus und warf ihnen in ausführlichen Briefen Seichtheit und mangelnde Ehrlichkeit bzw. mindestens mangelnde Offenheit in bezug auf die Ergebnisse der neutestamentlichen Forschung vor. In schneidender, vielfach allzu bissiger Weise geht er mit ihnen ins Gericht, wobei der damals schon über Achtzigjährige in Ausführungen zur Exegese der Texte beweist, wie sehr er sich noch in diesen Dingen auskennt. So originell das Unternehmen als Ganzes war, so lehrreich, unterhaltsam und in der Hauptsache berechtigt sind seine Darlegungen vielfach im einzelnen. Bedauerlich nur wie gesagt, die übergroße, nicht selten ein wenig höhnisch untermalte Schärfe, welche die sachliche Wirkung beeinträchtigt. Aber wahrscheinlich ist eine solche Aktion ja überhaupt ein Kampf gegen Windmühlenflügel. Es ist jedenfalls kaum Wynekens Stellungnahme, sondern dem sich wandelnden Zeitgeist zuzuschreiben, daß der Charakter der Morgenandachten im Rundfunk sich inzwischen stark verändert hat. Heute zeichnen sie sich nicht mehr durch einen für den Normalverbraucher übermäßigen Glaubensgehalt aus, sondern, wie schon an einer anderen Stelle bemerkt, eher durch das Gegenteil.

---

[1] WYNEKEN (1875–1964) war ein epochemachender Schulreformer (Idee der »Freien Schulgemeinde« und ihre Verwirklichung in Wickersdorf) sowie der geistig bedeutendste Führer der Jugendbewegung, welcher Begriff auf ihn zurückgeht. Seine Bestrebungen im Bereich der Schulreform und der Jugendbewegung wurzeln und gipfeln im Gedanken einer eigenen »Jugendkultur«. Mit dem Aufruf zum Fest der Freideutschen Jugend im Oktober 1913 und seinen beiden grundlegenden Reden damals auf der Burg Hanstein und dem Hohen Meißner, die die sogen. Meißnerformel mitbestimmten, stand er im Mittelpunkt des denkwürdigen Treffens.

In den ersten Monaten der Revolution 1918 wurde er Berater der Kultusminister in Preußen und Bayern, deren Aufrufe er verfaßte. Später freier Schriftsteller, u. a. auch in der Europabewegung tätig. Der Titel seines philosophischen Buches lautet: »Weltanschauung« (1940).

Seinen uns hier hauptsächlich angehenden »Abschied vom Christentum« (1963) hat Wyneken wie auch Nestle sein Werk erst in hohem Alter veröffentlicht, mit fast 90 Jahren. Das Buch ist sachlich-historisch bei weitem weniger umfassend angelegt als das Nestles; es ist dafür aber von besonderer Originalität und noch immer von einem gewissen Schwung getragen, der so gar nichts von einem Altersstil an sich hat, ja, es ist wohl nicht zuviel gesagt, wenn man einen Zug von Genialität darin findet. Freilich ist Wyneken nicht ganz ohne Grund vorgeworfen worden, daß »alle von ihm vorgeführten ›kritischen‹ und polemischen Positionen aus seiner eigenen theologischen Phase, also aus dem Beginn unseres Jahrhunderts, stammen«.[2] Viel zu weit geht jedoch die Behauptung, sein Buch sei »ein später Aufguß theologischer Liberalismen«.[3] Zu den Ansichten und der Grundhaltung der liberalen Theologie steht Wynekens historische Skepsis sogar in ausgesprochenem Gegensatz. Nicht nur hinsichtlich seines geschliffenen Stils und eindrucksvoller Formulierungen, sondern vor allem auch seiner scharfsichtigen Perspektiven und souveränen Urteile wegen ist diesem Werk von bescheidenem Umfang ein hoher Rang zu bescheinigen.

Wie Nestle geht Wyneken von einer Darstellung der Anfänge des Christentums und der Evangelienprobleme aus, verzichtet aber darauf, die geschichtliche Entwicklung im einzelnen zu verfolgen, und bietet stattdessen eine sehr eigenständige religionswissenschaftliche Deutung und Kritik des Christentums insgesamt unter den Gesichtspunkten Dogma, Kultus, Kirche, Ethik. Bei der Behandlung der geschichtlichen Ausgangslage zeigt er jedoch zumindest einen echten historischen Sinn, so vor allem, indem er die Frage stellt, wie eigentlich bereits zwanzig Jahre nach dem angenommenen Zeitpunkt des Todes Jesu die außerordentliche Verbreitung des Christentums zu erklären sei.[4] Die Messiaserwartung hat, wie Wyneken mit Recht betont, damals gar nicht die alles beherrschende Rolle gespielt, und »die Idee eines leidenden und sterbenden Messias« war den Juden sogar »völlig fremd«[5]. Der Hinweis darauf, »daß die Identifizierung eines hingerichteten Schwärmers mit dem verheißenen Messias« »keine Wahrscheinlichkeit für sich« habe[6], wirft deshalb ein berechtigtes und schwerwiegendes Problem auf. Wenn Wyneken freilich einen ursprünglichen »Jesusglauben ohne Jesus«[7] voraussetzen möchte, so nimmt er damit eine Hypothese auf, die wissenschaftlich nie Anklang gefunden hat und seit langem als überwunden gilt. Anders steht es, wenn er in des Apostels Paulus Wirksamkeit und Lehre dessen fast völliges Desinteresse am Erdenleben Jesu im höchsten Grade auffällig und vom Standpunkt der üblichen Forschung aus geradezu unerklärlich findet. Allerdings ist auch dieses Urteil insofern nicht völlig zutreffend, als es der in den letzten Jahrzehnten aufgekommenen »Kerygma«-Theologie – nach welcher die

---

[2] Fries: Ärgernis, S. 29.
[3] Hans Jürgen Baden: Die zweite Aufklärung. In: Abschied vom Christentum. Siebzehn Antworten von Publizisten und Theologen auf eine zeitgemäße Herausforderung. Hrsg. von Axel Seeberg und Heinz Zahrnt. 2. Aufl. 1967, S. 32.
[4] Wyneken: Abschied vom Christentum, S. 42.
[5] S. 45.   [6] S. 46.   [7] S. 47.

urchristliche gläubige »Verkündigung« als die für den Historiker primäre und zentrale Gegebenheit zu gelten hat – vielmehr ganz natürlich und sachgemäß erscheint, daß das Neue Testament nicht alles mitteilt, was über Jesus »historisch-wissenswert« wäre.[8] Wie dem auch sei, Zustimmung verdient Wyneken auf jeden Fall darin, daß er den mit Paulus einsetzenden Neuanfang als außerordentlich einschneidend einschätzt. Hatte Nestle noch von einem »anderen Evangelium« bei Paulus in Vergleich mit dem Jesu gesprochen, so erklärt Wyneken geradezu: »Gott hat seinen Sohn in die Welt gesandt, damit er die Welt durch seinen Tod erlöse – das ist einfach eine ganz neue Religion«[9]. Gegenüber der vielfach verbreiteten Neigung, den Abstand zwischen Paulus und Jesus weitgehend abzuschwächen, ist es nicht unangebracht, die Andersartigkeit eher ein wenig mehr als zuwenig herauszustellen, eine Andersartigkeit, die ja durch den von Paulus eingeführten Gedanken der Prädestination noch weiterhin beträchtlich verstärkt wird. Nicht zuviel gesagt, eher recht bescheiden gehalten dürfte auch die Bemerkung sein, es sei »möglich, daß dieser Paulus« »als der eigentliche Stifter der christlichen Weltreligion anzusehen ist«[10], was in der Tat gar keine Frage sein kann. Die These, der Ursprung des Christentums bleibe Geheimnis[11], muß sogar ohne jede Einschränkung als richtig bezeichnet werden.

Im Unterschied von Paulus ist, wie Wyneken hervorhebt, »Jesus zunächst nichts als eine *literarische* Gestalt«[12]. Auch diese Behauptung läßt sich, wörtlich genommen, nicht bestreiten. »Ob in dieser Gestalt ein geschichtlicher Kern oder Anlaß steckt«, fährt Wyneken freilich allzu resigniert fort, »ist ungewiß; sicher aber, daß wir diesen etwaigen Kern nicht mehr herausschälen können und daß alle darauf verwandten Bemühungen auf reine Willkür hinauslaufen«[13]. Damit wird die Skepsis entschieden zu weit getrieben. Die Behauptung, daß der »Herr und Heiland« »mit Sicherheit als eine erdichtete Gestalt, man darf geradezu sagen: als eine Romanfigur zu bewerten ist«[14], muß in dieser Form als wissenschaftlich nicht haltbar beurteilt werden. Einen geschichtlichen Kern nimmt wie die frühere auch die heutige neutestamentliche Forschung durchaus an, und bis zu einem gewissen Grade dürfte es ihr auch gelungen sein, ihn herauszuarbeiten. Aber es ist zuzugeben: Zutrauen zur Leistung der Historiker und berechtigte Skepsis liegen auf diesem Gebiet nur allzu nahe beieinander, weshalb es nicht ganz abwegig erscheint, daß Wyneken sich lediglich zu dem Zugeständnis versteht: »Wenn sein Bild wirklich durch die Evangelienlegende noch hindurchleuchtet, dann hätten wir es mit einem religiösen Schwärmer zu tun, der nach kurzer Wirksamkeit gescheitert ist«.[15] Auf den bloßen Lebenslauf Jesu und seinen Charakter gesehen, wird dies nicht einmal unrichtig sein. Über ihn selbst wissen wir im strengen Sinne wirklich kaum mehr. Insofern wäre Wyneken beizupflichten, wenn er die Dinge, unabhängig von aller Kerygmatheologie, für die es »ein entscheidender hermeneutischer Fehler« ist, »Jesus dem Neuen Testa-

---

[8] Ernst Fuchs: Christus, das Ende der Geschichte. In: EvTh Jg. 8. 1948/49, S. 448.
[9] Wyneken: Abschied, S. 57.
[10] S. 92.   [12] S. 127.   [14] S. 130.
[11] S. 50.   [13] Ebd.   [15] S. 104.

ment historisch abtrotzen« zu wollen[16], im Grunde ähnlich sieht. »Gegenüber den modernen theologischen Versuchen, aus der Legende von dem vorüberge-hend auf Erden wandelnden Gottessohn ein geschichtliches Lebensbild heraus-zudestillieren«, spricht er sich für »die alte kirchliche Auffassung von der un-trennbaren Zusammengehörigkeit der übermenschlichen, mythischen Bestand-teile mit dem Menschen Jesus« aus und urteilt, daß insbesondere »auch das Markusevangelium, also das Evangelium, das« als »das geschichtlich ergiebigste und verläßlichste gilt, nichts anderes ist als Glaubenslehre in erzählender Form«[17]. So kann Wyneken »das paradoxe Ergebnis« verzeichnen, »daß die traditionelle Lehre der Kirche auf der ganzen Linie recht behält gegen die liberale Wissenschaft«[18] – womit hinreichend deutlich wird, wie falsch und geradezu unsinnig es ist, Wynekens Buch für einen »späten Aufguß theologischer Libera-lismen« zu erklären. Nur »modern« sollte man jene historisierenden biographi-schen Versuche, die Wyneken im Auge gehabt haben mag, allerdings heute nicht mehr nennen. Sie sind in der Tat völlig überholt durch die neuere Forschung, die auf den Versuch einer Biographie Jesu zu verzichten gelernt hat, andererseits über Jesu Gedankenwelt, seine Bestrebungen und Forderungen immerhin eini-ges wenige mit einer gewissen Wahrscheinlichkeit ausmachen konnte. Während Wyneken »zu dem wenigen Sicheren, was wir vom Ursprung des Christentums wissen«, rechnet, »daß die Wahnidee vom nahe bevorstehenden Weltende eine große Rolle gespielt hat«[19], schreibt die Forschung seit Johannes Weiß und Albert Schweitzer diese Erwartung mit Bestimmtheit Jesus selbst zu. Mit der Naherwartung hängt die andere Komponente der Verkündigung Jesu unserem Autor zufolge nur locker zusammen: die ethische, besonders die sogenannte Bergpredigt. Daß indessen ein Zusammenhang mancher ihrer Forderungen mit der Naherwartung sehr wohl besteht, ist ebenfalls als sicher anzunehmen und wurde von Nestle u. a. mit Recht hervorgehoben. Trotz einiger Übertreibungen und Fehlurteile bei der Erörterung über die christliche Frühzeit zeigt Wyneken jedoch, aufs Ganze gesehen, für die historische Problematik durchaus Ver-ständnis.

E. Brock, der eingangs erwähnte originelle philosophische Denker unter-scheidet unter den Menschen, an welche die Predigt Jesu sich wandte, die von ihm gepriesenen »Einfachen«, »Einfältigen« und »die Gottentfallenen«, »die bereuenden Sünder«, die Bekehrten. Ähnlich stehen sich schon bei Wyneken zwei Typen der Frömmigkeit gegenüber: die Religion des kindlichen Gottver-trauens und die, welche »die pessimistische Welt- und Selbstbeurteilung, d. h. die Verzweiflung zur Voraussetzung hat und den Glauben an Gott nicht als Selbstverständlichkeit kennt, sondern nur als ein neues Verhältnis des *erlösten* Menschen zu Gott«. Von beiden Typen ist für Wyneken »der zweite der religiös höhere in demselben Sinne und mit demselben Recht, wie eine Musik, die die Dissonanz kennt, ein höherer Typ ist als eine nur konsonante Musik«.[20] Mit

---

[16] FUCHS: Christus, S. 449.　　　[18] S. 103.　　　[20] S. 90.
[17] WYNEKEN: Abschied, S. 102.　　[19] S. 116.

dieser Auffassung hat im Gegensatz zu Nestle und vielen anderen, für die Paulus einen Abweg und Abstieg von der ursprünglichen Höhe darstellt, Wyneken dem Apostel seinen ihm in Wahrheit gebührenden Rang zuerkannt. Das schließt nicht aus, daß »die pessimistische oder tragische Grundgesinnung des Paulus« für Wyneken im Grunde genauso »völlig ungenießbar« ist[21] wie für Brock und Nestle.

Das Hauptgewicht kommt jedoch nicht den historischen Partien des Buches sondern den mehr sachlich disponierten Abschnitten über Dogma, Kultus, Kirche und dem zu, was Wyneken abschließend als »Persönliches Christentum« behandelt. Hier gelingt ihm eine tiefdringende Wesensschau, die das in theologischen Linkskreisen übliche Urteil in sein Gegenteil verkehrt.

Die Religion spielt sich nach Wyneken nicht »auf der Ebene der Realität, sondern in einem Reich der Phantasie« ab. Sie ist »das große Spiel«, »das das Leben der Menschheit begleitet, eine ›geistgeschaffene Gegenwelt‹, mit der der Mensch seine empirische Welt überwölbt«.[22] Die intellektuelle Seite der Religion ist das Dogma, »die Religion als Weltanschauung«[23]. Genauer genommen stellt es für Wyneken eine Umsetzung des im Mythos noch lebendigen weltanschaulichen Gedankens dar. Indem dieser in Begriffen festgelegt wird, erstarrt er zum Dogma.[24] Der Mensch hat den Eindruck, daß die Welt mit ihrer zweifachen Furchtbarkeit, ihrer Sinnlosigkeit und ihrer Grausamkeit anders sein könnte, anders sein sollte, und »dieses Gefühls bemächtigt sich der Mythos«: die Welt ist das Ergebnis eines Sündenfalls, und sie wird einmal wieder anders werden.[25] Die Geschichte der Genesis vom Sündenfall aber ist »die Verniedlichung des ernsten und gewaltigen Mythos des Abfalls einer Welt von Gott zu einer Art Kindermärchen: Ungehorsam der in einen Garten eingesperrten ersten Menschen, Ungehorsam aus Neugier oder Genäschigkeit«.[26] Es ist »ein gewaltiger Unterschied zwischen einem *Weltgefühl,* das eine Urschuld der Welt als Ursache ihrer Entstehung zu ahnen glaubt« und »einer *Theologie,* die die moralische Minderwertigkeit des Menschen erklärt aus einer Übertretung eines göttlichen Gebots durch« seinen »Stammvater und diese Übertretung auch den Nachkommen als Schuld ankreidet«.[27] »Diese Theologie kennt kein Weltgefühl«, »sie hat darum kein mythisches Organ. Es ist das Judentum gewesen, das diese Entmythisierung der Religion durchgeführt hat, indem es die Religion einschränkte auf ein Rechtsverhältnis zwischen ›Gott‹ und ›seinem Volk‹«.[28] Auch »die Lehre von der Annullierung der Weltschuld«[29], der Glaube »an die Notwendigkeit und Kraft der Sühne«[30] ist mythischer Art. »Der Erlösergott mußte sterben«, »damit er für die Menschen den Bann des Todes durchbrechen kann«[31]; denn wie in der griechischen und germanischen Mythologie über den Göttern das Schicksal steht, so scheint auch dem christlichen Gott ein Weltgesetz oder übergeordnetes

---

[21] S. 91.	[25] S. 145.	[29] S. 153.
[22] S. 134.	[26] S. 150.	[30] S. 154.
[23] S. 135.	[27] Ebd.	[31] S. 153.
[24] S. 135 f.	[28] S. 150 f.	

Wesensgesetz zu verbieten, »die Sünde und Sündenschuld etwa einfach durch einen Gnadenakt zu annullieren«[32]. Dieses ursprünglich mythische Motiv verfällt jedoch in seiner Ausgestaltung den »mühsamen Konstruktionen« der Theologie. »Das Weltgesetz verlangt für die Schuld eine Bezahlung, für die Übertretung eine Genugtuung. Wer aber konnte die leisten? Die Welt, d. h. der Mensch nicht; er könnte, selbst wenn er nicht in seiner Natur (durch die ›Erbsünde‹) geschwächt und verderbt wäre, bestenfalls nur sein Pflichtsoll Gott oder dem Moralgesetz gegenüber erfüllen, aber nicht ein sühnendes Plus darüber hinaus zustande bringen. So bleibt nur Gott selbst übrig, der es tun müßte. Aber nicht Gott ist schuldig geworden, sondern der Mensch, also müßte Gott als *Mensch* diese Genugtuung leisten. Daher kann die ›Erlösung‹ nur bewerkstelligt werden durch eine Menschwerdung Gottes.«[33] Mit diesem Versuch, die letzten, z. T. mythischen, vielleicht auch magischen Voraussetzungen solchen Denkens in den Blick zu bekommen, wird sicherlich ein sehr berechtigtes Anliegen wahrgenommen. Freilich dürfte es für die gegenwärtige Auseinandersetzung nicht genügen, das Motiv der Versöhnung ausschließlich mit der Satisfaktionslehre zu berücksichtigen.

Die Kirche hat den Mythos nicht nur dogmatisiert, sondern auch historisiert. Der Charakter des Christentums als einer Geschichtsreligion leitet sich ebenfalls aus dem Judentum her, und der Einbau einer Heilsgeschichte in die profane Völkergeschichte fordert Wynekens Widerspruch in besonderem Maße heraus; denn hier sind offensichtlich verschiedene Dimensionen durcheinander geraten. Den »grotesken Unsinn«, der sich daraus ergibt, demonstriert er mit »folgender Geschichtstabelle: Schlacht bei Aktium 31 v. Chr., Menschwerdung Gottes 4 v. Chr., Schlacht im Teutoburger-Wald 9 n. Chr., Tod des Augustus 14 n. Chr., Erlösung der Welt unter dem Regierungspräsidenten Pontius Pilatus 30 n. Chr., Tod des Tiberius 37 n. Chr.«[34] Ohne auf Wynekens Kritik einzelner dogmatischer Lehren einzugehen, sollte hier nur seine Grundeinstellung zum Dogma gekennzeichnet und betont werden, daß er die Dinge von einer höheren Warte sieht als die übliche kleinkarierte Kritik der dogmatischen Entwicklung, an welcher der Liberalismus wegen ihrer intellektuellen Verfälschung des einfachen Evangeliums Anstoß nahm. Wyneken lehnt zwar den von der kirchlichen Lehre vertretenen »grotesken Unsinn« scharf ab, aber seine Haltung ist keineswegs rein rationalistisch. Er hat ein feines Organ für die irrationale Seite der Religion, in viel stärkerem Maße als der historisch im einzelnen mehr bewanderte Nestle.

Die Berücksichtigung ihrer irrationalen Momente zeigt sich vor allem bei der Behandlung von Kultus und Kirche, welche »die willenhafte Seite der Religion« bilden[35], so wie das Dogma ihre intellektuelle. Die Religion ist, wie schon gesagt, für Wyneken in höherem Sinne ein Spiel, und dieses vollzieht sich besonders im Kultus, der einen »unentbehrlichen Teil jeder echten Religion« darstellt. Vor allem die Messe ist »ein großes feierliches Spiel, zu dem die Gemeinde sich versammelt, ein Stück alten und noch nicht profanierten Thea-

---

[32] S. 155.   [33] Ebd.   [34] S. 163.   [35] S. 135.

ters«.[36] »Im Grunde wissen auch alle um den Spielcharakter, den Als-ob-
Charakter der Religion. Sie *wissen*, daß die Dogmen der Kirche nicht im gewöhnlichen Sinne ›wahr‹ sind, sondern daß sie ›geglaubt‹ werden müssen, als ob
sie wahr seien. Sie sind durch Verabredung wahr.«[37] Zu jedem Spiel gehören
Spielregeln, die eingehalten werden müssen. Wer aus der Rolle fällt, wer beim
Kultus die Frage stellt: »Ist denn dies alles auch wahr?«, dem antwortet Wyneken: »Wer das Spiel nicht mitspielen will oder kann, dem ist eben nicht zu
helfen.«[38]

Aber das Spielerische einer solchen Einstellung hat seine Grenzen: »Zweifel
und Angst bleiben Unter- und Hintergrund dieses Spiels, die bange Frage, ob die
armen und verlassenen Menschen auf ihrem kleinen Stern nicht ihre betenden
Arme ins Leere ausstrecken, in ein kaltes und totes Universum.«[39] An einer
anderen, wörtlich fast gleichlautenden Stelle wird noch hinzugefügt: »Diese
Überlegung hat etwas Erschütterndes.«[40] So sind wir wieder an dem Punkt
angelangt, auf den schon Kurt Port gestoßen war: Wie steht es, wenn nun der
Glaube sich als Täuschung erweisen sollte? Die große bange Frage!

Religion oder wenigstens das Christentum ist, wie Wyneken besser als Port
weiß, immer Sache einer Gemeinschaft, »das Christentum ist die Kirche«[41]. Die
konkrete katholische Kirche ist nach ihrer Selbstinterpretation »Gottes Anwe-
senheit in der Menschheit«, »keine empirische, keine soziologische Größe,
sondern eine *metaphysische*«[42]. Freilich ist auch die Kirche im Grunde genommen
»eine jüdische Erfindung. Ohne die jüdische Wahnidee von einem besonderen
Bund, den Gott mit diesem Volk geschlossen« hat, »wäre die Kirche nicht
entstanden« – gewiß eine stark provozierende These, die jedoch einen kaum zu
verkennenden wirklichen Zusammenhang herausstellt.

Daß es in neuerer Zeit mit der Kirche nicht gut steht, ist bekannt, selten aber so
scharfsichtig und schonungslos registriert worden wie von Wyneken. Zunächst
betont er: Die Vorstellungen der »breiten Masse vom Christentum sind von
einer Plattheit, ihre Kritik an ihm von einer Rohheit und Ahnungslosigkeit, die
allein schon beweisen, wie abgestorben in unserem Volk die Wurzeln dieses
Christentums sind«[43]. Das ist ohne Zweifel und ohne jeden Abstrich richtig.
Bewußt christlich sind jedenfalls nur noch kleine Kreise. Und zwischen jener
breiten, völlig indifferenten Masse und diesen kleineren Kreisen liegt eine
Schicht, auf die sich, ohne klare Abgrenzung, folgende Beschreibung Wynekens
beziehen mag: »Man ›glaubt‹ nicht, weil man eben glaubt, man *will* glauben,
behauptet zu glauben, man glaubt bestenfalls zu glauben, man bemüht sich
vielleicht zu glauben. Das Volk, auch das Kirchenvolk, ist sich längst darüber im
klaren, daß es eigentlich *nicht* glaubt.«[44] »So ist ein geistig träges Kirchenvolk
entstanden«, »der absterbende Leib einer einstigen Religion, mit dem die Theologen vergebliche Wiederbelebungsversuche anstellen. Dies gilt in höherem

---

[36] S. 198.   [39] S. 200.   [42] S. 200.
[37] Ebd.   [40] S. 249.   [43] S. 8.
[38] S. 181.   [41] S. 193.   [44] S. 214.

Maße als von der eigentlichen und echten, der katholischen Kirche, von der protestantischen.«[45] Die Kirche »ist nicht mehr entwicklungsfähig, und sie will es auch nicht sein. Aber sie hat sich stattdessen bis zu einem gewissen Grad anpassungsfähig erhalten«. »Die Kirche kann sich bis zu einem gewissen Grad *modernisieren*, und sie tut es auch. Es ist kein sehr imposantes, aber ein sehr interessantes Schauspiel.«[46]

Hinsichtlich der Ethik denkt Wyneken kritischer als alle anderen Autoren. Ganz allgemein nennt er »eine organische Verbindung zwischen einer Erlösungsreligion« »und einer sozial orientierten Moral schwer vorstellbar«.[47] Das Neue Testament bringt keine neue Lehre betreffs Gut und Böse, »es wird nur das Motiv zum Guthandeln verstärkt«.[48] »Es gibt keine spezifisch christliche Moral«, meint Wyneken, »das Christentum hat auf moralischem Gebiet nichts wesentlich Neues geschaffen. Wohl aber eine spezifisch christliche Unmoral«: die Intoleranz.[49] Dazu wird man sagen müssen, daß das letztere leider wahr, das erstere indessen glücklicherweise nicht wahr ist. Es erscheint schwer begreiflich, daß ein so guter Beobachter einen so offensichtlichen, bekannten, bedeutsamen, begrüßenswerten Sachverhalt wie die christliche Liebestätigkeit an den Armen, Schwachen und Kranken völlig übersehen konnte. Wer einmal eine Anstalt wie Bethel besucht hat, wird nie vergessen, was da nicht nur an schrecklichem Leiden, sondern auch an herrlichem wundervollem Handeln und Helfen zu finden ist, und warum sind katholische Schwestern im Krankenhaus auch bei Nichtgläubigen besonders beliebt?

Wyneken meint nicht, mit dem sehr negativen Ergebnis über den Zustand der Kirche schon alles gesagt zu haben. Einen vorletzten Abschnitt nennt er »Persönliches Christentum«, in dem Sinne der Harnackschen Formel »Gott und die Seele, die Seele und ihr Gott«. Aber »diese Frömmigkeit hat« für unseren kritischen Beobachter »etwas Dürres, Enges, Stimmungsloses, keine Atmosphäre, keine Ahnung vom Weltgeheimnis«. Es dreht sich im wesentlichen »um die liebe eigene Person, ihr Leiden, ihr Glück, ihre Verschuldung, ihre Versöhnung«.[50] In dieser Frömmigkeit müßte wenigstens dem Gebet eine besonders wichtige Rolle zukommen, und »das Gebet ist seinem Wesen nach in erster Linie ein Bitten«. »Nun werden aber«, erklärt Wyneken, »bekanntlich Gebete nicht erhört und nicht einmal beantwortet«[51]. Gewiß vermag das Gebet zu stärken und zu trösten. Aber dies vermögen auch »alle möglichen Wahnvorstellungen, Autosuggestionen, Selbsttäuschungen«[52]. Wyneken läßt die Dinge bei allem Sinn für das Geheimnis auf dem Gebiet des Religiösen nie im Zwielicht. Das »Persönliche Christentum« ist kein Ausweg, es verspricht keine Aussicht. Auch damit steht Wyneken im völligen Gegensatz zur Einstellung des theologischen Liberalismus, der sich bei einem unterkühlten Verhältnis zur Kirche vielfach gern auf die Domäne der persönlichen Frömmigkeit zurückgezogen hat.

---

[45] S. 215. [48] S. 230. [51] S. 246.
[46] S. 217. [49] S. 233. [52] S. 249.
[47] S. 227. [50] S. 237.

Wie Nestle am Ende eine »Bilanz« zieht, so nimmt Wyneken in einem letzten Abschnitt »Abschied vom Christentum«, eindeutiger als Nestle: »Es duldet keinen Zweifel mehr: die Stunde des Christentums ist abgelaufen. Wir rufen nicht zum Bruch mit dem Christentum, wir stellen nur fest, daß es tot ist, und wir mahnen, sich nicht länger mit seinem Leichnam zu schleppen.« Wyneken ist davon überzeugt, daß »im Untergrund *alles* Glaubens längst der verdrängte Zweifel lauert – oder schon nicht mehr Zweifel, sondern ein überhörtes und übertäubtes Wissen darum, daß das, was man ›glaubt‹, unmöglich und unwahr sei und nur gewaltsam, durch einen Willensakt, könne aufrecht erhalten werden«.[53] Hinzu kommt das Bewußtsein, daß das Ende des Christentums »in unserem Lebenskreis das Ende der Religion überhaupt« wäre. Denn »was sich bei uns als Ersatz- und Fortschrittsreligion, als ›freie‹ Religion gebärdet, ist keine Religion«[54]. Die Katholische Kirche ist nur noch »ein lebender Leichnam«[55] und der Protestantismus »in unaufhaltsamer Auflösung begriffen«. Er »stirbt an der ›Heiligen Schrift‹, auf die der mittelalterliche Luther ihn nun einmal festgenagelt hat«.[56] Alles in allem: »Es ist eine geistige Unmöglichkeit, unser gegenwärtiges Weltbild und das Christentum, das nichts von ihm weiß und uns doch darüber trösten soll, gleicherweise zu bejahen.«[57] »Zu *unserer* Welt« hat das Christentum »überhaupt keine Beziehung«.[58] Dabei beharren zu wollen, »das wäre, wie wenn wir unsere Kinder dazu erzögen, ihr Leben lang an die Wirklichkeit der Märchenwelt von Dornröschen und Rotkäppchen zu glauben«. Wyneken schließt eindrucksvoll: »Ihr habt gehört, daß zu den Alten gesagt ward: Wenn ihr nicht umkehrt und werdet wie die Kinder, werdet ihr nicht ins Himmelreich kommen. Ich aber sage euch: Wenn ihr nicht endlich aufhört, zu sein wie die Kinder, werdet ihr nie das Reich des Menschen bauen.«[59] Man wird nicht bestreiten können, daß hier einer nicht nur weiß, was er sagt, sondern auch wirklich etwas zu sagen hat. Vom geistigen Format her gesehen ist dieses verhältnismäßig kleine Buch trotz einiger Fehlurteile und mancher Übertreibungen ein großes, ein großartiges Buch. Wenn es auch sicherlich nicht überall recht hat, so schließt das nicht aus, daß es in der Hauptsache tiefe Wahrheiten enthält. Sein Rang erweist sich auch darin, daß Wyneken nicht nur nicht irgendwelche religiöse Ersatzreligionen oder -religiositäten, sondern auch nicht, wie so häufig befürwortet wird, die Ethik zum Erben des Christentums einsetzt. Vielmehr erklärt er ebenso treffsicher wie tiefgründig: »An die zentrale Stelle, die das Christentum im geistigen Leben einnahm, tritt das geistige Leben selbst.«[60] Jedenfalls nimmt Wyneken auf eine in mancher Hinsicht überzeugende und z. T. – leider nur zum Teil – auch würdige Weise Abschied von ihm.

Die Einschränkungen der gebührenden Anerkennung seien hier noch einmal abschließend im Zusammenhang zum Ausdruck gebracht. Daß Wyneken erstens bei der Theologie seiner Jugendzeit stehengeblieben ist, wenigstens auf

---

[53] S. 250.   [56] S. 252.   [59] Ebd.
[54] Ebd.   [57] S. 255.   [60] S. 254.
[55] S. 251.   [58] S. 259.

dem Gebiet des Neuen Testaments, ist offensichtlich. Aber zu Unrecht hat man seine Einstellung wie schon gesagt als die des alten Liberalismus charakterisiert. Mit ihm kann Wyneken keineswegs identifiziert werden, er denkt allein schon weit weniger rationalistisch als jener. Unverkennbar ist zweitens eine Neigung zum Radikalen, die ihn manchmal zu Übertreibungen und ganz unnötigen Schärfen führt. Den oft von christlicher, insbesondere theologischer Seite erhobenen Ausspruch, »über das Christentum könne nur reden, der es an sich erfahren habe«, würde Wyneken mit Recht zurückweisen. Aber er fällt ins andere Extrem: »Natürlich ist das Gegenteil richtig. Eine objektive Auffassung und Bewertung des Christentums kann nur von Nichtchristen erwartet werden; nur sie sind in der Lage, ihre Erkenntnis am reinen Wahrheitswillen zu orientieren ohne Störung durch kirchliche Vorurteile und durch subjektive Bedürfnisse, Wünsche oder Einbildungen«[61] – eine Behauptung, die wohl im wesentlichen nicht unzutreffend, aber allzu schroff formuliert erscheint. Zu den unhaltbaren Urteilen gehört namentlich, daß die Religion allgemein als eine »halbpathologische Anlage des Menschen« genommen und deren Ausbeutung dem Priestertum vorgeworfen wird.[62]

Die dritte und wichtigste Einschränkung schließlich in der Schätzung dieses Buches betrifft das Folgende. So sehr man der Feststellung wird zustimmen müssen, »die Religiosität des Volkes, wo sie noch vorhanden ist«, verliere »mehr und mehr alle Naivität und Natürlichkeit«[63]: entschieden zu weit gehen dürfte jene z. T. schon angeführte Lagebeschreibung, die in ihrer vollständigen Form in der Behauptung gipfelt, es sei »ein geistig träges und bestenfalls (!) auf Verdrängung, Fanatismus und Sophisterei angewiesenes Kirchenvolk entstanden, der absterbende Leib einer einstigen Religion, mit dem die Theologen vergebliche Wiederbelebungsversuche anstellen«[64]. Das religiöse Leben zeigt, auf die große Masse gesehen, in der Tat einen so kümmerlichen Stand, daß es einer derartigen Übertreibung wahrlich nicht noch bedurfte. Vor allem aber fragt man sich, »warum Wyneken mit einem Leichnam so viel Aufhebens macht«[65]. Sollte das Christentum vielleicht doch nicht so ganz tot sein, wie er annimmt? Die von ihm gegebene Beschreibung verlangt eine Ergänzung. Inmitten des geistig trägen und religiös vegetierenden Kirchenvolks finden sich, wie schon früher betont, manche geistig lebendige Gruppen und Persönlichkeiten, die bewußt und entschieden am christlichen Glauben festhalten. Über sie geht Wyneken unempfindlich und achtlos hinweg. Der medizinische Krisenbegriff Nestles erschien uns zwar auch nicht völlig befriedigend, doch dürfte seine Zweischneidigkeit der Lage eher angemessen sein als das Wynekens Sicht entsprechende eindeutige Bild des Totenscheins. Berücksichtigt man jene noch von Leben erfüllten Glieder des Organismus, dann könnte die Rechnung möglicherweise nicht so restlos aufgehen, wie Wyneken es wahrhaben möchte.

Die gegen Wynekens Buch vorgetragenen Bedenken wollen indessen nichts

---

[61] S. 9.
[62] S. 212.
[63] S. 214.
[64] S. 215.
[65] Fries: Ärgernis, S. 29.

von dem Urteil zurücknehmen, daß es ein wirklich bedeutendes, grandioses, geniales Buch ist, besonders eindrucksvoll durch seine Geschlossenheit, nur eben vielleicht ein wenig zu geschlossen. Es bedeutet jedoch keine Minderung seines Formats, wenn man feststellt, daß Wyneken gelegentlich über das Ziel hinausgeschossen hat. In der Hauptsache wird er recht behalten.

In mehrfacher Hinsicht berührt sich mit Wynekens »Abschied« eine Schrift von *Friedrich Pzillas*: »Die Lebenskräfte des Christentums« (1960). Etwas von der Souveränität und Brillanz Wynekens ist auch ihr eigen, deren Verfasser dem abgeschlossenem Studium der katholischen Theologie das der evangelischen hinzugefügt hat und bei der Abfassung noch nicht halb so alt war wie jener. Um so bemerkenswerter ist schon der ganz eigene, von Witz und Ironie funkelnde Stil, den Kurt Port dem Schopenhauers und Nietzsches an die Seite gestellt hat. Der Reiz dieses Stils ist so groß, daß man von den nur hundert Seiten ausgiebige Proben geben muß, um eine Vorstellung von der eigentümlichen Einheit von Form und Gehalt zu vermitteln. Der einzigartige trockene Sarkasmus gehört zur Formgebung einer Betrachtung, die von einer beinahe unheimlichen Schärfe und Sicherheit zeugt. So kann über das Christentum nur urteilen, wer es durch und durch kennt und sich überall auch hinter den Kulissen der Theologie gründlich umgetan hat. Jedenfalls ist dieser Grad von Urteilsfähigkeit nur bei einem Schriftsteller denkbar, der das theologische Handwerk beider Konfessionen beherrscht und ihm zugleich völlig unabhängig gegenübersteht.[66] Einen Kopf wie Franz Overbeck etwa, dessen Würdigung man bei Nestle vermißte, läßt er sich nicht entgehen.

Sogleich der erste Absatz schlägt das Thema in unverwechselbarer Weise an: »Diese sonderbare Erscheinung in unserer Kulturwelt, das Christentum! So mannigfach mit seiner Umgebung im Widerspruch, so schreiend in seinen Symbolen (ein ans Kreuz genagelter Mann, eine Kirche das auffälligste Bauwerk in jeder Ortschaft, die melodiös aufdringliche Werbung durch Glockengeläut), so verschroben in seinen Grundsätzen (Sünde, Erlösung, Feindesliebe), muß es nicht unser Augenmerk und unser Nachdenken auf sich ziehen? Dies um so mehr, da es nichts Nebensächliches ist, sondern weltumfassend in Geist und Organisation, imperialistisch in seinem Missionseifer und mit seinem Kreuz im Besitze eines Zeichens, an dem die Geister sich scheiden. Aber derlei imponierenden Eindrücken zum Trotz weisen andere Anzeichen auf Schwäche, Hohlheit, Überlebtheit, wohl auch auf eine Art von Unechtheit der nazarenischen Heilsbotschaft hin.«[67]

Wie Wyneken verwendet Pzillas, um das Christentum seinem Wesen nach zu kennzeichnen, den Begriff des Mythos, und wie für Wyneken stellt sich auch für

---

[66] Der kritische PORT hält in seiner Rezension des Buches nicht nur jeden Satz für »ein Kunstwerk«, sondern findet auch sein Urteil »von der lückenlosen Kenntnis des Eingeweihten und ungewöhnlicher Klugheit getragen«. (Pf. H. 109/110 [Jg. 11], 1961, S. 213).

[67] FRIEDRICH PZILLAS: Die Lebenskräfte des Christentums. 1960, S. 5.

ihn das Problem des Verhältnisses von Mythos und Geschichte. Dabei steht auch Pzillas den Ergebnissen der historischen Jesusforschung sehr kritisch gegenüber, ohne doch wie Wyneken das Kind mit dem Bade auszuschütten. Trotz scharfer Kritik auf der ganzen Linie bringt er der protestantischen Theologie sogar eine unverhohlene Hochschätzung entgegen, was sich im Gegensatz zu Wynekens in dieser Hinsicht ein wenig ressentimentbeladener Einstellung nur günstig ausnimmt.

»Das Neue Testament gibt sich historisch und ist mythisch.«[68] »Bei ›Personen‹, die in eine Göttersage eingegangen sind, darf man nicht mehr fragen: Wann wurde er geboren? Wer waren seine Eltern? Wer bezeugt seine Herkunft? Wann vollbrachte er diese oder jene Tat?«[69] »Wenn man bloß einsehen wollte, wie abwegig dergleichen Polizeifragen hier sind! Unter Göttern bedarf es keiner Ausweispapiere.«[70] Aber auch »das Bild des Meisters« ist »verwirrend und widerspruchsvoll«, »da die neutestamentliche Chronologie und Geographie phantastisch sind«, z.B. »ist der Stern von Bethlehem astronomisch nicht unterzubringen, die Stadt Nazareth nicht nachzuweisen usw.«[71] »Das gängige Jesusbild ist eine erbauliche Vermengung von Mythologie und Geschichte und wirkt szientifisch unsauber«[72]. Die katholischen Theologen scheuen sich, meint Pzillas, im allgemeinen schon instinktiv vor einer wissenschaftlich-historischen Behandlung der Person Jesu, eine Behauptung, die bis in die Zeit hinein, als sie aufgestellt wurde, weithin gestimmt haben mag, heute jedoch kaum mehr ohne weiteres Geltung besitzen dürfte. Selbst die »ihrer Gesinnung nach wissenschaftliche Neutestamentlerei reformatorischer Theologen« habe »dem Profanhistoriker fast nichts zu bieten«[73], was auch nur in dem groben Sinne richtig ist, daß es schwer fällt, die Daten des Lebens Jesu in die große Weltgeschichte einzutragen. Von diesen Daten selbst abgesehen sind die Leistungen dieser Forschung jedoch keineswegs so ungünstig zu beurteilen, wie der Autor meint. Weitgehend recht haben wird Pzillas dagegen mit der Ansicht, die wissenschaftliche Beschäftigung mit Jesus wirke sich nicht günstig auf den Glauben aus. »Ein Urglaube, der einmal aufklärerisch defloriert wurde, ist nicht mehr zu retten«.[74] Im Mythos erblickt der Autor übrigens nicht eine Form, von der es abzusehen gilt, um zum eigentlichen Gehalt zu gelangen, wie die Entmythologisierung Bultmanns es bezweckt, sondern der Mythos gehört für Pzillas wie für Jaspers und Wyneken gerade umgekehrt zum Wesentlichen und Eigentlichen des Christentums, was in der Tat, rein phänomenologisch gesehen, schwerlich bestritten werden kann, so sehr die Abtragung dieses Mythos in manchen Fällen eine Aufgabe des Historikers bleibt.

Die Hervorhebung des der Jesusgestalt eigenen mythischen Charakters und die Geringschätzung der sie betreffenden wissenschaftlichen Arbeit durch Pzillas bedeutet indessen nicht die Leugnung des geschichtlichen Menschen Jesus. Im

---

[68] S. 8.
[69] Ebd.
[70] S. 8f.

[71] S. 9.
[72] Ebd.

[73] S. 10.
[74] S. 15.

Gegenteil erkennt Pzillas im Unterschied von Wyneken richtig: »Der christliche Mythos steht auf einer ziemlich festen historischen Grundlage. Es spricht viel dafür, daß ein Jesus gelebt hat, der es dann bei der Nachwelt bis zum Gott und Heiland brachte. Dabei ist es möglich, daß bloß die Bewußtseinslage der Zeitgenossen ihn groß gemacht hat, während er als Persönlichkeit« (in ihrer Eigenart) »für seine nachmalige Weltbedeutung kaum in Betracht kommt«[75] – eine ebenso delikate wie prekäre Vermutung, für die freilich nicht wenig spricht, wenngleich sie nicht im einzelnen verifiziert werden kann.

Die im Zeichen des Mythos stehende Urzeit des Christentums endet damit, daß die Gemeinden aufhören, die baldige Parusie des Herrn zu erhoffen. Im Verlaufe der Geschichte des Christentums wird aus der irrationalen Religion nach und nach eine rationale Weltanschauung. Seinen Abschluß findet dieser Prozeß in der Aufklärung. Hier »zeigt sich, daß der Glaube in den Herzen der Christen zumeist erloschen ist«.[76] »Der Mensch ist von Natur aus gut und wird durch sein sittliches Streben immer besser.« »Für die Erbsünde ist alles Verständnis geschwunden.« »Man glaubt nicht mehr, man weiß jetzt.«[77] Dementsprechend ist in der Aufklärungstheologie »der Ernst der Sünde, der Weltverneinung und der Erlösung am Kreuz abgeschwächt, ja geschwunden.«[78] Die allgemeine Mentalität wird bürgerlich, »die Aufklärung gebar ein Christentum des Dritten Standes: vernünftig, moralisch, fortschrittsgläubig, weltzugewandt und ein wenig kapitalistisch.«[79] Mit wenigen harten Strichen wird ein sehr einseitiges, beinahe bösartiges, doch nicht völlig von der Hand zu weisendes Bild gezeichnet: »Man stelle sich nur Weihnachten vor, das klassische Fest des gefühlsheuchlerischen, reaktionären Abendländers. Der ehrliche Kern, den man unserer Kerzen- und Lametta-Feier allenfalls zugestehen kann, ist das Heiligtum der Familie. Die anderen Zeremonien des liberalen Christen bei Geburt, vielmehr Kindstaufe, Hochzeit, Begräbnis haben sowieso nur einen blassen sakralen Anstrich, indem der Pfarrer als Edelkomparse dabei mitspielt. Damit sind die Aktiva des Bürgerglaubens so ziemlich erschöpft. Man frage bloß nicht, wer von diesen Lebenskünstlern wohl sehnsüchtig auf seinen Erlöser warte oder auf das Reich Gottes!«[80]

»Derart leicht nehmen die Arbeiter das Leben nicht. Der Vierte Stand war der erste, der sich kein eigenes Christentum mehr schuf.« Die Proletarier »wissen, daß ihnen von den geweihten Männern keine Erlösung kommt. Sie mögen diesen Verein nicht, ihr ganzes Empfinden ist dagegen.«[81] »Die einfachen Leute spüren, daß der ganze fromme Betrieb irgendwie Krampf ist, daß man als vernünftiger Mensch heutzutage einfach nicht beten, Predigt hören, Abendmahl empfangen und dergleichen tun kann. Solche Dinge stehen uns nicht mehr an«.[82] Ein Christentum des Vierten Standes braucht uns also nicht zu beschäftigen.

---

[75] S. 15 f.   [78] S. 30.   [80] S. 24.
[76] S. 21.   [79] S. 23.   [81] S. 27.
[77] Ebd.

[82] Ebd. An dieser Stelle lehnt der Verfasser sich an einen Brief der Ida Friederike Görres an.

Allgemein ist festzustellen:»Der moderne Mensch, der anscheinend zwischen der Sache Jesu und dem Heidentum wählen kann, hat tatsächlich keine Wahl, denn die Frohe Botschaft in ihrer Eigentlichkeit erschließt sich ihm nicht mehr. Der gute Wille hilft zum Christ-werden nichts.«[83] »Erlösungsbedürftig fühlt man sich nicht. Die Prediger passen sich dieser Mentalität an, soweit es die biblischen Texte erlauben und notfalls auch gegen deren Sinn. Einer solchen Kirche fehlt der echte Kern; ihre genuine Lebenskraft ist erloschen, das liegt auf der Hand.«[84] Dem entspricht das Bild des Geistlichen. Da die meisten seiner Hörer Kanzelreden »wie milden Regen über sich ergehen und an sich ablaufen« lassen, steht er »vor einer unlösbaren Aufgabe. Das Eigentliche nimmt ihm kein Mensch mehr ab, gesetzt, daß er es überhaupt zum Geben bereit hat, also muß er sich mit dem Abwickeln von Nebengeschäften über Wasser halten. An denen ist allerdings kein Mangel. Wenn der Hirte ein aktiver Mann ist, hat er reizvolle Möglichkeiten. Er kann religionsähnlichen Betrieb machen: Vereine aufziehen oder Armenpflege, Volksbildungswerk, psychologische Beratung, Laienbühne, Filmgilde, Jugendarbeit. So hält er die Seelen ohne christliche Substanz wenigstens in Kontakt mit der Verkündigung und läßt sie deren Einfluß nicht ganz entgleiten.«[85] »Weniger rührige Pfarrernaturen begnügen sich mit der Rolle des sakralen Feiergestalters. Zum Weihefunktionär taugt der Geistliche in unserer nüchternen Kultur ja besser als jeder andere.«[86] Abgeschlossen sei diese allgemeine Lagebeschreibung durch das folgende vielsagende Zitat:»Früher eifrige Christen, die nachher Freidenker wurden, kommen sich vor, wie aus einem verrückten Traum erwacht. Es ist ihnen unbegreiflich, wie sie einmal so eine phantastische Gedankenwelt ertragen konnten: die Erbsünde, die Dreieinigkeit, die stellvertretende Erlösung, die Liebe zu Jesus, die methodische Versittlichung. Und diesen langweiligen Kultbetrieb, dieses krude Buch, die Bibel! So empfinden jedenfalls die aufgeweckten Naturen. Die träge Herde der Pfarrkinder freilich scheint an einem partikulären Irresein zu leiden (Mathilde Ludendorff). Im Gottesdienst lassen sie sich komische Erzählungen auftischen und machen ein wichtiges Gesicht dabei, wenn sie sich beobachtet fühlen. Draußen sind sie wieder normal und benehmen sich wie die Heiden.«[87] Kann man das höchst Sonderbare des ganzen Phänomens, wenigstens hinsichtlich der großen Masse der Mitglieder bzw. Teilnehmer, origineller und zugleich treffender beschreiben?

Hier ist nur noch einiges über Pzillas' Verhältnis zur Theologie zu ergänzen. Die Spannweite der Betrachtung wird aus einer zweifachen Beurteilung der katholischen wie auch der protestantischen Theologie ersichtlich. Einerseits hebt der Autor an der katholischen das Unwissenschaftliche ihres Verfahrens hervor:»Sie arbeitet mit dem unmöglichen Begriff des Gottmenschen Jesus Christus. Solche Elemente würde man auf keiner anderen Fakultät dulden.« »Lehrer der Dogmatik sind in ihrer ›dunklen Wolke‹ gleich Tintenfischen unan-

---

[83] S. 30.   [85] S. 69 f.   [87] S. 31.
[84] Ebd.   [86] S. 70.

greifbar«. Bezeichnend »die Art zünftiger Theologen, immer ja und nein in einem zu sagen.«[88] Andererseits vermißt er an vielen Pfarrern »die docta ignorantia des Nicolaus Cusanus, ein Empfinden für das Alogische im Göttlichen«[89]. Demgegenüber sind die protestantischen Theologen »im Verständnis der Dogmen höher gezüchtet, raffinierter, aber ihre Glaubenskraft ist schwächer«[90]. »Bei aller Klugheit, allem Einfallsreichtum macht die evangelische Theologie doch einen bedenklichen Eindruck. Sie ist intellektuell überspitzt, schon jetzt.« »Ob das Endprodukt dieses Destillationsprozesses auch nur *einen* Heiden noch gläubig machen wird? Das wohl nicht. Aber sie«[91] »wird an den geistesgeschichtlich aufgeschlossenen Menschen stets eine interessierte Zuhörerschaft besitzen. Kein raffinierter, unruhiger Grübler kann gleichgültig an ihren Lösungsversuchen vorbeisehen.« »Das Anziehende an der evangelischen Dogmatik ist«, daß »jede Generation der Pfarrer und Professoren von neuem auf die Frage geantwortet hat: Was haltet ihr von Christus? und von neuem versuchte, die Rechtfertigung zu verstehen und das Mißverhältnis von Glaube und Wissen auszubalancieren und den Gegensatz beider Mächte wenigstens geistreich anzustaunen. Dabei wird diese Kluft ständig größer; unüberwindbar war sie seit je.« »Unsere gegenwärtige Gottesgelehrtheit ist ein immerhin beachtlicher Versuch, durch wissenschaftliche Beglaubigung dem Christentum das zu ersetzen, dessen Fehlen eigentlich durch nichts wettgemacht werden kann, eben das gläubige Herz.«[92] Mehr und Gewichtigeres in so wenigen Sätzen ist wohl kaum je zur Charakteristik der heutigen Theologie beider Konfessionen geschrieben worden.

Das allgemeine Ergebnis seiner Analyse faßt Pzillas in einem traurig-schönen Bilde und zwei ebenso lapidaren wie nüchternen und negativen Thesen zusammen. Das Christentum gleicht »einem alten Baume, der, innen ganz morsch, von seiner Rinde und seinen Blättern lebt und noch große Figur damit macht«.[93] »Zwei Tatsachen lassen sich nicht leugnen. 1. Das Christentum ist seinem mythischen und dogmatischen Kerngehalt nach tot. Nichts deutet darauf hin, daß es wieder erweckt werden könne zu einer Gewalt, die die Existenzweise unserer und einer späteren Epoche bestimmen wird. 2. Wir brauchen den Geist des Christentums als solchen auch nicht mehr.«[94]

Eine auf den Grund gehende Kritik des Christentums kann in dreifacher Hinsicht ausgerichtet sein. Sie kann einmal dem Glauben die Wahrheit absprechen. Das ist das am meisten geübte Verfahren. Sie kann sich ferner gegen seinen Wert richten und es etwa im Hinblick auf sittliche Mängel seiner Gottesvorstellung oder wegen der Primitivität, Beschränktheit, Einseitigkeit oder Undurchführbarkeit seiner Ethik beanstanden (Kaufmann, Port, auch Brock). Schließlich kann die Lebenskraft des heutigen Christentums in Zweifel gezogen, seine innere Mächtigkeit vermißt werden. »Historische Lebenskraft, in unserem Be-

[88] S. 45.   [91] = die evangelische Theologie, H. G.   [93] S. 82.

[89] S. 39.   [92] S. 46 f.   [94] S. 81.

[90] S. 33.

tracht ›Echtheit‹, ist etwas anderes als Wahrheit.«[95] Der dritte, etwa bei Horkheimer und namentlich Wyneken wirksame Gesichtspunkt ist wohl noch niemals so eindringlich gehandhabt worden wie von Pzillas. Besonders aufschlußreich ist er auf diese Art der Fragestellung in einer übrigens sehr positiv urteilenden Auseinandersetzung mit der Sicht des später noch zu behandelnden Karlheinz Deschner eingegangen, wobei sich zeigt, wie viel sachgemäßer und tiefer
Pzillas die Dinge sieht, indem er an die Stelle des ethischen Maßstabs den Sinn
für das Numinose, Rudolf Ottos Kategorie des »Heiligen«, als Kriterium
setzt.[96] »Manifestiert sich das Numinose noch im Christentum? Ist« dieses
»noch eine lebendige Religion?«[97] »Das numinose Erleben allein hätte Beweiskraft, aber das fehlt.«[98] Als wie völlig selbständig Pzillas das Numinose gegenüber den sittlichen Qualitäten Gottes ansieht und als wie sekundär er die letzteren
einstuft, wird deutlich, wenn er nicht nur wie Brock und Port an den »Wüterich«
des Alten Testaments[99] als eine bedauerliche Abwegigkeit erinnert, sondern in
der ihm eigenen ein wenig hämischen Weise grundsätzlich erklärt, es sei »zu
vermuten, daß der ethische Gottesbegriff ein Irrtum ist. Der Herr ist wohl nur
heilig, nicht gut«.[100] Deshalb unterstreicht er, daß »das Ethische *nicht* die Domäne der Kirche ist. In der Religion ist Ethik nur als Fremdelement enthalten«.[101]
Den Kirchen wirft er vor, daß sie »unbekümmert mit dem fremden Kalbe
pflügen, da sie Ethik fortwährend als Energiespender für ihre Bewegung benutzen«. Das sakrale Gebiet haben die Priester »so arg vernachlässigt, daß selbst sie
schon kaum mehr wissen, wo es liegt«. Ihnen ruft er zu: »Es ist unrecht, das Amt
des Sittenlehrers an euch zu ziehen!«[102] Damit aber, daß der Sinn für das
Numinose im neuzeitlichen Christentum verkümmert und schwindet, ist diesem das Urteil gesprochen. Ihm fehlt das Entscheidende. In der überdeutlichen
Herausstellung dieses Sachverhalts wird eines der wichtigsten Ergebnisse der
Pzillasschen Arbeit zu erblicken sein, die nicht nur der genannten Deschners bei
weitem überlegen ist, sondern damit auch Nestles Werk wesentlich ergänzt.

Betont werden muß noch, daß Pzillas sich doch nicht ganz auf den Gesichtspunkt des Numinosen bzw. der Lebenskraft des Christentums beschränkt,
sondern gelegentlich auch den Wertmaßstab an den Gottesbegriff anlegt. Nur
gibt bei ihm die Erkenntnis, daß Gott nicht im sittlichen Sinne gut ist, eben nicht
den Ausschlag. Und was Jesus betrifft, so erscheint es Pzillas, wie erwähnt,
mindestens fraglich, ob die Beschaffenheit seiner geschichtlichen Persönlichkeit

---

[95] S. 86.
[96] FRIEDRICH PZILLAS: Historische, ethische und religionswissenschaftliche Kirchenkritik. In:
Pf H. 117/118 [Jg. 13, 1963], S. 64 ff.
[97] S. 67.
[98] PZILLAS: Lebenskräfte, S. 62.
[99] Ebd.
[100] S. 34.
[101] PZILLAS: Kirchenkritik, S. 67.
[102] S. 68.

für die spätere Entwicklung überhaupt von Bedeutung gewesen ist. Seine Ethik beurteilt er teils als nicht originell, teils jedenfalls als unmaßgeblich. [103]

In höherem Grade wird von Pzillas neben dem Numinosen auch der Maßstab der Wahrheit zur Geltung gebracht, obgleich er befremdlicherweise behauptet, denkerische Wahrheit gebe es für ihn nicht[104] und die Wahrheit habe doch niemand[105], ein Skeptizismus, den Port mit Recht beanstandet hat[106]. Aber Pzillas ist hier zum Glück nicht konsequent. An einzelnen Stellen übt er am Gottesglauben unzweideutige Kritik unter dem Gesichtspunkt der Wahrheit, wobei ihm die Vernunft als Norm gilt: »Für uns ist die Stimme der Vernunft verbindlich, und die ruft uns nicht zu ihm. Schade! Eigentlich auch sonderbar. Muß man nicht vermuten, es gäbe ihn nicht, den hohen Herrn, oder er hielte sich vor uns verborgen, er lege vielleicht keinen Wert darauf, mit uns zu verkehren, weil alle Wege woanders hinführen als gerade zu ihm?«[107] »Dem denkenden Menschen ist eben weder vom noch zum lieben Gott zu helfen, weil unser legitimes Beziehungsorgan, die Vernunft, für Korrespondenz mit *der* Sphäre nicht eingerichtet ist.«[108] So wird auch der Schluß von der Natur auf einen außerweltlichen Schöpfer, vielleicht das einzige Glaubensstück, das auch dem heutigen Druchschnittsmenschen noch ziemlich plausibel erscheint, entschieden und mit gewollter Schnoddrigkeit abgelehnt: »Bei uns meint der Mann auf der Straße: Wenn ich mir die Natur so ansehe, dann sage ich mir: na, die muß doch jemand gemacht haben. Die Einmütigkeit beider Bekenntnisse ist direkt rührend. Beim philosophisch Ungeschulten ist der Trugschluß verständlich, aber ist der Stellvertreter Christi entschuldbar für solche Ungereimtheiten? Für die Päpste hat Kant offenbar vergebens gelebt.«[109] Überhaupt ist die Gottesidee »ein Mosaik aus logischen Bruchstücken«. »Sie passen nicht ineinander, mögen sie immerhin zu einem einheitlichen Bilde gehören. Es gäbe einfach eine ›Zerstörung der Vernunft‹, wollte man den Herrn der Heerscharen in die Wissenschaft einführen. So eine Größe ist da vollkommen undiskutabel, denn sie ist 1. eine blasse Spekulation ohne Erfahrungsgrundlage, 2. ein Subjekt mit widerstreitenden Prädikaten und 3. eine Gefahr für die strenge Ursache-Wirkungsforschung.«[110] Weder der scheinbar etwas belustigte Ton dieser Darlegungen noch der Umstand, daß damit sicherlich nicht alles zur Sache gesagt ist und kein Theologe vor diesen Argumenten die Segel streichen wird, sollte verkennen lassen, daß hier in klarer und komprimierter Weise einiges Wichtige zur Kritik des Gottesgedankens berührt wird. Freilich finden sich die kritischen Ausführungen unter den Gesichtspunkten des Werts und der Wahrheit nur sehr sporadisch, und sie sind so knapp gehalten, daß die Angelegenheit damit sicher nicht als erledigt angesehen werden kann.

---

[103] Pzillas: Lebenskräfte, S. 60.
[104] S. 90.
[105] S. 85.
[106] Port: Rezension, S. 219 ff. (s. Anm. 66)
[107] Pzillas: Lebenskräfte, S. 35.
[108] S. 38.   [109] S. 40.   [110] S. 41.

Der Bericht über diese verhältnismäßig wenig bekanntgewordene Schrift gab mehrfach Gelegenheit, auf Gemeinsamkeiten mit Wyneken hinzuweisen. Es mag deshalb noch ein Wort zu dem zwischen Pzillas und ihm bestehenden Verhältnis angebracht sein. Man könnte meinen, daß der so viel Jüngere vom Älteren gelernt habe, und die hier gewählte Anordnung, die Pzillas auf Wyneken folgen läßt, könnte diese Vermutung noch unterstützen. Es ist deshalb darauf aufmerksam zu machen, daß die Pzillassche Veröffentlichung der Wynekens um drei Jahre vorausgeht. Das bedeutet freilich nicht, daß umgekehrt Wyneken durch Pzillas beeinflußt sein müßte. Es ist schon an sich ganz unwahrscheinlich, daß der im hohen Alter stehende Wyneken noch von der im Selbstverlag erschienenen kleinen Schrift eines unbekannten jungen Verfassers rechtzeitig erfahren, Kenntnis genommen und ihr gar in aller Eile wesentliche Anregungen für seine Arbeit entnommen haben sollte. Tatsächlich war Wynekens mehr als ein Jahrzehnt vor seiner Veröffentlichung entstandenes Buch das erheblich reichhaltigere und tiefergehende ganz autochthone Produkt eines durchaus originalen und, wie schon gesagt, geradezu souveränen Kopfes. Die in mancher Hinsicht bestehende Übereinstimmung der beiden Stimmen ist um so bemerkenswerter.

Jetzt steht dem Leser aber noch eine große Überraschung bevor. Die erlöschende Lebenskraft des Christentums, das im starken Rückgang befindliche Erleben des Numinosen, war der von Pzillas innerhalb der Christentumskritik besonders stark zur Geltung gebrachte Gesichtspunkt, der ihn dem Christentum eine sehr ungünstige Prognose stellen ließ. Und sowohl hinsichtlich der Gestalt des geschichtlichen Jesus als auch, was den Gott des christlichen Glaubens betrifft, hat er in aller Kürze immerhin so viel und gewichtiges Negatives auch bezüglich der Wert- und der Wahrheitsfrage vorgebracht, daß man nicht auf den Gedanken kommen kann, er sehe das Christentum mit Bedauern absterben. Er hat sich offenbar entschieden und weint dem Christentum keine Träne nach. Dieses ist, wie er es zeichnet, nicht nur saft- und kraftlos, es verfügt auch weder über eine Wahrheit noch über Werte, für die einzusetzen, zu kämpfen, u. U. auch zu leiden es sich lohnen würde. Pzillas geht so weit zu sagen: »Mich dünkt, es ist nur unter zwei Bedingungen möglich, heutigentags Christ sein zu wollen und sich so zu nennen. Entweder man ist Heuchler, d. h. man will als Christ gelten um außerchristlicher Anliegen willen, ohne von der Verpflichtungskraft des Evangeliums überzeugt zu sein, oder man hat kein Urteilsvermögen und kann die Fragwürdigkeit der Kirche nicht durchschauen.«[111] Nun das äußerst Seltsame, geradezu Sensationelle: Der ehemalige Absolvent der katholischen und anschließend der evangelischen Theologie, der Autor einer so überaus kritisch gestimmten, in den soeben angeführten Sätzen gipfelnden Schrift ist schließlich – evangelischer Pfarrer geworden! Damit sich nicht noch einmal jemand vergeblich an dem Rätsel abmüht, wie es möglich sei, daß einer, der dem Christentum Lebenskraft, Wert und Wahrheit so entschieden abspricht und dies noch dazu in einer derart überlegenen, durchweg mit feinem Spott durchsetzten, beinahe amüsanten Weise tut, ein kirchliches Amt hat ausüben können, ist etwas noch Erstaunlicheres hinzuzufügen: daß man von einem großen inneren Bruch zwischen der Abfassung seiner Schrift und seinem Amtsantritt oder gar von einem Widerruf seiner früheren Position nichts erfahren hat. Vielmehr scheint dieser Mann beide Einstellungen, die hochgradig kritische und die kirchenamtliche irgendwie vereinigt und diesen offensichtlichen Gegensatz jahrelang durchgehalten zu haben, bevor er, wenig über 50 Jahre alt, ganz plötzlich verstorben ist. Alles in allem ein in dieser Zuspitzung einmali-

---

[111] S. 33.

ger, ganz unbegreiflicher Fall, der sonderbarste aller »Fälle«, der indessen tatsächlich eben kein »Fall« im Sinne dieses als kirchenpolitischer Terminus gebräuchlichen Wortes geworden bzw. gewesen ist. Während es in den letzten hundert Jahren eine Reihe sogenannter »Fälle« gegeben hat – einer von ihnen, der Christoph Schrempfs, wurde schon erwähnt, ein zweiter wird sogleich noch zu behandeln sein –, in denen ein Geistlicher im Laufe der Zeit und seiner Entwicklung zu Ansichten gelangt, die nicht mehr dem Bekenntnis der Kirche und seiner darauf geleisteten Verpflichtung entsprechen, so daß ein »Lehrzuchtverfahren« »mit dem Ziel der Entfernung aus dem Amt« eingeleitet werden mußte, ist es hier umgekehrt: Zehn Jahre nach der Veröffentlichung einer total ablehnenden Stellungnahme zum Christentum entschließt sich ihr Verfasser, ein Pfarramt zu übernehmen!

Auffallend, befremdlich, merkwürdig unangemessen, geradezu irreführend mutet angesichts der äußerst negativen Perspektive dieser Schrift schon ihr Titel an, der von Lebenskräften spricht und deshalb eher eine positive Stellungnahme erwarten läßt, wenn nicht sogar impliziert, während sich dann überraschend das Gegenteil ergibt. Daß es sich hier bei aller Kürze und Knappheit um eine der beachtlichsten Christentumskritiken handelt, die je geschrieben worden sind, steht außer Frage. Nicht so sehr eigentlich tiefblickend und erst recht nicht tiefsinnig, wie dies beides mehr oder weniger bei Wyneken der Fall ist, aber ungemein scharfsichtig, dabei eigentümlich sarkastisch, nötigt sie dem Leser ein beinahe widerstrebend empfundenes Vergnügen ab. In gewisser Hinsicht nimmt sie sich in ihrer ganzen Art so geschlossen aus, daß man im einzelnen schwerlich etwas zu verbessern finden würde. Das Bedauerliche ist nur, daß sie offensichtlich von einem starken Ressentiment getragen wird und jene davon freie, »weder Genugtuung noch Bedauern« empfindende Sicht Overbecks so ganz vermissen läßt. Es fragt sich, ob nicht eine kritische Stellungnahme zum Christentum denkbar und· sogar wünschenswert wäre, ja gefordert werden muß, die weniger Abrechnung, weniger auch von vornherein mit ihm fertig ist, nicht so sehr von oben herab mit ihm verfährt und es letztlich beinahe lächerlich macht, sondern in einer offenen, sachlichen, wirklichen Auseinandersetzung mehr darauf einzugehen sich bemüht. Mehr noch: Diese Frage ist keine Frage, d. h. es kann keine Frage sein, daß die Schrift von Pzillas, die man keinesfalls missen möchte, eben doch einen entscheidenden Mangel zeigt, und dieser fällt genau mit ihrer Stärke zusammen: mit ihrer glänzenden ironischen Diktion und ihrer spöttisch überlegenen Haltung gegenüber ihrem Gegenstand: so anregend, reizvoll, treffend diese Stellungnahme in mancher Hinsicht ist, so unbefriedigend als letztes Wort in einer Sache, die wie keine andere einen letzten Ernst erfordert.

Im Gegensatz zu den beiden einschlägigen Schriften Wynekens und Pzillas', die, von ihren sachlichen Qualitäten noch ganz abgesehen, beinahe so etwas wie den Charakter in sich ruhender Kunstwerke besitzen, erscheint die Veröffentlichung eines dritten Theologen von Fach, *Paul Schulz*: »Ist Gott eine mathematische Formel? Ein Pastor im Glaubensprozeß seiner Kirche« (1977), als von literarisch eher bescheidener Art. Wie bei Pzillas kann man auch bei Schulz das Sachliche nicht ganz von den persönlichen Umständen trennen. Anders aber als bei Pzillas liegt hier die Arbeit eines zur Zeit der Abfassung im Pfarramt befindlichen Verfassers vor, die auf den ersten Blick keine endgültige und totale Ablehnung des Christentums im Schilde führt und der äußeren Zielsetzung nach deshalb nicht ohne weiteres dem christentumskritischen Schrifttum zuzuzählen wäre. Vielleicht, könnte man denken, will dieser Autor das Christentum lediglich einer gründlichen Reduktion unterziehen, um alle diejenigen Bestandteile, die dem Denken der Gegenwart unhaltbar erscheinen, auszuschalten. Nach den anfangs aufgestellten Richtlinien sollten nun freilich Publikationen, die das Christentum verändern, verbessern wollen, um es zu erhalten, in unserer Darstellung nicht berücksichtigt werden. Wenn es in diesem Falle dennoch geschieht, so deshalb, weil das, was Schulz als Christentum präsentiert, nicht mehr als ein kleines Schwänzchen ist und auch nicht einmal in diesem winzigen Rest als eigentlich christlich gelten kann, während alle entscheidenden Glaubenselemente sogar bewußt und entschieden dementiert und demontiert werden. Der radikale Abbau der christlichen Glaubenssubstanz läßt sich hier sogar besonders gut studieren, so daß man sich mit der Ausschließung dieses Buches aus der Betrachtung um eine sehr lehrreiches Stück bringen würde. In der Form des Eintretens für eine moderne Gestalt des Christentums haben wir es hier in Wahrheit mit einer regelrechten vollständigen Ablehnung der christlichen Position überhaupt zu tun, einer Christentumskritik, die von seinem Geist nicht einmal einen spärlichen Rest behält.

»Hat das Reden von Gott heute noch eine Grundlage? Ist nicht – angesichts der Atomphysik, der Astrophysik, der Evolutionstheorie, der Biochemie, der kybernetischen Anthropologie, der futurologischen Gesellschaftstechnologie – jedes Reden von Gott sinnlos?«, so fragt Paul Schulz[112]. Spricht der Mensch von Gott, so »spricht er im tiefsten«, behauptet der Autor, »von sich selbst«[113]. »Gott – summum bonum, Summe der geheimsten Wünsche«[114]. Das läuft offenbar auf nichts anderes als Feuerbach hinaus, von dem Schulz eingestandenermaßen »sehr viel hält«[115]. »Gott als Person«, »dieses Bild« sei »angesichts der mikro- und makrokosmischen Dimensionen ein völlig überholtes Denkmodell«[116]. »Der Mensch denkt, Gott lenkt – diese Vorstellung zerschellt an der zunehmenden wissenschaftlichen Erklärbarkeit gehirn- und gesellschaftstechnischer Grundlagen«[117]. »Die Naturwissenschaft ist grundsätzlich in der Lage, ohne übernatürliche, ohne metaphysische, ohne transzendente Kategorien auszukommen. « »Es bleibt ihr nur Diesseitigkeit. Deshalb sind für sie Mensch und Welt zu verstehen als eine in sich geschlossene Wirklichkeit, die ohne eine andere, ohne eine höhere Wirklichkeit existiert. « Wenn damit nur eine Aussage

---

[112] SCHULZ: Ist Gott eine mathematische Formel?, S. 20.
[113] S. 22.
[114] S. 26.
[115] LUTZ MOHAUPT: Pastor ohne Gott? Dokumente und Erläuterungen zum »Fall Schulz«. 1979, S. 42.
[116] SCHULZ: Ist Gott, S. 26.
[117] S. 27.

über die in den Naturwissenschaften übliche und gültige Methode gemacht
werden sollte, so wäre das Gesagte ziemlich selbstverständlich und kaum erwähnenswert. Es bedeutet jedoch zweifellos mehr, viel mehr, daß nämlich andere
Aussagen, welche die angeführten etwa ergänzen oder gar modifizieren könnten, nicht möglich sind. »Es geht durch die Jahrunderte der Naturerkenntnis ein
eindeutiger Trend: Die Realität wird entdämonisiert«[118]. Daraus ergibt sich der
Zwang, »die Realität immer stärker wertfrei zu fassen«.[119] »In den exakten
Naturwissenschaften« »ist dieser Säkularisierungsprozeß längst abgeschlossen.«
»Die Naturgesetze unterliegen keinerlei sittlicher oder moralischer Beurteilung
mehr. Sie sind in sich weder gut noch böse. Sie sind einfach da.«[120] Und die
Sozialwissenschaften sind auch nichts anderes als »komplexe Naturwissenschaften«, so daß grundsätzlich gilt, wenn es auch »erst langsam erahnt« wird, »daß
im kosmischen Bezug alle menschlichen Handlungen ebenfalls wertfrei sind. Es
gibt kein absolutes Recht von oben. Es gibt nur relatives Recht, nur Normen
und Gebote, die von unten bestimmt sind. Es gibt keinen absoluten Sinn, der
transzendent kontrolliert wird. Es gibt nur relativen Sinn, Sinn, vom Menschen
aus gesetzt.«[121]

Kennte man den Untertitel des Buches nicht, so würde man bisher annehmen
können, daß hier ein vorwiegend naturwissenschaftlich und philosophisch interessierter theologischer Laie am Werk sei. Die folgenden Sätze lassen erstmalig
die Vermutung zu, der Autor könnte etwas mit Theologie zu tun haben. »Erst an
dieser Stelle der Säkularisation, in der totalen Wertfreisetzung aller Dinge,
kommt die theologische Aufgabe, die das naturwissenschaftliche Weltbild heute
stellt, voll in den Blick: Es gilt, angesichts von Physik und Chemie so von Gott
zu sprechen, daß der Mensch ein Selbstverständnis erlangt, das den physikalischen und chemischen Naturgesetzen entspricht. – Es gilt, angesichts der Sozialwissenschaften von Gott so zu sprechen, daß der Mensch in seinem Dasein einen
Sinn findet, der sein Leben ermöglicht.«

Bei der Durchführung des damit aufgestellten Programms geht es nun konsequent weiter. Daß Gott nicht als Person zu denken ist, wurde schon betont. Die
Frage andererseits, ob Gott etwa eine mathematische Formel sei, wird ebenfalls
»mit Sicherheit« und zweifellos mit Recht verneint; denn eine mathematische
Formel ist ja »nicht die Wirklichkeit selbst«, sondern, wie Schulz meint, nur ein
»Denkversuch«, sie zu beschreiben.[122] Gott aber existiert jedenfalls nach Schulz
nicht an sich, außerhalb der Diesseitigkeit, er ereignet sich vielmehr, wie die
erste von zwei Thesen lautet, »im Werden«[123]. Gott ereignet sich »in den
unabdingbaren physikalischen und chemischen Prozessen kosmischen Geschehens«, »als Prinzip des Wirkens. Gott – Urkraft, die unbedingt und ständig neu
zur Gestalt drängt.«[124] Gott kommt »auf uns zu als die Fülle unserer Entwick-
lungschancen«[125] – eine freilich mehr tönende als gehaltvolle Aussage. Und was

---

[118] Ebd.
[119] S. 28.
[120] Ebd.

[121] S. 29.
[122] Ebd.
[123] S. 30.

[124] S. 31.
[125] S. 32.

sind wir, was ist der Mensch? Er »ist ganz und gar bestimmt durch die Bedingungen, die ihm durch die kosmische Entwicklung gesetzt sind. Er ist begrenzt in seinen körperlichen Möglichkeiten. Er ist begrenzt in seinen Bewußtseinsfähigkeiten. Sein Tod erweist sich als sein ganz natürliches Ende, denn der Tod schließt ab, wie jedes andere Ende auch. So vollzieht sich im Sterben des Menschen nichts anderes als im ewigen Auflösungsprozeß der natürlichen Phänomene«.[126] »Alles weist darauf hin, daß der Mensch sich nach dem Tode auflöst, nicht nur als Körper, auch als Bewußtsein.« »Jedes Reden von Auferstehung, vom Leben nach dem Tod« wird »immer deutlicher zu einer Hoffnung, zu einem Glauben, zu einem Bekennen – wider besseres Wissen.«[127]

Wie Gott sich nach der ersten These in den physikalischen und chemischen Prozessen ereignet, so nach einer zweiten »im Lieben«[128] »Gott ist Liebe.« Aber dabei kommt es auf die Erläuterung der hier gemachten Aussage an. Diese »beschreibt Gott nicht« »als eine liebende Person. Gott ist Liebe. Das kennzeichnet die liebende Beziehung zwischen Menschen als das Prinzip, das Leben entfaltet. Überall dort, wo sich Menschen in Liebe begegnen, ereignet sich Gott im Lieben, da geschieht Vervollkommnung menschlichen Wesens«.[129] Der Vorzug solcher ein wenig verschwommener und mehr dekorativer als gehaltvoller Ausführungen besteht darin, daß sie jedenfalls nicht zuviel behaupten und in ihrer sachlichen Dürftigkeit den vollen Ernst der Lage zum Ausdruck bringen. Schulz geht aufs Ganze, er zeigt keinerlei Bereitschaft zu Abschwächungen und Kompromissen, bis auf den einen Punkt allerdings, daß er immer noch von Gott spricht und von einer theologischen Aufgabe, während von einer solchen bei dieser Auffassung doch offensichtlich schon längst nicht mehr die Rede sein kann.

So viel dürfte jedenfalls jetzt schon klar sein: Wenn Gott mit den gesetzlich verlaufenden Naturprozessen identifiziert wird und man außerdem über Gott nichts anderes mehr sagen kann als: »Gott – das bedeutet Liebe; Gott – das bedeutet auch, daß wir uns freuen können; Gott – das bedeutet auch, daß wir glücklich sein sollen«[130], dann gibt es für einen nachdenklichen Menschen offenbar auch kein Gebet mehr, oder, wie Schulz sagt, »kein naives Gebet«[131], da sich eine »personhafte Kausalität nirgend verifizieren« läßt.[132] Freilich ist die Alternative zu einem naiven Gebet nach Schulz »nicht zwangsläufig das Nichtbeten«, »die Alternative zu einem naiven Gebet kann die Meditation sein«, die Meditation »als ein Gespräch des Menschen mit sich selbst«[133]. Nur sind, wird man feststellen müssen, Selbstgespräche in Wahrheit eben keine Gebete, das dürfte nicht nur bekannt, sondern auch völlig einsichtig und unbestreitbar sein. Von Gott und Gebet zu sprechen, ist auf dem von Schulz eingenommenen Standpunkt ganz und gar fehl am Platze. Er sollte sich des zweiten Gebotes erinnern.

---

[126] S. 31.
[127] S. 233.
[128] S. 32.

[129] Ebd.
[130] S. 175.
[131] S. 171 f.

[132] S. 171.
[133] S. 172.

Das nach einem ganz neuen Grundriß errichtete fremdartige Gebäude soll nun wenigstens einen christlichen Anstrich erhalten, indem »die Botschaft Jesu« »als bewußter und ständiger Bezugspunkt gewählt wird«[134] – ein sonderbares, durchaus abwegiges Unternehmen, wie sofort deutlich werden wird, auf das Schulz aus rein sachlichen Gründen sicherlich nicht verfallen wäre. Dies ist das besonders Unerfreuliche daran, daß wegen der fehlenden persönlichen Beziehung zu Gott ein ersatzweise entfachtes Engagement für Jesus, dieser historisch-kritisch verstanden, als Alibi dienen soll, ein Verfahren, das freilich nicht Schulz erfunden hat, sondern von der gesamten »Gott-ist-tot-Theologie« praktiziert wird: Jesus als Alibi für Gott! Je toter Gott ist, desto mehr steigert man sich in eine außerordentliche Schätzung Jesu hinein, eine Schätzung, die jedoch kaum, nein: überhaupt nichts mit dem eigentlichen Verhältnis des Christen zu Jesus Christus zu tun hat, wie sogleich deutlich wird: Die letzte Station des Lebens Jesu, sagt Schulz ausdrücklich, ist nicht Ostern, sondern Karfreitag, der »Tod auf Golgatha« – ein Satz, der ja an sich, rein historisch genommen, durchaus zutrifft, hier aber doch offenbar mehr besagen, d. h. den Auferstehungsglauben radikal opfern will. An die Stelle des Auferstandenen und Erlösers treten, wie gehabt, die Botschaft Jesu und sein Vorbild. Ein solcher »Jesuanismus« war schon für den theologischen Liberalismus großenteils bezeichnend[135], mutete bei diesem jedoch nicht derart krampfhaft und bodenlos an, weil wenigstens noch der Glaube an den Vatergott im Hintergrund stand, den Schulz nach dem anfangs von ihm Ausgeführten längst aufgegeben hat. Ja, Schulz ist im Grunde auch gar nicht mehr berechtigt, von der »Botschaft Jesu« zu sprechen; denn nachdem das im Mittelpunkt von dessen Verkündigung stehende Reich Gottes seinen ursprünglichen und echten Sinn verloren hat, bleiben für den Schulzschen Jesus nur noch der Kampf gegen die »Tora-Normen«, ferner das Gebot der Nächstenliebe sowie der Aufruf zu gewissen sozialen Veränderungen und die Neubewertung der Frau.[136] Insofern könnte man vielleicht von einer gewissen religionsgeschichtlichen *Bedeutung* Jesu sprechen oder, wie etwa Kolakowski[137], seine Bedeutung für unsere Kultur hervorheben, keineswegs aber von einer *»Botschaft«* reden. Von ihr, der ihres eigentlichen und zentralen Sinnes entleerten Botschaft, so viel Aufhebens zu machen, scheint sich aus einer Art von Horror vacui zu erklären. Die Ablehnung der Tora-Normen z. B. ist für uns heute ohne jedes existentielle Interesse. Und was das lange vor Jesus erlassene, von ihm allerdings eindrucksvoll interpretierte Gebot der Nächstenliebe angeht, so bedürfte dieses für uns wenigstens einer Differenzierung. Auch ist es ja in seiner Geltung, wie Schulz zugibt, durchaus nicht an Jesus gebunden. Erst recht gilt dies für etwaige Weisungen hinsichtlich sozialer Probleme. Die heutige Emanzipation der Frau endlich ist von ganz anderen Gesichtspunkten geleitet als denen der Ethik Jesu. Für Bestrebungen dieser Art braucht man nicht Christ zu sein.

---

[134] Ebd.
[135] Vgl. Wilhelm v. Schnehen: Der moderne Jesuskult. 2. Aufl. 1907.
[136] Schulz: Ist Gott, S. 105 ff.
[137] Kolakowski: Geist, S. 33 f.

Eine ins Einzigartige gesteigerte Bedeutung Jesu läßt sich mit alledem nicht begründen.

Wenn es also mit der von Schulz bejahten sogenannten Botschaft Jesu wenig oder vielmehr recht eigentlich nichts auf sich hat, so muß Jesus wenigstens als persönliches Vorbild einen höchsten Wert darstellen, und wenn sein Ende nicht mehr die Voraussetzung des Sieges über den Tod in der Auferstehung ist, so soll doch sein Tod als solcher einen einzigartigen Akzent erhalten: »In Jesu Tod kommen wir« nach Schulz »an die äußerste Stelle dessen, was es heißen kann: Gott ereignet sich im Lieben, da nämlich, wo Leben im letzten zu selbstloser Liebe wird.«[138] Das kann man indessen, schon rein historisch genommen, nicht sagen. Zu dem Sichersten, was wir über Jesus wissen, gehört zwar die Tatsache seines Todes, zugleich aber die namentlich von Bultmann besonders hervorgehobene Einsicht, daß wir über das Wie dieses Todes nichts, aber auch gar nichts wissen, nicht, ob Jesus damit etwas und, gegebenenfalls, was er damit bezweckt hat, nicht auch, ob dieser Tod ihn vielleicht einfach von außen überwältigt und gar in Verzweiflung gestürzt hat. Daß er für andere in den Tod gegangen ist, steht also keineswegs fest. Der von Schulz veranstaltete Wirbel um den Tod Jesu ist eine durchaus künstliche Aufregung. Diese allzu billigen Ausführungen sind Schall und Rauch. Im weiteren Sinne steht es so mit allem hier über Jesus Gesagten. Die dafür in Anspruch genommene Formel »Jesus solus« muß jedem, der auch nur ein bißchen Neutestamentliche Theologie in sich aufgenommen hat, völlig abwegig erscheinen, sie ist ein starkes, weil allzu schwaches Stück.

Im übrigen kann man Schulz ein übertriebenes Eintreten für selbstlose Liebe wahrhaftig nicht nachsagen. In seinem kirchlichen Unterricht erarbeitete »Zehn Grundsätze, ›Versuche, glücklich zu werden‹«, zu deren Kontrolle die 10 Gebote der Bibel herangezogen wurden und die seit ihrer Veröffentlichung in der ZEIT nun als »Die Hamburger zehn Gebote« firmieren[139], beziehen z. B. Erfolgserlebnisse und Luxus in eine zu empfehlende Lebensanschauung ein. Auch wer der damit berührten Seite des Lebens keineswegs abgeneigt ist, wird in diesem Zusammenhang eine Andeutung wenigstens des Sachverhalts vermissen, daß die christliche Einstellung nicht mit dem Streben nach Glücklichwerden im irdischen Leben identisch ist, sondern etwas mit der »engen Pforte« und dem Auf-sich-nehmen des Kreuzes zu tun hat. Nicht nur mit den Grundlagen und zentralen Aussagen des christlichen Glaubens hat Schulz gebrochen, selbst für den Gehalt einer christlichen Lebensanschauung im weitesten Sinne scheint er keinerlei Gespür zu besitzen. Bei dem Konflikt zwischen christlichem Glauben und Handeln einerseits, wissenschaftlichem Denken und moderner Lebensführung andererseits ist das Christliche bei Schulz im ganzen Umfang auf der Strecke geblieben. Was er in seinen Zehn Grundsätzen, glücklich zu werden, empfiehlt, ist nicht einmal die grobe Karikatur einer als christlich zu bezeichnenden Haltung, sondern deren völlige Entstellung, ihre restlose Aufgabe.

Die von Schulz aufgestellten Thesen sind, einzeln betrachtet und als Christen-

---

[138] SCHULZ: Ist Gott, S. 35.   [139] S. 245.

tumskritik verstanden, nicht eigentlich neu. Doch hat er einige der wichtigsten
Angriffsflächen, die der christliche Glaube dem heutigen Denken bietet, zwar
reichlich pauschal und salopp, aber sachlich durchaus zutreffend und mit besonderem Nachdruck herausgestellt. Die unvermeidliche Ausschließung transzen-
denter, übernatürlicher Kategorien aus der nur noch wissenschaftlich begriffe-
nen Wirklichkeit, deren totale Diesseitigkeit also, ferner die Tendenz zu ihrer
»Entdämonisierung«, d. h. vor allem die Absetzung »personhafter Kausalität«[140] im modernen Weltbild, und erst recht der Verzicht auf eine Annahme
jeder Art von »höherer Wirklichkeit« überhaupt, auf absolute Normen und
einen transzendent kontrollierten Sinn des Lebens, die wertfreie Beschaffenheit
nicht nur der Naturgesetze, sondern auch der menschlichen Handlungen »im
kosmischen Bezug«, und nicht zuletzt die selten so unumwunden eingestandene
und betonte Vergänglichkeit des Menschen: das sind, wenn auch nicht neue, so
doch besonders deutlich herausgestellte entscheidende Erkenntnisse und Einsichten des modernen wissenschaftlich-technischen Denkens. Was dagegen von
Schulz anstelle des alten Glaubens als christlich ausgegeben und bejaht wird, ist
z. T. weit hergeholt und durchweg überaus dürftig, ja, ganz unmöglich. Das
heißt also: das Buch muß hinsichtlich seiner positiven Zielsetzung als indiskutabel bezeichnet werden, was jedoch nicht ausschließt, daß es in christentumskritischer Hinsicht mitzuzählen und gar nicht ganz gering zu veranschlagen ist.

Ausgangspunkt war für seinen Verfasser der von ihm wahrgenommene Zwiespalt zwischen dem, was heute von den Kathedern der Universitäten, teilweise
auch der theologischen Fakultäten, gelehrt zu werden pflegt, und dem, was von
den Kanzeln der Kirchen gepredigt werden soll und durchweg auch gepredigt
wird – ein Zwiespalt, den gewiß nicht alle als gleich belastend empfinden, der
indessen auf die Dauer stark beunruhigend wirken muß. Namentlich prominen-
te Vertreter der sog. Existentialtheologie an der Universität haben einen Standpunkt erkennen lassen, der sachlich bereits die Kluft zum kirchlichen Glauben in
ihrer ganzen Tiefe zeigt. Ein Leiden unter dem Zwiespalt zwischen dem, was auf
dem Katheder möglich ist und dem, was auf der Kanzel erwartet wird, erscheint
sicher nicht unverständlich oder unerlaubt: seine Herausstellung und der Versuch, die kirchliche Öffentlichkeit zu einer Überwindung dieses unbefriedigenden Zustandes aufzurufen, hätte sogar verdienstvoll sein können; denn in der
Radikalität, mit der hier ein im Pfarramt stehender Theologe die Schwierigkeiten beschreibt und den Abbau des Glaubens nun ganz bewußt und ausdrücklich
vornimmt, übertrifft Schulz alle früheren Ansätze dieser Art. Ein persönlich
taktvolles Verhalten und sachlich besonnenes Vorgehen vorausgesetzt, hätte
etwas dabei herauskommen können, das angezeigt haben würde, was die Stunde
geschlagen hat, ein Zeichen der Zeit, das beiden Seiten gerecht und vielleicht
auch ersprießlich geworden wäre. Aus Gründen, die in der Struktur dieser
Persönlichkeit liegen, ist es dazu nicht gekommen.

---

[140] AaO., S. 171.

Steht einer auf dem Standpunkt, einen Gott im Sinne des Glaubens gebe es nicht, das Gebet sei nichts weiter als ein Selbstgespräch und mit dem Tode sei alles aus, so kann er sich nicht mehr Christ nennen, das sollte jedermann einsichtig sein, erst recht für einen Theologen. Wenn die beschriebene Lage den Pastor Dr. theol. Schulz, nachdem die Entscheidung bei ihm eindeutig für die totale Diesseitigkeit des modernen Denkens gegen den christlichen Glauben gefallen war, zu dem Entschluß geführt hätte, von der Kanzel herabzusteigen, auf sein Amt zu verzichten, so würde ihm unser Verständnis und die Hochachtung vieler sicher gewesen sein. Stattdessen hat er mit dem Anspruch, seine Position innerhalb der Kirche zu vertreten, das Christentum in ein Prokrustesbett gelegt und alles ihm nicht passend Erscheinende rücksichtslos abgesägt. Das ist weder eine wissenschaftliche Leistung noch ein dem Glauben erträgliches Verhalten. Das Neue, Einmalige und wie man sagen muß, das zutiefst Anstößige des Falles Schulz liegt darin, daß ein amtierender Geistlicher, der in einem solchen Grade mit dem Glauben zerfallen ist, auch noch gegen seine Kirche ausgesprochen aggressiv wird, daß er ihr geradezu in den Rücken fällt, indem er behauptet, der heutige Kirchenbesucher müsse »seinen Verstand an der Kirchentür abgeben«[141], indem er seinen Amtsbrüdern vorwirft, sie machten »der Gemeinde blauen Dunst vor«[142], daß er ferner nach der auch literarischen Veröffentlichung seiner dem christlichen Glauben radikal und total absagenden Ansichten sich mit unerhörter Halsstarrigkeit weigerte, daraus die selbstverständliche Konsequenz hinsichtlich der Niederlegung seines Amtes zu ziehen, und daß er schließlich auch den Ausgang des hierdurch notwendig gewordenen kirchlichen Lehrbeanstandungsverfahrens nicht, wie es sich gehört haben würde, ruhig und gelassen abwartete, sondern, wo er hierzu Gelegenheit fand, für seinen Standpunkt geworben und für ein Höchstmaß an Publizität gesorgt hat.

Wer die Verhandlungen der kirchlichen Spruchkammer verfolgt hat[143], stand unter dem Eindruck sowohl der unüberbietbaren Arroganz, mit welcher der über seine Stellung Befragte die Fronten umdrehen wollte, indem er das Spruchkollegium seinerseits in Fragen zu verwickeln und dessen Mitglieder zu Angeklagten zu machen trachtete[144], als auch eines offenkundigen sehr guten Willens und einer bewundernswerten Gelassenheit auf seiten der Vertreter der Kirche. Nachdem diese eine wahre Lammesgeduld mit einem so rabiaten Hirten durch lange Jahre gezeigt hatte, war seine schließliche Amtsenthebung mehr als berechtigt.

Wie ganz unvermeidlich diese war, zeigt besonders deutlich ein bestimmter Zug an seiner Einstellung zur Führung des pastoralen Amtes. Schulz bekannte sich zur grundsätzlichen Bereitschaft, Amtshandlungen je nach dem Standpunkt des betreffenden Gemeindemitgliedes vorzunehmen, am Sterbebett also entweder, »wenn jemand zu seinem Trost in seiner religiösen Disposition den Psalm 23 hören will«, diesen zu lesen[145] oder im Sinne seiner eigenen Überzeugung, daß es Gott nicht gibt und mit dem Tode alles aus ist, zu sprechen. Ein Mitglied des Spruchkollegiums brachte dieses Anerbieten auf die Formel: »Wie möchten Sie es haben? Wie gewohnt oder moderne Auffassung, Psalm 23 oder Seite 177 meines Buches?«[146] Ist der 23. Psalm im Munde eines so gesinnten Pastors etwa kein blauer Dunst, möchte man fragen. Wo bleibt hier noch die Glaubwürdigkeit, ist dies nicht der absolute Höhepunkt des Zynismus?

Das Echo auf die Einleitung dieses Verfahrens war freilich höchst sonderbar. Man kann nur den Kopf schütteln über die Stellungnahme einer im allgemeinen kirchlich weitgehend uninteressierten Öffentlichkeit, die, sobald sie von einem derartigen Verfahren erfährt, plötzlich aufwacht und geradezu blind reagiert, d. h. vom Boden eines schranken-

---

losen Liberalismus aus ahnungslos und urteilsunfähig für den vermeintlich zu Unrecht Verfolgten Partei ergreift. Selbst eine Zeitung vom Range der ZEIT hat hier das nötige Fingerspitzengefühl vermissen lassen und den Fall viel zu ernst genommen. Auffällig ist auch die offensichtliche Hilflosigkeit, die ein so bedeutender Kopf wie *C. F. von Weizsäcker* bei der Anfertigung des von ihm gewünschten Gutachtens zum Fall Schulz zeigte.[147] Sehr einleuchtend fragte dagegen *Helmut Thielicke*, der bei der Klärung besonders aktueller Situationen und praktischer Probleme oftmals den Nagel auf den Kopf getroffen hat: »Welche Gewerkschaft oder welcher Unternehmerverband würde in seiner Gemeinschaft jemanden dulden, der in zentralen Punkten der eigenen Satzung widerspräche und diese seine Position in öffentlicher Polemik gegen seinen Verband verträte?«[148] [149] Man sollte meinen, daß auch einem den christlichen Glauben nicht teilenden Zeitgenossen jeder ernste Gläubige sehr viel lieber sein müßte als ein Kirchenmann, der den dezidierten Unglauben predigt und sich damit noch wer weiß wie wichtig nimmt und macht. Das ist nicht nur, kirchlich gesehen, skandalös, sondern auch unter einem allgemeineren Gesichtspunkt stil-, takt-, geschmacklos, alles in allem: peinlich.

Sowenig das Anstößige des Falles Schulz übersehen werden kann, die Hauptsache unter unserem Gesichtspunkt ist es nicht. Das persönlich Unerfreuliche im Auftreten dieses Mannes und das Abwegige seiner positiven Zielsetzung in sachlicher Beziehung, namentlich das, was er aus Jesus machen und was er als christlichen Ethik hinstellen möchte, tritt für uns letztlich zurück hinter der Bedeutung seiner ablehnenden Stellungnahme zur eigentlich christlichen Position. Das Gesamturteil über Schulz läßt sich nur in stärkstem Gegensatz zum Gutachten C. F. v. Weizsäckers in diesem Verfahren formulieren. Diesem ist der ganze »Fall« und insbesondere die Lage, dazu Stellung nehmen zu sollen, offensichtlich unbehaglich. Im Interesse der Toleranz würde er Schulz gern weiterhin im Amt belassen haben und meinte sogar: »Ohne Zweifel hätte man die Meinungen von Paul Schulz vor hundert Jahren, ja vor fünfzig Jahren von einer lutherischen Kanzel herab vertreten können«[150] – eine ganz und gar unbegründete, unbegreifliche Behauptung. Hat Weizsäcker nie von den Fällen Christoph Schrempf (1892), Carl Jatho (1911) Gottfried Traub (1918), Wilhelm Heydorn (1921) gehört – um nur die am bekanntesten gewordenen zu nennen –, die vergleichsweise mehr oder weniger harmlos wirken? Das Gegenteil ist richtig: Früher würde man nicht entfernt so lange gefackelt haben, bevor dem Ärgernis ein Ende gemacht wurde.

Von dieser grundsätzlichen Einstellung zu dem ganzen Verfahren abgesehen, findet Weizsäcker jedoch »die naturwissenschaftliche Substanz der Argumentation« bei Schulz »dünn«[151], er bescheinigt Schulz »Unvertrautheit mit der Geschichte der philosophischen Theologie«[152] und meint, daß dessen Erörterungen »auf einem zu billigen Niveau« stattfinden.[153] Gerade hiergegen wird man Schulz indessen bis zu einem gewissen Grade in Schutz nehmen müssen. Was die naturwissenschaftliche Substanz seiner Darlegungen betrifft, so dürfen wir nicht von jedem Theologen verlangen, daß er auch noch zugleich Physiker und Philosoph ist. Seine Unvertrautheit mit der philosophischen Theologie hat

---

[147] S. 67 ff.

[148] HELMUT THIELICKE im Hamburger Abendblatt, 23. 10. 1976.

[149] Richtig gesehen hat auch eine ganz anders eingestellte Autorin, ELKE SCHLINCK-LAZARAGA, aus dem Kreise der deutschen Unitarier, daß Schulz »praktisch alles, was das Christentum zum Christentum macht«, »aufgegeben« hat (S. 14) und »aus Mangel an Selbstkritik« »mehr zur Verwirrung« »als zur Klärung oder gar Befreiung« beiträgt (S. 26 der im Selbstverl. der Verfasserin – Aurikelstieg 17, 2 Norderstedt 3 – erschienenen Schrift »Ist Pastor Schulz Christ? Auseinandersetzung mit seinem Buch...« o. J.)

[150] MOHAUPT: Pastor, S. 71.

[151] S. 70.   [152] Ebd.   [153] S. 71.

Schulz wahrscheinlich sogar davor bewahrt, das eigentliche Problem so zu vernebeln, wie es bei den Philosophen früher leider nicht selten geschah. Dem zu billigen Niveau schließlich, einer gewissen Direktheit und Grobschlächtigkeit seiner Ausführungen, ist es immerhin zu verdanken, daß die wirklich entscheidenden Punkte klarer als üblicherweise hervortreten. Um das ganze Ausmaß der hier bestehenden Kluft zur Position des christlichen Glaubens ermessen zu können, dürfte auch schon eine bescheidene Einsicht in die Methoden und Ergebnisse der Naturwissenschaften genügen. Wenn Schulz allerdings einen Beitrag zur systematischen Theologie hat geben wollen, so ist dieser Beitrag gewiß als ausschließlich negativ zu beurteilen, aber eben darin besteht die Bedeutung seiner Ausführungen. Weizsäckers Verdikt, »man kann aus diesem Buch zu diesen Fragen nichts Haltbares lernen«[154], wird ihm jedenfalls nicht gerecht. Mit der notwendigen Vorsicht und kritischen Umsicht kann man es.

Unter Absehen von dem Persönlichen des »Falles« und dessen Einzelheiten sei zusammenfassend betont, daß alles, was Schulz positiv als seine Ansicht und Ziele innerhalb der Kirche vertreten wollte, rein negativ beurteilt werden muß. Seine als christlich ausgegebene Lebensanschauung hat mit echtem Christentum ganz einfach nichts zu tun. Gleichwohl ist zweierlei an dem Negativen, Polemischen seines Auftretens positiv zu bewerten. Erstens hat er durch seinen Fall und in dem unvermeidlich gewordenen Disziplinarverfahren auf die Spannung hingewiesen, die zwischen dem besteht, was der angehende Theologe auf der Universität lernt und dem, was später in der Kirche an selbstverständlicher Verpflichtung auf ihn zukommt.[155] Diese Spannung ist gewiß nicht notwendigerweise und meistens nicht so total, wie sie Schulz empfunden hat. Aber vorhanden sein wird sie mehr oder weniger stark fast immer. Zweitens hat er das, was dem christlichen Glauben infolge des wissenschaftlich, vor allem naturwissenschaftlich, aber auch soziologisch bedingten modernen Denkens die Grundlage entzieht, auf einen Ausdruck gebracht, der innerhalb der neueren Christentumskritik durchaus beachtenswert ist und nicht übergangen werden durfte. Der damit festgestellte Sachverhalt ist wie gesagt nicht neu und bei Schulz auch nur verhältnismäßig kurz zur Sprache gekommen, aber die Ausführungen hierzu berühren zweifellos Wesentliches, ja Entscheidendes, das läßt sich nicht bestreiten. Daß Schulz in diesem sensiblen Bereich so unverblümt und massiv, so unkompliziert und undifferenziert immerhin z. T. so Richtiges und Wichtiges ausspricht, was ganz und gar nicht seines Amtes war, vielmehr im stärksten Gegensatz dazu stand, darin besteht das Bedeutsame, geradezu Einmalige seines Auftretens und insbesondere seiner hier behandelten Schrift.

Es erschien rätselhaft, wie die beiden zuletzt behandelten Autoren es für möglich halten konnten, ihren Standpunkt mit einem kirchlichen Amt zu vereinigen. Ganz anders steht es mit einem vierten Theologen, *Joachim Kahl*. Er kann geradezu als ein Musterfall von Eindeutigkeit und Entschiedenheit bezeichnet werden, vollzog doch der 1941 Geborene, nachdem er sein Studium der Theologie in Marburg mit der Promotion abgeschlossen hatte, unverzüglich seinen Austritt aus der Kirche. Er fühlte sich, wie er in seiner damaligen Veröf-

---

[154] Ebd. [155] s. vor allem S. 60.

fentlichung »Das Elend des Christentums« (1968) schreibt, von dem Schicksal des Nietzschefreundes Franz Overbeck abgeschreckt, der am Ende seiner Tätigkeit als Theologieprofessor in Basel gestand, das Christentum habe ihn sein Leben gekostet, er sei nur aus Mißverständnis Theologe geworden und habe sein Leben gebraucht, um das Christentum, das er nie besessen, ganz loszuwerden.[156] Es gibt in der Tat keinen größeren Gegensatz als den zwischen jenem alten namhaften Kirchenhistoriker, der erst zuletzt volle Klarheit für sich gewinnt, und dem jungen Kahl, der nach der Beendigung seines theologischen Studiums sofort die praktische Konsequenz des Kirchenaustritts, aber auch die literarische aus seinen Einsichten zieht, um dann ein neues Studium aufzunehmen.

Seine Schrift – der volle Titel lautet: »Das Elend des Christentums oder ein Plädoyer für eine Humanität ohne Gott« soll keine abgerundete Auseinandersetzung mit dem Christentum bieten, ihr Ziel ist bescheidener. Sie will sich auf »einige Einfälle und Streiflichter zum Thema Religion und Humanität beschränken«. Der Verfasser nennt das Buch selber ein Pamphlet und meint, es sei in einem Anfall von Waschzwang entstanden und nicht sine ira et studio geschrieben, »wobei der Zorn sich von selbst einstellte. Wer sich über das Christentum nicht empört, kennt es nicht.«[157] Sachlich allzu bescheiden dürfte es freilich sein, davon auszugehen, daß es *das* Christentum gar nicht gebe, »sondern nur eine Fülle von Christentümern«[158]. Nur in der Struktur der Gedanken und Lebensäußerungen« sieht Kahl das Gemeinsame. »Was die systematischen Schriften Rudolf Bultmanns mit den Traktaten der Zeugen Jehovas verbindet, was die griechischen Kirchenväter mit Martin Niemöller teilen, ist die gleiche Struktur der Aussagen. Jeder Christ beruft sich auf Autorität und bietet maximale Inhalte an. Jeder theologische Satz ist irgendwo irrational und bricht die Reflexion an einem bestimmten Punkt ab.« Wenngleich in dieser auf das Strukturproblem gerichteten Sicht, die sich mit Gedanken G. Kaufmanns, H. Alberts und W. Weischedels berührt, ein richtiges Moment nicht zu verkennen ist, erscheint sie doch in der Zuspitzung bei Kahl allzu formal und vollends unzulänglich, wenn er sich zu der Behauptung versteigt, die Theologie sei »eine Ansammlung von Leerformeln, die mit beliebigem Inhalt aufgefüllt werden können«.

Im übrigen ist Kahl aber weit davon entfernt, bei der Beurteilung der gegenwärtigen Lage des Christentums in die Übertreibung zu verfallen, daß er es in der Weise Wynekens und Pzillas' schon für annähernd tot hielte. »Dennoch läßt sich«, wie er gewiß mit Recht betont, »der immer größer werdende Substanz- und Funktionsverlust des Christentums schwerlich übersehen«.

Wenig abgewogen dürfte es indessen sein, wenn in einer »Realbilanz der Kirchengeschichte« »die Anarchie im Ethos« festgestellt wird. Zu Kahls Behandlung gehören Stichwörter wie »Die Kirche als Sklavenhalterin«, »Die

---

[156] KAHL: Das Elend des Christentums, S. 13.
[157] S. 12 f.
[158] S. 16.

blutige Verfolgung der Heiden«, »Die blutige Verfolgung der Juden«, »Die blutige Verfolgung der Christen untereinander«, »Die Verteufelung der Sexualität und die Diffamierung der Frauen«. Sicherlich wird man an der Berechtigung mancher seiner Feststellungen nicht vorbeisehen können. »Nicht einmal der Gedanke, daß die Sklaverei im Prinzip verwerflich sei und nur wegen der Machtverhältnisse noch nicht abgeschafft werden könne, taucht auf«[159]– das ist in der Tat auffallend. Aber kann man von dem »Klima der Menschenverachtung« sprechen, »das das gesamte Neue Testament durchzieht« und gar sagen: »Das Neue Testament ist ein Manifest der Unmenschlichkeit, ein groß angelegter Massenbetrug«[160]? Dient »Christi Leiden« wirklich nur »als Alibi und als illusionärer Trost für das unschuldige Leiden anderer Menschen«? Kann man die christliche Dogmatik nicht auch ablehnen, ohne zu behaupten, sie sei »von A bis Z darauf angelegt«, »die Menschen im Zustand der Unmündigkeit zu halten«[161]? Die Kreuzzüge, die Behandlung der Juden, die Inquisition, das Hexenunwesen, die vielen ungezählten Schrecklichkeiten und Scheußlichkeiten, alles im Namen Gottes und Jesu – das ist ja allerdings kaum zu fassen und darf auf keinen Fall verschwiegen und verharmlost werden. »Das Elend des Christentums«, bemerkt G. *Ebeling*, »gehört ebenso unauslöschlich zu seiner Geschichte wie das Elend der Geschichte zur Welt überhaupt«[162]. Wie kann man jedoch darüber alles andere so völlig vergessen: das, – mit den Worten Ebelings – »was sich als ein Strom tiefer und reicher Menschlichkeit vom Christentum her in die Welt ergossen hat: ob man nun im Bereich des Sittlichen an die Gewissensverantwortung des Einzelnen und an das Eintreten für die Schwachen denkt oder im Bereich des Politischen an die Idee der Menschenrechte oder im Bereich der Wissenschaft an den unbestechlichen Wahrheitsernst oder im Bereich der Kunst an die seelische Sensibilität oder endlich im Bereich der Geschichte überhaupt an die Ausrichtung auf ein Ganzes«? Fragen ließe sich freilich, ob auf dem Sektor der Wissenschaft die Bilanz wirklich so positiv ist. Davon abgesehen dürfte die Anführung dieser Sachverhalte gegen Kahls Darstellung sehr berechtigt sein, dies um so mehr, als dabei »in keinem Falle ausschließlich das Christentum« als »die Quelle« des Positiven bezeichnet und andererseits ausdrücklich zugegeben wird, daß »das Christentum selbst beschämende Gegenbeispiele liefert«. So verwickelt ist der wahre Sachverhalt.

Nicht weniger wichtig als die Zurückweisung der in der Betrachtung Kahls liegenden Einseitigkeit ist unter dem uns leitenden Gesichtspunkt noch etwas anderes: Alle jene nicht zu leugnenden furchtbaren, entsetzlichen Meinungen, Taten, Geschehnisse sind nicht mehr die Probleme unserer Zeit, jedenfalls nicht der mehr oder weniger christlich bestimmten Welt. Es wirft ein ganz falsches Licht auf das heutige Christentum, wenn von solchen schlimmen Dingen anders als in rein historischem Sinne gesprochen wird. Schlimm genug bleiben sie ohnehin.

[159] S. 18.
[160] S. 19.
[161] S. 25.
[162] EBELING: Dogmatik, Bd. 3, S. 390.

Bei weitem ernster zu nehmen als seine empörte Bilanz der Kirchengeschichte ist Kahls Auseinandersetzung mit der neueren Theologie. Dabei geht es einmal um die historische Jesusforschung und sodann um die Kritik einiger methodischer Praktiken im systematischen Bereich.

Was die Jesusforschung betrifft, so stellt Kahl zunächst sehr klar die entscheidende grundsätzliche Alternative hinsichtlich der Frage nach der Geschichtlichkeit Jesu: »Welche Hypothese wird dem vorliegenden Quellenmaterial gerechter? Die Annahme, daß eine historische Gestalt nach ihrem unbegreiflichen Tod von ihren Anhängern zu einem himmlischen Wesen vergöttlicht wurde? Oder die umgekehrte Annahme, daß ein anfänglicher Mythos nachträglich zu einer historischen Gestalt verdichtet wurde?«[163] Kahl entscheidet sich, wie es nicht anders sein kann, für die Geschichtlichkeit, weil die entgegengesetzte Annahme mehr historische Rätsel aufwirft als löst. Freilich meint er, die Sicherheit, mit der z. B. auch Bultmann die Geschichtlichkeit Jesu vertrete, sei unbegründet, es handle sich bestenfalls um Wahrscheinlichkeit, ein Urteil, das doch wohl hyperkritisch genannt werden muß.

Die bejahende Antwort auf die Frage der Geschichtlichkeit Jesu ist aber nur die Voraussetzung für die Behandlung der Hauptfrage nach dem Was und Wie dieses Jesus. Was wissen wir von ihm, was überhaupt kann man über ihn, der selbst nichts Schriftliches hinterlassen hat, wissen? Hier beginnen die eigentlichen Schwierigkeiten. Auf zwei beträchtliche Hindernisse weist Kahl dabei hin, die der Erreichung vertretbarer Ergebnisse im Wege stehen: »1. Das Sprachproblem. Jesus sprach einen hebräischen Dialekt, Aramäisch. Die Evangelien sind griechisch verfaßt. 2. Das Zeitproblem. Jesus starb um 30; das älteste Evangelium entstand erst vier Jahrzehnte später.«[164] Im Hinblick auf das Sprachproblem stellt sich die Frage: »Kann man angesichts einer solchen Überlieferung, die damit endete, daß Menschen einer anderen Sprache – ohne die Möglichkeit der Kontrolle – die Botschaft weitergaben, den Verdacht unterdrücken, daß sich Mißverständnisse und Entstellungen einschlichen?«[165] Mit Bezug auf das Zeitproblem, den Abstand zwischen Geschehen und seinen literarischen Niederschlägen, erklärt der Autor: »Wie man bei einem so langen anonymen Traditionsprozeß noch begründet hoffen kann, Zuverlässiges über den historischen Jesus zu erfahren«, sei ihm »unerfindlich«.[166] »Die Jahrzehnte, die zwischen der schriftlichen Fixierung der Tradition und dem Tod Jesu liegen«, sind »fatal lang«.[167] Zu den Fehlerquellen ungenauer Beobachtung oder eines Berichtens aufgrund vom Hörensagen kommen ja nicht nur die Trübung und Irrtümer des Gedächtnisses, sondern noch zwei ganz wesentliche Umstände, einmal das »Klima primitiven Aberglaubens«, Menschen also, »die größtenteils Analphabeten waren und die kein Interesse am wirklichen historischen Sachverhalt kannten!«[168], und dann, nicht weniger schwerwiegend, die Glaubensinteressen, die nach damaliger Gepflogenheit ein sehr freies Gestalten der Überlieferung

---

[163] KAHL: Elend, S. 69. [165] S. 71. [167] S. 74.
[164] S. 70. [166] Ebd. [168] S. 73.

bewirkten. »Die ersten Christen ließen nicht nur Worte Jesu weg, sondern erfanden auch hemmungslos neue hinzu, je nachdem, wofür eine autoritative Weisung oder Bestätigung benötigt wurde.«[169] Begeisterte Propheten sprachen im vermeintlichen Sinne Jesu; ihre von Vorurteilen, Wünschen und Tendenzen bestimmte Einstellung ließ sie Jesusworte anführen, welche die Wissenschaft »Worte des erhöhten Herrn« zu nennen pflegt, die jedoch historisch bestimmt nicht in Betracht kommen.

Diesen Prozeß der Traditionsbildung, in dem sehr viel weniger bewahrt als gestaltet wurde, hat uns die von Karl Ludwig Schmidt, Martin Dibelius und Rudolf Bultmann begründete »formgeschichtliche« Forschung erkennen lassen. Kahl sieht sich durch diese Forschungsrichtung in mehrfacher Hinsicht zur Kritik herausgefordert. Einmal hält er die Voraussetzung der formgeschichtlichen Methode, die Jesustradition beruhe in ihren Anfängen wenigstens teilweise auf dem Zeugnis von Augen- und Ohrenzeugen, für naiv, und zwar nicht nur diese angebliche Tatsache als solche, sondern schon der Begriff des Augen- und Ohrenzeugen ist ihm fragwürdig; denn »auch unmittelbare Zeugen sind keine Tonbänder oder Dokumentarfilme«, sondern »fehlbare Menschen, die etwas mißverstehen, vergessen oder entstellen können. Außerdem erleben sie einen Vorgang immer nur ausschnitthaft«[170]. Deshalb läßt sich nicht sicherstellen, was Jesus wollte, sagte und tat.[171] Sodann verzichtet die »Formgeschichte«, wie weiterhin ausgeführt wird, zwar redlich auf jede Biographie und Persönlichkeitsschilderung Jesu, die in Anbetracht der dargelegten Eigenart der Quellen unmöglich geworden sind, möchte sich aber doch auf die für echt befundenen Worte seiner Verkündigung stützen[172], ohne den – nicht nur literarischen, sondern wirklichen – Kontext dieser Worte zu kennen. Wie aber »will man die Worte eines Menschen verstehen können, wenn man nicht weiß, wann, zu wem, wie, bei welcher Gelegenheit, mit welchem Unterton er sie sagte?«[173] Und hinzu kommt schließlich noch die größte Schwierigkeit, die Unterscheidung zwischen Echtheit und Unechtheit der von Jesus berichteten Worte angesichts der erwähnten Umstände. Wenn *E. Käsemann* aus dieser Lage schon recht kritisch gefolgert hatte, daß nicht die etwaige Unechtheit, sondern gerade umgekehrt die Echtheit des Einzelgutes geprüft und glaubhaft gemacht werden müsse, so erklärt nun Kahl einen Beweis der Echtheit für »grundsätzlich unmöglich«. Ist aber »in keinem Einzelfall die Echtheit eines Jesuswortes zu beweisen, so kann – nach den Regeln der formalen Logik – selbstverständlich auch nicht die Gesamtheit der Verkündigung Jesu erfaßt werden«[174].

Nun geht es sicherlich zu weit, mit Bezug auf die Annahme von Augen- und Ohrenzeugen sowie von »echten« Worten von »Tricks« zu sprechen und die formgeschichtliche Methode allgemein als »pseudokritisch« zu bezeichnen. Es verhält sich vielmehr so, daß die wichtigsten Kriterien, aber auch bedenkenswerte Einwände hinsichtlich der Frage einer Unterscheidung zwischen echt

[169] S. 77.   [171] S. 74.   [173] Ebd.
[170] S. 73.   [172] Ebd.   [174] S. 78.

und unecht von eben dieser Forschung selbst erarbeitet und verarbeitet worden sind. Wenn man sich angesichts der bestehenden großen Schwierigkeiten nicht von der Rechnung mit mehreren Unbekannten hat abhalten lassen, so dürfte das eher Anerkennung verdienen, wobei in diesem Bereich natürlich nicht die Sicherheitsanforderungen der Naturwissenschaften zugrunde zu legen sind. So plausibel die Feststellung zu sein scheint: Wenn kein einziges berichtetes Jesuswort mit Sicherheit als authentisch zu erweisen ist, läßt sich auch über seine Gesamtverkündigung nichts Bestimmtes ausmachen – die »Formgeschichte« hat dieses Kunststück in der Tat bis zu einem gewissen Grade fertiggebracht, so wie es etwa einem geübten Wanderer und Kenner der örtlichen Verhältnisse gelingen kann, einen schwankenden Moorboden leichten Schrittes, doch mit aller Vorsicht, erfolgreich zu überqueren. Alles in allem ist nicht zu bestreiten, daß die formgeschichtliche Forschung auf dem Gebiete des Neuen Testaments, namentlich der Versuch Käsemanns und einiger anderer Forscher der zweiten Generation, in der Erkenntnis des historischen Jesus noch um einiges über Bultmann hinauszugelangen, sich mehr als gelohnt, daß er beträchtliche Fortschritte gebracht und zu höchst bedeutsamen Erkenntnissen geführt hat, so manches und gerade das Wichtigste freilich fraglich bleiben muß. Aber schon die Einsicht, daß es sich in den Evangelientexten »nicht um historische Berichte, sondern um Glaubenszeugnisse der urchristlichen Gemeinden handelt, ist auch eine historische Erkenntnis«.[175] Vor allem ist doch das inzwischen erreichte Forschungsergebnis, daß die christologischen Titel sämtlich nicht von Jesus selbst auf sich bezogen worden sind, außerordentlich wertvoll. Und darf es nicht auch als sehr beachtlich gelten, daß man sich in der so wichtigen Frage gerade des sogenannten Selbstbewußtseins Jesu und seines Anspruchs – lange Zeit Gegenstand heftiger Kontroversen zwischen verschiedenen theologischen Richtungen – heute trotz z. T. fortbestehender unterschiedlicher Ansichten im einzelnen, in der Grundauffassung Jesu als des Endzeitpropheten weithin einig ist? Zugegeben: Wir wissen in mancher Hinsicht besser, wie Jesus nicht war und was er ablehnte, als wie er nun letztlich wirklich gewesen ist und gedacht hat, und wir haben immer nur einige Teile von ihm, nie das Ganze. Der grundsätzlich bestehenbleibenden Unsicherheit auf diesem Felde kann man in der Tat nicht genug eingedenk bleiben. Trotzdem hat sich die neutestamentliche Forschung mit der formgeschichtlichen Betrachtung und den auf ihr aufbauenden zahlreichen Untersuchungen als echte Wissenschaft ausgewiesen. Dies anzuerkennen ist nicht mehr als recht. Jeder Vergleich des heutigen Forschungsstandes mit dem der Zeit Heinrich J. Holzmanns zeigt, wie sehr einerseits die heutige Arbeit auf den Schultern der damaligen steht, wie viel feiner andererseits die Kriterien geworden sind, wie viel bestimmter man heute manches sieht, wie viel besser wir allerdings auch erkennen, was man nicht wissen kann und mit Aussicht auf Antwort nicht einmal fragen darf.

Auf der anderen Seite ist Kahl nicht zu verdenken, daß er die negative Seite der

---

[175] JÜRGEN MOLTMANN: Theologie der Hoffnung. 6. Aufl. 1966, S. 166.

Lage kräftig unterstrichen hat, das ist sogar sehr berechtigt. Er rührt hier wirklich an einen wunden Punkt, eben die besagte Unterscheidung von echten und unechten Jesusworten. »Einigermaßen sicheren Boden haben wir« nach Käsemann »nur in einem einzigen Fall unter den Füßen, wenn nämlich Tradition aus irgendwelchen Gründen weder aus dem Judentum abgeleitet noch der Urchristenheit zugeschrieben werden kann«.[176] Dieses »einigermaßen« ist nun eben das Problem! Denn da, wie Bultmann betont hat, »nie für ein einzelnes Jesuswort der bestimmte Beweis seiner Echtheit zu führen ist«[177], enthält Käsemanns sicherer Boden nur die Möglichkeit der Echtheit, nicht mehr. Kahl meint jedoch: »Die historische Methode fragt nicht danach, was überhaupt möglich ist – sondern sie fragt danach, was tatsächlich geschehen ist.«[178] Und man muß Kahl zugeben: »Wir wissen von Jesu Verhalten nur durch die Brille seiner Anhänger, die ihn verherrlichen wollten und kein Interesse hatten, Abträgliches über ihn zu berichten.«[179] Zu dem wenigen ziemlich Sicheren über Jesus gehört nach Bultmann etwa, »daß er zur Nachfolge aufrief und eine kleine Schar von Anhängern – Männer und Frauen – um sich sammelte«.[180] Kahl urteilt aber offenbar richtig, wenn er bemerkt: »Der Ruf zur Nachfolge und das Sammeln von Anhängern besagen als bloße Tatsache überhaupt nichts. Es kommt darauf an, wozu Jesus aufrief. Gerade das können wir nicht mehr erkennen.«[181] Selbst das so wichtige historische Problem, was eigentlich zur Kreuzigung Jesu geführt hat, ist schon zwischen Bultmann und seinen Schülern umstritten, und Kahl hält es für unlösbar. »Statt weiter im Sumpf der Vermutungen zu waten, sollten wir endlich zugeben: Wir wissen es nicht.« So bleibt die Lage eigentümlich zweideutig. Sicherlich läßt sich die Arbeit der Formgeschichte aus der neutestamentlichen Forschung nicht mehr fortdenken, Kahl wird ihren Leistungen nicht entfernt gerecht. Und doch dürfte er mit seiner Skepsis in dieser grundlegenden Frage gegen bekannte Autoritäten dieses Faches einen berechtigten Gesichtspunkt vertreten haben. Genau genommen behält die Unsicherheit in nicht wenigen Punkten in der Tat das letzte Wort.

Ins Schwarze trifft Kahl bei seinen kritischen Betrachtungen zur Systematischen Theologie, über »Irrationalität als Lebenselement theologischen Denkens«.[182] Als »die beiden Strukturprinzipien der Theologie«, welche diese vom wissenschaftlichen Denken unterscheiden, stellen sich ihm, wie schon erwähnt, »Bindung an Autorität« und »maximaler Inhalt« dar[183], was am Theologiebegriff Rudolf Bultmanns und Gerhard Ebelings aufgezeigt wird. Diese Ausfüh-

---

[176] KÄSEMANN Das Problem des historischen Jesus. In: ZThK Jg. 51, S. 144.
[177] BULTMANN: Die Erforschung der synoptischen Evangelien. In: Glauben und Verstehen. Gesammelte Aufsätze Bd. 4. 1965, S. 30.
[178] KAHL: Elend, S. 80.
[179] S. 79.
[180] BULTMANN: Das Verhältnis der urchristlichen Christusbotschaft zum historischen Jesus. 2. Aufl. 1961, S. 11.
[181] KAHL: Elend, S. 80 f.
[182] S. 96.
[183] S. 97.

rungen sind so lehrreich, daß sie hier noch kurz zur Sprache gebracht werden müssen.

Bei Bultmann ist zunächst verheißungsvoll, daß die christliche Botschaft als »verständliches Wort« genommen wird, das weder magisch wirkt noch als Dogma blinde Unterwerfung, die Annahme von Absurditäten fordert. Aber dieses Programm hält, wie Kahl feststellt, nicht, was es verspricht. Bultmann bricht »die kritische Reflexion unbegründet ab«, »er beruft sich auf eine nicht hinterfragbare Autorität. Auch er kippt in Irrationalismus um«.[184] Diese Beanstandung haben wir schon bei Kaufmann und Albert kennengelernt. Auffällig und für Bultmann kennzeichnend ist, daß er den Glauben immer wieder als Gehorsam beschreibt. Und wenn auch die Theologie nach seiner Ansicht der Kritik unterliegen soll, keiner Kritik wird das Kerygma von ihm ausgesetzt. Wenn ferner grundsätzlich zwischen Kerygma und Theologie zu unterscheiden ist, so läßt sich doch »nie eindeutig sagen, was das Kerygma ist, wieviel und welche Sätze es umfaßt.«[185] Die Wahrheitsfrage ist also »von vornherein ausgesperrt, die Wahrheit des Kerygmas prinzipiell vorausgesetzt«. »Daß bei Protestanten so beliebte ›sich selbst in Frage stellen‹ ist fiktiv. Theologie ist und bleibt – auch bei Bultmann – ein dogmatischer Bau.«[186] Schließlich: »Das von Bultmann so viel beschworene ›eschatologische Ereignis‹ des Glaubens« »bedeutet nichts anderes als die Verabsolutierung von etwas Relativem. Ein zugegebenermaßen historisch Gewordenes, eben das Kerygma (mit veränderlichem Inhalt) spreizt sich zum Absoluten auf.«[187] Diese Ausführungen enthalten genau das Wesentliche, und sie dürften in der Hauptsache unbestreitbar sein.

Was Ebeling betrifft, so lockt er zunächst »mit dem Pathos der ›intellektuellen Redlichkeit‹« und proklamiert den Entschluß »zu kritischem Denken«. Tatsächlich nimmt jedoch die Theologie für ihn ihren Ausgang von einem »Fraglosen, Unwidersprechlichen«, »der Verkündigung von Jesus Christus«. »›Autorität‹ und ›Glaube‹ sind die Merkmale des ›vorgegebenen Fraglosen, auf dem Theologie gründet‹«. Freilich soll die dem Evangelium zukommende Autorität »nicht Ersatz für Evidenz« sein, dennoch hat Ebeling eine solche Evidenz im Sinn. Dem gilt Kahls Protest: »Nicht einmal alle eigenen theologischen Fachkollegen nehmen Ebeling die Evidenz des ›Wortgeschehens‹ ab, ›das sich am Gewissen als die Macht des Fraglosen erweist‹. Geschweige denn die denkenden Nichtchristen.«[188] »Vor allem gibt Ebeling die angebliche Evidenz gar nicht erst einer eingehenden Prüfung frei, sondern verkleistert sie dogmatisch. Er behauptet, daß Evidenz immer Evidenz bleibe: Der Glaube ist das ›getroste Sichverlassen, das durch kein Geschehen der Zukunft enttäuscht und widerlegt werden kann‹, ›Existenz unter dem großen Ja, das nie enttäuscht‹. Denn das Wort Gottes, auf dem der Glaube ruht, ist ein ›rettendes, durch nichts in seiner Wirksamkeit aufzuhaltendes, endgültiges, ein für allemal gültiges Wort‹«.[189] Kahl hält ein solches Denken für unverantwortlich und fährt fort: »Wie es mit intellektueller

---

184 S. 98.   186 Ebd.   188 Ebd.
185 S. 99.   187 S. 100.   189 S. 100f.

Redlichkeit zu vereinbaren sein soll, ein menschliches Wort – und nur solche Worte kennen wir (gerade auch nach Ebeling) – als ein für allemal gültig auszugeben«, sei ihm »unerfindlich«. Auch wer sich die Schärfe dieser Polemik nicht zu eigen machen möchte, wird ein Korn Wahrheit darin finden können, daß Kahl in diesem Zusammenhang betont, nicht nur in der katholischen Theologie diene die Vernunft lediglich als »Werkzeug, das den vorgegebenen Inhalt der Offenbarung kritiklos aufzunehmen hat und verarbeiten darf«. »Überraschend enthüllt sich hier die enge Verwandtschaft zwischen dem theologischen und dem positivistischen Vernunftbegriff.«[190] Wozu nur noch anzumerken wäre, daß außerhalb der Theologie kaum ein derart schreiender Widerspruch vorkommt wie der zwischen weitestgehendem Gehalt der Aussagen einerseits und so geringen kognitiven Ansprüchen bei ihrer Begründung andererseits.

Besonders beachtlich ist Kahls Stellungnahme zum Programm der von Bultmann inaugurierten Entmythologisierung. Sie ist »nichts als eine aktuelle Spielart dessen, was die Theologen von jeher berufsmäßig trieben: die Manipulation autoritativer Texte für den gegenwärtigen Gebrauch«.[191] Vermittels der Entmythologisierung möchte Bultmann einerseits mit dem modernen wissenschaftlichen Denken Schritt halten, andererseits eine auch heute glaubwürdige und verständliche Verkündigung des Evangeliums erreichen. Die Mythen des Neuen Testaments werden ihrem objektiven Vorstellungsgehalt nach verneint, sie sind aber für Bultmann nicht die Sache selbst, sondern existentiell zu interpretieren. Er weist darauf hin, daß im Neuen Testament, gedanklich unausgeglichen, ja, einander widersprechend, die verschiedensten Mythologeme nebeneinanderstehen. Da die Aussagen »untereinander nicht in Einklang zu bringen sind«, zeigen sie, wie auch *H. Braun* behauptet, »schon durch ihre Disparatheit«, daß es »in ihnen nicht um das gehen« kann, »was sie, expressis verbis, nun widersprüchlich zueinander sagen«[192]. Kahl findet, daß hier »eine (mythologische) Not zu einer (existentialen) Tugend umfrisiert« wird. Logisch und sachlich zwingend fragt er: »Wie soll aus den Widersprüchen der biblischen Autoren untereinander folgen, daß sie – jeder für sich genommen – ihre Vorstellungen nicht ernst genommen hätten? Die Mythologeme konkurrieren vielmehr miteinander«, und wer sie »in ihren Unvereinbarkeiten gegeneinander ausspielt und auf existentiale Strukturen zurückführt, nimmt die biblischen Schriftsteller nicht ernst.«[193] »Das hermeneutische Prinzip, man müsse einen Autor besser verstehen, als er sich selbst verstanden hat«, nennt Kahl wohl nicht ganz zu Unrecht »Zynismus«.

Bultmann führt für sein Unternehmen unter anderem an, daß der Entmythologisierungsprozeß schon im Neuen Testament selbst begonnen habe. Indem Paulus die Heilszeit für den Glaubenden bereits angebrochen sein läßt, sei die Apokalyptik prinzipiell überwunden. Indessen hat Paulus, wie Kahl wiederum richtig einwendet, »die apokalyptische Zukunftsperspektive ja nicht im gering-

---

[190] Ebd.   [191] S. 104.   [192] S. 107.   [193] Ebd.

sten preisgegeben«[194], was Bultmann als Neutestamentler selbstverständlich auch weiß, als Systematiker jedoch vergessen machen möchte bzw. ignorieren zu können meint. Zugeben wird man, daß das Neue Testament nicht nur Mythologie enthält, »solange jedenfalls die historische Existenz eines Menschen Jesus wahrscheinlicher ist als ihr Gegenteil«. Entscheidend ist aber: »Dieser wirkliche Mensch wird sofort mythisiert und nur als solcher (!) zählt er für die neutestamentlichen Autoren.«[195] Das tritt in besonderem Maße bei der Frage der Auferstehung Jesu hervor. Nach Bultmann ist sie gar kein zweites Faktum zusätzlich zum Kreuz. Auch hier erhebt Kahl überzeugenden Einspruch: »Im gesamten Neuen Testament wird gegenüber jüdischen und gnostischen Gegnern die Auferstehung Jesu in eben dem Sinne verteidigt, den Bultmann verwirft. Das Kreuz erhält erst von der Auferstehung her seinen Heilscharakter, und die Auferstehung selbst gilt überall als historisches Faktum, das Augenzeugen beglaubigen.«[196] Wenn Bultmann diese Argumentation mit noch lebenden und befragbaren Augenzeugen fatal findet, so bemerkt Kahl schlagend: »Aber nicht für den Apostel ist dieses fatal, sondern für Bultmanns Auslegung.«[197] Wer noch Sinn für Argumentation und Polemik besitzt, kann hier als Schiedsrichter nur urteilen, daß in diesem Spiel der junge Marburger Doktor den berühmten Marburger Professor 2:0 geschlagen hat.

Manche Ausführungen Kahls können als Bestätigung der von Kaufmann, Albert und auch Pzillas geäußerten Urteile über das Wesen der Theologie, insbesondere der systematischen, genommen werden. Es ist ohne Frage erforderlich, daß die umfassende historische Darstellung der Krisis des Christentums durch Nestle und so brillante kritische Stellungnahmen zum Gesamtphänomen Christentum wie die von Wyneken und Pzillas ergänzt werden durch die kritische Auseinandersetzung mit der eigentlichen Theologie und einzelnen namhaften Theologen. Vor allem erweist es sich als lohnend, theologische Denker wie Bultmann und Ebeling, die in der Regel Widerstand von »rechts« erfahren, einmal von »links« ins Visier zu nehmen. Die manchmal sehr scharfen Urteile Kahls erklären sich aus der verständlichen »Unzufriedenheit mit den Halbheiten und den faulen Kompromissen der Bultmanns und Sölles«.[198] Das Ergebnis insgesamt ist: »Die heutigen Theologen, wen man auch nimmt, haben den besten Vertretern eines atheistischen Humanismus sachlich nichts Neues zu bieten.«[199] Wie immer es sich damit verhalten mag, auch der nicht so aggressiv eingestellte Beobachter wird anerkennen müssen, daß die Darlegungen dieses jungen Autors zur systematischen Theologie in mehrfacher Hinsicht interessant sind und jedesmal den springenden Punkt treffen.

In dem Beitrag zum Sammelband »Warum ich aus der Kirche ausgetreten bin« (1970) geht Kahl von seiner 1965 in einer Marburger öffentlichen Diskussion

---

[194] S. 108.   [195] S. 109.   [196] S. 110.   [197] Ebd.
[198] Joachim Kahl: Warum ich Atheist bin. In: Friedrich Heer, u. a.: Warum ich Christ/Atheist/Agnostiker bin. Hrsg. von K. Deschner. 1977, S. 69.
[199] Kahl: Elend, S. 113.

gemachten Erfahrung aus, »als Theologe den Einwänden humanistischer Atheisten nichts Triftiges entgegenhalten zu können«[200]. Er faßt seinen dadurch erlangten Standpunkt mit der ihm eigenen Entschiedenheit dahin zusammen: »Glauben und Wissen, Offenbarung und Vernunft sind unvereinbar«, »Begriffe wie ›mündiger Christ‹ oder ›kritische Theologie‹ entpuppen sich als contradictio in adiecto« »und verschleiern das Gegenteil«. Aber die »bewußte Absage an Religion und Kirche leugnet nicht« – damit kommt hier ein neuer Ton herein – »tausendneunhundert Jahre Christentum, als habe es sie nicht gegeben«.[201] Deshalb scheidet irgendeine Form des Neuheidentums als Ersatz für das Christentum aus: »Nur ein nach-christlicher Atheismus steht auf der Höhe der Zeit«[202] – eine These, die in diesem Zusammenhang besonders beachtlich ist.

Aus seiner nunmehr ausschließlich soziologischen Sicht urteilt Kahl: Die Kirchen sind »sozialtherapeutische Anstalten«.[203] »Aber alle Frischzellentherapie konnte nicht verhindern, daß ein stabileres religiöses Bewußtsein nur noch bei traditional bestimmten Randgruppen unserer Gesellschaft überlebt«.[204] »Für die überwältigende Mehrzahl der Menschen im Spätkapitalismus ist die ideologische Funktion der Religion – normativ in die Gesellschaft einzufügen und für ihre Versagungen zu entschädigen – an die Humantechniken der Bewußtseins- und Kulturindustrie übergegangen. Die Mechanismen der Reklame, die synthetischen Tagträume aus Hollywood, mystifizierte Sexualität in Schlagermusik und in« manchen literarischen Produktionen sowie »große Sportveranstaltungen und Psychopharmaka sind der Religion weit überlegen in der Perfektion, illusionäres Glück anzupreisen«.[205] Auch wer die Soziologie nicht für die letzte Instanz auf dem Gebiete des Glaubenslebens hält, wird der angeführten Feststellung ein hohes Maß an Wahrheit nicht absprechen können.

Eine Ergänzung dieser Art der Betrachtung gibt Kahl in seinem Beitrag »Warum ich Atheist bin«. Er beginnt ihn mit dem in unserem Schrifttum seltenen Bekenntnis: »Ich bin Atheist, und zwar ein offener und konsequenter, ein streitbarer.« Gleichwohl sei er »nicht antireligiös auf den Atheismus fixiert«. Die Hauptaufgabe besteht ihm »nicht darin, die Volksmassen für den Atheismus zu gewinnen, sondern für den Sozialismus zu mobilisieren«.[206] Auf die von Kahl unterschiedenen Typen und Stufen des Atheismus braucht hier nicht im einzelnen eingegangen zu werden. Als die »reflektierteste Form des Atheismus« stellt sich ihm der marxistische dar, dessen »entscheidender negatorischer Inhalt« besagt: »Die Welt ist *nicht* die Schöpfung eines allmächtigen Gottes, sondern sie ist unerschaffen«. »Der Mensch ist *nicht* das Geschöpf eines gütigen Vatergottes«, »sondern er ist das natürliche Entwicklungsprodukt der Materie«[207] – Thesen, zu deren Aufstellung es freilich, wie dazu zu sagen wäre, nicht erst des

---

[200] KAHL in: Warum ich aus der Kirche (Deschner), S. 176.
[201] Ebd. [203] S. 181. [205] Ebd.
[202] S. 177. [204] S. 182.
[206] In: Warum ich Atheist (Heer), S. 59.
[207] S. 83.

Marxismus bedurfte. »Die Haltung der christlichen Religion zum Tod und zum postmortalen ewigen Heil oder Unheil« findet Kahl »sehr komplex und in manchen Behauptungen auch – unvermeidlich – in sich logisch widersprüchlich«.[208] »In der modernen Theologie wird« über Tod und ewiges Leben nach seiner Ansicht »ein unredliches Zwielicht verbreitet«.[209] Dieser auch von Kaufmann und Albert beanstandete schillernde Charakter mancher einschlägiger Aussagen wird sich in der Tat nicht in Abrede stellen lassen, wenn man auch das Prädikat »unredlich« hier nicht im ethischen Sinne nehmen sollte.

Interessant ist die Bemerkung, daß »bürgerliche Aufklärer« dazu neigen, »die schädliche Rolle der Religion zum gesellschaftspolitischen Schlüsselproblem hochzustilisieren«. »Alles Heil soll nun aus der – möglichst raschen – Abschaffung der Religion fließen.«[210] Dagegen erkennt die marxistische Religionsphilosophie »die transitorische Notwendigkeit der Religion für die kulturelle Entwicklung der Menschheit durchaus an«.[211] Die Religion und vor allem das Christentum erledigen sich im Verlaufe des voranzutreibenden gesellschaftlichen Prozesses von selbst – eine Ansicht, die freilich bekanntermaßen nicht ausschließt, daß man gerade auf marxistischer Seite bestrebt ist, der Entwicklung kräftig nachzuhelfen.

In der vorliegenden Darstellung sollte die zuletzt zu Gehör gebrachte Stimme des Marxisten nicht fehlen. Im Vordergrund stand jedoch unter unserem Gesichtspunkt Kahls erste Schrift, die sich durch bohrende Überlegungen und treffsichere Urteile zu Punkten von besonderer Bedeutung auszeichnet, wenn sie auch hier und da über das Ziel hinausschoß. Jedenfalls ist von den Stellungnahmen ehemaliger Theologen der Kahlsche Beitrag für die eigentliche Auseinandersetzung mit der Theologie der aktuellste und insofern wichtig.

---

[208] S. 95. [209] S. 102. [210] S. 104. [211] S. 92.

Vierter Abschnitt

Christentumskritische Stellungnahmen von Schriftstellern verschiedener Art und Herkunft

Nachdem die Christentumskritik der Philosophen und ehemaliger Theologen gewürdigt worden ist, sollen jetzt noch einige Schriftsteller verschiedener Herkunft und Denkrichtung in ihrem Verhältnis zum Christentum behandelt werden. Soweit uns dabei schon bekannte Einwände begegnen, erscheinen sie doch vielfach zumindest in neuer Akzentuierung und jedenfalls, ohne daß ein Autor sie von anderen übernommen zu haben braucht. Für die vorliegende Erörterung ist das wohl überwiegend voneinander unabhängige Auftreten derselben oder ähnlicher Argumente insofern von Interesse, als sich die Frage stellt, inwieweit man eine derartige Übereinstimmung etwa im Sinne der Bestätigung oder gar Unabweisbarkeit zu verstehen hat.

Zunächst sei hier *Karlheinz Deschner* betrachtet, dessen Leistungen ein recht zwiespältiges Bild bieten. Sein verhältnismäßig weit bekannt gewordenes Hauptwerk »Abermals krähte der Hahn« (1962) hatte schon einige Jahre vor dem kleinen Buche Kahls sehr viel ausführlicher die Kirchengeschichte ins Visier genommen. Es führt den Untertitel »Eine Demaskierung des Christentums von den Evangelisten bis zu den Faschisten«. Der Verfasser betont, das Buch sei »von einem Laien für Laien geschrieben«.[1] Anzuerkennen ist, daß er mit immensem Fleiß eine große Menge Literatur verarbeitet hat. Das, was jedoch den Wert dieser Darstellung erheblich beeinträchtigt, ist ihre unerhörte Einseitigkeit. Ein schwerwiegendes Bedenken richtet sich schon gegen die Aufgabenstellung: die »Demaskierung des Christentums«, insbesondere »die Konfrontation« »wichtiger biblischer Lehren mit dem, was daraus geworden ist«[2]. Demaskierung: das sieht sehr nach einer Tendenzschrift aus, einem Pamphlet. Dieser Begriff darf nicht zu eng und nicht notwendig im ungünstigen Sinne genommen werden. J. Kahl hat später sein Büchlein, wie erwähnt, selbst als Pamphlet bezeichnet. Ein solches kann durchaus angebracht und, entsprechend angelegt und ausgeführt, sogar von hoher Qualität sein, d. h. wenn es sich klar auf ein Ziel ausrichtet und in einem angemessenen Stil auftritt. Was aber soll man zu einem Pamphlet sagen, das zugleich eine Kirchengeschichte sein will[3] und sich zum

---

[1] KARLHEINZ DESCHNER: Abermals krähte der Hahn. 2. u. 3. Aufl. 1964 (Taschenbuchausg.), S. 9.
[2] S. 135.
[3] S. 9.

umfänglichen Buch ausgewachsen hat? Das, was Deschner gibt, ist entweder zuviel, als Kampfschrift, oder viel zu wenig als Kirchengeschichte. Eine historische Darstellung hat ihren Gegenstand sachlich, nicht karikierend, zu beschreiben, sie muß ihn in die Zusammenhänge hineinstellen, die Entwicklung herausarbeiten, Licht und Schatten gehörig verteilen und zu verstehen suchen, warum die Dinge so verlaufen sind. Davon ist Deschner weit entfernt. Wie kann ein Historiker das so reiche und komplexe Phänomen des Christentums an einem einzigen Maßstab messen wollen, und sei dieser Maßstab Jesus, genauer: die Bergpredigt, noch genauer: die Seligpreisungen, der Gewaltverzicht, das Gebot der Feindesliebe! Was Deschner vorschwebte, war nicht, wie man sich gewünscht hätte, die Erkenntnis der Zusammenhänge und die gerechte Abwägung beim Urteil, sondern eine Abrechnung mit dem Christentum in ethischer Hinsicht, die totale Anklage: immer wieder hat die Kirche ihren Herrn verleugnet, verraten. Das Christentum erweist sich mit seiner Gründung durch Paulus als eine Verfälschung, und die spätere Geschichte hat aus der Forderung der Liebe und Gewaltlosigkeit das vollendete Gegenteil gemacht. Feuer und Schwert hat die Kirche für ihren Anspruch auf Geltung und Macht eingesetzt und, als sie nicht mehr die ganze oder überwiegende Macht besaß, mit dem Staat paktiert bis in die Zeit des Nationalsozialismus. Gewiß läßt das alles sich zeigen, sofern man das Christentum mit einigen Forderungen der Bergpredigt gleichsetzt. Und es ist ja wirklich immer wieder erstaunlich und erschütternd zu sehen, »wie sich Barmherzigkeit in Machtanspruch, Gewaltlosigkeit in militanten Missionseifer und Nächstenliebe in brutale Verfolgung verkehrten«[4]. Das Gebot, sich des Besitzes zu entledigen, wurde, wenn man von den Angehörigen der geistlichen Orden absieht, in den Wind geschlagen, desgleichen die Forderung der Feindesliebe und das Verbot des Tötens. Die Sklaverei wurde beibehalten und die Intoleranz – schon Deschner hebt, wie es naheliegt, Antijudaismus, Vernichtung der Heiden, Ketzerverfolgung, Hexenwahn und -verbrennung hervor – systematisch ausgebildet und in einem Maße praktiziert wie in kaum einer anderen Religion. So ist das Buch in gewisser Hinsicht, wie es in einer überwiegend positiven Beurteilung heißt, »ein fast einmaliger Höhepunkt der ethischen Kirchenkritik«[5]. Aber, so wird man fragen müssen, bedarf es zur Darlegung dieser ethischen Kritik einer verhältnismäßig so starken Berücksichtigung der dogmengeschichtlichen Entwicklung, wenn darüber anderes so sehr zu kurz kommt oder vielmehr ganz unter den Tisch fällt? Sicherlich: »Der trinitarische Streit wurde jahrhundertelang bekanntlich um jenen ›Gott‹ geführt, dessen Hauptgebot der Liebe gilt. Gleichwohl stritt man selbst bei der theologischen Polemik oft mit allen Mitteln, wie die Geschichte der christlichen Parteikämpfe und Synodaldebatten hinreichend bezeugt – eine Kette von Gewaltsamkeiten, Haßausbrüchen, Denunziationen, Bestechungen, Dokumentenfäl-

---

[4] Text auf dem hinteren Buchdeckel.
[5] FRIEDRICH PZILLAS: Historische, ethische und religionswissenschaftliche Kirchenkritik. In: Pf. H. 117/118 (Jg. 13. 1963), S. 66.

schungen, Exkommunikationen und Verbannungen.«[6] Die dogmengeschichtlichen Kämpfe können indessen nicht nur wegen solcher Entartungserscheinungen Interesse beanspruchten. Ihnen kommt, sobald einmal die Hauptentwicklung auf dem dogmatischen Gleis verlief, ihr eigenes Gewicht zu, das sich nicht unter den Gesichtspunkt einer ethischen Kirchenkritik bringen läßt.

Was aber viel schlimmer ist: Andere wichtige Auswirkungen des Christentums, und zwar gerade solche sittlicher Art, werden in diesem Buche völlig vernachlässigt und großenteils geradezu totgeschwiegen. Von einer noch so scharfen Kritik müßte man sicherlich vor allem verlangen, daß sie einigermaßen gerecht zu urteilen versucht und dann selbstverständlich auch die günstigeren Sachverhalte entsprechend berücksichtigt. Wenn schon diese »Kirchengeschichte« nach der Erledigung der alten Kirche die zeitlich angeordnete Darstellung abbricht und zu einer Betrachtung einzelner Sachgebiete übergeht, wobei dann u. a. die soziale Frage behandelt wird, so würde man hier für die neuere Zeit nun doch wenigstens die Namen einiger besonders verdienter Männer des praktischen Christentums wie Francke, Wichern, Bodelschwingh erwarten dürfen. Der Name des Begründers der Inneren Mission findet sich jedoch überhaupt nicht, und als Friedrich v. Bodelschwingh erscheint nicht der bekannte Begründer der einzigartigen großen Anstalten in Bethel, sondern dessen gleichnamiger Sohn und Nachfolger in der Leitung (zu Lebzeiten in Bethel meistens »Pastor Fritz« genannt) und auch dieser nicht etwa als der Anstaltsleiter und hervorragende Mann der Inneren Mission, sondern lediglich als Mitunterzeichner eines nationalen Aufrufs zu Beginn des Ersten Weltkriegs! Wie der Mann, der später durch Hitler daran gehindert wurde, die Wahl zum ersten deutschen Reichsbischof anzunehmen, sich während des Zweiten Weltkriegs in ebenso besonnenem wie entschiedenem Ringen mit den Machthabern des Dritten Reiches vor seine Epileptiker, Schwachsinnigen und Geisteskranken gestellt, sich nicht nur standhaft geweigert hat, die übersandten sie betreffenden dreitausend Fragebogen auszufüllen, sondern mehrfach die höchsten Stellen in Berlin aufsuchte und ihnen ungemein energisch, klug, geschickt und auch gütig – ein imponierendes Beispiel von Feindesliebe – seine Vorstellungen und Bitten vortrug, so daß die große Vernichtungsaktion in Bethel unerwarteter- und fast unbegreiflicherweise nicht stattfand, davon findet sich bei Deschner keine Spur. Das ist unverzeihlich.[7] Ebenso wird Hans Lilje, der spätere Landesbischof von Hannover, als »Förderer des Naziregimes« erwähnt. Daß dieser identisch ist mit dem Verfasser des ergreifenden Büchleins »Im finsteren Tal«, in welchem er seine nach dem Aufstandsversuch vom 20. Juli erfolgte Verhaftung durch die Geheime Staatspo-

---

⁶ DESCHNER: Abermals, S. 381.

⁷ In der Biographie Bodelschwinghs von WILHELM BRANDT (Friedrich v. Bodelschwingh 1877–1946, Nachfolger und Gestalter. 1967) gehört der Kampf mit dem Regime um seine Pflegebefohlenen zum Spannendsten und Erhebendsten, was man über jene Jahre überhaupt lesen kann. Die Festigkeit der Gesinnung und die Willensstärke, aber auch der Takt und die Klugheit, die er dabei bewies, sind ohnegleichen. Vgl. namentlich auch die Dokumentation in: Bethel – Arbeitsheft 1. 4. Aufl. 1979.

lizei sowie die Zeit seiner Einzelhaft und der Verhöre beschreibt, monatelang mit
der Hinrichtung rechnend, das kann ein Leser Deschners, der nicht schon darum
weiß, nicht einmal ahnen. Zwar wird die Bekennende Kirche mit wenigen
Zeilen erwähnt und in diesem Zusammenhang u. a. der unerschrockene Martin
Niemöller genannt, aber nicht einmal der Name Dietrich Bonhoeffers kommt in
diesem Buche vor, ebensowenig wie etwa der der unerhört mutigen Judenbe-
treuerin Gertrud Staewen. Nein, Christen haben ihren Herrn keineswegs so
überwiegend verleugnet, wie es hiernach den Anschein hat. Wie unübersehbar
war die stille, oft aufopfernde Liebestätigkeit der Kirche, der Klöster, der
Inneren Mission zu allen Zeiten! Bis heute sind die jetzt immer rarer werdenden
Diakonissen und katholischen Schwestern bei der Pflege in Krankenhäusern
allgemein besonders beliebt. Von alledem schreibt Deschner kein einziges Wort.
Es scheint ihn einfach nicht zu interessieren. Mit einer derart praktizierten
Einseitigkeit des Fanatikers wird der Wahrheit kein Dienst geleistet, und dies
wäre doch wohl der Maßstab auch jedes ernstzunehmenden der Kritik gewid-
meten Buches.

Dem, was die genannten Beispiele im kleinen zeigen, entspricht die Behandlung im großen. Eine Kirchengeschichte, in der Luther hauptsächlich als wilder
Antisemit erscheint und vom Apostel Paulus zwar gar nicht wenig und sogar im
großen und ganzen Zutreffendes berichtet, der Begriff der Rechtfertigung aber
überhaupt nicht erwähnt wird, ist eine offensichtliche Fehlplanung und auch
unter dem ethischen Gesichtspunkt zu beanstanden. Daß vieles in der Geschichte
des Christentums sehr wenig mit Jesus oder gar mit seiner Ethik zu tun hat,
wußte man schließlich schon vor Deschner. Daß mancherlei verschiedenartige
Einflüsse auf das Christentum eingewirkt haben, ist ebenfalls seit langem nicht
unbekannt. Deschner vergröbert jedoch, ja, verfälscht den Sachverhalt, wenn er
folgende anderen Autoren entnommene Sätze seinen Darlegungen als Motto
vorausschickt: »Nichts ist neu« (W. Durant). »Es gibt keinen einzigen christlichen Gedanken... der nicht schon vor Jesus in der ›heidnischen‹ oder jüdischen
Literatur nachweisbar wäre« (Karl Kautzky)[8]. Hiermit vergleiche man die Äußerung eines anderen Christentumskritikers, *Walter Kaufmanns*: »Wer von Geschichte nichts weiß, glaubt an unbedingte Neuigkeit; wer nur oberflächliche
historische Kenntnisse besitzt, neigt zur Auffassung, daß es überhaupt nichts
Neues gäbe, da er sich durch Ähnlichkeiten blenden läßt. Wer sich jedoch
wirklich auskennt, entdeckt zwar kleine, aber manchmal wesentliche Unterschiede.«[9] Und was das Christentum betrifft, so sind diese Unterschiede nicht
einmal klein, wenn man nur sehen will. Deschner zeigt dagegen eine hochgradige Unfähigkeit und Abneigung, Originales im Christentum anzuerkennen.[10] So

---

[8] DESCHNER: Abermals, S. 135.
[9] KAUFMANN: Glaube, S. 185.
[10] Vgl. auch sein Buch: Der manipulierte Glaube. Eine Kritik der christlichen Dogmen.
1971. – Neue Ausg. u. d. T.: Der gefälschte Glaube. 1980.
Weitere Veröffentlichungen DESCHNERS: Ein Jahrhundert Heilsgeschichte. Die Politik der

scheint sich sein Unternehmen einer höchst einseitigen ethischen Kritik beinahe zu dem möglichst sensationell aufbereiteten allgemeinen Nachweis auszuweiten, daß es mit dem Christentum eine leidige Sache ist, und man muß den von vornherein verdächtigen Untertitel von der »Demaskierung« schließlich doch als bezeichnend für die Einstellung dieses Buches gelten lassen. Seinen roten Faden bildet in der Tat das Bestreben, das Christentum, wo es nur irgend angeht, herabzusetzen. Daß fanatische Polemik sich so viel Mühe mit der Information macht und überhaupt so gründlich zu Werke geht, ist das Bemerkenswerteste und wohl Einmalige an diesem Buch. Es läßt sich aus ihm manches lernen, zugegeben, aber als Ganzes bietet es eine bedauerliche Verzerrung, eine so hochgradige Verzerrung, daß die Wahrheit in Unwahrheit umzuschlagen im Begriff steht.[11]

Ein Fall für sich ist die Behandlung eines Sondergebiets durch Deschner: Das Kreuz mit der Kirche. Eine Sexualgeschichte des Christentums. 1974. Auch über diese Schrift kann das Urteil nur zwiespältig ausfallen. Das hat schon bald nach dem Erscheinen E. Brock, leider an einem sehr abgelegenen Ort[12], in einer klugen Stellungnahme erschöpfend zum Ausdruck gebracht: Sowohl das mangelnde Verständnis für echte Religion als auch eine maßlose Überschätzung des Geschlechtlichen schränken die Bedeutung des an sich sehr notwendigen Buches ein. Das Verdienst aber dieser einem Sondergebiet geltenden Arbeit muß rückhaltlos anerkannt werden. Für den behandelten Gegenstand ist sie ungeachtet der erwähnten Einschränkungen *das* Werk über eine schier unfaßliche Verirrung des menschlichen Geistes.

Etwas vom Pamphlet haftet auch Deschners Beitrag »Warum ich Agnostiker bin«[13] an. Es ist allerdings die Frage, ob Deschner, der die Christentumskritik beinahe zu seiner Lebensaufgabe gemacht zu haben scheint und dessen Aggressivität wir hinlänglich kennengelernt haben, wirklich als berufen gelten kann, ausgerechnet einen Standpunkt zu vertreten, der doch eigentlich eine gewisse Zurückhaltung und geradezu Resignation enthält und erwarten lassen würde. Die Rolle des gerechten Historikers, so viel hat sich gezeigt, war nicht seine

---

Päpste im Zeitalter der Weltkriege. 2 Bde. 1982/83. – Kriminalgeschichte des Christentums. Bd. 1: Die Frühzeit 1986.

[11] Daß Deschner als Pamphletist eine beträchtliche Begabung besitzt, zeigt die Einleitung zu dem schon früher erwähnten von ihm herausgegebenen Band »Warum ich aus der Kirche ausgetreten bin« (1970), die den bezeichnenden Titel trägt: »Écrasez l'infâme oder über die Notwendigkeit, aus der Kirche auszutreten«. Trotz der auch hier wiederholten ganz und gar unmöglichen Behauptung, es gäbe »im Christentum absolut nichts, was nur den geringsten Anspruch hätte auf geistes- oder religionsgeschichtliche Originalität« (S. 17), ist die Herausgabe dieses kleinen Sammelbandes zu begrüßen, wenngleich nicht alle Beiträge die Aufnahme rechtfertigen.

Beachtenswert ist auch das von Deschner herausgegebene Sammelwerk: »Das Christentum im Urteil seiner Gegner.« Bd. 1. 1969; Bd. 2. 1971.

1957 hat Deschner bereits das Sammelbändchen »Was halten Sie vom Christentum?« herausgegeben.

[12] ERICH BROCK in: Der Landbote, Tagebl. von Winterthur und Umgebung, 9. 8. 1975.

[13] In dem schon früher genannten von Deschner herausgegebenen Bande: Warum ich Christ/Atheist/Agnostiker bin. [im folgenden zit: Agnostiker].

Sache und ebensowenig liegt ihm die Aufgabe einer nüchtern-sachlichen philosophischen Stellungnahme. So wird denn auch im Zusammenhang des hier
vertretenen Agnostizismus die allgemeine Frage nach der Erkennbarkeit der
Wirklichkeit in gewissen Grenzen von Deschner gar nicht berührt. Er beschränkt sich – und das Recht hierzu wird man ihm zugestehen müssen – von
vornherein im wesentlichen auf die Frage nach Gott. »Niemand kann Gott,
niemand jedoch auch seine Nichtexistenz beweisen.« »Was läge näher, als das
Problem offenzulassen? Dies eben tut der Agnostiker.«[14] »Da ein ›höchstes
Wesen‹ weder zu verifizieren noch freilich infolge unserer Erkenntnisbegren-
zung zweifelsohne auszuklammern ist, erscheint« Deschner »die agnostische
These verantwortbarer, konsequenter als die atheistische«.[15] Um zu einer kritischen Würdigung des agnostischen Standpunktes zu gelangen, müßte man
jedoch ein wenig differenzieren. Dann würde sich ergeben, daß der Agnostizismus sicherlich das letzte Wort in Sachen einer adäquaten Erkenntnis der letzten
Wirklichkeit darstellt, uns aber nicht schon die ersten Schritte zu einer mehr als
nur empirischen Erkenntnis überhaupt verwehren wollen darf. Vor allem aber
wäre, was Gott betrifft, zu unterscheiden zwischen positiven Aussagen und der
Ablehnung aller möglichen unbegründeten oder absurden Behauptungen über
seine Beschaffenheit, welche abzuweisen die Kompetenz der menschlichen Urteilskraft keineswegs übersteigt. Deschner selbst denkt ja auch gar nicht daran,
auf die Bestreitung christlicher Glaubensaussagen zu verzichten, und ist insofern
im Sinne des von ihm eingenommenen Standpunkts nicht konsequent. In dieser
Inkonsequenz, verbunden mit einer hochgradig sarkastischen Sicht, liegt sogar
seine besondere Stärke. Nur infolge von Erziehung und Gewohnheit, meint er
z. B., »kriegen wir nicht augenblicklich Lach- und Gehirnkrämpfe, wenn hier
ein ›höchstes Wesen‹ alles sub specie boni beginnt und sich dann dauernd wie der
Leibhaftige aufführt – und doch, oh Wunder, der ›liebe Gott‹ bleibt!«[16] Den
christlichen Gottesbegriff findet Deschner »total diskreditiert: im Buch der
Bücher durch ein Gewimmel greulichster Widersprüche und Inkonsequenzen,
die schreiende Disparität von Jahve und Jesus, das Selbstverständnis des (jüngeren) Herrn« usw.[17]. Solche Ausführungen stellen offensichtlich alles andere als
einen folgerichtigen Agnostizismus dar, während man der Diskussion ihres
sachlichen Gehalts eine gewisse Berechtigung kaum absprechen kann, wenn
auch der hier angeschlagene Ton nicht jedermanns Sache ist.

Entschließt man sich, Deschner auf das seiner Art der Betrachtung entsprechende Gebiet zu folgen, so hat er, Agnostizismus hin oder her, etwas zu sagen,
und er sagt es geradezu mit Perfektion. Eine gewisse Art, sich über Gott zu
äußern, erscheint ihm mit Recht unmöglich. Er nimmt sich etwa eine kirchliche
Anleitung zu christlicher Erziehung kleiner Kinder vor: »›Wie schön, Thomas,
daß wir uns so liebhaben. Das schenkt uns der gute Gott.‹« »Die Mutter sagt:
›Ein schöner Apfel! Der soll uns gut schmecken! Weißt Du, woher er kommt?«

---

[14] DESCHNER: Agnostiker, S. 139.
[15] S. 143.   [16] S. 149.   [17] S. 160.

»Wir ahnen es«, bemerkt Deschner. »›Gott hat ihn auf einem Apfelbaum wachsen lassen und nun schenkt er ihn dir...‹«. »Alles Schöne schickt der Herr«, fährt Deschner wiederum fort, »freilich läßt er auch fast jeden Augenblick ein Kind verhungern. Und hing da nicht schon im Garten Eden einmal ein Apfel...?« usw. [18] Die von Deschner aufs Korn genommene Ausdrucksweise – er spricht von »diesem Mumpitz« – sollte allerdings auch Kindern gegenüber nicht erlaubt sein. Aber das gilt natürlich erst recht auf höherer Ebene und auch außerhalb der Deschnerschen Beispiele. Da kann man etwa in einer Weihnachtsbetrachtung lesen: »So sehr hat Gott die Welt geliebt, daß ihn das Heimweh nach seinen Menschenkindern zu uns auf die Erde trieb. Wir sollen den Herrn der Weltgeschichte nicht länger in unendlicher Ferne suchen müsen. Er kommt zu uns.« [19] Ein solches Reden von Gott erscheint keineswegs nur dem Agnostiker unstatthaft. Vom Heimweh Gottes – ein altes mystisches Motiv – heute noch zu sprechen, verbietet sich nicht nur aus erkenntnistheoretischen Gründen, es dürfte, vom Standpunkt des Geschmacks noch ganz abgesehen, spätestens seit Karl Barth auch theologisch höchst fragwürdig geworden sein.

Bei aller Anerkennung des dem Agnostizismus innewohnenden Rechts in dem Sinne, daß es vom Absoluten, von der letzten bzw. ersten Wirklichkeit kein Wissen gibt, sollte man das für den Agnostiker charakteristische, auch von Deschner befürwortete Offenhalten der Probleme, um dies noch einmal zu betonen, jedenfalls nicht so weit treiben, daß aus lauter Zurückhaltung alle beliebigen religiösen und metaphysischen Behauptungen als gleich möglich und unmöglich hingestellt werden. Das erwähnte Motiv des Heimwehs Gottes z. B. ist keineswegs grundsätzlich gleichberechtigt mit der Ablehnung dieser Annahme, sondern, auch abgesehen von der fehlenden Verifizierbarkeit reichlich sonderbar. Einem etwa existierenden Gott – seine Wirklichkeit einmal vorausgesetzt – eine solche Regung zu unterstellen, entbehrt jeden Grundes. Diese Aussage ist deshalb einfach abwegig. Wir sind mithin nicht gehalten, hinter jede derartige These oder Hypothese in immer der gleichen Weise lediglich ein Fragezeichen zu setzen, sondern werden manche Annahmen mit Bestimmtheit verneinen, andere gründlich prüfen und gegebenenfalls ihre geringere oder größere Wahrscheinlichkeit erwägen und abwägen. Sehr angebracht ist ein Fragezeichen natürlich dort, wo eine Aussage über Gott in qualitativer Hinsicht zwar grundsätzlich möglich, aber erkenntniskritisch allzu gewagt erscheint. Man kann manchmal nur staunen, wie genau ein Prediger Bescheid weiß über das, was Gott »will«.

Als außerordentlich originell und begrüßenswert hervorzuheben ist abschließend Deschners Abrechnung mit einer Richtung der Theologie, die sich wohl den agnostischen Standpunkt zueigen macht, jedoch weiterhin scheinbar christlich agiert und diskutiert, dabei aber von Gott eigentlich nur noch deshalb redet, weil der Mensch angeblich »aufhört, Mensch zu sein, wenn er die Frage nach

---

[18] S. 152.
[19] Bote von Bethel, Nr. 120. 1977, S. 2.

Gott nicht mehr stellt«[20]. Die Abfertigung der hier begegnenden ebenso ungläubigen wie sinnlosen Verrenkungen und Künsteleien des Denkens und Glaubens
wird von Deschner sachgemäß und geradezu kunstvoll durchgeführt.

Für Leser, die das Tanzen auf diesem Boden nicht gewöhnt sind und bei dem
Wort »Gott«, durch Erinnerungen an Bibel und Glaubensbekenntnis bestimmt,
an eine höhere Wirklichkeit denken, sei, damit das Folgende verständlich wird,
vorausgeschickt, daß sich um Nietzsches Thema vom Tode Gottes seit ein paar
Jahrzehnten eine Theologie rankt, welche teils die Religion aufgeben zu müssen
meint und trotzdem weiterhin von Gott spricht, teils umgekehrt den Begriff
Gottes zu opfern bereit ist oder umdeutet, die Religion jedoch beibehalten will,
wie dies bei Paul Tillich, dem eigentlichen Vortänzer dieser Richtung, der Fall
ist. Für ihn ist Religion »das, was uns unbedingt angeht«, und aus Gott wird
nunmehr »die Tiefe des Seins«. Auf der Grundlage dieses Motivs wurde die
Frage nach Gott als »die Frage nach dem letzten Woher und Wozu meiner
Existenz« oder Gott als das »Woher meines Umgetriebenseins« (Braun) oder
dann auch, ein zweites Motiv, als eine bestimmte Art der Mitmenschlichkeit
(Braun, Metzger) beschrieben. Den Höhepunkt solcher eindeutigen Zweideutigkeit erreicht D. Sölle, nach welcher, was den Gott des Glaubens im üblichen
Sinne betrifft, dessen Tod oder Abwesenheit eine Tatsache ist. Aufgrund dieser
Voraussetzung und unter Aufnahme des eben genannten zweiten Motivs versteht Sölle ähnlich wie einst der Nichttheologe Feuerbach und neuerdings wieder der ausführlich behandelte Paul Schulz Gott als »das Gebot und die Realität
der Liebe«. Der Sinn eines damit statuierten »christlichen Atheismus« ist der
Vorsatz, Gott und das Göttliche zu leben. Auf jeden Fall ist Gott danach nicht
außerhalb und unabhängig von der Welt und überhaupt nicht so, wie der naive
Gläubige bisher gemeint hat. »Gott ist anders«, wie der deutsche Titel einer
bekannten Schrift des englischen Bischofs John A. T. Robinson »Honest to
God« lautet, in welcher die verschiedenen Motive der neuen, noch immer
sogenannten »Theologie« zusammenfließen. Über eine Theologie, die den
christlichen Glauben so gänzlich denaturiert, würde hier kein Wort zu verlieren
sein, wenn das Gesagte nicht unerläßlich für das Verständnis der weiteren
Ausführungen Deschners wäre. Über eine solche Art verworrener und bewußt
verwirrender Theo-logie in Anführungszeichen fällt Deschner nämlich nun in
einer Weise her, daß es eine wahre Freude ist.

Das läßt sich nicht mehr referieren, das muß man, wie schon bei Pzillas,
einfach zitieren, wortwörtlich: »Gott ist anders! Der Theologen-Topos, der
klerikale Top-Hit heute. Der New-Look der Nigromanten! Darfs noch der alte
Herr, darfs schon ein neuer sein? Oder der alte«, »doch in Neuauflage? Geht es
vielleicht auch ganz ohne Gott? Oder ohne Religion? Wie ist Gott? Ist er
überhaupt? Über irgendeine Finte, Gaukelei, irgendeinen unerhörten Glaubensakt sucht man sich jedenfalls dem Zeitgeist zu synchronisieren. Mundus vult

---

[20] Heinz Zahrnt: Gott kann nicht sterben. Wider die falschen Alternativen in Theologie und
Gesellschaft. 2. Aufl. 1970, S. 11. – Deschner: Agnostiker, S. 118.

decipi, die Welt will betrogen sein.«[21] »Alles eine Frage der Maulfertigkeit nur, des Hierophanten-Getuschels, der transzendenten Zungendreherei. Derart läßt sich das Blaue vom Himmel holen und wiederum hinaufbugsieren, kann man, durch Akkumulation der wunderbarsten Blasen und Leerformeln, herrliche ›dialektische‹ Volten vorführen, gelenkige Kombinationen, Verschlagenheiten, Modernität auch noch mimen, ›Fortschritt‹, freilich unter dauerndem Verstoß gegen Wittgensteins Wunsch, über das zu schweigen, was nicht klar zu sagen sei.«[22] »Ich hab es öfter rühmen hören, ein Komödiant könnt einen Pfarrer lehren. Nicht nur beim ›Gottesdienst‹ schlüpft er, je nach Kirchenjahr, in stets neue Ornate, schmückt und schillert er sich durch Feste und Fasten. Nicht nur in politicis erschwindelt seine proteische Natur Triumphe über Triumphe«, »durchgleitet er wie ein Chamäleon die Zeiten. Auch theologisch will er, gleich Paulus schon, dem Schlauen, allen alles sein, wobei ihn Taktik (nicht Scham etwa!) in immer fiesere Verstecke zwingt, zu immer subtilerer Verstellungskraft, virtuoseren Gefinkeltheiten, einer Optik, deren Krummheit sich nicht so schnell verrät, terminologischen Usancen, die jeder Klarheit oft spotten und Solidtität, sein Instrumentarium absichtlich unscharf, vieldeutig bleibt, leicht und wie in Nebeln hin- und herschwimmt, auf daß er selber eben, schwimmend, schwätzend, schweigend überlebe, die wahre göttliche Komödie.«

Scharfsichtig entdeckt Deschner in den Auslassungen dieser Neologen sogar schon noch eine andere, neue alte Nuance: »Vermittelnde Schaumschläger, besorgt bereits über die Blässe des gegenwärtigen Idols, die fehlende ›Lebendigkeit‹ darin, ›Farbe‹, einen mangelnden ›Dreckeffekt‹ (!), dringen schon wieder auf etwas Leben sozusagen in der Leiche, etwas Farbe im Farbenschwund und demonstrieren selbst gleich beides: ›Das Unbekannt- und Unbenanntbleiben Gottes trotz allen Bekannt- und Benanntseins..., seine Verborgenheit in aller Offenbarung, den Abgrund in allem Grund, die Gottheit in Gott‹« (Zahrnt).[23] »Mit edler, aus immergrünen Glaubensgründen quellender Gelassenheit predigen sie die ›Erfahrung eines Gottes über dem Gott des Theismus‹, ›über dem Schema..., in das ihn der Theismus hineingezwungen hat‹« (Tillich). »Denn ›daß der alte Gott nicht mehr lebt, an den alle Welt einst geglaubt‹, diese vordem so verfluchte Nietzsche-Lehre, bejahen sie sehr ungeniert nun selber – mit einer kleinen Betonung vielleicht des Attributs ›alt‹; fängt doch ›mit der Vorstellung vom jenseitigen Gott... heute keiner mehr was Rechtes an‹« (Nietzsche, U. Mann[24]). »Man hat dies forciert antimetaphysische Tod-Gottes-Spektakel auch eine Playboy- oder Shoking-Theologie genannt, ein geistliches Happening. Doch schockant ist nicht der Theologe mehr, schockant ist, wer ihm noch glaubt – auch wenn anstelle des ›Ewigen‹ jetzt das Säkulare tritt, anstelle Gottes der Mensch, der Nächste, das Soziale, die Liebe‹«[25].

Dieses bei offensichtlicher Ungläubigkeit festzustellende Gewoge widerspruchsvoller und wahrhaft scheinheiliger Aussagen und die offenbar bewußte

---

[21] S. 177.
[22] S. 177f.

[23] S. 180.
[24] S. 180f.

[25] S. 183.

und bezweckte Unsauberkeit der Begriffe ist, auch wenn man sie nicht ganz so ernst nimmt wie Deschner, auf jeden Fall widerwärtig und zugleich lächerlich. Deschner meint, schließlich stehe »doch wieder ein schillerndes Sowohl-als-auch vor uns, wird es erneut geheimnisvoll, biblisch, weihnachtlich gar, gerät der Nekrolog unversehens zur Nekromantie, der Exitus zur Epiphanie, die Jeremiade zum Jubel, zum come back zumindest des Herrn Jesu«. Ja, Deschner spricht von einem »mausetoten Deus, der nach allen Exequien, recht munter ist, wohlauf«[26]. Wie gesagt, man sollte diese so ganz und gar künstliche, papierene Belebung eines einmal totgesagten Gottes nicht allzu wichtig nehmen. Die Frage, ob Gott endgültig tot ist oder trotz zunehmenden Unglaubens lebt und am Leben bleibt, wird auf einem anderen Felde ausgetragen, nicht auf dem Boden eines perversen spielerischen Denkens bzw. Quasi-Denkens. Eben darin besteht die unvergleichliche Leistung Deschners, die Gott-ist-tot-Theologie und vor allem die Gott-ist-nur-halbtot-Theologie, die man ernsthaft nicht dis-kutieren kann, in der ihr gemäßen Weise abgefertigt zu haben. Diese Sache erfordert in der Tat den Stil des Pamphlets, ja, den Jux, und der muß brillant, grandios genannt werden. Wie bei Pzillas sind Gehalt und Form in diesen Ausführungen vollkommen adäquat, geradezu einsgeworden.[27] Für die Ausein-andersetzung mit dem wirklichen Christentum und seiner Theologie ist Desch-ner leider weit entfernt, den richtigen Ton zu finden; eine Theologie dagegen in Gänsefüßchen, für die Gott ein bloßes Wort geworden ist, mit dem man Ball spielt, mit dem sie verfährt, wie es ihr gefällt, ein völlig sachentfremdetes, einmal wunder wie wichtig genommenes, dann wieder gering geschätztes, abgesetztes, ersetztes Wort – dieses ärgerliche Gerede, um nicht zu sagen: Gefasel, konnte nicht besser erledigt werden, als daß man es lächerlich macht. Hier hat Deschner in der Sache und mit der Form voll und ganz recht und sich ein wirkliches Verdienst erworben.

Zweierlei sei hierzu, um jedes Mißverständnis auszuschließen, noch einmal herausgestellt: erstens daß diese meisterhafte Abfertigung nicht dem Glauben, sondern dem kaschierten Unglauben gilt, einem Scheinchristentum, das nicht ernstgenommen zu werden verdient; zweitens, daß diese vergnügliche Abferti-gung nicht an die agnostische Sicht gebunden ist, sondern von jedem begrüßt werden muß, der einen noch so bescheidenen Standpunkt, wenn er nur echt ist, dem bloßen Wortemachen vorzieht.

Die Befürwortung der agnostischen Haltung, daneben das stark im Vorder-grund stehende ethische Kriterium bei der Auseinandersetzung mit dem Chri-stentum und die Verurteilung seiner Vergangenheit unter diesem Gesichtspunkt sowie eine kämpferische Einstellung überhaupt ist auch charakteristisch für den Standpunkt des Schweizer Schriftstellers *Robert Mächler* in seinem Beitrag »Wa-rum ich aus der Kirche ausgetreten bin«. »Weder Kathedralen und Altargemälde

---

[26] Ebd.
[27] R. MÄCHLER (in der Basler Zeitung, 17. 3. 1978) fühlt sich bei Deschner an Karl Kraus erinnert.

noch kirchliches Krankenpflege- und Almosenwesen sind Werte, die die Übeltaten des offiziellen Christentums wettmachen oder entschuldigen.« Das Nebeneinander von Gutem und Schlechtem beweist nur, wie ambivalent das Christentum ist.[28] Diese Betonung der Ambivalenz, in der sich Mächler mit seinem früher genannten Landsmann Erich Brock begegnet, hindert ihn jedoch, im Unterschied von diesem, nicht, sich für eine praktizierende Ablehnung des Christentums einzusetzen. Es genügt »nicht, dem Christentum und den anderen Religionen je um der eigenen Freiheit willen den Rücken zu kehren. Sie müssen als Mächte der gesellschaftlichen Unfreiheit bekämpft, durch radikale Kritik zum Verschwinden gebracht werden«.[29] Andererseits wagt Mächler »nicht endgültig zu behaupten, das Christentum sei unwahr«[30], obwohl er ihm im einzelnen sehr entschiedene Absagen erteilt. Nicht nur, daß er das Jesusbild der Evangelien als »überwiegend Dichtung, jedenfalls geschichtlich unzuverlässig«[31] ansieht und Jesu Selbstzeugnis »unglaubwürdig« findet[32], ja, daß ihm »das christliche Zentralmirakel, die Auferstehung Jesu«, »nicht mehr viel anderes als der Stoff zu verlegenen und verlogenen Osterbetrachtungen« ist, auch das Menschenbild Jesu findet er »unhaltbar« wegen seines im Gegensatz zur Erfahrung stehenden »moralischen Dualismus«, für den die Menschen »in solche, die zur ewigen Seligkeit und in solche, die zur ewigen Verdammnis bestimmt sind«, zerfallen.[33] Und erst sein Gottesbild! Anstatt eine »vernunftmäßige Kritik an Jahwe« vorzunehmen, wie sie »Voraussetzung einer guten oder doch besseren Gottesbotschaft« gewesen wäre, »wird der Terror dieses Gottes vom Diesseits auf das Jenseits, von der Zeit auf die Ewigkeit ausgedehnt«.[34] »Die sechshundert mosaischen Gesetze werden von Jesus zwar möglichst ignoriert, von Paulus für abgetan erklärt (Gal 3), von beiden aber durch eine neue freiheitswidrige Last ersetzt, die Forderung des unbedingten Christusglaubens.«[35] Anstoß nimmt Mächler vor allem auch an dem Widerspruch zwischen der Allmacht Gottes sowie der schlechthinnigen Abhängigkeit jedes Geschöpfs von ihm einerseits und der dem Menschen dennoch zugeschriebenen Freiheit und sittlichen Verantwortlichkeit andererseits.[36]

Dieser letzte Punkt wird noch einmal in einem Streitgespräch aufgenommen, das Mächler 1974/75 und 1977 in Zeitungsbriefen mit dem Schweizer Pfarrer, Schriftsteller und Dichter Kurt Marti geführt hat, später unter einem wenig glücklichen Haupttitel als selbständiges Bändchen erschienen: »Der Mensch ist nicht für das Christentum da. Ein Streitgespräch über Gott und die Welt zwischen einem Christen und einem Agnostiker« (1977) – ein originelles, vielleicht nur in der Schweiz mögliches Unternehmen. Anders als in jener früher mehrfach behandelten Schrift »Warum ich Christ, Atheist, Agnostiker bin«, deren Autoren sich nicht etwa, wie man denken könnte, mit den Standpunkten der Mitver-

---

[28] MÄCHLER in: Warum ich aus der Kirche (Deschner), S. 56.

[29] S. 59.   [32] S. 54.   [35] S. 55.

[30] S. 57.   [33] Ebd.   [36] S. 56.

[31] S. 53.   [34] S. 54 f.

fasser auseinandersetzen, sondern nebeneinander her schreiben, handelt es sich hierbei nun um ein wirklich stattgefundenes literarisches Streitgespräch. Das ist es freilich überwiegend nur in formaler Hinsicht. Tatsächlich reden auch diese Gesprächspartner vielfach aneinander vorbei. Insbesondere wird auch der christliche Part weit weniger prägnant und entschieden wahrgenommen, so daß der Vertreter der Christentumskritik durchaus in den Vordergrund rückt.

Mächler setzt bei einem außerordentlich wichtigen Sachverhalt ein, bei der einfachen Feststellung, daß »Erfahrung wie vernünftige Erwägung« »uns die allermeisten Menschen als komplizierte Mischungen von guten und schlechten Eigenschaften, von Wert und Unwert erkennen« lassen.[37] Damit werden wir genötigt, dem Schafe-Böcke-Schema, das uns aus der Gedankenwelt Jesu vertraut ist, zu widersprechen. Wie auch Gut und Böse im einzelnen Menschen verteilt sein mögen, »Erbanlagen und Einwirkungen der Umwelt haben jeden von uns in so hohem Maße geprägt, daß es fraglich ist, ob jemand für seine geistige und sittliche Beschaffenheit verantwortlich gemacht werden darf«. »Jedenfalls ist nur eine partielle Verantwortlichkeit anzunehmen, die niemals eine Verurteilung zu ewiger Verdammnis rechtfertigen würde.«[38] Und jetzt geht Mächler noch einen Schritt weiter: »Auch die partielle Verantwortlichkeit wird fraglich, wenn Gott nach christlicher Lehre der gute, allmächtige und allwissende Schöpfer der Welt ist«.[39] So nahe dieser Einwand liegt, so wenig neu und so ungemein wichtig er ist, innerhalb der bisher untersuchten Christentumskritiken findet er sich kaum je so scharf pointiert ausgesprochen wie hier. Mächler läßt dieses Argument geradezu in die Frage einmünden: »Kann der Schöpfer Richter sein?« und antwortet: »Er kann, wenn er das Geschöpf verurteilt, eigentlich nur sich selber richten.«[40]

Als »das allen Kirchen und Sekten gemeinsame Hauptmerkmal des Christentums« sieht Mächler richtig den »Jesuskult« an und wirft nun die Frage nach dessen Berechtigung auf.[41] Bedenklich erscheint ihm, daß »der menschgewordene Gott« zeit- und volksbedingte Vorstellungen wie die des »Gott-Richters« und die von Teufel und Hölle verwandt hat; denn dadurch sind sie »zu größter geschichtlicher Wirkung gelangt«[42]. Der Versuch, von ihnen abzusehen, ohne die Stellung Jesu selbst beeinträchtigen zu wollen, wird mit Recht abgelehnt; denn »man kann nicht an der unbedingten Autorität Jesu festhalten und Teile seiner Lehre, die wesentlich zu dieser Autorität beigetragen haben, ignorieren«[43], ein einleuchtendes Urteil, des ähnlich auch W. Kaufmann geäußert hat.

Bei Mächlers typisch »modern-theologischem« Gesprächspartner zeigt sich nur zu deutlich die Neigung, anfechtbare christliche Glaubensvorstellungen zu umgehen und sich auf Sätze wie »Die Wahrheit ist konkret« (D. Sölle) zurückzuziehen. »Gott ist kein Allgemeinbegriff. Er ist konkret.«[44] So will Marti auch

---

[37] KURT MARTI u. ROBERT MÄCHLER: Der Mensch ist nicht für das Christentum da. S. 18f.
[38] S. 19.
[39] Ebd.　　　　[41] S. 26.　　　　[43] S. 28.
[40] S. 20.　　　　[42] S. 27.　　　　[44] S. 41.

von dem allmächtigen Gott nichts wissen. »Gott distanziert sich gerade von der Macht und den Mächtigen!«[45] Eine solche ebenso flaue wie problematische Aussage über Gott wird heute von manchen Möchte-gern-Christen begrüßt. Und noch eine weitere Zurücknahme der Front findet hier statt: Für Marti »lebt Gott nicht außerhalb der Menschen und ihrer Leiden in einem leidfreien Himmel, als Zuschauer.«[46] »Auf die Frage ›Wo ist Gott?‹ lautet meines Erachtens die klare Antwort des Evangeliums: bei den Leidenden!«, eine Sicht, die sich wiederum auf Sölle berufen kann: »Gott ist nicht im Himmel, er hängt am Kreuz«[47] – eine offensichtlich ganz und gar schiefe Alternative, ein scheinbar tiefsinniges, in Wahrheit allzu billiges Gedankenspiel. Aber wenn der freisinnige Theologe auf diese Weise dem freigeistigen Gegner den Wind aus den Segeln nehmen zu können meint, so kommt er bei Mächler nicht an den Rechten. Unter ausdrücklicher Berufung auf die von seinem Partner vertretene Konkretheit der Wahrheit fragt Mächler, wie sich der zweifellos evangelientreue »Kernsatz, Gott sei bei den Leidenden, in concreto bewahrheiten lasse«[48]. »Gewiß, der Christ erfährt im Leiden, daß der Gottesglaube ihm hilft. Aber Hindus, Buddhisten, Shintoisten, Marxisten, Maoisten, sogar Assassinen und Faschisten gewinnen aus ihrer Überzeugung gleichfalls Leidens- und Todesmut. Ist Gott auch bei ihnen?«[49] »War Gott bei den Milliarden, die im Laufe der Geschichte um irgendeiner fragwürdigen Sache willen auf Schlachtfeldern gestorben sind?«[50] »Worin zeigt sich seine Solidarität mit den seit Jahrmillionen leidenden Tieren?« So nimmt Mächler seinen Partner beim Wort und spießt die These, Gott sei bei den Leidenden, regelrecht auf: »Die Leidenstheologie hat beträchtlichen Erbauungswert, aber keine überzeugenden Merkmale konkreter Wahrheit.«[51] Diese Feststellung trifft offenbar den Kern und ist eine angemessene Reaktion auf die beinahe nichtssagende Art und Weise seines Gegners, den mit der Glaubensposition verbundenen Schwierigkeiten aus dem Weg zu gehen. Freilich verliert durch dessen Taktik die Auseinandersetzung sehr an Bedeutung; denn er vertritt ja eben gar nicht mehr einen ernstzunehmenden gehaltvollen Glauben, dem, wenn nicht Anerkennung, so doch Achtung gebühren würde, scheint vielmehr vor allem bestrebt zu sein, sich, mit erheblichen Abschlägen in der Sache, mehr schlecht als recht aus der Affäre zu ziehen.

In der neutestamentlichen Ethik verfällt der »Maximalismus« – »selbstlose Liebe, Besitzlosigkeit, Nichtsorgen für den folgenden Tag, Gewaltlosigkeit«... – wie schon Brocks, so wiederum auch Mächlers berechtigter Kritik. Diese Forderungen sind undurchführbar und schädlich. Verdienstvollerweise beruft Mächler sich auf einen Satz Ed. v. Hartmanns, der zu diesem Punkt schon gründlich und überzeugend Stellung genommen hat: »Das Nichtmehrsäen und -ernten gleich den Vögeln würde die Menschheit auf die Stufe der Tierheit hinabschrauben, in der sich zwar die Arten erhalten, aber nur auf Kosten

---

[45] S. 42.
[46] S. 50.
[47] S. 51.

[48] S. 54.
[49] Ebd.

[50] S. 55.
[51] Ebd.

massenhaften Unterganges der Individuen, die Gott eben nicht ernährt. Wir wissen heute, daß alle Kultur, aller Fortschritt der Menschheit über die Tierheit hinaus darauf beruht, daß die Lebensfürsorge für die Zukufnt, die schon bei einem Teil der Tiere (zum Beispiel Bienen, Hamstern) zu finden ist, immer weitblickender ausgeübt und sozial durchgebildet wird.«[52] [53]

Wie mit dem Nichtsorgen steht es mit der Gewaltlosigkeit und der Feindesliebe. »Die christliche Sittenlehre«, erklärt Mächler, »ist die Zumutung, sich so zu verhalten, als lebten wir im Paradies oder im prophezeiten Friedensreich oder im himmlischen Jenseits«.[54] »›Ich aber sage euch, daß ihr dem Bösen nicht widerstehen sollt...‹ In letzter Konsequenz hieße das, der Mensch möge sich vom Tier ausrotten lassen. Denn das Böse ist wahrscheinlich nicht etwas Übernatürliches, erst durch den Sündenfall in die Welt Gekommenes, wie die strenggläubigen Christen meinen, sondern vielmehr das Allernatürlichste, nämlich der Zwang, sich im Kampf ums Dasein zu behaupten, was die Notwendigkeit, zu schädigen und zu töten, einschließt.«[55] »Statt Feindesliebe zu lehren, hätte Jesus« nach Mächlers Ansicht »wohl besser dazu ermuntert, die *Ursachen* von Feindschaften – zumeist Mißverständnisse, falsche Wertungen, törichte Affekte – zu ermitteln und möglichst zu beseitigen«. Aber die besagte Forderung Jesu ist nicht nur als solche ethisch falsch, auch ihre religiöse Begründung hält Mächler nicht für stichhaltig. »Der Gott, der sowohl Bösen wie Guten, Gerechten wie Ungerechten Sonnenschein und Regen spendet, ist ja auch der, der Gute und Böse mit Unwettern, Erdbeben und Seuchen schlägt, also geradeso gut als Vorbild des Hasses hingestellt werden könnte. Die Frage, warum dieser Gott, der die Vernichtung von Leben durch anderes Leben zum herrschenden Naturgesetz machte, vom Menschen Gewaltlosigkeit verlangt, hat Jesus anscheinend nie beschäftigt.«[56] Damit legt unser Disputant den Finger auf einen besonders wichtigen Punkt.

Schließlich nimmt auch dieser Autor Anstoß an der asketischen Sexualethik des Christentums, wobei der Sachverhalt hinsichtlich Jesu freilich nicht so eindeutig ist wie bei Paulus, so daß der Gesprächspartner hier mit etwas mehr Recht als sonst entgegnet.

Insgesamt aber wird ein möglichst unparteiischer Schiedsrichter kaum anders urteilen können, als daß das Recht in diesem Streitgespräch fast ausschließlich auf seiten des Kritikers der christlichen Position liegt. Mächler ist ein ernster Mann, dessen allmähliche Entwicklung vom »christlichen Freigeist« – so der Titel einer früheren Schrift Mächlers – zu seinem heutigen entschiedenen Standpunkt zeigt, daß er die Dinge nicht leicht nimmt, der zunächst auch weiterhin

---

[52] S. 77. – EDUARD V. HARTMANN: Das Christentum des Neuen Testaments. 1905, S. 148.
[53] MÄCHLER hat Hartmann in dem von K. Deschner herausgegebenen Werk »Das Christentum im Urteil seiner Gegner« (Bd. 1, S. 367 ff.) eine ausgezeichnete Darstellung gewidmet.
[54] MÄCHLER: Der Mensch (Marti u. Mächler), S. 75.
[55] S. 76.
[56] Ebd.

nicht völlig ausschließen wollte, daß das Christentum Wahrheiten bietet, bei dem sich aber gewisse Bedenken und Einwände immer mehr durchsetzten und allmählich die Oberhand gewinnen. Jedenfalls hat Mächler einige ganz elementare Einwände, die sich aus der existentiellen Lage und Beschaffenheit des Menschen ergeben, in aller Kürze besonders klar und überzeugend ausgesprochen.

Einen völlig andersartigen Standpunkt, der sich aber auch von den übrigen hier vorgeführten Stellungnahmen schon im ersten Ansatz stark unterscheidet, nimmt *Sigrid Hunke* ein: In ihrem Buch »Europas andere Religion. Die Überwindung der religiösen Krise« (1969) erklärt sie es für »falsch – und überdies gefährlich –, die Stühle der Diskussionspartner in der großen religiösen Auseinandersetzung« »ausschließlich mit ›Christen‹ und ›Atheisten‹ zu besetzen«, so »als gäbe es nicht eine breite Mitte derer, die weder ›Christen‹ noch ›Atheisten‹ sind«. Notwendig ist es, »den zahllosen Suchenden zu zeigen, daß die Alternative zur christlichen Religion nicht Nihilismus, nicht Negierung des Religiösen überhaupt sein muß«.[57] »Denn es hat in Europa von jeher außer der christlichen Religion eine andere Religion gegeben, wenn sie auch fast stets nur im Untergrund gelebt und nur in der Opposition sich ausgesprochen hat.«[58] Dem dualistischen Christentum, das vor allem durch den Mythos vom Sündenfall, die Lehre von der Erbsünde und die ihm entsprechende Heilslehre einschließlich der Prädestination charakterisiert ist, stellt S. Hunke jene »andere Religion« gegenüber, die den freien und guten Menschen kennt, für welche die Erde kein Jammertal ist, die das Heil nicht an einen persönlichen Gott im Jenseits und seinen als Mittler auf Erden erschienenen menschgewordenen Sohn bindet und die auch die Verwaltung des damit gegebenen Heils nicht der Kirche zugesteht, die vielmehr den Entfaltungen Gottes in allen Dingen und Kreaturen begegnet, einer Gottheit, in der alle Gegensätze, letztlich auch der von Gut und Böse zusammenfallen. Diese Religion bekennt sich zu einem werdenden Gott und sieht den von Gott zur Mitwirkung benötigten Menschen als Mitschöpfer an. Pelagius, Eriugena, Meister Eckart, Nikolaus von Cues, Giordano Bruno, Jakob Böhme, Spinoza, Dichter und Denker des großdeutschen Idealismus und namhafte neuere Wissenschaftler verkörpern diese »andere Religion«. »Hier steht der tiefe europäische Gedanke der göttlichen Einheit alles Seins auf gegen seine Zerreißung und Zweiteilung und kontradiktorische Hoch- und Abwertung.«[59]

Die Unterscheidung der »anderen Religion« Europas von dem im vorderen Orient verwurzelten Christentum – Hunke vermeidet es, sie in irgendeine Verbindung mit rassischen Gesichtspunkten zu bringen – ist sicherlich berechtigt und auch kenntnisreich durchgeführt. Nur wirkt gelegentlich die Neigung störend, alle möglichen Denker und Forscher, nur weil sie sich im Gegensatz zur christlichen Position befinden, ohne weiteres für die andere Religion zu verein-

---

[57] Hunke: Europas andere Religion, S. 11.
[58] S. 112.
[59] S. 142.

nahmen.[60] Dabei steht die Ablehnung des Christentums durch Hunke in ihrem angeführten Hauptwerk, das sich voll und ganz zur »anderen Religion« bekennt, mehr nur zwischen den Zeilen. Ausdrücklich und konkreter formuliert wird der christentumskritische Aspekt in einem anderen Buche Hunkes »Das Ende des Zwiespalts. Zur Diagnose und Therapie einer kranken Gesellschaft« (1971).

»Als der christliche Dualismus die für den Europäer selbstverständliche Einheit des Seins zersprengte in einen jenseitigen und diesseitigen Teil, als er die Transzendenz aus der Welt hinaus in ein Außerhalb verlagerte und diese Überwelt mit aller Heiligkeit, mit aller Göttlichkeit, mit allen Seligkeiten und allen Lichtern ausstattete, sie zur Heimat der Seele, zum Ort Gottes machte und alles Heils, in dem der Sinn des Lebens auf den Menschen wartet – da entgöttlichte er die Welt«, »verengte er sie zu der von Gott abgefallenen Stätte der Sünde, des Nur-Stofflichen, Materiellen«.[61] Das Christentum hat den Menschen in einem Beziehungswahn erzogen: »Gott hatte die Welt für *ihn*, den Menschen, geschaffen!« Dieser jenseitige Gott ist unglaubwürdig geworden und »hinterließ als sein Erbe eine materialistische, zweidimensionale Welt ohne Transzendenz, ohne Tiefendimension und numinosen Grund, ohne Werte, ohne ein Heiliges.«[62]

»Das Fehlen von Transzendenz schlechthin« ist nach Hunke die tiefere Ursache der totalen Sinnkrise, die der heutige Mensch innerhalb der christlichen Länder erleidet«: »das Fehlen einer letzten Bindung und Bindungsfähigkeit, das Fehlen einer existentiellen Geborgenheit. Und damit: der Verlust der eigenen Identität, der Verlust des Seins«; »der Verlust seiner Menschlichkeit.«[63] Die einseitige Schätzung einer himmlischen Überwelt führte zu einer ebenso einseitigen Bevorzugung des »entleerten Diesseits«[64]. Nachdem das biblische Weltbild den Beziehungswahn genährt, »den Menschen und die Erde in den Mittelpunkt gestellt hatte, die vom Himmel aus dirigiert werden, mußten mit einem Weltbild, in dem der Himmel leer wurde und der Weltraum sich in die Unendlichkeit verlor, Mensch und Erde« »in eisige Isolation stürzen«.[65] Ebenso führt die Ablösung einseitig patriarchalischer Herrschaftsgewalt des Vater-Gottes und seiner Vertreter und entsprechender Autoritäten zu einer »Auflösung aller autoritären Strukturen«. Der »so in der Zeit Entwurzelte vegetiert« nun »nur aus dem Augenblick und für den Augenblick«.[66] Auch hat »der Abbau der seit zwei Jahrtausenden gepredigten Diffamierung« und Sündigerklärung »der Frau, der Natur, des Leibes, der Sinnlichkeit und des Geschlechtlichen« jetzt den Umschlag in »eine enthemmte, überbordende Sexualisierung« zur Folge.[67] Schließ-

---

[60] Warum andererseits von den wirklichen Vertretern der »anderen Religion« ein ihr als Forscher und zugleich in begeisterter persönlicher Gesinnung so sehr zugehöriger Mann wie Wilhelm Hauer, in der jüngsten Vergangenheit vielleicht ihr charakteristischster Repräsentant, im Text dieses Buches überhaupt nicht erwähnt wird, läßt sich nur vermuten, sachlich nicht entschuldigen. Sonderbarerweise taucht der auch im Literaturverzeichnis und im Register fehlende Name plötzlich in der Zeittafel auf, freilich mit einem Fehler bei den Vornamen und falschem Todesjahr. Vgl. hierzu MARGARETE DIERKS, Jakob Wilhelm Hauer 1881–1962. Leben-–Werk–Wirkung, 1986.   [61] HUNKE: Das Ende des Zwiespalts, S. 30.

| [62] S. 35 f. | [64] S. 38. | [66] S. 40. |
| [63] S. 37. | [65] S. 39. | [67] S. 41. |

lich ist als »Gegenschlag« »gegen die Einseitigkeit des christlichen Spiritualismus und Subjektivismus« »die extreme Einseitigkeit des Rationalismus und die
Vergöttlichung des Intellekts und der Objektivität« entstanden.[68]
Daß sich gewisse Zusammenhänge, wenigstens mittelbare, zwischen den
hervorgehobenen Abläufen und dem »schleichenden Abfall« vom Christentum,
dem »Auszug aus der christlichen Glaubenswelt«[69] annehmen lassen, ist – man
denke an die Darlegungen Löwiths – nicht von der Hand zu weisen. Das
Christentum jedoch insgesamt als Ursache der heutigen totalen Sinnkrise anzusehen und es damit zum Vater oder Großvater des Nihilismus zu machen, dürfte
doch wohl zu weit gehen, falls das wirklich gemeint sein sollte.
Kritisch wäre noch zu bemerken, daß nicht nur der von Hunke gezeichnete
christliche Gegner der »anderen Religion« stark mittelalterliche Züge trägt,
sondern auch diese selbst wohl nicht zufällig vorwiegend mit großen Namen der
mittelalterlichen Geistesgeschichte belegt wird. Die Konfrontation von Dualismus und Einheitsdenken spielt in ihr gewiß eine nicht unerhebliche Rolle, würde
indessen nicht ausreichen, um die Problematik des Christentums heute sachgemäß und ausreichend zu erörtern. Der hauptsächliche Mangel und Fehler der
Hunkeschen Sicht besteht aber darin, daß sie außer der Alternative Christentum
und Nihilismus nur mit der dritten Möglichkeit einer durch den Gedanken der
Einheit des Seins bestimmten »anderen Religion« rechnet und nicht daneben
eine weitere, die vierte Möglichkeit ernstzunehmen scheint, die mit der Absage
an das Christentum *und* an die Religion der Einheit keineswegs zum Nihilismus
gelangt. Wie mancher Forscher und Denker, dem die Natur als *die* Wirklichkeit
gilt, ist weit entfernt, sich auf einen religiösen Pantheismus einzulassen, ohne
doch damit auch nur im mindesten nihilistischen Anwandlungen zu unterliegen![70] Vor allem aber gibt es keinen stärkeren Gegensatz zum Nihilismus als
einen bei entschieden atheistischer Haltung im Zeichen der Werte stehenden
Idealismus. So dürfte z. B. die früher behandelte Auseinandersetzung mit dem
Christentum vom Boden des Wertidealismus aus sehr viel aktueller und frucht-
barer sein als die ein wenig monotone an der »anderen Religion« ausgerichtete
Erörterung. Das Christentum ist weit mehr als Lehre von der Erbsünde und
Glaube an ein Jenseits. Aber ein wichtiges Thema ist und bleibt ihm der Gegensatz von Dualismus und Einheit in der Tat. Deshalb durfte der Beitrag Hunkes in
dieser Musterung der Christentumskritik nicht fehlen.
Im Unterschied von den zuletzt behandelten sehr engagiert schreibenden und
mit strengen Urteilen aufwartenden Autoren bieten die beiden folgenden, den
Abschluß bildenden wieder das andersartige Bild einer eher distanzierten, verhältnismäßig ruhig-objektiven Betrachtung, die das Christentum in den Ablauf
der Gesamtentwicklung des Geistes hineinstellt. Zunächst das Buch von *Otto
Flake* »Der letzte Gott. Das Ende des theologischen Denkens« (1961). Der schon
mehrfach genannte Theologe H. J. Baden hat es nicht schlecht genug machen zu
können geglaubt. »Wir schätzen Flake«, bemerkt er, »als urbanen Erzähler, als

---

[68] S. 45. [69] S. 56 f. [70] Vgl. ALBERT: Elend, S. 60 f.

gescheiten Essayisten – es bleibt unerfindlich, warum er seinen literarischen Mantel noch im letzten Augenblick mit diesen antichristlichen Ausfällen beflekken mußte«.[71] Der genannte Apologet, der es mit seinem Geschmackssinn vereinbar findet, Russell, Wyneken und Flake ihr Alter anzurechnen – »die zornigen Greise« nennt er sie – wirft ihm nicht weniger als Unkenntnis des Christentums und der heutigen theologischen Wissenschaft vor.[72] Und allerdings scheint Flake vom Christentum nur eine ziemlich bescheidene Vorstellung zu besitzen; erst recht zeigt er keine nähere Bekanntschaft mit der Theologie. Dazu kommt schließlich noch die ein wenig unmethodische Anlage des Buches, das reichlich eigenwillige Begriffsbildungen enthält[73] und vor allem Gedanken und Thesen mehr intuitiv und sprunghaft ausstreut als folgerichtig entwickelt und begründet. Deshalb könnte man überlegen, ob es nicht besser unberücksichtigt bleiben sollte. Die Frage ist jedoch, ob der philosophierende Literat, der es an einschlägigem Wissen und Methodik mit seinem theologischen Kritiker nicht entfernt aufnehmen kann, diesem nicht doch an wesentlichen Einsichten und entscheidenden Perspektiven weit überlegen ist. Um es kurz zu sagen: Das Buch bietet trotz der erwähnten Schwächen die hauptsächlichen Einwände gegen die christliche Glaubenswelt zwar ziemlich einseitig, durchaus unvollständig, aber doch in einer gewissen Reichhaltigkeit. Entschließt man sich, diese Einwände aus ihrem jeweiligen Zusammenhang bei Flake zusammenzusuchen und unter dem Gesichtspunkt unserer Betrachtung ins Auge zu fassen, so sind sie keineswegs uninteressant.

Erscheint das gegen die im Vordergrund stehende christliche Gottesanschauung Vorgebrachte nicht gerade originell oder besonders tiefgründig, so zeugt immerhin der Ansatzpunkt von einer gewissen Eigenständigkeit. Flake stellt sich nämlich im Gegensatz zu der »planenden Intelligenz Gottes«, welche die Theologen im Sinn haben, nicht etwa auf den rein mechanistischen Standpunkt der meisten Naturwissenschaftler, der auf seiten der Philosophen von Port eingenommen wurde, sondern vertritt eine »unbewußte, tastende Naturintelligenz«[74]. Über den Erkenntniswert eines solchen gewiß sehr fragwürdigen Begriffs ist hier nicht zu urteilen. Wenn Flake indessen davor warnt, ein chemisches oder physikalisches Ergebnis, weil es auf natürlichem Wege erzielt wurde, »für erklärlich, selbstverständlich im Sinne von geheimnislos« zu halten[75] – erst recht gilt das Leben ihm als unableitbar, irrational –, wenn er es hingegen als nicht unmöglich erachtet, daß die Entstehung der Gattung Mensch einem Zufall verdankt wird[76], so zeigt das Nebeneinander dieser Äußerungen zumindest eine sehr offene, undogmatische Einstellung.

---

[71] BADEN: Aufklärung, S. 6.

[72] S. 35 ff.

[73] Die Ersetzung vertrauter Begriffe durch eigene Wortgebilde wie auch seine »deszendenztheoretischen Phantasien« hat schon HARTMUT HEYDER in seiner Rezension des Buches (in: Die freigeistige Aktion. Jg. 6. 1962, S. 140) beanstandet.

[74] OTTO FLAKE: Der letzte Gott, S. 79.

[75] S. 117.   [76] S. 54.

Was nun den Glauben an den Schöpfergott betrifft, so sprechen für Flake »alle Erfahrungen« »gegen die These, daß es eine vollbewußte und obendrein allmächtige Intelligenz gab, als es noch nichts anderes gab«. »Werden heißt wachsen, sich herausformen, sich herantasten. Leben ist ein tastendes Ereignis.«[77] Eine Berührung mit Port ist namentlich darin zu sehen, daß Flake betont: »Ein absoluter Schöpfergott läßt die Erde, die er bevölkern will, nicht zwei Milliarden Jahre wüst und leer«[78] und daß auch dieser Autor fragt: »Was tat die Gottheit in der ungeheuren Zeitspanne, die zwischen der Erschaffung des Menschen und der Offenbarung eines wahren Glaubens verging?«[79]

Unter Voraussetzung eines Schöpfergottes verbieten sich für Flake jedenfalls zwei Vorstellungen: erstens die einer göttlichen Barmherzigkeit und zweitens die der menschlichen Freiheit und Sünde. Für jene spricht nicht, wie etwa auch von Port und Mächler betont wird, »wenn Gott hundert Arten von Lebewesen schafft und sie anweist, sich voneinander zu ernähren«[80]. Was aber die Freiheit betrifft, so wird ja das einzelne Lebewesen »nicht gefragt, ob es dasein will, es entsteht nicht aus eigener Planung, und diese Einsicht ist entscheidend bei der Frage, ob es eine echte Willensfreiheit gebe. Es gibt sie nicht.«[81] »Die Freiheit (des Denkens und Wollens) war nicht den ersten Menschen zu eigen, die völlig unbewußt und triebhaft lebten.«[82] Die Konsequenz ist die Ablehnung eines »Sündenfalls«. Die christliche Lehre von der Sünde nennt Flake geradezu »eine Ungeheuerlichkeit«[83] und die auf den Animismus zurückgehenden »christlichen Auslassungen über die Seele (und den Geist)« »schlechthin unmöglich«.[84] Der Mensch ist ein »egoitäres und affektives Lebewesen«, zu dem auch die Sinnlichkeit gehört. »Für diese Grundbeschaffenheit ist« nicht er »verantwortlich, sondern die Gegebenheit des Lebens.« »Führt man aber einen Gott ein, so ist der Gott verantwortlich für den Charakter, die Natur, die Beschaffenheit dessen, was auftritt«[85] – ein Argument, das wiederum auch bei Mächler zum Ausdruck kam und sich beinahe mit Notwendigkeit immer wieder einstellen dürfte. Von hier aus ergibt sich das Urteil über die »These, Schöpfung und Leben seien ein in moralischer Absicht angelegtes, also bewußt geplantes Unternehmen«. Flake bezeichnet sie als »Weltbildfälschung«[86].

Nicht, daß Flake versuchte, seine Ansichten im einzelnen näher zu begründen; wohl aber empfehlen sie sich ihm insofern, als sie dem naturwissenschaftlichen Weltbild angemessen erscheinen, während man umgekehrt sagen muß, daß »die Größe des Universums und die Eingottperson nicht zusammenpassen«.[87] »Wie groß stellt sich der Christ die Gottperson vor – als Riesen? Aber selbst wenn sie eine riesenhafte Erscheinung sein sollte, wäre sie unvereinbar mit den Größenverhältnissen des Beziehungssystems. Mit der Schöpferperson schwinden die Begriffe Lenkung, Planung, Vorsehung dahin.« »Wenn die Leute ehrlich wären,

---

[77] S. 311.
[78] S. 83.
[79] S. 25.
[80] S. 15.

[81] S. 100.
[82] S. 311 f.
[83] S. 28.
[84] S. 258.

[85] S. 141.
[86] S. 308.
[87] S. 289.

würden sie gestehen, daß das Weltbild ihrer Ahnen endgültig veraltet ist und daß
der Gottvater, der die Welt wie eine Herde hütet, zum Kleinkindermärchen
abgesunken ist.«[88] J. H. Baden sprach von Flakes »antichristlichen Ausfällen«,
ganz zu Unrecht. Dieser gehört gar nicht dem Typus an, der das Christentum
haßt und anklagt; er hat nur ein starkes Empfinden dafür, wie der Zeiger der
Weltuhr vorrückt. »Anno 1500, Anno 1600, Anno 1700 schien ein und dieselbe
Vorstellung, ein und derselbe Glaube, das Gottesvertrauen, in unseren Gegen-
den die Seelen zu beherrschen; in jeder Rede, in jeder Lebensbeschreibung, in
jeder Betrachtung machte es sich breit – es ist still geworden um diesen Begriff.«[89] »Kein Kaufmann von heute glaubt noch wirklich, ehrlich, daß der
Erfolg in geschäftlichen Dingen von einer Gottheit bewilligt und versagt werde.«[90] Mehr vielleicht als naturphilosophische und metaphysische Thesen wiegt
bei diesem sensiblen Autor eine ganz schlicht erzählte Erfahrung: »Neulich
geriet ich in einen protestantischen Festgottesdienst. Es war alles aufgeboten, der
Chor, die Gemeinde, der Redner-Superintendent, die Musik. Die positive wie
die negative Wirkung, die von dieser Veranstaltung ausging, führte ins siebzehn-
te Jahrhundert zurück, in das Zeitalter Gustav Adolfs und Paul Gerhardts, in die
Epoche der lutherischen Orthodoxie. Positiv war die Stärkung und Erhebung,
die vom Gemeinschaftssingen der Choräle ausging: das Kollektiv bestätigte dem
einzelnen, daß er nicht allein« steht. »Negativ, nämlich vorgestrig, überholt,
wirkte das Bild der Gottheit, das der Redner beschwor: es war der patriarchalische Gott, der asiatische aus der Zeit der Großkönige, der Absolutist, der ›Herr‹
schlechthin.«[91] An dieser Stelle sei noch die folgende Bemerkung erwähnt:
»Eine lenkende Gottheit hätte es einfach, ihr Dasein zu belegen. Sie brauchte sich
nur jeder Generation von neuem zu offenbaren. Offenbarungen, die vor zweitausend Jahren stattgefunden haben sollen, ermangeln der Beweiskraft.«[92] So
salopp das hingeworfen ist, ein Moment daran entbehrt nicht einer gewissen
Bedeutsamkeit: das Mißverhältnis zwischen der räumlich-zeitlich beschränkten
zentralen Offenbarung ein für allemal und den sich unserer Erkenntnis in immer
zunehmendem Maße erschließenden ungeheuren Dimensionen der Wirklichkeit
auch in zeitlicher Hinsicht.

Im übrigen hat Flake zum Thema Jesus Christus fast nichts zu sagen. Die
Erklärung, »weil vor demnächst zweitausend Jahren einige Leute in Jerusalem
versicherten, der tote Christus sei aus dem Grabe verschwunden«, »bin ich heute
nicht verpflichtet, dieses Ereignis zu glauben«[93], meint zwar etwas Richtiges,
enthält aber eine bedenkliche Verkürzung und Vergröberung des Osterglaubens,
und die die Ankunft dieses Christus betreffende Feststellung, »er ist heute noch
nicht erschienen, nur Sektenleute bescheidenen Geistes erwarten ihn für morgen«[94], erledigt dieses Thema pflichtgemäß, doch nicht gerade aufwendig. Jesus
Christus interessiert Flake offensichtlich wenig, obgleich immerhin anerkannt

---

[88] S. 289f.   [91] S. 203f.   [93] S. 32.
[89] S. 109.   [92] S. 110.   [94] S. 264.
[90] S. 205.

wird, er sei »gemessen an Apoll oder einer anderen Gestalt des Zeuskreises, unvergleichlich tiefer, wärmer, erregender.«[95] So etwas sagt kein fanatisch antichristlich Gesinnter! Flakes eigentliches Interesse ist jedoch auf die Gottesanschauung gerichtet, und da steht ihm fest: der christliche Gott war, wie der Titel des Buches es zum Ausdruck bringt, der letzte Gott.

Nicht unerwähnt bleiben darf schließlich, daß dem Verlust des Gefühls der Geborgenheit ein als Gewinn anzusehender anderer Verlust gegenübersteht: der des Bewußtseins – nämlich der ständigen Beobachtung durch Gott. »Die Aufsicht eines Vaters oder Vormunds kann lästig sein, ein Gefühl der Unfreiheit erzeugen«[96] – wiederum eine Berührung mit Kurt Port. Und eine solche ergibt sich noch einmal, wenigstens negativ, bei dem Satze: »Der Wille Gottes ist kein Argument«[97], d. h. die Ethik muß unabhängig von Gott begründet werden. Was den Inhalt der Ethik betrifft, so scheint auch Flake, wiederum wie Port und andere Autoren, Verhaltensweisen wie Gerechtigkeit, Duldung, Erbarmen und Mitleid den Vorzug zu geben vor der Liebe, weil sie der zu erstrebenden »Annäherung an den Nebenmenschen« besser entsprechen als das Liebesgebot, das nur im Sinne eines »Als ob« gemeint ist.[98] Der Autor spricht sich über diesen wichtigen Punkt leider nicht sehr klar aus.

Zusammenfassend urteilt Flake: »Ein Gott, der in der ersten Periode seiner Tätigkeit die Welt angeblich auf den Menschen hin gestaltet, in der zweiten dem Menschen sein Wohlwollen entzieht und ihn verstößt, in der dritten dem Reuigen den Weg zur Erlösung weist, gehört dem Mythos an.«[99] Das ist gewiß vereinfacht gesagt, aber in der Hauptsache denken manche modernen Theologen nicht viel anders. Sie werden sich freilich bemühen, irgendeinen bleibenden gedanklichen Gehalt, irgendeine gültige Haltung aus dem Mythos zu destillieren. Daß Flake sich mit solchen Versuchen nicht aufhält, sollte man ihm im Hinblick auf die sehr zweifelhaften Ergebnisse der großen theologischen Entmythologisierungsaktion nicht allzusehr anrechnen. Wirklich betrachtenswert ist jedenfalls Flakes Grundansicht, daß Gottheiten »verblassen«, daß Religionen »sterblich« sind[100], und darüber hinaus, daß das theologische Zeitalter überhaupt zuende geht und »ein neues beginnt«.[101] »Die Heraufkunft des Zeitalters der Technik, der Emanzipation, der Bewußtheit, der Selbstorganisation bereitet ohne Zweifel dem religiösen Zeitalter ein Ende.«[102] Wohl erscheint die aus dem Anfang der sechziger Jahre stammende Feststellung »Der Mensch beginnt«, »sich auf der Erde heimisch zu fühlen«, »er ist dabei, die Furcht vor überkausalen Mächten abzulegen«[103], heute, im Zeichen von Kernwaffen-Angstträumen, Umweltsorgen Energieproblemen und Drogenschrecken z. T. schon wieder in einem etwas anderen Licht. Daß allerdings diese Faktoren einer neuen echten Religiosität oder gar Religion den Weg bereiten könnten, soll damit nicht behauptet werden. Ob wir uns auf der Erde heimisch fühlen oder nicht, unabhängig davon ist

---

[95] S. 307.
[96] S. 272.
[97] S. 65.

[98] S. 199.
[99] S. 308.
[100] S. 295.

[101] S. 299.
[102] S. 300.
[103] Ebd.

jedenfalls die berechtigte entschiedene Ablehnung des Diesseits-Jenseits-Dualismus, die bestimmte Beantwortung der Frage: »Gibt es zwei Wirklichkeiten? Es gibt nur eine.«[104]

Wichtig ist schließlich noch Flakes Antwort auf die Frage nach dem Sinn des Lebens. Dieser ist »in dem Umstand zu finden, daß es gelebt werden muß. Einen anderen Gesichtspunkt als den Entschluß, das Beste und Höchste daraus zu machen, gibt es nicht.«[105] Auch damit hat Flake eine für die nachchristliche Einstellung sehr bezeichnende und unentbehrliche These aufgenommen, die namentlich von Port wiederholt besonders betont und später z. B. von P. Schulz erneut herausgestellt worden ist. Die mehrfach hervorgehobene Gleichartigkeit der kritischen Argumente Flakes und Ports ist insofern erwähnenswert, als ihre Stellungnahme im übrigen von einer sehr unterschiedlichen philosophischen Haltung ausgeht.

Insgesamt bietet Flake, wenn man von einigen naturphilosophisch-fragwürdigen Formulierungen absieht, gute Beobachtungen und zutreffende Feststellungen in einer Reihe wichtiger Punkte. Und in jener einfachen, aber geradezu klassischen Schilderung des Eindrucks von einem Festgottesdienst trifft er ins Zentrum des ganzen Problems: Sie stellt eine ausgezeichnete Illustration zur These vom Altern und Absterben der Glaubensanschauungen dar. Mit dieser schon im Titel des Buches zum Ausdruck kommenden Ansicht von dem zu Ende gehenden Zeitalter des Christentums gliedert Flake sich in die kultur- und geistesgeschichtliche Betrachtung ein, die noch stärker bei G. Szczesny im Vordergrund steht. Ihm wendet sich die Betrachtung nunmehr als letztem der hier zu behandelnden Autoren zu.

In dem wenige Jahre zuvor erschienenen, sehr bekannt gewordenen Buch von *Gerhard Szczesny*: »Die Zukunft des Unglaubens, Zeitgemäße Betrachtungen eines Nichtchristen« (1958)[106], in dem einige wesentliche bei Hunke und Flake zur Sprache gekommene Motive schon vorweggenommen sind, wird der Unglaube so angelegentlich vor dem Hintergrund des Glaubens, eben des christlichen, gesehen, daß diese Darstellung, wie schon früher bemerkt, sehr wohl in den Rahmen der vorliegenden Erörterungen gehört. Auch Szczesny hält das Christentum für eine im wesentlichen abgeschlossene Erscheinung, die indessen wegen ihres immer noch erhobenen Geltungsanspruchs auch für die Gegenwart praktische Aktualität besitzt, insofern es notwendig erscheint, »den Monopolanspruch des Christentums auf die Wahrheit zurückzuweisen«[107]. Diese Zurückweisung erfolgt sogar so entschieden und, wenigstens der Tendenz nach, wenn auch nicht in der Durchführung, so weitgehend, daß es sich hier um mehr als nur die Bestreitung eines Monopols handelt. In Wahrheit wird der Nachweis,

---

[104] S. 281.
[105] S. 72.
[106] Szczesny hat sich auch mit der Gründung und Leitung des Szczesny-Verlags und ebenso der Humanistischen Union, beides bis 1969, einen Namen gemacht.
[107] Szczesny: Die Zukunft des Unglaubens. S. 220.

daß die Position des Christentums theoretisch unhaltbar geworden und tatsächlich durchaus überholt ist, beinahe zum wichtigsten Ergebnis des Buches. In der Art, wie dabei historischer Überblick und sachliche Stellungnahme ineinandergreifen, erscheint Szczesnys Behandlung des Themas dem Werke Nestles verwandt, nur daß alles viel knapper, dichter und geradezu elegant gestaltet ist. Daß man dabei die gleichmäßige Allseitigkeit und Gründlichkeit der Nestleschen Darstellung nicht erwarten darf, versteht sich. Alles Christologische z. B. bleibt bei Szczesny unberücksichtigt. Er beschränkt sich auf die Grundzüge der Weltanschauung und der Ethik.

Historisch gesehen aus dem Judentum hervorgegangen, ist das Christentum nach Szczesny »gegenüber dem jüdischen Glauben eine Rückbildung, ein Rückfall in primitivere Anschauungen«, eine »Rebarbarisierung des jüdischen Monotheismus«[108], eine These, die allem gewohnten Denken ins Gesicht schlägt und das Verhältnis sicherlich nicht erschöpfend beschreibt – in vieler Hinsicht stellt das Christentum natürlich sehr wohl eine Höherentwicklung, eine Erweiterung, Vertiefung und Verfeinerung, dar –, dennoch einer gewissen Berechtigung nicht entbehren dürfte. Für Szczesny machten jedenfalls »die Liebesbereitschaft und Liebesbotschaft allein« »seine Überlegenheit aus und ließen es den Sieg sowohl über das Judentum als auch über die geistig überlegene hellenistische Philosophie davon tragen«.[109] Die christlich-abendländische Kultur ist dann »in dem Spannungsfeld zwischen einer weltzugewandten, die Einheit und Ordnung des Seins suchenden und bejahenden und einer weltentzweienden, naturfeindlichen und spekulativen Weltauffassung entstanden«.[110] Damit wird ein dann auch von S. Hunke behandeltes Hauptthema angeschlagen und grundlegend Wichtiges zutreffend formuliert. Dies gilt mit einer Ausnahme auch für die folgende Feststellung: »Die Entchristlichung des Abendlandes, der immer wieder unternommene Versuch, sich vom Zwang der christlich-paulinischen Metaphysik zu befreien, ist das Phänomen, das zuerst in der Renaissance, im Humanismus und in der Reformation offenbar wird und zuletzt im beharrlichen Säkularisierungsdrang des neuzeitlichen kontinentalen Geistes seinen Ausdruck findet.«[111] Das, was in diesem Satz beanstandet werden muß, ist die Reformation, die wenigstens zu einem wesentlichen Teil auf die andere Seite gehören würde, wie schon im Hinblick auf Nestles Darstellung des Sachverhalts zu betonen war. Dann aber geht es, vorzüglich gerafft, sehr richtig gesehen, weiter: »Was die Emanzipation des westlichen Menschen von der spiritualistischen und dualistischen Metaphysik des Christentums wesentlich kennzeichnet, ist die inzwischen ins allgemeine Bewußtsein eingegangene Entdeckung der wesensmäßigen Einheit alles dessen, was ist. Bei den immer weiter vorangetriebenen Bemühungen, allen Dingen auf den Grund zu kommen, stieß der forschende Geist auf die Tatsache, daß auch der Mensch und alle ihn konstituierenden und bewegenden Kräfte in einem unlösbaren, kontinuierlichen Zusammenhang mit der Gesamtwirklichkeit stehen und die Welt nicht in ein Diesseits und Jenseits

---

[108] S. 52. [109] Ebd. [110] S. 55. [111] S. 69.

auseinanderfällt.« »Das ›Diesseits‹ erwies sich als die unseren Sinnen zugängliche Seite eines einheitlichen Weltganzen, dessen ›Jenseits‹ im Dunkel bleibt. Der absolute Dualismus der christlichen Weltvorstellung und der damit verknüpfte Gottesbegriff war aufgehoben.«[112]

Als das in allen Variationen sich gleichbleibende Grundthema des Christentums bezeichnet auch Szczesny den Glauben »an den durch einen Abgrund von der Welt getrennten Schöpfer-Gott, der sich den Menschen in der historischen Person seines Sohnes Jesus Christus einmalig offenbart hat und durch den von Sünde und Tod erlöst zu werden es der von Gott ausgehenden Gnade des Glaubenkönnens bedarf«[113]. Man kann von einer solchen Definition keine vollkommene Wesenserschließung verlangen, aber die hier herausgestellten beiden wichtigsten Grundelemente, der metaphysische Dualismus und die geschichtliche Offenbarung, werden damit angemessen zum Ausdruck gebracht: »die Vorstellung eines autonom aus dem Jenseits ins Diesseits wirkenden persönlichen Gottes und die Überzeugung, daß er seinen Willen in bestimmten Ereignissen und Schriften für alle Völker und Zeiten unmißverständlich dargetan hat«[114]. Auf die Probleme, die sich aus der »Verknüpfung des christlichen Gottesglaubens mit dem Glauben an die einmalige Selbstoffenbarung Gottes in Christo« und der damit entstehenden »Geschichtsmetaphysik«[115] durch die historische Forschung ergeben, geht Szczesny nicht näher ein. Im Vordergrund stehen ihm, wie später Flake und Hunke, das anthropologische und das theologische Problem.

Dabei äußert sich Szczesny mit einer sonst selten anzutreffenden Bestimmtheit und Offenheit auch über die Grundlagen und Kriterien für das, was über diese Dinge anzunehmen erlaubt ist. Wir haben »uns darüber im klaren zu sein, daß uns die Fähigkeiten, an Absurditäten zu glauben (weil es sich dabei angeblich um direkte Mitteilungen Gottes handelt) nicht gegeben ist. Da uns keine ›Offenbarungen‹ zuteil geworden sind, können wir uns nur auf die Aufrichtigkeit unserer Gefühle, Erfahrungen und Schlüsse, auf unser Wissen und Gewissen berufen, wenn es darum geht, etwas für wahr oder wahrscheinlich, für falsch oder zweifelhaft zu halten«.[116] Die im Kampf zwischen der Theologie und der Philosophie so vielfach geübte Praxis, daß man »der Vernunft Minderwertigkeitsgefühle« suggeriert, »um sie daran zu hindern, von ihren Fähigkeiten Gebrauch zu machen«[117], lehnt Szczesny nachdrücklich ab. Die Theologie ist auch ihm »keine Wissenschaft, sondern eine Art Dichtung, die damit beschäftigt ist, mit unbewiesenen und unbeweisbaren Spekulationen sich zu befassen und so zu verfahren als wären es chemische Formeln«. Das erscheint ausnahmsweise nicht sehr glücklich gesagt, aber wahr ist auf jeden Fall, daß die Vernunft »nicht den geringsten Anlaß« hat, »sich von ihr verächtlich behandeln oder ins Boxhorn jagen zu lassen. Auch was das Thema ›Gott, Freiheit und Unsterblichkeit‹ anbetrifft, ist es« das gute Recht der Vernunft »klarzustellen, daß die Sache sich

---

[112] S. 75 f.   [114] S. 38.   [116] S. 149.
[113] S. 25 f.   [115] S. 49.   [117] S. 151.

so, wie die Christen es behaupten, aller Wahrscheinlichkeit nach nicht verhält.«[118] So kurz und bündig, vor allem unumwunden hat man das kaum je gelesen.

Schon das jüdische Denken war »völlig naturfremd. In seine Weltvorstellung ist keinerlei objektive Naturerfahrung eingegangen. Der Natur-Gott Jahwe wurde zum Gott der Geschichte«.[119] Aber das Judentum war »nicht lebensfeindlich. Diese Haltung entwickelte sich erst im Christentum«.[120] Ihm wirft Szczesny die »Loslösung des Menschen aus der Natur« vor, mit der Folge, daß »aus dem Mysterium des Eros das Ärgernis des Sexus« wird.[121] Für die von Szczesny im Anschluß an die neuere anthropologische Auffassung vertretene nachchristliche Ansicht gehört »das Humanitäre« »zur biologischen Ausstattung des Menschen«[122], die Humanität ist »ein Naturereignis«[123]. Die Anerkennung der Evolutionstheorie ist auf diesem Boden selbstverständlich, wichtig sind aber einige Bemerkungen, welche sich insbesondere auf die genauere Einordnung des Menschen in die Natur beziehen. Einmal handelt es sich hierbei um die Feststellung, es sei »im Grunde bedeutungslos, an welcher Stelle der Säugetiergruppe sich die Vorfahren des Menschen abgezweigt haben. Die Genealogie Fische, Reptilien, Säugetiere, Mensch ist in jedem Fall zutreffend«.[124] Von besonderer Tragweite ist ferner die Bemerkung, daß »das Erscheinen oder Nichterscheinen des Menschen auf dieser Erde an einem dünnen Faden hing und er eben niemals aufgetaucht wäre, wenn auch nur eine der vielen Bedingungen, die sein Zustandekommen und Überleben gestattet haben, nicht gegeben gewesen wäre. Es ist keineswegs so, daß die Natur zielsicher auf den Menschen als auf ihren ›Endzweck‹ zugestrebt wäre. Wie alle anderen Dinge hat sie auch dieses ihr letztes Produkt erst nach unzähligen mißglückten Versuchen hervorgebracht.«[125] Daß die »Rückzugslinie des Spiritualismus«, »der sich die Entwicklungstheorie einverleibt«, die Seele aber dem Menschen »von Gott verliehen« sein läßt[126], von Szczesny abgelehnt wird, braucht kaum gesagt zu werden. Die manchmal noch behauptete biologische Unableitbarkeit des Menschen stimmt eben einfach nicht.[127]

Die »drei Pfeiler der westlichen Metaphysik«, Gott, Freiheit und Unsterblichkeit, werden von Szczesny als »die drei Pfeiler der Gegenvernunft« bezeichnet.[128] Angemerkt sei vorweg, daß Unsterblichkeit und Willensfreiheit zwar nicht als unmittelbare Bestandteile des christlichen Glaubens anzusehen sind, sehr wohl aber etwas mit ihm zu tun haben, worauf noch zurückzukommen sein wird. Daß Szczesny zu ihnen Stellung nimmt, ist deshalb auch unter unserem Gesichtspunkt durchaus gerechtfertigt, wenngleich dabei weniger vom Glauben als von bestimmten philosophischen Annahmen die Rede ist.

Ohne sich auf die Eigenschaften der Seele und eine damit im Zusammenhang

---

[118] Ebd.
[119] S. 36.
[120] S. 47.
[121] Ebd.

[122] S. 187.
[123] S. 191.
[124] S. 167.
[125] Ebd.

[126] S. 168.
[127] S. 169 ff.
[128] S. 148.

stehende Begriffsklauberei einzulassen, konfrontiert Szczesny den Gedanken der Unsterblichkeit kritisch mit dem großen Zusammenhang des Seins und seiner Beschaffenheit. »Die Prozeßhaftigkeit alles Lebens führt zum Aufbau, aber ebenso notwendig auch zum Abbau aller Daseinsformen. Leben ist Kraft und Form, Bewegung und Begrenzung zugleich. Als wuchernde Vitalität zerstört es dieselben Dinge, die es gerade erst als gestaltendes Prinzip aufgebaut hat.«[129] »Die Eigenschaft des menschlichen Bewußtseins« ist es, »sich mit seinem Träger in dessen jeweiliger Gestalt zu identifizieren. So wird ihre Zerstörung zu einem Schrecken und Ärgernis.«[130] Entscheidende Bedeutung besitzt die Einsicht: »Das, was einen Organismus über die Summe seiner Bestandteile hinaus zu einem Organismus macht, ist nicht eine zusätzliche Substanz, sondern das Geheimnis der Zuordnung seiner Bestandteile.«[131] »Der Glaube, daß es gerade die Individualität in Gestalt der Seele sei, die den Zerfall überdaure, ist genauso unwahrscheinlich wie die Annahme, daß die Person als Ganzes eines Tages wiederkehre.« »Es ist eine durch keinerlei Erfahrung oder Überlegung zu stützende Annahme, daß irgendein Teil der menschlichen Person selbständig weiterexistieren könne.« Selten ist das gegen den Gedanken der Unsterblichkeit Anzuführende in aller Kürze so überzeugend herausgestellt worden.

Zu der Unhaltbarkeit des Unsterblichkeitsgedankens im allgemeinen kommt bei der christlichen Vorstellung erschwerend noch hinzu, »daß die Seele als eine nicht mehr veränderbare Summe der guten und bösen Taten eines Menschenlebens dem Jüngsten Gericht entgegenharrt« und »daß ein solcher einmaliger Gerichtstag für alle Wesen gleichzeitig stattfindet«[132]. Als erst recht abwegig wird die Auferstehung des Fleisches beurteilt. Gegen sie »spricht die Tatsache, daß die das Leben unablässig vorwärtstreibenden Werdens- und Verfallsprozesse niemals rückläufig werden und niemals längst auseinandergefallene Strukturen wiederum hervorbringen könnten«.[133] Zu dieser Argumentation muß allerdings bemerkt werden, daß bei der christlichen Zukunftshoffnung naturphilosophische und sogar die üblichen metaphysischen Gesichtspunkte auszuschalten sind. Der Auferstehungsglaube ist nicht in Sachverhalten des natürlichen Lebens und seiner Gesetzmäßigkeit begründet; die Auferstehung gilt ausschließlich als eine Tat der Macht und Liebe Gottes und stellt somit zugegebenermaßen ein absolutes Wunder dar.

Bei der Behandlung der Freiheit ist besonders beachtenswert die Abfertigung des Versuchs, die Annahme der Willensfreiheit durch die Quantenphysik zu stützen, d. h. die Unvorhersehbarkeit mikrophysikalischer Vorgänge als ursachlos zu deuten und auf das Geschehen außerhalb ihrer auszudehnen.[134] Sehr bestimmt, ins Zentrum des ganzen Problems vorstoßend, erklärt Szczesny: »Die sogenannte Willensfreiheit ist kein ontologisches, sondern ein psychologisches Phänomen.«[135] »Es gibt keinen Einbruch der Freiheit in die Notwendigkeit.«[136] »Wo Wille ist, ist Unfreiheit. Wirkliche Freiheit wäre Freiheit vom Willen, nicht

---

[129] S. 153. [132] S. 157. [135] S. 160.
[130] S. 153 f. [133] S. 155. [136] S. 161.
[131] S. 154. [134] S. 159.

Freiheit des Willens.«[137] Präziser, prägnanter läßt sich das nicht sagen – ein nicht unerhebliches Verdienst angesichts der gerade in diesem Punkte bestehenden weitgehenden Verwirrung der Geister bis tief in die Philosophie hinein.[138]

Während die Unsterblichkeit und die Willensfreiheit wie gesagt nicht zum eigentlichen Inhalt des christlichen Glaubens gehören, jedoch mit wesentlichen Glaubensmotiven zusammenhängen und insofern mittelbar seine Problematik angehen, betrifft die Erörterung der Gottesvorstellung ihn unmittelbar. Es sind hierbei drei Punkte, in denen das christliche Glaubensdenken vom modernen, rein wissenschaftlich bestimmten Denken abgelöst wird. Sie machen sich auch in Szczesnys Darstellung geltend, wenngleich sie von ihm nicht genau in dieser Weise unterschieden und angeordnet werden. Erstens: »Es gibt kein ›Jenseits‹ der Welt«, »die Welt ist ein universales Kontinuum, ein ineinandergreifender Prozeß, der Realitätsfelder aufbaut und wieder abbaut«.[139] Monismus contra Dualismus. Zweitens: In der europäischen Neuzeit wird »der unbezweifelbare gesetzmäßige Zusammenhang alles Geschehens«[140] erkannt. Das Geschehen in dem Kontinuum der Welt verläuft mit Notwendigkeit. Es unterliegt nicht den Beschlüssen eines außerweltlichen Wesens. Kausales contra supranaturales Denken. Drittens: »Entweder ist Gott nach Analogie der menschlichen Person ein persönliches Wesen oder aber er ist etwas, was sich überhaupt nicht beschreiben läßt und dann auch nicht beschrieben werden dürfte. Mit der Redensart, daß der liebe Gott natürlich nicht eine Art Mann im Mond sei, kann sich die Theologie nicht aus der Affäre ziehen.«[141] Damit hat Szczesny wiederum einen sehr entscheidenden Punkt berührt, die auf seiten der Theologie herrschende Tendenz, den Ballast eines allzu menschlich gedachten Gottes abzuwerfen, seinen unentbehrlichen persönlichen Charakter jedoch bis zu einem gewissen Grade erhalten zu wollen. Positiv erklärt Szczesny: »Der Urgrund der Dinge – welche unserer Erkenntnis entzogene Qualitäten er sonst auch haben möge – kann nur als Ordnungsprinzip gedacht werden, das in einer kontinuierlichen Beziehung zu dem steht, was da aus ihm hervorgeht.«[142] [143] Impersonalistischer Urgrund

---

[137] Ebd.

[138] Vgl. hierzu H. Groos: Willensfreiheit oder Schicksal? 1939.

[139] Szczesny: Zukunft, S. 140.

[140] S. 87.   [141] S. 162.   [142] S. 163.

[143] In Szczesnys späterer Schrift »Die Disziplinierung der Demokratie oder die vierte Stufe der Freiheit« (1974) finden sich überraschenderweise Ausführungen, die über die Annahme einer Ordnungsfunktion des Urgrundes wesentlich hinausgehen. Das »die begreifbare Realität Übersteigende« nennt er nun »Transzendenz«, die einerseits als »Leere« bestimmt wird, andererseits »nicht etwas Jenseitiges, sondern aller Wirklichkeit Innewohnendes« sein soll, »eine unausscheidbare Dimension auch der menschlichen Existenz«. Eine »solche Erfahrung« und die ihr entsprechende »Haltung« bezeichnet er ähnlich wie Jaspers als »Glauben« (Disziplinierung, Taschenbuchausg. 1975, S. 92.) Obgleich Szczesny sie von der Transzendenzerfahrung des Christen abgrenzt, – »sie trifft mich nicht von außen und oben als Offenbarung und Gnade« – spricht er in diesem Zusammenhang vom »Ur-Vertrauen« und dem »Gefühl der Geborgenheit«, eine auffallende Aussage, in welcher Motive von Karl Jaspers, Wilhelm Hauer und O. F. Bollnow in einer nicht ohne weiteres überzeugenden Weise miteinander verbunden erscheinen.

contra personalen Gott. Das sind Bestimmungen, wie sie später ähnlich auch
P. Schulz verwandt hat.

Die grundlegende Bedeutung des »Metapersonalismus«, der zum »Kern des
christlichen Weltbildes« gehört, ist hier richtig erkannt. Es ist »das Ergebnis des
Zusammentreffens anthropomorpher Gottes- und Jenseits-Vorstellungen mit
einer stark ausgeprägten Intellektualität, die die Anthropomorphismen nicht in
Frage stellt, sondern zu einem durchrationalisierten theologischen System aus-
baut«. Im Hinblick auf diesen Personalismus, Metapersonalismus, urteilt
Szczesny, die christliche Glaubenslehre ruhe »auf den zu Dogmen erhobenen
Mißverständnissen einer naiven Daseinsinterpretation«.[144]

Das Christentum ist insofern »der Prototyp einer gegenphilosophischen und
gegenwissenschaftlichen Weltauffassung«[145], »der extreme Fall einer reinen
Glaubensanschauung«[146], so daß von der »Absurdität der christlichen Dogmatik«[147] gesprochen werden muß. Diese präsentiert »als Antwort auf die ›letzten
Fragen‹« »ein System von Begebenheiten und Spekulationen«, »dessen Phanta-
stik so offensichtlich war, daß jede ernsthafte kritische Erörterung wie der
unangemessene Versuch erscheinen mußte, die Erlebnisse von Alice im Wun-
derland auf ihre physikalische Glaubwürdigkeit hin zu prüfen«[148]. Deshalb ist es
eigentlich auch »mißbräuchlich, die freischwebenden Spekulationen einer
Theologie über ›jenseitige‹ Vorgänge metaphysisch zu nennen«.[149] »Eine Metaphysik kann man sinnvoller Weise nur dann entwickeln, wenn eine Physik
vorliegt. Die sogenannte christliche Metaphysik ist intellektualisierte Mythologie oder auch eine Art von religiöser Metapoetik«.[150] Metaphysische Vorurteile
in diesem Sinne enthält auch noch die moderne Theologie, die »in einer geradezu
heroisch zu nennenden Anstrengung« versucht, sich »den Ergebnissen der
neuesten und allerneuesten wissenschaftlichen Entdeckungen anzupassen.
Atomlehre, Relativitätstheorie, Evolutionstheorie – alles wird der unter dieser
Gewaltmaßnahme in allen Fugen ächzenden Dogmatik einverleibt«.[151] Dem ist
nichts hinzuzufügen.

Daneben gibt es freilich noch die christliche Ethik. Aber auch über sie ergeht
das Urteil: »Was Christus predigt, ist eine schwärmerisch-idealistische Ethik,
ein nicht so sehr weltfeindlicher als vielmehr weltblinder und weltüberwinden-
wollender Aufruf zur Menschenliebe«.[152] Trotzdem ist es »die weltumfassende
Liebesbotschaft, die« »das Christentum zu einem Ereignis macht, das einen der
Höhepunkte der Geschichte der Menschheit bezeichnet, soweit diese eine Geschichte ihrer ethischen Ideale ist«.[153] »Kraft und Glanz dieser frohen Botschaft
dürfen jedoch nicht darüber hinwegtäuschen, daß sie eine utopische Ethik
verkündete, eine Moral, die entflammte, ohne einen Halt in der Natur des
Menschen zu finden«[154] – ein Urteil, das begrüßenswerte Anerkennung und

---

[144] S. 165.
[145] SZCZESNY: Zukunft, S. 58.
[146] S. 59.
[147] S. 85.

[148] S. 87.
[149] S. 140.
[150] Ebd.
[151] S. 168.

[152] S. 51.
[153] Ebd.
[154] S. 52.

unerläßliche Kritik in einer selten anzutreffenden Weise vorbildlich vereinigt. Die Folge dieser utopischen Ethik ist, daß es innerhalb der christlichen Welt »nicht nur zu einem Auseinanderfallen von Glauben und Wissen, sondern auch zu einem Auseinanderfallen von Glauben und Handeln gekommen« ist.[155] Kein Wunder: »In den hohen ethischen Forderungen der Bergpredigt kommt bereits ein rigoroser und weltfremder Spiritualismus zum Ausdruck, der seine Impulse aus einem leidenschaftlichen Bedürfnis nach Überwindung alles Selbstischen empfängt.«[156] »Die neue Ethik wird eine nüchterne Ethik sein müssen, frei von jedem Überschwang und jeder Verstiegenheit.«[157] »Genau so wie der Weg zu einer glaubwürdigen Metaphysik nur noch von der Physik her gangbar ist, genau so kann auch eine glaubwürdige Ethik nur von der Anthropologie her aufgebaut werden.«[158] An das von dieser erkannte Wesen des Menschen hat die Ethik anzuknüpfen, während die Bindung zwischen Theologie und Moral gelöst werden muß.[159]

Die diesen Ergebnissen entsprechende Lagebeschreibung gelangt im Rückblick zu der Feststellung: »Mehr und mehr wurden im Verlauf der letzten fünfhundert Jahre die Glaubens›wahrheiten‹ durch die Wissenswahrheiten verdrängt, so daß im vorigen Jahrhundert, als die neuen naturwissenschaftlichen Erkenntnisse in die breitesten Schichten einzudringen begannen, große und entscheidende Teile der Gesellschaft ein nur noch phlegmatisches Pietätsverhältnis zum Christentum unterhielten, in ihrem Weltbild und Lebensgefühl aber längst wieder zu einem neuen ›Heidentum‹ zurückgekehrt waren.«[160] Wie Flake das Zuendegehen des theologischen Denkens und des religiösen Zeitalters überhaupt in Zusammenhang bringt mit den Erscheinungen der Technik, der Emanzipation, der Bewußtheit, der Selbstorganisation, so urteilt Szczesny, die Konzeption des demokratischen Staates ermögliche »es allen Schichten, jenes Minimum von Vertrauen in die eigene Kraft zu entwickeln, das davon abhält, die Erlösung von einem Wunder zu erhoffen«.[161] Wenngleich mit solchen Bezugnahmen kein Argument im strengen Sinne gegeben ist, darf doch dieser allgemeine Gesichtspunkt des veränderten Lebensgefühls im weitesten Sinne nicht gering eingeschätzt werden. Ja, er wird sogar als der eigentlich entscheidende Faktor anzusehen sein.

Alles in allem: »Das Christentum hat aufgehört, als gestaltende Kraft das europäisch-atlantische Leben zu durchdringen. Die in allerneuester Zeit versuchte Wiedererweckung einer christlichen Ethik in einem ›christlichen Humanismus‹ und ›christlichen Sozialismus‹ sind kein Gegenbeweis. Eine Religion, die nur mehr noch die Rechtmäßigkeit ihres ethischen Anliegens verteidigt, ist schon gestorben, da sie ihren Namen zu retten vermeint, indem sie ihn mit zeitgenössischen Bestrebungen allgemein menschlicher Art verbündet.«[162] »In den hochzivilisierten und vorwiegend protestantischen Ländern«, vor allem in

---

[155] S. 194.	[158] S. 191.	[161] S. 62.
[156] Ebd.	[159] S. 192.	[162] S. 72.
[157] S. 192.	[160] S. 71.	

den Vereinigten Staaten von Nordamerika, ist das Christentum nur noch »ein trivialer Moralismus«.[163] »Der eigentliche Inhalt der christlichen Heilslehre« ist »für einen vorherrschenden Typ des zeitgenössischen Menschen unannehmbar und gleichgültig geworden.«[164] »Von einer lebendig in die Welt wirkenden Kraft der eigentlich christlichen Glaubensbotschaft« »kann, aufs Ganze gesehen, kaum mehr die Rede sein. Das Leben der westlichen Völker, einschließlich des Denkens und Verhaltens der Mehrzahl derer, die sich selbst für Christen halten, nimmt von der Gottes- und Jenseitsvorstellung oder auch vom Sünden- und Gnadenbegriff des Christentums längst keine Notiz mehr.«[165] Und dieses fast allgemeine unchristliche Denken muß als »ein nicht mehr behebbarer Zustand« gelten.[166] Die Versuche, eine »Aufwertung des Christentums« durch »Massenkundgebungen, Tagungen, Seminare und Diskussionen, auf denen ›heiße Eisen‹ angepackt‹ werden und ›den Dingen ins Gesicht gesehen‹ wird«, können daran nichts ändern. »Das Fürwahrhalten absurder Behauptungen« wird auch nicht leichter, »wenn Theologen als Fußballspieler auftreten oder sich für Jazz und abstrakte Malerei interessiert zeigen«, auch nicht durch »die Bemühungen, der Bibel neues Ansehen zu verschaffen, indem man sie wie einen sensationelle Enthüllungen enthaltenden Bestseller anpreist«.[167] Mit solchen Beobachtungen und Urteilen bildet Szczesnys Stimme den Auftakt zu den zeitlich alsbald folgenden entsprechenden Äußerungen von Pzillas und Wyneken, jedes dieser Voten offensichtlich durchaus selbständig und unabhängig von den anderen, um so eindrucksvoller in ihrer Übereinstimmung.

Innerhalb seiner so kritischen Ausführungen findet sich bei Szczesny eine nicht zu übersehende Bemerkung: »Trotz dieser Sachlage wäre es falsch und verwerflich, eine Zerstörung der überkommenen Formen und Inhalte der christlich-abendländischen Kultur zu propagieren. Eine solche Art von ›Fortschrittlichkeit‹ unterbricht das Kontinuum der Geschichte und beraubt sich damit des ganzen fruchtbaren Reichtums der Vergangenheit, ohne den es weder eine sinnvolle Gegenwart noch Zukunft gibt. Es geht nicht um die Bekämpfung des Christentums, sondern um die Bewußtmachung geistiger Tatbestände außerhalb der überlieferten Glaubensüberzeugungen.«[168] Das ist nicht nur richtig, sondern auch schön gedacht. Sicherlich sollte über der von manchen geforderten kämpferischen Ablösung vom Christentum ein gewisses Bewußtsein der Verbundenheit mit der geschichtlichen Herkunft nicht aufgegeben werden. Aber der Sinn für die Kontinuität darf den klaren Blick nicht trüben. »Die Behauptung, daß der westliche Mensch ein christlicher Mensch sei oder doch wieder werden könne und müsse«, nennt der Autor »eine Zwangsvorstellung«[168a].

Wir haben es bei Szczesny mit einer außerordentlich umsichtigen, ungemein klugen, wirklich überlegenen Betrachtung zu tun, ausgezeichnet durch weiten Horizont, starke Urteilskraft und große Sachlichkeit. Obwohl Szczesny auf

---

manche spezifisch christliche Glaubenselemente gar nicht eingeht, gehört er mit seinem von hoher Warte aus vorgenommenen Überblick dem geistigen Rang nach zu den bedeutendsten Vertretern der neueren Christentumskritik. Meisterhaft und brillant in der sachlich-fundierten Zusammenschau wie in der konzentrierten und einfachen, allgemeinverständlichen Diktion, bildet sein Buch einen würdigen Abschluß in unserer Galerie. Entschieden im Bruch mit dem Christentum, aber keineswegs dogmatisch und einseitig in der Zeichnung des neuen Weltbildes, bietet es nicht die Angriffsflächen wie einst »Der alte und der neue Glaube« von David Friedrich Strauß, mit dem es sich im Thema berührt. Es hat wie damals jenes berühmt-berüchtigte Werk eine lebhafte Diskussion ausgelöst, auf die hier noch kurz eingegangen werden soll. Sie fällt insofern aus dem übrigen Rahmen heraus, als, was die christliche Seite betrifft, die katholischen Stimmen sich dabei, anders als durchweg sonst, im Vergleich mit den protestantischen Wortführern vorteilhafter ausnehmen. Wie verärgert, griesgrämig, kleinlich und unfruchtbar wirken die Ausführungen des Lutheraners *H. J. Baden* in seinem Beitrag »Die zweite Aufklärung«! Und gar ein ausgesprochen neuprotestantischer, »moderner« Theologe wie *Fritz Buri*, in dessen eigenen Schriften der Verlust der Glaubenssubstanz bei weitem deutlicher zu erkennen ist als ihre von ihm proklamierte Wiedergewinnung, weiß sich nicht anders zu helfen, als Szczesny die Kompetenz abzusprechen, weil er von einem bloßen »Zuschauerstandpunkt« die Substanz des christlichen Glaubens, die »vom menschlichen Dasein angeeignet und in ihm gelebt sein« will, nicht erfassen könne. Szczesny habe es nur mit der »begrifflichen Erscheinung in der Form des Dogmas« zu tun.[169] Wer Buris Veröffentlichungen kennt, erhält freilich den Eindruck, daß es gerade ihm in den zentralen Glaubensaussagen, vor allem über den Christus, hauptsächlich um die Erhaltung einiger Begriffe und kaum mehr um das, was sie dem Christen eigentlich bedeuten, geht.[170] Wohl entspricht Szczesnys Stellungnahme im wesentlichen einer von außen vorgenommenen Betrachtung. Aber warum auch sollte sie nicht möglich und berechtigt sein? Das Christentum ist, wie Szczesny sehr richtig sagt und betont, kein »esoterisch-mystischer Kult«, es vertritt »eine bestimmte Glaubenslehre und versucht mich zur Annahme dieser Lehre zu bewegen. Es fordert mich daher zu einer Stellungnahme heraus, ohne und bevor ich christliche Erfahrungen gemacht habe«.[171] Gewiß wird man annehmen können, daß jemand, der sich einmal näher mit dem Christentum eingelassen und ein intimeres Verhältnis zu ihm gewonnen hat, für manche Züge und Erscheinungen ein Verständnis besitzt, das dem nur von außen Urteilenden nicht im gleichen Maße eignet. Andererseits hat auch ein von der Existenzphilosophie stark beeinflußter Theologe wie Bultmann anerkannt, daß das Wesen

---

[169] FRITZ BURI: Die Substanz des christlichen Glaubens – ihr Verlust und ihre Neugewinnung. Eine Besinnung im Blick auf Gerhard Szczesnys »Die Zukunft des Unglaubens«. 1960, S. 4 f.

[170] Zur Kritik Buris in dieser Hinsicht s. H. GROOS: Albert Schweitzer. Größe und Grenzen: S. 398 ff. und besonders S. 419 f.

[171] SZCZESNY in: HEER u. SZCZESNY: Glaube und Unglaube. Ein Briefwechsel. 1959, S. 45.

des christlichen Glaubens nicht nur für den, der sich zu ihm bekennt, erkennbar sei, »sondern für den, der offen ist für die im Christentum waltende Frage nach der Existenz des Menschen und für ihre Beantwortung. Daher ist, was christlicher Glaube ist, unter Umständen gerade dem erkennbar, der sein Gegner ist.« Nietzsche, meint er, habe »besser verstanden, was christlicher Glaube ist, als mancher Theologe und Pfarrer seiner Zeit.«[172]

Im Unterschied von den genannten protestantischen Theologen gibt der katholische Theologe *Heinrich Fries* zu, daß Szczesnys Kritik an gewissen Phänomenen von Christentum und Kirche »durchaus diskutiert werden kann«.[173] Und in einer wie freundlichen Weise erfolgt das eingehende Gespräch, das der katholische Historiker *Friedrich Heer* mit Szczesny geführt hat![174]

Die schönste und ersprießlichste Auseinandersetzung aber mit Szczesny bildet ein Aufsatz des bekannten katholischen Publizisten *Walter Dirks*.[175] Dieser, ebenso frei wie gläubig, hat »viel Gutes über Szczesnys Buch zu sagen«, »das scharfsinnig ist und oft in die Tiefe führt«[176]. Dirks' »Sympathie gilt vor allem der Redlichkeit und dem sachlichen Ernst, mit dem Szczesny an seine Aufgabe herangeht«.[177] Freilich glaubt der Christ »in dem Buche des ungläubigen Partners das Unzulängliche dieser Redlichkeit und Sachlichkeit« zu spüren, »das, was er als die Dürre des Unglaubens empfindet. Über die Lauterkeit der Motive aber wird er keinen Augenblick im Zweifel sein«[178]. Die Diskussion in dieser Weise, auf einer solchen Ebene, ist nicht nur ein in menschlicher Hinsicht sehr erfreuliches, ganz seltenes Ereignis, sie besitzt auch ein unmittelbar sachliches Gewicht. Eindrucksvoller nämlich als die Beanstandungen, die Dirks im einzelnen gegen das Buch vorbringt, erscheint die feste Gläubigkeit dieses Mannes, den manche Feststellungen Szczesnys schmerzen müssen, aber nicht verletzen und nicht aus der Ruhe bringen können. Weder das Christentum »als System von Lehren und Lebensformen noch die Christenheit als die Menschengruppe, die sich auf Christus beruft, ist das eigentliche Ergebnis der Menschwerdung Gottes«, meint Dirks. »In beiden Bedeutungen ist das Christentum eine recht fragwürdige und kritikbedürftige geschichtliche Erscheinung. Christlich ist für uns vielmehr jede menschliche Wirklichkeit, die im Glauben an Christus aus seinem Geist und auf seine Wiederkehr hin geschehen ist, geschieht und geschehen wird. Wir nennen dieses teils verborgene, teils offene Geschehen das kommende ›Reich Gottes‹«.[179] Hier spricht jemand ganz von innen über das Christentum, ein mit vollem Ernst Glaubender, das Gegenteil eines christlichen Phlegmatikers. Und von solcher Art gibt es ja eben doch mehr als einen! Dieser Sachverhalt könnte möglicherweise Anstoß zum nochmaligen Durchdenken

---

[172] RUDOLF BULTMANN: Das Befremdliche des christlichen Glaubens. In: Glauben und Verstehen. Bd. 3, 1960, S. 201.

[173] FRIES: Ärgernis, S. 36.

[174] HEER u. SZCZESNY: Glaube und Unglaube.

[175] WALTER DIRKS: Die Zukunft des Unglaubens und die Zukunft des Glaubens. In: Frankfurter Hefte. Jg. 14. 1959, S. 45 ff.

[176] S. 46.   [177] S. 52.   [178] Ebd.   [179] S. 53 f.

der Frage geben, wie weit das Christentum wirklich schon überholt, erledigt, ad acta zu legen ist, wie es Szczesny mit den meisten anderen Christentumskritikern behauptet. Dirks kommt selbst, wohl als einziger der sich zur Kirche Haltenden auf die Verteidigung zu sprechen, »die der christliche Glaube von seiten einer kleinen, aber aktiven und gewichtigen Gruppe von westlichen Intellektuellen erfährt«[180]. Er gibt für diese Tatsache mehrere Erklärungen: die Neigung des spätbürgerlichen Menschen, das reiche Kulturerbe zu bewahren[181], ferner ein ästhetisches Verlangen, das die bildlose und dürre Weltanschaulichkeit eines modernen Agnostizismus überwinden möchte, außerdem einen »Hang zum Spiritualismus«[182]. Aber so wichtig diese Gesichtspunkte sein mögen, auf einen Mann wie Dirks, der eher nüchtern und realistisch denkt, trifft kaum einer von ihnen zu, ebensowenig wie auf manche andere christliche Persönlichkeiten, bei denen vielmehr der Glaube selbst doch wohl das Primäre und Zentrale ist. Selbstverständlich handelt es sich nicht darum, daß das Vorhandensein derartiger ebenso weitherziger wie ihres Glaubens bewußter und sicherer Menschen die hier ausgebreiteten Beobachtungen, Überlegungen und Folgerungen der Christentumskritiker außer Kraft setzen könnte. Nur so viel darf noch einmal ausgesprochen werden: Die Existenz durchaus lebendiger, tief gläubiger Christen auch in unserer Zeit, die auch alles andere als geistig anspruchslos sind, hat man im Lager der Kritiker im allgemeinen auffallend wenig beachtet und vielleicht nicht ganz ernst genug genommen. Sie erscheint im Rahmen aller jener kritischen Darlegungen nicht recht erklärlich und könnte zu einer nochmaligen Prüfung der Probleme Anlaß geben. Schwer begreiflich ist es allerdings auch umgekehrt, daß die allgemeine Entfremdung gegenüber dem christlichen Glauben von seiten seiner überzeugten Anhänger oftmals lediglich für bedauerliche Oberflächlichkeit, Verständnislosigkeit, Folge eines seichten säkularistischen Denkens, wenn nicht sogar für mangelnden guten Willen und selbst ein Stück Böswilligkeit gehalten wird. Als wie schwerwiegend die sachlichen Einwände tatsächlich einzustufen sind und wie durchaus ungerechtfertigt die pauschale Geringschätzung der Gegnerschaft gegen das Christentum ist, scheinen die so Urteilenden meistens völlig zu verkennen. Wünschenswert für ein gewisses gegenseitiges Verstehen wäre es deshalb, daß beide Teile ein wenig mehr Interesse für die andere Seite aufbringen und auf deren Denkweise einzugehen bereit sind. Als ein erster Ansatz dazu ist die Aufnahme des Szczesnyschen Buches auf katholischer Seite zu begrüßen und die berichtete Stellungnahme von Dirks so besonders erfreulich.

Herauszustellen wäre schließlich noch der Umstand, daß die hier herangezogenen Christentumskritiker nicht etwa mehr oder weniger gemeinsame Sache mit Konkurrenten des Christentums machen, d. h. sich nicht einfach kurzer Hand auf die Seite derjenigen seiner Gegner schlagen, die etwas anderes an seine Stelle setzen wollen. Vielmehr lehnen nahmhafte dieser Kritiker die modernen »Ersatzreligionen« ausdrücklich ab. Weder von den »objektivistischen« (»vom

---

[180] Szczesny: Zukunft, S. 79.   [181] Ebd.   [182] S. 80.

Mechanismus bis zum Soziologismus«[183]) noch von den »subjektivistischen« (Existentialismus, Psychologismus, Spiritualismus, Ästhetizismus[184]) will *Szczesny* etwas wissen. *Port* bedenkt »Lebensreligion«, »Allreligion«, Pantheismus, Freireligiöse sogar mit besonders ätzender Kritik.[185] Wyneken läßt die sogenannte »freie Religion«, wie erwähnt, nicht einmal als Religion gelten. Und geradezu vernichtend ist, was *Pzillas* in seiner ironisch gewürzten Weise über die Freidenker sagt: »Der Gehalt ihrer Verkündigung befriedigt nicht; außerdem haben sie grobe Manieren. Das kommt von dem Zank mit der Geistlichkeit. Die antiken Asebisten hatten mehr Schliff als ihre modernen Gesinnungsfreunde, die somit in vielfacher Hinsicht eine unterentwickelte Gruppe bilden.«[186] Die »freigeistige Standardware« verdient schon eher Tadel als Kritik.«[187] Mindestens die groben Manieren beziehen sich freilich auf einen Freidenker-Typus, den es bereits seit einigen Jahrzehnten kaum noch gibt. Zu seiner Zeit aber hatte schon ein so sachkundiger und feinfühliger Beobachter wie David Friedrich Strauß die Erbauungsstunden jener »freien Gemeinden« »entsetzlich trocken und unerquicklich« gefunden, »trübselig bis zum Schauerlichen«.[188] Diese Stellungnahme der genannten Autoren brauchte uns an sich hier nicht zu beschäftigen; sie nur insofern beachtenswert, als sie von einem verhältnismäßig freien Blick zeugt, dem Gegenteil eines einseitig auf das Christentum fixierten polemischen Fanatismus, dem jeder Bundesgenosse recht ist. Fanatismus ist Gift, freier Blick und Sachlichkeit auch in diesen Dingen oberstes Gebot.

Kein Beweis für Sachlichkeit dürfte es dagegen sein, wenn *H. J. Baden* die Christentumskritiker Szczesny, Russell, Wyneken, Flake »zu den Nachhuten einer Aufklärung« zählt, »deren Zeit endgültig abgelaufen ist«.[189] Aufklärung oder nicht Aufklärung, Nachhut der alten oder Vorhut einer neuen Aufklärung – darum streiten wir nicht. Auf die Wahrheit kommt es an und auf das Niveau, auf dem sie gesucht und erkämpft wird. Auf Russell wurde deshalb von vornherein verzichtet, während Flake immerhin einiges Wesentliche abzugewinnen war. Für Autoren aber wie Wyneken und Szczesny hat sich uns eine ganz andere Einschätzung ergeben.

Eine Fülle von Einwänden gegen die Position des christlichen Glaubens ist im Vorstehenden vorgeführt worden. Daß diese kritischen Erörterungen vielfach ein beachtliches Maß an Substanz und Format besitzen, wird sich schwerlich

[183] S. 90.
[184] S. 82 ff.
[185] PORT: Freie Religion und freireligiöse Gemeinden. In: Pf H. 33/34 (Jg. 3. 1951/52), S. 459. – DERS.: Die neuen Religionen und der Wertidealismus. In: Pf H. 111/112 (Jg. 12. 1962), S. 277 ff. – H. 113/114, S. 361 ff. – H. 121/122 (Jg. 13. 1963), S. 190 ff. – H. 125 (Jg. 14. 1964) – H. 126, S. 435 ff. – DERS.: Der naturalistische Unfug des Pantheismus und Faulnationalismus. In: Pf H. 143 (Jg. 19) 1972, S. 234 ff.
[186] PZILLAS: Lebenskräfte, S. 76.
[187] S. 77.
[188] STRAUSS: Der alte und der neue Glaube, 12.–14. Aufl. 1895, S. 197.
[189] BADEN: Aufklärung, S. 38.

bestreiten lassen. Sollte wirklich jemand der Ansicht sein können, alledem komme letztlich kein Gewicht zu? Auf jeden Fall dürfte es sich gelohnt haben, die verschiedenen Betrachtungsarten und Stellungnahmen im Zusammenhang anzusehen und zu würdigen, und hierbei die jeweilige Eigenart der einzelnen Betrachter, die Mannigfaltigkeit dieser Stimmen und ihre Übereinstimmung insgesamt sich zu vergegenwärtigen, war sogar von besonderem Interesse. Um abschließend noch einmal einige Namen anklingen zu lassen: Von der allseitigen und ausgeglichenen, stets maßvollen Beurteilung Nestles hoben sich die erbitterten Anklagen Deschners und Kahls und die kämpferische Haltung Ports scharf ab. Kämpferisch und zugleich bemerkenswert sachlich gab sich Mächler. Neben den tiefgründigen geistesgeschichtlichen Perspektiven Löwiths stand die originelle und souveräne Erfassung des Phänomens Christentum durch Wyneken, auslaufend in eine Bestimmung seines gegenwärtigen Status. Eine ungemein treffende Zustandsbeschreibung ist auch Pzillas und, bei aller Kürze, mit einer meisterhaften Einbettung in die geistige Gesamtlage, Szczesny zu verdanken. Mit ihrer gewichtigen Stellungnahme in zentralen und grundlegenden Punkten gehören auch Karl Jaspers, Wilhelm Weischedel und Kurt Port diesem argumentativen Typus an. Im Hinblick auf die grundsätzliche wissenschaftstheoretische Auseinandersetzung mit der modernen Theologie waren schließlich außer Kaufmanns Beiträgen die scharfsinnigen Analysen Hans Alberts von herausragender Bedeutung, ergänzt wiederum durch eine knappe Bestimmung der Lage, die vor allem durch den Bruch des modernen, insbesondere des wissenschaftlichen Denkens mit dem christlichen gekennzeichnet ist. So geben sich bei Albert beide Betrachtungsarten, die argumentative und die mehr deskriptiv charakterisierende, konstatierende die Hand. Von allen einschlägigen Arbeiten sind für die aktuelle wissenschaftliche Auseinandersetzung die seinigen als die wichtigsten anzusehen.

Von den zuletzt Genannten abgesehen ist den Erörterungen der meisten dieser Autoren gemeinsam, daß in ihnen die Absage an den Gottes- und Jenseitsglauben mehr Aufmerksamkeit beansprucht als die im engeren Sinne christlichen Glaubenselemente. Das heißt: im Vordergrund der Christentumskritik pflegen im allgemeinen der vom Glauben vorausgesetzte Dualismus in bezug auf das Verhältnis von Gott und Welt, der Supranaturalismus, die Transzendenz Gottes und Gott als personale Wirklichkeit zu stehen. Insbesondere die Frage seiner Gerechtigkeit und Liebe bildet den hauptsächlichen Anstoß, das Problem der Theodizee wird immer wieder berührt. Im Vergleich damit tritt in der Auseinandersetzung der eigentliche Christusglaube auffallend zurück. Wohl findet man gelegentlich unser äußerst bescheidenes historisches Wissen über Jesus hervorgehoben oder das Ausbleiben der verheißenen Parusie des Christus festgestellt. Auch wurde die unvollkommene Durchführung der Entmythologisierung in überzeugender Weise beanstandet. Dagegen scheint die Auferstehung Jesu im Sinne eines wirklichen Geschehens, nicht nur eines Glaubensvorganges, vielfach bereits als negativ entschieden, als kaum mehr kontrovers zu gelten, und besonders bemerkenswert ist es, eine wie geringe Rolle der Motivkreis der Versöhnung und Rechtfertigung, d. h. das Kreuz fast durchweg spielt. Diese durchaus zentralen Glaubenspunkte stehen dem zeitgenössischen Denken offensichtlich schon so fern, daß ihm eine auf den Grund gehende kritische Betrachtung kaum mehr zuteil wird. Bei den im engeren Sinne christlichen Themen ist mithin für eine wissenschaftliche Gesamtbehandlung ein starker Nachholbedarf unverkennbar, dem nunmehr Rechnung getragen werden soll. Aber auch bei den christologischen Problemen werden uns nicht so sehr die üblichen Einwände, was zumal das Verhältnis zwischen der menschlichen und der göttlichen Natur des Erlösers oder etwa die Wunderfrage betrifft, als vielmehr die eigentlichen Sachfragen zu beschäftigen haben, und erst recht bleibt das allzu hochgreifende und in der Polemik abgegriffene Thema der Trinität im folgenden ganz beiseite. Die einfachen Fragen sind meistens schon schwierig genug und die elementaren stets vordringlich.

Zweiter Teil

Der christliche Glaube erneut auf dem Prüfstand

Im ersten Teil dieses Buches wurde ein buntes Spektrum kritischer Gesichtspunkte und Einwände gegen das Christentum in Augenschein genommen. Einige von ihnen waren jedoch von vornherein als ungeeignet für ein Gesamturteil auszusondern, so in erster Linie der Hinweis auf den schreienden Widerspruch zwischen seiner sittlichen Lehre und dem tatsächlichen Verhalten seiner Anhänger im Verlaufe der Geschichte. Wer das Christentum in der Hauptsache als die Ethik der Bergpredigt versteht und dagegen aufrechnet, was an Verfolgungen und Kriegen von ihm ausgegangen ist und an Bedrückung und Vergewaltigung auch innerhalb der Christenheit stattgefunden hat, für den bedarf es allerdings keiner weiteren Erörterung: An ihren Früchten sollt ihr sie erkennen; damit sei dem Christentum das Urteil gesprochen, meinte man. Sehr richtig hat *Rudolf Bultmann,* gegen eine solche Sicht gerichtet, erklärt: »Eine Kritik, die am historischen Christentum Gebrechen oder gar Frevel aufzeigt, besagt nichts gegen das, was am Christentum seiner Idee nach ist, falls nicht eben diese Gebrechen und Frevel als notwendige Folgen des Christentums nachgewiesen werden.«[1] Und selbst ein so entschiedener Gegner der Religion und des Christentums wie Kurt *Port* äußerte sich in dem Sinne: »Jede Religion kann in Anspruch nehmen, nicht für das gesamte Verhalten ihrer Angehörigen verantwortlich zu sein, und verlangen, daß man zwischen ihrem weltanschaulichen Gut und der Verwirklichung der in ihm enthaltenen Forderungen unterscheidet.«[2] Freilich ist das Vorgehen gläubiger Christen mit Feuer und Schwert gegen Andersgläubige und Häretiker keine zufällige Entgleisung. Es hat sich aus bestimmten Glaubensmotiven entwickelt und ist gewiß nicht leicht zu nehmen. Der heutige Christ steht jedoch jener Praxis so fern und völlig ablehnend gegenüber, daß er sich solche in der Vergangenheit aufgetretene Verhaltensweisen nicht zuziehen muß.

Ähnlich liegt es mit dem in manchen kritischen Ausführungen mitschwingenden Bedauern, daß an die Stelle des schlichten Glaubens Jesu und seiner einfachen Sittenlehre ein kompliziertes System von Dogmen getreten ist. Die Ersetzung eines unreflektierten Glaubens an den Vatergott und der Erwartung des nahenden Gottesreiches durch ein imposantes Gebäude stark intellektualistisch geprägter, dabei doch über- und sogar widervernünftiger Doktrinen ist ja in der Tat überaus merkwürdig. Indessen liegt die alte scholastische oder die orthodoxe Art des Glaubensdenkens dem gläubigen Menschen von heute wiederum außerordentlich fern und ist erst recht dem durchschnittlichen Zeitgenossen derart fremd, daß eine Diskussion in der Gegenwart sich damit nicht zu belasten braucht.

---

[1] RUDOLF BULTMANN: Das Befremdliche, S. 199.
[2] KURT PORT: in: Warum ich, (Deschner), S. 53.

Aber auch, sofern die Argumente, die uns im ersten Teil begegnet sind, sehr viel schwerer wogen und sogar als durchaus zutreffend zu beurteilen waren, läßt sich fragen, ob man sich der Sache nicht auch einmal auf eine andere Weise nähern und sie zunächst in einem weniger festgelegten Sinne sehen könnte. Bei einem so großen Gegenstand, wie es der christliche Glaube ist, dürfte es jedenfalls angebracht sein, vor einem endgültig abschließenden Urteil noch einmal eine genauere Nachprüfung vorzunehmen. Allen, z. T. sehr verdienten Autoren, deren kritische Stellungnahme zum Christentum uns beschäftigt hat, war, auch wo dem christlichen Standpunkt ein gewisser Respekt im Hinblick auf seine historische Bedeutung nicht versagt wurde, gemeinsam, daß man von vornherein fertig mit ihm war und von dieser Einstellung aus an die nähere Betrachtung heranging. Eben dies soll bei der nunmehr beabsichtigten Nachprüfung ein wenig anders gehandhabt werden. Es wird versucht, von einem noch nicht sogleich durch kritische Erwägungen beschwerten Glaubensbild auszugehen, an die jeweiligen Gehalte im einzelnen also möglichst offen und sachlich heranzutreten mit dem Vorsatz, den Glaubensstandpunkt zunächst zu verstehen und ihm, soweit möglich, gerecht zu werden, ihn vor allem wirklich ernst zu nehmen, was immer bei der dann unerläßlichen kritischen Betrachtung herauskommen mag.

Hiermit hängt eine Besonderheit zusammen, die dieses Vorhaben von allen übrigen Arbeiten unterscheidet. Wie im ersten Teil die Kritiker vielfach wörtlich angeführt worden sind, so sollen jetzt auch die Glaubenden und Bekennenden, vor allem die Theologen, die den Glauben authentisch zum Ausdruck zu bringen, zu begründen und zu rechtfertigen vermögen, ausgiebig zu Worte kommen. Die eingehende Berücksichtigung der Theologie, wiederum oftmals in wörtlich wiederzugebenden Ausführungen, bezweckt vor allem, nicht nur die eigentlichen Strukturelemente des Glaubens korrekt zu erfassen, sondern auch etwas vom Atmosphärischen, von der Klangfarbe der Glaubensaussagen zu vermitteln, wobei manchmal schon Nuancen wesentlich sein können. Ein solches Verfahren möchte deutlich machen, daß dieser Glaube hier nicht möglichst schnell erledigt und abgetan werden soll, daß wir uns vielmehr, auch ohne ihn uns zu eigen zu machen, gründlich mit ihm einlassen wollen, um eine von Polemik weitgehend freie, rein sachliche Betrachtung, Beurteilung und Entscheidung zu gewährleisten. Letztlich geht es dabei allerdings allein um die Frage: Was ist Wahrheit? Ist der christliche Glaube unter diesem Gesichtspunkt im eigentlichen Sinne glaubwürdig? Kann man, darf man noch glauben?

Aus der angedeuteten Zielsetzung ergibt sich auch das Vorgehen, vor allem die Gliederung. Diese wird nicht in erster Linie durch die Art der Einwände bestimmt, so daß man etwa die metaphysische, die historische und die ethische Problematik nacheinander abgehandelt finden würde.[3] Vielmehr soll der Glaube

---

[3] FRIEDRICH WILHELM KANTZENBACH unterscheidet in seiner Darstellung der »Religionskritik der Neuzeit« (1972) die abstrakt-philosophische und die historisch-kritische Fragestellung, ferner die naturwissenschaftliche Argumentation, die soziologische Problematik und den von

selbst mit seinen hauptsächlichen Gehalten den unmittelbaren Gegenstand der Untersuchung bilden und auch für den Gang der Verhandlung maßgebend sein. Die Untersuchung des Glaubensproblems wird sich deshalb auf die hauptsächlichen Glaubenspunkte konzentrieren, von denen einige wenige, die allerwichtigsten, jedoch einer eingehenderen Erörterung unterzogen werden müssen, vor allem jene bei der bisherigen christentumskritischen Auseinandersetzung nicht im einzelnen herangezogenen spezifisch christlichen, d. h. christologischen Themen: die für Jesus und die erste Generation zentrale Zukunftserwartung, die den christlichen Glauben erst recht eigentlich begründende Botschaft vom Auferstandenen sowie die dann immer mehr in den Vordergrund tretende Aussage über die Bedeutsamkeit des Kreuzes, der Versöhnungsglaube, schließlich der erst im 19. und 20. Jahrhundert derart betonte und problematisierte sogenannte »historische Jesus«. Bei diesen Themen spielen vielfach historische Fragen wesentlich mit hinein, so daß sich ein hinreichendes Urteil nur nach gründlicher Darlegung der jeweiligen Problemlage und Forschungsergebnisse gewinnen läßt. Dagegen werden die Probleme des Gottesglaubens im engeren Sinne, d. h. insbesondere der seit dem 18. Jahrhundert diskutierte Vatergott und der im 19. und 20. Jahrhundert mehr und mehr zum Gegenstand der Kritik gewordene Schöpfergott nur in großen Zügen behandelt, weil es, was vor allem den Vatergott betrifft, weniger um die Heranziehung und Auswertung einzelner fachwissenschaftlicher Ergebnisse als um einige grundsätzliche Überlegungen und Feststellungen geht. Oder, um beides zusammenzufassen: Im Unterschied von der in kritischen Betrachtungen durchweg vorherrschenden Akzentuierung bemühen sich die folgenden Erörterungen darum, die Problematik des Christusglaubens zu vertiefen und im einzelnen zu überdenken, die des Gottesglaubens aber zu vereinfachen und zu raffen, ohne seine Bedeutung damit weniger wichtig zu nehmen.

---

der psychoanalytischen Methode bestimmten Gesichtspunkt (S. 12 f.). – Weniger glücklich in der Einteilung erörtern vier Cambridger Diskussionsvorträge »Einwände gegen das Christentum« (eingel. u. hrsg. von A. R. Vidler. 1964) mit einer apologetischen Zwecksetzung moralische, psychologische, historische und intellektuelle Einwände.

Erster Abschnitt

Der Kommende

1. Die Eigenart der eschatologischen Erwartung

Das Christentum war, wie man seit rund hundert Jahren mehr und mehr erkannt hat, in seinen ersten Anfängen eine eschatologische Bewegung, auf das Ende der Welt und ihre Verwandlung gerichtet. Mit der Erwartung des Reiches Gottes und dessen, »der da kommt«, soll unsere Betrachtung deshalb einsetzen. Damit wird sogleich ein sehr problematischer Bereich zur Sprache gebracht, der die neuere Theologie vor anderen beschäftigt hat. Schon die Sachlage im Neuen Testament ist teilweise kontrovers und verwickelt, so daß es erforderlich erscheint, den Gehalt der hier zu behandelnden Glaubensaussagen erst im einzelnen zu ermitteln. Überdies müssen einige das Urchristentum betreffende Probleme und Sachverhalte einführungsweise gestreift werden, wobei sich die Darlegungen jedoch auf das Unerläßliche beschränken.

Zunächst eine Vorbemerkung über den Gebrauch des Begriffs Eschatologie, der Lehre von den »letzten Dingen«[1]. Er bezieht sich auf das schlechthin Letzte, das Ende der Welt, soweit es »von Gott her« erwartet wird[2], der sie durch eine bessere, vollkommene ersetzen wird. Die damit bezeichnete Vorstellung, grundsätzlich unterschieden von Anschauungen, in denen das Weltgeschehen entweder auf der Stelle tritt oder sich in großen Zyklen bewegt, konnte nur auf dem Boden derjenigen Religionen entstehen, in welchen Gott als heiliger, sittlicher, die Geschichte auf ein bestimmtes Ziel lenkender Wille im Vordergrund steht: bis zu einem gewissen Grade im Parsismus, namentlich aber in der Religion Israels. In der neueren Theologie findet man den Begriff der Eschatologie manchmal auch auf das Ende des einzelnen Menschen und seine Zukunft bezogen. Im folgenden wird jedoch, ohne den individuellen Gesichtspunkt zu vergessen, von Eschatologie hauptsächlich im universalen Sinne die Rede sein, im Hinblick auf das von Gott herbeizuführende Ende der Menschheit und der Welt. Eschatologie ist jedenfalls vor allem universelle Eschatologie.

Die Erwartung des Weltendes im Zusammenhang mit der Errichtung eines Gottesreichs ist das zentrale Thema der spätjüdischen Apokalyptik. Lange Zeit

---

[1] Ta eschata (grch.) = die letzten (Dinge, Ereignisse).
[2] PAUL ALTHAUS: Die letzten Dinge. Lehrbuch der Eschatologie. 5. Aufl. 1949 (zit. als »Eschatologie«), S. 1.

meinte man, Jesus von dieser religionsgeschichtlichen Strömung distanzieren zu müssen. Sein prophetisches Denken sollte sich von der schematisch-doktrinären Betrachtung der Apokalyptik, wonach das Weltgeschehen gemäß einem festgelegten göttlichen Plan abläuft, grundsätzlich unterscheiden. Neuerdings hat jedoch eine »Neueinschätzung und Rehabilitierung der Apokalyptik« stattgefunden.[3] Man sieht sie nunmehr weniger negativ und das Verhältnis Jesu zu ihr sehr viel enger. Der ihr vielfach zugeschriebene Versuch, das Ende zu berechnen, entspricht danach nicht den wahren Verhältnissen[4], weshalb keine Veranlassung besteht, Jesus deswegen von ihr abzuheben. Im Gegenteil erweist sich seine Redeweise vom unbekannten Termin als »typisches Lehrmotiv der Apokalyptik«.[5] Ebenso erscheint der Vorwurf, daß der nach den Apokalypsen festgelegte Plan die Freiheit Gottes und sein Handeln beeinträchtige, nicht berechtigt.[6] Als positiv wird nunmehr der Universalismus des apokalyptischen Weltbildes und seiner Gottesanschauung herausgestellt.[7] Auf dem Hintergrund der apokalyptischen Theologie im Unterschied von der rabbinischen ist jedenfalls der Begriff der Königsherrschaft Gottes bei Jesus zu sehen.[8] Mit ihrem Anspruch auf eine vorwegnehmende »proleptisch-eschatologische« Offenbarung muß die Apokalyptik sogar als Voraussetzung des persönlichen Anspruchs Jesu gelten[9], so daß geradezu vom »apokalyptischen Gesamthorizont Jesu«[10] gesprochen werden kann.

Schon *Bultmann* urteilte, von der Apokalyptik unterscheide sich Jesus nur insofern, als er »keine Schilderung der Heilszukunft gibt«[11], und ein Forscher wie *S. Schulz* kommt heute zu dem eindeutigen Schluß: »Jesus war als Endzeitprophet zugleich Apokalyptiker«[12]. Unter diesem Gesichtspunkt erscheint es vor allem wichtig, das eigentliche Thema der Verkündigung Jesu sachgemäß zu bestimmen. Im Gegensatz zu der früher vorherrschenden Ansicht erklärt *W. Schmithals*: »Nicht das jedem Juden bekannte *Was* oder *Wie* der Gottesherrschaft stellte den besonderen, erregenden Gegenstand der Predigt Jesu dar,

---

[3] Oscar Cullmann: Heil als Geschichte. 1965, S. 42.

[4] Dietrich Rößler: Gesetz und Geschichte. Untersuchungen zur Theologie der spätjüdischen Apokalyptik und der pharisäischen Orthodoxie. 1960, S. 110.

[5] August Strobel: Kerygma und Apokalyptik. Ein religionsgeschichtlicher und theologischer Beitrag zur Christusfrage. 1967, S. 85.

[6] Rößler: S. 59. – In diesem Punkt bestehen freilich unterschiedliche Ansichten. So hebt J. Moltmann: (Hoffnung, S. 120 ff.) in der Apokalyptik nach wie vor einen deterministisch-fatalistisch-deistischen Zug hervor.

[7] August Strobel: Apokalyptik, Christusoffenbarung und Utopie. In: Das Mandat der Theologie und die Zukunft des Glaubens. Hrsg. von G. F. Vicedom. 1971, S. 132.

[8] Ulrich Wilckens: Das Offenbarungsverständnis in der Geschichte des Urchristentums. In: Offenbarung und Geschichte. Hrsg. von W. Pannenberg. 1961, S. 55.

[9] S. 50.

[10] S. 60 f.

[11] Rudolf Bultmann: Geschichte und Eschatologie. 2. Aufl. 1964, S. 38.

[12] Siegfried Schulz: Der historische Jesus. In: Jesus Christus in Historie und Theologie. Neutestamentl. Festschr. für Hans Conzelmann zum 60. Geb. Hrsg. von G. Strecker 1975, S. 16.

sondern das *Wann*, die Zeit des Kommens der Gottesherrschaft. Diese Zeit war
jetzt gekommen.«[13]

Dabei ist freilich zu bedenken, daß es neben den Jesusworten, die mit dem
Kommen der Gottesherrschaft in großer Nähe rechnen, andere gibt, welche
deren Anbruch erst gegen Ende der damals lebenden Generation ansetzen,
während wieder andere schon von der Gegenwart des Reiches sprechen. Die
Lage kompliziert sich weiterhin dadurch, daß erst noch zu entscheiden ist, ob
wenigstens einige, und wenn ja, welche dieser Worte auf mehr oder weniger
Echtheit Anspruch machen können und welche Jesus dagegen erst von der
Gemeinde in den Mund gelegt worden sind. Denn wer ein paradoxes Neben-
und Ineinander von Gegenwart und Zukunft des Reiches in der Verkündigung
eines einfachen Volkspredigers jener Zeit für äußerst unwahrscheinlich hält,
wird schwerlich bei einem so ganz und gar widerspruchsvollen Sachverhalt
stehen bleiben können. So dürfte sich in der Forschung die Ansicht allmählich
durchsetzen, die Jesus von einer intensiven Naherwartung bestimmt sein läßt,
während die mit einem größeren Zeitraum rechnenden Worte erst der im eigentlichen Sinne christlichen Zeit, nach Jesus, zugewiesen werden. Diejenigen Worte
aber, die schon irgendwie von der Gegenwart des Reiches reden, können nicht
dessen volle Gegenwart meinen, sondern die Zeichen seines unmittelbar bevorstehenden oder schon im Gange befindlichen Anbruchs im Auge haben, wie sie
in der Verkündigung und in den Taten Jesu vorliegen.[14]

Jedenfalls erscheint das Urteil gerechtfertigt, daß »das Auftreten Jesu« »so eng
wie nur denkbar von apokalyptischen Motiven umschlossen ist«[15]. »Der apokalyptische Zeitbegriff und der dazu gehörende Bußruf decken den größeren Teil
der jesuanischen Logienüberlieferung ab.«[16] Auch die Verkündigung des Evangeliums der Gnade »rückt Jesus noch nicht aus dem Umkreis einer apokalyptischen Existenz hinaus«[17]. So läßt sich ohne Vorbehalt sagen: »Jesus war Apokalyptiker«[18].

Nun verkündigt Jesus nach den synoptischen Evangelien nicht nur das nahe
Kommen des Reiches, sondern auch das des Menschensohns, der nach Daniel
7,13 am Ende in den Wolken des Himmels mit Macht und Herrlichkeit erscheinen und Gericht halten wird. Auch hier handelt es sich, und hier in besonderem
Maße, um ein ausgesprochen apokalyptisches Motiv. In dieser Hinsicht muß
allerdings wiederum die Frage nach der Authentizität der diesbezüglichen Jesusworte sowie die ihrer zutreffenden Interpretation gestellt werden. Bedeutsam ist

---

[13] WALTER SCHMITHALS: Jesus und die Weltlichkeit des Reiches Gottes. In: Evangelische
Kommentare. Jg 1. 1968, S. 313.

[14] Vgl. dazu vor allem WERNER GEORG KÜMMEL: Verheißung und Erfüllung. Untersuchungen zur eschatologischen Verkündigung Jesu. 1953. – ERICH GRÄSSER: Die Naherwartung Jesu.
1973. – DERS.: Das Problem der Parusieverzögerung in den synoptischen Evangelien und in der
Apostelgeschichte. 3. Aufl. 1977.

[15] WALTER SCHMITHALS: Jesus und die Apokalyptik. In: Jesus Christus in Historie u. Theologie. S. 68.

[16] S. 69.   [17] Ebd.   [18] S. 69f.

dabei die Erkenntnis, daß diejenigen dieser Aussprüche, in denen vom Menschensohn in Verbindung mit seinem bevorstehenden Leiden die Rede ist, nicht auf Jesus selbst zurückgehen, sondern erst dem Gemeindeglauben angehören. Nur solche Stellen, an denen Jesus vom zukünftigen Kommen des Menschensohns spricht, und zwar stets in der dritten Person, geben möglicherweise seine eigene Sicht wieder, wobei dann noch offen bleibt, wen Jesus damit gemeint hat. Die Identifikation des Menschensohns mit sich, Jesus, liegt zwar zweifellos im Sinne der Evangelisten, geht aber nach der Ansicht *Bultmanns* und anderer Forscher nicht auf Jesus selbst zurück. Es gibt jedenfalls in der synoptischen Überlieferung »keine Worte, in denen Jesus gesagt hat, er werde dereinst (demnächst) wiederkommen«. [19] [20] Überdies ist es fraglich, ob Jesus den Begriff des Menschensohns überhaupt verwendet hat, weil dieser sich, wie von Ph. *Vielhauer* herausgestellt worden ist, nie zusammen mit dem des Gottesreiches findet. [21] [22] Die Frage, ob Jesus, falls er vom Menschensohn gesprochen haben sollte, dabei im stillen an sich gedacht oder einfach die Gestalt des apokalyptischen Menschensohns im allgemeinen, ohne irgendeine Beziehung auf sich selbst, im Sinn gehabt hat, wird in der gegenwärtigen Forschung überwiegend dahin beantwortet, daß erst die Urgemeinde Jesus für den Menschensohn gehalten hat.

Auf die Einstellung Jesu, die ja noch nicht der christlichen Glaubensvorstellung entspricht, wird in einem der folgenden Abschnitte einzugehen sein. Hier mußte sie lediglich kurz berührt werden, um die Voraussetzungen und den Hintergrund des Folgenden verständlich zu machen. Zur Verhandlung der Sache selbst, die uns in diesem Abschnitt zu beschäftigen hat, kommt es recht eigentlich erst jetzt.

Im Unterschied von der Zukunftserwartung Jesu erscheint die Sachlage bei Paulus genau umgekehrt. Jesu Denken wurzelt im Alten Testament und in der Apokalyptik. Paulus unterliegt nicht nur viel mannigfaltigeren geistigen Einflüssen, indem sich bei ihm mit dem apokalyptischen Weltbild andere Strömungen des hellenistischen Denkens verbinden, sondern seine eigene Position ist auch ungleich komplexer, in gewisser Hinsicht ausgesprochen polar strukturiert. Dieser Standpunkt selbst aber muß nicht erschlossen werden, er steht wie der Apostel überhaupt in seiner ganzen Kompliziertheit und Differenziertheit lebendig, plastisch, hell, wenn auch nicht überall völlig durchsichtig, vor uns.

---

[19] Rudolf Bultmann: Theologie des Neuen Testaments. 1958, S. 30.

[20] Das Bekenntnis Jesu vor dem Hohen Rat (Mk 14,62), die einzige Stelle, an welcher Jesus eine solche Identifikation vornimmt, gehört einer späteren Schicht der Passionsgeschichte an und muß wie der ganze Bericht als Glaubenslegende gelten. (s. Bultmann: Geschichte der synoptischen Tradition. 3. Aufl. 1957, S. 307, 333).

[21] Philipp Vielhauer: Gottesreich und Menschensohn in der Verkündigung Jesu; sowie: Jesus und der Menschensohn. Beide Arbeiten in: Aufsätze zum Neuen Testament. 1965.

[22] Heinz Eduard Tödt: (Der Menschensohn in der synoptischen Überlieferung. 2. Aufl. 1963, S. 301 ff.) ist es jedoch fraglich, ob die schmale Basis der in Betracht kommenden Texte für den Schluß ausreicht, daß die Begriffe Gottesherrschaft und Menschensohn sich gegenseitig ausschließen.

Jesus und seine einfache geistige Welt liegen im Dämmer der christlichen Vorge-
schichte; Paulus ist voll und ganz ein Mann der Geschichte, ein individuell
geprägter Mensch mit einigermaßen deutlichen Konturen. In der damaligen
Lage, in welcher sich vielerlei Strömungen berührten und gelegentlich ver-
mischten, hat er vermöge seiner Begabung, sich auf sie einzustellen und mit
ihnen auseinanderzusetzen, indem er alte Lehren und Praktiken verwarf und
durch neue Anschauungen unterschiedlicher Herkunft und verschiedenartigen
Charakters ersetzte oder ergänzte, ohne sie freilich immer zu einer wirklichen
Einheit verschmelzen zu können, eine durchaus einzigartige Bedeutung für den
christlichen Glauben erlangt, der ihm nicht nur seine entscheidende Ausbreitung, sondern auch seine eigentliche Grundlegung verdankt, ja, dessen Wesen
der Apostel wie kein anderer konstituiert und definiert hat.

Die Erwartung des nahen Endes, von der Jesus erfüllt und bestimmt war, teilt
Paulus. Dabei tritt jedoch der für Jesus ganz im Mittelpunkt stehende Begriff der
Gottesherrschaft fast völlig zurück. Stattdessen wird die Zukunftserwartung
stark personalisiert. Sie gilt dem Erscheinen des Herrn, des Kyrios. Zugleich
aber bleibt es nicht ausschließlich bei dieser futurischen Perspektive. Hinzu
kommt vielmehr bei Paulus die Sicht auf das bereits erfolgte und in die Gegenwart der Gemeinde weiterhin hineinwirkende, in ihr lebendige Christusgeschehen. Damit ergibt sich eine für ihn ungemein bezeichnende zweifache Aussagenreihe, eine perfektisch-präsentische und eine futurische. Das Nebeneinander von
Gegenwart und Zukunft, das uns in den Worten Jesu zu widerspruchsvoll
erschien, um es in dieser Form als seine eigene Einstellung nehmen zu können,
und das deshalb nach einer Vermittlung rief, wie sie sich in der Auffassung der
Situation als des schon im Gange befindlichen »Anbruchs« der Gottesherrschaft
zeigte, dieses Nebeneinander stellt sich bei dem Schriftgelehrten Paulus, so sehr
beide Seiten aufeinander bezogen sind, in der Tat als zweierlei dar. Der bei ihm
vorliegende paradoxe Sachverhalt läßt sich am besten mit einigen charakteristischen Schriftstellen beschreiben: »Gott hat seinen Sohn gesandt, als die alte
Weltzeit ihr Vollmaß erreicht hatte (Gal 4,4); Christus hat das Heil gebracht, als
wir noch Sünder waren (Röm 5,8)«. »*Jetzt* ist ›willkommene Zeit‹ und *jetzt* der
›Tag des Heiles‹ (2.Kor 6,2).« »Hart neben diese Röm 8,38f. in einen Hymnus
einmündende Aussage der Heilsgegenwart in und mit Christus tritt« »eine nicht
minder klar ausgearbeitete Reihe von Sätzen, welche den Ausstand des Heils
einzuschärfen scheinen. Hier weist Paulus darauf hin, daß die Parusie des Christus und das Gericht erst noch bevorstehen (1.Kor 1,7; 2.Kor 1,14; Phil 3,20f.;
1.Thess 2,19; 3,13; 5,23; Röm 2,5ff.); daß die Gemeinde und Schöpfung noch
stöhnend nach der paradiesischen Freiheit der Kinder Gottes Ausschau halten
(Röm 8,22ff.); daß sich sogar der Apostel durchaus noch nicht am Ziele weiß
(1.Kor 4,4; 9,25ff.; Phil 3,12ff.); daß der Gemeinde ein Lauf mit Furcht und
Zittern noch aufgegeben sei (Phil 2,12ff.)«; ja, »daß der Christus überhaupt erst
die Welt für Gottes Herrschaft freizukämpfen habe (1.Kor 15,20–28).«[23] Wenn-

---

[23] Peter Stuhlmacher: Erwägungen zum Problem von Gegenwart und Zukunft in der
paulinischen Eschatologie. In: ZThK Jg 64. 1967, S. 426f.

gleich Paulus in seinem Denken »grundlegend bestimmt ist durch die Erwartung der nahen Heilsvollendung«, verbindet er mit dieser »sicheren Erwartung, daß die Zeit des Endheils mit der Erscheinung des Christus in Bälde kommen wird«, »die Gewißheit«, »daß durch Gottes Handeln in Christus das Endzeitheil schon begonnen hat«[24], ein aufs Ganze gesehen auffallend »widersprüchliches Nebeneinander von Zukunftserwartung und Glauben an das gegenwärtige Endzeitheil«[25]. »Er ruft die Philipper angesichts der nahen Ankunft Christi zur Freude auf (Phil 4,4f.)«, »er lehrt die bald geschehende Auferstehung der Toten und die Verwandlung der Überlebenden (1.Kor 15,50ff.). Aber derselbe Paulus verkündigt, die Zeit sei erfüllt (Gal 4,5), die ›neue Schöpfung‹ in Christus Gegenwart (2.Kor 5,17)«.[26]

Eines allerdings ist über das festgestellte Nebeneinander hinaus hervorzuheben: Die Spannung zwischen Gegenwart und Zukunft ist keine völlig ausgewogene. Die in dem bereits erfolgten, d.h. vergangenen Christusgeschehen begründete »präsentische Aussagenreihe trägt in den Paulusbriefen unstreitig den Hauptton«[27]. »Während die jüdische Hoffnung das Ende der Welt und den Beginn der Heilszeit von der Zukunft erwartet und der populäre urchristliche Glaube diese Zukunft für unmittelbar bevorstehend hält und auf die ›Ankunft‹ Christi als das die Wendung bringende Ereignis wartet, ist *Paulus*, ohne daß er diese Erwartung preisgegeben hätte, doch der Überzeugung, daß das entscheidende Ereignis schon *geschehen ist*, daß sich die Wende der Weltzeiten schon vollzogen hat, nämlich im Kommen Jesu von Nazareth.«[28] Insgesamt läßt sich mithin von der Haltung des Apostels sagen: Der Jubel des »Gott aber sei Dank, der uns den Sieg gegeben hat« (1.Kor 15,57) durchzieht alles, wenn er auch nicht geradezu alles übertönt. Der entscheidende Sieg ist erfochten; seine Vollendung auf der ganzen Linie, der endgültige Sieg, steht freilich noch aus, und den Korinthern, die den Himmel bereits auf Erden zu erblicken meinen, wird eingeschärft: »Wir wandeln im Glauben, nicht im Schauen« (2.Kor 5,7). Das Geschehene und im Glauben Gegenwärtige ist zwar durchaus grundlegend, was aber nicht ausschließt, daß der Christus Angehörende zugleich sehnend und hoffend der Zukunft harrt. Die Tatsache, daß der Hauptton auf dem schon erfolgten Geschehen und dem gegenwärtigen Erleben des dadurch erlangten inneren Besitzes liegt, würde es somit nicht rechtfertigen, die Zukunftserwartung als unwesentlich zurücktreten zu lassen. Es bleibt letztlich bei dem Zustand der Spannung zwischen dem Schon und Noch-nicht. Indem Paulus diese seine persönlich erlebte Lage als die typische des Christen verstanden und durchdacht hat, ist er von unvergleichlicher, durchaus grundlegender Bedeutung für das christliche Glaubensdenken überhaupt geworden.

---

[24] WERNER GEORG KÜMMEL: Theologie, S. 128.
[25] S. 129.
[26] GÜNTHER BORNKAMM: Paulus. 1969, S. 203.
[27] STUHLMACHER: Erwägungen, S. 443.
[28] RUDOLF BULTMANN: Die christliche Hoffnung und das Problem der Entmythologisierung. In: Glauben und Verstehen. Bd 3. 1960, S. 89.

Der Glaube, sofern er sich auf das Christusgeschehen der Vergangenheit bezieht, wird den Gegenstand der folgenden Abschnitte bilden. In dem vorliegenden geht es allein um das in der Zukunft Erwartete. Diese Erwartung ist bei Paulus, anders als bei Jesus, wie gesagt ausgesprochen personalistisch zugespitzt. Sie richtet sich unter Anknüpfung an das Zukunftsbild der Apokalypsen, insbesondere die Gestalt des »wie eines Menschen Sohn« in den Wolken des Himmels Kommenden, auf die Parusie des Kyrios. Bei der Ankunft des Herrn werden nach der Vorstellung des Apostels zuerst »die Toten in Christus«, d. h. die als Christen Gestorbenen auferstehen und dann die noch lebenden zusammen mit ihnen auf den Wolken entrückt werden (1.Thess 4,16f.). Und zwar hofft Paulus, dieses Ende noch bei seinen Lebzeiten zu erleben, selbst also zu denen zu gehören, die nur »verwandelt« werden (1.Kor 15,52). Er hat jedenfalls »in allen seinen Briefen« »das Kommen des auferstandenen Christus in Herrlichkeit« »und damit den Anbruch der Heilsvollendung in zeitlich großer Nähe erwartet«.[29]

Die eschatologische Erwartung bezieht sich ursprünglich, im Unterschied von allem bloß individuell-subjektiven, rein gefühlsmäßigen, insbesondere dem mystischen Erleben, auf die geschichtliche Dimension. Sie wie überhaupt der auf die Geschichte gerichtete Glaube wurzelt in der stark willensmäßigen Verfassung des israelitisch-jüdischen Geistes, dem ein Gott des Willens und des zielstrebigen Handelns entspricht: der Herr der Geschichte. Gott hat sein Volk Israel erwählt, einen Bund mit ihm geschlossen und diesen mehrfach erneuert. Er hat den Kindern Israels Land verheißen und gegeben, sie in der Not nach Ägypten führen lassen und eines Tages ihren Auszug von dort veranlaßt. In Gestalten wie Abraham und Moses ist diese mit der Religion identische Geschichtsanschauung verkörpert. David erhält für seine Nachkommen sogar die Verheißung ewigen Königtums, das bei ihm zwar noch rein diesseitig gedacht ist, in der Apokalyptik aber transzendente Züge annimmt. Neben die Erinnerung an die als Verheißung und Erfüllung sich darstellende, im Zeichen der Treue Gottes stehende Geschichte tritt damit die Erwartung des zukünftigen Äons, der den gegenwärtigen in einer großen Endkatastrophe ablösen wird. Auch in dieser einstweilen noch nicht realen bzw. realisierten Sphäre geht es charakteristischerweise um ganz bestimmte, einander folgende, von Gott herbeizuführende Ereignisse.

A. *Schweitzer* hat ihre Reihenfolge nach den Apokalypsen Baruch und Esra beschrieben: »Vormessianische Drangsal, in der die zum messianischen Reich Erwählten am Leben bleiben; Erscheinung des Messias; Gericht des Messias über alle Lebenden, wobei die, die des messianischen Reiches nicht würdig sind, zum Sterben verurteilt werden; messianisches Reich; Ende des messianischen Reiches und Rückkehr des Messias in den Himmel; Auferstehung der Toten aller Generationen und Endgericht über sie durch Gott; ewige Seligkeit in dem Reiche Gottes oder ewige Qual.« Zu beachten ist dabei vor allem: Diese Eschatologie kennt »zwei Seligkeiten (die messianische und die ewige), zwei Gerichte (das Gericht des Messias zu Beginn des messianischen Reiches über die Überlebenden der letzten Menschheitsgeneration und das Endgericht Gottes über die ganze auferstandene

---

[29] KÜMMEL: Theologie, S. 209.

Menschheit nach dem messianischen Reich) und zwei Reiche (das vorübergehende messianische und die ewige Gottesherrschaft.)«[30]
Diese verwickelte Eschatologie ist nicht die Jesu. Er »erwartet nur *eine* Seligkeit (die messianische, die zugleich ewig ist), *ein* Gericht (das Gericht des Menschensohnes zu Beginn des Gottesreiches, das über die Überlebenden der letzten Generation und zugleich über die ganze auferstandene Menschheit ergeht) und *ein* Reich (das Reich des Messias-Menschensohnes, das zugleich das ewige Reich Gottes ist«)[31]. Den Unterschied zwischen der »einfachen« und der »gedoppelten« Eschatologie führt Schweitzer »darauf zurück, daß Jesus, wie das Buch Daniel, die Auferstehung beim Anbruch des messianischen Reiches erfolgen läßt, während die Apokalypsen Baruch und Esra sie an das Ende desselben verlegen«. Die zuletzt genannten Apokalypsen sind es aber, die den Rahmen für die Eschatologie des Apostels Paulus liefern. Nur, daß er dabei etwas Neues einführt: Er nimmt für die im Glauben an Jesus Entschlafenen eine besondere Auferstehung an, zu Beginn des messianischen Reiches, während die allgemeine Totenauferstehung erst nach dessen Ende stattfindet. Paulus wird damit für Schweitzer zum »Schöpfer« der »Lehre von der doppelten Auferstehung.«[32] In diesem Punkte hat Schweitzer seiner Neigung zum Systematisieren vielleicht etwas zu sehr nachgegeben. Indessen auf die Einzelheiten kommt es für unsere Zwecke nicht so sehr an. Nicht um solche Unterschiede an sich geht es hier im einzelnen, und nicht derartige Vorstellungen überhaupt, die sich bei Paulus nicht überall völlig zur Einheit fügen, sind von Belang. Lediglich als charakteristische Belege für dieses ganze eigentümliche Denken wurden sie herangezogen, ein Denken, welches das Schicksal der Menschheit und der Welt wie das Verhältnis des einzelnen zu Gott an einen in der Zukunft erfolgenden göttlichen Eingriff bindet und das Heil von bestimmten in diesem Zusammenhang geschehenden Ereignissen erwartet.

Schweitzer hat den Bemühungen des Spätjudentums, Ordnung in das Chaos der eschatologischen Vorstellungen zu bringen, »Bewunderung nicht versagen« zu können gemeint. »Hier waren Theologen am Werke, die des Denkens kundig waren.«[33] Das mag sein. Andererseits wird man sagen müssen, daß sie jedenfalls nicht für uns gedacht, sondern in einer uns unverantwortlich erscheinenden Weise daraufflospekuliert und mit ihren abenteuerlichen Annahmen noch bis in die Gegenwart belastend auf den Glauben gewirkt haben.

Der Umstand, daß das apokalyptische Denken die vergangene Heilsgeschichte in die Zukunft verlängert, indem es genau und beinahe konkret von gewissen Dingen, Personen, Geschehnissen, Zuständen spricht, der darin sich aussprechende Zug zum Objektiven, Faktischen, die Erwartung einer Reihe bestimmter Ereignisse, bildet den Rahmen auch für die christliche Zukunftshoffnung. Daß dabei nicht einzelne Gegenstände wie etwa die letzte Posaune (1Kor 15,52; 1.Thess 4,16) oder der Thron des Menschensohnes (Mt 25,31) oder die Engel (ebd.) oder das ewige Feuer (Mt 25,41) wesentlich sind, versteht sich von selbst. Aber kann man wie derartige Requisiten auch den Satan bzw. den Antichrist oder das messianische Reich einfach streichen, um dann die dem Glauben allein wirklich wichtigen Elemente – Parusie, Totenauferstehung, Gericht, Ewiges Leben – unbeeinträchtigt zurückzubehalten? Werden durch den Kontext mit so manchen fragwürdigen und abwegigen, für den Glauben heute im Ernst gar

---

[30] ALBERT SCHWEITZER: Die Mystik des Apostels Paulus. 1930, S. 89.
[31] Ebd.   [32] S. 94.   [33] S. 89.

nicht mehr in Betracht kommenden Vorstellungen und Annahmen nicht auch
die wenigen als unverzichtbar geltenden Motive unmittelbar in Mitleidenschaft
gezogen, so daß schließlich alles apokalyptische Gedankengut, der ganze transzendente Teil dieser Heilsgeschichte, verdächtig wird und Anstoß erregen muß?
Schon der Deutsche Idealismus war bestrebt, das Geschichtlich-Faktische in
den christlichen Glaubensanschauungen weitgehend in rein ideelle Gehalte zu
überführen, und einigen der namhaftesten Theologen unserer Zeit ist insbesondere die apokalyptische Eschatologie geradezu ein Greuel. Ausgerechnet Karl
Barth, für den »Christentum, das nicht ganz und gar und restlos Eschatologie
ist« »mit *Christus* ganz und gar und restlos nichts zu tun« hat[34], wollte anfangs,
in der Periode seines berühmten »Römerbriefs«, von eben dem, was die eigentliche Eschatologie ausmacht, durchaus nichts wissen. Mit sehr bekannt gworde-
nen, in späteren Auseinandersetzungen immer wieder angeführten Worten hat er
sich über sie aufgehalten, über die »Erwartung eines groben brutalen theatrali-
schen Spektakels«[35], über dieses Warten »auf irgendein glänzendes oder schreckliches Finale«[36], und hinsichtlich der »ausgebliebenen« Parusie, der Ankunft des
Herrn, ärgerlich ausgerufen: »Wie soll denn ›ausbleiben‹, was seinem Begriff
nach überhaupt nicht ›eintreten‹ kann?« »Kein zeitliches Ereignis, kein fabelhaf-
ter ›Weltuntergang‹« sei »das im Neuen Testament verkündete Ende«.[37] Sachlich damit übereinstimmend bedeutet für Rudolf *Bultmann* »das Kommen der
Gottesherrschaft« »nicht eigentlich ein Ereignis im Ablauf der Zeit«.[38] Auch für
Paul *Tillich* ist das eschaton »nicht mehr ein Gegenstand der Phantasie über eine
unendliche ferne (oder nahe) Katastrophe in Raum und Zeit«[39]. Barth hat sich
später mit ebenso beredten Worten von seiner früheren Stellungnahme distanziert, während Bultmann so zentrale Elemente der üblichen Eschatologie wie
Weltende, Parusie und Gericht ein für allemal als Mythologie einstufte. Was nach
den genannten Theologen an die Stelle der Eschatologie im herkömmlichen
Sinne treten soll, ist eine »aktuelle« Eschatologie, in welcher die Zukunft durch
die Gegenwart des »ewigen Augenblicks« ersetzt wird. Für den Barth des
Römerbriefs verhält es sich so, »daß wir hier, ob wir wollen oder nicht, an der
Grenze aller Zeit in jedem zeitlichen Augenblick tatsächlich stehen«.[40] Von einer
Endgeschichte in dem von ihm gemeinten Sinn »wird zu *jeder* Zeit zu sagen sein:
Das Ende ist nahe!«[41]. Ebenso erklärt Bultmann: »Steht der Mensch in der
Entscheidung und charakterisiert ihn eben dies wesentlich als Menschen, so ist ja
immer letzte Stunde.«[42] Und nicht anders ist für Tillich das eschaton Ausdruck

---

[34] Karl Barth: Der Römerbrief, 2. Aufl. 1947, S. 298.
[35] S. 484.
[36] S. 485.
[37] S. 484.
[38] Rudolf Bultmann: Jesus. 1951, S. 47.
[39] Paul Tillich: Systematische Theologie. Bd. 3. 1966, S. 447.
[40] Barth: Römerbrief, S. 485.
[41] Karl Barth: Die Auferstehung der Toten. 4. Aufl. 1953, S. 60.
[42] Bultmann: Jesus. S. 47.

»für die Tatsache, daß wir in jedem Augenblick vor dem Angesicht des Ewigen stehen«.[43] Diese Art von Eschatologie, eine »aktuelle«, »präsentische« Eschatologie ist offensichtlich gar nicht mehr im eigentlich temporalen Sinn, sondern, vor allem bei Barth, lediglich, wie man es genannt hat, »transzendental« gedacht. An die Stelle der in die Zukunft laufenden Horizontalen der Geschichte tritt die Vertikale, die von allen jeweiligen Augenblicken aus in gleicher Weise auf den »ewigen Augenblick«, den »qualifizierten Augenblick«, weist.

Ist das Glaubensinteresse des Deutschen Idealismus nicht mehr auf die Vergangenheit und Zukunft gerichtet, sondern auf das, mit Schiller zu sprechen, »was sich nie und nirgends hat begeben« und begeben wird, so meint die neue existentialistische Eschatologie das, was sich immer und überall begeben kann und soll. Aber diese aktualistische Eschatologie ist eben eine Eschatologie nur noch in Anführungszeichen. »Was bei Bultmann als Eschatologie übrig bleibt, ist nicht mehr Hoffnung auf Zukünftig-Ewiges, sondern lediglich ein neues Selbstverständnis des gegenwärtigen Menschen, das durch ›letztliche Entscheidung‹ zustandekommt und darum« nur »in einem vom neutestamentlichen ganz verschiedenen Sinn ›eschatologisch‹, auf ›letzte‹ Dinge bezogen« heißen kann. »Die Dimension der Zukunft ist in dieser ›Interpretation‹ aus dem neutestamentlichen Kerygma ganz einfach ausgefallen.«[44] Es ist eine »Eschatologie ohne Hoffnung. Da, wo für den christlichen Glauben eigentlich das ›Eschatologische‹ steht, befindet sich ein großes Loch. Über ein ›Jenseits‹ der Grenze dieses Lebens wird jede Auskunft verweigert und untersagt. Über dieses Defizit kann die häufige und mannigfaltige Verwendung des Begriffs ›eschatologisch‹ nicht hinwegtäuschen«.[45] In der Tat: Eine solche »Eschatologie« ist nicht nur »sehr unbefriedigend«, »es muß sogar bezweifelt werden, ob es legitim ist, den Begriff für die von Bultmann damit bezeichneten Phänomene zu gebrauchen«.[46] Nein, das muß nicht nur bezweifelt werden; der Mißbrauch dieses Begriffs ist ganz offensichtlich.[47] Wo es mehr um den Menschen als um Gott geht, wo »der da kommt« draußen vor der Tür bleibt, wo der Blick auf die Zukunft durch das Interesse an der Gegenwart ersetzt wird und existentialistische Reflexionen und Appelle an die Stelle der glaubenden Hoffnung treten, da sollte von Eschatologie nicht mehr die Rede sein. Man kann sich nicht genug wundern, daß der große Neutestamentler, der sich als Historiker stets ebenso eindeutig und klar wie tiefblickend zeigt, sobald er sich auf das Feld der Systematischen Theologie begibt, eine derart schlechte Terminologie und so hergeholte, künstliche Ersatz-

---

[43] TILLICH: Theologie, Bd. 3, S. 447.
[44] EMIL BRUNNER: Das Ewige als Zukunft und Gegenwart. Taschenb.-Ausg. 1965, S. II.
[45] HANS GRAß: Das eschatologische Problem in der Gegenwart. In: Theologie und Kritik. Ges. Aufsätze u. Vorträge. 1969, S. 213.
[46] Ebd.
[47] Vgl. CULLMANNS Feststellung, daß der Begriff eschatologisch, etymologisch gesehen, »nur eine temporale Bedeutung hat«, weshalb sein Gebrauch bei Bultmann und dessen Schülern mißverständlich ist und aufgegeben werden sollte. »Die Worte ›Eschatologie‹ und ›eschatologisch‹ beziehen sich auf die *Endzeit*, nicht auf die *Entscheidungszeit*« (Heil, S. 61).

konstruktionen bevorzugt. Nicht, daß er nicht mehr zu bieten hat, ist ihm vorzuwerfen. Es hätte ihm sogar zur Ehre gereichen können, wenn er hier mit leeren Händen gekommen wäre. Aber er gibt uns Steine statt Brot, und das müssen wir uns verbitten.

Der Fortfall der Horizontalen bedeutet insbesondere, daß ein »wesentlicher Zug der christlichen Ewigkeitshoffnung völlig zu kurz kommt, nämlich die theologische Beziehung des Weltgeschehens«, die »für den christlichen Glauben kennzeichnende Zielstrebigkeit« der Geschichte. Diese »wird zur vollendeten Sinnlosigkeit.«[48] Die übergeschichtliche Eschatologie entartet »fast zu ungeschichtlicher Symbolik«.[49] Alles in allem: Die Zukunftshoffnung fällt dahin.[50] Das aber heißt eben, daß es sich bei der nicht futurisch gemeinten »Eschatologie« nicht nur um einen groben Mißbrauch dieses Begriffs, sondern um eine schwere Beeinträchtigung der christlichen Substanz durch idealistisches oder existentialistisches Denken handelt. Selbstverständlich ist eine Parusie, die niemals eintreten wird, die ihrem Begriff nach gar nicht eintreten kann, überhaupt keine Parusie. Darüber ist kein Wort mehr zu verlieren. Sie verflüchtigt sich in ein »zeitloses Symbol für den unendlichen Ewigkeitsernst in jeder existentiellen Situation«.[51] Der christliche Glaube kommt auf keinen Fall ohne die Dimension der Zeit aus, ohne die Geschichte und echte Zukunft. Gerade von ihr empfängt die Hoffnung und die gesamte Einstellung und Haltung des Christen ihre eigentümliche Spannung und Wucht. Der Umstand, daß die sogenannte präsentische Eschatologie in ihrem Ansatz bis ins Johannesevangelium zurückreicht, besagt nichts dagegen, daß die futurische Eschatologie die entscheidende, allein wirklich in Betracht kommende ist. Auch im Johannesevangelium macht sie sich neben seiner hauptsächlichen Tendenz stellenweise geltend, wie immer es dabei zugegangen sein mag.[52]

Kein Theologe hat um die systematischen Probleme der Eschatologie und namentlich um ihr Verhältnis zur Zukunft so intensiv und beispielhaft gerungen wie Paul *Althaus*, vor allem in seinem grundlegenden Werk »Die letzten Dinge«. Auch er begann in seinen Anfängen mit einer Verwerfung der das eschatologische Geschehen wie ein letztes, abschließendes Stück Geschichte behandelnden »endgeschichtlichen« Eschatologie. »Alles, was die Endgeschichte, ›das Ende‹ betrifft«, wird von Althaus in der ursprünglichen Fassung des genannten Buches »als unnötiger apokalyptischer Stoff gestrichen. Übrig bleibt nur eine übergeschichtlich gefaßte ›Vollendung‹ ohne jede direkte Beziehung zu der Endperiode der irdischen Geschichte«.[53] Dabei wird »der *aktuelle* Gegenwartspunkt« gegen-

---

[48] GEORG HOFFMANN: Das Problem der letzten Dinge in der neueren evangelischen Theologie. 1929, S. 36.

[49] Vgl. FOLKE HOLMSTRÖM: Das eschatologische Denken der Gegenwart. In: ZSTh Jg 12. 1933/34, S. 331.

[50] Vgl. OTTO MICHEL: Unser Ringen um die Eschatologie. In: ZThK Jg 13. 1932, S. 158.

[51] HOLMSTRÖM: Das eschatologische Denken der Gegenwart. 1936, S. 241.

[52] Es wird an nachträgliche Eintragung gedacht.

[53] HOLMSTRÖM: Eschat. Denken (1936), S. 313.

über der *antiquarischen* Auffassung der eschatologischen Dinge mit so gewaltsamer Kraft geltend gemacht, daß nicht nur der ›zeitgeschichtliche‹, sondern überhaupt der ›geschichtliche‹ Aspekt dem ›übergeschichtlichen‹ weichen muß und also in eine ›ungeschichtliche‹ Betrachtung umschlägt«.[54] Allmählich setzt sich dann aber die Bedeutsamkeit der echten Zeit, das Gewicht des geschichtlichen Elements in der Eschatologie bei Althaus stärker durch. Erscheint die Version von 1926 (3. Aufl.) noch »als ein Kompromiß oder Übergangsprodukt zwischen einer extrem übergeschichtlichen und einer wohlabgewogenen heilsgeschichtlichen Position«[55], so hat die Eschatologie in der Endfassung des Werkes (von der vierten Auflage, 1933, an) »wieder eine Zukunftsrelation erhalten«.[56] Jetzt erklärt Althaus eindeutig: »Die ›echte Zukunft‹ ist auf alle Fälle zeitliche Zukunft.«[57] »Die Eschatologie hat es mit der wirklich in der Zeit an uns herankommenden Zukunft zu tun.«[58] Es kann nicht genug betont werden, daß die Eschatologie für die Erörterungen des vorliegenden Abschnitts nur in dieser Form von Belang und überhaupt von Interesse ist. *Ohne* ein in der Zeit verlaufendes – jedoch nicht nur rein immanentes – Geschehen, das auf eine kommende Vollendung gerichtet ist, *ohne* apokalyptisches Gedankengut also, gibt es keine christliche Eschatologie, die der Rede wert wäre. *Mit* apokalyptischem Gehalt wird sie dann allerdings zum Problem, zu einem schweren Anstoß für das Denken unserer Zeit.

Es ist vor allem das dem apokalyptischen Vorstellungsmaterial anhaftende Naive, Primitive, Massive, Rohe, »Brutale« und das Phantastische, Abenteuerliche, das für einen gehobenen Geschmack schwer erträglich ist und der Vernunft im höchsten Grade verdächtig wird: Das Dramatische, Theatralische und Mirakelhafte, wie *Barth*, das Mythische bzw. Mythologische, wie *Bultmann* es nennt. Schon *Harnack* war »dieser ganze dramatisch-eschatologische Apparat« unsympathisch.[59] [60] Eine uns sehr ferne Zeit, ein für uns vergangenes Zeitalter kommt darin zum Ausdruck. Der heutige Mensch nimmt diese merkwürdigen Vorstellungen, wie sie sich in den Paulusbriefen finden und dann vor allem in die

---

[54] S. 315. [55] S. 339. [56] S. 409.

[57] ALTHAUS: Eschatologie, S. 4.

[58] S. 5.

[59] ADOLF VON HARNACK: Das Wesen des Christentums. 1920, S. 27.

[60] GERHARD SAUTER bemerkt, »›apokalyptische Eschatologie‹ mit ihrem Panorama realistischer Schrecken« werde »zum Schreckgespenst, das Eschatologie überhaupt zu perhorreszieren droht« (Zukunft und Verheißung. Das Problem der Zukunft in der gegenwärtigen theologischen und philosophischen Diskussion. 1965, S. 95). Angesichts des bekannten Dilemmas zwischen der eingetretenen Vieldeutigkeit des Begriffs Eschatologie und dem nach wie vor vorhandenen negativen Beigeschmack des Begriffs Apokalyptik bleibt nichts anderes übrig, als beide Begriffe einander ergänzen, d. h. jenen durch diesen näher bestimmen zu lassen. Mit Eschatologie im heute relevanten Sinne ist meist ein mehr und Tieferes gemeint als der historische Begriff der Apokalyptik besagt, aber ohne diese nichts von Belang. Wo im folgenden von Eschatologie gesprochen wird, ist sie jedenfalls nicht ohne apokalyptischen Gehalt gemeint. Wo dagegen der Begriff Apokalyptik allein verwendet wird, soll damit das Moment des Futurisch-Faktisch-Dramatischen besonders hervorgehoben werden.

synoptischen Evangelien Eingang gefunden haben, von der »Offenbarung Johannes« ganz zu schweigen, im allgemeinen nicht mehr von der Voraussetzung aus auf, daß derartige Ereignisse wirklich geschehen werden, geschehen können. Für uns sind diese phantastischen Erwartungen typische Produkte einer ganz bestimmten Weltanschauungsrichtung und religionsgeschichtlichen Literaturgattung, eben der Apokalyptik. Es nützt auch nicht viel, daß die synoptische Eschatologie einfacher ist als die der jüdischen Apokalypsen und daß von den einschlägigen Partien des Evangelisten Matthäus und auch des Markus für Jesus selbst, historisch gesehen, noch wieder mancherlei in Abzug zu bringen ist. Eine noch so restringierte, reduzierte Eschatologie wird nach allem nicht glaubwürdiger. Sie ein wenig zu beschneiden, wäre ziemlich zwecklos. Alle diese Vorstellungen gehören für uns kaum mehr in den Bereich irgendwie auf Wirklichkeit beziehbarer Möglichkeiten, wenn auch nur in Bezug auf die Zukunft. Sie stehen in einem Licht, das sie eher als eine Art Gegenstück zu Sage und Märchen erscheinen läßt: es war einmal – es wird einmal sein. Ein Wahrheitsanspruch für derartige Faithfictions wird mehr als problematisch.

Andere Grundeinstellungen, die vagen und monotonen Beschreibungen mystischen religiösen Erlebens etwa, sind bei weitem nicht so gehaltvoll und spannend wie die apokalyptischen Schilderungen eschatologischen Geschehens mit ihrer Folge aufregender, geradezu sensationeller Ereignisse. Dafür geben diese aber viel mehr zu Bedenken Anlaß. Daß es sich mit den sogenannten letzten Dingen anders verhält als mit allen anderen Glaubenssätzen hat schon Schleiermacher deutlich erkannt. Im allgemeinen gründen sich Glaubensaussagen wenigstens teilweise auf wirkliche oder vermeintliche Erfahrung, sei es der geschichtlichen Vergangenheit, sei es der Gegenwart des inneren Lebens. Die eschatologischen Erwartungen dagegen betreffen ja eben als solche ausschließlich die Zukunft. »Wie aber soll einer«, fragt J. *Moltmann*, »von der Zukunft reden, die noch nicht da ist und von kommenden Ereignissen, bei denen er doch noch nicht dabei gewesen ist?«[61] Dasselbe meint W. *Kreck* mit der Frage: »Wie kann ich als geschichtlicher Mensch von dem Letzten reden«, »wie überhaupt von einem Kommenden, von dem ich keine empirische Anschauung haben kann?«[62] Insofern die eschatologischen Aussagen die Frage nahelegen, was von dem dabei verwendeten Vorstellungsmaterial als bare Münze zu nehmen ist, d. h. welche dieser Aussagen nicht nur bildlich verstanden werden müssen, sondern als Behauptungen mit unmittelbarem Wahrheitsanspruch auftreten, sind sie grundsätzlich viel exponierter als andere Glaubensanschauungen und im einzelnen außerordentlich anfechtbar.

Indessen wäre an dieser Stelle eine kritische Erörterung Punkt für Punkt noch nicht angebracht, bevor nicht nach der vorwiegend historischen Betrachtung auch die Systematische Theologie etwas näher darüber befragt worden ist, wie sich ihr die eschatologischen Erwartungen darstellen. Nur durch die Heranzie-

---

[61] MOLTMANN: Hoffnung, S. 12.
[62] WALTER KRECK: Die Zukunft des Gekommenen. 2. Aufl. 1966, S. 12.

hung tatsächlich eingenommener Standpunkte, wirklich noch vertretener Ansichten, ergibt sich die Möglichkeit einer Auseinandersetzung, die nicht allzu abstrakt im luftleeren Raum vor sich geht und wie ein Kampf gegen Windmühlenflügel aussehen könnte, dem mit diesem Gebiet nicht Vertrauten unmotiviert und überflüssig erscheinend.

2. Der Inhalt der Hoffnung

In seinem wichtigsten Hauptwerk »Der christliche Glaube« macht Friedrich *Schleiermacher*, den man wohl den Kirchenvater des neueren Protestantismus genannt hat, in dem etwas umständlichen und nicht zur Eindeutigkeit neigenden Stil jener Zeit doch jedenfalls kein Hehl daraus, daß er die »Wiederkunft Christi« kaum anders als bildlich versteht. Als wesentlicher Gehalt wird »der leiblichen Gegenwart Christi seine kräftige Wirksamkeit substituiert«, derart, daß den Zustand der Vollendung nur »ein Akt der königlichen Gewalt Christi« herzustellen vermag. Scheint sich hierin noch ein Rest dieses alten Lehrstücks erhalten zu haben, so bilden die Ausführungen zu den übrigen einschlägigen Paragraphen einen einzigen Aufweis der mit den eschatologischen Vorstellungen verbundenen Schwierigkeiten. Was z. B. den Begriff der »Auferstehung des Fleisches« betrifft, so besagt er nach Schleiermacher nicht nur, daß ein endliches Einzelwesen ohne einen organischen Leib nicht vorstellbar ist, sondern auch, daß das Leben nach der Auferstehung und das vorher derselben Persönlichkeit zukommen. Hierbei geraten aber, wie sich zeigt, das Interesse an der Kontinuität zwischen beiden Lebenszuständen und das Postulat der Vollendung, die dem auferstandenen Leib zugeschrieben wird, in Widerstreit; denn die Eigenschaft der »Unsterblichkeit« des auferstandenen Leibes setzt völlig andere Verhältnisse als die unseres jetzigen Lebens voraus. So führt der Wegfall der Geschlechtsverrichtung beim Auferstehungsleib zu dem Dilemma, daß man sich einerseits die Erhaltung des ihr entsprechenden organischen Systems nicht vorstellen kann, andererseits aber ohne irgendeinen Unterschied zwischen der männlichen und der weiblichen Seele der auferstandene Mensch eben nicht mehr derselbe Mensch wäre. Erschwerend kommt die Frage hinzu, wie man sich den Zwischenzustand zwischen Tod und Totenauferstehung zu denken hat. Ist er völlig unbewußt, so ist schwer zu sagen, wie dem neuen Leib die Erinnerung an das frühere Leben eingebildet werden könnte. Ist er aber als bewußt zu denken, so besteht die Forderung des christlichen Glaubens, daß es nicht ein Zustand ohne Gemeinschaft mit Christus sein darf, und dann wäre es »schwer, die allgemeine Auferstehung der Toten nicht für etwas Überflüssiges und die Wiedervereinigung mit dem Leibe nicht für einen Rückschritt zu halten«.[63]
Bei der Vorstellung vom Jüngsten Gericht ferner, an dem als einem forensi-

---

[63] FRIEDRICH SCHLEIERMACHER: Der christliche Glaube. 7. Aufl. auf Grund der 2. Aufl. und kritischer Prüfung des Textes neu hrsg. von Martin Redeker. Bd. 2. 1960. § 161, S. 427.

schen Akt Schleiermacher ebenfalls nicht gelegen sein kann, besteht das Haupt-
element, d. h. der zu bejahende Sinn für ihn darin, daß Christus die Gläubigen
und die Ungläubigen gänzlich voneinander scheiden wird. Die Unvollkommenheit des Lebens der Gläubigen in dieser Welt rührt freilich, wie dagegen von
ihm eingewandt wird, weit weniger von der Einwirkung der Ungläubigen her
als von der fleischlichen Natur, die ja auch der Wiedergeborene noch besitzt. Sie
müßte ihm deshalb bei Beginn des neuen Lebens plötzlich herausgerissen werden, was jedoch zweifach bedenklich erscheint, einmal wegen der dadurch
offenbar bewirkten Aufhebung der »Selbigkeit«, der Identität der Persönlichkeit, in diesem und jenem Leben, dann aber auch wegen des »Zauberischen«[64],
d. h. wegen des magischen Charakters eines solchen Eingriffs. Sofern aber die
Seligen ihre Selbigkeit behalten – und was bzw. wer wären sie ohne diese? –
würden sie auch Mitgefühl mit den anderen, den Unseligen, haben, »wenn sie
auch gänzlich von ihnen getrennt wären«. Die durch das Gericht herbeizuführende Scheidung wäre mithin »teils unzureichend, teils überflüssig«[65].

Dieselben Schwierigkeiten ergeben sich schließlich noch einmal bei dem
Thema der »ewigen Seligkeit«. Der Zustand der Gläubigen nach der Auferstehung läßt sich als »plötzlicher, sich immer gleichbleibender Besitz des Höchsten
oder auch als die allmähliche Steigerung bis zum Höchsten« denken. Die Vollendung gleich bei der Auferstehung würde wiederum »allen Zusammenhang mit
dem jetzigen Leben« aufheben und außerdem, was besonders beachtenswert ist,
die Schwierigkeit mit sich bringen, »eine keiner weiteren Steigerung fähige
Vollkommenheit« »in einem endlichen Wesen« denken zu müssen. Wie sollte
»dieses Wesen, dem es an allen Gegenständen fehlt, seine Vollkommenheit«
äußern?[66] »Eine sich ins Unendliche steigernde Vollkommenheit« hingegen
wäre »kaum zu denken ohne Ungleichförmigkeiten und Schwankungen«, würde also »ein Bewußtsein der Unvollkommenheit« sein.[67] Ebenso steht es, wenn
man nach dem eigentlichen Lebensinhalt des künftigen Zustandes fragt. Die
allgemeine Antwort wäre, »daß das ewige Leben in dem Anschauen Gottes
bestehen werde«.[68] Aber wie nun? Ein »unvermitteltes« Gottesbewußtsein »läßt
sich mit der Beibehaltung der Persönlichkeit schwer zusammenreimen«.[69] Soll
aber unser Selbstbewußtsein erhalten bleiben, so ergibt sich noch einmal eine
zweifache Möglichkeit. Entweder unser Selbstbewußtsein hat keinen anderen
Inhalt als das Gottesbewußtsein, »und diese Vorstellung wird schwerlich jemand
ertragen können«, oder aber unser Gottesbewußtsein bleibt wandelbar und
vermittelt, nur daß »wir Gott in allem« »ohne Hemmung« und, »soweit die
endliche Natur dies zuläßt, ohne Schwanken« erkennen. Das wäre nun »allerdings ein reines und sicheres Schauen«, wobei sich jedoch nicht begreifen läßt,
wie dies gleich bei der Auferstehung möglich sein soll, »ohne daß die Stetigkeit
und Selbigkeit unseres Daseins gefährdet würde«.[70] In einem Anhang »von der

---

64 § 162, S. 430.   67 Ebd.   69 S. 436.
65 S. 432.   68 S. 435.   70 Ebd.
66 § 163, S. 434.

ewigen Verdammnis« kommt Schleiermacher noch einmal auf das »Mitgefühl mit den Verdammten« zurück, das »notwendig die Seligkeit trüben« müsse[71], dies um so mehr, als wegen des allgemeinen Zusammenhanges und gegenseitigen Bewußtseins alles Geschehens die einen ihren Vorteil mit dem Nachteil der anderen verbunden wissen würden[72], eine Überlegung, die dem sittlichen Feingefühl des berühmten Verfassers alle Ehre macht, aber mit zu dem Eindruck beiträgt, daß sein Verhältnis zur Eschatologie auf ihre nahezu völlige Auflösung hinausläuft.

Als äußerster Gegensatz zu Schleiermacher möge hier anschließend kurz ein strammer alter Lutheraner, Th. *Kliefoth*, vorgeführt werden, dessen »Christliche Eschatologie«, mehr als ein halbes Jahrhundert später erschienen, in ihrer Haltung so naiv und robust wie die Schleiermachers kritisch und sublim ist. Die einschlägigen Bibelstellen werden zusammengestellt, untereinander, so gut es geht, ausgeglichen und sodann nach einer Art Chrie-Methode abgehandelt: wer, was, wo, wann, wozu. Selbst topographische und chronologische Angaben des biblischen Stoffes werden »dogmatisiert«[73]. War das Ergebnis der Schleiermacherschen Betrachtungsart der fast restlose Abbau dieses ganzen Glaubensbereichs, so erstellt Kliefoth ein eschatologisches Gebäude, das an Geräumigkeit und Vollständigkeit nichts zu wünschen übrig läßt.

Über Zeit und Stunde der Parusie ist freilich nichts geweissagt, sie weiß Gott allein. Deren Leugnung aber beruht auf Naturalismus und Rationalismus. Der Herr wird kommen zum Zwecke des Abbruchs der alten Welt und zwecks Herstellung der neuen, zur Vollendung seines Werkes, zur Vernichtung des Antichrist, zur Auferweckung der Toten, zum Endgericht und zur Seligkeit, um sich der Liebe der Seinen darzubieten. Im Zusammenhang der Frage nach dem Wie der Parusie findet man sogar die nach dem Wo kurz berührt und die Vermutung erwähnt, daß der Herr auf dem Ölberg erscheinen wird. Doch läßt sich, wie der Autor immerhin zugibt, ein Beweis dafür nicht führen. Jedenfalls wird der Wiederkommende vom Himmel kommen und zwar in der Gestalt der von ihm angenommenen menschlichen Natur. Zu seiner Begleitung gehören Engel und das himmlische Heer. Er wird plötzlich, unvermutet, überraschend kommen und sich kundgeben.

Während Kliefoth die Unterscheidung zweier Auferstehungen verwirft, nimmt er dagegen zwei Gerichte an: einmal das Weltgericht über den Antichrist, das in drei Akte zerfällt und begleitet wird von der Erlösung der lebenden Frommen, und sodann das Endgericht über alle Lebenden und Toten, Gläubige und Ungläubige. Es schließt sich unmittelbar an die Auferstehung der Toten und die Verwandlung der Lebenden an, muß aber, wenngleich von »dem« oder »jenem« Tag die Rede ist, nicht auf die 24 Stunden eines Erdentages bemessen werden. Die Frage nach dem Richter ist dahin zu beantworten, daß das Endge-

---

[71] S. 438. Vgl. auch § 118, S. 223 f.
[72] S. 439.
[73] ALTHAUS: Eschatologie, S. 72.

richt ein Werk des dreieinigen Gottes, der eigentliche, fungierende Richter aber der wiedererschienene Heiland und Herr ist.

Hatte Schleiermacher am Ende seine Neigung für »jene mildere Ansicht« bekannt, daß »dereinst eine allgemeine Wiederherstellung aller menschlichen Seelen erfolgen werde«[74], so vertritt Kliefoth die strenge Annahme, daß das Los der Verdammten nicht bloß Seelenleiden, sondern auch Strafen leiblicher Art umfassen und daß dieser Zustand ewig dauern werde. Einwände dagegen werden mit dem Hinweis zurückgewiesen, daß »wie die ewige Beseligung der Frommen ein Postulat der göttlichen Gnade, so die ewige Verdammnis der Gottlosen ein Postulat der göttlichen Gerechtigkeit ist«[75]. Klarer und einfacher geht es nicht.

Man muß sich vergegenwärtigen, daß diese Eschatologie von einem an der Spitze einer deutschen Landeskirche stehenden und auch wissenschaftlich verdienten Theologen entwickelt wurde und daß dies noch nicht ganz hundert Jahre her ist. Es braucht kaum gesagt zu werden, daß so etwas nicht wegen des sachlichen Gehaltes oder der geistigen Bedeutsamkeit halber hier herangezogen wurde, sondern weil man ein so deutlich und reichhaltig ausgeführtes eschatologisches Gemälde einmal gesehen haben muß und weil es darüber hinaus außerordentlich lehrreich ist, sich bewußt zu machen, was es heißt, einem Biblizismus die Zügel schießen zu lassen, der sowohl historische wie auch erkenntnistheoretische Kritik bei seinen Aufstellungen entbehren zu können glaubt.

Der Blässe und Leere der Schleiermacherschen Eschatologie und dem erstaunlichen Überangebot der zuletzt gemusterten gleich fern steht Paul *Althaus* mit der Endform der seinigen, die nach dem früher Gesagten für eine kritische Würdigung allein in Betracht kommen kann. Sie verbindet kritische Besonnenheit und intellektuellen Takt, die beide ein Kliefoth so sehr vermissen ließ, mit einem beachtlichen Maß an Bewahrung hergebrachter Motive, von denen bei Schleiermacher kaum etwas übriggeblieben war. Althaus hat hier, wie schon erwähnt, die »aktualistische«, zeit- und geschichtslose Eschatologie seiner Anfänge weitgehend überwunden und die Einsicht zurückgewonnen, daß die Eschatologie nicht ohne echte Zukunft bestehen kann, und zwar ist die »echte Zukunft« »auf alle Fälle zeitliche Zukunft«. Dies kann nicht genug betont werden: »Die Eschatologie hat es mit der wirklich in der Zeit an uns herankommenden Zukunft zu tun.« Daß damit kein Rückfall in die nach wie vor scharf abgelehnte »endgeschichtliche« Eschatologie gemeint ist (welche die Ereignisse der Parusie, der Auferstehung der Toten, des Gerichts sowie die Errichtung des Gottesreichs in ein Endstadium der irdischen Geschichte verlegt), braucht kaum gesagt zu werden. Die Aufgabe besteht für Althaus vielmehr darin, eine die Dimension der Zeit und Geschichte einbeziehende Eschatologie jenseits der zeitlosen einerseits und der endgeschichtlichen andererseits zu entwickeln.

Als erstes ist zu fragen: Wie kommt es bei Althaus überhaupt zur eschatologi-

---

[74] SCHLEIERMACHER: Glaube, S. 439.
[75] THEODOR KLIEFOTH: Christliche Eschatologie. 1886, S. 311.

schen Hoffnung? Wie wird sie begründet? Der Anknüpfungspunkt liegt in
einem zweifachen Sachverhalt, der schon bei der Darlegung der Situation im
Neuen Testament hervorgehoben wurde: »Die Herrschaft Gottes und das Heil
sind in Christus Perfektum präsens und doch zugleich erst Futurum. Man hat das
Heil empfangen und man erwartet es doch erst.«[76] »Christlicher Glaube bedeutet die Gewißheit, daß in Jesus Christus, dem Gekreuzigten und Auferstandenen, Gottes Herrschaft angebrochen ist. In ihr ist die Macht des Satans wesentlich ein für alle Mal überwunden (Matth 12,28 f.; Joh 12,31).«[77] Da der Gekreuzigte lediglich als solcher den Anbruch der Gottesherrschaft sicherlich nicht
anzeigt oder bedeutet, kommt es hier vor allem bzw. entscheidend auf seine
Auferstehung an. »Gott hat sich zu Jesu eigenem Anspruch der Vollmacht durch
die Auferweckung bekannt.«[78] Von hier aus ergibt sich die eschatologische
Perspektive: »In seiner Ganzheit, die über alle gebrochene und verborgene
Verwirklichung hinausgreift, erweist der Anspruch Jesu Christi, des Auferstandenen, sich als Vorwegnahme und damit Verheißung kommender offenkundiger Wirklichkeit.«[79]

Bei der Stellungnahme zu dieser These sei von der später zu prüfenden Frage
nach der Auferstehung Jesu selbst noch abgesehen, diese also zunächst als
unproblematisch, als zweifellos geschehen vorausgesetzt. Aber auch so ist hier
zu fragen: Vermag der Glaube an den Auferstandenen ein sicheres Fundament für
die Hoffnung auf die große endgültige Verwandlung zu bilden? Kann man
wirklich sagen: in der Auferstehung Jesu Christi ist die Macht des Satans überwunden? Spüren wir diese Überwindung? Läßt sich diese Frage in vollem Ernst
mit Ja beantworten? Ruht die Hoffnung auf den Kommenden und sein Reich auf
der Erfahrung, daß die Auferstehung Jesu bereits einen entscheidenden Ein-
schnitt in der Lage der Christenheit gebracht hat, oder ist nicht auch die grundsätzlich bereits eingetretene Überwindung des Satans ihrerseits eben doch auch
nicht mehr als eine keineswegs sichergestellte Glaubensvorstellung?

Wir befinden uns, meint Althaus, in einer paradoxen Lage. »Die Paradoxie
unseres Heils« besteht darin, daß »der Tod und das Todesgesetz nur ›in Christus‹
überwunden und abgetan ist.«[80] Die Offenbarung ist zwar Offenbarung, aber
noch verhüllt, weil Gott »personhafte Gemeinschaft will«, »darum vergewaltigt
und zwingt er uns nicht zu sich durch offenkundige Erscheinung seiner Majestät, sondern er *wirbt* um uns in Verhüllung seiner Majestät rein mit seinem
Worte, d. h. mit dem Anspruch heiliger Liebe an unser Herz, daß wir uns ihm
frei geben«, »daher ist sein Ja zugleich ein ›Noch nicht‹, also für jetzt ein Nein,
das dem Glauben Raum läßt«[81]. Da die Offenbarung somit zugleich Verhüllung
ist, wird »die Entscheidung des Glaubens« gefordert.[82] Aus dieser Lage soll sich
nun nicht nur »die Notwendigkeit des Paradoxons«, »sondern zugleich auch die
Notwendigkeit seiner Aufhebung«[83] begreifen lassen. »Die *Verborgenheit* der Of-

---

[76] ALTHAUS: Eschatologie, S. 28.
[77] S. 29.
[78] S. 37.

[79] S. 37 f.
[80] S. 34.
[81] S. 35.

[82] S. 35 f.
[83] S. 36.

fenbarung Gottes und des Heils bedeutet Verheißung kommender Enthüllung.«[84] Stimmt das? Kann man die Aufhebung des Paradoxons wirklich als
notwendig fordern? Läuft das nicht, logisch gesehen, auf eine petitio principii
hinaus? Durch die Auferstehung Jesu Christi ist die Macht des Satans überwunden, was wir freilich noch nicht eigentlich erfahren, weil die Herrschaft und
Herrlichkeit Gottes noch verborgen ist. Aber eben diese Verborgenheit enthält
die Verheißung, daß der endgültige Sieg offenbar werden kann! Auf welchem
Gebiet sonst würde eine derartige Gedankenfolge als schlüssig hingenommen
werden? Springt man hier nicht verzweifelt von einem ungesicherten Punkt zum
anderen hin und her, um Halt zu gewinnen? Dem nicht schon glaubenden
Betrachter, der diesen Gedankengang sachlich zu durchdenken und kritisch zu
würdigen sich bemüht, muß eine solche Begründung der Zukunftserwartung
außerordentlich be-denklich, wenig überzeugend erscheinen. Zwar sind sich die
Theologen darin einig, daß man bei diesen Dingen nicht nur neutraler Betrachter
sein darf, sondern dem Glauben in einer aufgeschlossenen, zunächst innerlich
mitgehenden Haltung entgegenkommen sollte. Aber auch damit wird eben das,
was zunächst zu begründen wäre, wiederum schon vorausgesetzt! Solange ich
nicht glaube, bleibt mir gar nichts anderes übrig, als den behaupteten Sachverhalt distanziert zu betrachten und zu bedenken, gewiß aufgeschlossen, verständnisvoll, nicht widerspenstig, aber eben doch vorsichtig, nachdenklich, noch
nicht von vornherein überzeugt, erst einmal mich umsehend nach den Gründen
für die in Rede stehende Aussage. Von dieser doch wohl nicht ganz abwegigen
Einstellung aus läßt sich nur urteilen, daß, erkenntniskritisch gesehen, in der
Erwartung der Heilsvollendung nicht mehr als ein Postulat vorliegt. Mit der
Brauchbarkeit von Postulaten steht es aber allgemein nicht zum Besten. Und
kaum je dürfte die Geltung eines Postulats zweifelhafter gewesen sein als im Falle
dieser Aufhebung des Widerspruchs zwischen Verhüllung und Offenbarung.
Die Aufhebung des besagten Paradoxons ist jedenfalls nicht nur nicht als notwendig erwiesen, sondern das Paradoxon selbst schon dem Verdacht ausgesetzt,
eine Konstruktion zu sein. Die paradoxe Lage, aus welcher die Zukunftshoffnung sich ergeben soll, würde dann in Wahrheit gar nicht bestehen.
  Die Kritik dessen, was Althaus zur Begründung seiner Eschatologie bietet,
wird hier zunächst abgebrochen, um erst einmal diese selbst, wie sie sich ihm
darstellt, in Augenschein zu nehmen und so die wohl bedeutendste theologische
Behandlung des christlichen Zukunftsglaubens kennen zu lernen und kritisch zu
betrachten.
  Althaus will, wie betont wurde, der Dimension der Zeit, ohne welche die
Eschatologie ihren Namen nicht verdient, wieder ihr Recht einräumen. Verhält-
nismäßig gut bewähren dürfte sich seine Bemühung um die Zeit- und Ge-
schichtsproblematik der Eschatologie bei der Behandlung der Parusie. Das
Reich kommt »allein durch die, unbeschadet aller geistlichen Gegenwart des
Herrn bei seiner Kirche«, »von außen in die Geschichte hereinbrechende und sie

---

[84] S. 37.

damit abbrechende *Wiederkunft* des Herrn«.[85] Die Parusie liegt also von uns aus gesehen in der zeitlichen Zukunft, sie ist »ein geschichtlich-zeitliches Ereignis so gut wie der Tod«. Aber sie ist es wie dieser eben nur von uns aus, von unserem Leben, von unserer Wirklichkeit aus. Der Jüngste Tag ist, wie Althaus in der Denkweise *Karl Heims* sagt, »von der einen Seite gesehen ein letzter Zeitpunkt, von der anderen Seite gesehen Ewigkeit«.[86] »Die geschichtszugekehrte Seite der Parusie ist nicht die Parusie selber. Ihrem Gehalte nach sprengt die Parusie, wie die Auferstehung der Toten, die Gestalt dieser Welt und ist jenseits, außerhalb ihrer.«[87] Das ist, wie anerkannt werden muß, eine theologisch ebenso elegante wie auch tiefgründige Lösung des Problems: »So wird das letzte Geschlecht die Parusie wohl als Ende, als Tod der Geschichte erleben. Aber das ›Sehen des Menschensohnes‹ (Mark 13,26) wird kein geschichtliches Erleben mehr sein – es ist jenseits aller unserer, des geschichtlichen Menschen, sinnlichen, geistigen, geistlichen Erlebnismöglichkeiten. Das Sehen des Menschensohnes ist als solches kein endgeschichtliches, sondern das geschichtsendende Ereignis. «[88] Schon die Auferstehung Jesu war ein entscheidender Durchbruch durch die Geschichte, aber sie blieb noch im Verborgenen. »Die Parusie hebt die Verborgenheit der Osterwirklichkeit für die Geschichte auf, indem sie der Geschichte ein Ende setzt.«[89] Diese Auffassung dürfte das Beste sein, was sich zu diesem wichtigsten Problem der Eschatologie vorbringen läßt, solange deren Kern bewahrt werden soll. Freilich kann die Anerkennung für die gebotene Lösung insofern nur sehr beschränkt und bedingt sein, als diese lediglich eine gewisse Voraussetzung für die Annahme der Parusie darstellt, ihre Denkbarkeit anbahnen soll. Von einer ausreichenden positiven Begründung ist sie, wie es kaum anders sein kann, weit entfernt.

Mit großer Umsicht behandelt Althaus sodann das Thema Unsterblichkeit und Auferstehung der Toten. Sachgemäß und aufschlußreich wird herausgestellt einerseits, »daß der Seelenglaube der Religionen sich auch in der Bibel findet«[90], andererseits, »daß die Vorstellung vom Fortleben der Seele nach dem Tode in schroffem Gegensatz steht zu dem neutestamentlichen Zentralgedanken der *Auferstehung* und nicht minder zu dem biblischen Verständnis des *Todes* als Gericht Gottes über den sündigen Menschen«[91]. Althaus will den Unsterblichkeitsgedanken ernst nehmen, was jedoch, wie er betont, nicht heißt, ihn gelten zu lassen.[92] »Sofern in ihm das Problem des Menschen sich ausdrückt«, »die ursprüngliche *Bestimmung* des Menschen zu ›ewigem Leben‹ zum Bewußtsein und Ausdruck kommt«, »gibt die Theologie ihm recht wider den Naturalismus«. Aber gegen die Unsterblichkeit des Menschen spricht die Einsicht, daß diese Bestimmung nicht erfüllt wird. »Das Wort Gottes erweist uns als schuldig vor Gott und lehrt uns den Tod als Gottes Urteil über uns zu verstehen.«[93] So kommt es zu drei Grundthesen: »1. Der christliche Glaube weiß nichts von

---

[85] S. 250.   [88] Ebd.   [91] S. 95.
[86] Ebd.   [89] S. 253.   [92] S. 108.
[87] S. 251.   [90] S. 94.   [93] Ebd.

›*Unsterblichkeit*‹ der Person«: »es gibt Existenz nach dem Tode nur durch Auferweckung, *Auferstehung*.« 2. »Der christliche Glaube spricht nicht von Unsterblichkeit der Seele, sondern von der ›Unsterblichkeit‹, Unaufhebbarkeit des personhaften Gottesverhältnisses; dieses aber betrifft« »den Menschen in der Ganzheit seiner seelisch-leiblichen Existenz. Nicht um die ›Seele‹ geht es, sondern um die ›Person‹ als durch Gottes Berufung begründete lebendige Einheit leiblich-geistigen Seins.« »3. Die neue Lebendigkeit jenseits des Todes ist nicht als solche schon *heilserfülltes* Sein oder dem Heile sich annäherndes Werden, sondern umschließt die Doppelmöglichkeit des ewigen Lebens und des ewigen Sterbens.«[94] Diese Bestimmungen und Klärungen dürften den gesamten Fragenkomplex auf eine angemessene Ebene rücken.

Im weiteren Verlauf dieser Darlegungen werden auch von Althaus im Bereich des Neuen Testaments zwei Auferstehungsbegriffe unterschieden. »Weil alle Menschen von Gott vor sein Gericht gefordert werden, müssen sie alle auferstehen; so setzt das Neue Testament überall eine allgemeine Auferweckung der Toten durch Gott voraus. Aber dabei hebt sich die Auferweckung der an Christus Glaubenden stark heraus.«[95] Vor allem für Paulus ist »die Auferstehung der Christgläubigen« »nicht ein Sonderfall der allgemeinen Totenauferstehung, sondern etwas ganz anderes als diese, nämlich Anteil an der Auferstehung Jesu Christi, begründet in der Lebensgemeinschaft mit ihm, in dem Empfang seines Geistes. Die Auferstehung der Gläubigen« bedeutet »also ohne weiteres Heil, Versetzung in das Leben Christi, in das ewige Leben.« »Die allgemeine Auferstehung dagegen ist neutrale Wiederbelebung, bloße Voraussetzung für Heil und Unheil; noch nicht Ausdruck der Entscheidung, sondern nur Voraussetzung für sie.«[96]

Nach dieser religionsgeschichtlichen Klärung begründet eine »anthropologische Besinnung« die These: »Das lebendige Ich des Menschen ist unserem Selbstbewußtsein nur als unlösliche Einheit des Leiblichen und Geistigen gegeben«[97], eine These, der ohne weiteres zugestimmt werden kann. Und im Sinne der Sache betont Althaus, dem entspreche »die Bedeutung der Leiblichkeit in Gottes Offenbarungshandeln«[98]; denn so viel ist deutlich, »daß Jesus Christus sich in *Leiblichkeit* (wie immer sie zu denken sei) als lebendig bekundet hat. Das ist aus dem Osterzeugnis nicht fortzudenken.«[99] Zutreffend erscheint auch die Feststellung, daß »die Schätzung des Leibes, zu der uns Gottes Offenbarung führt, in scharfem Gegensatz zu jeder dualistischen Theorie mit ihrer Abwertung der Leiblichkeit« steht.[100] Und nicht nur als leiblich ist das zukünftige Leben vorzustellen. Es heißt weiterhin: »Der neue Leib wird *mein* Leib sein, wie der alte Leib mein war, Gestalt meines individuellen Seins. In dieser Zugehörigkeit des Leibes zu der bestimmten Person als ihre Gestalt liegt aber notwendig ein Zusammenhang, ja Selbigkeit des kommenden und des jetzigen Leibes be-

---

[94] S. 114.   [97] S. 122.   [99] S. 127.
[95] S. 115.   [98] S. 126.   [100] Ebd.
[96] Ebd.

schlossen, also Verheißung für diese meine Leiblichkeit.«[101] Schließlich soll damit auch »schon entschieden« sein, »daß die christliche Hoffnung ein Recht hat, von leiblichem Wiedersehen zu sprechen«[102]. Nach so vielem, was an diesen Ausführungen klärend und einleuchtend sein mag, mahnt uns spätestens die zuletzt erwähnte Aussicht dringend zu verstärkter kritischer Vorsicht. So sehr man die Hochschätzung der Leiblichkeit an sich begrüßen kann, so durch und durch problematisch ist die angenommene *neue* Leiblichkeit. Althaus hat diese Problematik ausgeklammert (»wie immer sie zu denken sei«). Höchste Zeit also, nach den mancherlei nützlichen Darlegungen religionsgeschichtlicher und an-thropologischer Art nun zu fragen, welche Dignität der Annahme eines neuen geistlichen, pneumatischen Leibes zuzusprechen ist. Auch auf dieser dritten Stufe der Betrachtung, der erkenntniskritischen Besinnung, dürfte Althaus insofern recht zu geben sein, als er sagt: »Die neue Leiblichkeit ist wahrhaft transzendent, daß heißt: sie ist von uns in unserem irdischen Leben weder zu *erkennen* noch zu *erwirken*«[103], was nichts anderes bedeutet als: »Die Auferste-hung ist Wunder Gottes im strengsten Sinne.«[104] In der Tat war etwas anderes gar nicht zu erwarten. Die Auferstehung der Toten ergibt sich nicht aus irgend-welchen historischen oder anthropologischen Sachverhalten, sie ist ausschließ-lich eine Sache des Glaubens. Darin sind sich Außenstehende und Theologen somit einig: Die neue Leiblichkeit ist nicht erkennbar, sie wäre ein Wunder, nur daß man sich gezwungen sieht, diese Feststellungen bis auf weiteres negativ zu interpretieren; denn mit Wundern läßt sich nicht rechnen. Was immer dem Glauben an die Auferstehung Jesu an wirklichem Geschehen entsprochen haben mag: Aus den Berichten über jene Erscheinungen auf eine zukünftige neue Leiblichkeit des Glaubenden zu schließen, dürfte zumindest sehr problematisch sein. Der Begriff eines pneumatischen Leibes besitzt jedenfalls weder eine Erfah-rungsgrundlage noch kann er sich auf Gründe des Denkens berufen. Er ist mit seinen einander widersprechenden Merkmalen vielmehr ein Unbegriff von geradezu abenteuerlichem Charakter. Vom Standpunkt des Nichtglaubens gibt es hier keine Möglichkeit eines Zugeständnisses. Solange wir absolute Wunder nicht kennen, erscheint die allgemeine Auferstehung der Toten sachlich indisku-tabel.

Hinzu kommt, daß auch die Zeitproblematik hier zu einer fatalen Schwierig-keit führt, die schon den Senator Buddenbrook zuletzt geplagt hat. Es handelt sich um den zweifachen Blickpunkt der christlichen Hoffnung, wie er sich in der Vorstellungswelt des synoptischen Jesus und des Apostels Paulus findet: sowohl »auf den Tod des Einzelnen und über ihn hinaus« als auch »auf das Ende der Welt und über es hinaus: also auf den Ausgang des einzelnen Menschen und das Kommen des Reiches«[105] gerichtet. Und da trifft nun Althaus eine die von ihm proklamierte Bedeutung der Zeit schwer beeinträchtigende Entscheidung, in-dem er es für »unmöglich« erklärt, »die »Gegenstände unserer Erwartung in ein

---

[101] S. 133.   [103] S. 137.   [105] S. 78 f.
[102] S. 135.   [104] S. 139.

eindeutiges *Nacheinander* von end-heilsgeschichtlichen Ereignissen zu ordnen«.[106] »Man kann die Vollendung hier und dort nicht in das Verhältnis eines
Nacheinander setzen, trotz unserem Eindrucke von dem zeitlichen Nacheinander des Todes und des Jüngsten Tages«.[107] Hier wie dort geht es nämlich um das
volle Heil, um Totales; infolgedessen muß man sich entscheiden: »Entweder
man erwartet jenseits des Todes«, d. h. sofort nach dem Tode, »das wirkliche
und volle persönliche Heil – dann ist damit das Geschehen jenseits des Endes«
der Geschichte entwertet. »Oder man erwartet die wirkliche Entscheidung und
das Heil erst von dem Jüngsten Tage – dann ist der Tod als Hingang zu Christo
als Entscheidung, als Entsündigung und Verwandlung entwertet« – ein Dilemma, das sich in gewisser Hinsicht schon bei Schleiermacher ankündigte. Daraus
folgert Althaus, »daß die Eschatologie kein Bild der letzten Dinge als Aufeinan-
derfolge erstens des Todes und des Jenseits des Todes, zweitens des Geschichts-
Endes und des Jenseits seiner zeichnen darf«.[108] Eine Überbrückung aber der
beiden auseinanderfallenden Zeitpunkte durch die Vorstellung eines Zwischenzustandes wird als individualistisch, spiritualistisch, akosmistisch, platonisch
mit Recht strikt abgelehnt. Wir müssen uns »dabei bescheiden, das für unseren
Blick offenkundige zeitliche Auseinander von Tod und Jüngstem Tage und
zugleich das wesentliche Miteinander, Ineinander der Einzelvollendung und der
Gesamtvollendung, die wesenhafte Einheit, die sachliche ›Gleichzeitigkeit‹ von
Tod und Gericht, von Heimkommen zu Christo und Auferstehung mitsamt der
ganzen Gemeinde zu lehren«.[109] Damit erfährt die Bedeutung der zeitlichen
Dimension, die mit Ausnahme der Gleichzeitigkeit nur das Verhältnis eines
eindeutigen Nacheinander kennt, eine schwerwiegende Beeinträchtigung, ja,
eine Verfälschung. Hier wird das Wesen der Zeit, wie es uns doch versprochen
worden war, keineswegs hinreichend ernstgenommen, sondern jeweils nach
Wunsch und Bedarf modifiziert, um nicht zu sagen: manipuliert. Zu einer so
einschneidenden Operation am Begriff der Zeit gibt es nicht die geringste
Berechtigung. Es fragt sich allerdings, was von der christlichen Hoffnung
überhaupt noch zu halten ist, wenn die nicht etwa bloß traditionell übernommene, sondern sachlogisch durchaus geforderte echte zeitliche Ordnung der letzten
Dinge in diesem wichtigen Punkt dahinfällt. Welchen Sinn können jene erwarteten Ereignisse und Zustände noch haben und welche Geltung kann man den
ihnen entsprechenden Aussagen noch beilegen, wenn die durch den angenommenen Sachverhalt gegebene zeitliche Reihenfolge nichts zu bedeuten hat? Zeigt
sich hier nicht vielmehr, daß die einzelnen Elemente der christlichen Hoffnung,
die sich einerseits auf den Heimgang nach dem Tode und andererseits auf die
Totenauferstehung am Jüngsten Tag beziehen, gar nicht miteinander vereinbar
sind, ihr behauptetes Zusammenbestehen also nicht wirklich durchdacht ist?
Man darf diesen Einwand nicht einfach als unerlaubten Intellektualismus abtun,
im Gegensatz zu dem es lediglich schlicht zu glauben gelte. Das zu Glaubende
muß, bei aller Ungesichertheit im übrigen, wenigstens bis zu einem gewissen

---

[106] S. 78.   [107] S. 79.   [108] Ebd.   [109] S. 79 f.

Grade in sich stimmig sein, sonst bleibt uns nur ein Kopfschütteln und Achsel-
zucken. Da wir nach Althaus darauf verzichten müssen, »die beiden Momente
der Hoffnung, das Jenseits des Todes und den Jüngsten Tag, in ein gegenständli-
ches Nacheinander zu ordnen«[110], heißt es, sich in der Frage nach den Toten zu
bescheiden: »Wir wissen vor der Auferstehung nichts als den Tod und daß die
Toten in Gottes Hand sind. Das ist genug.«[111] Diese eindrucksvolle, ebenso
ehrlich zurückhaltende wie wahrhaft gläubige Haltung mag dem frommen
Gemüt genügen. Ob eine solche Lösung für ein »Lehrbuch der Eschatologie«
ausreicht, bleibe dahingestellt. Auf keinen Fall wird sich der den christlichen
Glauben nicht schon Teilende mit der hier gegebenen Verlegenheitsauskunft
zufrieden geben können.

Bei der Erörterung des Gerichtsgedankens taucht die uns schon bekannte
Schwierigkeit aufs neue auf. Kann, fragt Althaus, auf der Grundlage des recht-
fertigenden Glaubens überhaupt »im Ernste noch von einem *kommenden Gerichte*, das Entscheidung bedeutet, die Rede sein?«[112] Die Frage wird von ihm bejaht;
denn »der Glaube ist freilich Gewißheit des Heils. Aber die Gewißheit des Heils
bleibt eben Glaube«.[113] Der Glaube hat »das Zornesgericht bis zum Tode nie
hinter sich, sondern immer wieder unter sich«[114], auch dies eine außerordentlich
eingängige Wendung, aber läßt sie sich als Lösung des hier aufgetretenen Problems akzeptieren? Althaus geht im Grunde hinter eine von ihm selbst schon
eingenommene Position wieder zurück. Wenn der Christ eigentlich im Tode mit
Christus vereinigt wird, so daß das Gericht daneben nur noch als ein nun einmal
geltendes Lehrstück zu respektieren ist, wie kann diesem Gericht dann, auch
abgesehen von der unbefriedigend bleibenden Zeitfrage, doch noch die letzte
Entscheidung zukommen? Um mehr als eine kaum haltbare Notlösung dürfte es
sich hier nicht handeln.

Noch schwieriger liegt es bei der Frage des Gerichtsurteils selbst, nach seiner
inhaltlichen Seite. Es geht um die zwei oder drei verschiedenen Zukunftsbilder,
d. h. die entgegengesetzten Möglichkeiten, auf die man beim Durchdenken
dieses Punktes immer wieder gestoßen ist: entweder den zweifachen Ausgang
der Menschheitsgeschichte in Heil und Unheil oder die Wiederbringung, also
die Rettung aller (apokatastasis). Die christliche Eschatologie kann nach Althaus
»auf den Gedanken eines möglichen *doppelten Ausgangs* der Menschheitsgeschichte nicht verzichten«, der »unbedingte Gegensatz von Glaube und Unglaube« verlangt ihn[115], wobei für das Unheil noch wieder zwei Möglichkeiten in
Betracht kommen: entweder die einfache Vernichtung des Lebens im Tode oder
die weitere Existenz in einer wie immer gearteten Hölle. Die Annahme, »daß die
Gottlosen im leiblichen Tode untergehen«, wahrt zwar »den Ernst der Entscheidung über Leben und Tod und vermeidet doch das ewige Nebeneinander von
›Himmel‹ und ›Hölle‹«, aber »der schwere Ernst des Gerichtes Gottes wird
durch den Gedanken der Vernichtung abgeschwächt.«[116] »So muß«, scheut

---

[110] S. 158.
[111] S. 159.
[112] S. 178.

[113] S. 179.
[114] Ebd.

[115] S. 187.
[116] S. 189.

Althaus sich nicht zu sagen, »die Eschatologie von der Hölle lehren als dem
ewigen *Sterben* des sündigen Menschen an Gott«.[117] Gewiß ist hier nicht mehr
von höllischen Qualen körperlicher Art die Rede, sondern nur in dem sehr
sublimierten Sinne: »Gott nicht lieben können und dabei seine Gegenwart
aushalten müssen«[118] – eine, zugegeben, recht feinsinnige Auskunft. Insoweit
aber muß es nach Althaus dann allerdings bei dem zweifachen Ausgang bleiben.
So befremdlich eine derartige Ansicht letztlich anmutet und so schwer verständlich diese Stellungnahme eines der bedeutendsten Theologen unserer Zeit manchem erscheinen mag, so begreiflich ist seine Stellungnahme zur dritten Möglichkeit: »Der Glaube an die Allmacht der Gnade hebt den Entscheidungscharak-
ter niemals auf. Das heißt aber: die Lehre von der Apokatastasis oder Wiederbringung, wenn sie den Anspruch macht, erschöpfende Beschreibung des Endes
zu sein, ist und bleibt Vorwitz. Wir können und dürfen im Gedanken der
Apokatastasis nicht ausruhen. Das Schwert der Möglichkeit des Verlorengehens
hängt über unserem Leben.« »Aber auch aus dieser Möglichkeit, die immer vor
uns liegen bleibt, machen wir keine Theorie.«[119] So ergibt sich die Forderung:
»Wir müssen jedes Menschen mit beiden Gedanken gedenken«[120]; daß er verloren ist und daß er vielleicht noch gerettet wird.

Die vorgeschlagene Lösung, die wiederum verschiedene gegensätzliche Motive mehr oder weniger gleichberechtigt nebeneinander stellt und stehen läßt,
scheint einiges für sich zu haben, läuft jedoch letztlich auf eine bedenkliche
Aporie hinaus. Althaus hat auf den Einwand von F. *Traub*, eine solche Bejahung
des logischen Widerspruchs sei nicht möglich – »Diese beiden Gedanken können
nicht gleich wahr sein«[121] – erwidert: »Gewiß kann nur das eine wahr sein, aber
die Entscheidung, welches das Wahre ist, steht für unser Denken aus, bis die
Ewigkeit hereinbricht.«[122] Beide gedanklichen Möglichkeiten wären demnach
wahr nur »als Ausdruck der subjektiven Stimmungspole des individuellen Chri-
stenglaubens«[123]. »Verantwortungsbewußtsein und Erwählungsbewußtsein erzeugen je ein anderes Zukunftsbild«[124]. *Holmström* erblickt in dieser Lösung
einen »genialen Griff«[125], ohne ihn sich freilich zu eigen zu machen. Er sieht hier
nämlich nicht nur die Gefahr gegeben, daß man »bei einem spannungsvollen,
dialektischen Schillern von logisch unvereinbaren Aussagen stehenbleibt«[126],
sondern meint überdies feststellen zu müssen, daß bei Althaus selber der Gedanke des Jüngsten Gerichtes »seinen unbedingten Ernst verloren« hat und »die
Apokatastasis schließlich die Oberhand behält«[127]. Demgegenüber ist auch für

---

[117] Ebd.   [118] S. 190.   [119] S. 194.   [120] S. 195.
[121] FRIEDRICH TRAUB: Die christliche Lehre von den letzten Dingen. In: ZThK Jg 6. 1925,
S. 112, Anm. zu Althaus: in: ZSTh Jg 2. 1925, S. 322.
[122] ALTHAUS: Eschatologie, S. 196.
[123] HOLMSTRÖM: Eschat. Denken (1936), S. 308.
[124] ALTHAUS: Eschatologie, S. 193.
[125] HOLMSTRÖM: Eschat. Denken (1936), S. 308.
[126] S. 309.
[127] S. 310.

Holmström die »dualistische Endperspektive der Hölle und des Himmels« »der
konsequente Ausdruck für die biblische Botschaft von dem souveränen Gott,
der an dem Sünder in Gericht und Gnade handelt«.[128] Kann man angesichts
solcher Erörterungen nicht mit Händen greifen, daß diese Annahmen und
Überlegungen, ob sie nun nur als subjektive Perspektiven oder mehr als sachliche Glaubensaussagen gemeint sind, weit über die menschlichen Urteilsmög-
lichkeiten hinausgehen? Mehr noch: Es scheint sich doch so zu verhalten, daß das
Denken an dieser Stelle in derart große Schwierigkeiten nicht nur deshalb gerät,
weil es nicht imstande ist, zwischen ein paar in Betracht kommenden Möglichkeiten eindeutig zu entscheiden, sondern weil es sich hier auf ein Problem
eingelassen hat, bei welchem schon die sachlichen Voraussetzungen wiederum
im höchsten Grade fragwürdig sind. Das heißt: Nicht nur die Antworten sind
überaus zweifelhaft, weil jede für sich mehr als gewagt ist, alle auch mit Nachtei-
len verbunden sind, und sie sich außerdem gegenseitig aufheben, sondern die
Frage selbst erscheint mehr als problematisch, dürfte falsch gestellt sein, insofern
sie von widerspruchsvollen Voraussetzungen ausgeht, d. h. das Dilemma entspringt hier im Grunde genommen dem christlichen Gottesgedanken selbst, der
Spannung zwischen dem allmächtigen Willen eines souverän erwählenden und
streng strafenden Gottes einerseits, welcher andererseits dem einzelnen mit
Liebe nachgeht, ihm Vergebung und Gnade schenkt und das Heil aller will.

In großen Zügen und zugleich mit kräftigen Strichen beschreibt Althaus »das
Reich als Ewiges Leben« und »als neue Welt«. »Die Gemeinschaft mit Gott
erfährt ihre Vollendung darin, daß wir Gott ›schauen‹ dürfen.« »Unmittelbare
Erkenntnis Gottes in seinem Wesen, vollkommene *Hingabe* an seine Liebe – das ist
die vollendete Gemeinschaft mit Gott, das ist das Ewige Leben.«[129] Diese
Liebesgemeinschaft bedeutet »unerschöpflich reiche Erfüllung aller Sehnsucht
nach Entschränkung«, jedoch nicht »Entpersönlichung«.[130] »Der Wesensab-
stand, die Grenze zwischen Schöpfer und Geschöpf, die jede Verschmelzung
ausschließt, bleibt gewahrt.«[131] Doch das Ewige Leben bedeutet »Anteil an
Gottes *Herrlichkeit*; denn es ist jenseits von Sünde und Tod, ungebrochenes und
unzerbrechliches Leben«, »nicht mehr krankend am Zwiespalt und Widerstreit
von Sollen und Wollen, von Wollen und Vollbringen«, und es bedeutet »*Seligkeit*, d. h. vollkommene Freude, vollkommenen Frieden«, »Freiheit zum ganzen
Lobe Gottes«.[132] Die »neue Welt« ist ja auch keineswegs nur spiritualistisch-
mystisch vorzustellen. Der neue Leib und die neue Welt gehören zusammen,
diese Sicht fordert der »Realismus«. Deshalb dürfen Natur und Geschichte nicht
nur als »dienendes Mittel für ein innerliches Reich Gottes« aufgefaßt werden.
»Die Welt der Natur ist voller Schönheit«, und die Schönheit läßt sich nicht nur
»als Mittel für das Gute und für die Wahrheit verstehen«, »das Schöne ist ein
eigener Gedanke Gottes«[133], dem auch jenseits unseres irdischen Lebens Ge-

---

[128] S. 311.
[129] ALTHAUS: Eschatologie, S. 319.
[130] S. 322.   [132] S. 325.
[131] S. 323.   [133] S. 344.

wicht zukommt. Dieselbe hohe Schätzung wie der Natur gilt auch der Geschichte und dem der Geschichtsbetrachtung entsprechenden Personalismus. So wird
hier immer beides zugleich im Auge behalten: Gott bleibt einerseits auch gegenüber dem recht realistisch gedachten »Himmel« transzendent[134], und andererseits: »Gottes ewige Herrlichkeit hat Sinnlichkeit, Leibhaftigkeit«[135], »Gottes
ewige Welt ist voller Musik«[136]. Angesichts einer bei aller Problembewußtheit
so reichhaltigen, so gar nicht monotonen, bloß spirituellen, einseitig religiösen,
vielmehr die Natur- und Kulturwerte überraschend weitgehend einbeziehenden
Beschreibung dieser vergleichsweise »weltlichen« neuen Welt könnte man vielleicht fragen, ob hierin nicht beinahe schon des Guten im Sinne des Weltlichen
zuviel getan ist, ob nicht im Interesse des Glaubens beim Verhältnis von Kultus
und Kultur eine gewisse Akzentverlagerung zugunsten des ersteren angebracht
wäre, d. h. ob nicht dem Anschauen Gottes selbst, seiner Anbetung ein relativ
größeres Gewicht zukommen müßte, dem Ganz-anderen also, dem göttlichen
Fascinosum, dem, was nicht nur eine Steigerung des uns als wahr, gut und schön
Geltenden bedeutet, sondern dem, was noch kein Auge gesehen, kein Ohr
gehört hat und in keines Menschenherz gekommen ist.[137] Davon abgesehen
dürfte das vollendete Leben in der Ewigkeit wohl kaum je so anziehend und
zugleich intellektuell relativ verantwortungsbewußt dargestellt worden sein wie
von Althaus. Wer wollte damit nicht zufrieden, wem sollte ein solches Leben
nicht recht sein! Wenn nur das Denken uns nicht nötigen würde, auch hier noch
einige kritische Fragen zu stellen.

Einmal handelt es sich dabei um das, was Althaus das Formproblem nennt,
das schon Schleiermacher beschäftigt hat. »Wir können nicht wollen und handeln ohne die Vorstellung eines zu erreichenden Ziels.« »Und doch kann das Ziel
nie erreicht gedacht werden, ohne daß hinter ihm ein neues anstiege.«[138] »Alle
formale Kritik des christlichen Ewigkeitsbildes«, sagt Althaus, wobei er sich
neben Schleiermacher auch auf D. F. Strauß bezieht, »führt in immer neuen
Varianten den einen Satz aus, daß Leben Werden und Wollen ist und ein Zustand
der Vollendung und nicht mehr zu steigernden Seligkeit daher nicht vorgestellt
werden kann, weil es kein ›Leben‹ wäre«.[139] Dem entgegnet Althaus, wie Gottes
Daseinsform nur durch zwei Aussagen angedeutet werden könne, »die etwas in
unserer zeitlichen Existenzform geradezu Gegensätzliches behaupten: Wirken
und Feiern, Wollen und am Ziele sein«, so müsse auch *unser* Ewiges Leben, »in
unserem von der Zeitanschauung beherrschten Begriffen beschrieben«, »Nicht-
mehr-werden und Werden, Ruhe und Tat in einem sein«.[140] Dieses als Antino-

---

[134] S. 360.   [135] S. 363.   [136] Ebd.

[137] So ist für H. OTT das ewige Leben »kein Neutrum«. »Gott selber ist letztlich das
eschatologische Heilsgut« (Eschatologie. 1958, S. 38) und: »Ewiges Leben« (»nicht als ›subjektiver‹ Zustand, sondern als die ›objektive‹ eschatologische Situation« genommen) »ewige
Theophanie« (S. 46).

[138] ALTHAUS: Eschatologie, S. 329 f.

[139] S. 330.

[140] S. 332. – Ebenso HEINRICH VOGEL: Gott in Christo. 1951, S. 1041.

miemethode zu bezeichnende Verfahren[141], mit welchem Althaus wie Karl Heim aus der Not eine Tugend, aus dem Widerspruch Methode macht, ist eben deshalb mehr als kühn, allzu gewagt, außerordentlich fragwürdig. Und wenn Althaus auf das Geheimnis des Wirkens Gottes verweist – »Wir wissen, daß es unsere Mühsal nicht kennt und doch ganz Tat ist, jenseits der irdischen Sonderung von feiernder Ruhe und Tat, von Spannung des Werkes und Entspannung des Spiels«[142] –, so wäre dem entgegenzuhalten, daß wir über Gottes Wirken in Wahrheit eben leider so gar nichts wissen und daß, hiervon abgesehen, der Hinweis auf ein hochgradiges göttliches Geheimnis auch kaum als befriedigende Antwort auf die Frage unseres Wirkens in der neuen Welt gelten kann. Am bedenklichsten aber erscheint wie gesagt, daß für Aussagen über eine Sphäre, von der uns jede Vorstellung fehlt und die überdies als geheimnisvoll bezeichnet wird, zur Veranschaulichung auch noch der Widerspruch bemüht wird. Was auf dem Gebiet des Erkennens üblicherweise als Widerlegung gilt, wird hier für die positive Beschreibung und Rechtfertigung einer Aussage in Anspruch genommen!

Sodann wäre noch zu überlegen, ob nicht diese Darstellung des Ewigen Lebens auch schon deshalb als recht fragwürdig gelten muß, weil sie sich so außerordentlich günstig, für den Menschen bzw. den Christen ungemein attraktiv ausnimmt. Ist der von Althaus beschriebene Zustand nicht reichlich verlockend, ist er nicht zu schön, um wahr zu sein? Muß hier nicht der Verdacht entstehen, daß der Wunsch, der Gesichtspunkt des Wünschenswerten, dem Dogmatiker unbewußt die Feder geführt hat? Sollte man sich nicht im Gegenteil darauf einzustellen haben, daß es so günstig höchstwahrscheinlich nicht liegt und kommen wird. Daß die allerbeste Möglichkeit Wirklichkeit wird, entspricht jedenfalls nicht der allgemeinen Erfahrung. Und ist nicht eine Betrachtung, die darauf hinausläuft, »daß die zu erwartende neue Welt die Vollendung *dieser* unserer Welt bedeutet«[143] und die zugleich »die völlige Andersheit der neuen Welt« betont[144], besonders geeignet, einer einseitig wunschbedingten, märchenhaften Sicht Vorschub zu leisten, weil man mit ihr im Grunde genommen alles machen und alles haben kann, je nachdem der Ton jeweils mehr auf die eine oder die andere Seite gelegt wird? Wo sind hier die kritischen Sicherungen eingebaut? Dieses Bild ist gewiß sehr viel dezenter als die eschatologischen Malereien früherer Zeiten. Um das deutlich werden zu lassen, wurde zum Vergleich vorher die Denk- und Glaubensweise eines Kliefoth vorgeführt. Aber gibt es nicht doch auch bei Althaus noch so manches, angesichts dessen ein halbwegs kritisch Gesinnter sich nur wundern kann? Alles vorsichtige Feilen am Wie nützt ja nichts, wo das Daß allzu wenig begründet ist, d. h. so sehr in der Luft hängt.

Althaus weiß in der Tat zuviel über das Ewige Leben zu sagen. Wieviel

---

[141] Vgl. HOLMSTRÖM: Eschat. Denken (1936), S. 192.
[142] ALTHAUS: Eschatologie, S. 336.
[143] S. 349.
[144] S. 361.

bescheidener und angemessener als die Ausführungen des gelehrten Theologen
sind da die schlichten, einfältigen Verse des Wandsbecker Boten! Bei ihm haben
wir höchstens zu beanstanden, daß er in einem solchen Zusammenhang die
Situation unseres irdischen Lebens vielleicht doch reichlich schwarz malt, »wo
der Rost das Eisen frißt,/ wo durchhin, um Hütten wie um Thronen/ alles
brechlich ist;/ wo wir hin aufs Ungewiße wandeln/ und in Nacht und Nebel
gehn,/ nur nach Wahn und Schein und Täuschung handeln/ und das Licht nicht
sehn.« Wenn der Dichter dann aber den Blick auf das richtet, wohin seine
Hoffnung geht, so gelingt es ihm, auch den Andersdenkenden innerlich mitzu-
nehmen: »O du Land des Wesens und der Wahrheit/ unvergänglich für und für/
mich verlangt nach dir und deiner Klarheit,/ mich verlangt nach dir.«[145] So
wenig und zugleich so viel sagen zu können, ist das Vorrecht und Geheimnis des
Dichters.

   Abschließend müssen noch einmal die anfangs geäußerten Einwände gegen
die von Althaus vertretene Begründung der Zukunftshoffnung aufgenommen
und ein weiterer, besonders wichtiger Gesichtspunkt hervorgehoben werden.
Unser Eschatologe weiß selbstverständlich, daß es nicht mit einer Aneinanderreihung einzelner Bibelstellen getan ist, daß auch eschatologische Aussagen
vielmehr an das schon erfolgte Christusgeschehen im ganzen anzuknüpfen
haben, das Hoffen also in der Erfahrung des Glaubens wurzeln muß. Wenn er
jedoch deshalb »die Hoffnung in der uns hier gewährten, aber noch nicht
vollendeten Gemeinschaft mit Gott und Christus begründet, dann fragt es sich«,
»ob man von da aus notwendig zu Hoffnungsgedanken kommt, die im wesentlichen den biblischen Hoffnungsgedanken entsprechen«, bemerkt sehr mit
Recht ein kritischer Althausschüler, H. *Graß*[146], und findet, daß Althaus trotz
heftiger Kritik am Biblizismus den ursprünglichen systematischen Ansatz tatsächlich doch biblizistisch ergänzt. »Althaus versucht«, »seine beiden Ansätze zu
kombinieren«. »Aber das ist eben die Frage, ob diese Kombination ohne weiteres möglich ist, ob die im Glauben erkannte Wirklichkeit Christi und die
biblischen Hoffnungsgedanken, die doch selbst nicht eine spannungslose Einheit
bilden, sich reibungslos zusammenfügen lassen.«[147] Die damit aufgeworfene
entscheidende Frage wird man mit dem genannten Autor verneinen müssen,
zumal es, wie er feststellt, »unabweisbar geworden ist, daß diese Gedanken
weitgehend mythologischen Charakter haben«. Daß jemand das Heil im Glauben an Christus erlebt und sich dessen bewußt wird, daß sein Heil »nur paradox
wirklich« ist, »indem Versöhnung und Erlösung auseinandertreten«[148], kann
ihn vielleicht auf eine etwaige Aufhebung dieser Lage hoffen lassen, aber schon
von der »Notwendigkeit seiner Aufhebung«[149] zu sprechen, dürfte, wie früher

---

[145] Matthias Claudius: Als der Sohn unseres Kronprinzen gleich nach der Geburt gestorben war. (1791)
[146] Graß: Problem, S. 220.
[147] S. 221.
[148] Althaus: Eschatologie, S. 34.
[149] S. 36.

betont, zu weit gehen, und alle auf das Erleben des Christusglaubens begründeten Aussagen im einzelnen, wie diese zukünftige Aufhebung aussehen und wie sie vor sich gehen wird, sind so lange ungedeckte Wechsel, wie man nicht Anleihen bei weiteren neutestamentlichen, genauer: apokalyptischen Vorstellungen machen will. Entfernte sich Althaus einerseits allzusehr von den biblischen Anschauungen – das betrifft sowohl ihr zeitliches Verhältnis untereinander als auch besonders die nähere Darstellung der Qualitäten des Ewigen Lebens –, so nimmt er sie in anderer Hinsicht über Gebühr in Anspruch. Über diese Unausgeglichenheit ist er nicht hinausgelangt.

Die Eschatologie erscheint hier somit nicht nur im einzelnen mehr oder weniger anfechtbar, sie ist auch als ganze überaus fragwürdig geworden. Wie konnte ein sehr nachdenklicher Theologe, der noch zu unserer Zeit gehört, den Mut haben, fragt man sich, einen solchen Wurf zu wagen und für glaubhaft zu halten – Anschauungen, denen er (in der Tat) einen auf den Christusglauben begründeten und überdies wirklich anziehenden Sinn abzugewinnen weiß, die aber dessen ungeachtet höchst zweifelhaft bleiben – unbedenklich mit so gutem intellektuellen Gewissen als Glaubenswahrheiten auszugeben? Die beträchtlichen Wandlungen, die dieser große Theologe in seiner Arbeit an der Eschatologie durchgemacht hat, zeugen von der Intensität seines Fragens und der Gründlichkeit seiner immer erneuten Überlegungen. Trotzdem kann das Ergebnis insgesamt nicht überzeugen. Es ist Althaus nicht gelungen, die wesentlichen Aussagen aus einem Prinzip abzuleiten und auf eine wenn nicht gesicherte, so doch einigermaßen einleuchtende Grundlage zu stellen. Schuld daran ist bei ihm sicherlich nicht ein Mangel an Wissen oder Denkkraft. Es kann nur an der Sache selbst liegen, der er sich so angelegentlich gewidmet hat.

3. Die Problematik der eschatologischen Glaubensvorstellungen

Die Althaussche Eschatologie hat die weitere Arbeit nachhaltig beeinflußt. Unter Einbeziehung einiger Autoren aus den letzten Jahrzehnten und der Gegenwart soll nunmehr in einem zweiten Durchgang eine zusammenfassende kritische Betrachtung der christlichen Zukunftshoffnung vorgenommen werden.

In mehrfacher Hinsicht stimmt die evangelische Theologie der Gegenwart, soweit sie nicht die Sache überhaupt zu opfern bereit ist, mit Althaus überein. Vor allem wird die Eschatologie grundsätzlich nur noch christologisch konzentriert betrieben. Man ist sich einig in der Begründung der Zukunftserwartung nicht auf einzelne Schriftstellen, sondern allein auf die »Christustatsache«, das »Christusereignis«, und das heißt entscheidend auf die Auferstehung Jesu. »Das bloße Enthaltensein in der Bibel«, erklärt z. B. G. *Ebeling*, ist kein »Kriterium eschatologischer Aussagen«, diese »dürfen also nicht als ein selbständiges Konglomerat dem christlichen Glauben angehängt werden«. Auch für die inhaltliche Gestaltung ist maßgebend allein das, »was in der Person Jesu Christi beschlossen liegt«.[150] Dabei tritt dann allerdings das bereits zur Sprache gekommene Problem auf, wie weit sich die hauptsächlichen Glaubensaussagen über die Zukunft wirklich aus jenem schon erfolgten Christusgeschehen ableiten lassen oder nicht vielmehr daneben auf sonstige Vorstellungen apokalyptischer Art angewiesen sind. Während die bloß existentialistische Interpretation der Heilsaussagen nicht zu einer echten Eschatologie führt, ergibt die naiv mythologisierende Aneinanderreihung solcher Aussagen eine überhaupt nicht mehr vertretbare Position.[151] Als mythologisch sind aber im Grunde alle Zukunftsvorstellungen der Apokalyptik anzusehen, sie erscheinen eben deshalb mehr oder weniger fragwürdig. Die früher erwähnte Aufwertung der Apokalyptik beschränkt sich jedenfalls auf ihre Bedeutsamkeit unter dem historischen Aspekt; in der Systematischen Theologie kann von ihr nicht ohne weiteres die Rede sein. Tatsächlich kommt man jedoch ohne ein Hereinnehmen irgendwelcher apokalyptischer Elemente schwerlich aus.

Wenigstens aber von allzu massiven Elementen müssen die eschatologischen Aussagen befreit werden – darüber ist man sich weitgehend einig. Diese Tendenz zur Entdinglichung bezieht sich nicht nur auf alle jene bekannten Requisiten und Kulissen des apokalyptischen Szenariums: die letzte Posaune, die Stimme des Erzengels oder die Wolke, auf welcher der Menschensohn ankommt, und den Thron, auf dem er Platzt nimmt. *Thielicke* erinnert in diesem Zusammenhang an Martin Kähler, der »es ablehnt, ›von letzten Dingen‹ zu reden und statt dessen von einer ›letzten Person‹ gesprochen haben will«. »Nicht die Räume des Vaterhauses, sondern der Vater, nicht die goldene Stadt des himmlischen Jerusalem, sondern der König mit Sichel und Krone sind das eschatologische Ziel«[152] (oder nicht vielmehr auch ohne Sichel und Krone?). In der Tat erscheint die traditionelle Bezeichnung dieses Gebietes als Lehre von den letzten Dingen merkwürdig altmodisch und beinahe anstößig. Indessen dürften diese letzten »Dinge« im eigentlichen, gegenständlichen Sinne längst keine Rolle mehr spielen. Viel wichtiger, aber auch schwieriger ist die Überwindung des allzu objektiven Charakters bei dem wesentlichen Zukunftsgeschehen selbst, seinen einzelnen Akten, den factis brutis, phantastischen Ereignissen spektakulärer Art, ohne dabei das eigentliche Geschehen als solches abzuschwächen oder gar in bloß subjektive Vorgänge umzudeuten und damit zu verfälschen. Grundlage aller Aussagen soll das Christusgeschehen, die Christustatsache bleiben, und doch will man von einer Theologie und Eschatologie der bloßen Tatsachen, der Aneinanderreihung von Heilsfakten, bei der »das Fürwahrhalten« der »Heilsgeschichte von einem kommenden, gehenden und wiederkommenden Erlöser schon als Glaube« gelten würde[153], nichts wissen. Die Systematische Theologie unternimmt hier eine Gratwanderung zwischen den Abgründen des

---

[150] EBELING: Dogmatik, Bd. 3, S. 403.
[151] Zur Ablehnung beider Richtungen vgl. z. B. KRECK: Zukunft, S. 87.
[152] HELMUT THIELICKE: Der evangelische Glaube. Bd. 3, 1978, S. 556.
[153] KRECK: Zukunft, S. 87.

Subjektivismus und des Objektivismus, wobei die Vertreter einer Eschatologie, die ihren Namen noch verdient, dem Objektivismus naturgemäß nicht ganz so fern stehen wie die dem Subjektivismus verfallenen Existentialisten, die nur noch mit einigen eschatologischen Begriffen jonglieren.

Neben der Konzentration auf das Christusgeschehen und dem Versuch einer Eliminierung des rein Faktischen steht schließlich als ein weiterer gemeinsamer Grundzug der neueren Eschatologie zwar keineswegs die Entzeitlichung, aber doch die Zurückdrängung der einfachen Anordnung in der Folge der eschatologischen Ereignisse nach dem »Schema chronologischer Sukzession«[154], wobei sich hier freilich die große Verlegenheit bemerkbar macht, daß der Charakter der Zeit nicht allzusehr verfremdet werden darf, was man erklärtermaßen nicht will, jedoch tatsächlich immer wieder in Gefahr ist zu tun. Die Annahme eines einfachen zeitlichen Nacheinander der erwarteten Geschehnisse führt allerdings zu unüberwindlichen Schwierigkeiten. »Der am meisten störende Widerspruch« besteht für *Thielicke* wie für Althaus »zwischen dem auf der Geschichte mit Gott beruhenden Fortleben« des Menschen nach dem Tode »und der Auferstehung am Jüngsten Tage«. Deshalb eben soll hier der Zeitbegriff seine »Zuständigkeit« verlieren.[155] Auch nach *Ebeling* »muß die Zeitdifferenz zwischen der Sterbestunde und dem Jüngsten Tag von Gott her« »für aufgehoben erklärt werden«.[156] Aus dieser Sicht folgt insbesondere die Ablehnung eines sogenannten »Zwischenzustandes«.[157]

Weitgehende Übereinstimmung besteht, was die hauptsächlichen Themen der eschatologischen Aussagen betrifft, auch darin, daß die Vorwegnahme der Endverwandung in einzelnen schon in die diesseitige Geschichte hineinragenden Phänomenen – Erscheinung von Vorzeichen, Gestalt des Antichrist, Tausendjähriges Reich – von einer vertretbaren Eschatologie auszuschließen ist. Das Reich liegt jenseits der Geschichte; nur die Parusie selbst steht allenfalls auf der Grenze zwischen Zeit und Ewigkeit. Während damit die Begriffe Zwischenzustand, Antichrist und Millenium auch für unsere Betrachtung entfallen, wird durchweg festgehalten und muß festgehalten werden an den vier Hauptpunkten, weil sie den eigentlichen Kern der Zukunftserwartung bilden: Parusie des Herrn, Auferstehung der Toten, Endgericht und Ewiges Leben.

Die Zukunftshoffnung ist nach der übereinstimmenden Auffassung der neueren Eschatologie begründet durch das in Jesus schon Geschehene. »Nicht ein künftiges Drama«, betont G. *Ebeling*, »führt die entscheidende Wende herauf. Sie hat sich in Jesus Christus vollzogen«.[158] Aber in dem Perfektum darf das Futurm gesehen werden, die Bestätigung des Vollmachtsanspruchs Jesu in seiner

---

154 EBELING: Dogmatik, Bd. 3, S. 437.
155 THIELICKE: Glaube, Bd. 3, S. 548.
156 EBELING: Dogmatik, Bd. 3, S. 461.
157 Eine Ausnahme bildet hier wie auch in anderen Punkten die Auffassung von WALTER KÜNNETH, der an einem Zwischenzustand festhalten möchte (Theologie der Auferstehung. 4. Aufl. 1951, S. 234 ff.)
158 EBELING: Dogmatik. Bd. 3, S. 448.

Auferweckung ist als Verheißung offenkundiger Wirklichkeit zu verstehen. Das schon Geschehene ist die einzige Grundlage der Zukunftserwartung, es gibt keine andere. »Grund der christlichen Hoffnung« ist, wie W. *Künneth* mit besonderem Nachdruck herausstellt, »einzig und entscheidend die Auferstehungswirklichkeit des Kyrios«.[159] Für E. *Brunner* ist die Auferstehung Jesu schon »im strengen Sinn des Wortes ›eschatologisches Faktum‹«, »Beginn der Parusie«.[160] Dementsprechend sieht auch H. *Thielicke* die Gewißheit über die Zukunft darin begründet, »daß in der Person des Auferstandenen der entscheidende Durchbruch durch die Todeswelt schon vollzogen und das Ende bereits vorweggenommen *ist*«.[161] Ebenso enthält nach *Ebeling* der Christusglaube »als solcher die Gewißheit, durch das Sein in Christus in das Auferstehungsgeschehen mit hineingenommen zu werden«.[162] In der Person Jesu Christi und entscheidend in seiner Auferstehung ist also dasjenige Datum zu erblicken, das seine Wiederkunft gewährleistet, indem diese in jener bereits begonnen hat und enthalten ist. Das eine fordert das andere. So erklärt *Brunner:* »Daß der Gekreuzigte wirklich der Sohn Gottes und der Kreuzestod auf Golgatha nicht eine Tragödie, sondern der ›Sieg‹ ist«, das ist »nur wahr, wenn es bei diesem Verhüllt-Verborgenen nicht bleibt«.[163] »Der Glaube an Jesus ohne Erwartung seiner Parusie ist ein Gutschein, der nie eingelöst wird.«[164] Zwar will *Kreck* nicht einfach aus dem »gegenwärtigen ›Glaubensbesitz‹ auf ein noch Ausstehendes« schließen[165], nicht »von der Gegenwart Folgerungen zur Zukunft ziehen«. Aber er meint allerdings, »die Auferweckung Jesu Christi von den Toten« impliziere »die volle Erlösung des Menschen in seiner Ganzheit, die neue Welt und die neue Menschheit«.[166] »Wir können das Ja, das Gott in der Auferweckung Jesu Christi von den Toten zu ihm und damit zu uns gesprochen hat, nur recht verstehen, wenn wir es in seiner universalen und wirkungskräftigen Bedeutung fassen, daß er der Kyrios schlechthin ist. Es muß offenbar werden und sich jedem Widerspruch gegenüber als überlegen erweisen, was Phil 2,9–11 schon als gegenwärtige Wirklichkeit bekannt wird, daß sich aller Knie im Himmel und auf Erden beugen und aller Zungen ihn bekennen werden.«[167] Freilich hat *Ebeling* sehr fein bemerkt, »das Bild des Wiederkommenden« scheine »dem zu widersprechen, was wir von Jesus wissen und an ihm haben. Man müßte befürchten, ihn gar nicht wiederzuerkennen, wenn er wiederkommt. Die Geste des Triumphators« »verfremdet die einladende Gebärde des einst Erschienenen: ›Kommt alle zu mir, ihr Mühseligen und Beladenen, ich will euch erquicken‹«. Deshalb »gilt es,

---

[159] Künneth: Theologie, S. 202.
[160] Brunner: Das Ewige. S. 158.
[161] Thielicke: Glaube, Bd. 3, S. 574.
[162] Ebeling: Dogmatik. Bd. 3, S. 450.
[163] Brunner: Das Ewige. S. 150.
[164] S. 152.
[165] Kreck: Zukunft, S. 90.
[166] S. 91.
[167] Ebd.

den Grundsinn der Parusie-Erwartung zurückzugewinnen, der nichts anderes ist und sein kann als die selbstverständliche Implikation des Christusglaubens. Wird Christus als der geglaubt, der für alle da ist, so schließt dies die Gewißheit in sich, daß dies sich einmal auch definitiv für alle bewahrheitet«.[168]

Es geht also nochmals um die Frage, ob der angenommene Zusammenhang zwischen dem Glauben an die Auferstehung Jesu und der Erwartung seiner Wiederkunft in Wahrheit besteht. Althaus hatte die dereinstige Aufhebung des Paradoxons gefordert, des sonderbar widerspruchsvollen Sachverhalts einer Offenbarung, die in der Auferstehung Jesu geschehen, aber noch verhüllt geblieben ist. Für *Kreck* impliziert die Auferweckung Jesu die zukünftige volle Erlösung des Menschen in seiner Ganzheit. Der Christusglaube impliziert auch nach *Ebeling* die allgemeine Erlösung. Aber erst die Verschmelzung der geschichtlichen Jesusgestalt mit der Vorstellung des Menschensohnes hat die Entstehung dieser christlichen Parusie-Erwartung ermöglicht. Obgleich selbst vielleicht nicht apokalyptisch im engeren Sinne, ist sie somit ohne die Apokalyptik nicht zu denken. Nur der apokalyptisch imprägnierte Christusglaube konnte die Parusie-Erwartung entwickeln. Ihr behauptetes Begründetsein im Auferstehungsglauben ist selbst ein Ausdruck apokalpytischen Denkens.

Daß das Wie der Parusie und des gesamten eschatologischen Geschehens überhaupt unvorstellbar ist, daß hier alle Aussagen symbolisch verstanden werden müssen, ist der Theologie grundsätzlich weitgehend bewußt, der symbolische Charakter dieser Aussagen wird von manchen Autoren, so von *Thielicke*[169], ausdrücklich hervorgehoben, und *Brunner* erklärt ganz konkret, schwerlich werde der Apostel bei seiner Beschreibung des Vorgangs (1.Thess 4,17) »alles wörtlich so gemeint« und »Gott als eine Posaune blasend sich vorgestellt haben«. Denn »der Leser von heute« »›entmythologisiert‹, ob er will oder nicht«. »Fraglich ist nur das Maß dieser ›Entmythologisierung‹.«[170] Zweifellos ist dies der springende Punkt. Die Bestimmtheit, mit welcher nach der Freigabe der Vorstellung des Wie von den angeführten Theologen auf dem Daß der Parusie insistiert wird, ist freilich bemerkenswert. Danach können wir uns zwar keine Vorstellung vom Tag des Herrn machen, aber der Christ hat jedenfalls die Gewißheit seines Kommens. »Wir wissen nichts von seinem Wie, aber wir wissen von seinem Daß«, faßt *Brunner* seine Auffassung zusammen.[171] Ebenso stellt *Thielicke* fest: »Mehr als das ›Daß‹ dieses zweiten Advents auszusprechen, ist uns versagt«, weil der Anbruch des neuen Äons unsere Geschichte transzendiert.[172] In dieses Daß schließt er noch »eine letzte Gewißheit« ein: »Aller Schrecken von einem wie immer zu denkenden Weltuntergang muß der Erwartung einer unvorstellbaren Ankunft weichen. Das Totaliter aliter esse, in dem diese Unvorstellbarkeit, diese Nicht-Aussagbarkeit gründet, wird überwunden

---

[168] EBELING: Dogmatik. Bd. 3, S. 467.
[169] THIELICKE: Glaube, Bd. 3, S. 616.
[170] BRUNNER: Das Ewige. S. 152.
[171] S. 170.
[172] THIELICKE: Glaube, Bd. 3, S. 584.

und zur Nähe im Gedanken an den, dessen Stimme uns vertraut ist, dessen Geist uns angerührt hat und aus dem wir im Glauben leben. « Die für sich einnehmende Weise, wie hier alles Äußerlich-Spektakuläre zurückgedrängt, ein Kerngeschehen jedoch bewahrt wird, und die Wärme, die diese Aussage erfüllt, so daß zuletzt sogar noch etwas von Vorfreude im Warten anklingen kann, lassen doch nicht übersehen, daß eine dazu nötige Glaubenskraft schon vorausgesetzt wird, ohne welche, rein sachlich gesehen, auch die Annahme eines Daß mehr als fragwürdig erscheinen muß.

Den »Grundsinn« der Parusie will auch *Ebeling* behalten, aber im Vergleich mit Thielickes Ausführungen wirken die seinigen blasser, allgemeiner, abstrakter; sie sind dadurch zwar weniger exponiert, aber auch weniger von der Dynamik der ursprünglichen Erwartung bewegt: »Die geglaubte Parusie ist darum nichts anderes als die geglaubte Bestätigung der Glaubensgewißheit, das Gegenwärtigwerden dessen, das schon jetzt als gegenwärtig geglaubt wird. «[173] Ebeling spricht nach wie vor von der Erwartung Jesu Christi, aber man bekommt fast den Eindruck, daß in dem zuletzt angeführten Satz der Abstand von Schleiermacher, bei dem der wiederkommende Christus die persönlichen Züge zu verlieren im Begriff war, nicht allzu groß ist. Im Gegensatz zu der als nicht glaubensnotwendig erklärten Vorstellung, »daß der Christus am Ende der Tage sichtbar vom Himmel kommen wird«, hat schon F. *Traub* betont: »Woran dem Glauben liegt, ist, daß die Sache Christi triumphiert. «[174] In demselben Sinn erklärt heute W. *Pannenberg*: »Nicht auf das Erscheinen eines vereinzelten Individuums, sondern auf das Offenbarwerden des Lebenszusammenhanges, der von dem gekreuzigten Jesus von Nazareth im Lichte der Herrlichkeit Gottes ausgeht, darauf richtet sich die Erwartung der Wiederkunft Christi. «[175] Es ist offensichtlich: Die emotionale Ausrichtung auf die Person des Herrn selbst, jenes sehnliche Verlangen, das im vorletzten Vers der Bibel in den bittenden Ruf »Komm' Herr Jesus!« ausklingt, ist hier nicht mehr gemeint. Kann es einen einschneidenderen Verlust hinsichtlich des Gegenstandes der Erwartung geben? Ob auf einer Wolke oder sonstwie, aber erscheinen müßte er in seiner Herrlichkeit, wenn das Glaubensbekenntnis recht behalten soll: »Von dannen er kommen wird..." Eben dieses Kommen aber ist nicht nur ganz und gar unwahrscheinlich geworden, mehr bzw. weniger noch: Nach allem muß diese Hoffnung endgültig aufgegeben werden. Es kann keinem Zweifel unterliegen, daß auch das Daß, nicht nur das Wie der Parusie, zum Gesamthorizont der Apokalyptik gehört und sachlich unhaltbar erscheint. Nichts ist so bezeichnend wie der Umstand, daß die neuere Theologie einerseits immer klarer und entschiedener den alleinigen Grund der Zukunftserwartung in Jesus Christus findet, andererseits aber damit beginnt, ihn selbst, seine Person, nicht mehr in sie einzubeziehen.

Die vorstehenden Ausführungen haben bewußt abgesehen von dem, was

---

[173] EBELING: Dogmatik. Bd. 3, S. 468.
[174] TRAUB: Lehre, S. 102.
[175] WOLFHART PANNENBERG: Die Auferstehung Jesu und die Zukunft des Menschen. 1978. (Eichstätter Hochschulreden. 10), S. 18.

dabei vielfach im Hintergrund der Diskussion zu stehen pflegt: die bisher schon erlebte Enttäuschung der Parusie-Erwartung. Sie muß nunmehr noch kurz zur Sprache kommen.

Gerade für den Sinngehalt der Parusie ist die Kategorie der Zeit unentbehrlich; denn die Parusie gehört nicht nur in eine bestimmte Reihenfolge der eschatologischen Ereignisse, sondern hier spielt auch im Verhältnis zur menschlichen Geschichte, wenn nicht geradezu der Zeitpunkt – er bleibt unbestimmt –, so doch die Zeitspanne bis zu ihrem Eintreten eine besondere Rolle. Die Parusie bildet deshalb innerhalb der hauptsächlichen eschatologischen Themen einen Sonderfall. Ihre Ankündigung ist oder war vielmehr insofern kontrollierbar, als sie sich jedenfalls auf die nahe Zukunft bezog. Den ersten Gläubigen war ja das Kommen des Herrn nicht nur überhaupt in Aussicht gestellt, sondern seine baldige Ankunft, also die Nähe des Jüngsten Tages, verheißen, und in der Naherwartung des Endes hat sich nicht nur Jesus geirrt, sondern auch Paulus. Die Naherwartung ist ein Irrtum der ganzen ersten Generation. [176] Entgegen der Behauptung 2. Pt 3,9 (»Der Herr schiebt seine Verheißung nicht hinaus«) »verzog« der Herr. Es war noch nicht so weit, man mußte weiterhin warten. Albert *Schweitzer* hat die Parusieverzögerung als das entscheidende Problem in der Entwicklung des Urchristentums und darüber hinaus des Christentums überhaupt angesehen. Es ist ihm freilich mit Recht entgegengehalten worden, daß er es überschätzt hat. Die neue Bewegung war stark und innerlich reich genug, um auf andere Motive umzuschalten und auch das alte zu modifizieren. »Der Termin wird«, wie H. *Braun* ausführt, »prolongiert; zögernd bei Markus und Matthäus (einige werden das Ende erleben, Mk 9,1) und entschlossener (der Menschensohn sitzt zur Rechten, aber von seinem Kommen innerhalb der Zeit ist nicht die Rede; Lk 22,69 verglichen mit den Parallelen) beim dritten Evangelisten, für den die Apostelzeit historisch geworden ist« sowie »im 2. Thessalonicherbrief (›der Tag des Herrn steht bevor‹ ist eine falsche Parole)«[177]. In dem späten 2. Petrusbrief endlich ist schon von Spöttern die Rede, die fragen: »Wo bleibt denn nun seine versprochene Ankunft?« (3,3f.) und denen begegnet wird mit der Auskunft: »Ein einziger Tag bei dem Herrn ist wie tausend Jahre« (3,8). So half man sich damals durch die Zeit und bewältigte die noch nicht begonnene Zukunft. Der Strom des Lebens ging über diesen heiklen Punkt hinweg.

Auch die neuere Theologie bietet eine Auskunft, warum es so und nicht anders verlaufen ist. Im Anschluß an Karl *Barth*, der die Zeit von Ostern bis zum Abschluß als die der Kreatur von Christus gegebene Gelegenheit ansieht, in Freiheit in seinen Dienst zu treten, sagt E. *Kreck*: Gott »überfährt die Welt nicht mit dem Ostergeschehen, er drängt sich uns nicht auf mit dem Eschaton, das keinen Widerstand, keine Entscheidung« zuläßt.[178] »Nicht Verlegenheit ange-

---

[176] HERBERT BRAUN: Die Problematik einer Theologie des Neuen Testaments. 1960. In: Ges. Studien zum Neuen Testament und seiner Umwelt. 1962, S. 339.
[177] S. 329.
[178] KRECK: Zukunft, S. 89 f.

sichts der ausgebliebenen oder verzögerten Parusie« sei hier deshalb angebracht,
sondern »Verwunderung und Staunen angesichts des in Christi Tod und Auferstehung sich so gnädig und so mächtig erweisenden Gottes«[179]. Auch *Thielicke*
spricht von einem »Aufschub, der in sich selbst Erfüllungen birgt«[180]. So kann
man sich die Sache zurechtlegen. Die Frage ist nur, ob einer solchen immer
möglichen Deutung sehr viel Überzeugungskraft innewohnt. Dem nicht von
vornherein auf eine gläubige Sicht festgelegten Betrachter wird sich hier vielmehr eine zweifache Überlegung aufdrängen.

Einmal ist durch die prolongierte Eschatologie der Charakter des Wartens
selbst von Grund auf verändert worden. Die Haltung des Christen hat das
Zielgerichtete, Dynamische, Gespannte verloren, das in so charakteristischem
Gegensatz zur mystischen oder philosophischen Gelassenheit sub specie aeternitatis steht. Die gespannte Alarmstimmung des Achtens auf das Signal (»›Wachet
auf‹, ruft uns die Stimme«) wird nicht mehr erlebt. Die christliche Glaubenshaltung ist nicht mehr ein reißender Strom, sie ist ein stehendes Gewässer geworden. Wenn das Leben auf der Erde immer weiter geht, vielleicht Hunderttausen-
de, vielleicht Millionen von Jahren, bis es eines Tages erlöschen wird, so mag
man das dann auch einen Jüngsten Tag nennen können; der Tag des Herrn wird
es gewiß nicht sein. Und wenn das Ende infolge einer kriegerischen oder
klimatischen Katastrophe viel früher eintreten sollte – insofern können wir uns
heute sogar wieder besser in eine Enderwartung hineindenken –, so wäre das der
Tag des Herrn offenbar erst recht nicht. Was aber noch wichtiger sein dürfte: Es
geht jetzt überhaupt nicht mehr um ein kürzeres oder längeres Warten. Die Nähe
der Zukunft ist in die Verheißung seines Kommens so fest eingebaut, daß von ihr
gar nicht abgesehen werden kann. Dies heißt aber, daß das Kommen des Herrn
nur unter der Voraussetzung seiner Nähe wirklich stichhält ist. Ein zeitliches
Hinausschieben auf unabsehbare Zeit bedeutet einen entscheidenden Bruch
innerhalb der Gesamtanschauung. Besonders eindeutig hat das wieder *Traub*
ausgesprochen: Es geht nicht an, zwar den Termin der Parusie »um Jahrtausende
hinauszurücken, sie selbst aber als äußeren Vorgang festzuhalten«: nur viel
später. »Mit dem Termin fällt auch der Vorgang selbst.«[181] Das ist es!

Wir müssen also sagen: Der Verzicht auf die Nähe des Kommens erschüttert
die Erwartung des Kommens überhaupt, dieses hat mit dem ursprünglichen
Kontext seinen eigentlichen Sinn verloren. Mit anderen Worten: Das Kommen
des Menschensohns, auf das alles ankäme, muß nun eben doch zu den übrigen
apokalyptischen Vorstellungen gerechnet werden, zu jenen erwarteten Ereignissen, die uns so seltsam, fremd und phantastisch anmuten, aber auch allzu wenig
sachlich begründet sind. In der Tat setzt an dieser Stelle nicht nur das Denken
aus, sondern weitgehend auch die Möglichkeit des Glaubens und Hoffens.
Zweierlei geht hier vor sich: Einmal kommt es dahin, daß das unabsehbare

---

[179] S. 88.
[180] THIELICKE: Glaube, Bd. 3, S. 572.
[181] TRAUB: Lehre, S. 109f.

Warten mit der Zeit erlahmt und sich erschöpft, so daß durch das immer weitere Hinausrücken des Zeitpunktes der Vorgang der Parusie selbst, als ein wirklicher Vorgang, für das Glaubensdenken schließlich fraglich und mehr als fraglich wird. Zugleich aber zerfließen, wie vorher betont, auch die Umrisse der Person, auf die gewartet wird. Am Ende weiß man nicht mehr so recht, auf wen eigentlich noch gewartet wird. Warten auf Godot!

Zur Parusie gehört die Auferstehung der Toten. Wie die Auferstehung Jesu nach *Brunner* »der Einbruch der Ewigkeitswelt Gottes in die Zeitlichkeit ist«, d. h. »mit dem Ostertage der neue Aion angebrochen ist«[182], so ist »die Existenz des Glaubenden, d. h. das Leben in Christus, dem Auferstandenen, selbst Auferstehung« »und doch zugleich erst Erwartung der Auferstehung«[183], aber auch »Gewißheit der Auferstehung«[184]. *Kreck* verwendet auch hier den schon im Zusammenhang der Parusie aufgetretenen Begriff der Implikation: »Jesu leibliche Auferstehung von den Toten hat Konsequenzen für uns, sie impliziert unsere Auferstehung.«[185] »Das eschatologische Leben und Heil umschließt notwendig die Überwindung des Todes.«[186]

Wie sich bei der Parusie ein zweifaches Problem zeigte, das den Vorgang selbst, als solchen, und seine zeitliche Einordnung betraf, so tritt auch bei der Auferstehung der Toten eine zweifache Schwierigkeit auf. Das eine hier entstehende Problem, die Sache betreffend, wird durch die Begriffe der Kontinuität und Identität bezeichnet. Sie gilt es, wie *Ebeling* feststellt, einerseits »zu wahren zwischen dem Menschen, der dem Tode unterworfen ist, und dem, der dem Tode entrissen ist. Andererseits kann der Gegensatz zwischen dem Sterblichen und dem Unsterblichen nicht radikal genug gefaßt sein«.[187] Gegenüber allen Versuchen der Identitätssicherung »durch eine Kontinuität der Substanz, sei es der Seele, sei es der Leibesmaterie«[188], hat der Apostel Paulus in jenen Worten, die noch heute an einem offenen Grabe gesprochen werden, die völlige Diskontinuität denkbar schneidend formuliert: »Es wird gesät verweslich und wird auferstehen unverweslich. Es wird gesät in Unehre und wird auferstehen in Herrlichkeit. Es wird gesät in Schwachheit und wird auferstehen in Kraft. Es wird gesät ein natürlicher (psychischer) Leib und wird auferstehen ein geistlicher (pneumatischer) Leib« (1. Kor 15,42–44). In diesem seinem Begriff des pneumatischen Leibes bzw. in dem anschließenden Satz »Gibt es einen psychischen Leib, so gibt es auch einen geistlichen«, der für den Glauben und das Denken der Christenheit grundlegend geworden ist, steckt das eigentliche Problem. Dieser Begriff bezeichnet nicht nur etwas völlig Unbekanntes, sondern er ist, wie schon früher betont, im Grunde genommen ein Unbegriff, weil er entgegenge-

---

[182] Brunner: Das Ewige. S. 159.
[183] S. 161.
[184] S. 162.
[185] Kreck: Zukunft, S. 165.
[186] S. 166.
[187] Ebeling: Dogmatik. Bd. 3, S. 464.
[188] Ebd.

setzte Merkmale miteinander verbindet. Hebt Paulus »damit die Identität der
Leiblichkeit nicht geradezu auf?«, fragt *Thielicke*. »Was sollte ein ›pneumatischer
Leib‹ denn sein? Enthält der Begriff eines Körpers, der keine in Raum und Zeit
mehr vorfindliche Größe ist, nicht einen Selbstwiderspruch, ähnlich dem Begriff eines hölzernen Eisens oder eines viereckigen Kreises?«[189] Man kann nur
antworten: In der Tat, genau so verhält es sich! Auch ist der paulinische Wenn-
So-Satz (»Wenn es einen psychischen Leib gibt, so gibt es auch einen pneumatischen«) ja alles andere als selbstverständlich oder auch nur irgendwie begründbar. Er entspricht weder einem wenigstens von ferne durch die Erfahrung an die
Hand gegebenen Sachverhalt noch einer mehr oder minder rationalen Einsicht,
sondern offensichtlich allein dem Verlangen, mit und bei Christus zu sein.
Erkenntniskritisch betrachtet ist auch dieser Wunsch nicht mehr als bestenfalls
ein Postulat, ohne sachliches Gewicht.

Wiederum liegt es nahe, hier den Symbolbegriff zur Hilfe zu rufen. Auch
Brunner und Thielicke tun dies. Aber dann ergibt sich die Frage, was der
pneumatische Leib unter Berücksichtigung seines Symbolcharakters eigentlich
noch sein könnte. Daß der Mensch nicht geradezu mit Haut und Haaren in das
neue Leben eingeht, wird man ja ohnehin zugestehen. Andererseits ist *Traub*
beizupflichten, »daß eine *völlige* Vernichtung der leiblichen Bedingungen, wie
sie im Tode stattfindet, auch das persönliche Leben selbst vernichten müßte. Daß
diese im leiblichen Tod eintretende Vernichtung aufgehoben und durch Schaffung neuer Daseinsbedingungen ausgeglichen werde, ist der kühnste Glaube,
den man sich denken kann«[190]. Gewiß, aber muß man ihn nicht schon beinahe
tollkühn nennen? Wenn der pneumatische Leib nur als Symbol für das Bestehen-
bleiben der Identität gelten soll, so läuft das auf eine bloße Auswechselung von
Begriffen hinaus. Jedenfalls ist ein pneumatischer Leib keineswegs weniger
unvorstellbar und unbegreiflich als die behauptete Identität des Selbst vor und
nach dem Tode.

Das zweite Problem, das mit der Auferstehung der Toten verbunden ist,
ergibt sich auch hier im Hinblick auf die zeitliche Dimension. Wenn der Glaubende schon in diesem Leben in Christus ist, wie kann er dann noch wieder dem
Tod verfallen und ihm bis zum Jüngsten Tag verfallen sein? Dieses schwere
Dilemma ist selbstverständlich auch auf seiten der Theologie stark empfunden
worden. Aber soweit diese hier nicht überhaupt die Segel streicht und die ganze
Eschatologie (im eigentlichen Sinne) zur Mythologie degradiert, weigert sie
sich, wenigstens auf die Totenauferstehung zu verzichten, obgleich ihr die schon
bestehende Verbundenheit des Glaubenden mit Christus als das durchaus
Grundlegende und viel Gewichtigere gilt. Aber es soll nun eben auch in diesem
Punkte bei dem Spannungsverhältnis zwischen dem Schon und dem Noch-nicht
bleiben. Auch *Brunner* gibt zu, daß in dem »Auseinanderfallen der Zeitpunkte«,
in dem »Widerspruch zwischen der Aussage« des Paulus »vom ›Abscheiden und

---

[189] THIELICKE: Glaube, Bd. 3, S. 618.
[190] TRAUB: Lehre, S. 96.

bei Christus sein«« »und der Auferstehung als Wirkung der Parusie des Herrn« die größte Schwierigkeit liegt.[191] Er hält sie jedoch, wie wohl die meisten Theologen, die sich hierzu äußern, für »kein Glaubens-, sondern ein bloßes Denkproblem«, welches seine Lösung dadurch findet, daß es unsere »auseinandergezogene Zeit« der vergänglichen Welt für die Ewigkeit nicht gibt: »Das Todesdatum ist für jeden ein verschiedenes; denn der Todestag gehört zu dieser Welt. Unser Auferstehungstag ist für alle derselbe und ist doch vom Todestag durch kein Intervall von Jahrhunderten getrennt.« Dieser befremdliche Übergang zu einer ganz andersartigen, nicht auseinandergezogenen Zeit tritt neben die Einführung des Begriffs eines pneumatischen Leibes. Erkenntniskritisch steht es damit um nichts besser. Es ist keine Lösung des Problems, sondern die Formulierung seiner Unlösbarkeit. Gestützt auf diese beiden in sich selbst widerspruchsvollen Konstruktionen meint man, unter Freigabe der Vorstellung des Wie der Auferstehung der Toten am Daß um so bestimmter festhalten zu können.

In Wahrheit läßt sich in der symbolischen Auffassung und der Unterscheidung zwischen dem Wie und dem Daß auch in diesem Punkt kaum etwas anderes als eine Scheinlösung erblicken. Wie die Parusie Jesu, so sind auch die Auferstehung der Toten und der durch sie bzw. in ihr entstehende pneumatische Leib, der so ganz anders als der gestorbene natürliche Leib ist und doch die Identität mit ihm bewahren soll, Annahmen von einem geradezu abenteuerlich unrealistischen Charakter. Dabei geht es nicht um Einzelheiten, die man sich so oder so vorstellen kann oder überhaupt nicht vorzustellen braucht, die aber in ihrem Kern unabhängig davon bleiben. Vielmehr liegen hier Aussagen vor, die sachlich durch nichts, aber auch durch gar nichts gerechtfertigt sind. Ob die Autoren, die das Wie der Vorstellungen großzügig freigeben, um das Daß unter allen Umständen zu retten, nicht spüren, wie ungeheuerlich dieses Geschehen auf jeden Fall sein würde? Mag die Entstehung eines pneumatischen Leibes in der Auferstehung für den Gläubigen des Urchristentums noch glaubhaft gewesen sein, ein denkender Mensch unserer Zeit kann eine so hochgradig unvorstellbare und zugleich wiederum so ganz und gar nicht begründete Annahme nur als unerlaubt beurteilen, weil sie durchaus in der Luft hängt, d. h. weil für sie schlechthin nichts und alles dagegen spricht. Sie lebt lediglich weiter von dem starken, in Emotionen verwurzelten Beharrungsvermögen auf dem Gebiete des Glaubens sowie von der Unmöglichkeit, sie empirisch oder streng logisch zu widerlegen. Ein halbwegs kritisch denkender Mensch aber muß sich darüber im klaren sein, daß man tatsächlich nicht alles widerlegen kann, was trotzdem in Wahrheit als völlig ausgeschlossen zu gelten hat.

Noch am ehesten könnte die symbolische Auffassung bei der Vorstellung des Endgerichts in Betracht kommen, für das nicht nur die äußere Szenerie, sondern auch das Dramatische des Vorgangs selbst nicht unbedingt wesentlich sein mag. Die Frage wäre höchstens, ob die Veranstaltung eines solchen Gerichts über-

---

[191] BRUNNER: Das Ewige. S. 167.

haupt als notwendig anzusehen ist. Auch von den neueren Eschatologen wird sie
wohl in der Regel bejaht. »Ohne den Gedanken des Gerichts«, meint *Brunner*,
»ist alle Rede von Verantwortlichkeit leeres Geschwätz«[192], und für *Thielicke*
»impliziert« die »Verheißung ein letztes Gericht, in dem die Ungerechtigkeit ans
Licht gezogen und die nur partielle Gerechtigkeit irdischen Richtertums eine
umstürzende Korrektur erfährt«[193]. Eindrucksvoll argumentiert in dieser Hinsicht namentlich *Ebeling*: »Was wäre eine Welt, in der es keinen Richter und kein
Gericht gäbe, in der jeder ungestraft sein Unwesen treiben könnte und jeder
schutzlos der Willkür und Grausamkeit ausgeliefert wäre?« Das Gericht ist also
keineswegs nur aus der Perspektive dessen zu betrachten, der sich davor fürchtet: »Wie stark erweckt die Weltgeschichte eine echte, tief berechtigte Sehnsucht
nach dem Gericht!« »Daß diese verkehrte Welt richtiggestellt und zurechtge-
bracht werde, daß alles ans Licht und zur Wahrheit komme, darin besteht ein
geschichtliches Verlangen von eschatologischem Ausmaß.«[194] Dem wird man
gern beipflichten oder doch zugeben, daß so etwas außerordentlich wünschenswert wäre. Nur bleibt zu fragen, ob der Umstand, daß etwas wünschenswert ist,
es schon rechtfertigt, mit seiner Realisierbarkeit zu rechnen, d.h. hier: das
Gericht in das Glaubensdenken einzubeziehen. So unverzichtbar die absolute
Gerechtigkeit als Ideal ist, als regulatives Prinzip: die Vorstellung eines wirklichen göttlichen Weltgerichts erfordert ein Maß an Glaubensstärke und Unbe-
denklichkeit, das unsere Zeit im allgemeinen kaum mehr aufbringt.

Aber es fehlt uns nicht nur an einer entsprechenden Glaubenskraft, es kommen noch zwei besondere, sehr bezeichnende Schwierigkeiten im Hinblick auf
den Gehalt des Gerichtsgedankens hinzu. Die eine liegt darin, daß die Annahme
eines »Endgerichts nach den Werken« in »logisch unvereinbarem Gegensatz«[195]
zur Rechtfertigung aus dem Glauben steht. Das Nebeneinander beider bei
Paulus ist sehr sonderbar. Daß der Gedanke der Rechtfertigung aus dem Glauben der originellere und tiefere ist und daß ihm besonders bei Paulus und im
evangelischen Christentum mit Recht eine zentrale Bedeutung zugeschrieben
wird, steht außer Frage. Der Gerichtsgedanke ist deshalb vielfach als bloßer
jüdischer Rest betrachtet worden. Freilich darf man nicht voreilig urteilen.
Einerseits ist es nach H. *Braun*, der diesem Problem eine eigene Untersuchung
gewidmet hat, »beachtenswert, daß Paulus im Rahmen der Rechtfertigungslehre dem Glaubenden ohne jede Erwähnung und ohne jeden Vorbehalt eines
Gerichtsurteils die Rettung in Aussicht stellt«.[196] Andererseits beweist, wie der
genannte Autor darlegt, die Selbstverständlichkeit, mit welcher der Gerichtsgedanke bei Paulus neben dem Rechtfertigungsglauben auftritt, daß er mehr als ein
nur geduldetes Restgut ist. Paulus hat darauf verzichtet, beide irgendwie mitein-

---

[192] S. 196.
[193] THIELICKE: Glaube, Bd. 3, S. 586 f.
[194] EBELING: Dogmatik. Bd. 3, S. 469.
[195] BRUNNER: Das Ewige. S. 189.
[196] HERBERT BRAUN: Gerichtsgedanke und Rechtfertigungslehre bei Paulus. 1930, S. 77.

ander zu verbinden[197] oder gar auszugleichen. Dafür, daß der »Gerichtsgedanke gleichwohl einen organischen Bestandteil der paulinischen Theologie bildet«[198], spricht, daß Paulus ihn umgebildet und sogar verschärft, radikalisiert hat.[199] Trotzdem bleibt auch für Braun eine »Unausgeglichenheit« und »Inkonsequenz« bei Paulus bestehen.[200] Indessen haben wir es hier ja nicht mit der paulinischen Theologie als solcher zu tun, sondern das Verhältnis des Gerichtsgedankens zum Rechtfertigungsglauben im allgemeinen zu beurteilen, und da wird es dabei bleiben müssen, daß die beiden Aussagen nicht zueinander passen, daß die christliche Glaubensposition in diesem Punkt – das ist besonders hervorzuheben – in Widerspruch mit sich selbst gerät.

Dieser sachliche Widerspruch wirkt sich wiederum auch in einem zeitlichen Spannungsverhältnis aus, das bei Paulus in dem »Nebeneinander von Gegenwarts- und Zukunftsaussagen über das Rechtfertigungsgeschehen«[201] zum Ausdruck kommt. Teils wird die Rechtfertigung erst von dem Endgericht erwartet, teils ist sie schon erfolgt, eine Spannung, die für die gesamte innere Lage des Christen nicht zu unterschätzen ist. Damit hängt noch eine weitere Spannung zusammen, die sich aus dem gesamten Charakter des zu erwartenden Urteilsspruches ergibt. Für den Glaubenden, der sich seines Heiles schon jetzt bewußt ist, wird das Gericht im Grunde zu einer Nebensache. Zwar meint *Kreck*, »das Ja zum Evangelium« könne »nicht gesprochen werden ohne das Nein zu meinem bösen Sein und Tun«[202], woraus die Notwendigkeit des Gerichtes abgeleitet wird. Kann es indessen auf das Nein für den Glaubenden noch ankommen, ist ihm dieses nicht schon zusammen mit dem Ja zur unübersehbaren tiefen Gewißheit geworden? Wird aber nicht, wenn das Ja grundsätzlich bereits feststeht, die Gerichtsverhandlung und ihr Urteil zu einer bloßen Formsache, eigentlich doch wieder – man mag es drehen und wenden, wie man will – zu einem Stück äußerlicher Prozedur, zu einem Routinevorgang? Dann würde es sich beim Endgericht im Grunde genommen nur noch um diejenigen handeln können, die nicht zum Heil gelangt sind. Was wird aus ihnen?

Damit sind wir bei der anderen unüberwindlichen Schwierigkeit, die sich für das Denken über das Endurteil hinsichtlich seiner inhaltlichen Seite ergibt, und zwar wird auch diese nicht von außen an den Glaubensstandpunkt herangetragen. Auch sie entsteht vielmehr wiederum aus der Glaubensposition selbst, mit anderen Worten: Das christliche Denken gerät im Hinblick auf das endgültige Schicksal der nicht zu Gott Kommenden nicht nur in Gegensatz zum kritischen Bewußtsein, sondern abermals auch zu seinen eigenen Voraussetzungen. Es ist die altbekannte Alternative, in der das Glaubensdenken sich an dieser Stelle verfängt: der zweifache Ausgang der Menschheit, d. h. das Verlorensein der Heillosen einerseits, die Allversöhnung, die sog. Wiederbringung aller zu Gott, die Apokatastasis andererseits. Auch diese Möglichkeiten finden sich beide

---

[197] S. 93.   [199] S. 95.
[198] S. 94.   [200] S. 95 f.
[201] Kümmel: Theologie, S. 181.
[202] Kreck: Zukunft, S. 135.

schon bei Paulus angedeutet, die endgültige Verdammnis wie das Heil aller, ohne daß er wiederum auch nur den Versuch eines Ausgleichs machte. Dem durch die mittelalterliche Gedankenwelt geprägten Bewußtsein scheint die Möglichkeit der ewigen Verdammnis näher zu liegen als die Rettung aller, während dem modernen Menschen die Vorstellung einer nicht aufhörenden Pein nicht nur unerträglich ist, sondern auch ganz und gar unglaubhaft dünken will. Die neuere Systematische Theologie neigt dazu, beide Möglichkeiten ernstlich zu erwägen und die Frage, vielleicht mit einem leichten theoretischen Übergewicht der Hölle, dahingestellt, d. h. letztlich offen zu lassen. Sehr deutlich kommt diese Haltung bei *Thielicke* zum Ausdruck. Als vorzüglicher Kenner des modernen Menschen und seiner Geisteshaltung bemerkt er: »Ganz abgesehen davon, daß in einer von soziologischen Kategorien beherrschten Zeit die Begriffe Schuld und Strafe erheblich an Plausibilität verloren haben und sich kaum auf einen allgemeinen Consensus berufen können, stößt die mit der Hölle verbundene Vorstellung eines irreversiblen Strafzustandes auf eine besonders affektgeladene Aversion.«[203] Wie schon ältere Theologen versucht Thielicke, das für uns ganz Unmögliche der Hölle, wenn nicht zu überwinden, so doch beträchtlich herabzusetzen, indem er sie in dem Gleichnis vom reichen Mann und armen Lazarus nur als »eine Chiffre für die endgültige und radikale Ferne von Gott« nimmt und sich überdies die Ansicht zu eigen macht, daß die Ewigkeit der Höllenstrafen in den zugrundeliegenden Schriftworten wahrscheinlich nicht die Bedeutung des »Endlosen« habe.[204] Unter diesen gutgemeinten Voraussetzungen spricht aber auch nach Thielicke für den zweifachen Ausgang vor allem der Umstand, daß nur »durch ihn der jetzige Augenblick der Entscheidung das eschatologische Gewicht der Unbedingtheit« gewinnt[205], und zuzugeben ist ja, daß jede Relativierung der Schuld und eine Automatik des Erlösungsprozesses entsprechend einem überpolaren monistischen Gottesprinzip den christlichen Gottesgedanken verfälschen würde. Wenn somit vieles für die dualistische Sicht des zweifachen Ausgangs spricht, würde Thielicke, ebenso wie Althaus, es doch für »leichtfertig« halten, deshalb nun die Allversöhnungslehre »einfach ad acta zu legen«.[206] Auf der anderen Seite könnte die Apokatastasislehre »ein dogmatischer Lehrsatz« »sicher auf keinen Fall werden« wegen der damit verbundenen Konsequenz, daß dann eben die Unbedingtheit der Entscheidung »annulliert würde und man sich im Namen des auf alle Fälle zu erwartenden eschatologischen ›happy end‹ einem entscheidungslosen laisser-faire hingäbe«.[207] Diese an sich einleuchtenden Ausführungen werden noch durch einen Satz überhöht, der die schwierige Frage zu einem gewissen Abschluß zu bringen scheint und sich auf dem Boden des Glaubens sehen lassen kann: »Es gibt theologische Wahrheiten und Umstände – in diesem Falle die Situation der ›Verlorenen‹« –, »die nicht Gegenstände einer dogmatischen Aussage, sondern nur Inhalte des *Gebetes* sein

---

[203] THIELICKE: Glaube, Bd. 3, S. 595.
[204] S. 596.   [206] S. 609.
[205] Ebd.   [207] Ebd.

können. Nichts hindert den Beter, darum zu bitten, daß die, die Christus verworfen haben, ihrerseits nicht verworfen werden möchten, daß ihre Geschichte mit Gott in der Ewigkeit weitergehen möge«.[208] Und diese Bitte wird schließlich noch in die »Generalklausel« »Dein Wille geschehe« eingeschlossen.[209] Das dürfte ein gutes Beispiel sein für eine zeitgemäße und vorbildlich taktvolle Behandlung dieses überaus heiklen Problems. Dabei zeigt sich jedoch, daß die hier bestehende Verlegenheit einer zweifachen Möglichkeit, wie nochmals betont werden muß, nicht nur mit der besonderen Schwierigkeit der eschatologischen Problematik zusammenhängt, sondern bis in den zugrundeliegenden Gottesgedanken hineinreicht. Wir müssen, meint z. B. *Brunner*, auf die Stimme, die vom Weltgericht und von der Versöhnung spricht, hören, damit wir Gott fürchten und lieben. »Nur in dieser unaufhebbaren Doppelheit erfassen wir die Doppelheit von Gottes Wesen, das doch eines ist: seine Heiligkeit und seine Liebe.«[210]

Die Unbedingtheit der Entscheidung gehört – das wird man anzuerkennen und zu respektieren haben – unablösbar zur christlichen Glaubenseinstellung. Indessen dürfte dieser Begriff viel zu absolut geartet sein, um den differenzierten Verhältnissen der menschlichen Wirklichkeit, die aus lauter Bedingtheiten und Relativitäten besteht, gerecht werden zu können. Schon Lessing betont einmal, »daß der beste Mensch noch viel Böses hat und der schlimmste nicht ohne alles Gute ist«[211]. Mit dem heutigen Menschenbild gar, das durch die Interessen und Zielsetzungen der Tiefenpsychologie, Psychotherapie und Sozialpädagogik bestimmt ist, läßt sich eine Entscheidung, der »das eschatologische Gewicht der Unbedingtheit« samt den entsprechenden Konsequenzen zugeschrieben wird, schon gar nicht vereinbaren. In den meisten Fällen handelt es sich ja weit mehr um Schwachheit und auf gelegentliche Versuchungen zurückgehende oder unmerklich zur Gewohnheit gewordene Verfehlungen als um eine in bewußter Entscheidung begründete Böswilligkeit oder gar eine totale Absage an Gott. Und selbst da, wo einmal von einer solchen gesprochen werden zu müssen scheint, wird man heute geneigt sein, sie in ihren Bedingungen, Voraussetzungen, gegebene Anlage und Umstände zurückzuverfolgen, so daß an die Stelle der unbedingten Entscheidung eine größere Anzahl bedingter und bedingender Schritte tritt, die wir zwar wertmäßig durchaus negativ zu beurteilen haben, menschlich aber mehr bedauern als verurteilen werden. Ein Strafvollzug, der Menschen wegen ihres Verhaltens in ihrem kurzen irdischen Leben ein für allemal verdammt und vom ewigen Heil, wenn es ein solches geben sollte, für immer ausschließt, mag noch so sehr der einzigartigen Bedeutung der Glaubensentscheidung entsprechen, das erscheint uns einfach nicht mehr erträglich und nicht einmal verständlich, außerhalb jeder Verhältnismäßigkeit liegend. Wo soziale Wiedereingliederung statt Sühne oder, christlich gesprochen, Versöh-

---

[208] S. 610.
[209] S. 611.
[210] BRUNNER: Das Ewige. S. 202.
[211] LESSING: Leibniz von ewigen Strafen. ed. Fritz Fischer Bd. 6, S. 193.

nung statt Strafe die durchgängigen Stichwörter geworden sind – manchmal vielleicht, zugegeben, in übertriebenem Maße –, vermögen wir diese absolut negative Möglichkeit im Ernst nicht mehr in Betracht zu ziehen. Eine Zeit, die hier und da schon nicht nur die letzten Reste der Todesstrafe zu beseitigen unternimmt, sondern auch die lebenslängliche Haft praktisch abgeschafft hat, kann nur mit äußerstem Befremden zur Kenntnis nehmen, daß sich aus der Unbedingtheit der Entscheidung für oder gegen Gott die Aussicht auf eine möglicherweise endgültige Verdammung ergebe. Und so großartig das Ziel vollkommener Gerechtigkeit, die durch das Weltgericht gewährleistet werden soll, zweifellos ist, so fragt man sich doch, ob nicht auch für den, der auf jede Besserwisserei verzichtet, also keinerlei andere Vorschläge zu machen hat, der Gedanke an so etwas wie unendliche Qual oder auch nur eine immer während e – immer!, niemals aufhörende! – Entbehrung und Trauer völlig unmöglich erscheinen muß. Die Ablehnung der monistischen Aufweichung aller Gegensätze mag auf dem Standpunkt des Glaubens in der Tat noch so einleuchtend sein: wenn der Christ die vollkommene Gerechtigkeit von einer zukünftigen Wirklichkeit erhofft und zugleich an die vergebende Liebe und Gnade Gottes glaubt, so verwickelt er sich hier zwangsläufig in einen Widerspruch, der alle in diesem Bereich auftretenden Aussagen gefährdet und zunichte macht. So wird der als apokalyptisch schon an sich überaus verdächtige Gerichtsgedanke mit der Folge endgültigen Verlorenseins darüber hinaus auch seinem inneren Gehalt nach durchaus unglaubhaft.

Die »besonders affektgeladene Aversion«, auf welche »die mit der Hölle verbundene Vorstellung eines irreversiblen Strafzustandes« stößt, ist jedenfalls nicht nur in der heute herrschenden Denkart, sondern voll und ganz in der Sache selbst begründet. Dabei soll nicht bestritten werden, daß die Reihe der das endgültige Verlorensein mindestens als eine sehr ernstlich in Betracht kommende Möglichkeit vertretenden Theologen, unter denen auch der feine Kopf Martin Kählers nicht fehlt, sich besonders charaktervoll ausnimmt. Aber hier hat offensichtlich gerade das beste, gegen mystische, monistische oder sonstige moderne Tendenzen immune theologische Denken einen schweren Stand, wenn es nicht geradezu ins Abseits führt. An dieser Stelle tut sich eine letzte tiefe Kluft auf zwischen der alten und der neuen Zeit. Ewige Höllenstrafen, wie man früher sagte und heute auch die Theologen kaum mehr zu sagen pflegen, um statt dessen von Gottferne, Heillosigkeit, endgültigem Verlorensein zu sprechen, diese furchtbare Möglichkeit ist uns eine schier unausdenkbare Ungeheuerlichkeit. Angesichts ihrer können wir nur noch die von Karl Jaspers in einem anderen Punkt zum Ausdruck gebrachte Betroffenheit bekennen, daß Menschen, kluge und feine Menschen, so etwas denken und zu sagen vermögen. Das Glaubensdenken führt damit an einen Kreuzweg zweier Sackgassen; es geht in keiner Richtung weiter. Die Alternative ist nicht nur nicht entscheidbar, sie zerfällt in sich. Diese vom Glauben entwickelte mehrdeutige Situation strotzt von Unmöglichkeiten.

Christen hoffen auf ein Ewiges Leben bei und mit Gott. In der Behandlung dieses Themas unterscheiden sich nun die neueren Autoren beträchtlich von Althaus, und zwar, wie man wohl sagen muß, vorteilhaft. Man ist nämlich hinsichtlich des Gehaltes des Ewigen Lebens durchweg viel zurückhaltender geworden. *Kreck* geht in seinen Ausführungen über den in christlicher Sicht beinahe selbstverständlichen leiblichen Charakter des zukünftigen Seins nicht wesentlich hinaus: »Der Leib ist der Mensch, der Leib bin ich, und dieser Mensch, dieses Ich ist Gottes.« Das irdisch schwache Ich »soll an Gott gebunden, in Gott leben, vor Gott herrlich sein«.[212] Von *Ebeling* wird das Ewige Leben als »Ende der Anfechtung«, als »das Ja Gottes, der Gottesfriede« gekennzeichnet[213] – Aussagen, die auf dem Standpunkt des Glaubens kaum mehr als eine Umschreibung eben dieses Glaubens selbst und seiner Tragweite darstellen. Wichtig ist unter dem Gesichtspunkt heutiger Bescheidenheit auch ein Hinweis Emil *Brunners* darauf, daß der in der kirchlichen Lehrtradition im Vordergrund stehende Begriff der Seligkeit viel mehr dem natürlichen menschlichen Glücksverlangen als dem neutestamentlichen Zeugnis entspricht, in welchem es ihn gar nicht gibt.[214] Im übrigen beschränkt sich dieser namhafte Theologe auf die Erklärung, daß das Verhältnis des Menschen zu Gott sich auch im Ewigen Leben »in der Gemeinschaft, nicht in der Einheit« erfüllt[215], d. h. daß Gott »auch für die Vollendeten noch der ganz Andere, der Heilige« bleibt[216], daß sie aber das »Schauen Gottes von Angesicht zu Angesicht« erleben[217] und Gott verherrlichen[218] werden, wobei das Schauen von Angesicht zu Angesicht und die Verherrlichung etwa in einer dem Kultus entsprechenden Anbetung gewiß symbolisch zu verstehen ist – hier endlich wird sich die symbolische Auffassung akzeptieren lassen.

Besonders deutlich wird die gegenwärtige Zurückhaltung und Konzentration, wenn man mit der ausführlichen, in überraschendem Maße konkretisierenden Behandlung unseres Themas durch Althaus die *Thielickes* vergleicht. Grundlegend ist für diesen die allgemeine Erfahrung der Treue Gottes, die sich auch im Hinblick auf den Tod bewährt. Die Gewißheit dieser Treue soll den Tod sogar letztlich »bedeutungslos«[219] machen. Bezeichnend erscheint in diesem Zusammenhang vor allem die Bemerkung, daß das »Jenseits« »in einem tieferen Sinn uninteressant« wird. »Statt dessen haftet das Engagement des Jüngers ausschließlich an der Verbindung mit seinem Herrn, der ihn vom Glauben ins Schauen« führt.[220] »Die Frage nach dem Ewigen Leben hört« »auf, eine bloße Jenseits-Frage zu sein«.[221] »Auch das Diesseits wird« schon »verwandelt«. Das ist beachtenswert. Die wirklich frommen, echten Christen sind tatsächlich in der Regel viel weniger »fromm« im üblichen, lediglich auf das Jenseits gerichteten Sinne, als die dem Glauben Entfremdeten sich das vorzustellen pflegen.

---

[212] KRECK: Zukunft, S. 174.
[213] EBELING: Dogmatik. Bd. 3, S. 471, 508.
[214] BRUNNER: Das Ewige. S. 224.
[215] S. 225.　　　[216] S. 226.　　　[217] S. 225.　　　　[218] S. 226.
[219] THIELICKE: Glaube, Bd. 3, S. 544.
[220] S. 545.　　　　　　[221] S. 548.

Mit dieser Haltung ist ein Standpunkt erreicht, von dem man vielleicht meinen könnte, daß ihm gegenüber eine erneute Kritik, was das Wie des Ewigen Lebens angeht, sich erübrigt. Es läßt sich indessen nicht übersehen, daß die Kehrseite der Konzentration auf wenige, aber wesentliche zentrale Aussagen die ist, daß bei den neueren Autoren einige alte Probleme, die keineswegs schon erledigt sind, wie sich bei der Erörterung der Totenauferstehung zeigte, allzusehr zurücktreten. So dürfte der pneumatische Leib nicht die einzige hier vorliegende intellektuelle Crux sein. Eine andere bildet nach wie vor die uns schon mehrfach begegnete Identitätsproblematik: Ist die Erhaltung des Ichs in einem Ewigen Leben einerseits überhaupt denkbar, möglich, andererseits aber auch wünschenswert? Es handelt sich um den psychologischen Sachverhalt, daß der Mensch Gefühle im absoluten Superlativ auf die Dauer nicht fähig ist, daß auch das tiefste Erleben und ein noch so großes Glück dem Menschen erfahrungsgemäß »erst gleichgültig, dann langweilig, endlich unerträglich« werden können[222], weshalb Wechsel und Widerstand, nicht nur Mangel und Schmerz, sondern auch Anstrengung, Arbeit und Mühsal aus einem erfüllten Leben nicht wegzudenken sind. Man wird sogar sagen müssen, daß geistiges Leben notwendigerweise etwas von Auseinandersetzung und Kampf einschließt. Wir möchten es doch z. B. im Grunde genommen gar nicht ausschließlich mit lieben, sanften, wohl gar engelartigen Wesen zu tun haben, so schön und stärkend es ist, gelegentlich einem beinahe vollkommen erscheindenden Menschen zu begegnen. Wir wünschen uns doch auch eigenwillige, kantige, kämpferische Naturen. Gewinnt nicht etwa ein Mann wie Albert Schweitzer mit seiner grenzenlosen Güte und Hilfsbereitschaft in unseren Augen noch erheblich dadurch, daß diese Eigenschaften von einem starken Eigensinn und seinem aufbrausenden Temperament begleitet waren, läßt ihn das nicht noch anziehender, bewundernswerter, bei allem Großen und Bedeutenden so ganz menschlich erscheinen? – Züge, die in eine himmlische Welt zu überführen schwerfällt, ja, kaum möglich ist. Und so sehr wir uns und anderen Glück im Leben wünschen, wirkt nicht ein allzu glatt und sorgenfrei verlaufendes Leben, in dem alle Tage Sonnenschein ist, leicht ein wenig fade und schal? Gehören nicht zum Tiefgang eines Lebens eben auch schwere, leidvolle Erfahrungen, die Bewältigung und Bewährung verlangen? In der Tat, ein völlig unbeschwertes Leben gleicht einem schönen Traum, dem Glück der Idylle. Der Mensch ist nun einmal dem »durchwachsenen« Dasein der Erde verhaftet und in einer ständig strahlenden Welt ohne jeden Schatten nicht vorstellbar. Wohl ist der unaufhörliche Kampf gegen die im menschlichen Zusammenleben auftretenden Unzulänglichkeiten und Schlechtigkeiten mitunter dazu angetan, uns müde und mürbe zu machen, so daß man sich dann und wann nach einem Leben völlig anderer Art sehnen mag. Die idealistische Schätzung makelloser Vollkommenheit und das realistische Interesse an der Mannigfaltigkeit, Buntheit und Bewegtheit des Lebens, die nun einmal das Dasein auch des minder Wertvollen einschließt, stellen eine notwendige

---

[222] DAVID FRIEDRICH STRAUSS: Die christliche Glaubenslehre. Bd. 2, 1841, S. 675.

Polarität dar. Der Mensch ist nicht Mensch im tieferen Sinne des Wortes ohne das Streben nach Höherem. Zugleich aber können wir uns ein Leben ganz ohne jede Unvollkommenheit und Spannung nicht nur nicht vorstellen, sondern nun eben doch wohl in der Tat nicht einmal wünschen. Lessing hat nicht umsonst für den Menschen das ständige Forschen nach der Wahrheit ihrem Besitz vorgezogen, da die reine Wahrheit Gott allein vorbehalten sei. Zwar ist eine Alternative in dieser Ausschließlichkeit hier nicht am Platze. Dem Menschen ist sehr wohl an der Wahrheit selbst gelegen und diese ihm teilweise auch erreichbar. Aber die reine Wahrheit insgesamt allerdings kann nicht seine Sache sein. Und diese Einsicht auf einem Teilgebiet verdient, erweitert und verallgemeinert zu werden. Der Begriff der Vollkommenheit ist notwendig als Maßstab des Handelns, als der Zielsetzung dienendes Ideal; realisiert erscheint sie dem Menschen nur ausnahmsweise gemäß. Seine Welt ist die der Relativitäten, der Wertunterschiede und gemischten Verhältnisse; für das Absolute, Ewige in seiner Reinheit und unabdingbaren Strenge ist er nicht programmiert.

Anders würde es sich nur dann verhalten, wenn man ernst damit machen wollte, daß es sich beim Ewigen Leben um einen auch qualitativ »ganz anderen« Zustand handelt, der nicht nur das private Glück, vor allem das Interesse am »Wiedersehen«[223], sondern auch die Teilhabe an den geistigen Werten ausklammert und in der reinen Anschauung und Anbetung Gottes aufgeht. In einem solchen Leben, das selbst den der höchsten Kulturstufe entsprechenden Geist hinter sich gelassen haben würde und nur noch vom Heiligen Geist erfüllt wäre, könnte man am Ende auch die Psychologie mit dem Gesetz der Gewöhnung, der Abnutzung und Abstumpfung außer Kraft gesetzt denken. Wer Gott schaut, wird nicht müde. Sich in die Anschauung Gottes zu versenken und ihm zu lobsingen, wäre eine Ewigkeit nicht zu lang. Unter dem Gesichtspunkt des Gehalts ließe sich gegen ein solches Ewiges Leben kaum etwas einwenden.

Nur würde damit, wie gesagt, die Erhaltung der Identität der Persönlichkeit, die in seelisch-geistiger Beziehung unverzichtbar ist, nicht zusammen gedacht werden können. Berücksichtigt man die enormen Unterschiede im Niveau der menschlichen Interessen und deren überwiegende Ausrichtung auf das Gewöhnliche, Banale bei nicht wenigen unserer lieben Mitmenschen, so wäre ernstlich zu befürchten, daß manch einer vielleicht schon beim ersten Versuch, mit jener kontinuierlichen Anschauung und Verherrlichung Gottes zu beginnen, sich schwer tun, sich dem neuen Leben nicht gewachsen zeigen würde. Gott müßte also nachhelfen, dem ins Ewige Leben Versetzten die angemessene Blickrichtung und erforderliche Kraft verleihen, womit wir wieder am anderen Ende des Gedankenganges angelangt wären. Aus dieser alten Dialektik ist auf keine Weise herauszukommen.

---

[223] Noch ein (im guten Sinne) so nüchterner Theologe wie FRIEDRICH TRAUB, der auf das sichtbare Kommen des Christus am Ende der Tage, wie erwähnt, verzichtet, hat andererseits die Frage des Wiedersehens mit unseren Lieben zwar gebührend als nicht zentral heruntergestuft, aber innerhalb der christlichen Hoffnung freudig bejahen zu dürfen gemeint. (Lehre, S. 99 Anm.).

Die entscheidende Frage lautet, ob wir annehmen dürfen, daß einer dem Glauben angemessenen Aussage über das Ewige Leben eine Wirklichkeit entspricht. Liegt diese Annahme nicht vielmehr so fern, ist sie nicht in so hohem Maße hypothetisch, daß sie in Wahrheit als eine reine Fiktion gelten muß? Man denke: Ein aus der Reihe tierischer Lebensformen hervorgegangenes endliches Wesen, zwar mit Selbstbewußtsein und in manchen Exemplaren mit der Sehnsucht nach dem Vollkommenen ausgestattet, aber von Natur dem Mangel und dem Wechsel unterworfen, auf das Unbeständige und Gebrochene angelegt, schwingt sich auf zur Hoffnung eines ihm von Gott zu schenkenden quantitativ und qualitativ Ewigen Lebens! Gehört nicht zur Beschaffenheit jedes endlichen Wesens wie die Beschränktheit und Unvollkommenheit notwendig auch die Vergänglichkeit, die Endlichkeit in zeitlicher Hinsicht? Auch das Bedeutende, Große, Wundervolle, das in einzelnen Menschen auftritt, ist ja vielfach die Kompensation von Schwächen, die Kehrseite von Mängeln und Fehlern. Auch einem noch so vertieften, verinnerlichten, vergeistigten menschlichen Leben dürfte insofern die Vergänglichkeit sehr viel gemäßer sein als die Erhebung zu einer völlig aus diesem Rahmen fallenden absolut vollkommenen Lebensform. Das ewige Sein mag man dem Begriff Gottes oder eines Weltgrundes beilegen. Sieht man hiervon ab, so kommt das Prädikat »ewig« nur der Geltung logischer und mathematischer Sachverhalte, allenfalls noch einigen höheren Werten zu, dagegen nichts Wirklichem. Die Kennzeichen jedes einzelnen Bestandteils der Wirklichkeit sind Beschränktheit, Wechsel, Vergänglichkeit. Ein endliches Wesen, das sich eine ewige Existenz zuschreibt oder wenigstens für möglich hält und erhofft, muß beinahe vermessen erscheinen. Ein ewig währendes Leben, auch wenn es nicht als metaphysische Beschaffenheit des Menschen, sondern als Gnadengabe Gottes genommen und nicht näher beschrieben wird: vom Standpunkt des Erkennens, des nüchtern-sachlichen Denkens läßt sich nur das Fehlen jedes ernst zu nehmenden Hinweises auf eine solche Möglichkeit feststellen, so daß die Betrachtung in diesem Punkte auf ein bewußtes Sichbescheiden hinauslaufen muß. Der Nichtglaubende hat jedenfalls gerade hier einen sehr starken Stand. Dies um so mehr, als vor dem Ewigen Leben die Auferstehung der Toten steht, bei der sich, wie dargelegt, die Denkschwierigkeiten, richtiger: die Undenkbarkeiten summieren, multiplizieren, potenzieren. Vom Judentum stammt der Glaube an den im engeren Sinne heiligen Gott und die von ihm gelenkte Geschichte, aber hinsichtlich des menschlichen Lebens war wenigstens das alte Israel ohne jede Illusion. Es wußte, daß der Mensch vergeht wie eine Blume und das Gras. Und dieses Bewußtsein der endgültigen Vergänglichkeit auch des Menschen sowie die Ergebung in diesen unabwendbaren Sachverhalt ist, nachdem der Glaube an ein Ewiges Leben im Christentum wohl seinen Höhepunkt erreicht hat, in unserer Zeit, wenn nicht alles trügt, deutlich im Zunehmen begriffen. Nimmt man alles zusammen, so erscheint der Gedanke, daß Menschen ein ewiges »seliges« Leben beschieden sein könnte, auch in der neueren, vergleichsweise zurückhaltenderen Form nicht nur völlig ungewiß, sondern ganz und gar unwahrscheinlich und geradezu abwegig, kaum weniger als die ewige Verdammnis. Bedenkt man, wie wenig oder vielmehr, daß eigentlich nichts als allein der vom Wunsch beseelte Glaube für die Annahme eines Ewigen Lebens anzuführen ist, während alles dagegen spricht, so will einem scheinen, daß es kaum etwas Sonderbareres gibt als die Lebenskraft dieser Hoffnung.

Man hat versucht, sich von all den Ungereimtheiten und horrenden Unwahrscheinlichkeiten der üblichen Eschatologie, die, wie sich zeigte, auch bei ihren mehr zurückhaltenden neueren Vertretern größtenteils noch zu finden sind, zu befreien und dabei den wesentlichen Kern der Ewigkeitshoffnung zu bewahren, indem die Konsequenz aus der »Präponderanz der individuellen vor der universalen Hoffnung«[224] gezogen wird. In seiner »Jenseitseschatologie«, nach welcher »Gott den Menschen gleich im Tode richtet, rettet und mit dem himmlischen Leben beschenkt«[225], gibt H. *Graß* die Eschatologie der universalen Hoffnung als apokalyptisch und mythologisch völlig preis, und gewiß fällt damit ein großer, der größte Teil der Schwierigkeiten fort. Merkwürdig ist nur, daß der Autor meint, auf diese Weise den Rest halten zu können. Zwar ist dieser Rest nicht derart anstößig wie die eschatologische Hauptmasse, aber nach dem Verzicht auf so manches Wichtige wird um so mehr zu fragen sein, worauf sich die Bewahrung eines solchen letzten Restes nun positiv eigentlich noch stützt. Es läßt sich nach dem oben Gesagten nicht verkennen, daß der Rest, eben das Ewige Leben, immer noch schwersten Einwänden ausgesetzt bleibt. So wird man sagen müssen, daß dieses Verfahren, möglichst viel von der Ladung abzuwerfen, um wenigstens etwas zu retten, keinen Erfolg verspricht.

4. Ausbruchsversuche aus den üblichen Denkformen

Der Hauptstrom der neueren Eschatologie sieht sich genötigt, stärkere Saiten aufzuziehen und offensiv vorzugehen. Dies möge jetzt noch etwas genauer dargelegt werden, vor allem in einer bestimmten Hinsicht. Wo immer die Dimension der Zeit in eschatologische Aussagen hineinspielt, sei es nun, daß es um das Parusiegeschehen geht, sei es in der Frage, ob die Vollendung dem Christen mit seinem Tode oder erst am Jüngsten Tage zuteil wird, sei es, daß es sich um den Gehalt des Ewigen Lebens handelt, stets entstanden tiefgreifende Schwierigkeiten, da jede der in Betracht kommenden Aussagen unsere »Zeitform transzendiert«[226]. Deshalb hatte *Althaus* sich veranlaßt gesehen, die Zeit, die er bei den eschatologischen Aussagen einerseits wieder zu ihrem Recht kommen lassen wollte, andererseits in ihrem Wesen erheblich einzuschränken, abzuschwächen, und eine Reihe von Autoren nach ihm hat sich ebenfalls zur Einführung eines neuen Zeitbegriffs entschlossen, einer Zeit anderer, höherer Art. Dieser Punkt ist so wichtig und kennzeichnend, daß es sich empfiehlt, hier

---

[224] GRAß: Problem, S. 220.
[225] S. 223.
[226] THIELICKE: Glaube, Bd. 3, S. 614.

noch einmal auf ein paar der einschlägigen Äußerungen im Zusammenhang
zurückzukommen. So erklärte *Brunner*: »In der Welt der Auferstehung, in der
Ewigkeit gibt es diese auseinandergezogene, diese Zeit der Vergänglichkeit
nicht.« »Unser Auferstehungstag ist für alle derselbe und ist doch vom Todestag
durch kein Intervall von Jahrhunderten getrennt«[227], »in der ewigen Welt gibt es
keinen ›nächsten Augenblick‹«[228]. Ebenso muß nach *Ebeling* »die Zeitdifferenz
zwischen der Sterbestunde und dem Jüngsten Tag von Gott her« »für aufgehoben erklärt werden«[229], und auch *Thielicke* meinte: »*Wenn* wir uns schon ein
Handeln Gottes wie die Auferweckung der Toten oder die Parusie nur als
zeitliche Akte vorstellen können, dann müssen wir hier eine neue und ›ganz
andere‹ Zeitgestalt denken«[230].

Schon vor mehr als einem halben Jahrhundert hat H. W. *Schmidt*, der das
Prädikat der Ewigkeit Gott vorbehalten wollte, die Welt der Vollendung, in die
der Mensch eingeht, als eine zeitlich-kreatürliche gekennzeichnet, aus der jedoch
»die Merkmale der Endlichkeit, Vergänglichkeit und Unvollkommenheit«
»ausgeschlossen sind«.[231] Diese Art von Zeitlichkeit nennt er »Vollzeitlich-
keit«[232]. Sie ist dazu bestimmt, eine »Vollendung« denken zu können, »die in
sich bleibt und nicht mehr über sich hinausweist, trotzdem aber nicht in toter
Ruhe erstarrt«[233]. Die Frage ist, ob sich die Annahme einer solchen ganz andersartigen Zeit rechtfertigen läßt.

Thielicke weist zu diesem Zweck auf die uns geläufige Unterscheidung verschiedener Formen des Zeiterlebens hin: die physikalische, die biologische, die
historische, die individuell-innerliche Zeit.[234] *Ebeling* spricht von »objektivier-
ter« und »internalisierter« Zeit.[235] Wenn es so verschiedenartige Zeitqualitäten
gibt, warum nicht auch eine eschatologische Zeit, die den geforderten Bedingungen entspricht? Aber erlaubt das Vorkommen mehrerer Erlebnisformen der
Zeit, die uns aus der Erfahrung bekannt sind, wirklich, zur Annahme einer
völlig unbekannten anderen Art von Zeitlichkeit überzugehen, deren Merkmale
man sich nach Bedarf zurechtlegt? Die Eschatologen brauchen eine Zeit, die kein
Kontinuum mit unserer »auseinandergezogenen« Zeit darstellt. *Brunner* sucht
das zu verdeutlichen am Verhältnis von Traum und Wirklichkeit. »Der Moment
des Erwachens ist kein Zeitpunkt in der Welt des Traumes. Er ist schlechthin
deren Aufhören.«[236] Das könnte jedoch ein sehr gefährliches Beispiel sein.
Gegenüber dem vorübergehenden Traum ist unser Wachsein der dauernde,

---

[227] BRUNNER: Das Ewige. S. 167.
[228] S. 169.
[229] EBELING: Dogmatik, Bd. 3, S. 461.
[230] THIELICKE: Glaube, Bd. 3, S. 615.
[231] HANS WILHELM SCHMIDT: Zeit und Ewigkeit. 1927, S. 302.
[232] S. 306.
[233] S. 307.
[234] THIELICKE: Glaube, Bd. 3, S. 614.
[235] EBELING: Dogmatik. Bd. 3, S. 411.
[236] BRUNNER: Das Ewige. S. 169.

normale Zustand; darf man annehmen, daß im Unterschied von diesem unserem vorübergehenden Leben wiederum das Ewige Leben das eigentliche, reale, endgültige ist? Wenn nun eben doch umgekehrt das Ewige Leben ein Traum, ein Gedankentraum wäre? Erstaunlich ist jedenfalls die intellektuelle Kühnheit einerseits, die Selbstverständlichkeit andererseits, mit welcher die Theologen dieses Spiel mit einer andersartigen Zeitform betreiben.

Zum Wesen der Zeit gehört die eindimensionale Ausdehnung, ferner das unaufhörliche Fließen und schließlich die Unumkehrbarkeit dieses Flusses. Kein wirkliches Sein jedenfalls ohne eine noch so kurze oder lange Dauer, ob es ein Elementarteilchen mit der Daseinsspanne von einem unvorstellbar winzigen Bruchteil einer Sekunde ist oder der Granit der Erdrinde und gar eine Sonne oder der Komplex einer Galaxie und dazwischen ein Menschenleben von siebzig, achtzig Jahren oder noch ein paar mehr. Alles Wirkliche ist innerhalb der Zeit und damit vergänglich. Die Vergänglichkeit ist das Grundmerkmal des zeitlichen Seins, der Zeit überhaupt. Wird es ihr genommen, so ist die Zeit nicht mehr Zeit. Hat man es bei den Versuchen, sich darüber hinwegzusetzen – diese Frage ist nicht zu umgehen – mit einer Fehlspekulation, jedenfalls einem schweren Denkfehler zu tun oder mit einem raffinierten Kunstgriff, einem Trick, letztlich einem Täuschungsmanöver? Die Namen der für solche Operationen verantwortlich zeichnenden Autoren schließen das eine wie das andere aus. Es sind bedeutende Theologen, denen man weder die Denkfähigkeit noch die Redlichkeit wird absprechen wollen. Aber wie auch immer, es handelt sich um eine zutiefst unstatthafte Manipulation mit dem Zeitbegriff, die zu einem, wie es nicht anders sein kann, unmöglichen Ergebnis führt. Die postulierte andersartige Zeitform hängt ganz und gar in der Luft und kann nicht die Grundlage für weitere, ohnehin fragwürdige Annahmen abgeben. Mit einer Existenz zu rechnen, der eine Art von Zeitlichkeit zukommen soll, die doch nicht der eigentlichen Zeitlichkeit unterliegt, besteht kein Grund und nicht einmal die Möglichkeit. Eine nicht auseinandergezogene Zeit ist ein Widerspruch in sich.

Immerhin: die angeführten Theologen respektieren noch einigermaßen unsere Zeit der Erfahrung, wenn sie außerdem eine andere, von ihnen konstruierte fordern. Dieses Verfahren nimmt sich insofern fast gemäßigt aus, verglichen mit dem Versuch, die Welt, in der wir leben, unsere gewohnte normale Wirklichkeit hinsichtlich der zu ihr gehörigen Zeit in Frage zu stellen, für unvollkommen und diese selbst für widerspruchsvoll zu erklären und zu degradieren, um dadurch die dem Denken fremde Welt der biblischen Zukunftserwartung als möglich oder nun geradezu notwendig zu erweisen. Hier ist des Unternehmens von Karl *Heim* zu gedenken, der ein radikales, hyperkritisches, fast skeptisches Denken mit einer ans Pietistische grenzenden Gläubigkeit verband und auf den diese Forderung einer neuen Art von Zeit letztlich zurückgehen dürfte. Er vertritt die Ansicht, daß die Welt der christlichen Zukunftshoffnung nicht denkbar ist, wenn die Zeit immer weitergeht ins Unendliche oder wenn man aus ihr herausspringen kann ins Überzeitliche nach Art des platonischen Idealismus. Mit sicherem Instinkt steuert Heim auf die spätjüdische Apokalyptik hin, in der

wohl zum ersten Mal der Gedanke aufgetaucht sei, daß »nicht bloß der Inhalt der
Zeit, nein, die Zeit selbst« etwas ist, »was überwunden wird, was seiner Aufhebung entgegengeht«.[237] Für Heim ist unsere Welt eine gefallene Welt, sie befindet sich im Widerstreit mit Gott. Und »die Zeit ist das Dasein« eben dieser
»gefallenen, d. h. aus der Unmittelbarkeit zu Gott herausgefallenen Schöpfung«.[238] Schon rein gefühlsmäßig leiden wir »nicht nur am Inhalt des Weltgeschehens, sondern an der Zeit selbst«, an der Zeitlichkeit des Seins überhaupt. Es
verbreitet sich immer mehr die Erkenntnis Schopenhauers, Tolstois, Ed. v.
Hartmanns, »daß alles Zeitliche, auch wenn es noch so herrlich ist, als solches in
sich unbefriedigend und unvollendet bleibt. Es liegt einfach am Wesen der Zeit,
daß alles, was in die Zeitform eintritt, nach einem kurzen Aufblühen verwelkt,
veraltet, verrostet, vermodert, verbraucht wird. Auch die schönste Musik ist,
wenn sie tausendmal hintereinander gespielt wird, unerträglich. Man kann sie
nicht mehr hören.«[239] »Die Zeitform ist der tiefste Grund des Weltleidens. Sie ist
etwas in sich Unvollkommenes, Ruheloses. Wenn es Vollendung geben soll, so
muß sie darin bestehen, daß diese Form selber überwunden wird, daß der
Zeitstrom im Meer der Ewigkeit zur Ruhe kommt.«[240]
In dieselbe Richtung wie das Gefühl führt nach Heim die Erfahrung des
Gewissens. »Daß im gleichen Augenblick mehrere Forderungen an uns heran-
treten, die zugleich erfüllt sein wollten und es doch nicht konnten«, weist auf den
Widerstreit hin, »in dem die Zeitform als solche mit den sittlichen Forderungen
steht«[241]. Schließlich hält Heim die Zeit auch in theoretischer Hinsicht für etwas
in sich Widerspruchsvolles: »Ist es nicht ein ganz unmöglicher Gedanke, ein
Widerspruch in sich selber, von einer Stillstellung des Zeitstroms, von einer
Vollendung der Zeit zu sprechen?« (insofern bei einer unendlichen, anfangslosen
Zeit im jetzigen Augenblick eine Ewigkeit verflossen, eine unendliche Zeit
abgeschlossen wäre). »Ist es überhaupt möglich, die Zeitstrecke ohne Widerspruch zu denken?«[242] »Wir stehen bei der Zeit vor derselben Denkschwierigkeit
wie bei dem Versuch, unsere eigene Geburt und unseren eigenen Tod bzw. das
Erwachen und das Erlöschen des Bewußtseins zu denken. Daß mein Bewußtsein
angefangen hat und daß es aufhören wird, ist ein in sich widerspruchsvoller
Gedanke; denn der Anfangspunkt und Endpunkt muß doch im Bewußtsein
liegen.«[243]
Wie tiefsinnig, aber auch höchst befremdlich und geradezu irreführend sind
diese Betrachtungen! Daß alles Sein über kurz oder lang veraltet und vergeht,
muß, wie schon betont, als ein Grundzug alles Wirklichen gelten. Und dieses ist
allerdings zeitlicher Art, hat aber deshalb die Zeit schuld an der Vergänglichkeit?
Und wenn wir dieselbe Musik nicht unaufhörlich und nicht einmal allzu oft
hintereinander hören mögen, so liegt das ja offenbar an der Endlichkeit und

[237] KARL HEIM: Zeit und Ewigkeit, die Hauptfrage der heutigen Eschatologie. In: Glaube
und Leben. Ges. Aufsätze. 2. Aufl. 1928, S. 546.
[238] S. 553.   [240] S. 555f.   [242] S. 557.
[239] S. 554.   [241] S. 556.   [243] S. 558.

Beschränktheit unserer Kräfte, unseres Geistes, unserer ganzen Natur. Der Versuch, der Zeit als solcher, mag man diese nun als Anschauungsform oder Seinsart oder Beziehungsgefüge auffassen, die Schuld daran zu geben, ihr eine wertmäßig negative Qualität beizulegen, muß als völlig abwegig beurteilt werden. Noch deutlicher tritt das Irrige dieser Sicht bei dem angenommenen Zusammenhang von Pflichtenkollision und Zeitlichkeit zu Tage. Daß man nicht zweierlei zugleich tun kann, sondern sich nach Güterabwägung für eines entscheiden muß, ist ganz und gar in der Sachlage, d. h. in der Situation eines endlichen Wesens begründet und liegt nicht an der Zeit als solcher. Soweit die Zeit hieran beteiligt ist, handelt es sich um eine bare Selbstverständlichkeit, die keinesfalls zu irgendwelchen Konsequenzen hinsichtlich ihrer Beschaffenheit, ihres Wesens oder ihrer Bewertung und wünschbaren Abschaffung, wohl gar zu der Behauptung führen kann, daß sie ihrerseits ablösbar sei und eines Tages nicht mehr sein werde.

Aber auch die auf die Dimension der Zeit sich beziehenden theoretischen Schwierigkeiten müssen, mindestens in dem von Heim behaupteten Maße, bestritten werden. Von einer Vollendung der Zeit im jetzigen Augenblick zu sprechen, sollte ein Widerspruch sein. Aber wer spricht denn davon, daß sie jetzt vollendet ist? Sie geht ja im Gegenteil offensichtlich immer weiter; im Fortgang, im Weiterfließen besteht wie gesagt, geradezu ihr Wesen! Wer im Denken einer Zeitstrecke einen Widerspruch finden will, muß ihn erst konstruieren. Wie kann man es andererseits für einen widerspruchsvollen Gedanken halten, daß mein Bewußtsein angefangen hat und aufhören wird? Inwiefern ein Widerspruch? In der Vorstellung des Anfangens und Aufhörens des eigenen Bewußtseins liegt gewiß ein sonderbarer, merkwürdiger Sachverhalt, der uns einen Augenblick stutzen läßt oder auch, was das Aufhören betrifft, ein mehr oder weniger starkes existentielles Unbehagen verursachen kann. Vielleicht sträubt sich unser Ich als selbstbewußtes Wesen sogar mit allen Fasern gegen den Gedanken seines Endes. Aber hierbei handelt es sich lediglich um einen im Lebenstrieb begründeten Widerwillen gegen einen unvermeidlichen biotischen Vorgang und seine Erkenntnis; von einem logischen Widerspruch kann dabei keine Rede sein, von Widerspruch in diesem eigentlichen Sinne keine Spur. Das alles sind künstlich gemachte Schwierigkeiten, erfunden, nicht vorgefunden. »Antinomien sind«, wie H. W. *Schmidt* mit Recht betont, »immer da, um aufgelöst zu werden. Sie treten immer da auf, wo das Denken die ›Sache‹ fehlerhaft oder mit unzulässigen logischen Mitteln erfaßt oder etwas erfaßt hat, das auch durch Antinomien nicht zu erfassen ist«.[244]

Bei allem Scharfsinn und Tiefsinn geht Heim eigentümlich draufgängerisch zu Werke: »Entweder die Zeit ist unaufhebbar. Es gibt keine Erlösung von der Zeit selbst, nur eine Flucht aus der Zeitstrecke, durch die man eine überzeitliche Sphäre erreicht. Oder die Zeit wird aufgehoben. Dann allein gibt es ein ›Ende aller Dinge‹.«[245] Näherhin heißt es: »Die höchste Wirklichkeit kann in der

---

[244] SCHMIDT: Zeit, S. 290. [245] HEIM: Zeit, S. 559.

Zeitform nur indirekt, durch Verneinung der Zeitlichkeit ausgedrückt werden. «[246]»Wenn Gott ist, so muß es eine Aufhebung der Zeit geben.«[247] Aber die
Aufhebung der Zeitform soll schließlich doch »nicht eine Vernichtung sondern
eine Enthüllung« sein. »Diese Enthüllung muß kommen, sonst ist Gott nicht
Gott.«[248]

Die mit der Zeitform gegebene Wirklichkeit soll aus den Angeln gehoben
werden, um die Wirklichkeit Gottes und seiner Zukunft zu gewinnen. Wir
müssen »mit dem Ende der ganzen zeitlichen Wirklichkeit genauso ernst und
nüchtern rechnen, wie wir mit unserem Tode rechnen«.[249] Der überaus kühne
theologische Denker, der in dieser Weise die Zeitlichkeit unserer Welt zugunsten
der Wirklichkeit Gottes außer Kraft setzen möchte, nimmt die Zeit für das
Verhältnis der bestehenden Welt zur zukünftigen zunächst durchaus ernst: »Der
Zeiger der Weltenuhr rückt unaufhaltsam vorwärts dem Zwölf-Uhr-Schlag
entgegen. Es kommt alles darauf an, daß wir wissen, welche Stunde geschlagen
hat.«[250] Zwar werden die Versuche, das Ende zu datieren, als gefährlich abgelehnt, selbstverständlich. »Aber alle Phantastereien, die die christliche Hoffnung
in Mißkredit gebracht haben, dürfen uns«, meint Heim, »nicht irremachen an
der Sache selbst, an der Wahrheit, daß das Ende kommt.« Wohl bleibt das Ende
»Gottes Geheimnis«. »Dennoch müssen wir einige Aussagen darüber machen,
die ganz unmittelbar aus dem folgen, was Christus für uns ist, wenn sein
Ausspruch wahr ist, daß mit ihm die Wende der Zeiten gekommen ist. Drei
Gewißheiten leuchten uns auf, wenn wir von Christus ergriffen sind:

1. Christus wird wiederkommen in Herrlichkeit und zum Gericht.
2. Es wird eine neue Leiblichkeit da sein, die Auferstehung der Toten.
3. Die ganze Natur und Menschenwelt wird in eine neue Gestalt verwandelt
werden.«[251] Insbesondere die Wiederkunft Christi ist aufgrund der geforderten
Sicht »nicht ein phantastischer Traum, sondern eine nüchterne Glaubensaussage.«[252]

Diese Thesen sind, genauer betrachtet, wahrhaft erstaunlich, wird doch mit
ihnen unser ganzes Wissen und Denken auf den Kopf gestellt. Anstatt der
Wirklichkeit, wie wir sie im Rahmen der Zeit unzweifelhaft vorfinden, Priorität
zuzubilligen und allenfalls Erwägungen über die Möglichkeit eines darüberhin-
ausgehenden Seinszustandes anzustellen, wird die uns bekannte und bestimmende Wirklichkeit diskreditiert im Interesse einer hypothetischen höheren
zukünftigen Welt. Aber so kann man mit der Zeit nicht umspringen! Die
Forderung ihrer Aufhebung muß nach allem als unberechtigt, als durchaus
unbegründet bezeichnet werden, und vor allem darf man sie nicht um Gottes
willen verwerfen wollen; denn wie immer es sich mit Gott verhalten mag, die
Wirklichkeit des zeitlichen Daseins und das Wesen der Zeit überhaupt liegt uns
jedenfalls sehr viel näher, ist uns unvergleichlich gewisser als Gott. Die wirkli-

---

[246] S. 560.   [249] S. 563.   [251] S. 564.
[247] Ebd.   [250] Ebd.   [252] Ebd.
[248] S. 561.

che, uns gegenwärtige zeitliche Welt als aufhebbar hinzustellen, um eine geglaubte, erhoffte vollendete, göttliche als zukünftig eintretend dafür einzuhan-
deln, das ist ein Salto mortale, welchem sich der, dem sein Leben und Denken
lieb ist – zunächst einmal dieses unser gegenwärtiges Leben und Denken –,
verweigern muß. Am allerwenigsten aber akzeptieren läßt sich die Behauptung,
daß wir mit dem Ergriffensein von Christus im Glauben auch seiner zukünftigen
Parusie, der neuen Leiblichkeit der vom Tode Auferstandenen und der Verwandlung der ganzen Natur und Menschenwelt gewiß werden. Von Gewißheit dieser
Erwartung zu sprechen, dürfte nicht angängig sein. Hier gilt immer noch
Schleiermachers Feststellung, »daß in dem Zustand frommer Erregung die Seele
mehr im Augenblick versenkt als der Zukunft zugewendet ist«.[253] Die christliche Zukunftserwartung ist weit davon entfernt, sich wenigstens mittelbar aus
der Erfahrung zu ergeben. Sie hat eine ganz andere Quelle, eben die mit dem
Bibelglauben übernommene, in Spekulation begründete Anschauungsweise der
Apokalyptik. Nach Prüfung aller Umstände kann ein vorurteilsloses, von Wünschen unabhängiges Denken nicht an der Einsicht vorbeigehen, daß es sich
umgekehrt, als Heim meint, verhält. Das, was er die Wiederkunft Christi nennt,
ist alles andere als eine nüchterne Glaubensaussage, sie ist vielmehr sehr verdächtig, mehr als verdächtig, in der Tat ein phantastischer intellektueller Traum zu
sein.

Das eigentlich Bemerkenswerte der Heimschen Gedankenführung besteht
nicht in ihrem Ergebnis, sondern in der Sicherheit, mit der er sich als einer der
ersten neueren Theologen unverhohlen in Richtung auf die Apokalyptik hin
bewegt. Der Versuch jedoch, von ihr inspirierten Anschauungen durch ein
skeptisch-spekulatives Denken den Weg zu bereiten und sie so akzeptabel zu
machen, ist mißlungen, mußte mißlingen[254], er grenzt ans Abenteuerliche. Eine
solche Position intellektuell rechtfertigen, eine durch und durch irrationale Welt

---

[253] Friedrich Schleiermacher: Reden über die Religion. Krit. Ausg. von Bernhard Pünjer.
1879, S. 145 (in den Erläuterungen zur 2. Rede).

[254] Wenn man den scheinbar tiefsinnigen Gedanken, daß die Zeit selbst aufhören werde, in
Apk 10,6 hat finden wollen, so beruht das, worauf schon Althaus hinweist, auf einem exegetischen Mißverständnis dieser Stelle, die in Wahrheit besagt: »Es wird keine Frist, keine Verzöge-
rung in der Verwirklichung des Planes Gottes mehr eintreten« (Eschatologie, S. 332; ebenso
auch Ebeling: Dogmatik. Bd. 3, S. 460).

Heinrich Schlier behandelt »das Ende der Zeit« (in dem gleichnamigen 3. Band seiner
exegetischen Aufsätze und Vorträge, 1971) und erklärt: »Nach den neutestamentlichen Schriften hat die Zeit – im Sinne unserer Weltzeit – ein zukünftiges Ende« (S. 67). Es geht ihm dabei
vor allem um die Welt-Zeit einerseits und die Zeit Gottes andererseits als verschiedene Zeitalter
im Sinne dieses und des kommenden Äons oder auch einfach um den zukünftigen »Augenblick
Gottes«, d. h. den seines Kommens. Die Ausuferung des Denkens in diesem Punkte zeigt sich
hier freilich schon sprachlich, im Heidegger-Stil: »Zeit steht aus in die Zukunft, die sie beendet«
(ebd.), »die Welt-Zeit steht in ihr konkretes Ende hinaus« (S. 71), »das Ende der Zeit ist Gottes
Zeit. In ihren kritischen Augenblick steht die Welt hinaus« (S. 84). Es bleibt nur festzustellen,
daß solche Sätze uns die Sache nicht näher zu bringen vermögen, sondern einfach, um hier im
Stil zu bleiben, ins Leere hinausstehen.

auf einem Umweg rational begründen zu wollen, das ist ein interessantes, aber aussichtsloses Beginnen.

Dieser ausführlicher besprochene Ausbruchsversuch, der auf Kosten dessen, was wir als Wirklichkeit kennen, Raum für die eschatologische Welt schaffen sollte, ist wohl der originellste seiner Art. Alle derartigen Bestrebungen aber stimmen darin überein, daß sie sich nicht scheuen, zugunsten der christlichen Hoffnung allgemeinen Begriffen, Grundsätzen, Positionen des üblichen und, soweit wir zu sehen vermögen, gültigen Denkens abzusagen.

Hier sei noch ein Blick auf ein paar andere derartige Verfahren geworfen, zunächst das von W. *Pannenberg.* Die rein historische Feststellung, daß in der Botschaft Jesu »das Kommen der Gottesherrschaft ihre drängende Aktualität für das gegenwärtige Handeln des Menschen« motivierte, daß also »die Botschaft Jesu offensichtlich von der Priorität der Zukunft Gottes ausgegangen ist«[255], führt Pannenberg zu der Annahme, »daß das Gegenwärtige« überhaupt »durch die Zukunft bestimmt ist«.[256] Würde man das in dem Sinne nehmen, daß die Gegenwart durch den Gedanken an die Zukunft beeinflußt werden kann, so ist dieser Satz gewiß unbestreitbar. Er soll jedoch sehr viel mehr bedeuten, er weitet sich zu der Folgerung aus, »daß die Priorität der eschatologischen Zukunft als Bestimmungsgrund eine Umkehrung auch der üblichen ontologischen und naturphilosophischen Denkformen erfordert«.[257] Wenn diese These schon an sich den durch alle empirische Erkenntnis gesicherten Verhältnissen schnurstracks zuwiderläuft, so erhält sie ihren besonders herausfordernden Charakter noch dadurch, daß der Ausgangspunkt, der Zukunftsglaube Jesu, in diesem Falle ein offenkundiger Irrtum war. Es ist mithin ein auf besonders schwachen Füßen stehendes starkes Stück eschatologischen Denkens, das uns hier geboten wird. Noch überboten wird es durch ein zweites Stück dieser Art, das darin besteht, die angebliche Unbestimmtheit der Zukunft in den Dienst der Eschatologie zu stellen. Pannenberg vermutet nämlich, daß die in der »Erfahrung sich aufdrängende Unbestimmtheit der Zukunft« (von der in Wahrheit lediglich im subjektiven Bereich und auf der subatomaren Stufe der Wirklichkeit gesprochen werden kann) »nicht einfach auf die Lücken unseres Wissens« »zurückgeht, sondern vielmehr eine fundamentale Unbestimmtheit in den Ereignissen der Natur selbst anzeigt«.[258] Und diese »Kontingenz der Ereignisse« wird sodann als »eine entscheidende Vorbedingung für alles Reden von einer Macht der Zukunft, insbesondere als personhaft wirkender Macht«[259] hingestellt. Quod erat demonstrandum. Es fällt schwer, ein so wenig überzeugend begründetes Vorgehen ganz ernst zu nehmen. Ist hier nicht vielmehr das Denken außer Rand und Band geraten?

Nicht weniger verwegen verfährt J. *Moltmann.* Er geht davon aus, daß die christliche Eschatologie nicht im griechischen Logos, sondern in der Verheißung

---

[255] WOLFHART PANNENBERG: Theologie des Reiches Gottes. 1971, S. 11 f.
[256] S. 12.   [258] S. 14.
[257] Ebd.   [259] S. 15.

begründet ist, »wie sie das Sprechen, Hoffen und Erfahren Israels geprägt hat«. »Eschatologie als Wissenschaft ist darum nicht im griechischen Sinne und auch nicht im Sinne neuzeitlicher Erfahrungswissenschaft möglich, sondern nur als ein Hoffnungswissen.«[260] Wenn es neben dem Wissen und der Hoffnung des Glaubens noch ein solches Hoffnungswissen gäbe, möchte es um die eschatologischen Aussagen in der Tat besser bestellt sein. Aber dieser Begriff ist offenbar mehr als fragwürdig. Und Moltmann geht sogar noch erheblich weiter in der Konfrontation mit der üblichen Erkenntnis. Von der Voraussetzung aus, daß nur eine Geschichtsschreibung, welche das Vergangene nicht endgültig dem Feind, dem Antichrist, überläßt, es in der Erinnerung bewahren kann, versteigt er sich zu der Behauptung, allein die Hoffnung auf die Auferstehung der Toten sei in der Lage, »endlich Geschichte als Wissenschaft möglich und lebendig zu machen«.[261] Dazu kann man nur sagen: Höher geht's nimmer! Sachlich durchaus zutreffend, doch nicht neu ist dann die Feststellung, daß die christliche Zuversicht »in dieser Welt nur den Ruf und die Verheißung des Gottes der Auferstehung für sich« hat, »weder Tatsachen noch freundliche Tendenzen der Natur noch die Unsterblichkeit des menschlichen Hoffens und Wünschens«, »sondern nichts anderes als die Treue Gottes«[262], oder, wie es doch wohl genauer heißen müßte, den Glauben an die Treue Gottes, womit die positive und die negative Beurteilung dieser These zusammengefaßt wäre. Die Treue Gottes ist ein so wenig bestimmter Begriff und ein so weites Feld, daß sie als Fundament einer anzunehmenden neuen, ganz anderen Welt unmöglich in Betracht gezogen werden kann. Damit wird diesem Begriff allzuviel aufgebürdet.

Ebensowenig aber wie die Treue Gottes reicht die Auferstehung Jesu zur Begründung der Hoffnung auf eine neue Welt aus. Nach H. *Ott*, der sich hierin mit den meisten neueren Eschatologen in Übereinstimmung befindet, muß das Ereignis der leiblichen Auferstehung Jesu Christi von den Toten »als der Einbruch des Eschaton selber ausgelegt werden«.[263] »Er, der Auferstandene, der als solcher zugleich der Wiederkommende ist, ist der eigentliche Inhalt, der Mittelpunkt und Richtpunkt der Eschatologie.«[264] Indessen ist die Gleichung von Auferstandenem und Wiederkommendem ja keineswegs so selbstverständlich, wie es hier den Anschein hat. Sie wäre erst noch zu begründen. Zutreffend ist dagegen die zweifache Feststellung, daß das Eschaton »das Ende der Welt bedeuten« müßte, daß nun aber die Welt weiter besteht, »das eschatologische Kommen Gottes« also »gleichsam eine Unterbrechung erfahren« hat. »Diese ›Unterbrechung‹ des Eschaton und die durch sie konstituierte *Zwischenzeit* zwischen Jesu Auferstehung und Seiner zweiten Parusie ist angezeigt und eröffnet durch die Himmelfahrt«[265], die »weder ein ›historisches Faktum‹ noch ein

---

[260] MOLTMANN: Hoffnung, S. 34.
[261] S. 246.
[262] S. 332.
[263] HEINRICH OTT: Eschatologie, S. 15.
[264] S. 25.
[265] S. 26.

Mythologumenon« darstellen soll. Bedeutet schon dieses Weder-noch wieder
eine jener hier vorzuführenden totalen Herausforderungen eines am üblichen
Denken und Erkennen ausgerichteten Standpunkts – denn was könnte es noch
geben außer dieser Alternative? –, so wird die Ordnung der Dinge und Gedanken wiederum erst recht auf den Kopf gestellt durch die positive Bestimmung,
die über das abgelehnte Weder-noch hinausführen soll: Die Himmelfahrt sei
»nichts anderes als der dogmatische Ausdruck der seltsamen Tatsache, daß die
Weltgeschichte angesichts des Eschaton weitergeht«[266]. Auszugehen wäre doch
vielmehr unter allen Umständen davon, daß wir im Verlaufe einer kontinuierlichen Weltgeschichte stehen, daß diese also mehr oder weniger selbstverständlich
weitergeht, und seltsam könnte man allenfalls finden, daß ungeachtet des ange-
kündigten und nicht eingetretenen Endes weiterhin vom Eschaton gesprochen
wird. Aber nein, es soll den tatsächlichen Verhältnissen zum Trotz sich umgekehrt verhalten: Das Weitergehen der Weltgeschichte haben wir seltsam zu
finden, damit dann am Ende die These stehen kann: »So ist denn unsere Zeit
zwischen Ostern und der Vollendung der Welt ›letzte Zeit‹«.[267] Diese Anschauungsweise, die sich für berechtigt hält, jede uns geläufige Sicht ins Gegenteil zu
verkehren und das zu Begründende immer schon vorauszusetzen, gipfelt
schließlich in dem Ergebnis, daß das Ausbleiben der Parusie »für den Glauben
wohl ein Problem« ist, aber »nicht ein negatives«, sondern »ein höchst positives«[268]: »Es geht hier nicht um eine Gefährdung des eschatologischen Glaubens,
sondern gerade um seine Bewährung: der Herr kommt wieder.«[269] War oben
das Weder-noch zu beanstanden, so hier das Nicht-sondern. Der eschatologische
Glaube dürfte vielmehr ganz im Gegenteil im höchsten Grade gefährdet sein,
und wer trotz aller Gründe und Bedenken daran festhält, bei dem mag man
allerdings von Bewährung des Glaubens reden können, es fragt sich nur, ob
diese Art der Bewährung im Sinne eines allen Gründen sich verschließenden
blinden Glaubens als positiv zu beurteilen ist.

Als ein letztes Beispiel solcher ebenso aufs Ganze gehenden wie auch äußerst
anfechtbaren Begründung der christlichen Hoffnung sei hier das Parusiabuch
von Paul *Schütz* herangezogen. Es ist in einem vielfach seherischen Stil geschrieben, der eine kritische Stellungnahme von vornherein unangemessen erscheinen
lassen könnte. Andererseits wendet es sich offensichtlich an denkende Menschen
und fordert insofern eine kritische Stellungnahme heraus. Zu begrüßen ist die
Entschiedenheit, mit der hier die Sach- bzw. Problemlage ohne Abschwächungen beschrieben und auf die Spitze getrieben wird. »Das Wort, daß jener Besondere, der ›in einer Krippe in Windeln gewickelt‹ einst an einem bestimmten Ort
zu einer bestimmten Zeit gefunden wurde, daß jener Besondere in der ›Vollendung‹ der Welt ›in den Wolken des Himmels‹ wiederkommen werde«, stellt nach
Schütz »die äußerste Herausforderung an das Denken« dar. »Und nicht nur an
das Denken, sondern an den Lebensinstinkt, das Daseinsgefühl, die Weltinten-
tion des Menschen unserer Zeit, wahrscheinlich aber des Menschen über-

---

[266] Ebd.   [267] Ebd.   [268] S. 63.   [289] S. 63f.

haupt.«[270] Dieser wird als »das Wesen, das nur wenig Wirklichkeit erträgt«, bezeichnet, und als Begründung dafür folgt ein Satz, der nun bedenkenlos ausdrücklich alle Logik außer Kraft setzt: »denn das Unmögliche ist das Wirkliche«.[271] Es mag Gelegenheiten und Zusammenhänge geben, die den Schwung einer solchen Verkündigung zulassen; die Frage ist nur, ob sie uns hier weiterzuhelfen vermag. Wie verhält es sich etwa mit der Aussage: »Es ist eine Gestalt, die dort steht, noch unter dem Horizont dieser Welt, aber eine Gestalt, das Geheimnis. Das Geheimnis steht dort als Gestalt«[272]? »Indes, die Gestalt steht nicht. Sie geht«[273], sie kommt. Das mag als dichterische Aussage vielleicht eindrucksvoll sein, kann es aber auch als Beitrag zur theologischen Erörterung einer so ganz und gar problematischen Angelegenheit, wie sie die Parusie nun einmal ist, gelten? Und dann der im Evangelium vorkommende Begriff »*dieser Welt*«, welcher nun auch wieder »vom kommenden her« »das Maß genommen« wird und der besagen soll: »Also gibt es noch ›andere‹« (Welt)[274]! »›Diese‹ Welt ist dann offensichtlich nur ein Fragment«. »Und das in bestürzendem Wandel begriffen! Darum – *Dieses* und das *Andere*! ›Dieses‹ hat ein Ende. *Dieses* ist in der Zeit, die auch ein Ende hat. *Dieses* ist das Dazwischen, zwischen einem Anfang und einem Ende.« So kann man aus Worten nicht nur ein rationales, sondern auch ein vollkommen irrationales System bereiten, aus dem Begriff »dieser« Welt die »andere« herausspinnen! Insbesondere mit dem »Also« und dem »Offensichtlich« demonstriert der Autor, daß er als Verkündiger es wagen kann und entschlossen ist, der Logik ins Gesicht zu schlagen und auch die elementarste Erkenntnistheorie zu ignorieren. Läßt sich indessen auf diese Weise für zwar beschränkte, aber immerhin denkende Menschen Wahrheit suchen und Wahrheit finden? Abschließend möge hier ein Satz folgen, der eine zweifelhafte Voraussetzung und eine richtige Folgerung enthält: »Ist Jesus von Nazareth, der Menschgewordene, damals, unter Pontius Pilatus, gekreuzigt *und* auferstanden, dann gibt es nur die eine Möglichkeit: daß er wiederkommt – für immer. Sonst war er es nicht.«[275] Hier dürfte man nun in der Tat nur noch hinzuzufügen haben: Also!

Um die Hoffnung des christlichen Glaubens zu rechtfertigen, sehen sich die hier vorgeführten Theologen veranlaßt, mindestens an einer Stelle in totalen Gegensatz zum Denken und Erkennen zu treten, das im täglichen Leben wie auch in der Wissenschaft angewandt zu werden pflegt und immerhin Erstaunliches gleistet hat. Die Welt, in der wir leben und erleben, die wir kennen und erkennen, muß aus den Angeln gehoben werden, um der »kommenden«, dem Kommenden, den Weg zu bereiten. Kann ein solches Verfahren uns diese Zukunftserwartung wirklich näher bringen und verläßlich machen? Muß man nicht vielmehr den Eindruck gewinnen, daß hier mit dem Mut der Verzweiflung Unmögliches erstrebt wird – tollkühne Ausbruchsversuche aus einer Welt, die

---

[270] PAUL SCHÜTZ: Parusia. Hoffnung und Prophetie. 1960, S. 592.
[271] S. 593.   [273] S. 594.   [275] S. 599.
[272] Ebd.   [274] Ebd.

für diese Hoffnung des Glaubens schlechterdings keinen Raum hat? Sind nicht
diese theologischen Versuche einer Begründung der christlichen Zukunftshoffnung im Grunde die schlagendste Widerlegung dessen, was sie uns glauben
machen möchten?

Direkter, d. h. auf geradem Wege, ohne Entwertung der Wirklichkeit und
deren Erkenntnisformen, ergibt sich eine zweite aufs Ganze gehende, nun aber
völlig entgegengesetzte Stellungnahme zum eschatologischen Glaubensbereich.
Dieser wird nunmehr insgesamt als mythisch gekennzeichnet. »Das Weltbild
des Neuen Testaments«, erklärt *Bultmann*, »ist ein mythisches«. »Die Geschichte
läuft« innerhalb seiner »nicht ihren stetigen, gesetzmäßigen Gang, sondern
erhält ihre Bewegung und Richtung durch die übernatürlichen Mächte. Dieser
Äon steht unter der Macht des Satans, der Sünde, des Todes«; »er eilt seinem
Ende zu, und zwar seinem baldigen Ende, das sich in einer kosmischen Katastrophe vollziehen wird; es stehen nahe bevor die ›Wehen‹ der Endzeit, das Kommen
des himmlischen Richters, die Auferstehung, das Gericht zum Heil und zum
Verderben.«[276] »Dem mythischen Weltbild entspricht die Darstellung des Heilsgeschehens.« »In mythologischer Sprache redet die Verkündigung: Jetzt ist die
Endzeit gekommen; ›als die Zeit erfüllt war‹, sandte Gott seinen Sohn. Dieser,
ein präexistentes Gottwesen, erscheint auf Erden als ein Mensch; sein Tod am
Kreuz, den er wie ein Sünder erleidet, schafft Sühne für die Sünden der Menschen. Seine Auferstehung ist der Beginn der kosmischen Katastrophe.« »Der
Auferstandene ist zum Himmel erhöht worden zur Rechten Gottes.« »Er wird
wiederkommen auf den Wolken des Himmels, um das Heilswerk zu vollenden;
dann wird die Totenauferstehung und das Gericht stattfinden.«[277] In der Tat:
man braucht diese eschatologischen Motive nur so aufzuzählen, um den mythischen Charakter des Ganzen mit Händen zu greifen. Außerdem lassen sie sich
einzeln »leicht auf die zeitgeschichtliche Mythologie der jüdischen Apokalyptik
und des gnostischen Erlösungsmythos zurückführen«.[278] Jedenfalls ist diese
mythologische Vorstellungsweise »dem modernen Menschen fremd geworden«. »Wir können die Vorstellung vom Kommen Christi auf den Wolken des
Himmels ehrlicherweise nicht mehr vollziehen.«[279]

Hiernach erübrigt sich eine weitere Auseinandersetzung. »Die mythische
Eschatologie ist« nach Bultmann »im Grunde durch die einfache Tatsache erledigt, daß Christi Parusie nicht, wie das Neue Testament erwartet, alsbald
stattgefunden hat, sondern daß die Weltgeschichte weiterlief und – wie jeder
Zurechnungsfähige überzeugt ist – weiterlaufen wird«.[280] Bultmann hat den
mythischen Charakter dieser Vorstellungen und dieses Weltbildes nicht als erster
erkannt und die Entmythologisierung nicht als einziger betrieben, er hat sie auch

---

[276] Bultmann: Neues Testament, S. 15.
[277] S. 15 f.
[278] S. 16.
[279] Bultmann: Hoffnung, S. 84.
[280] Bultmann: Neues Testament, S. 18 f.

nicht völlig zu Ende geführt. Aber dieser von ihm eingeführte, gelegentlich mit Recht als unschön beanstandete Begriff der Entmythologisierung hat einen weitreichenden Einfluß ausgeübt, und die darin enthaltene Erkenntnis wird nicht wieder rückgängig zu machen sein. Sie ruft im Gegenteil nach Fortführung und Vollendung.

Läßt sich im Ernst noch daran zweifeln, auf welcher Seite der beiden dargestellten theologischen Stellungnahmen die Wahrheit liegt: in der Degradierung der wirklichen Welt, um eine erwartete andere, höhere Welt glaubhaft zu machen, oder in der Absetzung des ganzen apokalyptischen Vorstellungsbereichs durch die uneingeschränkte Anerkennung seiner mythischen Beschaffenheit? Die Beurteilung der Eschatologie als mythisch ist unabweisbar und hinterläßt keinen erkenntnismäßig unbefriedigenden Rest. Die Annahme dagegen, die eschatologische Glaubenssphäre biete zumindest einige wesentliche haltbare Elemente, führte auf Schritt und Tritt in die größten Schwierigkeiten und zu wahrhaft halsbrecherischen intellektuellen Wagnissen. Deshalb sieht ein vor allem der Wirklichkeit und dem Maßstab der Wahrscheinlichkeit verpflichtetes Denken sich genötigt, das für den christlichen Glauben unverzichtbare Moment der Zukunft, das in seiner Spannung zur jeweiligen Gegenwart in Buchtiteln wie »Das Ewige als Zukunft und Gegenwart« (E. Brunner) und »Die Zukunft des Gekommenen« (W. Kreck) so bezeichnend hervortritt, aufzugeben. Die charakteristische Spannung zwischen Gegenwart und Zukunft geht damit verloren, die Eschatologie entfällt, sie ist – man kommt um diese Feststellung nicht herum – durch und durch unglaubwürdig geworden. Die Erwartung, daß irgendetwas von den ausgesagten letzten Geschehnissen wirklich eintreten werde, daß vor allem der Herr Jesus in Herrlichkeit erscheinen, über die auferstandenen Toten Gericht halten und die mit ihm Verbundenen ins Ewige Leben eingehen lassen wird, erscheint einfach nicht mehr erlaubt. Zuviel spricht dagegen, zuwenig bzw. eigentlich nichts dafür. Die christliche Zukunftshoffnung ist, soweit wir denkend zu urteilen haben, nicht mehr statthaft, in keiner Hinsicht.

Und diese Hoffnung stellt ja keineswegs eine bloße Randzone des christlichen Glaubens dar, sie gehört zu seinem Kern, reicht jedenfalls weit in den inneren Bereich hinein. Insofern wird auch der unter dem Gesichtspunkt des Glaubens selbst nicht unmittelbar Beteiligte den Versuchen, gegen modernisierende Verfälschungen den eigentlichen Gehalt dieser Glaubensaussagen ohne Abzug zur Geltung zu bringen, mit einer gewissen Sympathie gegenüberstehen. Doch ein positives Ergebnis in dem Sinne, daß man sich derartige Aussagen auch heute noch zu eigen machen könnte, war nicht zu erkennen. »Die vom Christentum übernommenen, zwar auch abgewandelten, aber bis heute mitgeschleppten spätjüdischen Zukunfts- und Enderwartungen« »sind völlig passé«, »weil sie ganz ins antike Weltbild eingelassen und zugleich ins jüdische Geschichtsprogramm eingebaut sind. Daß sie zählebig sind, spricht nicht für ihren irrigen Inhalt«, erklärt M. *Metzger*. Dieses »lineare Konzept des Entwurfes von Verheißung und Erfüllung (schon in der Bibel ein Wunschbild) ist« – an Ernst Bloch wird erinnert – »imponierende Utopie«, »aber Utopie. Die Theologie weiß es

auch; sie will es nur zum Teil nicht wissen«.[281] Der genannte theologische Autor
wendet sich gegen Versuche, die biblische Hoffnung einer Auferstehung der
Toten für voll zu nehmen, mit sehr direkten Fragen: »Was heißt das? Man
versteht nicht einmal die Vokabeln.« »Gesetzt den Fall, man fragte zurück: ›Also
was nun eigentlich – wiederbelebte Leichen oder nicht? Letztes Blatt im Kalender mit Posaune und Gerichtshof – ja oder nein?‹, so bekäme man die übliche
Auskunft: ›Nun, so massiv auch wieder nicht.‹ Nicht? Wie denn? ›Nun, eben
irgendwie.‹ Inwiefern, das wüßte man gerne, soll derlei antikes Zeug gewisser,
verläßlicher, erfreulicher, begehrenswerter sein als« »ein sublimiertes Wohl-
stands-Paradies – oder ein philosophischer Unsterblichkeits-Trost.«[282] Für diesen Theologen »ist solches Ende, nach einem kleinen Katastrophen-Zwischen-
spiel, auch nicht viel mehr als ein heilsgeschichtliches happy end, ein schlecht
verbrämter Fortsetzungs-Egoismus«, mit dem Ziel einer »veredelten Verlänge-
rung dieses Lebens«, »abzüglich Zahnweh und Sterben.«[283] Ein solches Ende,
das Erscheinen des Kosmokrators, »um der ewigen Gerechtigkeit endlich zum
Siege zu verhelfen, damit die Theologen das letzte Kapitel ihrer Bücher nicht
vergeblich geschrieben haben«, kann nur entschieden abgelehnt werden. »Kein
Finale also, kein Schlußakkord, kein Festival noch apokalyptisches Szenarium.
›Der Jüngste Tag findet nicht statt‹.«[284]

Das mußte wohl einmal so drastisch formuliert werden, wenn man sich
vielleicht auch wundern mag, daß dies einem Professor der Praktischen Theologie vorbehalten war. Auch darf man wohl fragen, ob hier wirklich die richtige
Tonart angeschlagen wird. Die Erörterungen dieses Abschnitts haben sich wenigstens um eine andere Klangfarbe bemüht, sie versuchten, die christliche
Hoffnung im besten Sinne und noch einmal ganz ernst zu nehmen, d. h. auch
nicht von vornherein als bloß egoistisch interessiert, wunschbedingt anzusehen,
sondern am Ende in die Intention einer allgemeinen Glorificatio Dei ausmünden
zu lassen. Am negativen Ergebnis ändert sich damit freilich nichts. Das wird
nicht nur für einen gläubigen Christen, der sich hiervon überzeugt, schmerzlich
sein. Auch ein distanzierter kritischer Beobachter, dem die Bedeutung dieser
Auseinandersetzung bewußt ist, kann es nicht ohne Bewegung einordnen. Denn
die ganze Betrachtung der Geschichte im Bewußtsein eines absoluten ewigen
Zieles und die eigentümliche Dynamik der ihr zugrunde liegenden Glaubenshaltung fallen dahin. Es fällt damit auch ein wesentliches Element jener Lebens-
stimmung, die mit dem sehnsüchtigen Warten, dem angespannten Wachen, dem
bereitwilligen Ihm-entgegengehen verbunden war, wie sie sich in Text und
Musik von Philipp Nicolais herrlichem Choral zusammenfaßt: »Wachet auf, ruft
uns die Stimme« – »Zion hört die Wächter singen, das Herz tut ihr vor Freuden
springen« – und dann schließlich jene über die kleine große menschliche Freude
sich erhebende unerhörte Steigerung: »Gloria sei dir gesungen, mit Menschen-

---

281 MANFRED METZGER: Theologie als Wissenschaft. In: Ernst Bloch zu Ehren. Beiträge zu
seinem Werk. Hrsg. von Siegfried Unseld. 1965, S. 187.
282 S. 200.   283 S. 202.   284 S. 204.

und mit Engelszungen«, »des jauchzen wir und singen dir das Halleluja für und für«. Wenn eine solche Hoffnung mit diesem alles hinter sich lassenden Ausblick uns nicht mehr möglich ist und nicht erlaubt erscheint, so bleibt doch wahr, daß ihr Gehalt an Dramatik und Erhabenheit nicht ihresgleichen gehabt hat.

Wie anders ist auf weitere Sicht die Zukunftsperspektive beschaffen, die sich uns aufgrund der heutigen Kenntnisse, Einsichten und Überlegungen ergibt! Mit Gewißheit kann man allerdings keine Aussage darüber machen, auf welche Weise das Schicksal der Menschheit sich erfüllen wird. Aber auch wenn man vom »Ende durch einen nuklearen Holocaust«, der nach H. v. Ditfurth nur »eine Frage der Zeit« ist[285], absieht und »jene stillere, darum« »nicht weniger endgültige Drohung« »eines Zusammenbruchs der Biosphäre«[286], also die ökologischen und andere mögliche und wahrscheinliche Perspektiven[287] außer Betracht läßt und selbst für den Fall, daß sich nach Überwindung äußerst bedenklicher Krisen immer wieder Auswege finden sollten und der Menschheit noch auf unabsehbare Zeit ein mehr oder weniger erträgliches oder sogar vergleichsweise glückliches Dasein bevorstehen würde, ändert das nichts daran, daß unsere Erde infolge ihres Verhältnisses zur Sonne in ferner Zukunft unbewohnbar werden wird. Anstatt eines neuen Himmels und einer neuen Erde zu harren, haben wir an eine Erde zu denken, die einmal wieder so sein wird, wie sie einst gewesen ist: wüst und leer. Die Dauer der Zeit bis dahin bleibt ungewiß; zu diesem Ende selbst gibt es keine Alternative.

---

[285] HOIMAR V. DITFURTH: So laßt uns denn ein Apfelbäumchen pflanzen. 1985, S. 215.
[286] S. 226.
[287] THEO LÖBSACK: Versuch und Irrtum. Der Mensch: Fehlschlag der Natur. 1974.

Zweiter Abschnitt

Der Auferstandene

1. Bedeutsamkeit und Bedeutung der Auferstehung Jesu

Ohne den Glauben an das Ende, an das Kommende und den Kommenden wäre das Christentum nicht Christentum im vollen Sinne; die Zukunftserwartung läßt sich von diesem nicht wegdenken. Als zentral und in jeder Hinsicht grundlegend wird man indessen erst den Glauben an den Auferstandenen bezeichnen können, grundlegend im historischen wie auch im engeren theologischen Sinne genommen. Mit dem Glauben an die Auferweckung Jesu hat die Geschichte des Christentums begonnen, erst mit ihm kann, streng genommen, von Christentum die Rede sein. »Das Zeugnis von der Auferstehung Jesu« hat »nicht nur zum Urbestand urchristlicher Verkündigung gehört, sondern zweifellos sogar deren Zentrum gebildet«.[1] Das Osterereignis ist »die zentrale Stelle der neutestamentlichen Botschaft«.[2] Die Auferstehung Jesu ist zusammen mit seinem Sterben das entscheidende Geschehen des Neuen Testaments. Würde »das Auferstehungszeugnis gestrichen, so würde das Wesen des christlichen Glaubens angetastet«.[3] »Gäbe es« »die Auferstehung Jesu nicht, so gäbe es zwar Gott: aber als den Gott des endzeitlichen Zornes (vgl. 1.Thess 1,10); und es gäbe die Menschen: aber als Sünder, denen der endzeitliche Zorn Gottes gilt (vgl. 1.Kor 15,17!). Es gäbe also nicht das, was das Christentum als solches ausmacht: die Rede vom *Heil* Gottes für den Menschen (vgl. 1.Kor 15,19).[4] So kann man sagen, daß »das Ereignis der Auferstehung Jesu mit der Sache des Evangeliums selbst identisch ist«.[5] Ja, im Ostergeschehen bricht »eine neue Dimension« auf, so daß die hier entstehende Tiefensicht »das Weltganze in einen völlig neuen Aspekt hineinrückt«[6] und die Auferstehung Jesu zu einem geradezu »kosmischen Ereignis« macht[7], das »nur in Parallele zu Gottes Weltschöpfung gesehen werden« kann.[8] Ihre Bedeutung,

---

[1] Hans Graß: Ostergeschehen und Osterberichte. 2. Aufl. 1958, S. 11.
[2] Gerhard Koch: Die Auferstehung Jesu Christi. 1959, S. 25.
[3] Gerhard Ebeling: Das Wesen des christlichen Glaubens. 1959, S. 71.
[4] Ulrich Wilckens: Die Überlieferungsgeschichte der Auferstehung Jesu. In: W. Marxsen u. a.: Die Bedeutung der Auferstehungsbotschaft für den Glauben an Jesus Christus. 6. Aufl. 1968, S. 43.
[5] Walter Künneth: Entscheidung heute. Jesu Auferstehung – Brennpunkt der theologischen Diskussion. 1966, S. 15.
[6] S. 186.   [7] Ebd.   [8] S. 17.

d. h. ihre Bedeutsamkeit, ihr Gewicht läßt sich deshalb gar nicht hoch genug einschätzen. Sie hat als »die große Grundtatsache«[9] zu gelten.

Neben der Hervorhebung dieser einzigartigen, alles überragenden Bedeutung der Auferstehung Jesu im Sinne ihrer Bedeutsamkeit, ihres Ranges, muß des näheren von ihrer Bedeutung, als Sinngehalt verstanden, gesprochen werden. Nicht mehr also darum, *wieviel* sie bedeutet, geht es nunmehr, sondern darum, *was* eigentlich sie bedeutet. Was genauer ist gemeint, wenn von der Auferstehung Jesu die Rede ist? Was liegt in diesem Begriff beschlossen? Das läßt sich nicht mit einem Wort sagen, weil hier Verschiedenes und Verschiedenartiges zusammenkommt, das dann freilich eine denkbar enge Verbindung bildet.

Ausgehen wird man am besten von der Feststellung, daß die Auferweckung Jesu im Zusammenhang der Frage wichtig wird, »ob Gott sich zu diesem Jesus bekannt habe oder ob er von Gott verlassen ward und verlassen blieb. Denn auf diesem Bekenntnis, daß Gott sich zu ihm bekannt hat, basiert der christliche Glaube und alles, was Glaube und Theologie dann über Jesus gesagt haben.«[10] Dies hängt mit dem folgenden Sachverhalt zusammen. Zu dem Sichersten, was wir in der Sicht der neueren Forschung von Jesu Denken über sich selbst wissen, gehört die Aussage, daß sich am Bekenntnis der Menschen zu ihm, Jesus, in diesem Leben ihr zukünftiges, ewiges Geschick im Endgericht entscheiden wird (Lk 12,7f.). Dann würde also »das gegenwärtige Verhältnis zu Jesus« »eschatologisch-soteriologische (bzw. eschatologisch-kritische) Kraft« haben.[11] Ein so weitgehender, einzigartiger Anspruch läßt nun aber, zumal nach dem schimpflichen Tod Jesu am Kreuz, »die Frage nach der geschichtlichen Verifikation dieses Anspruchs durch Gott« entstehen, »die Forderung nach einer Legitimation Jesu durch ein ›Zeichen vom Himmel‹«.[12] »Die göttliche Ratifikation« dieses Anspruchs ist seine Auferstehung.[13] In ihr »erkannte die palästinensische Urgemeinde die endgültige Bestätigung des einzigartigen Selbstanspruchs Jesu durch Gott.«[14]

Von hier aus ist der Sinn des Auferstehungsgeschehens in seiner Vielfalt mit einigen Stichworten zu umreißen. Es handelt sich um ein Neben- und Ineinander mehrerer Aspekte und Motive, so daß man von einer »Mehrdimensionalität der Auferstehungsberichte« und des Osterglaubens überhaupt sprechen kann, ohne daß die einzelnen Elemente voneinander zu isolieren sind.[15]

---

[9] MARTIN KÄHLER: Der sogenannte historische Jesus und der geschichtliche, biblische Christus. 2. Aufl. 1896, S. 197.

[10] HANS GRAß: Zur Begründung des Osterglaubens. In Graß: Theologie und Kritik. Ges. Aufsätze und Vorträge. 1969, S. 189.

[11] ULRICH WILCKENS: Offenbarungsverständnis, S. 57.

[12] S. 58.

[13] S. 61.

[14] S. 88.

[15] Der Begriff Mehrdimensionalität und eine ausgezeichnete Darstellung der verschiedenen Aspekte findet sich in gedrängter Form bei BERTOLD KLAPPERT in der von ihm herausgegebenen »Diskussion um Kreuz und Auferstehung. Zur gegenwärtigen Auseinandersetzung in Theologie und Gemeinde«. 4. Aufl. 1971, besonders S. 40ff.

Mit dem schon angeklungenen Motiv: Gott hat sich zu Jesus in seiner Auferweckung bekannt, ist der im engeren Sinne theologische Aspekt bezeichnet. Die Auferweckung – Paulus »spricht kaum je von Jesu Auferstehung, dafür so gut wie regelmäßig von seiner Auferweckung«[16] – ist Gottes Tat, sie geht »für das Kerygma auf das unmittelbare Eingreifen Gottes« zurück.[17] »Wir glauben an Gott, der Jesus, unseren Herrn, von den Toten auferweckt hat« (Röm 4,24): das ist wie eine Definition Gottes, des neutestamentlichen Gottes, analog der des alttestamentlichen, »der dich aus Ägyptenland geführt« hat. »In der Überwindung des Todes erweist sich Gottes Wirklichkeit«.[18] »Das gesamte Ostergeschehen« ist »die ureigenste Sache Gottes«, insbesondere »beginnt mit der Auferstehung Jesu von den Toten die öffentliche Machtübernahme Gottes«.[19]

Damit geht der grundlegende theologische Aspekt der Auferweckung Jesu in den im engeren Sinne eschatologischen über. Er besagt, daß die Auferstehung Jesu mit zum Endgeschehen gehört, genauer, daß sie schon einen Einbruch des Eschaton in unsere natürlich-geschichtliche Welt darstellt. Wiederum stoßen wir hier auf die Apokalyptik, die man in den letzten Jahrzehnten mehr und mehr herangezogen hat, um die geistige Lage und Eigenart des Urchristentums, sein Eigentlichstes überhaupt, zu erfassen. Der Auferstehungsglaube steht, wie sich gezeigt hat, zu ihr in einem zweifachen Verhältnis, in Verwandtschaft und Gegensatz. Das apokalyptische Denken bildet zweifellos den Rahmen für »die urchristliche Auferstehungshoffnung mitsamt ihrem eschatologischen Ewigkeitshorizont«. Insofern ist diese »durch und durch jüdisches Erbe«.[20] Das betrifft jedoch nur die allgemeine Auferstehung der Toten im Zusammenhang der Endzeit. Eine »vorweggenommene Sonderauferweckung des endzeitlichen Heilsvermittlers scheint das Judentum nicht zu kennen.«[21] Sie war nicht vorgesehen und stellt ein völliges Novum dar.[22] Die Auferstehung Jesu Christi ist deshalb insofern, als sich die Überwindung des Todes an ihm überhaupt in der Form der Auferstehung vollzieht, zwar nicht ohne den Vorstellungsbereich der Apokalyptik denkbar, aber keineswegs aus ihm abzuleiten. Auch die Erwartung Jesu selbst »richtete sich« allerdings, wie W. *Pannenberg* betont, »aller Wahrscheinlichkeit nach nicht auf eine nur ihm sozusagen privat widerfahrende Auferweckung von den Toten, sondern auf die nahe bevorstehende allgemeine Totenauferweckung, die natürlich auch ihm selbst, falls er zuvor sterben sollte, widerfahren wäre«. Erst recht haben die Jünger und Paulus die Auferstehung des Herrn als »den Beginn der allgemeinen Totenauferweckung, als den Beginn der

---

[16] Karl Heinrich Rengstorf: Die Auferstehung Jesu, Form, Art und Sinn der urchristlichen Osterbotschaft. 5. Aufl. 1967, S. 29.

[17] S. 27.

[18] Klappert: Diskussion, S. 43 f., Anm. 124.

[19] Rengstorf: Auferstehung, S. 34.

[20] Ulrich Wilckens: Auferstehung. Das biblische Auferstehungszeugnis historisch untersucht u. erkl. 1970, S. 131, desgl. S. 128.

[21] S. 132.

[22] Klappert: Diskussion, S. 27.

Endereignisse verstanden.« »Erst für die zweite Generation neutestamentlicher Zeugen wurde deutlich, daß die Auferweckung Jesu noch nicht der Beginn des in sich zusammenhängenden Ablaufs der Endereignisse war, sondern ein zunächst Jesus allein widerfahrenes Sondergeschehen.«[23] Noch für Paulus ist die Auferstehung des Christus »nicht lediglich ein Ereignis der Vergangenheit, er begreift sie auch nicht isoliert als Auferstehung eines einzelnen. Vielmehr ist« sie »für ihn ein unabgeschlossenes, auf kommende Zukunft hin offenes, die Auferstehung aller Toten einschließendes und verheißendes Geschehen«.[24] Insofern ist sie »zwar ein Ereignis der Vergangenheit, aber nicht ein vergangenes Geschehen«.[25] »Die Auferweckung Jesu Christi von den Toten, welche die Osterbotschaft verkündet, impliziert« nach *Kreck,* »die volle Erlösung des Menschen in seiner Ganzheit, die neue Welt und die neue Menschheit«.[26] Die Osterberichte sprechen, wie auch *Moltmann* betont, »mit dem Ausdruck ›Auferweckung‹ nicht nur ein Urteil über ein Geschehen an Jesus aus, sondern zugleich eine eschatologische Erwartung«.[27] Ja, sogar im Perfektum begegnet diese Aussage: »Die Auferstehung Jesu hat sich uns als das bereits erschienene Eschaton erwiesen. Darum ist die eschatologische Wirklichkeit des ewigen Lebens in ihr schon gegeben und an ihr abzulesen.«[28] Die Auferweckung des Herrn ist somit die partielle Vorwegnahme der Endzeit, sie hat »proleptische« Bedeutung. Beide bisher genannten Aspekte, der der theologischen Legitimation und der eschatologische, werden zusammengefaßt, wenn man sagt: Die Auferweckung Jesu bedeutete »die endzeitliche Bestätigung des Rechtes bzw. der Wahrheit der Predigt Jesu«.[29]

Ein weiterer, ebenfalls wichtiger Aspekt weist umgekehrt in die Vergangenheit, es handelt sich um den Zusammenhang der Auferstehung Jesu mit der Rechtfertigung, der besonders nachdrücklich von Karl *Barth* herausgestellt worden ist. Von der Bedeutung der Auferweckung Jesu als Legitimation und Ratifikation war die Rede. Jetzt geht es darum, daß Gott mit der Auferweckung nicht nur Jesus persönlich »Recht gibt«, sondern damit nun eben auch »die Versöhnung in Kraft setzt«.[30] Ohne Auferstehung würde sein Tod gar keine tiefere Bedeutung für ein neues Verhältnis des Menschen zu Gott erlangt haben. Von seiten der Neutestamentler wird dieser Zusammenhang bestätigt: »Beide Sätze, der vom Sterben und der von der Auferweckung Christi gehören im Bekenntnis unlöslich zusammen, weil ohne die Auferstehung dem Tode Christi nicht sündentilgende Kraft eignen würde.«[31] »Das Kreuz ist mithin nicht reales Heilsge-

---

[23] WOLFHART PANNENBERG: Grundzüge der Christologie. 5. Aufl. 1976, S. 61.
[24] KLAPPERT, Diskussion, S. 27.
[25] S. 29.
[26] WALTER KRECK: Zukunft, S. 91.
[27] JÜRGEN MOLTMANN: Hoffnung, S. 179.
[28] OTT: Eschatologie. S. 39.
[29] WILCKENS: Überlieferungsgeschichte, S. 55.
[30] KLAPPERT: Diskussion, S. 25.
[31] EDUARD LOHSE: Märtyrer und Gottesknecht. Untersuchungen zur urchristlichen Verkündigung vom Sühnetod Jesu Christi. 1955, S. 115.

schehen ohne die Auferweckung.«[32] Paulus schreibt kurz und bündig: »Ist
Christus nicht auferstanden, so ist euer Glaube nichtig. Dann seid ihr noch in
euren Sünden.« (1.Kor 15,17). Das ist die soteriologische Bedeutung von
Ostern.

Mit diesen Aspekten, dem theologischen, dem eschatologischen und dem
soteriologischen, ist die Bedeutung der Auferstehung Jesu indessen nicht erschöpft. Es müssen wenigstens noch zwei weitere, unter sich besonders eng
verbunden, genannt werden: der kerygmatische, die Verkündigung, und der
den Glauben begründende. Der kerygmatische besteht darin, daß im Osterereignis die Verkündigung wurzelt und mit den Erscheinungen des Auferstandenen die Berufung in die Sendung erfolgt (Sendungsmotiv), so daß sie geradezu
als »Berufungserscheinungen« bezeichnet werden können.[33] Und der Berufene,
auch und namentlich Paulus, beruft sich dann seinerseits »auf die Erscheinungen
des Auferstandenen als Legitimation seines Apostolates«. Insofern erstreckt sich
der Gesichtspunkt der Legitimation, der zunächst für Jesus seinen Jüngern
gegenüber galt, auch auf diese, seine Zeugen. »So steht neben dem Osterereignis
– in diesem begründet, durch dieses hervorgerufen – von Anfang an das Wort,
das dieses Ereignis erschließt, und der Zeuge, der dieses proklamiert.« »Die
Osterverkündigung ist die von Gott autorisierte und gültige Proklamation des
Ostersieges.«[34]

Das den Glauben im eigentlichen Sinne begründende Moment endlich bezieht
sich auf den, wenigstens geschichtlich gesehen, beinahe selbstverständlichen
Sachverhalt, daß der Osterglaube in den Ostererscheinungen gründet. Daß
gerade das, was einmal auf lange Zeit hindurch den Glauben überhaupt begründet hat, für den Menschen der Neuzeit besonders problematisch wurde und
selbst wieder einer Begründung zu bedürfen scheint, ist freilich eine Sache für
sich, die einer gewissen Ironie nicht entbehrt. Die hier vorliegende Aporie wird
später zu erörtern sein.

Nach der zuerst ins Auge gefaßten zentralen Bedeutsamkeit der Auferstehung
Jesu überhaupt und nach der sodann dargelegten Bedeutung, was ihren mehrfa-
chen Sinngehalt betrifft, ist jetzt noch ihr Wesen im allgemeinsten Sinne zu
erörtern. Wovon handelt die Osterverkündigung gegenstandstheoretisch, in-
tentional gesehen, von welcher Art von Geschehen und Sein ist hier die Rede?
Was ist recht eigentlich gemeint? Wenn die sogenannten »Zeugen« die Auferstehung des Herrn verkünden – der Begriff der Zeugenschaft ist dabei noch wieder
ein Problem für sich –, so haben sie jedenfalls nicht gemeint, daß es sich hier
lediglich um eine gewisse Auffassung, vielleicht nur die symbolische Darstellung einer allgemeinen Wahrheit handelt, etwa der Ansicht, daß das Leben
stärker ist als der Tod. Sie sind vielmehr davon überzeugt, daß sie etwas ganz

---

[32] GERHARD DELLING: Die Bedeutung der Auferstehung für den Glauben an Jesus Christus.
In: Willi Marxsen u. a.: Die Bedeutung der Auferstehungsbotschaft für den Glauben an Jesus
Christus. 1968, S. 85.
[33] KLAPPERT, Diskussion, S. 30.
[34] S. 31.

bestimmtes Wirkliches, entscheidend Wichtiges erlebt haben, von dem sie künden müssen. Wohl gehört auch der Traum oder eine Halluzination in gewisser Hinsicht zur Wirklichkeit, insofern sowohl die in solche Phantasien eingehenden gegenständlichen Elemente ursprünglich wenigstens teilweise der objektiven Wirklichkeit entstammen als auch das Traumerleben bzw. die Halluzination selbst, als psychischer Zustand, zweifellos etwas Reales ist. Sein Gehalt als solcher stellt dagegen keine vom Subjekt des Erlebens unabhängige Wirklichkeit dar. Demgegenüber meint der Glaubende etwas, das auch ohne ihn, außerhalb. seiner selbst, extramental, wirklich ist. Auf der anderen Seite war das hier vorliegende Geschehen freilich nicht jedermann zugänglich. Selbst denen, welche die Erscheinungen erlebten, waren zunächst die Augen »gehalten«, und es besteht deshalb in der Theologie eine verbreitete Abneigung dagegen, die Auferstehung Jesu durch so handfeste Begriffe wie »objektiv«, »Tatsache«, »Faktum« zu charakterisieren. Objektive Heilstatsachen stehen im Verdacht, daß da ohne innere Beteiligung, ohne persönliches Engagement, rein doktrinär der Inhalt einzelner Berichte behauptet wird, gewisse geschichtliche Aussagen zu akzeptieren sind, was das Gegenteil eines lebendigen Glaubens wäre. Beim Abwägen zwischen einem lediglich subjektiven Erleben und einem allzu objektiv-faktischen Sachverhalt wird man aber sagen müssen, daß hinsichtlich der Auferstehung die subjektivistische Seite der Alternative vom Standpunkt des Glaubens aus fragwürdiger, ja, abwegiger ist und die größere Gefahr eines Mißverständnisses bildet, so daß wir nicht umhin können, das in der Osterbotschaft Gemeinte – mit den entsprechenden Sicherungen gegen einen einseitigen Objektivismus – als Wirklichkeit, Geschehen, Ereignis zu bezeichnen. Diese Begriffe werden deshalb in der Auseinandersetzung mit einer ausgesprochenen anti-objektivistischen Auffassung mit Recht, namentlich durch W. *Künneth*[35], nachdrücklich herangezogen.

Die Betonung des nicht nur noetischen, psychogenen, sondern extramentalen, transsubjektiven Charakters der Auferstehung Jesu, diese also als ein wirkliches Geschehen verstanden, als ein Ereignis, das nicht in bloßem Denken oder Wünschen, im Erleben des Glaubenden aufgeht, wird nun freilich ergänzt durch einen anderen Gesichtspunkt, die These, daß es sich dabei im Unterschied von einem gewöhnlichen, allgemein zugänglichen Ereignis um ein Geschehen »jenseits der geschichtlichen Ebene«[36] handelt. Es kann »nicht wie ein einfaches geschichtliches Faktum berichtet«, sondern »nur bezeugt«, »mehr oder weniger angemessen« bezeugt werden.[37] Der intentionale Gegenstand des Glaubens besteht also, um beide Seiten dieser Bestimmung zusammenzufassen, in einem wirklichen, doch »metahistorischen« Ereignis, darin sind sich so verschieden eingestellte Theologen wie *Graß* und *Künneth* einig.[38] »Die Auferstehung Jesu ist

---

[35] In der schon genannten Schrift »Entscheidung heute«.
[36] WALTER KÜNNETH: Theologie, S. 23 f.
[37] GRASS: Ostergeschehen, S. 12.
[38] GRASS: ebd. – KÜNNETH: Entscheidung, S. 72.

›die Grenze der Geschichte‹«.[39] »Als metahistorisches Ereignis« hat das Ostergeschehen »auch eine nach der Geschichte sich öffnende Seite. Ein bestimmter
Personenkreis ist an ihm beteiligt und von ihm betroffen, der seinerseits wieder
an bestimmte Örtlichkeiten, Zeiten und Umstände gebunden ist.«[40] Wie diese
sichtbar werdenden geschichtlichen Faktoren zu beurteilen sind, wird uns alsbald zu beschäftigen haben. Hier geht es zunächst lediglich um das kategoriale
Problem, die phänomenologische Frage: also nicht, was wahrscheinlich oder
vermutlich im einzelnen damals geschehen ist, sondern was für eine Art von
Geschehen der Glaube, wenn er von Ostern spricht, *meint*. In diesem Sinne aber
läßt sich nicht bezweifeln, daß von einem *wirklichen* Geschehen, allerdings einem
besonderen, durchaus einzigartigen Ereignis die Rede ist. Man hat mit Recht
darauf aufmerksam gemacht, daß die Auferstehung Jesu ein Ereignis ganz
anderer Qualität ist als die nach den evangelischen Berichten von Jesus vorgenommenen Totenerweckungen. Die durch Jesus Wiedererweckten würden danach wohl ins Leben zurückgeholt, doch nicht endgültig dem Sterben enthoben
gewesen sein, während in der Auferstehung Jesu »dem Tode die Macht genommen ist«, wenn auch zunächst nur für Jesus selbst. So viel darf jedenfalls als
sicher festgestellt werden: Wenn der christliche Glaube sich zu dem auferstandenen Herrn bekennt, so meint er weder, daß Jesus im Sinne antiker Wunderge-
schichten wiederbelebt worden ist, noch andererseits, daß er, einer weit verbreiteten modernen Ansicht entsprechend, lediglich irgendwie geistig weiterlebt:
rein spirituell oder gar nur im Gedächtnis anderer, als Begründer einer Idee,
einer bestimmten Sache, Zielsetzung, Bewegung, durch die und in der Gleich-
gesinnte sich mit ihm vielleicht dann und wann, aber nicht mehr notwendig und
immer, noch verbunden fühlen. Es muß sich vielmehr um ein Ereignis ganz
neuer, einmaliger Art gehandelt haben, das einstweilen ihm allein vorbehalten
war und nur für das Ende der Tage auch den an ihn Glaubenden verheißen ist.

Es gibt nun aber nicht nur einerseits den Glauben an den Auferstandenen und
andererseits die offene und entschiedene Ablehnung dieses Glaubens. Zwischen
diesen beiden Positionen liegt eine dritte, ausschließlich durch Theologen begründet und vertreten, die das ihnen unangemessen Erscheinende des allzu
Gegenständlichen, bloß Faktischen und darüber hinaus das Mirakelhafte, von
dem schon im ersten Abschnitt die Rede war und das sie auch und vor allem im
traditionellen Auferstehungsglauben gegeben sehen, auf dem Wege weitgehender oder richtiger: totaler Umdeutung zu überwinden suchen. Diese auf dem
Boden der Existenzphilosophie erwachsene Theologie schreckt vor keiner noch
so gewagten Operation und Manipulation zurück, um aus dem Vorgefundenen
etwas ganz und gar anderes zu machen. Die Auferstehung Jesu Christi wird hier
in einer Weise zugerichtet, die den Unvoreingenommenen aufs äußerste befremden, aber auch jemanden, dem es weniger um Glaubensinteressen als um eine
sachliche Klärung und kritische Sicht zu tun ist, abstoßen muß. Eine derart

---

[39] KÜNNETH: Theologie, S. 24.
[40] GRASS: Ostergeschehen, S. 12.

gesuchte und Glaubenden wie Nichtglaubenden fernliegende Auffassung kann nur wenige, hauptsächlich Intellektuelle, die an einem gedanklichen Eiertanz Gefallen finden, anziehen; den meisten schlicht Glaubenden wird sie nicht einmal recht verständlich sein. Trotzdem hat die neue Richtung theologischen Denkens im letzten halben Jahrhundert beträchtlichen Einfluß ausgeübt, so daß vor allem mit Rücksicht auf diejenigen Leser, die sich in solchen Dingen nicht auskennen und so etwas kaum für möglich halten würden, ein Eingehen auf diese Theologie einer lediglich sogenannten »Auferstehung«, die in Wahrheit die tatsächliche Nichtauferstehung meint, unvermeidlich ist.

Auch damit hat Rudolf *Bultmann*, der Erfinder einer Eschatologie in Anführungszeichen und insofern der Liquidator der traditionellen christlichen Zukunftserwartung, den Ton angegeben. Das Unbefriedigende und geradezu Verkehrte seiner Sicht muß hier in den wichtigsten Punkten kurz herausgestellt werden. Dabei reicht es freilich nicht aus, auf seine erklärte Überzeugung hinzuweisen, »daß ein Leichnam nicht wieder lebendig werden und aus dem Grabe steigen kann.«[41] Diese von ihm ausgeschlossene Anschauung wäre eine zu grobe Vorstellung, mit deren Ablehnung die Auferstehung Jesu keineswegs überhaupt erledigt, sondern nur die »als leiblich in Raum und Zeit« interpretierte[42] abgetan ist. Bultmann denkt jedoch weder an die Wiederbelebung des alten noch auch an die Schöpfung eines neuen, pneumatischen Leibes, sondern würde jeden Gesichtspunkt verwerfen, der auch nur von ferne unter die ontologische Kategorie der Substanz fallen könnte. Darüber hinaus wird von ihm, was noch schwerer wiegt, eine grundlegend wichtige Dimension der Auferstehung entschieden negiert: die Geschichte, soweit diese sich als Ereignis darstellt und als solche auf Vergangenes bezieht. Von allem Heilsgeschehen gilt für ihn, daß »ein erinnernder, historischer, d. h. auf ein vergangenes Geschehen hinweisender Bericht« »es nicht sichtbar machen« kann.[43] Auch dahinter steht offensichtlich die Abneigung gegen das Objektive und Faktische. »Die Tatsache der Auferstehung kann – trotz 1.Kor 15,3–8 – nicht als ein objektiv feststellbares Faktum, auf das hin man glauben kann, erwiesen oder einleuchtend gemacht werden.«[44] Wie bei der Behandlung der Glaubenshoffnung die Zukunft von Bultmann eliminiert wird, so hinsichtlich des in der Auferstehung Jesu gipfelnden Heilsgeschehens die Vergangenheit. Der Glaube soll sich auf etwas in der jeweiligen Gegenwart des Glaubens Liegendes beziehen. Sieht man genauer hin, so ergibt sich, daß Bultmann mit der Auferstehung Jesu in der ursprünglichen Bedeutung überhaupt nichts im Sinn hat, diese vielmehr konsequent auszuschalten bestrebt ist. Paulus hatte den Korinthern geschrieben: »Ist Christus nicht auferstanden, so ist euer Glaube eitel« (1.Kor 15,14). Bultmann findet die Argumentation des

---

[41] BULTMANN: Zur Frage der Entmythologisierung. In: Kerygma und Mythos. Bd. 3. 1954, S. 51.
[42] OTT: Eschatologie. S. 20.
[43] BULTMANN: Theologie, S. 301 f.
[44] S. 305.

Apostels in diesem Kapitel »fatal«[45]. Was dieser wohl umgekehrt zu Bultmanns Auffassung gesagt haben würde!

An erster Stelle steht hier also die These, daß »das Osterereignis als die Auferstehung Christi« »kein geschichtliches Ereignis« ist[46]; »als historisches Ereignis ist nur der *Osterglaube der ersten Jünger* faßbar«.[47] Für den, der meinen sollte, historisch *faßbar* sei die Auferstehung Jesu ja wohl wirklich nicht, mit dieser Einsicht sei sie indessen noch nicht geleugnet, muß hinzugefügt werden, daß Bultmann, auch wo es nicht um die Faßbarkeit oder Nichtfaßbarkeit geht, rundweg erklärt: Jesu »Auferstehung ist kein historisches Ereignis. Als historisches Ereignis kann nur der Glaube der ersten Jünger bezeichnet werden«.[48] Und noch deutlicher: »Das Osterereignis, sofern es als historisches Ereignis neben dem Kreuz genannt werden kann, ist« »nichts anderes als die Entstehung des Glaubens an den Auferstandenen«[49] – ein vom Glaubensstandpunkt aus gesehen offenbar mehr als bedenklicher Satz; denn ihm könnte ohne Schwierigkeit auch der Nichtglaubende zustimmen, ja, gerade ihm wird diese Formulierung besonders angemessen erscheinen. Und vollends bestätigt wird sich dieser sehen, wenn Bultmann das leere Grab und »die Demonstrationen der Leiblichkeit des Auferstandenen« für Legenden und spätere Bildungen erklärt.[50] So hat denn auch die Tübinger Evangelisch-theologische Fakultät in einer Denkschrift zur Frage der Entmythologisierung erklärt, Bultmann setze sich »dem Verdacht aus, die Auferstehung völlig aufgehen zu lassen in den Auferstehungsglauben«.[51] Was Jesus selbst betrifft, so wird als das letzte historisch greifbare Datum von Bultmann sein Kreuz angesehen, und dies ja nun in der Tat zweifellos mit vollem Recht.

Nimmt man das Kreuz jedoch über seine historische Gegebenheit hinaus im Zusammenhang mit dem Heil, so ist für Bultmann zweitens »die Rede von der Auferstehung Christi« nichts »anderes als der Ausdruck der Bedeutsamkeit des Kreuzes«.[52] Wie, haben wir recht gelesen: die Auferstehung im Grunde identisch mit dem Kreuz? »Ja, der Auferstehungsglaube ist nichts anderes als der Glaube an das Kreuz als Heilsereignis.«[53] Nun ist es nach dem früher Gesagten gewiß richtig, daß zur Bedeutsamkeit des Kreuzes Jesu notwendig seine Auferstehung gehört. Aber diese ist eben nicht schon im Kreuz als dem Sterben Jesu beschlossen, sie muß hinzukommen. Sie ist, wie Karl *Barth* betont hat, »eine dem Kreuzgeschehen gegenüber *selbständige neue Tat* Gottes. Also nicht nur dessen noetische Kehrseite!«[54] Bultmann indessen wagt das Verhältnis geradezu

---

[45] BULTMANN: Neues Testament, S. 48.
[46] S. 44, 47.
[47] S. 51.
[48] BULTMANN: Das Befremdliche, S. 204.
[49] BULTMANN: Neues Testament, S. 50.
[50] S. 48.
[51] Für und Wider die Theologie Bultmanns. 2. Aufl. 1952, S. 36.
[52] BULTMANN: Neues Testament und Mythologie. S. 47 f.
[53] S. 50.
[54] KARL BARTH: Kirchliche Dogmatik. Bd. 4,1. 1953, S. 335.

umzukehren: Die Auferstehung als ein inhärentes Moment des Kreuzes – man kann sich nur wundern, daß, von der theologischen Abwegigkeit dieses Gedankens ganz abgesehen, ein großer historischer Forscher eine derartige Umdeutung verantworten zu können glaubt. Sie muß nicht nur als sachlich unhaltbar, sondern darüber hinaus in einem umfassenderen Sinne als verkehrt: verdreht, gesucht, künstlich, beurteilt werden. Denn »ohne die Auferstehung Jesu als eigenes Geschehen, als Machttat Gottes an dem gekreuzigten Jesus, hätte das ›Wort vom Kreuz‹ paulinisch gedacht, keine Kraft.«[55] Bultmann stellt das Verhältnis buchstäblich auf den Kopf, indem er schreibt: »Die Auferstehung kann kein Ereignis von besonderer Bedeutung sein, wenn der Tod am Kreuz schon die Erhöhung und Verherrlichung Jesu ist«.[56]

Zu der Beschränkung des Osterereignisses auf die Entstehung des Glaubens der Jünger an den Auferstandenen (1) und der Gleichsetzung des Kreuzes mit der Auferstehung (2) kommt nun drittens noch die Überführung und Auflösung der Gestalt des Auferstandenen in den Prozeß der Wortverkündigung, in das Wort, das Kerygma. »Christus, der Gekreuzigte und Auferstandene, begegnet uns im Wort der Verkündigung, nirgends anders. Eben der Glaube an dieses Wort ist in Wahrheit der Osterglaube.«[57] Was ist dann aber dieser noch wert? L. *Goppelt* fragt offenbar mit Recht: »Was heißt sein Wort? Der Glaube im Sinne des Neuen Testaments weiß um Jesu Person hinter dem Wort und ruft sie im Glauben an. Von dieser Wirklichkeit des erhöhten Herrn kann Bultmann aufgrund seiner Hermeneutik nicht reden; er bestreitet sie nicht, aber er schweigt von ihr!«[58] Er schweigt, gewiß, aber man darf wohl sagen: cum tacet clamat! Goppelt fährt fort: »So bleibt offen, was nach dem Neuen Testament nicht offenbleiben darf; denn der Ruf zum Glauben wird gesetzliche Forderung, wenn der lebendige Herr hinter dem Kerygma verschwindet.« Auch H. *Graß* urteilt im Hinblick auf Bultmanns Sicht: »Im Grunde tritt das Kerygma, das anredende, fordernde, verheißende Wort der Verkündigung an die Stelle des lebendigen Herrn.«[59] Ein Höchstmaß an Vernebelung des ursprünglichen und eigentlichen Osterglaubens erreicht Bultmann schließlich, wenn er »das im Osterereignis« – in seinem Sinne! – »entsprungene Wort der Verkündigung« als »selbst zum eschatologischen Heilsgeschehen« gehörig erklärt.[60]

Trotz einer immer wieder aufs neue einsetzenden Diskussion ist Bultmann bei seiner Auffassung geblieben. Als sein letztes Wort in dieser Sache hat die berühmt gewordene, als Kritik an seiner Auffassung gemeinte, aber von Bultmann ausdrücklich gebilligte Formulierung Karl *Barths* zu gelten, daß bei Bultmann

---

[55] WILCKENS: Auferstehung. S. 158.
[56] BULTMANN: Theologie, S. 408.
[57] BULTMANN: NEUES TESTAMENT, S. 50.
[58] LEONHARD GOPPELT: Das Osterkerygma heute. In: Goppelt: Christentum und Ethik. Aufsätze zum Neuen Testament. 1968, S. 82.
[59] GRAß: Begründung, S. 182.
[60] BULTMANN: Neues Testament, S. 51.

»Jesus ins Kerygma auferstanden sei«[61], ein Satz, den *Graß*, und nicht nur er, »sehr mißverständlich« findet. Und dieses Prädikat hat hier offenbar noch einen schonenden Sinn, d. h. es wird gebraucht, um keinen schärferen Ausdruck zu wählen. Muß dieser in der Tat mehr als mißverständliche Satz, wenn er ernst gemeint ist, vom vollen Glaubensstandpunkt aus nicht beinahe als ironisch oder gar zynisch empfunden werden? In Bultmanns anschließenden Ausführungen ist dann bezeichnenderweise von »auferstanden« gar nicht mehr die Rede.[62] Richtig verstanden setzt der Satz »An den im Kerygma präsenten Christus glauben ist der Sinn des Osterglaubens« nach Bultmann wie gesagt »voraus, daß das Kerygma selbst eschatologisches Geschehen ist; und es besagt, daß Jesus im Kerygma wirklich gegenwärtig ist, daß es *sein* Wort ist, das den Hörer im Kerygma trifft.«[63] Wir wissen jedoch, was von Bultmanns Begriff des Eschatologischen zu halten ist. Mit dessen Heranziehung ist deshalb für die Realität der Auferstehung nichts gewonnen. Wenn im Kerygma die Gegenwart Jesu wirklich ohne weiteres gegeben wäre, so brauchte man darüber nicht zu sprechen. Aber das ist eben durchaus nicht der Fall. Nach allen seinen übrigen Äußerungen läßt sich auch diese Erklärung nur in dem charakteristisch zweideutigen, im Grunde schon mehr eindeutig negativen Sinne nehmen, der bei Bultmann dies alles durchzieht. Die wirkliche Gegenwart Jesu im Kerygma würde doch in Wahrheit seine erfolgte Auferstehung fordern, voraussetzen, nicht nur irgendwie bedeuten. Die Auferstehung als »Gottes Tat an Jesus« bildet »die eigentliche Voraussetzung für das Kerygma selbst«.[64] Der Verzicht auf dieses Verständnis »macht Entstehung und Geschichte der ältesten Gemeinde zu einem unlösbaren Rätsel«, und wer das Bekenntnis zum wahrhaft »Auferstandenen« aus dem Kergyma eliminiert, »steht gegen das Kerygma selbst, da er dessen Mitte und Herz antastet«[65]. Aber dieses Verständnis und diese entscheidende Voraussetzung sind eben bei Bultmann nicht mehr gegeben, können bei ihm nicht gegeben sein.[66] So ist das »freischwebende, nicht nach rückwärts verankerte Kerygma bei Bultmann« eigentlich mehr als nur, wie Graß meint, »unbefriedigend«.[67] Scheint es nicht beinahe auf eine bewußte Irreführung hinauszulaufen?[68]

---

[61] BULTMANN: Verhältnis, S. 27.

[62] WILLI MARXSEN: Die Auferstehung Jesu als historisches und theologisches Problem. 1964, S. 25.

[63] BULTMANN: Verhältnis, S. 27.

[64] RENGSTORF: Auferstehung, S. 37.

[65] S. 73.

[66] THIELICKE: Glaube, Bd. 2, S. 545.

[67] GRASS: Begründung, S. 183.

[68] Hier sei noch einmal an H. ALBERT erinnert, der Bultmanns Ausführungen über die Auferstehung Jesu zu den Versuchen zählt, »sich durch groteske Umdeutungen mit einem Glauben zu identifizieren, den man im wesentlichen längst aufgegeben hat« (Traktat, S. 126, Anm. 58). Die Auferstehung Jesu »in die Verkündigung« gehört für ihn zu den »semantischen Tricks« (Theologie, S. 66, Anm. 12). Wie gut, daß zu dieser Sache endlich auch einmal ein Philosoph, überdies besonders für Wissenschaftskunde zuständig, sein Urteil abgegeben hat! Aus der größeren Entfernung trifft er damit den Nagel auf den Kopf.

Herauskommt bei dieser Verabsolutierung des Sendungsmotivs durch Bultmann, alles in allem, ein Osterglaube ohne Auferstehung, eine auf sich gestellte Verkündigung, nicht mehr wirklich im Dienste und im Zeichen des im vollen Sinne Auferstandenen und Erhöhten stehend. Zumindest wäre Bultmann selber schuld daran, daß die Frage entstehen konnte: »Ist für Bultmann der auferstandene, lebendige Herr eine Wirklichkeit, oder ist nur das Kerygma Wirklichkeit, so daß an die Stelle der Formel Kreuz und Auferstehung eigentlich die Formel Kreuz und Kerygma treten müßte?«[69] Und tatsächlich kann es nicht mehr zweifelhaft sein, daß für ihn nur noch das Letztere gilt. Es ist nicht anders: Bultmann geht der wirklichen Auferstehung Jesu planmäßig und konsequent aus dem Wege. Er will von ihr nichts wissen.[70] Wem es vor der eigentlichen kritischen Stellungnahme zum Osterglauben zunächst um die Klärung der Sach- und Problemlage geht, der kann nur *Graß* zustimmen: Das Ostergeschehen darf »nicht, wie Bultmann es tut, einfach preisgegeben und für den Glauben als irrelevant bezeichnet werden.«[71]

Dieselbe Auffassung des Auferstehungsglaubens wie Bultmann vertritt Ernst *Fuchs*. Bei ihm gelangt der aller Existentialtheologie eignende »Charakter des Schwebenden, Verschwommenen, Konturlosen und Nebelhaften«[72] besonders deutlich zum Ausdruck, doch ergibt sich dabei kaum Neues. Dagegen löst sich der existentiale Nebel in überraschender Weise weitgehend auf bei Willy *Marxsen*. Den Ausgangspunkt seiner Überlegungen bildet ein doppelseitiger Sachverhalt. Einerseits: »Kein Mensch der frühen Urgemeinde hat jemals behauptet, die Auferstehung Jesu als Ereignis, als Faktum, als Geschehen gesehen oder erlebt zu haben«.[73] Die Auferstehung selbst kommt an keiner Stelle in den Blick.[74] Auch Paulus nennt an der grundlegenden Stelle 1Kor 15,3ff. »nicht Zeugen der Auferstehung selbst, sondern Zeugen von Erscheinungen«.[75] »Immer handelt es sich um Begegnungen mit Jesus nach seinem Tode. Die setzen natürlich voraus, daß zwischen der Kreuzigung und diesen Begegnungen etwas passiert ist. Was aber passiert ist, bleibt im Dunkel. Niemals wird dieses Geschehen dargestellt oder erzählt. Wir nennen das, was passiert ist. Auferstehung.«[76] Andererseits: Die ersten Zeugen »waren selbstverständlich davon überzeugt«, daß die Auferstehung »wirklich geschehen ist.«[77] Aber die Überzeugung oder »Meinung, die

---

[69] GRAß: Ostergeschehen, S. 244, Anm. 1.

[70] Gewiß ist zuzugeben, daß bei Bultmann gelegentlich ein »Rand von Realität zu erkennen ist, den er immer festzuhalten wünscht« (Thielicke, Glaube, Bd. 2, S. 544), wodurch dann jener Rest einer Zweideutigkeit entsteht. Aber dieser Rand ist minimal, die Zweideutigkeit steht wie gesagt im Begriff, in eine neue Eindeutigkeit überzugehen.

[71] GRAß: Ostergeschehen, S. 328.

[72] KÜNNETH: Entscheidung, S. 106. – Der hier vorgenommenen Auseinandersetzung mit Fuchs kann auch von einem völlig andersartigen Standpunkt nur zugestimmt werden.

[73] MARXSEN: Auferstehung (1964), S. 14.

[74] MARXSEN: Die Auferstehung Jesu von Nazareth. 1968, S. 69.

[75] S. 84f.

[76] S. 69.

[77] Auferstehung (1964), S. 8.

jemand von einem Geschehen hat, muß sich nicht ohne weiteres mit dem
tatsächlichen Geschehen decken«[78], und wenn den Menschen der damaligen
Zeit die Annahme einer Auferstehung glaubhaft erschienen sein mag, so sind die
»Voraussetzungen für die früheren Aussagen heute weitgehend nicht mehr
gegeben.«[79]

»Am Anfang der Tradition steht« also »die bloße Behauptung eines Sehens des
Gekreuzigten«.[80] Nicht das leere Grab und auch nicht etwa die Worte des
Engels, daß Jesus lebe, führten zum Glauben sondern das Gesehenwerden Jesu,
das Erlebnis seines Erscheinens. »Auf Grund dieses Widerfahrnisses des Sehens«, »das Zeugen behaupteten, kamen sie dann durch *reflektierende Interpretation* zu der Aussage: Jesus ist von Gott auferweckt worden bzw. er ist auferstanden.« Und »natürlich waren sie dann auch der Meinung, hier von einem wirklichen Ereignis zu reden. Sie waren nun vom Ereignet-Sein der Auferweckung
Jesu überzeugt«. Für uns aber handelt es sich bei der Auferstehung Jesu um ein
»Interpretament, dessen sich diejenigen bedient haben, die ihr Widerfahrnis
(damals!) reflektierten«.[81] Fügt man hinzu, daß diese Reflexion nicht notwendig
in jedem Falle als ein umständlicher theoretischer Prozeß verlaufen sein muß, so
liegt hier, grundsätzlich, logisch betrachtet, in der Tat ein Schlußverfahren vor,
auch wenn es psychologisch als solches nicht immer bewußt oder sogar in der
Regel nicht bewußt wurde. Die Bedeutung der Priorität des Gesehenwerdens
Jesu und seine Interpretation als Auferstehung dürfte jedenfalls unbestreitbar
und die Herausstellung dieses Sachverhalts im Interesse einer Klärung der Problemlage außerordentlich zu begrüßen sein.

Der erste Schritt wird nun freilich von Marxsen wesentlich ergänzt und damit
verändert, z. T. sogar in Frage gestellt durch zwei weitere. Zunächst stellt die
Auferweckung Jesu nach Marxsen gar nicht die allein mögliche Interpretation
des Gesehenwerdens Jesu dar. Vielmehr unterscheidet er zwei Arten solcher
Interpretamente. Neben der zeitlich rückwärts gewandten Deutung des den
Zeugen widerfahrenen Sehens Jesu als seiner geschehenen Auferstehung steht
eine Deutung in umgekehrter Richtung, in die zeitliche Zukunft. Die Erscheinung Jesu »löst eine *Funktion* aus«[82]: die Sendung, die Verkündigung: »Wie mich
der Vater gesandt hat, so sende ich euch« (Joh 20,21). »Durch das Widerfahrnis
des Sehens ausgelöst, wird also die ›Sache Jesu‹ weitergebracht.«[83] »Das Recht
für dieses Weiter-Bringen begründen« seine Zeugen »damit, daß sie Jesus nach
seiner Kreuzigung gesehen hätten«. Sachlich berührt sich dies mit der von
Bultmann gebilligten Formel »Jesus ist in das Kerygma auferstanden«, der
Marxsen insofern auch zustimmt, obgleich er sie dann doch sofort und mit
vollem Recht ablehnt, da hier der Begriff Auferstehung »in einer so modifizier-
ten Weise« gebraucht wird, »daß er nun nicht mehr das meint, was ursprünglich
(insbesondere in der jüdischen Apokalyptik) damit gesagt werden sollte. Nicht

---

78 Auferstehung (1968), S. 75.
79 Auferstehung (1964), S. 30.
80 S. 16.   82 S. 24.
81 S. 19.   83 S. 25.

um *Auferstehung* ins Kerygma geht es«, »sondern um die Präsenz Jesu im Kerygma seiner Zeugen, um die *lebendige* Präsenz des gekreuzigten Jesus«.[84] Damit wird endlich die unklare, unbrauchbare Formel von der Auferstehung ins Kerygma durch einen Bultmann nahestehenden Theologen aufgegeben und dahin präzisiert: »Die Sache Jesu geht weiter«. Die daneben von Marxsen verwendete, auf den Standpunkt Bultmanns zurückfallende Formel von der lebendigen Präsenz Jesu im Kerygma ist hingegen offensichtlich ebenfalls mißverständlich, weil sie noch zu sehr auf seine Person, ihr Weiterleben im eigentlichen, unmittelbaren Sinne bezogen werden kann, während der von Marxsen in Wahrheit vertretene Sinn im mittelbaren geistigen Weiterleben Jesu, d. h. in der Zielsetzung seiner Verkündiger besteht, ohne jedoch die personale Deutung unmißverständlich auszuschließen. Insofern, aber nur insofern, bleibt von dem alten Zwielicht auch hier noch ein Rest erhalten.

Der hauptsächliche Nachteil dieser mit dem zweiten Schritt hergestellten Konstruktion liegt indessen darin, daß die beiden Arten von Interpretament überhaupt unterschieden und zunächst gleichberechtigt nebeneinander gestellt werden und daß dann das Sendungsmotiv das Interpretament der Auferstehung Jesu in den Hintergrund drängt. Es ist zwar richtig, daß die Nennung der Zeugen von Erscheinungen Jesu auch etwas mit der Sendung zu tun hat: die Verkündiger werden durch ihr Sehen Jesu zu ihrer Aufgabe legitimiert. Es handelt sich bei den Erscheinungen eben, wie früher erwähnt, um Berufungserscheinungen. Aber das Motiv der Sendung ist aufs engste mit dem Glauben an den Auferstandenen verbunden. Oder vielmehr ist der Glaube an ihn dabei durchaus primär und der Sendungsgedanke eine Folge davon, so daß es sich verbieten dürfte, hier zwei verschiedene Interpretationen nebeneinander zu stellen und gar die Sendung auf Kosten der wirklichen Auferstehung selbst einseitig zu bevorzugen.

Nun der dritte, letzte, sehr überraschende Schritt bei Marxsen. Nach der kräftigen Betonung, daß das Sehen Jesu durch die Jünger den Ausgangspunkt des als bloßes Interpretament verstandenen Auferstehungsglaubens bildet, geht Marxsen dazu über, auch noch das Sehen selbst ganz wesentlich einzuschränken, entscheidend herabzustufen, ja, das Sehen im eigentlichen Sinne zu beseitigen. Dieses Sehen Jesu seitens der Jünger wird nämlich jetzt als ein bloß bildlicher Ausdruck für den Sachverhalt des Zum-Glauben-Gekommenseins hingestellt: »Simon war der erste, der zum Glauben kam; die Begründung für dieses Zum-Glauben-Gekommen-Sein wird angegeben, indem man sagt, Simon habe Jesus gesehen.«[85] Der Orientale drückt sich in Bildern aus. »Wo wir etwas *einsehen*, *sieht* er etwas. Einen Gedankengang, den wir abstrakt entfalten, stellt er oft als Geschehen dar.«[86] Jene ersten Christen »sind nach Karfreitag zum Glauben an Jesus gekommen. Das stellen sie durch Veranschaulichung dar. Aber sie wollen

---

[84] Ebd.
[85] Auferstehung (1968), S. 99.
[86] S. 160.

mit dieser Veranschaulichung nichts anderes sagen als: Wir sind zum Glauben
gekommen.«[87] Wirklich? So viel Lärm um nicht mehr, eigentlich um nichts?
Denn was ist der Glaube noch, wenn es den Auferstandenen nur bildlich, nicht in
Wahrheit gibt! Paulus schrieb den Korinthern den schon einmal erwähnten Satz:
»Wenn Christus nicht auferstanden ist, so ist euer Glaube nichtig.« Welchen
Glauben sollen die Zum-Glauben-Gekommenen denn nun verkündigen, wenn
ihr eigentlicher Glaube nur ein Bild oder dieses, für voll genommen, ein Mißverständnis war? Mit diesem dritten Schritt erledigt Marxsen alles auf einen Streich.
Wenn er recht hätte, könnte man diesen Abschnitt hiermit beschließen. Das
vermeintlich wirkliche, psychisch reale Sehen Jesu durch die ersten Christen, das
im ursprünglichen Sinne auch von Marxsen und von ihm erst recht im Grunde
geleugnet wird, stellt aber das eigentliche Problem dar, das uns nötigt, mit seiner
Erörterung fortzufahren.

Das Ergebnis der bisherigen Betrachtung ist zweischneidig, nichtsdestoweniger eindeutig. Einerseits war festzustellen, daß es keine Augenzeugen des Aufer-
stehungsvorgangs gibt. Infolgedessen liegen darüber auch keine authentischen
Berichte vor. Der Frage, »was sich zu Ostern objektiv zugetragen habe«, »versagen sich die Texte«.[88] Andererseits kann nicht der geringste Zweifel daran
bestehen, daß der Osterglaube der ersten Christen sich in ihrem Sinne nicht auf
ein subjektives Erleben beschränkte, sondern auf ein transsubjektives Geschehen
gerichtet war, das sie im Glauben meinten: die Auferstehung des Herrn. Alle
Versuche, hiervon abzusehen, werden der Sache, um die allein es geht, nicht
gerecht und verfälschen sie geradezu.

2. *Methodische Voraussetzungen für die historische Erforschung des*
Ostergeschehens

Im Unterschied vom Glauben an den Kommenden bezieht sich der Glaube an
den Auferstandenen auf etwas bereits Eingetretenes, auf ein Geschehen, das
wenigstens den Anspruch macht, als etwas, wie auch immer geartet und erklärbar, schon Wirkliches genommen zu werden. Die Auferstehung Jesu steht dem
Glaubenden insofern, sollte man meinen, näher als das Feld der reinen, wenn
auch noch so gewissen Hoffnung. Die Problemlage wird dadurch jedoch nicht
einfacher, im Gegenteil erheblich verwickelter und schwieriger. Es handelt sich
um ein Ereignis, das einerseits Gegenstand intensiver historischer Forschung
geworden ist und von dem andererseits behauptet wird, daß es nicht nur
tatsächlich, sondern grundsätzlich mit den Mitteln des Historikers nicht zu
erfassen sei. Deshalb muß vor Eintritt in die sachliche Verhandlung eine Erörterung der methodischen Fragen stattfinden. Besonders wichtig erscheint es in
diesem Zusammenhang, mit einem Mindestmaß an Vorurteilen an die Arbeit zu
gehen. Ein Glaubender, der jede Regung kritischen Denkens in dieser Hinischt

---

[87] Ebd.   [88] KOCH: Auferstehung, S. 23.

als gefährlichen Zweifel empfindet, wird für eine sachliche Untersuchung ebensowenig geeignet sei wie ein Glaubensloser, der einen solchen Glauben von vornherein für ausgemachten Unsinn hält und es ablehnt, an dieses Thema noch einen ernsthaften Gedanken zu verschwenden. Nur wer im Sinne der früheren Darlegungen zu einer offenen Betrachtung bereit ist, wird der Problemlage einigermaßen gerecht werden können.

Hier sind vor allem einige Versuche von theologischer Seite zu berücksichtigen, die Schwierigkeiten, denen der Osterglaube im modernen Denken begegnet, auf bestimmte unberechtigte Einstellungen zurückzuführen, und die stattdessen nun Anschauungsweisen fordern und aufzuzeigen bestrebt sind, welche jene Schwierigkeiten zu beseitigen und dem Osterglauben freie Bahn zu schaffen geeignet sein könnten. So sieht J. *Moltmann* eine vorgegebene ungünstige Ansicht in der auf Hegel zurückgehenden »pantheistischen Bestimmung des Wesens der Geschichte, nach welcher es die ewige Idee nicht liebt, sich in einem Individuum ganz darzustellen«. Infolgedessen »wird es hier unmöglich, eine Person und ein Ereignis der Geschichte für absolut zu nehmen«.[89]

Ein negatives Ergebnis ist nach dem genannten Autor auch vorgezeichnet bei der »positivistischen und mechanistischen Bestimmung des Wesens der Geschichte als eines in sich geschlossenen Wirkungszusammenhangs von Kausalität und Konsequenz«. Hier »erscheint die Behauptung einer Auferweckung Jesu durch Gott als ein Mythos von einem übernatürlichen Eingriff, dem alle Welterfahrung widerspricht«.[90]

Demgegenüber nennt Moltmann drei Versuche einer Theologie der Auferstehung, das Problem ihres Verhältnisses zur Geschichte zu lösen. Der erste besteht darin, daß das Geschichtliche aus dem Osterglauben ausgeklammert wird. Man »konzentriert sich auf die persönliche Begegnung, das nichtobjektivierbare Erleben oder die existentielle Entscheidung, in die das Osterkerygma führt.«[91] Das ist der uns sattsam bekannte Weg der Existentialtheologie, die den Osterglauben denaturiert und ins Abseits führt. Moltmann urteilt richtig: Damit »hängt die Auferstehungsverkündigung in der Luft.«[92]

Ein zweiter Versuch geht umgekehrt ganz auf die Geschichte ein, will deren Erkenntnis aber fortentwickeln, erweitern, indem sie sich nicht nur auf das Gleichartige und Gemeinsame richtet, sondern auch darauf, »am Gleichartigen und Ähnlichen das Individuelle, das Zufällige und plötzlich Neue wahrzunehmen«.[93] So ist auch »das Unvergleichliche, nie Dagewesene und Neue sichtbar zu machen«, das Kontingente.[94] Man sieht: Als ein Unvergleichliches, Einzigartiges soll damit auch die Auferstehung Jesu möglich werden. Das ist der von W. Pannenberg vorgeschlagene Weg, der sogleich noch näher in Augenschein zu nehmen sein wird. Moltmann erklärt wiederum kritisch sehr zutreffend: »Mit der Wiederentdeckung der Kategorie des Kontingenten ist noch nicht notwendig die Entdeckung einer theologischen Kategorie verbunden.« »Die Auferste-

[89] MOLTMANN: Hoffnung, S. 160.   [91] S. 161.   [93] Ebd.
[90] Ebd.   [92] Ebd.   [94] S. 162.

hung Christi meint nicht eine Möglichkeit in der Welt und ihrer Geschichte, sondern eine neue Möglichkeit von Welt, Existenz und Geschichte überhaupt.«[95]

So ergibt sich folgerichtig ein dritter, von Moltmann selbst unternommener Versuch, »die Möglichkeit, von der theologisch und eschatologisch verstandenen Wirklichkeit der Auferstehung her einen eigenen Begriff von Geschichte« »zu gewinnen«. »Die Erwartung dessen, was auf Grund der Auferstehung Christi kommen soll, muß dann alle erfahrbare Wirklichkeit und alle wirkliche Erfahrung zu einer vorläufigen Erfahrung und einer Wirklichkeit werden lassen, die das noch nicht in sich enthält, was ihr in Aussicht gestellt ist.«[96] Damit stehen wir vor einer ganz neuen Bestimmung der Geschichte und einem völlig neuen Kriterium für die Geschichtlichkeit der Auferweckung Christi. Diese ist »nicht darum ,geschichtlich‹ zu nennen, weil sie *in* der Geschichte« »geschehen ist, sondern sie ist darum geschichtlich zu nennen, weil sie Geschichte *stiftet*«, eine neue Art von Geschichte. »Sie ist geschichtlich, weil sie eschatologische Zukunft erschließt«.[97] Das ist das Gegenteil der Pannenbergschen Sicht, bei der die Auferstehung Jesu nur zu sehr in die Geschichte eingebettet wird, zwar als etwas ganz Einmaliges, aber nicht eigentlich als ein grundsätzlich anderes. Bei Moltmann wird sie umgekehrt geschichtlich im Sinne einer ganz anderen, durchaus neuartigen Geschichte. Hing in der Existentialtheologie die Auferstehungsverkündigung, das Kerygma, in der Luft, so verhält es sich bei Moltmann so mit der Auferstehung Jesu, weil die neue, schon im Zeichen des Eschatologischen stehende Geschichte, welche die Voraussetzung für sie darstellt, nicht weniger unbekannt ist als die Auferstehung selbst, deren Medium sie sein soll. Der Begriff eschatologisch ist ja nach dem Ergebnis unseres ersten Abschnitts keineswegs ein Gütezeichen, dessen Anbringung ohne weiteres bei dem jetzigen Problem weiterhelfen könnte. Wenn »das Geschehen der Auferweckung Christi von den Toten ein Geschehen« wäre, »das nur im modus der Verheißung verstanden wird«[98], so mag das als vorläufige Wesensbeschreibung angehen, nur ist damit nicht die Frage erledigt, wie sie auch nur ungefähr zu denken ist.[99] Auch die von Moltmann gern benutzten Begriffe »eschatologischer Horizont«, »Horizont der Verheißung« beschreiben ja nur eine geforderte oder vorgestellte Sicht, besagen aber gar nichts über deren Legitimität. Die mehr als gewagte Gedankenführung findet sich konzentriert in zwei Sätzen wie den folgenden: »Die christliche Hoffnung entspringt aus der Wahrnehmung eines bestimmten einmaligen Geschehens, der Auferstehung und Erscheinung Christi. Doch kann theologisches Hoffnungswissen dieses Geschehen nur wahrnehmen, indem es den Zukunftshorizont zu ermessen sucht, den dieses Geschehen entwirft.«[100] Gleicht das nicht wiederum zwei schwankenden Körpern, von denen man

---

[95] Ebd.   [96] S. 163.   [97] S. 163 f.   [98] S. 172.
[99] Mit Recht bemerkt H. ALBERT, man hätte von Moltmann erwarten können, »daß er uns genaueres über diesen Vorgang in seiner Sichtweise mitteilt« (Traktat, S. 122, Anm. 45).
[100] MOLTMANN: Hoffnung, S. 176.

erwartet, daß sie sich gegenseitig stützen werden? Die Auferstehung Jesu wird nur erfahrbar, indem der Glaubende das schon als wirklich nimmt, was erst aus ihr und auf sie folgen soll! Ist es noch sinnvoll, über eine so verstandene Auferstehung irgendeine Aussage zu machen? Und erscheint ein sogenanntes Hoffnungswissen nicht allzu verschwommen und unbegründet? Eine derartige Behandlung der zentralen christlichen Heilsfrage mutet, vom Standpunkt des gewöhnlichen Denkens geurteilt, geradezu halsbrecherisch an.

Wir kehren auf den Boden der Erfahrung und des wissenschaftlichen Denkens zurück. Es braucht sich insbesondere nicht mehr darum zu handeln, inwiefern eine pantheistische oder eine positivistische Betrachtung hier etwa unangebracht sein könnte. Es geht uns zunächst allein um die übliche, normale, freilich nur mit immanenten Faktoren rechnende Erkenntnis überhaupt in ihrem Verhältnis zur Auferstehung Jesu, sofern diese ein Bestandteil der Geschichte ist.

Damit hat es vor allem W. *Pannenberg* zu tun, indem er sich zum Ziel setzt, jenes ganz realistisch verstandene wunderbare Ereignis im Namen und im Rahmen des wissenschaftlichen Denkens zu rechtfertigen. Er erklärt schon »die Behauptung, die Naturwissenschaft schließe jedes Zum-Leben-Kommen eines Toten aus«, für nicht »stichhaltig«. »Die Naturwissenschaft«, meint er, »entwirft Modelle zur Beschreibung der regelmäßigen Strukturen des Geschehens. Sie hat es nicht mit Urteilen über die Möglichkeit oder Unmöglichkeit eines Einzelfalles zu tun; allenfalls führt sie zu einem Urteil über das Maß der Wahrscheinlichkeit regelwidriger Ereignisse«.[101] Zwar gibt der Verfasser zu, daß im Begriff des Naturgesetzes »streng allgemeine Geltung liegt«, aber »konkrete Ereignisse« seien, sagt er, »komplexer als abstrakte Gesetzesformeln«.[102] Daß die Naturwissenschaft lediglich Modelle entwerfe, stimmt jedoch keineswegs. Sie macht ja sogar mit erstaunlichem Erfolg genaueste Voraussagen über zukünftiges Geschehen, was allerdings nur möglich ist durch Isolierung des jeweiligen komplexen Vorgangs, seine Zerlegung in einzelne Faktoren und seine Zurückführung auf denkbar einfache und damit eindeutige Bedingungen. Aber diese verhältnismäßig abstrakte Arbeitsweise des Naturwissenschaftlers gibt dem Theologen nicht das Recht, konkrete Ereignisse ihres komplexen Charakters wegen an sich zu ziehen und einem anders ausgerichteten Denken zu unterwerfen. Ein »ekzeptionelles Ereignis« wie die Auferstehung Jesu würde nicht nur einzelne Naturgesetze durchbrechen, sondern sich in Widerspruch zum gesamten naturwissenschaftlichen Weltbild setzen, das auf der Erkenntnis einer großen Anzahl durchaus gesicherter Gesetzmäßigkeiten beruht.

Ebensowenig wie die Berufung auf die Komplexität des Geschehens verfängt die angeblich durch die heutige Physik erwiesene Kontingenz des Einzelgeschehens, die Pannenberg ebenfalls für seine Zwecke nutzbar machen möchte.[103]

---

[101] WOLFHART PANNENBERG: Dogmatische Erwägungen zur Auferstehung Jesu. In: Kerygma und Dogma. Jg 14. 1968, S. 109.

[102] Ebd.

[103] WOLFHART PANNENBERG: Heilsgeschehen und Geschichte. In: Kerygma und Dogma. Jg 5. 1959, S. 266f. Anm. 22.

Einmal sei »immer nur ein Teil der Naturgesetze bekannt«. Außerdem sei »das Einzelgeschehen nie restlos naturgesetzlich determiniert«. »Die Gesetzlichkeit erfaßt nur einen Aspekt des Geschehens. Nach der anderen Seite hin ist alles Geschehen kontingent, und die Geltung der Naturgesetze selbst ist kontingent.«[104] Diese Sätze beschreiben die Sachlage nicht zutreffend. Vor allem bezieht sich die These des Nichtdeterminiertseins ausschließlich auf mikrophysikalische Vorgänge. Sie auf makrophysikalische Verhältnisse, zu denen schon alle menschlichen Lebenserscheinungen gehören, auszudehnen, ist ein Fehler, der nicht dadurch weniger bedenklich wird, daß Theologen und auch philosophische Ethiker ihn immer wieder begehen.[105] [106] Mit Ausnahme der Quantenphysik bleibt in Wahrheit alles beim alten, und die auf der Grundlage des Kausalprinzips vor sich gehende Forschung schreitet von Erfolg zu Erfolg. Sodann mindert die Kontingenz der Naturgesetze nicht im geringsten die Strenge ihrer Geltung. Was schließlich den Umstand betrifft, daß nur ein Teil dieser Gesetze bekannt ist, so dürfte es sich nicht nur vom Standpunkt einer philosophisch begründbaren Erkenntnis, sondern auch aus theologischen Gründen verbieten, im Zusammenhang der Auferstehung Jesu den Gedanken an unbekannte Naturgesetze ins Spiel zu bringen. Nein, dies alles ist ein aussichtsloses Unternehmen. Und wenn Pannenberg behauptet, »das Urteil darüber, ob ein noch so ungewöhnliches Ereignis geschehen ist oder nicht«, sei »letztlich Sache des Historikers« und könne »durch naturwissenschaftliche Erkenntnisse nicht vorentschieden werden«, so ist auch das nicht richtig. Der Historiker wird die Beschaffenheit des ungewöhnlichen Ereignisses zu ermitteln und es, soweit das angeht, in den begründeten Erkenntniszusammenhang, d. h. in den Rahmen bekannter Faktoren einzugliedern suchen. Falls oder insoweit dies nicht gelingt, könnte dann aber bei der Frage nach der grundsätzlichen Möglichkeit einer ganz unerhörten Begebenheit der Naturwissenschaftler sehr wohl ein Wort mitzusprechen haben. Höchstens würde man dem Theologen das Recht zugestehen, ein über beide hinausgehendes Urteil beizutragen, das er dann aber selbst zu verantworten hat. Eine Berufung auf unbekannte Naturgesetze ist ihm dagegen nicht erlaubt. Auf jeden Fall ändert weder der Hinweis auf die Kontingenz subatomarer Prozesse noch der auf die Komplexität des übrigen Geschehens das mindeste daran, daß »der Vorgang der Auferstehung« »im naturwissenschaftlichen Weltbild nicht unterzubringen« ist – eine Feststellung, die nicht nur von glaubensfernen Naturwissenschaftlern und Philosophen getroffen wird, sondern in der angeführten Form von einem sehr glaubensbewußten Neutestament-

---

104 DERS.: Christologie, S. 95 f.

105 In Sachen der Auferstehung z. B. auch GERHARD FRIEDRICH: Die Auferstehung Jesu, eine Tat Gottes oder ein Interpretament der Jünger? In: Kerygma und Dogma. Jg 17. 1971, S. 186.

106 Dieser durchaus unberechtigten Berufung auf die Physik kann nicht entschieden genug entgegengetreten werden. Ebenso bescheiden wie klipp und klar bemerkt F. MILDENBERGER: »Die Kontingenz gilt m. W. im Bereich der Quantenphysik, überliefert doch aber keineswegs das ganze Geschehen der Zufälligkeit« (Auferstanden am dritten Tage nach den Schriften. In: EvTh Jg 23. 1963, S. 272, Anm. 35).

ler, L. *Goppelt*, ausgesprochen wurde. [107] Wenn Pannenberg die Behauptung, die
Naturwissenschaft schließe jedes Zum-Leben-Kommen eines Toten aus, umsto-
ßen will, so versucht er Unmögliches, sie tut dies in der Tat und muß es tun.
Aber die Auferstehung Jesu fällt nicht nur aus dem Rahmen des naturwissenschaftlichen Denkens ohne jeden Zweifel heraus, sie steht in kaum weniger
starker Spannung zur geschichtlichen Erfahrung und geschichtswissenschaftli-
chen Betrachtung. Auch in dieser Hinsicht geht Pannenberg allzu forsch vor.
Daß die Frage nach ihr historisch gar nicht ernsthaft gestellt werden könne, ist,
wenn auch vielleicht nicht von vornherein und endgültig ausgemacht, so doch
weit mehr als ein konventionelles Vorurteil, das dieser Autor gegeben sieht. [108]
Historische Kritik beruht, wie einst E. *Troeltsch* in seiner schon klassisch gewordenen Abhandlung »Über historische und dogmatische Methode in der Theologie« dargelegt hat, auf der »Anwendung der Analogie«, die »die prinzipielle
Gleichartigkeit alles historischen Geschehens« einschließt, sowie auf der Voraussetzung einer universellen Korrelation, d. h. der »Wechselwirkung aller Erscheinungen des geistig-geschichtlichen Lebens«. [109] Pannenberg behauptet dagegen
schlankweg, »jedes geschichtliche Geschehen« sei »einmalig« [110], und meint
wohl, so gewonnenes Spiel mit der Auferstehung Jesu zu haben, die dann ja im
Grunde genommen nicht einmaliger als alles übrige Geschehen wäre. So einfach
liegen die Dinge indessen nicht. Gewiß mag man sagen können, daß der Historiker es vor allem, keineswegs nur, mit dem Individuellen, Besonderen und dem
Kontingenten zu tun habe. [111] Aber es geht entschieden viel zu weit, wenn
Pannenberg urteilt, daß »die Einebnung des geschichtlich Besonderen, die durch
einseitige Hervorhebung des Typischen und Analogen heraufbeschworen
wird«, »im Postulat der Gleichartigkeit alles Geschehens gleichsam zum Prinzip
erhoben zu werden« »droht«. [112] Das ist nur eine mögliche Gefahr, sie kann
drohen, muß es aber nicht. Grundsätzlich läßt die historische Arbeit auf ihren
höheren Stufen, wenigstens der letzten Zielsetzung nach, wenn auch selten
gleichmäßig verwirklicht, beides erkennen: die ans Intuitiv-Künstlerische grenzende Darstellung des Individuellen, Charakteristischen und seine streng wissenschaftliche Erfassung durch eine an allgemeinen Gesetzmäßigkeiten ausgerichtete Erklärung aus den das Einzelne bedingenden Umständen, Kräften,
Strömungen, Tendenzen. Das Postulat der Gleichartigkeit alles Geschehens
stellt also keineswegs ein Dogma dar, das die historische Arbeit, über ihr stehend
und in sie hineinredend, vergewaltigt, sondern es liegt ihr als methodisch

---

[107] LEONHARD GOPPELT: Die Auferstehung Jesu in der Kritik. Ihr Sinn und ihre Glaubwürdigkeit. In: Grundlagen des Glaubens (Tutzinger Texte, hrsg. von P. Rieger und J. Strauß. 8)
1970, S. 55.
[108] PANNENBERG: Erwägungen, S. 109.
[109] ERNST TROELTSCH: Über historische und dogmatische Methode in der Theologie. In: Ges.
Schriften, Bd. 2, S. 732f.
[110] PANNENBERG: Erwägungen, S. 109.
[111] PANNENBERG: Heilsgeschehen, S. 262ff.
[112] S. 265.

unentbehrliches Prinzip zugrunde, ohne den Erkenntnisprozeß ungebührlich
festzulegen. Nicht jeder geschichtliche Sachverhalt läßt sich ohne weiteres aufgrund von Analogien verstehen, aber insoweit ist er dann eben noch nicht
wirklich erkannt, so daß es weiterer Forschung bedarf. Nicht angängig ist es
jedenfalls, mit Pannenberg zunächst das Postulat der Gleichartigkeit abzulehnen
und dann zu erklären, »die nahezu selbstverständlich gewordene Meinung, daß
die Auferstehung Jesu kein historisches Ereignis sein kann«, stehe »auf bemerkenswert schwachen Füßen«.[113] Im Gegenteil, wie unentbehrlich dieses Prinzip
ist, läßt sich schon daraus ersehen, daß es die einzige Möglichkeit bietet, eine
etwaige willkürliche Behauptung weiterer Auferstehungen (anderer Toter) auszuschließen. Wie wehrlos wäre man andernfalls allen möglichen Legendenbil-
dungen oder Scharlatanerien ausgeliefert! Mit vollem Recht hat deshalb F. *Mildenberger* gegen Pannenberg eingewandt, dessen Postulat, den Vorentwurf von
Wirklichkeit, welcher der historisch-kritischen Methode zugrundeliegt, so zu
erweitern, daß er auch die leibliche Auferstehung Jesu als reales Geschehen der
Vergangenheit zu erfassen vermag«, beraube »die historisch-kritische Methode
der Verbindlichkeit ihrer Ergebnisse«.[114] Wenn Pannenberg schließlich sagt,
»nur die nähere Beschaffenheit der Berichte ermöglicht ein Urteil über die
Historizität der Auferstehung, nicht aber das Vorurteil, alles Geschehen müsse
prinzipiell gleichartig sein«[115], so werden hier Vorurteil und Prinzip verwechselt. Selbstverständlich müssen die Osterberichte unvoreingenommen studiert
werden. Im äußersten Fall würden sie zu dem Zugeständnis führen, daß der
fragliche Sachverhalt unter Voraussetzung der geltenden, supranaturale Faktoren ausschließenden Betrachtung unerklärlich ist. Der Eintritt eines solchen
Falles, daß ein in Frage stehendes Ereignis unserer Erfahrung völlig widerspricht, aller Erklärungsmöglichkeiten spottet und deshalb nicht nur bis auf
weiteres, sondern für alle Zukunft, endgültig als schlechthin einzigartig anzuerkennen wäre, absolut anders als alles übrige Geschehen, ist jedoch von allergröß-
ter Unwahrscheinlichkeit.[116]

Über Pannenberg noch hinaus und aufs Ganze geht Richard R. *Niebuhr*. Nicht
nur sind für ihn alle Naturgesetze »höchst *abstrakt*«, so daß sich von ihnen nicht
erwarten läßt, »daß sie das Geschehen besonderer, individueller Ereignisse
erklären«[117], sondern »die Auferstehung Jesu ist« überhaupt nur »eine abgekürz-
te Darstellung des Wesens des historischen Ereignisses«.[118] In ihr »gelangen die
Spontaneität, die Besonderheit und die Unabhängigkeit historischer Ereignisse

---

[113] S. 266, Anm. 22.
[114] MILDENBERGER: Auferstanden, S. 273.
[115] PANNENBERG: Heilsgeschehen, S. 266 f., Anm. 22.
[116] Sehr richtig bemerkt ADRIAAN GEENSE (Auferstehung und Offenbarung. Über den Ort
der Frage nach der Auferstehung Jesu Christi in der heutigen deutschen evangelischen Theologie. 1971, S. 106): Die Schlüsse, die von Pannenberg »aus der Bestreitung der Kategorie der
Analogie für die Historizität der Basis des christlichen Glaubens gezogen werden, werden kaum
jemanden der Außenstehenden, für die Beweis geführt werden soll, überzeugen.«
[117] Richard R. NIEBUHR: Auferstehung und geschichtliches Denken. 1960, S. 141.
[118] S. 145.

in einer einzigartigen Eruption an die Oberfläche. Ein solches Ereignis kann nicht durch Vernunft geprüft werden, die nur mit allgemeinen Gesetzen ausgerüstet ist.«[119] *Mildenberger* hat die Ungeheuerlichkeit dieser Sicht wiederum treffend gekennzeichnet. Hier soll »nicht die Auferstehung Jesu mit dem Maßstab der allgemeinen Wirklichkeitserfahrung kritisch geprüft werden«, »vielmehr ist diese Auferstehung selber als das eigentliche historische Ereignis die Analogie, nach welcher alles historische Geschehen interpretiert werden muß«.[120] »Wenn Niebuhr ein ›theologisches‹ Verständnis der Auferstehung Christi fordert, weil dieses Ereignis uns befähige, ›christlich‹ über Gott, Geschichte und Natur zu sprechen, so wird darin die petitio principii schon terminologisch erkennbar.«[121]

Dasselbe gilt für die Stellungnahme G. *Nollers*. Dieser sieht das übliche wissenschaftliche Verfahren als Ausfluß des »anthropologischen Denkens«, das als ganzes überwunden werden muß. Bei einer derartigen Einstellung sei »der Mensch als Subjekt im Gespräch mit sich selbst. Wenn bei diesem Ansatz theologisch gedacht wird, dann wird dieses Denken zwar an irgendeiner Stelle offen für Gott, aber die offene Stelle wird vom Menschen als Subjekt festgelegt«.[122] Noller fordert stattdessen ein »theologisches Denken«, bei dem »Gott die Bedingungen festlegt, unter denen er menschlich verstanden werden kann und verstanden wird«.[123] Nach Noller gibt es Anzeichen dafür, daß die anthropologische Epoche der Neuzeit zu Ende geht[124] – eine These, welche die Frage provoziert, ob es nicht vielmehr genau umgekehrt liegt, wofür in besonderem Maße gerade die Situation in der heutigen Theologie sprechen könnte. Im Hinblick auf die Konsequenzen der Nollerschen Sicht für das Auferstehungsproblem bemerkt auch hier sehr überzeugend *Mildenberger*: »Wir werden uns« »nicht bewegen lassen dürfen, aus einem begreiflichen Ungenügen an den Ergebnissen der historisch-kritischen Nachfrage nach der Auferstehung Jesu auf einen Fehler in der Methode zu schließen«. »Ist doch diese Methode nicht einfach Ergebnis einer willkürlichen Setzung, erst recht nicht einfach Verblendung oder Sünde, die überwunden werden muß«[125] (wie es sich Noller[126] darzustellen scheint).

In der Tat: Mit der wissenschaftlichen Einstellung, mit der vorurteils- und vorbehaltslosen Erforschung aller in seinen Gesichtskreis tretenden Phänomene nimmt der menschliche Geist ein Anliegen wahr, das über ein bloß »anthropologisches« Interesse im engeren Sinne weit hinausgeht, insofern er unabhängig vom Gesichtspunkt des Nützlichen und Wünschenswerten ein Stück weit auf

---

[119] S. 150.
[120] MILDENBERGER: Auferstanden, S. 274.
[121] S. 274f.
[122] GERHARD NOLLER: Ontologische und theologische Versuche zur Überwindung des anthropologischen Denkens. In: EvTh Jg 21. 1961, S. 497.
[123] Ebd.
[124] S. 491.
[125] MILDENBERGER: Auferstanden, S. 277.
[126] NOLLER: Versuche, S. 499.

das An-sich der Wirklichkeit vorzustoßen strebt und, jenseits aller praktischen Zwecke, einen Zipfel der Wahrheit zu erlangen sucht. Von hier aus will uns gerade das Umsteigen in ein spezifisch theologisches Denken, wie Noller es empfiehlt, als eine Sünde wider den Geist erscheinen.

Der von apologetischen Erwägungen aus eingenommene Standpunkt, auf welchem die Auferstehung Jesu nicht etwas grundsätzlich Besonderes sein soll, sondern geradezu als der Prototyp geschichtlichen Geschehens hingestellt wird, bedeutet einen jener verzweifelten Ausbruchsversuche aus der Welt unseres Erkennens und Denkens im Interesse des Glaubens, wie sie uns schon im vorigen Abschnitt bei dem Unternehmen begegnet sind, die Dimension der Zeit zugunsten der christlichen Zukunftshoffnung außer Kraft zu setzen. Die Forderung, Jesu Auferstehung als erkenntnistheoretisch und historisch unproblematisch gelten zu lassen, fördert die Sache ebensowenig wie umgekehrt das existentialtheologische Verfahren, das den von vornherein geleisteten Verzicht auf ihre Möglichkeit durch Umdeutung zu verbrämen sucht, so daß der Osterglaube, nachdem ihm die Grundlage entzogen worden ist, wie gesagt vollkommen in der Luft hängt. Es wird nunmehr darum gehen, dem Problem der Auferstehung Jesu ohne jede versteckte positive oder negative Vorentscheidung näher zu treten, d. h. sie sowohl als theologisches Thema ernst zu nehmen als auch der Methode nach historisch-kritisch zu beurteilen und ohne Voreingenommenheit zu prüfen, was dabei herauskommt.

3. Auf der Suche nach dem geschichtlichen Kern der Osterereignisse

Nach den Erörterungen über das, was gemeint und nicht gemeint ist, wenn der christliche Glaube von der Auferstehung Jesu spricht, sowie über die methodischen Voraussetzungen der historischen Forschung auf dem Gebiet der Ostererlebnisse und -ereignisse sollen jetzt diese selbst ins Auge gefaßt werden oder genauer gesagt: Es wird zu fragen sein, was sich über die Umstände und Auswirkungen jenes einst und seitdem bis heute immer wieder verkündeten Geschehens historisch-kritisch ausmachen läßt; denn »für den Vorgang der Auferweckung selbst gibt es im Neuen Testament keine Zeugen«[127]. Zunächst bedarf es aber einer kurzen Darlegung dessen, was die Berichte für die in Betracht kommenden Geschehnisse bieten, wobei sich zugleich Gelegenheit zu einigen Bemerkungen über die Eigenart der Quellen und die Frage ihrer Zuverlässigkeit ergeben wird.

Die Berichte über die Ereignisse im Zusammenhang mit der verkündigten Auferstehung, d. h. einerseits wenige Verse aus einem Brief des Apostels Paulus, 1. Kor 15,3–8, andererseits die Ostergeschichten der Evangelien, sind von einer völlig gegensätzlichen Beschaffenheit. Die Aufzählung derjenigen Menschen durch Paulus, denen Christus nach seinem Tod und Begräbnis erschienen ist,

---

[127] Vgl. DELLING: Bedeutung, S. 75.

steht den Erlebnissen zeitlich am nächsten, und der Vers 8 (»zuletzt ist er auch mir erschienen«) ist überdies das einzige Selbstzeugnis, das es von einem Zeugen einer solchen Erscheinung gibt. Aber die genannte Briefstelle beschränkt sich auf die bloße Aufzählung dieser Zeugen. Von den dagegen mancherlei Einzelheiten bringenden Evangelien haben die apokryphen, namentlich das Petrus- und das Hebräerevangelium, mit ihren phantastischen Schilderungen von vornherein außer Betracht zu bleiben, und in den kanonischen scheidet der unechte Markusschluß 16,9 ff. ebenfalls aus. Erst recht kann das späteste und theologisch stark fortgeschrittene Johannesevangelium für die Erhebung historischer Sachverhalte, wenn überhaupt, nur hier und da, ganz am Rande, zum Vergleich herangezogen werden. Aber auch die Grabes- und Erscheinungsgeschichten in den synoptischen Evangelien geben schon auf den ersten Blick Veranlassung zu vielen kritischen Fragen und Bedenken, und sie gehören bereits einer späteren Zeit an: (das älteste Evangelium, Markus, um 70 geschrieben, 13 oder 14 Jahre später als der erste Korintherbrief). Freilich ist die Abfassungszeit dieser Quellen nicht allein entscheidend, weil sowohl die paulinische Briefstelle als auch der Bericht des Markus Bestandteile enthalten, die in eine ältere Zeit zurückreichen. Andererseits muß bei der Auswertung der Evangelien berücksichtigt werden, daß auch die ältesten Partien der Tradition keineswegs historische Berichte im eigentlichen Sinne darstellen, sondern vor allem vom Motiv und Zweck der Verkündigung getragen, also in erster Linie als Glaubenszeugnisse anzusehen sind, als Kerygma. Sie unterrichten weniger über die uns hauptsächlich interessierenden Ereignisse selbst als über den darauf sich beziehenden Glauben. Diese Zeugnisse des Glaubens und der Verkündigung müssen deshalb im einzelnen daraufhin untersucht werden, inwieweit sie möglicherweise ein zugrundeliegendes Geschehen widerspiegeln oder doch etwa auf ein solches schließen lassen.

Die Grabesgeschichten der synoptischen Evangelien zeigen vielerlei Differenzen, so hinsichtlich der Zahl und Namen der zum Grabe gehenden Frauen, hinsichtlich des Zeitpunkts und des Zwecks dieses Besuches – Salbung des Leichnams (Markus, Lukas) oder lediglich »um zu sehen« (Matthäus) –, hinsichtlich des Steines vor der Grabestür, den die Frauen nach Mk abgewälzt vorfinden, um von einem Engel zu erfahren, daß Jesus nicht mehr im Grabe liegt, sondern auferweckt wurde, während bei Mt ein vom Himmel herab fahrender Engel den Stein erst im Beisein der Frauen fortwälzt. Dieser Engel ist es, der bei Mt – bei Lk und Joh sind es zwei – den Frauen am Grabe verkündet, was sich mit dem toten Jesus begeben hat. Von dem (den) Engel(n) erhalten sie den Auftrag, den Jüngern die Nachricht zu bringen und ihnen – bei Mt wie bei Mk – zu sagen, der Auferstandene werde ihnen nach Galiläa vorangehen, Galiläa, das dagegen Lk nur in einer Erinnerung an die Zeit ihres dortigen Zusammenseins mit Jesus anklingen läßt. Die Frauen verhalten sich daraufhin wiederum ganz verschieden. Bei Mk fliehen sie entsetzt und sagen niemandem etwas; nach Mt und Lk führen sie den – unterschiedlich weitgehenden – Auftrag aus. Die Reaktion der Jünger auf die Kunde wird nur von Lukas erwähnt, sie halten

die Nachricht für Geschwätz, doch läuft Petrus zum Grab, um selbst nachzuse-
hen und findet dort lediglich die Binden liegen, in die der Leichnam eingeschla-
gen gewesen war, so daß er voll Staunens zurückgeht. Während es ein Aufsu-
chen des Grabes seitens der Jünger bei Markus und Matthäus nicht gibt, werden
aus dem einen Jünger des Lukas bei Johannes wiederum zwei: mit Petrus eilt
auch der Lieblingsjünger zum Grabe. Wie von den synoptischen Evangelien nur
Matthäus eine Grabeswache auftreten läßt, so erscheint auch nur bei ihm Jesus
den Frauen, ohne daß indessen seine Worte irgendetwas Neues über die Botschaft des Engels hinaus bringen. Der schwerste Widerspruch aber, historisch
gesehen wichtiger als alle anderen zusammen, betrifft den Ort der Erscheinungen.[128] Mindestens für die ersten von ihnen, wie sie von Paulus aufgezählt
werden, scheinen den meisten Forschern ein paar Stellen bei Markus und Matthäus nach Galiläa zu weisen. Lukas und Johannes lokalisieren die Erscheinungen
dagegen sämtlich in Jerusalem.

Gewiß wäre es voreilig, allein aus solchen Differenzen ohne weiteres zu
schließen, daß an der ganzen Sache nichts daran sein könne, so wie es einst H. S.
Reimarus in seiner von Lessing veröffentlichten berühmt gewordenen Abhandlung tat, in welcher eine Anzahl schwerer Widersprüche aufgewiesen wird,
freilich in einer noch allzu dogmatisch bzw. antidogmatisch anmutenden Art der
Betrachtung. Seitdem hat man längst gelernt, sich nicht mit dem Nachweis von
Widersprüchen in den Texten zu begnügen, sondern diese selbst erst einmal in
ihrer historischen Entwicklung zu sehen. Die so veränderte Einstellung bringt
ein theologischer Forscher am Anfang unseres Jahrhunderts, Arnold *Meyer*, in
einer für den kritischen Standpunkt schon der damaligen Zeit repräsentativen
Weise zum Ausdruck: »Über wichtige Einzelzüge, von denen die richtige Auffassung der Ereignisse durchaus abhängt, über die Klarheit vorhanden sein
müßte, wenn überhaupt Verlaß auf den ganzen Erzählungszusammenhang sein
soll, herrscht in der urchristlichen, auch in der biblischen Berichterstattung
keine Übereinstimmung. Dadurch wird bestätigt, daß wir es hier nicht mit einer
Reihe von mehr oder minder glaubwürdigen Berichten über wirkliche Ereignisse zu tun haben, sondern mit Erzählungen, die sich von sehr einfachen Anfängen
aus allmählich auseinander und aneinander entwickelt haben, wie es eben die
Christenheit nötig hatte und wie es ihrer fortschreitenden Glaubensentwicklung
entsprach.«[129] Deshalb geht es nicht an, »daraus eine Geschichte in unserem
Sinne, wo alles historisch und psychologisch verständlich gemacht werden
kann, zu entnehmen – so sicher eine solche Geschichte dahinter liegt«[130], über

---

[128] G. EBELING findet die Frage der Lozierung unwichtig (Dogmatik. Bd. 2. 1979, S. 298).
Dieses Urteil mag in grundsätzlicher, d. h. systematisch-theologischer Hinsicht verständlich
erscheinen. Dagegen dürfte es für die rein historische Perspektive sehr kennzeichnend sein,
wenn die Angaben über dasjenige Geschehen, »das für die Entstehung des Osterglaubens
konstitutiv wurde«, in einem so konkreten Punkt einen derart eklatanten Widerspruch auf-
weisen.
[129] ARNOLD MEYER: Die Auferstehung Christi. 1905, S. 93.
[130] S. 105.

die der genannte Autor dann doch auch selbst mancherlei Erkenntnisse negativer
und positiver Art beizubringen weiß. Und inzwischen hat man auch immer
mehr erkannt, wie diese Berichte durch die Bedingungen des ursprünglichen
Tradierens und die abschließende literarische Behandlung beeinflußt, namentlich von der Haltung und den Tendenzen der verschiedenen Glaubensströmun-
gen und Gruppen sowie von den persönlichen Interessen der Redaktoren bestimmt worden sind. Vielfach werden dabei mehrere Faktoren zusammenge-
kommen sein. Wenn der Stein vor der Grabestür so schwer ist, daß die Frauen
bei Mk sich zunächst fragen, wer ihnen den wegwälzen werde, oder wenn einige
der Jünger bei Mt, als sie zu dem Berge kommen und Jesus sehen, zweifeln und
auch die Jünger in Jerusalem bei Lk durch das Erscheinen Jesu zunächst verwirrt
und ungläubig sind, so wird man nicht ausmachen können, wie weit dabei auch
die Freude am wirkungsvollen Erzählen mitspricht. Dominierend ist indessen
sicherlich das Interesse des Glaubens, dessen Darstellung in der Überwindung
von Hindernissen wie dem Stein und den Zweifeln erst zur vollen Entfaltung
gelangt. Und jedenfalls wäre es nicht richtig, das Motiv des Zweifels etwa für
unerfindlich zu halten und damit als ein Indiz für geschichtliche Wirklichkeit zu
nehmen. H. *Graß*, dem die für den neueren Stand der Forschung instruktivste,
überall ungemein sorgfältig abwägende historische Untersuchung des gesamten
Auferstehungsproblems zu verdanken ist, weist in diesem Zusammenhang auf
die entsprechenden Stücke der apokryphischen Evangelien hin, die »zeigen, daß
das Zweifelsmotiv den frommen Wunschvorstellungen vom Osterglauben
nicht widerstrebte, sondern vielmehr entgegenkam«[131]. In die Augen fallende
Beispiele für tendenziöse, vor allem apologetische Bildungen sind die Einführung der Grabeswache bei Mt und das Schweigen der Frauen bei Mk, das uns
noch beschäftigen wird. Bei Lk zeigt sich die zweckbestimmte Gestaltung etwa
in der von ihm berichteten Jesuserscheinung vor Petrus, von welcher die beiden
Emmausjünger bei ihrer Rückkehr hören, so daß die Zeugenpriorität des Petrus
gewahrt wird.[132] In dem »massiven Auferstehungsrealismus«, den die auf die
Emmausgeschichte folgende Perikope zum Ausdruck bringt – Jesus zeigt den
Jüngern die Wundmale an Händen und Füßen, fordert sie dann auf, ihn anzurüh-
ren, und läßt sich schließlich sogar etwas zum Essen vorsetzen – »spiegelt sich
möglicherweise bereits die Auseinandersetzung der christlichen Mission mit
ihren Gegnern über die Auferstehung und Auferstehungsleiblichkeit«.[133] Auf
jeden Fall handelt es sich um eine verhältnismäßig späte Legende. Eindeutig zu
einer späten Bildung gestempelt werden wegen ihres theologischen Gewichts
auch die letzten Worte des Auferstandenen bei Mt mit dem Taufbefehl. Es ist
offensichtlich: »Der hier redet, ist eigentlich gar nicht der soeben Auferstandene,
sondern der allzeit gegenwärtige erhöhte Herr«.[134]
    Wenn die Ostergeschichten der Synoptiker derart durchsetzt sind mit keryg-
matischen und apologetischen Motiven sowie phantastisch-legendären und teil-

---

[131] GRASS: Ostergeschehen, S. 29.   [133] S. 40.
[132] S. 39.   [134] S. 31.

weise geradezu novellistischen Zügen, so scheint es sich beinahe zu erübrigen,
den Nachweis des nichthistorischen Charakters der meisten Angaben im einzelnen zu führen. Wichtig ist, daß schon die Grabesgeschichte des ältesten Evangeliums als verhältnismäßig spät angesetzt werden muß. Die Frage kann hier
allenfalls sein, ob sie »eine völlig freie Bildung ist oder ob ihr trotzdem irgendein
geschichtlicher Tatbestand, ein aufgefundenes und bekanntes leeres Grab zugrunde liegt«. [135] Eine Gewißheit über das leere Grab läßt sich jedenfalls auf Mk
nicht gründen [136], und ein Bericht über Erscheinungen des Auferstandenen fehlt
in dem alten Mk-Text (16,1–8) überhaupt. Nur ein Hinweis darauf, daß sie in
Galiläa erfolgen werden, findet sich an zwei Stellen (14,28 und 16,7), »hinter
denen eine alte Überlieferung zu stehen« scheint. [137] In der Grabesgeschichte des
Mt sodann hat »das Bedürfnis, die Realität der Auferstehung durch den Aufweis
des leeren Grabes zu beweisen«, »eine weitere Steigerung erfahren«. [138] Der
Ertrag seiner Auferstehungsberichte ist »außerordentlich gering«. Wiederum
»bleibt eigentlich nur ein Datum übrig: Der Herr erschien seinen Jüngern in
Galiläa«, ein Datum, auf das »bereits die Ostergeschichte des Markus hinführ-
te«. [139] Schließlich muß bei der Frage nach dem Ostergeschehen auch »die
lukanische Grabesgeschichte als selbständige Quelle ausgeschaltet werden«. [140]
Was aber die Emmauserzählungen betrifft, »eine der schönsten und eindrucksvollsten Ostergeschichten«, so wird »der legendäre Charakter« »von der kritischen Forschung allgemein anerkannt«. [141] Der gesamte Ertrag bei Lk beschränkt sich darauf, »daß der Auferstandene zuerst dem Petrus erschien; wobei
dieses ›zuerst‹ auch nur durch Paulus wirklich gesichert ist«. [142] »Daß wir uns bei
den Berichten der Apostelgeschichte von vierzigtägigem Umgang Christi mit
seinen Jüngern« samt »abschließender Himmelfahrt ganz auf dem Boden der
späten Legende befinden« [143], braucht kaum gesagt zu werden, und ebenso, daß
das durch und durch theologisch orientierte, ebenso eigenwillige wie wider-
spruchsvolle, mit späten Einschüben und einem nachträglichen Anhang verse-
hene Johannesevangelium als historische Quelle, wie schon erwähnt, nahezu
völlig ausscheidet. Vor allem das darin enthaltene reizvolle Gespräch der Maria
Magdalena mit einem zunächst Unbekannten stellt Apologetik und Novellistik
in einem dar, »geschichtliche Erinnerungen an den Ostermorgen darf man
jedenfalls nicht dahinter suchen«. [144]
Daß bei dieser Lage der Dinge der exponierteste Bestandteil der Osterberichte, die Nachricht vom leeren Grab, einen geschichtlichen Kern enthalten sollte,
ist von vornherein wenig wahrscheinlich. Man hat allerdings gemeint, aus
allgemeinen historischen Gründen annehmen zu können, daß das Grab tatsächlich leer war. Wenn »in Jerusalem, am Orte der Hinrichtung und des Grabes
Jesu«, »nicht lange nach seinem Tode verkündigt« wird, »er sei auferweckt«, so

---

[135] S. 23.   [139] S. 32.   [142] S. 40.
[136] Ebd.   [140] S. 35.   [143] S. 50.
[137] S. 21.   [141] Ebd.   [144] S. 59.
[138] S. 25.

»fordert« »dieser Tatbestand« nach *Althaus*, »daß man im Kreise der ersten Gemeinde ein verläßliches Zeugnis dafür hatte, daß das Grab *leer gefunden* ist«. [145] »Diese Botschaft« »hätte sich keinen Tag, keine Stunde in Jerusalem halten können, wenn das Leersein des Grabes nicht für alle Beteiligten festgestanden hätte«[146], ein Argument, das sich auch *Pannenberg* zu eigen macht. [147] Und noch auf einen nicht unwichtigen Sachverhalt weist dieser Autor hin: Die jüdische Polemik »teilte« »mit ihren christlichen Gegnern die Überzeugung, daß das Grab leer war. Sie beschränkte sich darauf, diese Tatsache in einem eigenen, der christlichen Botschaft abträglichen Sinne zu erklären«. [148] »So zeigen schon allgemeine historische Erwägungen, daß die Verkündigung der Botschaft von der Auferweckung Jesu in Jerusalem, die die christliche Gemeinde begründet hat, kaum anders als unter der Annahme, daß das Grab leer war, verständlich wird.« Historisch wahrscheinlich ist Pannenberg deshalb, »daß man in Jerusalem wußte, das Grab sei leer«. [149]

Solche Überlegungen allgemeiner Art sind in der Tat nicht gering zu achten. Es fragt sich nur, ob sie sich gegen das Gewicht der Problematik, wie sie sich aus den Quellen und deren Beschaffenheit ergibt, durchsetzen können. Hier ist deshalb eine weitere Klärung erforderlich, zumal ein angesehener Kirchenhistoriker, Hans Frh. v. *Campenhausen*, den Versuch gemacht hat, einen Kern der Nachricht vom leeren Grab als historisch wahrscheinlich zu erweisen. Die Frage, wie es mit dem leeren Grabe steht, ist jedenfalls so bedeutsam, daß ihr eine etwas eingehendere Betrachtung gewidmet werden muß, die dem hier nicht Bewanderten einen kleinen Einblick in die Sicht und Arbeitsweise der Forschung gibt und so der Anbahnung eines sachgemäßen Urteils über den Stand des viel diskutierten Problems dienen kann. Die Darstellung der Argumentation und Gegenargumentation beschränkt sich jedoch im folgenden auf ziemlich allgemeinverständliche Sachverhalte, während die schwerer zu übersehenden traditionsgeschichtlichen Verhältnisse im einzelnen weitgehend ausgeklammert werden.

Den zu Bedenken Anlaß gebenden Charakter schon des Markusberichts verkennt selbstverständlich auch v. Campenhausen nicht. Der den Frauen erscheinende und sie über die erfolgte Auferstehung Jesu unterrichtende Jüngling Mk 16,5 ff. ist für ihn wie für andere Forscher »ohne Zweifel ein legendarischer Zug, der die später folgenden Ereignisse in einer wunderbaren Ankündigung vorwegnimmt. Auch der vorausgehende Bericht über den Gang der Frauen zum Grabe ist nicht frei von Seltsamkeiten. Der Wunsch, einen schon beigesetzten, in Leintücher gewickelten Toten ›am dritten Tage‹ noch zu salben, ist, wie man ihn auch deuten mag, durch keine uns geläufige Sitte gedeckt und bei den klimati-

---

[145] Paul Althaus: Die Wahrheit des kirchlichen Osterglaubens. 2. Aufl. 1941, S. 28.
[146] S. 25.
[147] Pannenberg: Christologie, S. 97 f.
[148] S. 98 f.
[149] S. 99.

schen Verhältnissen Palästinas in sich selbst widersinnig; und daß die Frauen erst unterwegs auf den Gedanken kommen, sie hätten eigentlich Hilfe nötig, um den Stein abzuwälzen und ins Grab zu gelangen, verrät ein mehr als erträgliches Maß an Gedankenlosigkeit.« Angesichts solcher Urteile ist es um so bemerkenswerter, daß die Angelegenheit damit nicht als erledigt angesehen wird; denn »so unwahrscheinlich der Markusbericht hier auch sein mag – irgendeine wunderhaft-phantastische Tendenz wird in solchen Einzelzügen nicht erkennbar.«[150] »Nur die Gestalt des ›Jünglings‹, den wir als Engel verstehen sollen, erscheint als eindeutig ›legendarisch‹ und läßt sich ohne viel Mühe entfernen«[151] bzw. durch Überlegungen des Petrus ersetzen.[152]

Zwei Daten heben sich für Campenhausen »aus der wirren Fülle des überlieferten Stoffes als wesentlich und zuverlässig heraus: eine Reihe von unbezweifelbaren Christuserscheinungen, die nach Galiläa zu setzen sind, und die Entdeckung des leeren Grabes zu Jerusalem.«[153] Um ihr zeitliches und sachliches Verhältnis geht es. Nach allen Evangelisten befinden sich die Jünger, wie Campenhausen betont, zur Zeit der Kreuzigung, Grablegung und Entdeckung des leeren Grabes noch in Jerusalem. »Es besteht nicht der geringste Grund, an der Richtigkeit dieser Angabe zu zweifeln. Daß die Jünger nach der nächtlichen Verhaftung Jesu vom Fleck weg geflohen oder auch am Tage darauf, nach der überlieferten Chronologie also am Rüsttag, oder gar am Sabbat selbst noch während der Festzeit nach Galiläa zurückgekehrt sein sollten, ist so unwahrscheinlich wie nur möglich. Auch Markus will natürlich nichts Derartiges behaupten, wenn er sagt, alle Jünger seien beim Tumult der Verhaftung alsbald ›geflohen‹« (14,40), »d. h. sie hätten Jesus im Stich gelassen«. Die »Annahme einer sofortigen ›Flucht‹ der Jünger nach Galiläa« hält v. Campenhausen mit M. Albertz[154] für eine – »allerdings erstaunlich weit verbreitete – ›Legende der Kritik‹«[155], so wie er auch die ihr entsprechende Annahme einer verzweifelten Stimmung der Jünger, die nach dem Tode Jesu allem Früheren einfach den Rücken gekehrt und ihren Beruf wieder aufgenommen hätten, nicht gerechtfertigt findet.[156] Das Wort des Engels am Grabe Mk 16,7 rechne vielmehr »mit einem geordneten ›Zug‹ nach Galiläa, der unter der Führung des Petrus erfolgen soll, sein Name wird jedenfalls als einziger genannt und dadurch hervorgehoben«.[157] Überhaupt wird Petrus in dieser Hypothese eine besonders bedeutende

---

[150] HANS FREIH. V. CAMPENHAUSEN: Der Ablauf der Osterereignisse und das leere Grab. 2. Aufl. 1958, S. 24.

[151] S. 41.

[152] So hat W. PANNENBERG Campenhausens Verfahren in diesem Punkt treffend formuliert (Christologie, S. 102).

[153] CAMPENHAUSEN: Ablauf, S. 42.

[154] MARTIN ALBERTZ: Zur Formgeschichte der Auferstehungsberichte. In: ZNW 21. 1922, S. 269. – Vgl. auch schon JOH. WEISS: Der erste Korintherbrief. 1910, S. 350, sowie FRIEDR. SPITTA: Die Auferstehung Jesu. 1918, S. 22.

[155] CAMPENHAUSEN: Ablauf, S. 44.

[156] S. 45.

[157] S. 48.

Rolle zugeschrieben. Er soll niemals ganz irre an Jesus geworden sein, auch nach der Kreuzigung nicht.[158] »Petrus hat vielmehr – trotz allem – den ›Glauben‹ bewahrt und damit zuletzt auch die übrigen Jünger bestimmt und gewonnen.«[159] Und im Blick auf ihn wird nun die Nachricht vom leeren Grab wichtig, das die Frauen »wahrscheinlich am ›dritten Tag‹« »entdeckten«.[160] »Daß die Nachricht, wenn die Jünger noch in Jerusalem waren, diese auch erreicht hat, läßt sich kaum ernsthaft bezweifeln«[161], und sie übte auf die ratlosen und deprimierten Zurückgebliebenen eine erregende Wirkung aus. Wer die Nachricht im Sinne der Worte des Engels verstand, für den ergab sich die Folgerung von selbst: »Wo sollte Jesus jetzt noch zu finden sein? Jerusalem, die gottlose Großstadt seiner Feinde«, »war für sein Wiedererscheinen in der Tat nicht der gegebene Ort. Er mußte in die Heimat gezogen sein, nach Galiläa, wo er gewirkt hatte, wo er seine Anhängerschaft besaß, wo er und die Jünger zu Hause waren, das heilige Land ihrer Erinnerung und nunmehr auch ihrer Hoffnung.«[162] Davon wird, wie Campenhausen meint, Petrus die anderen überzeugt haben, so daß man sich nach Galiläa aufmachte. Dort ereignen sich dann die Erscheinungen Jesu. Das ist ein außerordentlich interessanter Versuch, den Ablauf der Geschehnisse zu begreifen. Es fragt sich nur, ob er nicht allzu kühn ist und ob er sich im einzelnen als haltbar erweisen wird.

Campenhausens Hypothese beruht auf einer Kombination der 1. Kor 15 genannten Erscheinungen des Auferstandenen mit der Mk 16 erzählten Entdeckung des leeren Grabes und behauptet die Priorität dieser vor jenen.[163] Angesichts der Traditionsgeschichte der Auferstehungserzählungen findet Ph. *Vielhauer* es jedoch »sehr problematisch«, durch eine derartige Kombination »und noch so vorsichtige Heranziehung der anderen evangelischen Nachrichten den historischen Vorgang und Ablauf der Osterereignisse rekonstruieren zu wollen«. Und was die Frage angeht, »ob den Erscheinungen des Auferstandenen oder der Tradition von der Entdeckung des leeren Grabes die Priorität zukommt«, so scheint sie Vielhauer »zugunsten der erstgenannten beantwortet werden zu müssen«.[164] Ebenso ist *Graß* der Ansicht, die Auferstehungsbotschaft habe sich »ursprünglich nicht auf den Aufweis des« (leeren) »Grabes gestützt, sondern auf die Erfahrung des lebendigen Herrn. Erst eine spätere Zeit, die keine Begegnungen mit dem Auferstandenen mehr erfahren hatte«, »war an dem

---

[158] Damit rechnet auch WILCKENS: Auferstehung. S. 148.
[159] CAMPENHAUSEN: Ablauf, S. 47.
[160] S. 51.
[161] S. 49.
[162] Ebd.
[163] Schon ein so kritischer älterer Forscher wie DANIEL VÖLTER hat die von den Frauen am dritten Tag konstatierte Tatsache des leeren Grabes »die unentbehrliche Vorbedingung für die Erscheinungen des Herrn« genannt (Die Entstehung des Glaubens an die Auferstehung Jesu. 1910, S. 28). »An dem am Ostermorgen von den Frauen offen und leer gefundenen Grab als an einer historischen und für die Entstehung des Auferstehungsglaubens fundamentalen Tatsache« hält er »mit aller Entschlossenheit fest« (S. 31).
[164] PHILIPP VIELHAUER in einer Rezension ZKG Bd. 65. 1953/54, S. 154.

leeren Grab direkt interessiert«.[165] Aber es bleibt nichts anderes übrig, als diese
so wichtige Hypothese ein wenig im einzelnen zu prüfen.

Zunächst die Frage des Zeitpunkts, die nicht entscheidend, aber aufschlußreich ist. Nach 1.Kor 15,4 ist Christus »am dritten Tage« auferweckt worden.
Da die ersten Erscheinungen in Galiläa wegen des von den Jüngern zurückzule-
genden Weges von Jerusalem dahin nicht schon so früh stattgefunden haben
können[166], denkt Campenhausen bei dem vorliegenden Datum an die Entdek-
kung des leeren Grabes.[167] Hierzu bemerkt jedoch H. *Conzelmann* lapidar: »Die
Datierung ›am dritten Tag‹ haftet von Hause aus nicht am Grabe (auch nicht an
den Erscheinungen), sondern am Faktum der Auferstehung selbst.«[168] Ebenso
betont *Vielhauer*: »Die Leidensweissagungen und Matthäus 12,40« (Vergleich
des Menschensohns mit Jona im Bauch des Fisches) beziehen diese Zeitangabe
»eindeutig auf die Auferstehung selbst; auf sie wird das Datum auch 1.Kor 15,4
bezogen werden müssen«[169]. Daß mit dem ›am dritten Tag‹ nicht an den
Zeitpunkt gedacht ist, an dem die Frauen Mk 16,2 ans Grab kommen, ist deshalb
wohl ziemlich sicher. Im übrigen sieht Graß in diesem Datum überhaupt keine
geschichtliche Kenntnis der Osterereignisse, sondern eine mit Hilfe des urchristlichen Schriftbeweises entstandene »dogmatische Setzung«.[170] »Die Annahme,
daß aus der historischen Erinnerung an die Entdeckung des leeren Grabes beim
Anbruch des dritten Tages das ›auferstanden am dritten Tage‹ entstanden ist, ist
nicht wahrscheinlicher als die umgekehrte Annahme«, daß man nämlich bereits
an den dritten Tag glaubte, als die Auferstehungsberichte gestaltet wurden. Daß
die Auferstehung »tatsächlich an diesem Tag geschah und nicht zu einem anderen Zeitpunkt zwischen Begräbnis und Auffindung des leeren Grabes, dafür gab
es schon bei den ältesten Zeugen kein historisches Wissen, sondern nur einen
Glauben«.[171]

Ein anderes beachtenswertes Teilproblem betrifft das Schweigen der Frauen.
In dem ursprünglich letzten Vers des Markusevangeliums (16,8) sagen die
erschrockenen Frauen niemandem etwas von dem, was sie erfahren hatten. Sie
führten also den Auftrag, es den Jüngern zu berichten, nicht aus. Diese Behauptung, die im Gegensatz zu dem Auftrag des Engels im vorausgehenden Vers wie
zum Sinn der Geschichte selbst, aber auch zu den Paralleltexten der andern
Evangelien steht[172], hält v. Campenhausen für »so unwahrscheinlich wie mög-

---

[165] GRASS: Ostergeschehen, S. 184.

[166] CAMPENHAUSEN: Ablauf, S. 12.

[167] S. 41 f. – Vgl. auch LEONHARD GOPPELT: Die Auferstehung Jesu. Ihre Wirklichkeit und
Wirkung nach 1.Kor 15. In: Der auferstandene Christus und das Heil der Welt (Das Kirchberger
Gespräch) 1972, S. 104 f.

[168] CONZELMANN: Auferstehung. In: RGG³ Bd. 1, Sp. 700.

[169] VIELHAUER in der soeben angeführten Rezension.

[170] GRASS: Ostergeschehen, S. 138. – Von den drei Stellen im Alten Testament, an denen eine
Zeitangabe von drei Tagen oder ›am dritten Tage‹ begegnet, kommt allerdings als für den
Weissagungsbeweis geeignet eigentlich nur Hosea 2,1 in Betracht (S. 136).

[171] S. 129.

[172] JULIUS SCHNIEWIND: Das Evangelium des Markus übers. u. erkl. 6. Aufl. 1952, S. 205.

lich«[173], und in der Tat haben die anderen Evangelisten das ja eben geändert, d. h. die Frauen reden lassen. »Daß die Nachricht, wenn die Jünger noch in Jerusalem waren, diese auch erreicht hat, läßt sich« nach Campenhausen, wie schon erwähnt, »kaum ernsthaft bezweifeln; die entgegengesetzte tendenziöse Behauptung des Markus ist sekundär«.[174] Den Text, wie er dasteht, kann der naive Leser »schwerlich anders verstehen, als daß die Frauen *zunächst* geschwiegen hätten«.[175]

Das Weitergeben der Nachricht ist durchaus notwendig für den Ablauf des Geschehens, wie Campenhausen ihn sieht: Die noch in Jerusalem befindlichen Jünger müssen die Kunde vom leeren Grab erhalten haben. In dem so befremdlichen Schweigen der Frauen bei Markus hat man sicherlich mit Recht eine apologetische Tendenz gesehen. Wie diese beschaffen ist, darüber gehen die Ansichten freilich auseinander. Nach Campenhausen verfolgt der Evangelist damit einen ähnlichen Zweck wie Matthäus, wenn er Wachen am Grab aufstellt. Er will sagen: die Jünger »hatten mit dem leeren Grab überhaupt nichts zu tun. So wie sie schon bei der Beisetzung tatsächlich nicht beteiligt waren, so haben sie auch später bei dem, was hier erfahren wurde, ihre Hände schlechterdings nicht im Spiel gehabt«, »und alle Verdachte, die in der einen oder anderen Form gegen ihre Lauterkeit erhoben sind, werden damit zu willkürlichen und unhaltbaren Verleumdungen. Das leere Grab ist ein Geschehen für sich, dessen Zeugnis zu den Erfahrungen, die die Jünger später in Galiläa machen werden, erst nachträglich hinzugetreten ist; es verdient darum doppelt Glauben«.[176] Graß und andere Forscher vor ihm interpretieren das Schweigen so, daß dadurch einmal »die Selbständigkeit der apostolischen Zeugen gewahrt werden« soll. Nicht also »durch das Gerede der Frauen, deren Wert als Zeugen die damalige Zeit überhaupt gering anschlug, ist der Osterglaube angeregt worden und entstanden, sondern durch Erfahrungen, die glaubwürdige Männer, völlig unbeeinflußt von Frauengeschwätz, in den Ostertagen machten«.[177] Darüber hinaus wird hiermit gezeigt, »daß ihr Osterglaube auch wirklich selbständig, d. h. unabhängig von einer Kunde vom leeren Grab entstanden ist«. An sich sind beide Deutungen, die Campenhausens und die zuletzt genannte möglich, und sie laufen ja sogar z. T. auf dasselbe hinaus.[178]

Mögen also die Frauen, wie es wohl natürlich ist, nicht geschwiegen, sondern die Nachricht vom leeren Grab weitergegeben haben, so dürfte damit freilich für dieses nicht eben viel gewonnen sein. Deutlich wird hier aber, wie umsichtig und zielbewußt schon der älteste Evangelist bei seiner Erzählung vorgegangen ist.

Eine besonders wichtige Frage ist in diesem Zusammenhang die, wo man sich

---

[173] C̃ampenhausen: Ablauf, S. 36.
[174] S. 49.
[175] S. 27.
[176] S. 37.
[177] G̃raß: Ostergeschehen, S. 22.
[178] Vgl. C̃ampenhausen: Ablauf, S. 39.

den Standort der Jünger zur Zeit der Katastrophe zu denken hat und wie es sich mit ihrer Flucht verhält. Dabei ist es unerläßlich, eine andere, noch wichtigere Ortsfrage zu berücksichtigen, die den Schauplatz der Erscheinungen betrifft. Hierüber werden von den Evangelisten, wie schon kurz erwähnt, ganz entgegengesetzte Angaben gemacht: Markus (16,7; 14,28) und Matthäus (28,7.10.16ff.) weisen nach Galiläa, während Lukas (und Johannes) zufolge das gesamte Ostergeschehen in Jerusalem lokalisiert zu denken ist. Entsprechend unterschiedlich sind die in der Forschung vertretenen Ansichten, doch neigt man heute überwiegend zu der »Meinung, daß sowohl in Galiläa wie in Jerusalem Erscheinungen stattgefunden haben«.[179] Aber ein Forscher wie *Conzelmann* hat sich noch wieder mit Bestimmtheit für Jerusalem allein ausgesprochen. Die Lösung des Problems im Sinne des Sowohl-als-auch hilft im Grunde nicht recht weiter, weil es vor allem auf die ersten Erscheinungen, die vor Petrus und die vor den Zwölfen ankommt. Da bleibt nur das eine oder andere, und eine Entscheidung ist nicht direkt, sondern allenfalls indirekt möglich. Es fällt nämlich leichter, Galiläa anzunehmen, als zu erklären, wie es zu dieser Angabe gekommen ist, wenn nichts daran sein sollte, während umgekehrt die Tendenz des Lukas, die Ereignisse ausnahmslos nach Jerusalem zu verlegen, ganz seiner Einstellung entspricht und durchaus verständlich ist. Jedenfalls stand es Campenhausen zunächst frei, von Galiläa auszugehen. Dann aber setzten die Schwierigkeiten ein.

Unser Historiker geht, wie erwähnt, davon aus, daß die Jünger sich nach den Erzählungen aller Evangelisten zuletzt in Jerusalem aufhalten, der göttliche Bote bei Markus und entsprechend bei Matthäus »erteilt ja gerade vom leeren Grabe aus den Befehl, sie sollten nach Galiläa aufbrechen«.[180] Die Annahme ihrer sofort nach der Verhaftung Jesu erfolgten Flucht nach Galiläa hält er, wie auch schon gesagt, für eine Legende der Kritik. Erst auf die Nachricht von der Entdeckung des leeren Grabes hätten sie sich nach Galiläa gewandt. Graß findet indessen, daß zu einem solchen Ablauf das Verhalten der Jünger nicht paßt: »Wenn die Jünger noch in Jerusalem weilten, warum hören wir nichts davon, daß sie der Hinrichtung Jesu wenigstens von ferne beiwohnen?« »Warum spielen die Jünger bei der Bestattung keine Rolle?« Schwerer noch »wiegt, daß die Jünger nach den ältesten Schichten der Überlieferung sich offenbar auch nicht um das leere Grab gekümmert haben«.[181] Die Hauptfrage aber ist, warum sie nach der Entdeckung des leeren Grabes nach Galiläa gegangen sind. Es würde, meint *Graß*, doch näher gelegen haben, »an der Stätte der Auferstehung auch eine Erscheinung des lebendigen Herrn zu erwarten«.[182] Ein wirklich plausibler Grund, weshalb die Jünger, nachdem sie in Jerusalem den Herrn gesehen haben, noch nach Galiläa ziehen, läßt sich schwer finden.[183] Die Erklärung Campen-

---

[179] GRASS: Ostergeschehen, S. 114.
[180] CAMPENHAUSEN: Ablauf, S. 37.
[181] GRASS: Ostergeschehen, S. 116.
[182] S. 116f.
[183] S. 117.

hausens, daß es sich für die Jünger, nachdem sie das leere Grab im Sinne der Auferstehung gedeutet hatten, von selbst ergeben habe, in seine und ihre Heimat zu ziehen, wobei auch frühere Andeutungen Jesu eine Rolle gespielt haben könnten, und daß vor allem Petrus diesen Standpunkt vertreten und zum Siege geführt habe, findet Graß unbefriedigend[184]. Auch Pannenberg erklärt die von Campenhausen gegebene psychologische Motivierung für schwer haltbar. Sehr viel überzeugender sei dessen einfache Feststellung: »Einmal mußten die Jerusalemer Pilger ja doch in ihre Heimat aufbrechen«.[185] »Dazu aber muß«, wie Pannenberg zweifellos richtig bemerkt, »die Entdeckung des leeren Grabes nicht vorausgesetzt werden«. »Es legt sich also die Annahme nahe, daß die Rückkehr der Jünger nach Galiläa unabhängig von der Entdeckung des leeren Grabes erfolgt ist«[186], womit Campenhausens zentrale These hinfallen würde.

Besonders kritisch steht E. *Gräßer* der Konstruktion Campenhausens gegenüber. Auch die von diesem zuletzt gegebene Motivation für den geordneten Zug der Jünger sieht er als unzureichend an.[187] Und sollte Jesus die Jünger, nachdem sie zunächst nach Galiläa zitiert worden sind, »wirklich wieder nach Jerusalem zurückgeschickt haben, um dort die Kirchengeschichte in Gang zu bringen?«[188] Gräßer fordert, die Flucht der Jünger ernster zu nehmen, die nun einmal in Mk 14,50 deutlich ausgesprochen ist: sie flohen alle. *Graß* ist und bleibt es ohnehin wahrscheinlich, »daß die Osterereignisse für die Jünger in Galiläa begannen, daß sie ursprünglich mit dem Grabe nichts zu schaffen hatten, daß, wenn überhaupt an der Überlieferung von der Auffindung des leeren Grabes etwas dran ist«, »die Jünger wenigstens nicht mehr in Jerusalem waren, als es entdeckt wurde, daß sie also schon vor Ostern in die Heimat geflohen sind«.[189] Der in Mk 16,7 und 14,28 enthaltene Hinweis auf Galiläa ist zwar älteste Tradition, aber auch daran hat »bereits apologetisches Interesse geformt«: »die Jünger seien nicht einfach geflohen, sondern gingen nach Galiläa einer ausdrücklichen Weisung Jesu bzw. seines Boten folgend«.[190] Daß Campenhausen an diese verharmlosende Tendenz anknüpfen zu dürfen meint, leuchtet nicht ein. Auch G. *Koch* bringt der Behauptung eines geordneten Rückzugs nach Galiläa »größte Skepsis« entgegen[191] und nimmt an, »daß die Jünger aus Jerusalem geflohen sind, ohne Kunde vom leeren Grab erlangt zu haben«.[192]

Problematisch erscheint an der Campenhausenschen Hypothese ferner die Rolle des Petrus. Ihm fällt darin das Verständnis des leeren Grabes im Sinne der erfolgten Auferstehung zu, eine Annahme, die in der damaligen Situation – ohne

---

[184] Vgl. auch CONZELMANN: Auferstehung, Sp. 700.
[185] CAMPENHAUSEN: Ablauf, S. 45, Anm. 175. Diese Bemerkung ist erst in der 2. Aufl. hinzugekommen.
[186] PANNENBERG: Christologie, S. 102.
[187] Vgl. auch CONZELMANN: Auferstehung, aaO.
[188] GRÄSSER: Problem, S. 23.
[189] GRASS: Ostergeschehen, S. 119.
[190] S. 120.
[191] KOCH: Auferstehung, S. 44.
[192] S. 43.

Engel – kaum so nahegelegen haben kann wie dem späteren Leser, der durch die
altbekannte biblische Erzählung mit allen inzwischen eingefahrenen Glaubens-
assoziationen darauf hingelenkt wird. Noch sonderbarer findet *Graß* »die andere
Vorstellung, die Jünger hätten selbstverständlich angenommen, daß der Auferstandene in die Heimat Galiläa gezogen sei und daß man ihn dort treffen
könne«.[193] Wiederum soll es »vor allem Petrus gewesen sein, der diesen Standpunkt vertrat und zum Siege führte«.[194] »Diese Vorstellung von einem von
Jerusalem abgereisten Jesus, dem seine Jünger ahnungsvoll nachreisen in der
Hoffnung auf ein Wiedersehen in Galiläa«, nennt Graß »unglaubwürdiger als die
massivsten Osterlegenden der evangelischen Tradition«.[195] Und auch wenn
man den dem Petrus unterstellten Schluß und Entschluß als sinnvoller beurteilen
sollte, so wäre doch immer noch zu sagen: Das ist nicht nur nicht »Zug um Zug
historisch«, was Campenhausen selbst zugibt, sondern bestenfalls eine Möglichkeit. Kann die hier genügen?

Einen verhältnismäßig guten historischen Eindruck macht dagegen auf den
ersten Blick der Name des Joseph von Arimathia als des Mannes, der den
Leichnam beigesetzt hat, und Campenhausen meint: »Gab es aber in der ersten
Gemeinde über die Bestattung Jesu irgendeine sachlich begründete Kunde, so
müssen die Nachforschungen nach dem Grabe zum mindesten sehr bald begonnen haben. Man fand und zeigte aller Wahrscheinlichkeit nach wirklich ein leeres
Grab.«[196] Inwieweit war aber eine solche Kunde wirklich begründet? Graß
erkennt zwar an, aus der legendären Ausgestaltung der Grabesgeschichte sei
»nicht ohne weiteres« zu schließen, daß »die Gestalt Josephs von Arimathia
ebenso frei erfunden ist, wie das in der johanneischen Grablegungsgeschichte die
Gestalt des Nikodemus zweifellos ist«.[197] Aber Bedenken bleiben ihm auch hier.
Diese beziehen sich weniger auf die nicht unüberwindlichen inneren Schwierigkeiten des Markusberichts, etwa die zeitliche, daß nach dem Tode Jesu nachmittags um drei Uhr und den Verhandlungen mit Pilatus wegen der Freigabe des
Leichnams die Beisetzung erst spät in der Nacht erfolgt sein müßte.[198] Wichtiger
ist, daß auch die Frauen, die nach Mk 15,47 bei der Grablegung neben Joseph von
Arimathia zugegen sind, die Geschichtlichkeit des Vorgangs und des Ratsherrn
Joseph nicht wirklich sichern; denn sie könnten an dieser Stelle hinzugefügt sein
als Ersatz für die Jünger, von denen man nach der Ansicht von Graß wußte, daß
sie nicht mehr in Jerusalem waren.[199] Selbst die zunächst eigentümlich anmutende Furcht der Frauen ist kein unerfindbarer Zug, weil sie in der Verbindung mit
der Engelerscheinung »zum Stil solcher Erzählungen gehört. Aus diesem Zug ist
jedenfalls kein Argument für ein der Grabauffindungsgeschichte zugrundeliegendes Geschehen zu gewinnen.«[200] Gerade weil Graß überall besonders vor-

---

[193] GRASS: Ostergeschehen, S. 119.
[194] CAMPENHAUSEN: Ablauf, S. 50.
[195] GRASS: Ostergeschehen, S. 119.
[196] CAMPENHAUSEN: Ablauf, S. 42.
[197] GRASS: Ostergeschehen, S. 177.
[198] S. 178.   [199] S. 182.   [200] S. 183.

sichtig abwägt und auch die Frauen nicht, wie Bultmann, unbedingt aus der Passionstradition ausschließen will[201], hat sein Urteil, daß es sich bei diesem Bericht um »eine spätere Glaubenslegende« handelt[202], um so größeres Gewicht. Die Bestattung durch Joseph von Arimathia hält er für historisch möglich, jedoch nicht erwiesen. Dagegen »die Auffindung des Grabes am dritten Tage hängt nur an der Legende vom Besuch der Frauen am Grabe am Ostermorgen«[203], und dieses Datum ist bereits gefallen. Was die Annahme, »daß die Urchristenheit das Grab kannte«, für Graß besonders erschwert, ist »das Fehlen jeglicher Argumentation mit dem leeren Grab im ältesten Kerygma«.[204] »Es ist ein argumentum e silentio, aber doch ein sehr wichtiges, um nicht zu sagen, entscheidendes.«

Campenhausen meint zusammenfassend: »Man fand und zeigte aller Wahrscheinlichkeit nach wirklich ein leeres Grab, und wenn wir nicht alles im Sinne der Juden für Schwindel und nachträgliche Mache erklären wollen, so ist es nicht einzusehen, warum dessen Entdeckung nicht so, nicht durch die Personen und zu dem Zeitpunkt erfolgt sein sollte, wie es uns die älteste Überlieferung an die Hand gibt.«[205] Dazu wäre jedoch nach allem zu sagen: So durchaus legitim das Problem ist, ob das leere Grab als historisch greifbar zu gelten hat, und so umsichtig der besprochene Versuch, es in diesem Sinne zu sichern, durchgeführt wird, hinter das Ergebnis muß man in jedem einzelnen Punkt ein Fragezeichen setzen. Daß es das leere Grab gegeben und daß es eine so entscheidende Rolle gespielt hat, d. h. daß ihm im Verhältnis zu den Erscheinungen gar die zeitliche Priorität zukommt, ist durch die Berichte der Evangelien nicht hinreichend gewährleistet. Und besonders schwer wiegt der von *Graß* hervorgehobene Umstand, »daß sich die älteste Auferstehungsverkündigung offenbar der Beweisführung mit dem leeren Grab nicht bedient hat. Wie der Auferstehungsglaube der Jünger nicht am leeren Grab entstand, so hat sich ihre Auferstehungsbotschaft ursprünglich nicht auf den Aufweis des Grabes gestützt, sondern auf die Erfahrung des lebendigen Herrn«.[206]

Die Waage scheint sich damit zuletzt der von *Graß* vertretenen Ansicht zuzuneigen, nach der die Osterbotschaft »nicht auf zwei Pfeilern geruht« hat, »den Erscheinungen und dem Leerfinden des Grabes«, »vielmehr das ursprüngliche Vorhandensein des zweiten Pfeilers fragwürdig« ist.[207] U. *Wilckens* hält zwar den »Grundbestand« der Grabesgeschichte Mk 16,1–8 für »vormarkinisch« und »überlieferungsgeschichtlich sehr alt«[208], aber »den Osterglauben ausgelöst und damit die Urgemeinde konstituiert haben« auch nach seiner Ansicht »die Erscheinungen des Auferstandenen in Galiläa«. »Nach Jerusalem übergesiedelt fand die Urgemeinde die Erzählung der Frauen von der Entdek-

---

[201] S. 182.
[202] S. 183.
[203] Ebd.
[204] S. 180 f.
[205] CAMPENHAUSEN: Ablauf, S. 42.
[206] GRASS: Ostergeschehen, S. 184.
[207] Ebd.
[208] WILCKENS: Überlieferungsgeschichte, S. 59.

kung des leeren Grabes Jesu vor.«[209] Daß der Ursprung des Glaubens an den auferstandenen Christus in seiner Erscheinung liegt, meint auch H. W. *Bartsch*.[210]

Es bleibt noch zu fragen, ob etwa ein Rückgriff auf den Apostel Paulus zu einer Klärung des Problems des Grabes beitragen kann. Freilich hat er nie vom leeren Grab gesprochen, aber diese Feststellung ist offenbar nicht eindeutig: Hat er an das leere Grab überhaupt nicht gedacht und von ihm gar nichts gehört, oder war es ihm im Gegenteil so selbstverständlich, daß seine Erwähnung überflüssig erschien? Genauer zugesehen ergeben sich hier zwei Fragen. Einmal handelt es sich darum, ob die 1.Kor 15,3–5, wie man annimmt, zitierte alte Glaubensformel – mit den Aussagen, daß Christus gestorben (v.3), begraben (v.4) und auferweckt worden (v.5) sei – eine Kenntnis der Nachricht vom leeren Grab erkennen läßt. Daß Paulus, weil er das Begräbnis erwähnt, vom leeren Grab gewußt haben müsse, hält auch *Campenhausen* für eine zu kühne Folgerung.[211] *Graß* ist es »zum mindesten sehr zweifelhaft«, daß sich in dem »Begraben« »ein historisches Wissen um das leere Grab niedergeschlagen hat«.[212] Für *Conzelmann* ist aus dem Aufbau der von Paulus verwendeten Formel »klar ersichtlich«, daß das »Begraben« (etáphe) »nicht als Hinweis auf das leere Grab gemeint ist, sondern einfach die Realität des Todes feststellen soll; das Motiv vom leeren Grab fehlt«, wie auch dieser Autor betont, »im frühen Credo gänzlich«.[213] *Wilckens* gilt hingegen als »die wahrscheinlichste Annahme«, daß die entsprechende Erzählung der Evangelien in der Formel vorausgesetzt wird.[214] Letzte Sicherheit ist hier offensichtlich nicht zu erlangen.

Weiter geht eine zweite, besonders wichtige Frage, die von *Graß* sehr eingehend untersucht worden ist: ob die Briefe des Paulus wenigstens mittelbar ein Interesse am leeren Grab zeigen. »Nirgends argumentiert Paulus« mit ihm.[215] Aber wie hat Paulus sich den Auferstehungsleib vorgestellt? *Campenhausen* hatte zunächst gemeint: Wahrscheinlich rechne Paulus »mit einem Leer-werden des Grabes«,[216] schränkt jedoch diese Möglichkeit, die er in der ersten Auflage seiner Schrift »ziemlich bestimmt« angenommen hatte, wohl unter dem Eindruck der Graß'schen Arbeit, später ein.[217] »Weil Paulus sich nirgends über die Leiblichkeit des auferstandenen Christus äußert«, sind wir nach *Graß* »auf

[209] S. 61.
[210] Hans Werner Bartsch: Der Ursprung des Osterglaubens. In: ThZ Jg 31. 1975, S. 22.
[211] Campenhausen: Ablauf, S. 20.
[212] Graß: Ostergeschehen, S. 147.
[213] Conzelmann: Jesus von Nazareth und der Glaube an den Auferstandenen. In: Der historische Jesus und der kerygmatische Christus. Hrsg. von H. Ristow u. K. Matthiae. 1961, S. 193, Anm. 12. – Vgl. auch von dems.: Zur Analyse der Bekenntnisformel. 1.Kor 15,3–5. In: EvTh Jg 25. 1965, S. 7.
[214] Wilckens: Auferstehung. S. 20.
[215] Graß: Ostergeschehen, S. 147.
[216] Campenhausen: Ablauf, S. 20.
[217] S. 20, Anm. 67.

Rückschlüsse aus den eschatologischen Vorstellungen des Paulus« im allgemeinen angewiesen[218], obgleich »Auferstehungsleiblichkeit Christi und Auferstehungsleiblichkeit der Christen nicht ganz ohne weiteres als *völlig* gleichgestaltet
vorausgesetzt werden dürfen«.[219] Außerordentlich beachtenswert sind in diesem Zusammenhang zwei Stellen in den Korintherbriefen. Einmal (1. Kor 15,35)
die Ausführungen über die Frage »Wie werden die Toten auferstehen?« mit der
bekannten Gegenüberstellung: »Es wird gesät vergänglich und steht auf unvergänglich... Es wird gesät ein psychischer Leib und steht auf ein pneumatischer
Leib«. Die Neuschöpfung der Auferstehungsleiblichkeit wird man nach Graß
»nicht als eine creatio ex nihilo verstehen dürfen, sie ist, was das Ich betrifft, eine
recreatio. Nur das folgt nicht aus dieser Kontinuität zwischen sterbendem und
wiedererstehendem Ich, daß Gott sich bei der Bildung der neuen Auferstehungsleiblichkeit der Elemente der alten Leiblichkeit bedient«. »Vielmehr scheint v. 50
›Fleisch und Blut kann das Reich Gottes nicht ererben‹« »dem geradezu zu
widersprechen.« »Jedenfalls läßt sich aus« dieser Stelle »noch keine sichere
Entscheidung darüber treffen, wie Paulus über das Schicksal der im Grabe
vergehenden Leiblichkeit im Auferstehungsvorgang denkt.«[220] Weiter führt
2. Kor 5,1 ff., wo verschiedene Bilder in merkwürdiger Weise ineinander übergehen: Wenn unsere irdische Zeltwohnung abgebrochen wird, haben wir einen
Bau bei Gott, ein nicht von Händen gemachtes ewiges Haus. Nach ihm sehnen
wir uns wie nach dem Kleid, das wir dann anziehen dürfen, mit dem wir
überkleidet werden. Die Vorstellung von einem im Himmel befindlichen Ge-
wand setzt aber voraus, »daß es zur Herstellung der neuen Leiblichkeit der
Elemente der alten nicht bedarf. Die Gräber brauchen von ihr nicht geleert zu
werden«.[221] Die entscheidende Überlegung und Folgerung bei Graß ist nun die:
Konnte Paulus »unter dem Einfluß gnostischer Vorstellungen von dem im
Himmel bereiteten Auferstehungsleib die traditionelle jüdische Auferstehungs-
lehre so weit modifizieren, daß, streng genommen, der neue Leib nicht als
verwandelter alter aus dem Grabe hervorgeht, sondern daß ein Übergang in
einen ganz anderen himmlischen Leib stattfindet, dann wird man bei ihm auch
kein sonderliches Interesse an der Frage voraussetzen dürfen, ob durch die
Auferstehung die Gräber leer werden. Und das wiederum läßt vermuten, daß
auch bei der Auferstehung Christi sich sein Interesse nicht auf die Frage nach
dem leeren Grab richtete, sondern auf die eschatologische Wirklichkeit des
Auferstandenen«.[222] Auch Campenhausen findet es nunmehr »denkbar, daß
Paulus noch nicht mit einer Erneuerung des toten Leibes Jesu gerechnet hat und
dann also auch noch nicht mit einem ›Leer‹-werden des Grabes zu rechnen
brauchte«.[223] Freilich würde Paulus sich »mit einer solchen Denkweise (bei der
von einer Auferstehung *des Leibes* Jesu im eigentlichen Sinne gar nicht mehr
geredet werden könnte) zu allen jüdischen Auferstehungserwartungen« »in

---

[218] Graß: Ostergeschehen, S. 149.
[219] S. 150.   [221] S. 163.
[220] S. 154.   [222] S. 164.
[223] Campenhausen: Ablauf, S. 20, Anm. 67.

Gegensatz stellen und sich gerade dort den ›gnostischen‹ Vorstellungen nähern,
wo er sie am entschiedensten zu bekämpfen scheint«.[224] Eben dies aber ist die
Lage, wie Graß sie sieht: »Paulus hat sich, indem er die neue Leiblichkeit radikal
als *neue* Leiblichkeit faßte, von der vulgären jüdischen Auffassung, welche die
Wiederbelebung der alten Leiblichkeit glaubte, weitgehend gelöst.«[225] Von den
massiv-realistischen Schilderungen der Evangelien finden wir jedenfalls »bei
Paulus keine Spur«.[226] [227] So ergibt sich der Schluß, »daß bei Paulus weder eine
Kenntnis vom leeren Grabe noch ein sonderliches Interesse am leeren Grabe
vorausgesetzt werden darf«.[228]

Für die Annahme des leeren Grabes ist also von Paulus her nichts zu gewinnen.
Mit Hilfe der Evangelien aber, wie sich gezeigt hat, erst recht nichts. Der ganze
Boden der Grabes- und Erscheinungsgeschichten ist allzu schwankend. Ein
Jesus vor allem, welcher in der »Weise mit den Seinen Umgang hat, daß er mit
ihnen wandert, vor ihnen ißt und trinkt, sich berühren läßt, ist eine Gestalt der
Legende«.[229] Darüber ist kein Wort mehr zu verlieren. Und in diesen Rahmen
gehört nun eben anscheinend auch das leere Grab. Was wir den Evangelien, und
zwar auch nur Markus und Matthäus, an Kenntnis von der Auferstehung Jesu
verdanken, ist nach Graß lediglich und ausschließlich, aber immerhin wenigstens der Hinweis auf den Umstand, daß die ersten Erscheinungen in Galiläa
stattgefunden haben. Davon abgesehen kommt für den Glauben an den auferstandenen Herrn als Quelle einzig und allein die paulinische Briefstelle. 1. Kor
15, 3–8 in Betracht. Ohne jede Aussage über das Wo, Wann und Wie bietet sie in
v. 5–8 nicht mehr als die trockene Aufzählung einer Reihe von Zeugen der
Erscheinungen des Auferweckten. Das ist alles oder doch fast alles.

Entnehmen läßt sich dem kurzen Text, daß der Apostel hier etwas weitergibt,
was er erfahren, d. h. als Kunde empfangen hat, und zwar nicht nur als ein
unbestimmtes Gerücht. Die Forschung ist sich, wie erwähnt, darin ziemlich
einig, daß es sich in v. 3–5 um eine alte kerygmatische Formel handelt: Christus
ist für unsere Sünden gestorben nach der Schrift und wurde begraben und ist
auferweckt am dritten Tage nach der Schrift und ist Kephas erschienen und dann
den »Zwölfen«. Dem werden weitere Zeugen von Erscheinungen hinzugefügt:
mehr als fünfhundert Brüder (v. 6), Jakobus und die Apostel insgesamt (v. 7),
schließlich er selbst (v. 8). Daß es sich um eine chronologische Reihenfolge

---

[224] Ebd.
[225] Graß: Ostergeschehen, S. 171.
[226] S. 172.
[227] W. Bousset hat dies sehr prägnant formuliert: »Wollten wir es streng nehmen, so steht
nach Paulus eigentlich nichts mehr aus dem Grabe auf; und es ist nur als Beibehaltung eines
überkommenen Wortes anzusehen, wenn Paulus von Auferstehung oder gar von einer Leben-
digmachung (Auferweckung) unseres sterblichen Leibes redet (Rö 8,11), so etwa, wie wir noch
unbefangen vom Aufgang und Untergang der Sonne sprechen« (Kyrios Christos. 2. Aufl.
1921, S. 63).
[228] Graß: Ostergeschehen, S. 173.
[229] Graß: Die Ostergeschichten. In: Wilhelm Schmidt: Bibel im Kreuzverhör. Geschichte
und Bedeutung der kritisch-historischen Forschung mit Textanalysen. 1968, S. 126 f.

handelt und insbesondere Petrus die erste Erscheinung gehabt hat, gilt heute weitgehend als sicher. Über den zeitlichen Abstand der Erscheinungen untereinander wird nichts gesagt. Fest steht nur, daß alle übrigen Erscheinungen vor der Bekehrung des Paulus liegen, und die vor Petrus und den Zwölfen »so weit vor ihr«, »daß man von ihnen bereits in einer kerygmatischen Formel sprach«.[230] Was den Ort betrifft, so geht die überwiegende Ansicht heute wohl dahin, daß die Erscheinungen vor Petrus und den Zwölfen in Galiläa, die übrigen in Jerusalem stattgefunden haben.

Erheblich wichtiger noch als die Frage nach dem Ort der Erscheinungen ist die nach ihrer Art, vor allem der vor mehreren oder einer Vielzahl von Zeugen. Die Erscheinung vor mehr als fünfhundert Brüdern macht einerseits einen recht vertrauenerweckenden Eindruck im Hinblick auf die Bemerkung, daß die Mehrzahl von ihnen noch am Leben ist, so daß man sich bei ihnen damals noch hätte erkundigen können. Andererseits ist ein solches Massenerlebnis – *Wilckens* meint, daß es sich »einfach um den Kreis der Urgemeinde handelt«[231] – überaus sonderbar. E. *Hirsch* spricht davon, daß »eine ganze Versammlung von fünfhundert Menschen« »in den Zustand der Verzückung im Geist hineingerissen« wurde und »den Herrn als gegenwärtig in ihrer Mitte« schaute.[232] Ebenso hatte es sich anfangs begeben, daß Petrus die Zwölf »in sein Erlebnis hineinreißt«. Aber worin besteht das Wesen solchen Hineinreißens bzw. Hineingerissenwerdens? Das bleibt durchaus unklar. Hirsch hält derartige Gemeinschaftserlebnisse für »nichts Beispielloses« und verweist auf den Fall des Mormonenpropheten Joe Smith, dessen zunächst skeptischen und wißbegierigen Genossen das von ihm benutzte himmlische Buch Mormon nach entsprechender Gebetsvorbereitung in einem Wald von einem Engel gezeigt wird, »im hellen oder grellen Scheinwerferlicht des 19. Jahrhunderts«.[233] Ist diese Parallele aber nicht eher dazu angetan, Erlebnisse solcher Art, rückblickend also auch jene urchristlichen, zu desavouieren? *Graß* lehnt denn auch die Hypothese der »enthusiastischen Kettenreaktion« ab.[234] Das Problem der Visionen wird im folgenden noch zu behandeln sein; hier soll einstweilen nur darauf hingewiesen werden, daß eine Häufung von Teilnehmern solcher Erlebnisse nicht ohne weiteres positiv zu beurteilen ist. Das gilt dann aber grundsätzlich auch schon für die Erscheinung vor den »Zwölf« und die vor sämtlichen Aposteln. Während die meisten Forscher über diesen Punkt ohne ein Wort hinweggehen, bemerkt *Wilckens*, es sei »nicht ohne Schwierigkeit, sich die Vision einer Gruppe vorzustellen«.[235] Ihm erscheint es näherliegend, anzunehmen, daß die Zwölf »die ersten waren, die Petrus auf die ihm zuteil gewordene Vision hin zusammenrief, und sie die Neukonstituierung ihrer Gruppe durch die Petrus widerfahrene Erscheinung

---

[230] GRASS: Ostergeschehen, S. 98.
[231] WILCKENS: Überlieferungsgeschichte, S. 50.
[232] EMANUEL HIRSCH: Die Auferstehungsgeschichten und der christliche Glaube. 1940, S. 35.
[233] S. 39.
[234] GRASS: Ostergeschehen, S. 240f.
[235] WILCKENS: Auferstehung. S. 146.

begründet ansahen«. Entsprechendes würde erst recht von der Erscheinung vor
den über fünfhundert Brüdern gelten, so daß dann außer der Ersterscheinung
vor Petrus, der einzigen im eigentlichen Sinne Glauben begründenden[236], nur
die Vision des Jakobus[237] und das Erlebnis des Paulus übrig bliebe. Diese
Auffassung erscheint schon realistischer, wirft freilich ein sonderbares Licht auf
den Bericht im ganzen.

Festeren Boden im biographischen Sinne betritt man jedenfalls erst mit der
Bekehrung des Paulus, die sich örtlich und zeitlich ungefähr bestimmen läßt.
Daß sie vor Damaskus stattgefunden hat, geht allerdings ganz klar nur aus der
Apostelgeschichte hervor (9,1; Paulus dazu Gal 1,15–17). Zwischen der Bekehrung des Paulus und dem Tode Jesu (der letztere wahrscheinlich 30 oder 33)
nimmt man gewöhnlich einen Abstand von drei Jahren an[238], so daß die Bekehrung in die Jahre 33–35 fallen würde.[239] Aufgrund dieser zeitlichen Verhältnisse
beurteilt *Graß* die Zuverlässigkeit der paulinischen Angaben als außerordentlich
günstig. »Übernahm Paulus schon bald nach seiner Bekehrung die kerygmatische Formel, so war diese schon im ersten Jahrfünft nach Jesu Tod vorhanden.
Und selbst wenn sie erst später geprägt und von Paulus übernommen worden
wäre, dann kann sie doch nicht der Kunde widersprechen, die Paulus bei seinem
ersten Besuch in Jerusalem drei Jahre nach seiner Bekehrung von Petrus und
Jakobus empfing. Wir kommen also mit dem Auferstehungszeugnis des Paulus
ganze nahe an die Ereignisse heran. Die im Kerygma enthaltenen geschichtlichen Angaben sind damit aufs beste gesichert.«[240] Das ist es, was sich über die
Qualität der Auferstehungsbotschaft in ihrem Kern unter dem Gesichtspunkt
ihrer historischen Zuverlässigkeit negativ und positiv sagen läßt.

Der Reichhaltigkeit der von Paulus aufgezählten Zeugen der Erscheinungen
steht die auffallende Kargheit dessen gegenüber, was 1.Kor 15,5–8 über den
Inhalt ihrer Erfahrung mitgeteilt wird. Was hat sich da ereignet? Worin bestand
das Geschehen? Die in der entscheidenden Aussage verwendete griechische
Verbform ophthe besagt, daß etwas gesehen, sichtbar wurde, erschien. Manche
Autoren legen allen Nachdruck darauf, daß die Aktivität dabei nicht so sehr den
Menschen, die gesehen haben, als vielmehr dem Christus zukommt, der den
betreffenden Menschen erschienen ist. Es wird also der Wahl des Wortes ophthe
die Absicht unterstellt, »möglichst *wenig* Gewicht auf das ›Sehen‹ der Erschei-
nungsempfänger zu legen«[241] und betont, »daß die Erscheinungsberichte an der
Frage des Wahrnehmens des Auferstandenen sich gar nicht interssiert zeigen«.[242]
Man erblickt somit »die Bedeutung der Erscheinungen nicht in einem Sichtbarwerden, sondern in einem Offenbarwerden des Auferstandenen«. »Das Passiv
besagt auf alle Fälle«, »daß es sich um ein Widerfahrnis handelte, bei dem der

[236] S. 148.   [237] S. 147.
[238] GRASS: Ostergeschehen, S. 95, Anm. 4.
[239] MARTIN DIBELIUS: Paulus. Zu Ende geführt von W. G. Kümmel, 1951, S. 53.
[240] GRASS: Ostergeschehen, S. 95 f.
[241] MICHAELIS: Die Erscheinungen des Auferstandenen. 1944, S. 104. Vgl. auch S. 117 ff.
[242] S. 120.

Erscheinende der aktive Teil war. Schon deshalb wird man besser übersetzen: ›er erschien‹, nicht ›er wurde gesehen‹.«[243] Der Versuch, »das Sehen beiseite zu schieben«, ist indessen »von der Tendenz beherrscht, die Annahme auf jeden Fall auszuschließen, daß es sich bei den Erscheinungen um Visionen gehandelt habe«[244], und diese Tendenz muß als verfehlt beurteilt werden. Wie denn sonst sollte die Erscheinung erfahren sein als durch Sehen? Das Richtige wird auch hier *Graß* treffen, daß nämlich »rein sprachlich aus dem ophthe über den Charakter der Erscheinungen nichts zu entnehmen ist«.[245] Gleichwohl hebt auch er, auf den Sinn bezogen, hervor, daß der Ausdruck »die Aktivität Jesu bei den Erscheinungen unterstreicht, daß primär damit die objektive Tatsache des Erscheinens gemeint ist und erst in zweiter Linie die subjektive Tatsache der Wahrnehmung«. Doch hiermit ist eben »der Charakter der Vision nicht ausgeschlossen«. Gerade darin dürfte zunächst der entscheidende Vorzug der Graßschen Auffassung zu sehen sein, daß sie den Akzent auf den objektiven Gehalt der Aussagen legt, ohne ihr subjektives Medium zu gering einzuschätzen. »Es ist nicht unwichtig für die Feststellung der Art der Erscheinungen, daß sie in einem Kreise erlebt wurden, in dem Visionen und ekstatische Phänomene keine Seltenheit waren.« Auch »Paulus hat mehrfach Gesichte und Offenbarungen gehabt«.[246] Am bekanntesten ist das 2. Kor 12,1–5 erwähnte Erlebnis, in dem er in den dritten Himmel und ins Paradies entrückt wurde, und aufgrund einer Offenbarung hat er einmal eine Reise nach Jerusalem unternommen (Gal 2,1 f.). Andererseits haben keineswegs alle, die ekstatische Erlebnisse erfuhren, den Herrn gesehen, und auch der »Zeugenkreis der Ostererscheinungen hatte diese Erscheinungen nicht immer von neuem, sie gehören unwiederholbar in die Anfänge ihres neuen Lebens«.[247] Petrus allerdings wäre, wenn man die Erscheinungen vor einer Mehr- und Vielzahl von Gläubigen mitrechnen will, wohl bei fast allen Erscheinungen zugegen gewesen, und die Zwölf oder einige von ihnen waren dann bei mehreren dabei.[248] Bei Paulus aber handelt es sich um ein einmaliges Sehen des Herrn.[249] Um so wichtiger wäre es, zu ermitteln, worin dabei das ganz Besondere im Unterschied von anderen Offenbarungserlebnissen bestanden hat.

Außer der Hauptstelle 1. Kor 15,8 beruft Paulus sich noch in einem anderen Zusammenhang desselben Briefes darauf, daß er den Herrn gesehen hat, hier in der eindeutig aktiven Form: »Habe ich nicht den Herrn gesehen?« (9,1). Aber es bleibt bei dem bloßen Sehen des Herrn, ohne jeden weiteren Zusatz. An den drei Stellen der Apostelgeschichte, an denen die Bekehrung des Paulus vor Damaskus beschrieben wird, ist sogar nur von einer Lichterscheinung vom Himmel her die Rede (Apg 9,3). Graß bemerkt zwar, man dürfe »daraus nicht folgern, daß nach Meinung des Verfassers dieser Berichte Saul den Herrn nicht wirklich gesehen habe«.[250] Das mag sein, aber dem Wortlaut nach bleibt es unbestimmt,

---

[243] GOPPELT: Auferstehung, S. 64. – »Die Aktivität liegt bei dem Erscheinenden«, urteilt auch WILCKENS (Überlieferungsgeschichte, S. 56).

[244] GRASS: Ostergeschehen, S. 188.

[245] S. 189.   [247] S. 207.   [249] S. 224.

[246] Ebd.   [248] S. 226.   [250] S. 218.

so daß man auf der Suche nach ein wenig näheren Angaben hier sogar ein Minus gegenüber den beiden Briefstellen verzeichnen muß. Dafür kommt jedoch etwas Neues, sehr Positives hinzu, eine Stimme, die sagt: »Saul, Saul, warum verfolgst du mich?« (9,4) und auf seine Frage »Wer bist du, Herr?« antwortet: »Ich bin Jesus, den du verfolgst« (9,5). Nun können diese Berichte der Apostelgeschichte keineswegs als historisch zuverlässig gelten, sie enthalten offensichtlich legendäre und erzählungstypische Elemente – Graß spricht von »mythischem Erzählungsstil« –, wie z. B. daß Paulus für drei Tage blind wird und daß »die Begleiter des Paulus auch vom Licht umleuchtet werden und mit ihm zu Boden fallen, 26,13 f., daß auch sie das Licht sehen, die Stimme aber nicht hören, 22,9, oder umgekehrt die Stimme hören, aber nichts sehen, 9,7«.[251] Von diesen Widersprüchen, die sich »aus der Tendenz zur äußerlichen Objektivierung« erklären, abgesehen, ergibt sich »die Folgerung unausweichlich, daß es sich um eine wirkliche Vision des Paulus gehandelt hat, verbunden mit einer Audition«.[252] Es scheint »sicher zu sein, daß Paulus mit der Erscheinung des Herrn auch einen klaren Auftrag empfangen hat. Er weiß nach der Erscheinung nicht nur, was er zu lassen, sondern was er zu tun hat«.[253].

Die Frage allerdings, was Paulus nun eigentlich, genau genommen, gesehen hat, muß wohl offen bleiben. Besteht sein »Sehen« aus einem Lichtschein, der aufgrund der begleitenden Worte als der Herr gedeutet wird, oder hat er so etwas wie dessen Gestalt gesehen? Die unmittelbaren Jünger Jesu waren ja, als der Auferstandene zu ihnen trat, in einer durchaus andersartigen Lage gewesen. Wenn auch die betreffenden Erzählungen des Matthäus und Lukas sich als Legenden herausgestellt haben, psychologisch sind sie insofern nicht unmöglich, als Jesus den Jüngern vertraut war, so daß sie ihn wiedererkennen konnten, trotz auch da bestehender Schwierigkeiten: Bei Mt zweifeln einige, bei Lk müssen ihnen erst die Augen aufgehen. Aber was Paulus betrifft, so hatte er Jesus gar nicht gekannt. Woher wußte er, daß es Jesus war, der ihm erschien?[254] Es mußte ihm gesagt werden. Paulus erfährt durch eine Stimme, was er tun soll. Auch dies dürfte freilich ohne eine vorausgegangene persönliche Beziehung dem Verständnis nicht leicht zugänglich sein. Wie immer es sich damit verhalten mag, anzuerkennen ist, daß die Wirkung dieses problematischen Sehens und Hörens ungeheuer war: eine einzige Vision und Audition, die Weltgeschichte größten Ausmaßes gemacht hat. Die Ursache dieser Wirkung, die Keimzelle der ganzen Entwicklung aber bleibt im Dunkeln.

An Besonderem bei Paulus kommt noch hinzu, daß der zeitliche Abstand seines Erscheinungserlebnisses vom Tode Jesu erheblich größer war als bei den übrigen Zeugen, so daß man fragen könnte, ob es eigentlich, streng genommen,

---

[251] S. 219.   [252] S. 222.   [253] S. 221.

[254] MARTIN DIBELIUS (Paulus, S. 49) hält eine derartige Frage für Rationalismus. »Die Gesetze der Vision wie die des Traumes lassen es durchaus zu, daß man eine Person erkennt, ohne sie vorher im Leben gekannt zu haben.« Trotzdem wird man diese Frage schwerlich unterdrücken können.

noch in den Zusammenhang der Osterereignisse hineingehört. Bei seinem Erlebnis scheint es sich eher um eine Vision im üblichen Sinne gehandelt zu haben, die in keiner unmittelbaren Verbindung mit dem früheren Leben der erscheinenden Person steht, während die sonstigen von Paulus genannten Erscheinungen zwar begrifflich auch als Visionen gelten müssen, aber durch die frühere Gemeinschaft dieser Zeugen mit der geschichtlichen Persönlichkeit Jesu ausgezeichnet sind und sich an das einstige Zusammensein mit ihr enger anschließen.

Berücksichtigt man erstens, wie spärlich im Gegensatz zu dem vielen, was an den Berichten über die Erscheinungen Jesu teils als legendär, teils als tendenziös-doktrinär beurteilt werden muß, dasjenige ist, was nach einer kritischen Sichtung als einwandfrei geschichtlich übrig bleibt, nämlich eine größere oder kleinere Anzahl Visionen, von den sehr problematischen Kollektivvisionen abgesehen also eigentlich höchstens drei, sowie bei Paulus zusätzlich die schon nicht mehr ganz authentische Audition, und zweitens die Einbettung dieses kleinen Restes in das uns so fremde ekstatische Erleben jener urchristlichen Kreise, so sind wir jedenfalls weit entfernt von dem Vorgang des sieghaft triumphierend sich emporschwingenden Herrn, wie er den alten Christen oder auch noch den Malern und den Dogmatikern einer viel späteren Zeit vorschwebte.

Darum ist nach allem nicht herumzukommen: Für eine historische Betrachtung ist von der Auferstehung Jesu unmittelbar nichts erkennbar. Das Letzte, wozu die Forschung gelangt, ist – hier liegt das relative Recht Bultmanns und seiner Schüler – der aufgrund der Erscheinungen entstehende Glaube der Jünger an die erfolgte Auferstehung Jesu. Über diesen Sachverhalt hat sich schon – Mitte des 19. Jahrhunderts – Ferd. Christian *Baur* denkbar klar ausgesprochen. »Was die Auferstehung an sich ist, liegt außerhalb des Kreises der geschichtlichen Untersuchung. Die geschichtliche Betrachtung hat sich daran zu halten, daß für den Glauben der Jünger die Auferstehung Jesu zur festesten und unumstößlichsten Gewißheit geworden ist.« »Was für die Geschichte die notwendige Voraussetzung für alles Folgende ist, ist nicht sowohl das Faktische der Auferstehung Jesu selbst als vielmehr der Glaube an dasselbe.« Und zwar verhält es sich so, daß »keine psychologische Analyse in den innern geistigen Prozeß eindringen kann, durch welchen im Bewußtsein der Jünger ihr Unglaube bei dem Tode Jesu zu dem Glauben an seine Auferstehung geworden ist«. Wir können »nur dabei stehen bleiben, daß für sie, was auch das Vermittelnde dabei gewesen sein mag, die Auferstehung Jesu eine Tatsache ihres Bewußtseins geworden ist und alle Realität einer geschichtlichen Tatsache für sie hatte«.[255] »Zwischen dem Tode Jesu und seiner Auferstehung« liegt ein »tiefes undurchdringliches Dunkel«.[256] In besonders prägnanter Weise hat diese merkwürdige Sachlage, den

---

[255] Ferdinand Christian Baur: Das Christentum und die Kirche der drei ersten Jahrhunderte. 1853, S. 39f.
[256] S. 41.

rätselhaften Umschwung in der seelischen Verfassung der Jünger, später Martin *Dibelius* formuliert: Es muß »etwas eingetreten sein, was binnen kurzem nicht nur einen völligen Umschlag ihrer Stimmung hervorrief, sondern sie auch zu neuer Aktivität und zur Gründung der Gemeinde befähigte. Dieses ›Etwas‹ ist der historische Kern des Osterglaubens. Wie er sich vollzogen hat, ist nirgends berichtet. Nur Anspielungen und Andeutungen erlauben uns, überhaupt etwas zu sagen. «[257] Dibelius nennt in diesem Zusammenhang die Visionen. Und in der Tat ist mit ihnen etwas über jenes rätselhafte »Etwas« hinaus gesagt, das muß anerkannt werden. Wüßten wir nichts von ihnen, so wäre alles noch rätselhafter. Aber rätselhaft und geheimnisvoll ist und bleibt es auch so, rätselhaft rein historisch gesehen, geheimnisvoll für den Glaubenden.

Die Betrachtung des Auferstehungsproblems in historischer Hinsicht führte zu einem zweifachen Ergebnis. Einerseits kann man sich dem Eindruck nicht verschließen, wie wenig von dem Ereignis der Auferstehung Jesu übrigbleibt; das allermeiste ist Legende und Dogmatik, jedenfalls kein leeres Grab, lediglich ein paar Visionen, vielleicht nur zwei oder drei ernstzunehmende Visionen. Und was sind schon Visionen? Nicht einmal über etwas so elementar Konkretes wie den Ort der sogenannten Erscheinungen waren widerspruchsfreie Angaben zu erhalten, geschweige, daß Gewißheit hergestellt werden konnte. Andererseits hält sich nach Verzicht auf alle abzuschreibenden Details ein letzter Rest, wenn auch nur in einem einzigen Punkt, der eben in der Tat ein nicht geringes, unauflösliches Rätsel bildet. Daß die Entstehung des Auferstehungsglaubens »ein historisches Rätsel« ist, wird von theologischer Seite gelegentlich ausgesprochen,[258] von christentumskritischer jedoch bisher kaum als ein solches angesehen. Die Hervorhebung des Unerklärlichen bedeutet auch selbstverständlich nicht, daß die bisherigen Zweifler und Kritiker nunmehr wohl oder übel ernstlich mit der Auferstehung Jesu zu rechnen hätten – alles andere. Aber die Rätselhaftigkeit des historischen Sachverhalts bleibt bestehen und ist eine Sache für sich, die zunächst einmal hervorgehoben werden muß.

4. Die theologische Problematik des historischen Befundes

Nach der Unterrichtung über den historischen Sachverhalt ist nunmehr die theologische Bedeutung und Problematik des erzielten Ergebnisses zu untersuchen, wobei wiederum mit der Frage des leeren Grabes begonnen sei.

Für diejenigen Autoren, die der Botschaft von dem am Ostermorgen leergefundenen Grab keinen historischen Wert beimessen, besteht hier selbstverständlich auch kein systematisch-theologisches Problem. Das gilt z. B. für Graß und desgleichen für *Ebeling*. Der Letztgenannte durchdenkt zwar den Fall, daß es trotz der legendären Form der betreffenden Erzählungen dennoch als historisch

---

[257] Martin Dibelius: Jesus. 2. Aufl. 1949, S. 127f.
[258] Wilckens: Auferstehung, S. 160f.

in Betracht kommen würde, dies aber doch nur, um zu dem Schluß zu kommen, daß das leere Grab für die Glaubensaussage der Auferstehung einerseits nicht ausreicht und daß andererseits der hier auftretende biblische Realismus dem Wesen des Osterglaubens, des eigentlichen Osterglaubens, gar nicht entspricht, so daß dieser sich dann geradezu »gegen die Tatsache des leeren Grabes durchzusetzen« hätte.[259] Hier anzustellende systematisch-theologische Erwägungen könnten also höchstens negativer Art sein.

Die weitgehende Irrelevanz des leeren Grabes für den Glauben rührt vor allem daher, daß es, seine Tatsächlichkeit einmal vorausgesetzt, mehrdeutig ist. Das wird auch von Theologen, die seine Geschichtlichkeit und Bedeutsamkeit bejahen, durchaus gesehen und sogar betont. Selbst v. *Campenhausen*, der sich ja wirklich alle Mühe mit dem Nachweis von dessen Historizität gegeben hat, ist klug genug, den Ertrag seiner Arbeit nicht zu überschätzen, wie nicht besser verdeutlicht werden kann als durch seine pointiert formulierte abschließende Feststellung, »rätselhaft« bleibe in dem von ihm angenommenen Ablauf der Osterereignisse »nur das, was ihn in Gang gebracht hat: die Frage nach dem Verbleib des Leichnams Jesu«[260]. Da es »kein glaubwürdiges Augenzeugnis« darüber gibt, sondern »nur das Bekenntnis zur Auferstehung«, bleibt die Angelegenheit »historisch betrachtet, dunkel«[261], und ausdrücklich wird hinzugefügt: »Dies heißt selbstverständlich nicht, daß sie nur mit einem ›Wunder‹ erklärt werden könnte.« Vielmehr gibt Campenhausen zu, man könne »an eine nachträgliche Umbettung oder Verwechslung der Grabstätte, an Leichenraub (nur nicht gerade durch die Jünger!), an ein böswilliges Vorgehen der Jesus-Gegner oder an irgendeinen beliebigen Zufall denken«. Anerkannt wird auch: »Wer anstatt dessen die leibliche Auferstehung annehmen möchte, verläßt den Bereich des analogisch Verständlichen und damit den Bereich jeder mit historischen Mitteln durchführbaren Diskussion.« Sicherlich hat der Theologe das Recht, dem damit gemachten Zugeständnis hinzuzufügen: »Doch wird dies den, der an Jesu leibliche Auferstehung glaubt, nicht schrecken. Da es sich hierbei in der Tat um ein in jedem Sinne einzigartiges Ereignis handeln soll, mit dem der neue ›Äon‹ beginnt und an dem die alte Welt mit ihren Gesetzen darum wirklich endet, erscheint die natürliche Unmöglichkeit, etwas Derartiges als ›wahrscheinlich‹ anzunehmen, eher geradezu als notwendig und theologisch sozusagen ›natürlich‹.« Nach dieser beide Seiten des Problems, die historische und die theologische gleichermaßen, berücksichtigenden Betrachtung münden die Überlegungen in die sarkastische Bemerkung: »Schwierig ist die Lage nur für den, der den Auferstehungsglauben ernst nehmen möchte, die leibliche Auferstehung jedoch für überflüssig oder gar unannehmbar hält. Da bleibt nur der einigermaßen peinliche Ausweg, in dem Bekenntnis zum Auferstandenen den

---

[259] EBELING: Dogmatik. Bd. 2, S. 296.
[260] CAMPENHAUSEN: Ablauf, S. 51.
[261] S. 52.

alten Christen, in dem aber, was dieses Bekenntnis hervorgerufen hat, vielmehr den Juden zu folgen«, eine Feststellung, die es in sich hat.[262]

Um dem angesprochenen Gedankengang gerecht zu werden, wurde er zunächst zusammenhängend wiedergegeben. Nun muß aber noch einmal auf die von Campenhausen zugestandene Möglichkeit zurückgegriffen werden, daß alles »mit rechten Dingen«, d. h. »natürlich«, im historischen Sinne »natürlich«, zugegangen ist und mit einem wunderbaren Eingriff Gottes nicht unbedingt gerechnet zu werden braucht. Sie dürfte nämlich nicht nur als eine bloße Möglichkeit, um nur ja nichts außer acht zu lassen, in Erwägung zu ziehen sein, sondern sie ist in der Tat alles andere als unwahrscheinlich. Gewiß darf man nicht mit dem alten Reimarus an eine betrügerische Entwendung der Leiche durch die Jünger denken, und auch ein Raub durch die Juden sollte außer Betracht bleiben. Wohl aber könnte eine Umbettung des in der Eile vor dem beginnenden Sabbat nur provisorisch bestatteten Leichnams durchaus nahe gelegen haben. Im Sinne der Ausschließung der übrigen genannten Möglichkeiten und für die Umbettung haben sich einst schon die beiden Holtzmann ausgesprochen. So hält es Oscar *Holtzmann* sogar für »höchstwahrscheinlich, daß der vornehme Ratsherr, der die erste Bergung des Leichnams in seinem Felsengrabe gestattet hatte, doch einen Gekreuzigten nicht auf die Dauer bei den Toten seiner eigenen Familie liegen lassen wollte. Er dürfte dafür gesorgt haben, daß nach Sabbathausgang die Leiche irgendwo sonst in der Stille begraben wurde.«[263] [264]

Es ist klar, daß irgendeine derartige Lösung des historischen Problems dem neuzeitlichen Denken, insbesondere dem modernen »Immanentismus« entgegenkommt, ja, von ihm gefordert wird. Dennoch hält die Systematische Theologie wenigstens zum Teil nachdrücklich an dem leeren Grab im Sinne der leibhaftigen Auferstehung Jesu fest, wenngleich dabei gewisse Einschränkungen und Akzentverschiebungen vorgenommen werden. Noch ein zu seiner Zeit angesehener Systematischer Theologe wie Ludwig *Ihmels* bestand ohne jeden Abstrich darauf, »daß es der ins Grab gelegte Leib war, der in der Auferweckung Jesu zu neuem Leben – sagen wir also – in himmlischer Herrlichkeit erstand«. »Geschichtlich angesehen, bedeutet es eine ungeheure Verkürzung, ja Verschiebung des Problems«, »wenn der Gedanke einer leiblichen Auferstehung auch nur zur Seite geschoben werden darf«.[265] Gewiß läßt sich – das gibt auch Ihmels zu – »der Osterglaube der ersten Jünger nicht aus der Tatsache des offenen

---

[262] Sie scheint jedoch leider nicht jeder Leser würdigen zu können. In dem von mir benutzten Bibliotheksexemplar hatte jemand am Rande notiert: »Vollkommener Schwachsinn!«

[263] OSCAR HOLTZMANN: Leben Jesu. 1901. S. 392 f.

[264] Sachlich ebenso denkt HEINRICH J. HOLTZMANN: Bd. 1 des Handkommentars zum Neuen Testament. Die Synoptiker. 3. Aufl. 1901, S. 105. – Nach VÖLTER wäre die spätere Überführung des Leichnams an eine geheime Stelle durch Joseph von Arimathia auf Ersuchen des Pilatus erfolgt (Entstehung, S. 30). – CARL STANGE hält auch eine Entfernung des Leichnams durch die Jünger ohne betrügerische Absicht für möglich. (Kreuz und Auferstehung. In: ZSTh Jg 24. 1955, S. 385).

[265] LUDWIG IHMELS: Zur Frage nach der Auferstehung Jesu. In: Studien zur systematischen Theologie. Th. Haering zum 70. Geb. Hrsg. von F. Traub. 1918, S. 24 f.

Grabes allein schon erklären«. »Aber für den Bestand des Glaubens an eine leibliche Auferstehung Jesu bildet allerdings das leere Grab eine notwendige Voraussetzung.« »Es bleibt dabei: das Grab muß leer gewesen sein.«[266] Nicht ganz so eindeutig liegt es schon für *Althaus*. Er sieht bereits, daß die Jünger, »als ihnen die Erscheinungen zuteil wurden, noch keine Kunde von dem leeren Grabe« hatten[267], so daß die Erscheinungen unabhängig von ihr sind und ihr gegenüber die Priorität besitzen. Aber die erste durch die Erscheinungen geweckte Ostergewißheit hätte sich nach seiner Ansicht ohne die Nachrichten vom Leerfinden des Grabes »nicht *halten* können«. Die Osterbotschaft ruht deshalb auch für Althaus »auf zwei Pfeilern: auf den Erscheinungen und auf dem Leerfinden des Grabes«.[268] »Die Überlieferung vom leeren Grabe läßt sich historisch nicht beseitigen.« »Der Grund des Osterglaubens ist es« freilich »weder für die erste Gemeinde noch für uns«.[269] Trotz dieses grundsätzlichen Urteils wird das leere Grab dann tatsächlich doch auch für Althaus zum geschichtlichen Grund des Osterglaubens: »Gott brauchte das Grab nicht leer zu machen, um sein Osterwunder zu tun. Für die erste Gemeinde aber war es unentbehrlich, sollte sie die Auferstehung verkündigen.« Und insofern wäre das leere Grab mittelbar auch für den heutigen Osterglauben »bedeutsam als eine geschichtlich notwendige Bedingung des apostolischen Zeugnisses, von dem unser Glaube lebt«, »als Werk Gottes um unseretwillen zu verstehen.« »Die an sich historisch rätselvolle und mehrdeutige Tatsache des leeren Grabes gewinnt für uns in dem an das apostolische Zeugnis gebundenen Glauben an Jesus Eindeutigkeit als Gottes Tat.«[270] Das ist der zwar nicht abwegige, aber vielleicht reichlich kluge Versuch, einen Sachverhalt, der nicht mehr Gegenstand der historischen Forschung sein kann, unter dem Gesichtspunkt des Glaubens dennoch denkbar nahe an die Region der Geschichte heranzurücken.

Kaum 20 Jahre nach dieser Stellungnahme zeigte der Althausschüler *Graß*, wie wenig zuverlässig die Überlieferung vom leeren Grab historisch in Wahrheit ist und daß die Osterbotschaft eben doch »nicht auf zwei Pfeilern geruht« hat, daß »vielmehr das ursprüngliche Vorhandensein des zweiten Pfeilers fragwürdig ist«.[271]

Warum bestehen dennoch manche Vertreter der Systematischen Theologie auf dem leeren Grab? Der soeben dargestellte Aspekt ist für *Althaus* noch nicht alles. »Nicht nur mittelbar und historisch« nämlich ist die Tatsache des leeren Grabes für den Osterglauben »bedeutsam, sondern auch unmittelbar. Wir nehmen sie inmitten des urchristlichen Osterzeugnisses als Ausrufungszeichen von Gott her, als einen gottgewollten Hinweis auf die echte Wirklichkeit des Ostergeschehens, das in den Erscheinungen sich bezeugte; als Hinweis insbesondere

---

[266] S. 26 f.
[267] PAUL ALTHAUS: Wahrheit des Osterglaubens, S. 24.
[268] S. 26.
[269] S. 30.
[270] S. 32.
[271] GRASS: Ostergeschehen, S. 184.

darauf, daß Jesu und unsere Auferstehung auf alle Fälle Erweckung zu leiblichem Leben heißt«.[272] Ganz ähnlich faßt *Künneth* das leere Grab als Hinweis auf: Es »wird zu einem von Gott gesetzten Zeichen, das der Deutung harrt, es ist als solches eine offene Frage, die erst ihre gültige Antwort von den Erscheinungen des Auferstandenen her empfängt«.[273] Als »Zeichen dafür, daß sich etwas Außerordentliches ereignet hat«, sieht es auch G. *Koch*. »Das leere Grab steht als das Eingangstor zu diesem Ereignis.«[274] Es »gibt und gestattet Hinweise auf das Erscheinen Jesu Christi, in welchem die Tatsächlichkeit des leeren Grabes zu Worte kommt«.[275]

Wenn dieser Hinweis- oder Zeichen-Charakter von den genannten Autoren in Gegensatz zu einem eigentlichen Beweisanspruch gestellt wird, so bedeutet das doch keine Ermäßigung des Sinngehalts. Insbesondere zweierlei dürfte hierfür bezeichnend sein. Einmal zeigt das leere Grab nach *Künneth*, daß »die unbedingte Freiheit der schöpferischen Potenz Gottes« »die materiellen Elemente der Vergänglichkeit in das Urwunder der Auferstehung Jesu mit einzuschließen« vermag. Das leere Grab ist »als raum-zeitliche Gegebenheit Symptom der Immanenzmächtigkeit der Auferstehungswirklichkeit«.[276] Es wird insofern vor allem, wie das schon bei Althaus anklang, »zur klaren Sicherung gegen jede spiritualistische Verflüchtigung« zentraler Auferstehungsaussagen[277], wodurch »die leibliche Auferstehung in die Nähe eines Unsterblichkeitsgedankens rücken würde«.[278] »Das leere Grab mit seiner Betonung der Leiblichkeit des Auferstandenen errichtet«, wie wiederum auch *Koch* betont, »eine unüberwindliche Schranke gegenüber jeglicher Spiritualisierung der Ereignisse«[279]. Außerdem aber besagt das leere Grab, und das ist vielleicht noch wichtiger, daß es sich »in dem folgenden Erscheinen wirklich um den handelt, den die Jünger gekannt und mit dem sie unterwegs gewesen sind«.[280] »Nicht ein Himmelswesen, sondern Jesus von Nazareth ist ihnen erschienen.«[281]

Ungemein aufschlußreich ist die Stellungnahme H. *Thielickes*. Er scheint dabei nämlich nicht mehr in demselben Grade engagiert zu sein wie die soeben herangezogenen Autoren, und deutlich überwiegen bei ihm die gegen die Bedeutsamkeit des leeren Grabes sprechenden Gründe. Angeführt werden zunächst zwei uns schon bekannte Gesichtspunkte. Einmal der »theologische«: ein an »mirakulöse Vorbedingungen gebundener Glaube wäre kein Glaube mehr«. Sodann der »empirische«: das Verschwinden des Leichnams aus dem Grabe

---

[272] ALTHAUS: Wahrheit des Osterglaubens, S. 32.
[273] KÜNNETH: Theologie, S. 84.
[274] KOCH: Auferstehung, S. 162.
[275] S. 164.
[276] KÜNNETH: Theologie, S. 85.
[277] Ebd.
[278] KÜNNETH: Entscheidung, S. 65.
[279] KOCH: Auferstehung, S. 166.
[280] S. 164.
[281] S. 165.

bleibt zweideutig.[282] Dazu kommt nun drittens ein besonders interessanter »ontologischer« Aspekt: »Der auf Erden Wandelnde unterscheidet sich von dem Auferstandenen durch eine verschiedene Leib-Qualität«: hier der »psychische«, dort der »pneumatische« Leib. »Der Auferstehungsglaube ist folglich nicht an das Faktum des leeren Grabes gebunden, insofern dieses ja allenfalls« »eine Aussage über das Schicksal des ›alten Leibes‹ zu machen vermag«.[283] Seine Bedeutsamkeit beschränkt sich darauf, daß die Leerheit »als bestätigend für den schon bestehenden Glauben an den Auferstandenen aufgefaßt wird« – ein Ton, der sich auf dem Glaubensstandpunkt gewiß als richtig und rein ausnimmt, jedoch eigentümlich dünn wirkt. Mutet diese Äußerung nicht eher wie ein Satz aus einem historischen Referat an denn als eine theologische Aussage, hinter der die Überzeugung des Glaubens steht? Genügt aber diese Zurückhaltung, sollte hier nicht vielmehr nach Abwägung aller Gründe und Gegengründe eine Entscheidung im Sinne einer klaren Absage erforderlich sein?

Man bedenke: Abgesehen von der hochgradigen Zweifelhaftigkeit des historischen Sachverhalts überhaupt und der grundsätzlichen Fragwürdigkeit eines leeren Grabes im Hinblick auf die verschiedenen denkbaren Möglichkeiten seiner Verursachung wird dessen Bedeutsamkeit weiterhin eingeschränkt durch die von Thielicke als ontologisch bezeichnete Erwägung, daß die Qualität des Leibes, um den es hier geht, nicht mit der des früheren Leibes identisch ist. Da die leibhaftige Auferstehung Jesu, sozusagen mit Haut und Haaren, kaum noch angenommen wird, kommt es in der Tat ausschließlich auf die Existenzweise des neuen pneumatischen Leibes an. Wie aber verhält sich der neue zum alten Leib und damit zum leeren Grab? Weil Thielicke sich hierzu ausschweigt, muß die Untersuchung sich an *Althaus* halten.

Wenn dieser einerseits erklärt, Jesu Erweckung schließe »nicht mit ontischer Notwendigkeit ein, daß der ins Grab gelegte Leib verwandelt und damit das Grab leer wurde«, andererseits aber weiterhin das leere Grab »die Transsubjektivität des Ostergeschehens, die Objektivität der Erscheinungen« bekunden läßt[284], so wird deutlich, daß da etwas nicht stimmt. Offensichtlich hat sich der gerade auf diesem Gebiet besonders kompetente Autor auf eine mehr als heikle Position festgelegt. Wenn er »keine Kontinuität« zwischen dem alten und dem neuen Leib annimmt, wohl aber »Entsprechung und personhafte Identität« zwischen ihnen behauptet, so dürfte hier allzu souverän mit Begriffen hantiert werden, die sich einer begründbaren Bestimmung letztlich entziehen. Man kommt nämlich nicht um die Frage herum, was aus dem Leichnam, falls er nicht von Menschen entfernt sein sollte, geworden ist. Entweder war er wie jeder irdische Leib dem Vergehen verfallen, dann kann das Grab nicht im Sinne der evangelischen Erzählungen leer gewesen sein. Oder dieser irdische Leib müßte in einen himmlischen, pneumatischen so vollständig verwandelt worden sein,

[282] THIELICKE: Glaube, Bd. 2, S. 537f.
[283] S. 538.
[284] ALTHAUS: Christliche Wahrheit, Bd. 2, S. 272.

daß im Grabe nichts zurückblieb, ein Vorgang, den man nur deshalb nicht
Zauberei nennen darf, weil in diesem Falle Gott der Zauberer wäre, ein Vorgang
jedenfalls, der im Rahmen des üblichen Denkens nicht akzeptabel ist. Der Leib
wird hier zum Gegenstand einer unmöglichen Aussage: Keine Kontinuität,
wohl aber Identität – das ist ein Verhältnis zwischen dem alten und dem neuen
Leib, für das es nicht nur nicht die geringste Analogie oder Vorstellungsmög-
lichkeit gibt, sondern das auch einen Widerspruch in sich darzustellen scheint
und damit hart an eine logische Unmöglichkeit heranreicht; denn personhafte
Identität zwischen dem psychischen und dem pneumatischen Leib setzt irgendeine Art der Kontinuität zwischen ihnen doch wohl voraus. Man kann nicht jene
behaupten und zugleich diese ausschließen, ohne ins Abseits zu geraten und jede
Bestimmung überhaupt unmöglich zu machen. Wozu also das Ganze? Lohnt
sich, nachdem die Nachricht vom leeren Grab historisch bereits in so hohem
Maße zersetzt und in den Bereich der Legende verwiesen worden ist, noch eine
ontologische bzw. metaphysische Anstrengung, die geradezu abenteuerlich
genannt werden muß? Und kann der an einen immerhin so problematischen
Sachverhalt wie die Erscheinungen Jesu anknüpfende Glaube an den Auferstandenen bestätigt werden durch den noch um so vieles fragwürdigeren Sachverhalt des leeren Grabes? Auch die Theologie müßte hier, sollte man meinen,
entschlossen zum Rückzug blasen. Wer überhaupt auf argumentierende Weise
über den Wahrheitsgehalt einer Glaubensannahme nachdenkt und diskutiert,
wird sich dem Urteil nicht verschließen können, daß die an sich schon verzwei-
felte historische Sachlage und dazu die dargestellte ontologische Problematik
nicht nur dazu zwingen, das leere Grab der höchsten Stufe der Fragwürdigkeit
zuzuweisen, sondern es nun wirklich durch und durch unglaubwürdig machen. [285]

So hat sich die Betrachtung dem andern Pfeiler des Osterglaubens, nunmehr
dem alleinigen, zuzuwenden: den Erscheinungen Jesu. Wie sind diese aufzufassen? Das ist jetzt die Frage. Die Theologie sah sich hier auf den religionswissen-
schaftlichen Begriff der Vision verwiesen und hat sich nicht gescheut, ihn
aufzugreifen. Mit Bezug auf Paulus und seine Begleiter bei Damaskus erklärt
Graß unumwunden: »Wer etwas sieht, was der andere neben ihm nicht zu sehen
vermag und was sich nicht als sichtbar nachweisen läßt, der hat eben eine
Vision.«[286] Freilich soll, wenn von ihr die Rede ist, dies nun nach Graß nicht im
Sinne der »subjektiven Visionshypothese« verstanden werden, nach welcher
»nicht die Erscheinungen des Auferstandenen den Osterglauben hervorgerufen
haben, sondern umgekehrt der Osterglaube die Visionen erzeugte«.[287] Ihr gegenüber, die uns noch zu beschäftigen haben wird, muß »theologische Betrachtung daran festhalten, daß wir es bei den Erlebnissen der Jünger, wie auch immer

---

[285] GRASS meint wenigstens, im Hinblick auf die nicht gesicherte Historizität sollte man »auf
den Zeichencharakter des leeren Grabes keinen Wert legen« (Ostergeschehen, S. 186).
[286] GRASS, S. 229.
[287] S. 234.

sie vermittelt zu denken sind, mit einem Handeln Gottes an ihnen zu tun haben und nicht bloß mit den Produkten ihrer eigenen Phantasie oder Reflexion«. Mit gutem Grund urteilt Graß deshalb: »Jede immanente Erklärung ist theologisch untragbar.«[288] »Der Glaube wird« also »in den Visionen Gott am Werke sehen«.[289] Und sogar noch ein weiterer Schritt ist hier zu tun: »Gottes offenbarendes Handeln vollzieht sich nicht bloß an den Jüngern, bewirkte Visionen und Glauben an ihnen, sondern in diesen Visionen und diesem Glauben ist beschlossen, daß Gott auch und zwar primär an Christus gehandelt hat.«[290] Damit ist der Standpunkt der objektiven Visionshypothese gewonnen. Diese Deutungsmöglichkeit des Ostergeschehens könnte sich insofern empfehlen, als der Auferstehungsglaube dabei zwar nicht einen aus dem Grabe im eigentlichen Sinne Auferstandenen anzunehmen genötigt ist, was nun einmal historisch wie metaphysisch gleichermaßen prekär erscheint, aber auch nicht auf rein subjektiv entstehende und geartete Phantasieerlebnisse reduziert zu werden braucht, was eben theologisch schwer annehmbar sein würde.

In dem »paradoxen Begriff« der objektiven Vision wird nach H. W. *Bartsch* »der Charakter des Widerfahrnisses gekennzeichnet, wie er aus den Berichten von außen erscheinen muß, als Vision. Indem aber das Adjektiv ›objektiv‹ hinzugefügt wird, soll verdeutlicht werden, daß dem Widerfahrnis das Charakteristikum einer Vision, daß sie aus dem Visionär erklärbar ist, gerade fehlt«. Dieser Begriff der objektiven Vision würde deshalb, meint Bartsch, »gerade historisch entsprechend den Möglichkeiten der Forschung den Sachverhalt am treffendsten umschreiben«.[291] Sollte nun mit dieser Auffassung die goldene Mitte zwischen leibhaftiger Auferstehung und bloß subjektiven Visionen gegeben sein? Das wird sich schwerlich annehmen lassen. So vorteilhaft eine solche Auffassung rein phänomenologisch, als angemessene Beschreibung der ausgesagten ambivalenten Sachlage, vielleicht erscheinen könnte, so sehr verbietet sie sich, kritisch genommen, in mehrfacher Hinsicht, und zwar sozusagen sowohl von rechts als auch von links gesehen.

Schon *Ihmels* hat gegen diese Hypothese eingewandt, daß sie »lediglich an die Stelle eines äußeren Wunders, das uns bezeugt ist, ein innerliches Wunder setzt, von dem wir nichts wissen«.[292] Ja, er fragt, »wodurch eine solche Vorstellung«, die einst Chr. H. *Weiße* »nach Analogie sonstiger Geistererscheinungen gedacht wissen« wollte[293], »noch vom Gespensterglauben sich unterscheidet«[294], und konnte auch auf den schon von Karl *Hase* geäußerten Spott über »das Umherirren und Spuken eines Gespenstes«[295] verweisen.[296] Später hat vor allem Carl

---

[288] S. 243.   [289] S. 244.   [290] Ebd.

[291] HANS WERNER BARTSCH: Das Auferstehungszeugnis. Sein historisches und theologisches Problem. 1965, S. 21 f.

[292] LUDWIG IHMELS: Die Auferstehung Jesu Christi. 1906, S. 23.

[293] IHMELS, S. 35. – CHRISTIAN HERMANN WEISSE: Die evangelische Geschichte. Bd. 2. 1838, S. 432.

[294] IHMELS: Auferstehung, S. 21.

[295] KARL HASE: Geschichte Jesu. 2. Aufl. 1891, S. 749.   [296] IHMELS: Auferstehung, S. 35.

Stange diese wieder ins Spiel gebrachte Lösung des Problems als Kompromiß
und Halbheit abgelehnt. »Die angestrebte Versöhnung der historischen Kritik
mit dem apologetischen Interesse ist nur scheinbar.« »Einerseits sucht sie den
Wunderglauben zu retten, indem sie daran festhält, daß die Auferstehung Jesu
tatsächlich stattgefunden habe, und andererseits will sie doch grundsätzlich das
Wunder ausschalten.«[297]

Diese Hypothese ist aber nicht nur im Ansatz unbefriedigend, sie führt auch
beim Versuch der Durchführung nicht recht weiter. Subjektive Visionen »sind
entweder durch krankhafte Erregung unserer Sinne oder durch unsere Einbil-
dung, unsere Phantasie hervorgerufen«. »Nach der objektiven Visionshypothese soll es dagegen eine übersinnliche Einwirkung auf die Seele geben, die
objektiven Charakter trägt, aber dann doch – vermittelst unserer Einbildungs-
kraft – sich in scheinbar sinnliche Wahrnehmung umsetzt«. Nun fragt auch
Stange offenbar mit Recht: »Aber wie soll man dann die objektive Vision von
der subjektiven unterscheiden?«, »es bürgt uns niemand dafür, daß es nicht am
Ende doch bloße Einbildungen sind«.[298] In der Tat muß die objektive Vision
nicht nur wegen ihres Kompromißcharakters grundsätzlich unbefriedigend bleiben, sie erscheint eben deshalb auch so überaus kompliziert und künstlich. Sie
weist damit alle Anzeichen einer Rückzugsposition auf und wird, indem sie
Anstoß nach beiden Seiten vermeiden will, keineswegs glaubwürdiger. Immer
die Gefahr im Auge, nach rechts oder links abzugleiten, kann eine so sehr auf
Vorsicht bedachte Auffassung einem lebendigen kraftvollen Glauben schwerlich
genügen. Ein Auferstehungsgeschehen, das im Gläubigen durch göttliche Lenkung seiner Vorstellungen erlebt wird und sich außerdem auf einen ebenfalls von
Gott verursachten, jedoch ganz unvorstellbaren Vorgang außerhalb des subjektiven Erlebens bezieht, von dem wir nur wissen, worin er nicht besteht, nämlich
eben nicht in einer Auferstehung im ursprünglichen und eigentlichen Sinne, ist
eine solche Konstruktion, ein von Gott gelenkter subjektiver Prozeß, dem ein
bestimmter oder vielmehr ganz unbestimmter transsubjektiver Akt entsprechen
soll, noch zumutbar und haltbar als Gegenstand und Grund des Glaubens?
Indem man hier versucht, alle Hindernisse nach Möglichkeit aus dem Wege zu
räumen, wird das Risiko dieses Glaubens tatsächlich erst recht deutlich. Aber
auch das wissenschaftliche Interesse kann sich mit objektiven Visionen nicht
zufriedengeben. Ausgezeichnet formuliert dies A. *Geense*: »Wo das Entscheidende in dem objektiven Charakter des Inhalts des Geschehenen liegt, verliert die
formale Feststellung, daß es sich bei der Aneignung des Geschauten um eine
Vision handelt, jede Bedeutung«.[299] Der Begriff der objektiven Vision »ist ein
hybrides Produkt, das zwei unvereinbare Betrachtungsweisen nur ganz mangelhaft in eine Formel zusammenzuflicken vermag«.[300] So ist es.

---

[297] CARL STANGE: Die Auferstehung Jesu. In: ZSTh Jg 1. 1923, S. 726.
[298] S. 727.
[299] GEENSE: Auferstehung, S. 68 f.
[300] S. 73.

Begreiflicherweise hat bereits W. *Wrede* kurzerhand erklärt, »objektive Visionen« seien »kein wissenschaftlicher Begriff«.[301] Und wirklich erscheint die objektive Visionshypothese von links gesehen erst recht fragwürdig. Für die neuere Diskussion ist ein von W. *Marxsen* gegen Graß erhobener Einwand besonders aufschlußreich. Er findet es mißlich, daß Graß »auf dem Wege über den ›Glauben‹ nun doch zur Konstatierung von so etwas wie Ereignissen kommt«. »Daß die Jünger ihre Erlebnisse als ein Handeln Gottes verstehen konnten und sie so aussagten, ist ja nicht zu bestreiten.« »Nur – kann auch ich heute durch ›theologische Betrachtung‹ zum Reden von einem Handeln Gottes kommen? Doch wohl nicht!« Der Glaube soll die Zweideutigkeit visionärer Erlebnisse überwinden. »Nur kann das doch der *heutige* Glaube nicht leisten angesichts *damaliger* visionärer Erlebnisse.«[302] Ob bei dieser These mehr daran zu denken ist, daß die weltanschaulichen Voraussetzungen heute völlig andere sind als zur Zeit der Jünger, oder ob im Vordergrund der Umstand steht, daß jemand, der jene Erscheinungen nur vom Hörensagen kennt, grundsätzlich nicht in der Lage ist, den Schritt zu ihrer Interpretation im Sinne eines objektiven Gehalts des subjektiven Erlebnisses zu tun, mag dahingestellt bleiben. Auf jeden Fall dürfte es richtig sein, wenn Marxsen sagt: »Sind es bei der subjektiven Visionshypothese die Jünger, die durch ihren Glauben die Visionen sozusagen schaffen, so ist es bei der objektiven Visionshypothese der *gegenwärtige* Glaube, der mit objektiven Visionen rechnet. Die sogenannte objektive Visionshypothese ist also bei Licht besehen *auch* eine subjektive – nämlich vom eigenen Glauben aus. Immer handelt es sich um Konstruktionen, die in einen Bereich vorzustoßen suchen, der jenseits der Aussagen der ersten Zeugen liegt. Dabei wird die Interpretation, die die Jünger für ihr Widerfahrnis gaben, meist unter der Hand historisiert.«[303] Dieser Ausweg für die Deutung der Auferstehung Jesu führt somit zu keinem haltbaren Ergebnis. Er ist anerkennenswerterweise wiederum von den Theologen selbst gesperrt worden.

Es wird demnach nunmehr erforderlich, die subjektive Visionshypothese etwas genauer zu prüfen, die man im Sinne Marxsens auf die Formel bringen könnte: Vision + Interpretation = Auferstehungsglaube. Dieser wird damit reduziert auf einen rein immanenten, psychogenen Vorgang. Von D. Fr. *Strauß* begründet, war diese Auffassung zu seiner Zeit ein unvermeidlicher und interessanter Versuch. Von heute aus gesehen bedeutet sie jedoch eine starke Enttäuschung. Daß sie zunächst theologisch untragbar ist, wie *Graß* urteilt, muß ohne Einschränkung anerkannt werden. Wie durchaus untragbar, das zeigte das Bestreben E. *Hirschs*, nachdem er die auf subjektive Visionen zurückgehenden Osterereignisse als Mythos deklariert hat, daraus für den heutigen Menschen einen »Ewigkeitsglauben« zu destillieren, eine sehr unbestimmte »Ewigkeitshoffnung«[304], in die eben auch Jesus einbezogen wird. Es ist nach Hirschs

---

[301] William Wrede: Paulus. 2. Aufl. 1907, S. 9.
[302] Marxsen: Auferstehung (1964), S. 18 f.
[303] S. 19.
[304] Hirsch: Auferstehungsgeschichten, S. 45, 72.

eigenem Eingeständnis »ein Glauben in wehrloser Subjektivität«.[305] Daß eine
solche Subjektivierung und Psychologisierung des Osterglaubens kaum noch
etwas mit der eigentlichen christlichen Position zu tun hat, ist ohne weiteres
einzusehen. So hatte *Althaus* in der Auseinandersetzung mit Hirsch von seinem
Standpunkt aus guten Grund, den Begriff Vision im Zusammenhang mit dem
Glauben an die Auferstehung Jesu überhaupt abzulehnen.[306] Die theologische
Unbrauchbarkeit jener Auffassung ist in der Tat offensichtlich. *Thielicke* formuliert mit gewohnter Meisterschaft: »Die Visionshypothese kennt nur die Relation Christus – Mensch, nicht aber die Relation Gott – Christus. Sie bestreitet
also«, daß »eine Pointe der Ostergeschichte im Handeln Gottes an seinem Sohn
besteht«.[307]

Besonders hervorgehoben werden muß jetzt noch, daß die subjektive Visionstheorie auch in rein historischer Hinsicht stärksten Bedenken unterliegt. Es
dürfte ohne weiteres klar sein, daß die seelische Lage der Jünger nach Jesu
schimpflichem Tod so gar nicht zur »Produktion von Bestätigungserlebnis-
sen«[308] angetan war, also vor allem nicht die Atmosphäre für enthusiastische
Visionen abgeben konnte. Neben diesem vielfach herangezogenen rein psychologischen Gesichtspunkt gilt es aber auch, den damaligen religiös-weltanschauli-
chen Horizont zu beachten. So erklärt U. *Wilckens* es für »schlechthin unmöglich«, »daß Jünger Jesu auf die Katastrophe seines Todes durch die plötzlich
einleuchtende Behauptung reagiert hätten, er sei auferweckt worden – was bis
dahin in Israel von keinem Sterblichen je ausgesagt worden war«.[309] Darüber,
daß Jesus selbst »für seine Person an keine besondere Auferstehung vor und
abgesehen von der allgemeinen Auferstehung gedacht hat«[310], kann man schon
seit längerem nicht im Zweifel sein. Zu der psychologisch-emotionalen Schwierigkeit einer solchen Auffassung der Ereignisse durch die Jünger kommt damit
noch hinzu der geistes- bzw. religionsgeschichtliche Sachverhalt, auf den neuerdings besonders von *Pannenberg* hingewiesen wurde: »die Unwahrscheinlichkeit
der Annahme, daß Leute, die, aus jüdischer Tradition kommend, den Anbruch
der Endereignisse für Jesus allein ohne zwingenden Anlaß konzipiert hätten. Die
urchristliche Kunde von der eschatologischen Auferweckung Jesu – in zeitli-
chem Abstand von der allgemeinen Totenauferweckung – ist ja religionsge-
schichtlich ein Novum«[311]. Die Geschichte des Urchristentums zeigt, »wie die
Osterbotschaft als Bericht von einem nur Jesus widerfahrenen Geschehen sich
erst langsam im apokalyptischen Traditionshorizont profiliert hat. So etwas
entsteht nicht als seelische Reaktion auf die Katastrophe Jesu«.[312] In der Tat,

---

[305] S. 65, 69.
[306] ALTHAUS: Wahrheit des Osterglaubens, S. 43 f.
[307] THIELICKE: Glaube, Bd. 2, S. 546.
[308] PANNENBERG: Christologie, S. 93.
[309] WILCKENS: Überlieferungsgeschichte, S. 51.
[310] VÖLTER: Entstehung, S. 59.
[311] PANNENBERG: Christologie, S. 93.
[312] S. 96.

niemand konnte an so etwas denken. Ein auferstandener Jesus, der ihnen erscheinen würde, dieser Gedanke mußte außerhalb jeder Reichweite des Denkens der Jünger liegen, wie sollte jemand darauf verfallen sein?[313] Visionen mögen Erlebtes reproduzieren und Wünsche projizieren, aber Erscheinungen des Herrn waren in jener seelisch-geistigen und geschichtlichen Situation schlechterdings nicht zu erwarten. Man muß sich einen Augenblick von den gewohnten Vorstellungen über den Ablauf des Ostergeschehens freimachen und in den damaligen Stand der Dinge versetzen, um die ganze Unwahrscheinlichkeit der Ableitung des Osterglaubens aus subjektiven Visionen zu ermessen.

Auf der anderen Seite ist freilich zu berücksichtigen, daß in dem seelischen Milieu jener urchristlichen Kreise gewiß vieles uns im allgemeinen überaus Fremdartige möglich war. Ohne jede Beschönigung stellt *Graß* fest, daß »die Auferstehungserscheinungen Menschen zuteil wurden, bei denen ekstatische Entrückungen, ekstatische Glossolalie, nächtliche Erscheinungen, himmlische Boten, Weisungen und Bescheide vom erhöhten Herrn her vorkamen und erfahren wurden«. Auch von der Verschiedenartigkeit dieser Phänomene ist die Rede, doch nicht die Unterschiede »sind zunächst von Bedeutung, sondern die Verwandtschaft«, »der Zusammenhang, der zweifellos zwischen ihnen besteht. Wir befinden uns mit ihnen in einem ganz bestimmten Kreis religiösen Erlebens, oder um es theologisch zu sagen, geistlichen und pneumatischen Wirkens«.[314] Petrus ist »als visionär veranlagt bekannt«[315]. Erst recht gilt dies von Paulus. Aber ob und wie in einem solchen seelisch-geistigen Klima Hysterie, Halluzinationen und dergleichen beteiligt sind, wird sich schwerlich ausmachen lassen. Auf dem Boden subjektiver Visionen würde jedenfalls die ganze Situation in ein mehr oder weniger zweifelhaftes Licht geraten.

Dies gilt erst recht, wenn man Visionen wie die der Mehr-als-fünfhundert in Betracht zieht. Nochmals: Wie soll man sich ein solches Ereignis vorstellen? Hier liegt der Gedanke an eine Massenhalluzination in der Tat nicht fern. Und wenn man diesen extremen Fall ausschalten wollte, wo würde dann die Grenze zu den ernster einzuschätzenden Phänomenen verlaufen? Sind »alle Apostel« noch ein Kreis, dem unbedenklich eine echte Vision zuzutrauen ist? Oder »die Zwölf«? Muß nicht, hält man auch nur eine dieser genannten Zeugengruppen als verdächtig oder doch wenigstens unsicher heraus, alles zweifelhaft werden? Fragen über Fragen!

Und jetzt braucht man nur noch eines hinzuzunehmen, um das überaus Problematische der Lage voll zu ermessen. *Moltmann* vermutet, daß es sich bei allen Ostererscheinungen als Berufungserscheinungen »nicht um stumme Visionen, sondern zugleich damit im Kern wohl zuerst um« »Auditionen gehan-

---

[313] »Daß in den ältesten Berichten der Ostergeschichte die Jünger zum Glauben an die Auferstehung Jesu« »nicht disponiert gewesen sind« und »daß für sie die Auferstehung ihres Meisters ein völlig unerwartetes Ereignis« war, hat schon SPITTA (Auferstehung. S. 62, 64) betont.

[314] GRAß: Ostergeschehen, S. 196.

[315] HIRSCH: Auferstehungsgeschichten, S. 33.

delt« hat. »Ohne gehörte Rede wären die Ostererscheinungen gespenstisch geblieben«, meint auch dieser Theologe.[316] So einleuchtend das in gewisser Hinsicht ist, versucht man hiermit nicht Schwierigkeiten zu vermindern durch Schaffung neuer, vielleicht noch größerer? Auditionen sind doch wohl noch anspruchsvoller und vielleicht auch noch unbegreiflicher, jedenfalls fragwürdiger als reine Visionen, und was wissen wir psychologisch überhaupt über solche Phänomene? Wir befinden uns an einem so wichtigen Punkte tatsächlich völlig im dunkeln.

Nach allem ergibt sich eine sehr eigentümliche Sachlage: Visionen, ganz gleich, was ihnen zugrunde liegen mag, sind einerseits die einzige innerhalb der Erfahrung einigermaßen denkbare Grundlage für den Osterglauben, und sie reichen andererseits nicht entfernt aus, um ihn wirklich zu erklären oder auch nur ein wenig verständlich zu machen. In der Form der objektiven Visionshypothese allzu künstlich, eine einzige Paradoxie und im Grunde genommen ein reines Postulat, ist auch die subjektive Visionstheorie theologisch, historisch und schon psychologisch außerordentlich fragwürdig und insgesamt durchaus unbefriedigend. So erklärt denn auch H. *Conzelmann* unzweideutig: »Die sog. Visionshypothese hilft nicht wirklich weiter, zumal alle Mutmaßungen über die psychische Prädisposition des Jüngerkreises prekär sind.«[317] Wenn dem aber so ist, dann bleibt – darüber muß man sich im Klaren sein – zur Erklärung des Auferstehungsglaubens, historisch gesehen, nur noch der Rückgriff auf eine Legendenbildung übrig. Diese würde dann letztlich aus unbestimmten bloßen Gerüchten, die sich, unter der Hand von Mund zu Mund aufgebauscht, alsbald ausbreiteten und allmählich immer mehr verfestigten, abgeleitet werden müssen. Keine imponierende, tiefgründige, eher eine recht banale Erklärung, jedoch wohl die einzig mögliche, wenn man nicht einfach resignieren und vor einem absoluten Wunder einerseits oder einem unlösbaren absoluten Rätsel andererseits kapitulieren will.

5. Der Osterglaube und die Wahrheitsfrage

Das Ergebnis der historischen Bemühung um das Auferstehungsgeschehen, so unerläßlich sie war, ist äußerst bescheiden. Sehr treffend wird das heute Erreichte von A. *Geense* zusammengefaßt: »Wenn es hoch kommt: ein leeres Grab, aber ein leeres Grab, das« im »historischen Fragenzusammenhang« nicht »vor Zweideutigkeit geschützt ist«. »Oder, wenn es nicht so hoch kommt, Visionen. Nur: Visionen, die« nicht »vor Zweifeln geschützt sind, Visionen also, die nur im Glauben eindeutig werden und im Glauben zugleich ihre Beweiskraft verlieren (Joh 20,29). Oder wir haben eigentlich nichts gefunden, nichts weiteres als die Behauptung eines Sehens und die Folgen dieser Behauptung, die selbst nur eine

---

[316] MOLTMANN: Hoffnung, S. 180.
[317] CONZELMANN: Auferstehung, Sp. 700.

Folge davon ist, daß es Kerygma nach Karfreitag gab – das aber wußten wir, bevor wir den Weg antraten.«[318]

Es bleibt demnach die entscheidende Frage, worin denn nun der Osterglaube letztlich begründet ist, jetzt nicht mehr nur in psychologisch-historischer Beziehung, sondern, was seine Geltung für den Menschen der Gegenwart betrifft, zunächst theologisch und dann allgemein kritisch gesehen. Worauf gründet sich, nachdem vor fast zweitausend Jahren geistig überwiegend sehr einfach strukturierte Menschen, einige von ihnen wohl auch ziemlich labil, aufgrund äußerst sonderbarer, nicht nachvollziehbarer Erlebnisse und ihrer vielleicht naiven Deutung oder lediglich durch unkontrollierte Berichte, wohl gar bloß Gerüchte, zum Glauben an die Auferstehung des Herrn gelangt waren, für selbständig denkende, einigermaßen kritische Menschen unserer Zeit der Glaube, daß jener Jesus nicht im Tode geblieben ist, sondern lebt, und zwar in einer einmaligen, durchaus andersartigen Weise als der mit einer unbestimmten Hoffnung der gewöhnlichen Sterblichen für ihre Zukunft verbundenen? Was spricht dafür, daß das völlig einzigartige Ereignis der Auferweckung Jesu aus Nazareth, auf das alles ankommt, wie es dabei auch im einzelnen zugegangen sein mag, wirklich stattgefunden und ihn zu dem nicht nur in der Erinnerung lebendigen Herrn gemacht hat, auf den sich noch immer der Glaube der Christen richtet? Wenn der massiv-realistischen Erzählung des Lukas über den Verkehr des Auferstandenen mit seinen Jüngern kein historischer Wahrheitsgehalt mehr zugestanden wird, so kann diese veränderte Sicht für moderne Menschen möglicherweise gewisse Hindernisse für den Glauben forträumen, aber noch keineswegs seine positive Rechtfertigung bedeuten. Und was die Erscheinungen Jesu betrifft, so mögen sie einst einmal genügt haben, um den Glauben entstehen zu lassen; nicht mehr genügt die Kunde von ihnen demjenigen, der heutzutage, ohne sich einer Glaubenstradition mehr oder weniger selbstverständlich einzuordnen, lediglich nachdenklich interessiert nach einer Begründung dieses Glaubens für den Menschen der Gegenwart fragt; denn erstens haben wir Jesuserscheinungen nicht selbst erlebt und zweitens würden wir eine solche heute, wenn wir sie erleben sollten, auch unter völlig veränderten Voraussetzungen innerlich verarbeiten und einordnen.

Aus der Einsicht, daß einem nicht schon gläubigen Menschen unmöglich zugemutet werden kann, in wunderbaren Berichten etwas anderes zu erblicken als »eine Art von Märchen«[319], wollte einst, in einer Zeit, die der Metaphysik schon weitgehend den Abschied gegeben hatte und überwiegend positivistisch dachte, Wilhelm *Herrmann* an »eine zweifellose Tatsache« anknüpfen, die wir selbst erleben können. Als eine solche sah dieser einst hochgeschätzte Theologe das an, was er »das innere Leben Jesu« nannte, nach Abzug einer Anzahl merkwürdiger und umstrittener Ereignisse und Taten seine sittlich-religiöse

---

[318] GEENSE: Auferstehung, S. 100.
[319] WILHELM HERRMANN: Grund und Inhalt des Glaubens. 1892. In: Ges. Aufsätze. Hrsg. von F. W. Schmidt, 1923, S. 287.

Persönlichkeit, seinen Charakter, und entscheidend wichtige Züge waren dabei
für Herrmann Jesu sittliche Energie und seine Zuversicht zu der Liebe Gottes.[320]
»Die Gewißheit, daß Jesus lebt«, meinte er, »liegt bereits unentwickelt in dem
Glauben, der durch die Macht der Person Jesu« unter ihrem Eindruck in uns
entsteht. Und dieser Glaube erstarkt mit dem »Vertrauen«, »daß Jesus nicht zu
den Toten gehört«.[321] Sollte das Glauben aber wirklich so einfach sein, so leicht
gemacht werden können? Auch M. *Reischle*, ein anderer Vertreter der seinerzeit
einflußreichen Ritschlschen Schule, wollte aus dem »Zutrauen zu Jesu Heilands-
person« »die Gewißheit beziehen, daß das Schauen des Auferstandenen durch
seine Jünger nicht Irrwahn einer aufgeregten Phantasie« war.[322] Es ist kaum
noch nötig, das ganz und gar Unzureichende, ja, Verfehlte einer solchen Argumentation hier ausführlich nachzuweisen. Das haben schon damals die Theologen sogleich wiederum selber besorgt. Nicht nur Martin *Kähler*, neben Wilhelm
Herrmann der heute noch am meisten nachwirkende Theologe jener Zeit, hat
gegen diesen eingewandt, daß die Auferstehung Jesu nicht ein bloßer Glaubensgedanke der Jünger war, der aus ihrer vom persönlichen Leben des irdischen
Jesus bestärkten Zuversicht auf Gott stammte, sondern daß ihr Glaube erst
durch die Auferstehung Jesu entstanden ist.[323] Auch Theodor *Haering*, im
übrigen Reischle eng verbunden, hat diesem gegenüber den springenden Punkt
besonders klar herausgestellt: daß alles, was man an der Persönlichkeit Jesu
schätzt und verehrt, nicht seine Auferstehung gewährleisten kann. »Ist Jesu
Leben im Tod vollendet, so hat seine Todesüberwindung den Sinn, daß sein
Glaube und seine Liebe in der schwersten Probe standgehalten, mithin sich als
eine in diesem Menschen, seinem natürlichen Leben und damit der Welt, wie sie
ihm gegenübertrat, überlegene Macht erwiesen hat. Wir überschreiten damit
aber sein Bewußtsein nicht; es wird uns nicht als eins mit der höchsten Wirklichkeit, mit Gott offenbar.«[324] »Glaube an Christus ist nur berechtigt, wenn er für
uns die Offenbarung Gottes ist, wenn Gott in ihm wirksame Wirklichkeit für
uns ist. Kann man das behaupten, wenn man von der Auferstehung abstra-
hiert?«[325] Wirklich schlagend wurde der Sachverhalt neuerdings auch von
H. *Graß* richtiggestellt. Es ist »offenkundig, daß die Evangelien und vollends
das apostolische Zeugnis gerade kein Interesse an Jesus als religiös-sittlicher
Persönlichkeit haben«. Mit einem einzigen kurzen Satz wird hier im Grunde
alles über Herrmanns Versuch, dem modernen Menschen in seinen Glaubens-
schwierigkeiten zur Hilfe zu kommen, gesagt: »Jesus selbst läßt keinen Blick in
sein inneres Leben tun.«[326] Man kann die Auferstehung Jesu also keinesfalls aus

---

[320] WILHELM HERRMANN: Ethik. 5. Aufl. 1913, S. 122.
[321] WILHELM HERRMANN: Dogmatik. 1925, S. 83.
[322] MAX REISCHLE: Der Streit um die Begründung des Glaubens auf den »geschichtlichen«
Jesus. In: ZThK Jg 7. 1897, S. 207.
[323] KÄHLER: Jesus, S. 184 f.
[324] THEODOR HAERING: Gehört die Auferstehung zum Glaubensgrund? In: ZThK Jg 7. 1897,
S. 339 f.
[325] S. 341.
[326] GRAß: Ostergeschehen, S. 272.

dem Bild seiner Persönlichkeit ableiten, ganz abgesehen davon, daß dieses inzwischen historisch in einem Maße teils reduziert, teils überhaupt problematisch geworden ist, daß eine solche Anknüpfung sich ohnehin verbietet.

Herrmann ist noch selbst zu der Einsicht gelangt, wie wenig wir nach den Erkenntnissen der neueren Forschung über das Wichtigste und Tiefste in Jesu Denken tatsächlich wissen und wissen können. Die Folgerung daraus für seine Einstellung in der Auferstehungsfrage hat er jedoch nicht mehr gezogen. Sein sicherlich gut gemeinter Versuch, mit einem religiös-sittlichen Minimum, mit einem bloßen Vertrauen zu dem »einfachen Menschen« Jesus zu beginnen, mag im Hinblick auf den Durchschnittsmenschen seiner Zeit pädagogisch sinnvoll gewesen sein; systematisch gesehen hatte in dieser Kontroverse, wie so oft, die anspruchsvollere, aufs Ganze gehende Richtung der Theologie das größere Recht auf ihrer Seite. Der Glaube an die erfolgte Auferstehung Jesu ist nicht nur der geschichtliche Ausgangspunkt des christlichen Glaubens überhaupt, sondern auch, sofern die Frage nach dessen Wesen und seiner Geltung gestellt wird, seine Grundlage. Jedenfalls kann kein Zweifel darüber bestehen, daß die mit einem »ethizistisch verengten Glaubensverständnis« verbundene Begründung keine brauchbare Lösung dieses zentralen Problems darstellt und deshalb entfallen muß.

Nicht ein Konzentrat oder Destillat der irdischen Jesuspersönlichkeit ist der Grund des Glaubens, sondern allein die apostolische Verkündigung im Anschluß an die Erscheinungen des Auferstandenen. In ihr, im Kerygma, sind wir dem entscheidenden Geschehen am nächsten, in ihm ist der Geist der ersten Zeugen am reinsten ausgeprägt. Aber wieder erhebt sich, nun noch dringender, die Frage: Wie finden wir von der Kenntnisnahme jener ersten Erlebnisse einst, von denen wir überdies nur eine sehr schwache Vorstellung besitzen, zum Glauben heute? Mit dieser Frage wenden wir uns noch einmal Hans *Graß* zu, der uns bei den historischen Ermittlungen in vieler Hinsicht ein guter Führer war. Wie weit und wohin wird uns nun der Systematiker bringen? Um es vorwegzunehmen: Während jene Ableitung des Auferstehungsglaubens aus dem Eindruck des Charakterbildes Jesu sich auf eine sachlich unmögliche Weise in eine Überzeugung hineinsteigerte, die sicherlich ungerechtfertigt war und keinen Bestand haben konnte, dringt Graß sehr viel tiefer in die Problematik ein, wobei sich jedoch, wenn man seinem instruktiven Vorgehen kritisch folgt, zeigen wird, daß eine überzeugende Lösung letztlich nicht gelingt.

Auch Graß sucht in mehrfacher Hinsicht, dem Gegenwartsmenschen Schwierigkeiten für den Glauben aus dem Weg zu räumen, ohne diesen, wie es bei Herrmann der Fall war, zu herabgesetzten Preisen anzubieten. Zunächst gibt auch er der Erfahrung der Visionen, die uns ja doch wie gesagt im Grunde außerordentlich fernliegen, einen geringeren Stellenwert. Schon bei den ersten Zeugen war die Erfahrung nicht alles. »Die Begegnung mit dem Auferstandenen war« für die meisten ja nur »eine einmalige Erfahrung«. Und solche Erfahrungen hörten bald überhaupt auf. »Daß der schmählich am Kreuze hingerichtete Jesus der erhöhte Herr sei, das war auch für die Urzeugen nicht bloß eine

Erfahrungstatsache, sondern eine Glaubenstatsache.«[327] Und weiter: Schon das
»Sehen war ein Sehen im Glauben, ein gläubiges Sehen«.[328] »Der eigentliche
Charakter der Verkündigung dürfte durchaus verschieden gewesen sein von der
Art, in der etwa ein Pietist sein Bekehrungserlebnis, seine Erfahrungen, die er
mit dem Heiland gemacht hat, mitteilt.« Man erfuhr die Erscheinung Jesu »nicht
als Auftrag«, das eigene »Begegnungserlebnis mitzuteilen, sondern das zu ver-
kündigen, dessen man durch diese Begegnung gewiß geworden war: Jesus ist
nicht im Tode geblieben, er ist zum Herrn erhöht, er ist der alsbald kommende
Menschensohn«.[329] Jedenfalls war »Gegenstand der Verkündigung« »nicht die
fromme Erfahrung, die eigene Erlebnisgeschichte, sondern ›die Geschichte des
Christus‹«[330] Nur von dem lebendigen Herrn lebt die Christenheit bei aller
Fragwürdigkeit des Lebens ihrer Angehörigen.[331]

Nach einem gewissen Zurückdrängen somit der Erfahrung gelangt Graß aber
auch für den Glauben als solchen zu einer vorsichtigen, sehr realistischen Einschätzung, welche die Sorge des modernen Menschen, hier überfordert zu
werden, abzubauen helfen mag. Der Glaube »ist keine gegebene Wirklichkeit,
kein Zustand, auf den wir uns stützen und berufen können. Der Glaube ist stets
vom Unglauben bedroht«.[332]

Schließlich wird der Glaube auch seinem Gehalt nach zwar keineswegs entscheidend reduziert, aber konzentriert und präzisiert, indem einmal der Akzent
von dem Vorgang der Auferstehung auf die Person des Auferstandenen selbst
rückt, indem ferner dem Begriff der Auferstehung grundsätzlich der der Auferweckung vorgezogen wird und dieser noch wieder hinter den der Erhöhung
zurücktreten soll: »Unser Glaube richtet sich primär auf den lebendigen Herrn,
nicht auf die Art des Lebendigwerdens, auf den Auferstandenen, nicht auf die
Auferstehung, die freilich die notwendige Voraussetzung Seiner lebendigen
Gegenwart ist. Die Auferweckung kann und darf« also »nicht geleugnet werden.«[333] Der Begriff der »Auferweckung« ist deshalb besser als »Auferstehung«,
»weil er Gottes Handeln zum Ausdruck bringt«.[334] Noch angemessener erscheint Graß wie gesagt der der »Erhöhung«, insofern damit »die Vorstellung
von einer zeitweiligen Rückkehr Jesu in die irdische oder eine quasi-irdische
Existenzweise vermieden« wird.[335] Letztlich geht es allein um den »erhöhten,
lebendigen, gegenwärtigen Herrn«.[336]

Alle solchen Ausführungen wollen unnötige und zu anspruchsvolle Glaubensvoraussetzungen oder Glaubensvorstellungen fernhalten und so den Zugang
zum eigentlich gemeinten wesentlichen Glauben erleichtern. Insbesondere wird
eine gewisse Distanzierung zunächst des Glaubens von den visionären Phänomenen dem Glaubenden von heute wie dem kritischen Beobachter willkommen
sein, da die Relevanz jener Erlebnisse mehr historischer Art ist und nicht in das

---

[327] S. 257.
[328] S. 258.
[329] S. 260 f.
[330] S. 261.

[331] S. 277 f.
[332] Ebd.
[333] S. 279.

[334] Graß: Begründung, S. 192.
[335] S. 190.
[336] S. 192.

innerste persönliche Leben des Menschen der Gegenwart hineinreicht. Erst recht wird man eine relativierende Beurteilung des Glaubens überhaupt begrüßen. Die Nähe des Glaubens zum Unglauben ist auf theologischer Seite wohl kaum je so sympathisch offen ausgesprochen worden. Am wichstigsten aber dürfte hinsichtlich des hier zu behandelnden Problems die These sein, daß »der zentrale Gegenstand des Glaubens« »der auferstandene Lebendige« ist, »nicht der Auferstehungsvorgang als solcher«.[337] Dabei wäre nochmals hervorzuheben, daß die erstrebte Konzentration und Erleichterung des Glaubensverständnisses bei Graß keineswegs auf Kosten der Sache, des Glaubensgehalts, erfolgt. Das Wie des unbegreiflichen Vorgangs wird zwar in den Hintergrund gerückt, das Daß der Auferweckung aber nicht, wie von manchen anderen modernen Theologen, in Frage gestellt oder gar aufgegeben. Sie »kann und darf nicht geleugnet werden«. Nicht so recht scheint dazu freilich zu stimmen die Feststellung: »Das Verständnis der Ostererfahrungen, die allein in den Begegnungen mit dem lebendigen Herrn bestanden, als Auferstehung ist bereits Ostertheologie« – dieselbe Auferstehung, die andererseits doch »die notwendige Voraussetzung seiner lebendigen Gegenwart ist«. Ein Stück Theologie wäre demnach Voraussetzung des zentralen Glaubens. Geht das an? Hier kommt eine eigenartige Zwiespältigkeit zum Ausdruck. Graß will zwei verschiedene Elemente miteinander verbinden, die sich wohl kaum ganz zusammenbringen lassen: die notwendige subjektiv-existentielle Glaubenseinstellung und das transsubjektive objektiv-geschichtlich-übergeschichtliche Moment der Erscheinungen des Auferstandenen, hinter denen das Ereignis der Auferweckung stehen soll. Der Glaube, so unentbehrlich und wesentlich er für das Christsein ist, reicht nicht aus, er ist, wie hervorgehoben wurde, nicht selten schwach und auf keinen Fall alles. Er soll ja auch mehr als ein bloß subjektiver unbestimmter Ewigkeitsglaube sein und braucht deshalb einen über das subjektive Element hinausgehenden festen Anhaltspunkt und Kern. Ebensowenig genügt umgekehrt die einfache Annahme der Tatsache der Auferstehung oder auch nur das zur Kenntnis genommene Ereignis der von den Jüngern erlebten Erscheinungen, die vielmehr erst durch den persönlichen Glauben erschlossen und existentiell in Kraft gesetzt werden. Dieser »wird in den Visionen der Jünger Gott am Werke sehen«.[338] Aber es wurde schon gesagt, daß hier eine sehr wesentliche Einschränkung zu berücksichtigen ist. Die Menschen, die damals jene Erscheinungserlebnisse gehabt haben, sind in der Tat fest davon überzeugt gewesen, daß darin Gott am Werke war und daß Gott darüber hinaus etwas Entscheidendes wirklich hatte geschehen lassen, das den Zeugen der Erscheinungen eben darin gewiß wurde. Diese Interpretation der Erscheinungen im Sinne einer Folge der Auferweckung Jesu durch Gott, als Auferstehung des Herrn, scheint ihnen selbstverständlich oder jedenfalls durchweg völlig einleuchtend gewesen zu sein. Der Mensch einer späteren und gar der heutigen Zeit befindet sich in einer ganz andersartigen Lage. Er vernimmt die Botschaft, daß Jesus einst auferstanden und einer Reihe von Menschen erschienen sei, ohne

---

[337] Graß: Ostergeschehen, S. 279.   [338] S. 244.

daß ihm dies zur persönlichen Gewißheit werden kann; denn die äußere und
innere Distanz zu damals ist viel zu groß geworden. Einmal die historische
Problematik hinsichtlich jener Geschehnisse, die nackte Tatsachenfrage, und erst
recht die geistige Problematik ihrer Deutung vor einem völlig veränderten
Horizont des Denkens lassen es nicht zu, heute an diese Verkündigung sein Herz
zu hängen und darin den alleinigen Grund seines Heils zu sehen. Und über
eigene Erlebnisse, die uns in unmittelbare Verbindung mit dem Auferstandenen
bringen könnten, verfügen wir ja eben nicht. Wie kann es dann überhaupt noch
zur Gewißheit kommen, daß der Herr lebt?

Die Antwort, die uns hierauf erteilt wird, lautet nun: Dadurch daß »Christus
sich uns auf so mannigfache Weise bezeugt und von seiner lebendigen Gegenwart zu überzeugen vermag«.[339] Aber tut er das wirklich? In Wahrheit liegt es
doch vielmehr so, daß er sich eben nicht selbst bezeugt, sondern von anderen
bezeugt wird. Darüber sollte man eigentlich nicht verschiedener Ansicht sein
können. Graß behauptet indessen, es sei Jesus, *er* erweise »sich im Zeugnis als der
Herr, indem er durch das Wort seiner Zeugen Macht über Menschenherzen
gewinnt«.[340] Die mittelbare Bezeugung würde demnach mit der unmittelbaren
zusammenfallen, so daß, wenn sich dies wirklich so verhielte, allerdings persönliche Gewißheit entstehen könnte. Aber ist diese Identifikation zulässig? Gewinnen nicht auch die Lehren anderer Religionen und alle möglichen Tendenzen
moderner geistiger Bewegungen und Strömungen Macht über Menschenherzen? Kann der Sachverhalt einer derartigen Beeinflussung und Auswirkung als
Kriterium für die einzigartige lebendige Gegenwart des hier Bezeugten gelten?
Und wenn es weiterhin heißt, der Christ höre die Worte der Verkündigung Jesu,
des geschichtlichen Jesus, »weil sie Worte dessen sind, den Gott zum Herrn und
Christus gemacht hat, nun auch im Lichte der Erhöhung«, so wird offensichtlich
wiederum gerade dasjenige oder derjenige schon vorausgesetzt, dessen man erst
gewiß werden soll, eben der Erhöhte, Lebendige. Hier liegt unverkennbar ein
Zirkel vor: die Bezeugung (B), das Zeugnis (Z), das Kerygma (K), die Verkündigung (V) ist ja nicht die bezeugte Auferweckung bzw. Auferstehung (A) selbst
– es war Graß, der das gegen Bultmann einleuchtend verfochten hatte. Jetzt
scheint auch er das fragliche Verhältnis allzu eng zu nehmen. Die Sache ist zu
wichtig, als daß man über diesen Punkt großzügig hinweggehen könnte. Wir
dürfen uns nicht, um es ohne jede polemische Absicht, aber ganz nüchtern und
unzweideutig zu sagen, ein B oder K oder V oder Z für ein A, d. h. aber ein X für
ein U machen lassen.

Dieselbe Verabsolutierung des Zeugnisses hatte schon *Althaus* vorgenommen. Daß Jesus auferstanden und den Seinen begegnet ist, »das wird nicht
erfahren, sondern bezeugt«. Daß er »heute bei mir lebendig ist, das glaube ich,
weil ich unter dem apostolischen Zeugnis im Glauben gewiß bin, daß er *auferstanden* ist«.[341] Auch dies läuft offensichtlich auf einen logischen Zirkel hinaus.
Ebenso erklärt *Brunner:* »Wir glauben an die Auferstehung Jesu: weil er sich uns

---

[339] S. 279.   [340] S. 276.   [341] ALTHAUS: Wahrheit, S. 83.

durch das ganze Zeugnis der Schrift als der Christus und als der lebendige Herr bezeugt.«[342] Andererseits soll der gläubige Christ an den Auferstandenen nicht darum glauben, »weil seine Auferstehung berichtet wird, sondern darum, weil er ihn als den Christus, den lebendig gegenwärtigen Herrn erkennt«.[343] Aber was heißt hier »erkennt«? Gewißheit, Bezeugung, Erkenntnis, diese Begriffe werden von der Theologie offensichtlich in einem anderen, weiteren und »höheren« Sinne gebraucht als dem üblichen, der in anderen Fakultäten gilt, so daß sie einer näheren Begründung nicht zu bedürfen scheinen. Der den Glauben nicht, noch nicht oder nicht mehr Teilende kann sich dabei nur im Kreise herumgeführt vorkommen und muß einsehen, daß er hier nicht mitreden darf, vielmehr durch die ihm zugemutete Denkweise in Wahrheit ausgeschlossen wird. Die Notwendigkeit, gerade bei Fragen höchsten Ranges die Antworten zu hinterfragen, wird auf diesem Boden nicht zugestanden. Daß der Glaube nicht beweisbar ist, daß er ein Element der Unsicherheit und des Wagnisses enthält, wußte man freilich immer schon, diese seine Eigenart ist ja gar nicht zu verkennen. Aber irgendwo müßte man doch, wenn er nicht in der Luft hängen soll, an etwas einigermaßen unmittelbar Gewisses anknüpfen können, etwas, das nicht wiederum lediglich zurückweist auf – Glauben. Eben dieses spezifische Glaubensdenken, bei dem Begriffe wie Bezeugung, Glaube, Gewißheit sich gegenseitig stützen müssen und das Ergebnis gar noch Erkenntnis heißt, ist es, was sich so überaus seltsam und zutiefst problematisch ausnimmt. Wer einen Halt fürs Leben sucht, dem bietet sich die Botschaft vom Auferstandenen an, indem sie ihm Kunde gibt von der den Tod überwindenden machtvollen Tat Gottes. Aber um dieser Botschaft glauben zu können, brauche ich schon den Glauben an die Macht Gottes und sein Eingreifen, der mir durch die Auferstehung Jesu vermittelt werden soll!

Man kommt um die Feststellung nicht herum: Die Antwort Herrmanns auf die Frage nach der Begründung des Auferstehungsglaubens war eine nicht nur unzureichende, sondern unzutreffende, völlig unhaltbare Antwort. Die Antwort, die von Graß gegeben wird, ist sehr viel problembewußter, aber ist sie überhaupt eine wirkliche Antwort? Sie besteht im Grunde in einem Zirkel, einer petitio principii, und stellt wiederum ein reines Postulat dar, nicht mehr. Die Frage, wie es sich nun eigentlich mit der Auferstehung Jesu, seinem Auferweckt-worden-sein verhält und wie wir des Auferstandenen gewiß werden können, bleibt letztlich offen.

In einem fast gleichzeitig mit dem Graßschen Buch erschienenen Aufsatz Hans *Engellands* trifft man z. T. auf dieselben Motive in sehr eindringlicher Form, aber auch besonders deutlich in demselben fundamentalen Widerspruch verlaufend. Es wird eingeräumt, daß weder die historische Forschung noch die neutestamentlichen Urkunden oder die Existenz und das Wirken der christlichen Gemeinde oder bestimmte Züge im neutestamentlichen Jesusbild die Auferstehung unmittelbar gewiß zu machen vermögen. Die volle Gewißheit »kann nur dann

---

[342] BRUNNER: Dogmatik. 2. Aufl. Bd. 2, 1960, S. 394.
[343] S. 396.

entstehen, wenn ihr Objekt dahin kommt, wo das Subjekt lebt, das nach Gewißheit fragt«. Deshalb ist nicht beim Ereignis der Auferstehung einzusetzen, das als Ereignis vergangen ist und somit in zeitlicher Distanz zu uns steht, so daß nur relative Gewißheit möglich wird. »Nur der heute lebende, also auferstandene Jesus Christus« kann »von seiner Wirklichkeit so überführen, daß die Gewißheit um ihn einen axiomatischen Grad empfängt«. »Nur er selbst in seiner Person kann seine Wirklichkeit – durch das neutestamentliche Wort bzw. seine Verkündigung – so bezeugen«, daß volle Gewißheit entsteht.[344] Aber dies würde offenbar voraussetzen, daß der Auferstandene erneut erscheint, uns heute erscheint, und das wäre nun doch wohl zuviel verlangt.

Tatsächlich hat die durch die Gegenwart des Auferstandenen begründete unbedingte, volle Gewißheit auch für diesen Theologen nicht das letzte Wort. Sie steht vielmehr zugegebenermaßen weiterhin in Spannung mit dem historisch-kritischen Weg zu Jesus.[345] Der Glaube muß »in Spannung zwischen der bloß relativen Gewißheit« des historischen Wegs »und der unbedingten Gewißheit durch den Auferstandenen leben und ausharren«. Er bewegt sich »zwischen den beiden Gewißheiten hin und her.«[346] Diese Offenheit und Bescheidenheit und insbesondere das beinahe uneingeschränkte Zugeständnis, daß es sich bei der vollen Gewißheit im Grunde genommen um einen Zirkel handelt[347], ehrt den Autor, aber rein sachlich ist die damit gebotene Lösung des Problems nichts Halbes und nichts Ganzes. Wozu überhaupt noch relative Gewißheit neben der absoluten, wenn es diese gibt, wäre zu fragen. Dem Historiker bleibt sein Interesse für Jesus von Nazareth selbstverständlich unbenommen, aber warum soll irgendeinem gläubigen Christen, dem der Auferstandene gegenwärtig ist, der Jesus der Vergangenheit noch entscheidend wichtig sein? Vor allem aber die Hauptfrage bleibt unerledigt: wie kommt es zur unbedingten Gewißheit des Auferstandenen, worauf beruht sie?

Zuletzt wenden wir uns noch dem großen Glaubenswerk Gerhard *Ebelings* zu. Wie Graß sieht er keinen zwingenden »Grund dagegen, alle Erscheinungen« Jesu »historisch unter dieselbe Kategorie zu subsumieren und sie als Visionen zu bezeichnen«.[348] Aber auch er geht dann auf eine gewisse Distanz zu ihnen. »Es könnte ein Gespenst gewesen sein oder ein Hirngespinst.«[349] So rücken die Visionen in einen »sekundären Rang«. Ausschlaggebend sind »nicht die visionär erlebten Jesus-Erscheinungen als solche«, ausschlaggebend ist »nicht das, was nur wenigen zuteil wurde, sondern das, was dadurch sagbar und aller Welt eröffnet wurde«[350], »daß Jesus und Gott endgültig unwiderruflich zusammengehören«[351]. Die Erscheinungen sind insofern »Initiale der Christusverkündi-

---

[344] HANS ENGELLAND: Gewißheit um Jesus von Nazareth. In: ThLZ Jg 79. 1954, Sp. 71.
[345] Sp. 72.
[346] ENGELLAND: Die Wirklichkeit Gottes und die Gewißheit des Glaubens. 1966, S. 204.
[347] Gewißheit, Sp. 74.
[348] EBELING: Dogmatik. Bd. 2, S. 299.
[349] S. 303.   [350] S. 301.   [351] S. 307.

gung«, sie sind »nicht selbst der Glaubensgrund, sondern weisen nur auf Jesus als den Grund des Glaubens hin«.[352]

Vor allem will auch Ebeling sowohl dem objektiven als auch dem subjektiven Pol im Osterglauben gerecht werden. In objektiver Hinsicht heißt es: »Der Osterglaube befindet sich nicht in einer ekstatischen oder mystischen Unmittelbarkeit zum Auferstandenen. Er ist auf Überlieferung angewiesen und lebt von der Osterbotschaft.« Das Medium des Osterglaubens ist deshalb das Wort. Dies soll nun aber nicht zu objektiv, d. h. »positivistisch« verstanden werden, die Auferstehung Jesu von den Toten nicht einfach ein Ereignis der Vergangenheit sein, zu dem es »nun einmal keine unmittelbare, sondern nur eine vermittelte Erkenntnis geben kann«[353]. Man versteht, worauf das hinaus will, aber anerkennen läßt es sich nicht. Richtig ist, daß »in Sachen des Glaubens die Geschichte nicht ungestraft verachtet wird«.[354] Doch Geschichte hat es nun einmal mit Vergangenem zu tun. Sie im Interesse des Glaubens irgendwie zur Gegenwart machen zu wollen, geht nicht an, ist grundsätzlich unmöglich. Zwischen ekstatischer Unmittelbarkeit und geschichtlich Vermitteltem bleibt letztlich nur die Wahl.

Noch weniger überzeugend ist die Erörterung der subjektiven Seite. Die angedeuteten sehr allgemeinen »Transzendenzbezüge« wie etwa die Frage nach dem wahren Leben oder Situationen wie Lebensüberdruß, Ekel, Langeweile, Verzweiflung, und die ganz unbestimmten »Glaubenserfahrungen« sind so weit hergeholt, daß man sich fragt, was das alles mit der Auferstehung Jesu zu tun hat. Am erstaunlichsten aber ist, daß damit zuletzt noch jenes alte, uns von Herrmann her bekannte und so gründlich erledigte Motiv verbunden wird, der Rückgriff auf die Persönlichkeit Jesu: »Die Weise, wie sich in Jesus das Gottesverhältnis darstellt und« er »Gott begegnet, läßt Gott als den lebendigen Gott verstehen«. »Der Tod Jesu wird so in Gottes Leben aufgenommen und kraft dieses Lebens aufgehoben.«[355] »Der Glaube an das Verschlungensein des Todes Jesu in den Sieg des Lebens Gottes steht in einer so vollständigen Korrelation zur Lebenserfahrung, daß alles darin – das Leben und Sterben – zum Material des Osterglaubens wird«, »das letzte Wort hat nicht der Tod, sondern das Leben«. Am Ende solcher Thesen stoßen wir auf den logisch wie sachlich gleich anfechtbaren Satz: Wer »sich den Erfahrungen öffnet, die sich vom Glauben an den Auferstandenen her erschließen, der hat das Recht, in eigener Verantwortung zu sagen: ›Jesus ist auferstanden!‹«[356] Wie muß es um eine Sache bestellt sein, die einen so eigenständigen, zweifellos bedeutenden Kopf zu einer derart über den Wassern schwebenden, im Entscheidenden unhaltbaren Argumentation inspiriert!

Nein, hier sind alle gut gemeinten Überredungskünste vergeblich. Irgendwelche Lebensstimmungen sind nicht dazu angetan, den Glauben an den Auferstandenen zu erzeugen oder zu rechtfertigen, Eindrücke von der geschichtlichen

---

352 S. 301.
353 S. 311.
354 S. 315.
355 S. 318.
356 S. 319.

Persönlichkeit Jesu ebensowenig. In beiden Fällen ist nicht einmal das Thema der
Auferstehung berührt. Aber auch, wo es sich um diese selbst handelt, gelangt
man nicht weiter. Weder das Zeugnis derer, die Visionen gehabt haben und
meinten, daß ihnen der auferstandene Herr erschienen sei, noch die Verkündigung, die ihr Zeugnis weitergegeben hat, stellt somit eine tragfähige Brücke
zum Glauben in der Gegenwart dar. Dazwischen liegt immer noch derselbe
»garstige breite Graben«, über den schon *Lessing* nicht kommen zu können
gestand: »Ein andres sind Wunder, die ich mit meinen Augen sehe und selbst zu
prüfen Gelegenheit habe: ein andres sind Wunder, von denen ich nur historisch
weiß, daß sie andere wollen gesehen und geprüft haben«[357], was dann insbesondere auf die Auferstehung Christi bezogen wird. Lessing gab noch vor, wohl um
den Gegensatz möglichst prägnant herauszustellen, daß er gegen die Auferstehung Christi »nichts Historisches von Wichtigkeit« einzuwenden habe. Trotzdem ist er nicht bereit, seine eigenen »Begriffe« und »Grundideen« davon
beeinflussen zu lassen. Mit dieser Berufung auf das Grundsätzliche hat schon er
damals ins Schwarze getroffen. Uns heute ist der Auferstehungsglaube wie
gesagt noch erheblich problematischer geworden. Wir haben auch in historischer Beziehung vielerlei einzuwenden. Aber wichtiger erscheint das Grundsätzliche: jener Graben zwischen Vergangenheit und Gegenwart, zwischen historischem Wissen von Vergangenem einerseits, das immer relativ bleiben muß,
und dem Glauben in der Gegenwart andererseits, der mein Heil betrifft und
unbedingte, unmittelbare Gewißheit verlangt. Die Sehnsucht danach, die außerhalb des christlichen Glaubens ungestillt blieb, sollte dieser erfüllen. Damit ist es
nun offensichtlich nichts, wie sich gezeigt hat. Der Graben ist schuld. Er ist
immer noch und nun erst recht unüberwindlich.

Wie einem Menschen unserer Zeit, der als solcher weder zu den Augenzeugen
der Erscheinungen Jesu gehört noch sich durch die inspirierte »Heilige Schrift«
von ihnen überzeugen läßt, die Gewißheit zuteil werden könne, daß der tote
Jesus zum Leben, überdies zu einer ganz einzigartigen Lebensform, auferweckt
worden ist – das war *die* Frage. Auf sie gibt es immer noch keine auch nur
halbwegs annehmbare Antwort.

Der Umstand, daß der Nichtglaubende sich deshalb auf die ausgesagte Wirklichkeit des lebendigen Christus nicht einlassen zu dürfen meint, daß er also
draußen vor der Tür bleiben muß, ficht die Theologie freilich nicht an. Vielmehr
wird die Unzuständigkeit des Nichtglaubenden von ihr sogar unterstrichen und
als sachgemäß, als geradezu notwendig hingestellt. Zu diesem Behuf hat sie eine
eigene Erkenntnistheorie und Ontologie ausgebildet, die in allem auf das Gegenteil der üblichen hinausläuft. »Das Kerygma von der Auferstehung Jesu in der
Form der Wortverkündigung sowie in der Ausprägung der Erscheinungen ist«,
wie *Künneth* erklärt, »nur für die Situation des Glaubens erkennbar«.[358] [359] »Nur

---

[357] LESSING: Über den Beweis des Geistes und der Kraft. AaO. S. 283 ff.
[358] KÜNNETH: Theologie, S. 89 f.
[359] Die Theologie der Auferstehung bietet instruktive Beispiele für die von H. ALBERT

der Glaubende nimmt dieses Ereignis wahr«, betont auch *Thielicke*. »Nur wer in der Wahrheit *ist*, d. h. wer im glaubenden Nachvollzug des Sterbens und Auferstehens Jesu existiert, hört die Stimme des leeren Grabes. Abgesehen von dieser Situation des Glaubens ist Ostern in der Tat nicht verifizierbar.«[360] »Wer keine Beziehung zum Auferstandenen hat – und das kann ja nur eine Glaubensbeziehung sein –, der kann auch die Auferstehung weder als möglich noch als wirklich annehmen.«[361] Da kann man nur noch beten, möchte man als Außenstehender sagen, sei es, daß dies wirklich den Wunsch, der Glaube möge einem geschenkt werden, bedeuten soll, sei es, daß es lediglich den Sinn jener Redensart besitzt, die zum Ausdruck bringt, in einer bestimmten Lage am Ende zu sein. Daß das »Metahistorische« »intellektuell nicht verifizierbar« ist, urteilt wiederum auch *Künneth*.[362] »Der metahistorischen Dimension entspricht allein die Dimension des Glaubens.«[363] Schon »die urchristliche Aussageintention« ist sich »bewußt, etwas schlechthin Unsagbares bezeugen zu müssen«.[364] Es liegt hier ein »geschlossener Verständnis-Ring« vor, zu dem »das Rechnen mit der Heilsfaktizität eines transzendentalen Offenbarungseinbruches in die Geschichtlichkeit der Welt«, sodann »die Qualität des apostolischen Kerygmas als einer Botschaft von dieser neuen Heilswirklichkeit und schließlich das Wissen um die persönliche Inanspruchnahme des von dieser Botschaft Betroffenen durch den Anruf zur Glaubensentscheidung« gehört.[365] Der hierbei sich ergebende »Erkenntnisvorgang« ist »nicht mehr neutral oder historisch unbeteiligt, aber auch nicht subjektiv-psychisch geprägt, sondern wesenhaft pneumatisch charakterisiert«[366]. »Der pneumalose Mensch steht noch diesseits der Erkenntnismöglichkeit, da ihm das Osterzeugnis als ›Torheit‹ erscheinen muß (2. Kor 4,4; 1. Kor 2,14).«[367] Daß der neutrale, nichtengagierte Beobachter in Sachen Auferstehung Jesu nicht kompetent ist, darin sind sich heute die Theologen, sofern sie die Position des Glaubens im vollen Sinne vertreten, durchweg einig, ebenso darin, von einer »nichtgegenständlichen Beziehung zwischen dem Auferstehungswunder und dem Hörenden«[368], »von der grundsätzlichen Nichtobjektivierbarkeit der Glaubensrelation zu reden«[369], wobei »die Nicht-Objektivierbarkeit der Auferstehung« »streng zu scheiden« ist »von ihrem ontischen Charakter als eines transsubjektiven Geschehens«.[370] Wie die Subjekt-Objekt-Relation, so reichen nach *Thielicke* auch die Begriffe »Kontinuität« und »Diskontinuität« zur Erfassung heilsgeschichtlicher Fakten, vor allem des Verhältnisses zwischen dem auf Erden Wandelnden und dem Erhöhten, nicht aus.[371] *Künneth* spricht hinsichtlich der

---

herausgestellten theologischen Strategien, die namentlich durch den Begriff der Immunisierung und hier insbesondere den des Erkenntnisprivilegs bezeichnet sind.

[360] THIELICKE: Glaube, Bd. 2, S. 533.
[361] S. 537.   [362] KÜNNETH: Entscheidung, S. 72.
[363] S. 75.   [364] S. 72.
[365] S. 155.   [366] S. 158.   [367] S. 159.
[368] KÜNNETH: Theologie, S. 86.
[369] KÜNNETH: Glauben an Jesus? 3. Aufl. 1969, S. 207 f.
[370] THIELICKE: Glaube, Bd. 2, S. 535. – Vgl. auch BARTSCH: Auferstehungszeugnis. S. 24.
[371] THIELICKE: Glaube, Bd. 2, S. 555.

Identität des geschichtlichen Jesus mit dem auferstandenen Kyrios von einer
»paradoxen Synthese«.[372] »Die Auferstehung Jesu von den Toten ist« nach
Ebeling auch »nicht ein raum-zeitlicher Akt«. »Daß wir nicht wissen, wie es sich
vollzogen hat, gehört nicht zu den vielen historischen Wissenslücken, auf die wir
im Gesamtkomplex des Ostergeschehens stoßen, sondern ist Symptom eines
ganz andersartigen Sachverhalts«.[373] Das Geschehen der Auferstehung Jesu von
den Toten gehört »seinem Wesen nach nicht der Vergangenheit an«.[374] »Wenn
also der Osterglaube an die Osterbotschaft gewiesen ist, so nicht an ein isoliertes
factum, sondern an ein verbum, das weiteste Zusammenhänge erschließt.«
Dieses verbum hat »ein perfectum praesens zum Inhalt«.[375] Daß damit die
Kategorie der Zeit im eigentlichen Sinne wiederum nicht gelten soll, ist nach
unserem ersten Abschnitt über den Kommenden nichts Neues und insbesondere
nach allen zuletzt angeführten Bestimmungen nicht mehr verwunderlich, sondern beinahe selbstverständlich. Aber nicht nur das Wesen der Zeit wird negiert,
die ganze Ontologie muß auf den Kopf gestellt und die Herrschaft der Paradoxie
errichtet werden, um dem Auferstehungsglauben den Weg zu bereiten. Daß es
sich dabei, erkenntniskritisch gesehen, samt und sonders um Postulate handelt,
die weitab von der Einstellung des praktischen wie auch des theoretisch-wissen-
schaftlichen Denkens führen, wird offensichtlich. Es ist eine ganz andere Welt,
die sich hier auftut, vielmehr sich uns verschließt – die »andere« nicht einmal nur
im ontologischen Sinne verstanden, sondern schon im Sinne der allgemeinen
geistigen Haltung, der bloßen Mentalität.

Der unüberwindliche Gegensatz, der sich bei der Stellungnahme zur Auferstehung Jesu zeigt, wird von *Thielicke* auf zwei Gründe zurückgeführt. Der eine ist
zeitgeschichtlicher Art, »insofern der moderne säkulare Empirismus, der von
dem Axiom einer in sich ruhenden Endlichkeit ausgeht, es als Absurdität empfindet, ein supranaturales Geschehen im Rahmen geschichtlicher Prozesse und
›historischer‹ Berichte über konkretes Geschehen auftauchen zu sehen«. Der
zweite Grund ist ein theologischer. Es »ergibt sich aus dem Anspruch der
neutestamentlichen Berichte, daß gerade dieses aus der immanenten Kausalität
des Geschehens herausfallende, gleichwohl aber als geschichtliches Faktum prä-
dizierte Ereignis die Achse des christlichen Glaubens sei«.[376] Der »moderne
Immanentismus« ist es auch, der die Theologie »angesichts der Osterberichte zu
einer ›nur‹ psychologischen (Visionshypothese) oder ›nur‹ existentialen Interpretation« hat greifen lassen. »Beide Versuche weichen auf ihre Weise der
ontologischen Anstößigkeit aus, daß ein nichtobjektivierbares Geschehen als
geschichtlich geschehen berichtet wird.« Diese ontologische Anstößigkeit ist
in der Tat der entscheidende Punkt. Die Theologie, soweit sie den Glauben nicht

---

[372] KÜNNETH: Entscheidung, S. 78.
[373] EBELING: Dogmatik. Bd. 2, S. 294 f.
[374] S. 311.
[375] S. 312.
[376] THIELICKE: Glaube, Bd. 2, S. 523.

völlig umzudeuten sucht und ihn damit im Grunde verrät, muß den ontologischen Charakter dessen, um das es sich hier handelt, aufrechterhalten; der
Immanentismus kann nicht anders, als eben diesen ontologischen Charakter des
verkündigten Geschehens in Frage zu stellen. Der Nichtglaubende muß diese
Haltung einnehmen, d. h. in seinen, den üblichen Kategorien denken, wie
umgekehrt die Theologie, wo sie ihre Sache nicht aufgeben will, ebenfalls nicht
anders kann, als in ihrer Weise auf der Grundlage von petitio principii, Zirkel
und Paradoxie zu operieren, um dorthin zu gelangen, wohin der Glaube sie
weist.

Höchst sonderbar und freilich auch vielsagend ist es, daß die Theologie als
ganze in diesem so sehr bedrohten und durchaus zentralen Punkt des Glaubens
nicht wenigstens eine einheitliche, geschlossene Position vertritt. Neuerdings
hat T. *Holtz* die entscheidende Alternative in die elementare Frage gefaßt: »Gehört die Auferstehung zur Geschichte Jesu oder zur Geschichte der Jünger?« und,
wie es nicht anders sein kann, geantwortet: Sie ist »ein Stück der Geschichte
Jesu«.[377] Die von Bultmann angeführte Kerygmatheologie gibt bewußt und
entschieden die entgegengesetzte Antwort: Sie gehört zur Geschichte der Jünger. Auf Jesus bezogen ist sie ein Mythos. Nicht nur dem an den auferstandenen
Herrn wirklich Glaubenden, auch dem nichtglaubenden, aber ernstlich und
ehrlich interessierten Betrachter kann der Glaube an den »ins Kerygma auferstandenen« Jesus jedoch nur als eine beispiellose Entartung, geradezu eine an
Verhöhnung grenzende Verfälschung der ursprünglichen Glaubensauffassung
erscheinen. Ist ein solcher Auferstehungsglaube ohne auferstandenen Jesus nicht
noch seltsamer, paradoxer, unbegreiflicher als der Glaube an den Auferstandenen im eigentlichen Sinne, den Erhöhten? Jedenfalls dürfte diese radikale Umformung sehr zu denken geben, zeigt sie doch, wie weitgehend der wirkliche,
eigentliche Auferstehungsglaube auch von der Theologie tatsächlich bereits
aufgegeben und in die Defensive gedrängt wird.

Dem echten Auferstehungsglauben ist schließlich auch nicht durch den Gedanken zu helfen, daß »die geschichtliche Erscheinung des Christentums« überhaupt »ohne die objektive Realität der Auferstehungstatsache ein absolutes
Rätsel sein würde«[378]. Zuletzt hat Eike Christian *Hirsch*[379] versucht, die Sache
der Auferstehung mit einem Bild zu retten: ein großer Krater in der Erde,
umgeben von einem Erdwall. »Unklar ist, wie dieser Krater entstanden ist: eine
Explosion, ein Vulkanausbruch? Der Einschlag eines Meteors? Oder ein ganz
anderes Ereignis? Man weiß es nicht. Zu sehen ist nur der Krater.« »Die
Auferstehung Jesu ist offensichtlich die Mitte und Ursache, aber wir wissen
nichts davon. Der Rand des Kraters, das sind die biblischen Geschichten, aber
wir können sie nicht auf eine Reihe bringen, jeder Zeuge sieht das zentrale

---

[377] TRAUGOTT HOLTZ: Kenntnis von Jesus und Kenntnis Jesu. In: ThLZ Jg 104. 1979, Sp. 10.
[378] STANGE: Auferstehung, S. 724.
[379] In einer sehr instruktiven Ostersendung (»Das Grab ist offen und alle Zweifel auch«) des
Norddeutschen Rundfunks (2. Progr.) vom 22. April 1984.

Ereignis aus einer anderen Richtung – und ist doch gerade über diesen Ursprung stumm. Tatsächlich sagen die Evangelien über den Vorgang der Auferstehung nichts. Sie sind nur ein Echo, ein Abdruck ihrer Wirkung.« »Wir, die wir heute leben, können gar nicht sehr nah an den Krater heran. Wir können an die Zeugen nicht die Fragen stellen, die wir gerne stellen würden. Genau genommen sind diese Zeugnisse nicht einmal zuverlässige Beschreibungen der Ereignisse *nach* der Auferstehung. Wir stehen also erst in einem noch weiteren Kreis um den Krater herum und können nur so viel mit Sicherheit feststellen: Es kamen viele Jünger zum Glauben. Das allerdings können wir mit Sicherheit feststellen, handelt es sich doch um eine der gewaltigsten Wirkungen, die in der Menschheitsgeschichte je ausgelöst worden sind. Bis heute.« Auf den sich selbst gemachten Einwurf, ob er damit »die Auferstehung wegzaubern oder auf den Glauben der Jünger reduzieren« wolle, antwortet Hirsch: »O nein, im Gegenteil!« Er »glaube, daß es eine so mächtige Wirkung nicht ohne eine Ursache gegeben haben kann, ohne eine Ursache, die so groß ist wie die Wirkung.« Die Ursache so groß wie die Wirkung, das mag zunächst sehr einleuchtend und wissenschaftlich gedacht anmuten. Aber dies ist nun eben die Frage: Stimmt es? Können wir da so sicher sein? Gilt in der Erfahrung nicht vielfach das Sprichwort: »Kleine Ursachen – große Wirkungen«? Und was für eine Ursache käme denn überhaupt noch in Betracht? Das läßt sich nicht einmal ansatzweise sagen. Das Kraterbild setzt, wenn es das Wie der Auferstehung offen läßt, das Daß jedoch als gewiß annimmt, zuviel voraus. Mit der Forderung einer adäquaten Ursache wird die entscheidende Glaubensannahme zu Unrecht schon vorweggenommen.

So stehen wir nach allem vor folgendem Sachverhalt: Der ursprüngliche und eigentliche Auferstehungsglaube, der zwar das leere Grab nicht unbedingt einschließt, aber doch wohl mehr oder weniger voraussetzte, hat sich auch hinsichtlich des Kerns der Osterbotschaft, der Erscheinungen des Herrn, als überaus problematisch herausgestellt, denn diese lassen sich nur mit dem Begriff der Vision erfassen. Während sich aber die objektive Visionstheorie als eine ganz und gar künstliche Konstruktion erwies und rundweg auszuscheiden ist, unterliegt die subjektive Visionstheorie sowohl in historischer wie auch in theologischer Hinsicht den dargelegten schweren Bedenken. Überdies steht die subjektive Vision einer Halluzination verdächtig nahe. Sieht man von den besonders problematischen Kollektivvisionen ab, so bleiben eigentlich nur drei Visionen übrig, von denen die des Jakobus auch nicht davor sicher ist, legendärer Art, d. h. aus Gründen seines Ranges, seiner Geltung als Bruders Jesu ihm nachträglich zugelegt worden zu sein. Dann würde alles auf den Augen des Petrus und des Paulus stehen – zwei unbestreitbare subjektive Visionen immerhin, aber zunächst eben auch nicht mehr. Von der Auferstehung als stattgefundenem Ereignis, von der Wirklichkeit des Auferstandenen im vollen Sinne vermögen sie ohne weiteres nicht zu überzeugen. Wer sich, um mehr zu erhalten, an eine unbekannte Ursache hält, verkennt, daß ein bloßes X als Ursache der Auferstehung bzw. des Auferstehungsglaubens ebensogut negativ wie positiv genommen werden kann: als eine sonderbare Verkettung von Mißverständnissen, unhaltbaren Gerüchten und Legenden, welch letztere ja auf jeden Fall den größten Teil der Ostererzählungen ausmachen.

Der Blick auf das Christentum als Gesamterscheinung muß von hier aus freilich auch einen »neutralen« Beobachter außerordentlich betroffen stimmen und nachdenklich von diesem Problem Abschied nehmen lassen; denn das Christentum alles in allem scheint, wenn man sich genötigt sieht, diese seine Grundlage in der zuletzt dargelegten Weise zu betrachten und damit in Zweifel zu ziehen, in der Tat zu einem völlig rätselhaften und geradezu ungeheuerlichen Phänomen zu werden. Das hat niemand schneidender zum Ausdruck gebracht als einst David Friedrich *Strauß*, wenn er in seinem viel geschmähten letzten Werk sehr pointiert über die Auferstehung Jesu schrieb: »Selten ist ein unglaubliches Faktum schlechter bezeugt, niemals ein schlecht bezeugtes an sich unglaublicher gewesen.« »Es mag demütigend sein für den menschlichen Stolz, aber es ist so: Jesus könnte all das Wahre und Gute, auch all das Einseitige und Schroffe, das ja doch immer auf die Massen den stärksten Eindruck macht, gelehrt und im Leben betätigt haben; gleichwohl würden seine Lehren wie einzelne Blätter im Winde verweht und zerstreut worden sein, wären diese Blätter nicht von dem Wahnglauben an seine Auferstehung als von einem derben handfesten Einbande zusammengefaßt und dadurch erhalten worden.«[380] Die Ausführungen dieses Abschnitts waren nicht darauf angelegt, den Auferstehungsglauben, wie es auf seiten der Christentumskritik meistens geschieht, von vornherein im rein negativen Sinne abzustempeln. Sie wollten vielmehr mit einer möglichst offenen Einstellung das Problem sachlich prüfen und hätten sich gern auf die Feststellung beschränkt, daß die Problemlage für den distanzierten Betrachter nicht dazu angetan ist, sich diesen Glauben nahezubringen. Wie die Dinge liegen, bleibt indessen kaum etwas anderes übrig als die Möglichkeit, daß es sich in der Tat um einen Irrtum, mit Strauß zu sprechen: einen Wahn, gehandelt hat, sehr ernsthaft ins Auge zu fassen. Wer sich einerseits den vollen einzigartigen Gehalt des Osterglaubens einschließlich der wirklichen Auferweckung Jesu und andererseits die unerhört schwache Begründung dieses so unerhört anspruchsvollen Glaubens bewußt macht, sollte zugeben, daß es nicht genügt, Gott einen guten Mann sein zu lassen, der es schon irgendwie gerichtet haben wird. Und dann wird man sich auch einzugestehen haben, daß Strauß kaum etwas Nennenswertes entgegnet werden kann. So entsetzlich der Gedanke in der Tat anmutet, daß alles ein Wahn war und so gern man jederzeit bereit wäre, eine solche Annahme gegebenenfalls zu korrigieren, so wenig können wir uns des Eindrucks erwehren, daß jener Verdacht seit Strauß zumindest nicht geringer geworden ist.

---

[380] STRAUß: Glaube, S. 47 f.

Dritter Abschnitt

Der Gekreuzigte

Im Glauben an den auferstandenen Herrn liegt, historisch gesehen, der Ursprung des Christentums, und er bildet nicht nur dessen geschichtliche Grundlage, sondern auch dem Gehalt nach seine Krönung. Sein Herzstück aber ist der Glaube an den Gekreuzigten. Ohne die ihr folgende Auferstehung hätte die Kreuzigung nur als das völlige Scheitern Jesu verstanden werden können. Erst durch die Auferstehung erhält das Kreuz seine über eine menschliche Tragödie oder gar einen unglücklichen Zufall hinausgehende Bedeutsamkeit. Andererseits wäre auch die Auferstehung ohne die Kreuzigung nichts als der in die Geschichte projizierte Mythos eines göttlichen Kraftakts, eine imposante Glaubensvorstellung vielleicht, doch ohne die den Glaubenden im Innersten ergreifende Wirkung des spezifisch christlichen Zweiklangs. Zunächst muß ja der Verbrechertod ihres Herrn für die Jünger und die ihm Nahestehenden ein furchtbarer Schock und ein unerhörtes dunkles Rätsel gewesen sein, die große Frage, die dann eben »durch die Auferstehungsbotschaft beantwortet wurde«. Paulus aber hat, wie E. *Käsemann* betont, die Betrachtung in gewisser Hinsicht umgekehrt. »In seiner Auseinandersetzung mit den Enthusiasten« in Korinth »wurde gerade die Interpretation der Auferstehung zum Problem, das nur vom Kreuz her beantwortet werden konnte. In ihr zeigte es sich zum ersten Male in der Kirchengeschichte, daß eine dem Kreuz vorgeordnete und ihm gegenüber isolierte Auferstehungstheologie zu einer christlichen Variation religiöser Weltanschauung führt, in welcher die Nachfolge Jesu und die Herrschaft Christi ihre konkrete Bedeutung verlieren.«[1] Das Kreuz ist also bei weitem mehr als eine bloße Durchgangsstufe; nicht ohne tieferen Grund stehen die christlichen Kirchen von jeher und überall in seinem Zeichen. »Nur der Gekreuzigte ist auferstanden, und die Herrschaft des Auferstandenen geht gegenwärtig nur so weit, wie dem Gekreuzigten gedient wird.« In der Konzeption und Durchsetzung dieses Glaubensverständnisses besteht die gar nicht zu überschätzende Bedeutung und der einzigartige Rang der Theologie des Völkerapostels, der nichts anderes wissen und verkündigen wollte als den Gekreuzigten (1Kor 2,2). Der christliche Glaube würde kaum noch zum Gegenstand einer Auseinandersetzung wie der hier veranstalteten werden, wenn es sich anders verhielte, wenn er

---

[1] ERNST KÄSEMANN: Die Heilsbedeutung des Todes Jesu nach Paulus. In: Zur Bedeutung des Todes Jesu. Exegetische Beiträge von Hans Conzelmann u. a. 2. Aufl. 1967, S. 32.

nicht mehr wäre als Auferstehungs- und Zukunftsglaube. Das Kreuz ist das Geheimnis des Christentums, »das Allerheiligste unseres Glaubens«[2], »das zentrale Mysterium des biblischen Evangeliums«[3], und nur in nahtloser Einheit machen Kreuzes- und Auferstehungsglaube dessen Wesen aus. »Die Auferstehung als Werk und Identifikation mit dem in den Tod gegebenen Christus ratifiziert das Opfer seines Lebens und erhebt Jesu Tod zum Ermöglichungsgrund der Sündenvergebung.«[4]

Beim Problem der Auferstehung Jesu ging es um ein geschichtliches und zugleich übergeschichtliches Ereignis. Seine übergeschichtliche Seite war gewiß der Deutung bedürftig, aber insofern der ausgesagte Sachverhalt der geschichtlichen Dimension angehört, handelte es sich zunächst einmal und vor allem um die Frage nach dem Daß des Geschehens bzw. die Frage, inwiefern und inwieweit die Berichte über die Erfahrungen der sogenannten Zeugen etwas darüber an die Hand geben, was sich damals eigentlich ereignet hat. Diese Fragestellung war, solange man sich nicht in Umdeutungen ergehen will, ziemlich klar. Angesichts der unvergleichlichen Bedeutsamkeit des Gegenstandes mußte die Untersuchung dieser Aussage auf ihren etwaigen geschichtlichen Kern hin auch anscheinend geringfügigen Umständen sorgfältig nachgehen, und unser Ergebnis war schließlich negativ. Beim Kreuzestod Jesu liegt es genau umgekehrt. Daß er stattgefunden hat, steht fest; das gehört sogar zu dem wenigen, was wirklich ganz feststeht in seinem Leben. Nach dem Sinn dieses Todes dagegen hat man von Anfang an gefragt, und in seiner Deutung verbinden sich verschiedene Vorstellungen, die jedoch unverkennbar in eine bestimmte Richtung weisen. Die wichtigsten finden sich bereits bei Paulus, dessen Bemühen, wie namentlich J. *Jeremias* ausgeführt hat, darauf gerichtet ist, »das ›für uns‹, also den Gedanken der Stellvertretung, seinen Hörern und Lesern in immer neuen Bildern verständlich zu machen«.[5]

1. Modelle und Typen des Versöhnungsglaubens

Unter den Bildern, Modellen, Motiven, die im Neuen Testament herangezogen werden, um die Versöhnungstat Jesu Christi aufzuschließen, ist zunächst das kultische zu nennen: das Opfer (Röm 8,31; 1 Kor 5,7). Zur kultischen Gedankenreihe gehören auch die Stellen, »die vom Blut reden (Röm 3,25; 5,9; Kol 1,20; Eph 1,7; 2,13). Die Kreuzigung war eine unblutige Todesart; wenn Paulus vom Blut Jesu spricht, hat er also primär nicht den historischen Vorgang der Hinrichtung vor Augen, sondern das Opfer.« Alle Aussagen, welche die Opfertermino-

---

[2] THEODOR HAERING: Ritschls Versöhnungslehre. 1888, S. 3.
[3] EMIL BRUNNER: Der Mittler. 4. Aufl. 1947, S. 393.
[4] PETER STUHLMACHER: Jesus als Versöhner. In: Jesus Christus in Historie und Theologie. Neutestamentl. Festschr. für Hans Conzelmann zum 60. Geb. Hrsg. von Georg Strecker. 1975, S. 93 f.
[5] JOACHIM JEREMIAS: Der Opfertod Jesu. 1963, S. 15.

logie benutzen, wollen zweierlei zum Ausdruck bringen: »1. Jesus stirbt als der
Sündlose (2.Kor 5,21)«, makellos wie ein Opfertier; »2. er stirbt stellvertretend
für unsere Sünden«.[6] Allerdings wird hier von *Käsemann* eine nicht unerhebliche
Einschränkung gemacht. Er gibt zwar zu: »Paulus hat den Opfergedanken
selbstverständlich gekannt, in Röm 12,1; 15,16; Phil 2,17 bedenkenlos verwandt, und es ist zum mindesten nicht auszuschließen, daß er ihn auch christologisch anklingen ließ. Umgekehrt« aber hat er »nie eindeutig Jesu Tod als Opfer
bezeichnet, zumal dieser im allgemeinen als Gottes Tat gilt und Gott sich nicht
gut selbst Opfer bringen kann. Die Auswirkung des Kreuzes auf die Menschen
beherrscht alle Aussagen derart, daß die auf Gott überhaupt nicht in den Blick
gerät, und so drängen sich andere Vorstellungen so stark in den Vordergrund,
daß schon deshalb dem Opfermotiv keine wesentliche Bedeutung zugestanden
werden kann«. »Von christologischem Gewicht ist allein der Stellvertretungsgedanke.«[7] E. *Lohse* hebt denn auch als besonders wichtig hervor, daß »das Bild
des Opfers mit neuem Sinn gefüllt« wird. »Um die Sündenmacht zu besiegen,
brachte Gott selbst das Opfer dar, indem er seinen Sohn sandte (Röm 8,3) und
ihn für uns alle dahingab (Röm 8,32).«[8]

Eine zweite bildliche Redeweise will die Stellvertretung am Strafrecht verdeutlichen. »Auf ihn ist die Strafe gelegt worden, die uns hätte treffen sollen
(2.Kor 5,21). Christus ›ist für uns zum Fluch geworden‹ (Gal 1,3). Denn in
seinem Sterben hat sich erfüllt, was Dt 21,23 gesagt ist: ›Verflucht ist jeder, der
am Kreuz hängt‹.«[9] Hier ist alles eindeutig und klar.

Ein drittes Bild ist das des Loskaufs. J. *Jeremias* denkt dabei vor allem an den
Sklavenloskauf und betont, man müsse »die schreckliche Lage der Sklaverei im
Altertum vor Augen haben«, »um den wundervollen Klang ins Ohr zu bekommen, den in der damaligen Welt das Wort ›Loskauf‹ für die zahlreichen Sklaven
hatte, die zu den ältesten Gemeinden gehörten«.[10] Nach *Lohse* ist dieses Bild
jedoch nicht auf den Sklaven, der den Kaufpreis selbst zusammensparen mußte,
einzuengen. »Paulus redet in anderer Weise vom Loskauf: Gott bzw. Christus
hat selbst den Preis entrichtet«[11]: ›Ihr seid teuer erkauft‹ (1.Kor 7,23).

Viertens bezeichnet Paulus das Heilsgeschehen mit dem Vorgang der Versöhnung zwischen »zwei Menschen, die einander entfremdet waren«. »So können
sich Ehepartner, die sich getrennt hatten, wieder miteinander versöhnen (1.Kor
7,11).« »Gott war in Christus und versöhnte die Welt mit sich« (2.Kor 5,19). Wie
Gott dort den Kaufpreis selbst bezahlt, so ist er hier »das Subjekt der Versöhnung«. Dadurch unterscheidet sich die paulinische Aussage »von allen antiken
Opfervorstellungen«.[12]

---

[6] S. 16.
[7] Käsemann: Heilsbedeutung, S. 21.
[8] Eduard Lohse: Grundriß der neutestamentlichen Theologie. 2. Aufl. 1979, S. 82.
[9] Ebd.
[10] Jeremias: Opfertod, S. 18.
[11] Lohse: Grundriß, S. 82.
[12] Ebd.

Die universale Bedeutung des Heilsgeschehens schließlich hebt Paulus durch die Gegenüberstellung des Ungehorsams Adams und der Gehorsamstat Christi hervor.[13] »Wie es durch die Übertretung des Einen für alle Menschen zur Verurteilung gekommen ist, so ist durch die Rechtstat des Einen allen Menschen die Gerechtigkeit zuteil geworden, die zum Leben führt« (Röm 5,18).

Die genannten Bilder und Vergleiche laufen offenbar auf ein grundlegendes und entscheidend wichtiges Motiv hinaus, eben das des Stellvertreters bei der Vollstreckung der Strafe für die menschlichen Sünden. »Die Stellvertretung am Kreuz – das ist der Zentralgedanke der paulinischen Verkündigung.«[14] Als eigener Begriff kommen Stellvertreter oder Stellvertretung im Neuen Testament zwar nicht vor, zugrunde scheint aber allen diesen Vorstellungen eine sehr merkwürdige Gestalt des Alten Testaments zu liegen: die des leidenden Gottesknechts in Jes 53, der unsere Krankheit, Schmerzen, Sünde und Strafe auf sich genommen hat. Das Motiv »für uns«, »für unsere Sünde« läßt sich zeitlich noch über Paulus hinaus zurückverfolgen. Daß schon die Urgemeinde das Kreuz als das Sterben des Christus für unsere Sünde gedeutet hat, ist dem grundlegenden Satz 1.Kor 15,3 (»Christus ist für unsere Sünde gestorben nach der Schrift«) zu entnehmen, den Paulus an dieser Stelle, wie man durchweg annimmt, aus dem alten Kerygma zitiert. Mit der Beziehung auf die (»Schriften« =) Schrift kann nur Jes 53 gemeint sein: »denn nur hier im ganzen Alten Testament findet sich eine dem ›er starb für unsere Sünden‹ entsprechende Aussage«[15], noch dazu »in solcher Häufung«[16].

So isoliert und rätselhaft die Gestalt des leidenden Gottesknechts von Jes 53 dasteht, so umstritten ist auch die Frage, wann der Einfluß dieses so wichtigen alten Kapitels auf die Welt des Neuen Testaments einsetzt. J. *Jeremias* nimmt »die außerordentlich zahlreichen christologischen Bezugnahmen auf Jes 53«, die nach seiner Ansicht »bei Paulus zu finden sind, ohne jede Ausnahme« »als vorpaulinisches Traditionsgut«.[17] Es besteht für ihn kein Zweifel, »daß die Urgemeinde längst vor Paulus im Kapitel vom leidenden Gottesknecht« »den Schlüssel für die Lösung des dunklen Geheimnisses gefunden hat, daß der Gottessohn den Schmachtod sterben mußte«. Dagegen erkennt *Bultmann* eine Einwirkung dieses Kapitels erst im Lukasevangelium an, und jedenfalls erscheine der leidende Gottesknecht von Jes 53 erst in der Apostelgeschichte, im 1. Petrusbrief und im Hebräerbrief »deutlich und sicher in der interpretatio christiana«. Dabei räumt auch Bultmann ein: »Sie mag älter als Paulus sein und steht vielleicht hinter Röm 4,25 (»welcher um unserer Verfehlungen willen dahingegeben..."), »einem wohl von Paulus zitierten Wort«, hält es indessen für bedeutsam, daß dieser »nirgends die Gestalt des ›Gottesknechts‹ anführt«.[18] Auch *Lohse* stellt fest, daß Paulus sich nicht unmittelbar auf Jes 53 bezieht[19], vermutet

---

[13] Jeremias: Opfertod, S. 18f. – Lohse: Grundriß. S. 82f.
[14] Jeremias: Opfertod, S. 20.
[15] S. 21.
[16] Lohse: Märtyrer, S. 114.
[17] Jeremias: Opfertod, S. 22.
[18] Bultmann: Theologie, S. 32.
[19] Lohse: Märtyrer, S. 161.

aber, daß in Röm 5,19 mit der Betonung der »vielen« eine beabsichtigte Bezugnahme auf dieses Kapitel zu sehen ist.[20]

Wenn auch die Herkunft des Gottesknechts in Jes 53 und die Wirkung, die von diesem Kapitel ausgegangen ist, nicht im einzelnen aufgeklärt werden kann, so tritt doch der Stellvertretungsgedanke als Mittelpunkt des Versöhnungsgeschehens immer deutlicher hervor und ebenso der Sinn der ihm gewidmeten Bilder. Besonders eindrucksvoll ist das strafrechtliche Bild Kol 2,14 verwendet, wonach Gott den Schuldschein gelöscht und an das Kreuz geheftet hat (an dem auf einer Tafel das betreffende Verbrechen des Hingerichteten verzeichnet zu werden pflegte).[21] Ebenso hat nach 1.Pt 2,24 Christus unsere Sünde an seinem Leibe auf das Holz getragen. Das kultische Bild aber ist am großartigsten in Hbr 7–10 entfaltet: »Christus ist der Hohepriester nach der neuen Gottesordnung, der sein eigenes Blut im himmlischen Allerheiligsten darbrachte: Priester und Opfer zugleich.«[22]

Über die genannten Bilder hinaus, in denen das Positive, die Bedeutung des Christus für das Versöhnungsgeschehen, im Vordergrund stand, muß jetzt noch eine Gruppe sehr eigentümlicher, für uns äußerst fremdartiger Vorstellungen berücksichtigt werden, die sich auf die negative Seite beziehen, das, wovon der Mensch befreit wird, nämlich nicht nur, wie es nach dem bisher Gesagten aussehen könnte, der Sünde. Es geht um mehr, um gewisse bedrohliche Mächte, von denen die Sünde nur eine, wenn auch die praktisch wichtigste ist. »Der Mensch ist an sich«, so beschreibt W. G. *Kümmel* die Lage, wie sie sich Paulus darstellt, »Sklave vieler Herren, die ihn von Gott abbringen wollen, der Sünde (Röm 6,6.20), des Gesetzes (Röm 6,14f.; 7,5f.), der Weltelemente (Gal 4,3.8). Von allen diesen Herren hat Christus befreit und wird Christus befreien.«[23]

»Am umfassendsten sind die Aussagen über die Befreiung von den Weltelementen, von den Geistermächten«, »der Macht der Dämonen und des Teufels, die die Menschen von Gott und damit vom göttlichen Leben fernhalten«. »Gott aber hat durch die Sendung Christi ›die Mächte und Gewalten entwaffnet und öffentlich bloßgestellt, indem er in ihm (Christus) über sie den Sieg davontrug‹ (Kol 2,15).« »So hat Gott durch das Kreuz und die Auferweckung seines Sohnes die Mächte entmachtet und ›Frieden geschaffen durch das Blut seines Kreuzes, durch ihn sowohl auf Erden wie im Himmel‹ (Kol 1,20). Seither ist Christus ›das Haupt jeder Herrschaft und Macht‹ (Kol 2,10), auch wenn die Mächte noch nicht vernichtet sind (vgl. 1Kor 7,5; 10,20; Gal 4,9). Weil Christus die Mächte besiegt hat, darf der Christ überzeugt sein, daß Christus ›sich für unsere Sünden gegeben hat, um uns aus dem gegenwärtigen bösen Äon herauszureißen‹ (Gal 1,4).«[24] »Der letzte Feind, der aufgehoben wird, ist der Tod« (1Kor 15,24ff.),

---

[20] S. 159.
[21] JEREMIAS: Opfertod, S. 17.
[22] S. 6.
[23] KÜMMEL: Theologie, S. 166.
[24] S. 167.

auch er also zu jenen feindlichen Mächten zählend und nun, wenigstens grundsätzlich, überwunden.

Bekannt, doch im Grunde genommen sehr sonderbar ist, daß zu den Mächten des Verderbens für Paulus auch das Gesetz gehört. Eigentlich der Ausdruck des göttlichen Willens, hat es den Menschen tatsächlich versklavt, indem es die Sünde in ihm weckte und ihn auf den verderblichen Weg der Selbstrechtfertigung brachte.[25] »Christus hat uns losgekauft aus dem Gesetzesfluch, indem er für uns zum Fluch wurde« (Gal 3,13. Vgl. 4,4f.). Christus ist »das Ende des Gesetzes zur Gerechtigkeit für jeden Glaubenden« (Gal 3,25; Röm 10,4). So »ist mit dem Hereinbrechen des kommenden Äons in diese vergehende Welt durch Christi Tod und Auferstehung auch dem Gesetz die Macht genommen, den Menschen zu versklaven«.[26]

Last not least ist es die Sünde, unter deren Herrschaft der Mensch steht und von der uns Christus befreit hat, und zwar wiederum dadurch, daß er sich sozusagen in die Höhle des Löwen begab und die Gestalt des Sündenfleisches annahm (Röm 8,3), »ohne doch selbst sündige Taten zu tun«[27]. Diese Art der Überwindung des feindlichen Mediums gewissermaßen von innen her, bringt Paulus auf die paradoxe Formel: »Den, der keine Sünde kannte, hat« Gott »für uns zur Sünde gemacht« (2.Kor 5,21). *Kümmel* bemerkt hierzu, Paulus habe »nicht gesagt, wie er sich« »diese Entmächtigung der Sünde durch den Tod Christi genauer vorgestellt hat, aber wahrscheinlich ist daran gedacht, daß dieser Tod keinen Sünder treffen konnte und darum die Sünde traf, die über diesen Menschen kein Recht hatte«.[28] Jedenfalls wird, wie *Lohse* den überaus merkwürdigen Wortlaut erläutert, »der Träger der Sünde« »geradezu mit der von ihm getragenen Last identifiziert. Christus ist so sehr mit Sünde beladen, daß man an ihm nichts anderes mehr zu erkennen vermag als nur Sünde. Dadurch aber wurde sie getilgt, daß der Sündlose die ganze Gewalt der Sündenmacht auf sich nahm und durch seinen Tod die Schuld sühnte (vgl. Röm 6,10). «[29]

Angesichts so seltsamer, unerhört massiver Vorstellungen, nach denen die Sünde ein außerhalb des Menschen befindlicher übertragbarer Machtfaktor von einer beinahe quantitativen Beschaffenheit zu sein scheint, ist es um so notwendiger zu betonen, daß »die Sühnkraft des Todes Jesu und die darin begründete Versöhnung« nicht etwa »eine naturhafte Wirkung« ausübt, »so daß die ganze Menschheit bereits in einen neuen Zustand versetzt worden wäre. Sondern erst durch die glaubende Annahme dessen, was Gott getan hat, kommt das versöhnende Handeln Gottes an uns zur Vollendung. «[30]

Vielfach wird das einmalige Tun Gottes in Kreuz und Auferstehung, durch das er die Grundlage für ein neues Verhältnis zur Menschheit legte, als Versöhnung und die Zuwen-

---

[25] Vgl. KÜMMEL, S. 169.
[26] S. 170.
[27] S. 171.
[28] Ebd.
[29] LOHSE: Märtyrer, S. 154.
[30] S. 159f.

dung seiner Tat an den einzelnen Sünder als die Rechtfertigung bezeichnet. Umgekehrt aber hat man auch die Setzung eines neuen Verhältnisses überhaupt als die eigentliche Rechtfertigung aufgefaßt, während die Überwindung des Schuldbewußtseins infolge jener Rechtfertigung als Versöhnung gilt.[31] Eine derartige Unterscheidung entspricht freilich nicht dem Sprachgebrauch des Neuen Testaments. »Vielmehr ist es dieselbe Tat Gottes in Tod und Auferstehung Jesu, die im Neuen Testament bald unter dem Gesichtspunkt der Rechtfertigung, bald unter dem der Versöhnung gesehen und bezeugt wird.« Dieses »Ineinander von Versöhnung und Rechtfertigung« kommt am greifbarsten 2. Kor 5,17–21 zum Ausdruck. Danach geschieht die Rechtfertigung »darin, daß Christus Sünde und wir Gottes Gerechtigkeit werden. Versöhnung geschieht, indem Gottesgerechtigkeit sich am Sünder durchsetzt«.[32] Man mag mit F. K. *Schumann* sagen können, daß »das Letzte und Tiefste der Tat Gottes am Menschen sich für uns an dem Wort ›Rechtfertigung‹ und nicht an dem Wort ›Versöhnung‹ aufschließt«.[33] Doch fragt es sich eben, ob nicht genauso gut die entgegengesetzte Ansicht vertreten werden kann. Im folgenden wird für die gesamte Neuordnung des Verhältnisses zwischen Gott und Menschen durchweg von »Versöhnung« die Rede sein, und zwar aus zwei Gründen. Einmal könnte der alleinige Begriff Rechtfertigung den Zusammenhang mit dem besonderen Anliegen der Reformation nahelegen, und darauf ist es hier nicht abgesehen. Zweitens ist der Rechtfertigungsgedanke »unmittelbar an dem Verhältnis Gott – Sünder orientiert. Der Versöhnungsgedanke blickt auf das Verhältnis Gott – Welt.«[34] Er ist also der umfassendere.

Die Darstellung des Versöhnungsglaubens in seinen Anfängen sei nun ergänzt durch einen Blick auf die geschichtliche Entwicklung insgesamt, in der sich durch Auswahl und Akzentuierung einzelner Elemente bestimmte Typen ergeben. Der schwedische Theologe Gustav *Aulén* hat drei solcher Typen des Versöhnungsgedanken unterschieden.[35]

Zeitlich an erster Stelle steht mit dem soeben berührten Siegesmotiv der von Aulén als klassisch bezeichnete Typus: Christus als Bekämpfer und Besieger der Mächte des Verderbens: Sünde, Tod und Teufel. Zu den bösen Gewalten gehören in gewisser Weise auch das Gesetz sowie Gottes Zorn. Zugrunde liegt dem allen die dualistische Weltansicht, jedoch handelt es sich hierbei um »ein rational nicht mehr erfaßbares Schillern zwischen dem ›reinen‹ Dualismus: ›Gott – Verderbensmächte als Widersacher‹ und seiner Begrenzung: ›Gott – Verderbensmächte als Vollstrecker des göttlichen Willens‹«. »Einerseits ist der Teufel Feind, Verführer und Usurpator, andererseits hat er sich ein gewisses ›Recht‹ über die Menschen erworben.«[36] Es ist der Standpunkt des Urchristentums, vor allem des Paulus, der alten Kirche und namentlich auch Luthers, der diese dualistische

---

[31] s. darüber FRIEDRICH KARL SCHUMANN: Versöhnung und Rechtfertigung. In: ELKZ Jg 4. 1950, S. 370.

[32] S. 371.   [33] S. 372.   [34] S. 373.

[35] Da Auléns typologisches Hauptwerk Den Kristna Försöningstanken (1930) nicht ins Deutsche übersetzt worden ist, stützt sich die folgende Darstellung auf seine Abhandlung »Die drei Haupttypen des christlichen Versöhnungsgedankens« (In: ZSTh Jg 8. 1931, S. 501 ff.), sowie namentlich die ausführliche Behandlung dieser Typenlehre durch HANS ALPERS: Die Versöhnung durch Christus. Zur Typologie der Schule von Lund. 1964. Aulén wird von Alpers ausgiebig deutsch zitiert.

[36] ALPERS: Versöhnung, S. 21.

Perspektive letztlich in Gottes Wesen selbst verlegt. Der Mensch ist »hilflos der Tyrannis der Verderbensmächte« »ausgeliefert«. »Auch die Sünde ist nicht primär des Menschen eigene Tat, sondern Knechtschaft unter einer fremden Macht (die freilich die Schuld des Menschen nicht aufhebt)«.[37] Besonders gefährlich ist es, wenn der Mensch auf dem Boden des Gesetzes den Weg der Selbsterlösung beschreitet. Auch »das Gesetz ist auf der einen Seite heilig und gut, ein direkter Ausdruck für den göttlichen Willen, und auf der anderen Seite eine Verderbensmacht«.[38] Das Heilswerk Christi besteht in einer dramatischen Schlacht mit dem Teufel, und »der Sieg Christi über die Verderbensmächte ist als solcher schon die Versöhnung«.[39] »Der eigentlich Handelnde« aber »in diesem Geschehen ist durch den Menschen Christus hindurch Gott selbst.«[40] »Gottes Liebe konnte... nicht deutlicher demonstriert werden als dadurch, daß Gottes Sohn in unsere Gemeinschaft eintrat und unsere Leiden und das Böse, das auf uns lastet, trug.«[41] Indem dem Teufel seine Gewalt und sein Recht genommen worden sind, hat sich Gottes Verhältnis zur Welt entscheidend geändert: Gott wird versöhnt. »Wenn dem Teufel als Funktionär des göttlichen Gerichtswillens das Lösegeld bezahlt wird, kann es gleichwohl Gott als Stifter dieser Gerichtsordnung empfangen«, und »Gott bleibt« »auch als Empfänger des Lösegeldes der Geber, er bleibt auch als der Versöhnte der Versöhner.«[42] Zum Höhepunkt gelangt dieser »begrenzte Dualismus«, wenn Luther »die Versöhnung als Kampf zwischen Gottes Liebe und Gottes Zorn« deutet. »In Christi Unterstellung unter das Zornesgericht, in dem stellvertretenden Opfer und Strafleiden, in seiner Hingabe an den Willen des ›zornigen Gottes‹, in diesem Kampf mit Gott, in dem wir unterliegen müßten, überwindet die in Christus offenbare göttliche Liebe den Zorn, erweist sie sich als mächtiger«, »Gottes innerstem Wesen, seiner ›Natur‹ gemäßer als der Zorn.«[43]

Im zweiten, abendländischen Versöhnungstypus, dem »lateinischen«, der in Anselm von Canterbury kulminiert und das Mittelalter beherrscht hat, spielen die Verderbensmächte keine Rolle mehr. »Nur die Schuld der menschlichen Sünde macht die Versöhnung notwendig.« »Es ist nicht ein erdrückendes Heer feindlicher Gewalten, das den Menschen mit Vernichtung bedroht, sondern das göttliche Recht.« Dem Dualismus von Gottes Liebe und Zorn im ersten Typus entspricht hier »die Spannung von Gottes Gerechtigkeit und Barmherzigkeit.«[44] Die Sünde besteht »vornehmlich in der Übertretung des Gesetzes«, und »ebenso wie die Sünde wird« »auch das Heilswerk Christi in die« »Ordnung des Gesetzes und die zu ihr gehörigen Rechtskategorien hineingepreßt«. Christi »Tod als überpflichtmäßige Leistung« gilt als »vollwertige Satisfaktion für alle Sünden der Menschen«.[45] Sie ergibt »eine rationale Ausgleichung zwischen göttlicher Gerechtigkeit und Barmherzigkeit«. Die Liebe Gottes ist hier »verzerrt zu einer untergeordneten, in das Gefängnis der vergeltenden Gerechtigkeit Gottes einge-

---

[37] S. 22.
[38] S. 23.
[39] S. 24.

[40] S. 25.
[41] S. 27.
[42] S. 29.

[43] S. 30.
[44] S. 35.
[45] S. 36.

sperrten göttlichen ›Eigenschaft‹ der Barmherzigkeit«.[46] Dabei wird »die Gottestat der Versöhnung von unten her durchbrochen«, weil »Christus seiner
menschlichen Natur nach die Satisfaktion leistet«.[47] Dies ist auch der Standpunkt der lutherischen Orthodoxie, die »mit eherner Systematik die rechtliche
Betrachtungsweise nur noch konsequenter« durchgeführt hat.[48]
    An die Stelle der legalistischen Haltung der Orthodoxie tritt im dritten Typus
der Moralismus der Aufklärung und der Ethizismus des Deutschen Idealismus:
der »subjektivistische« oder »anthropozentrische«, der im Mittelalter vereinzelt
schon in Peter Abälard sichtbar wird, dann aber vor allem in der Neuzeit als
»idealistischer« Typus in Aufnahme kommt. Hauptsächlich gegen den zweiten,
lateinischen, gerichtet, ist er gekennzeichnet durch den »humanisierten« Gottesbegriff und den »relativierten« Sündenbegriff.[49] »Da Gottes gütige Vaterliebe
die fraglose Voraussetzung« ist, fehlt hier »für eine vorwiegend objektiv orientierte Versöhnungslehre jedes Verständnis«.[50] Ja, das Problem der Versöhnung
verliert damit überhaupt »seine Schärfe und seinen tiefsten Ernst«.[51] »Die Sünde
ist nicht aktiver, urböser Widerstand des Menschen in seiner Totalität gegen den
göttlichen Willen«, »sondern dem Menschen anhaftende moralische oder religiöse Unvollkommenheit«[52], und die Versöhnung schafft »nicht eigentlich neue
Tatbestände, das Werk Christi ist wesentlich Offenbarung, nicht im tathaften,
sondern demonstrativen Sinn des Wortes«[53], d. h. es geht bei ihr nicht so sehr um
ein bestimmtes Geschehen, eine von Jesus Christus vollbrachte einmalige le-
benswichtige Tat, als vielmehr um das Sichtbarwerden eines wesentlichen ewigen Sachverhalts. Aus der im ersten und zweiten Typus für das Versöhnungsgeschehen zentralen Gestalt des Christus wird so letztlich »die etwas abstrakt und
schemenhaft wirkende Verkörperung des Menschheitsideals«.[54] Entscheidend
ist nunmehr, was auf seiten des einzelnen Menschen geschieht, die Wandlung
seiner Gesinnung, so daß »Gottes Haltung gegenüber dem Menschen« »direkt
abhängig von« dessen »Haltung zu Gott« wird. So erscheint »Gottes Handeln
und Urteil an menschliche Maßstäbe, menschliche Leistung und menschliches
Begehren gebunden und daher die Versöhnung nicht als Gottes« »schöpferische
Liebestat erkannt und von dem ihrer unwürdigen und immer unwürdig bleibenden Sünder anerkannt.«[55] Noch mehr als im lateinischen Typus tritt hier »das
Denken von unten nach oben«. Ein Mensch, der sich von allen Wahnvorstellungen über einen zürnenden Gott frei gemacht hat, ein Mensch, dessen Gott
unveränderlich den Menschen liebt und die Sünden als Schwachheit vergibt,
scheint im Grunde einer Versöhnung mit Gott kaum noch zu bedürfen. »Die

---

[46] S. 38.
[47] AULÉN: Haupttypen, S. 514.
[48] ALPERS, S. 38.
[49] AULÉN: Haupttypen, S. 529.
[50] ALPERS: Versöhnung, S. 41.
[51] AULÉN: Haupttypen, S. 529.
[52] ALPERS: Versöhnung, S. 41.
[53] S. 42.   [54] S. 43.   [55] S. 43f.

Versöhnung als eine ein neues Gottesverhältnis schaffende Gottestat wird verdunkelt.«[56]

Die vergleichende Bewertung der drei skizzierten Typen kann kaum zweifelhaft sein. Der lateinische und der anthropozentrische müssen hinsichtlich ihrer Substanz als wenig sachgemäß beurteilt werden. Der Versöhnungsgedanke mutet in jenem stark verknöchert, in diesem aber auffallend verwässert, ja, verflüchtigt an, während »Gott bei dem klassischen unendlich viel innerlicher an dem Versöhnungswerk beteiligt« erscheint.[57] Und im ganzen genommen, zeichnet sich dieser erste Typus, der von Aulén deutlich bevorzugt wird und der in der Theologie unseres Jahrhunderts noch einmal von Karl Heim erneuert worden ist, gegenüber den beiden anderen durch das dynamisch Bewegte seiner Einstellung und Sicht aus. Indessen läßt sich nicht verkennen, daß das in ihm herrschende Denken mit den größten Schwierigkeiten verbunden ist. Sie beziehen sich vor allem auf das »rational schwer durchschaubare Verhältnis« der »beiden Dualismusformen«[58], das sich nicht nur auf die Gottesanschauung auswirkt, sondern auch die dabei vertretene Auffassung der Sünde und des Gesetzes bestimmt, was zu reichlich phantastischen, jedenfalls höchst fragwürdigen Aussagen führt.

2. *Versöhnung und Stellvertretung*

Es ist nun sehr merkwürdig, freilich doch auch wieder verständlich, daß die Theologie nicht etwa in den Zeitaltern höchster Geltung des Christentums, sondern erst, als es bereits einer zunehmend distanzierten Stellungnahme begegnet, seit der zweiten Hälfte des 19. Jahrhunderts, ihr Problembewußtsein hinsichtlich der Versöhnung voll entwickelt. Erst damals findet diese eigentliche Mitte des christlichen Glaubens und auch dann nur hier und da ihre charakteristischste und angemessene Ausprägung. Es treten deutlich zwei verschiedenartige Denk- und Glaubensrichtungen auseinander: eine relativ rationale, vergleichsweise kritischere, aber auch, auf die Substanz des Glaubens gesehen, bescheiden, geradezu dürftig anmutende, und eine sachlich angemessenere, sehr viel reichere, gehaltvollere, mehr irrationale, damit freilich in noch stärkerem Maße anfechtbar. Als Beispiele dafür mögen zwei große Namen stehen: Albrecht Ritschl einerseits, Martin Kähler andererseits – Ritschl, ein epochemachender und einer der einflußreichsten Theologen des 19. Jahrhunderts, heute jedoch denkbar wenig aktuell; Kähler aber, im Grunde genommen der einzige jener Generation bedeutender theologischer Köpfe, der noch in unsere Zeit hineinragt.

---

[56] Aulén: Haupttypen, S. 534.
[57] S. 537.
[58] Alpers: Versöhnung. S. 22.

Über zwei zentrale Punkte besteht freilich in den durch diese Namen bezeichneten so verschiedenen theologischen Richtungen weitgehend Einigkeit. Einmal hinsichtlich der Bindung der Versöhnung an die geschichtliche Gestalt Jesu
von Nazareth. Wenn der Sozianismus des 16. und 17. Jahrhunderts und dann
namentlich die Aufklärung die Sündenvergebung mit dem Glauben an den Gott
der Liebe unmittelbar gegeben sahen, aus dessen Wesen sie als mehr oder
weniger selbstverständlich folgt – extrem von Voltaire auf die Formel gebracht:
pardonner c'est son métier –, so daß Jesus sie nur mehr zu verkündigen, nicht
eigentlich zu bewirken brauchte, so stellt sich eine solche Sicht deutlich außerhalb der christlichen Position; denn für diese ist das Leiden und Sterben Jesu eine
nicht wegzudenkende Voraussetzung der Versöhnung. In welcher Weise Leben
und Tod Jesu näherhin für die Versöhnung bedeutsam sind, darüber wird in den
verschiedenen Lagern sehr unterschiedlich gedacht, aber *daß* darin eine Notwendigkeit für das Heilsgeschehen liegt, gilt allen, die den Zusammenhang mit
einem unverfälschten, unverminderten christlichen Glauben aufrechterhalten
wollen, als unverzichtbar.

Überwiegend einig sind sich die genannten beiden Richtungen auch in der
Frage, welche Rolle sozusagen bei der Versöhnung Gott zuzuschreiben ist. Wird
Gott durch das Opfer des Christus versöhnt, oder ist er es, der die Menschheit
bzw. seine Gemeinde »in Christo« mit sich versöhnt? Nach weitgehend überein-
stimmender Ansicht ist der Opfertod Jesu in Analogie der alttestamentlichen
Opfer zu denken, die auf die Initiative Gottes zurückgehen, seiner Anordnung
bzw. Stiftung entsprechend, mithin keineswegs vom Menschen aus »auf die
Umstimmung Gottes vom Zorn zur Gnade angelegt« sind, beont *Ritschl* in
seinem großen Werk »Rechtfertigung und Versöhnung«[59]. »Jeder Gedanke an
eine Umstimmung Gottes« ist »ausgeschlossen«.[60] Ebenso aber beginnen in
diesem Punkte damals auch mehr konservative, strenger biblisch denkende
Theologen das Verhältnis anzusehen. Zwar erklärt noch zur Zeit Ritschls ein
Dogmatiker wie F. A. *Philippi:* »Nur der Gottmensch vermochte« »das zornige
Richterantlitz Gottes zum gnädigen Vaterangesicht umzuwandeln«[61], und noch
in der Mitte unseres Jahrhunderts beantwortete H. *Vogel* die Frage unter Berufung auf Anselm und Luther dahin: »Gott selbst ist es, der versöhnt wird.«[62]
Aber durchweg weist die Entwicklung des theologischen Denkens deutlich in
die entgegengesetzte Richtung. Insbesondere der hinsichtlich der Glaubenssubstanz im Vergleich mit Ritschl so viel anspruchsvollere *Kähler* war darin mit
jenem einig, daß »Gott aus seiner Gnade heraus der Versöhner« ist und also »von
seiner Umstimmung selbstverständlich nicht die Rede sein« kann.[63] »Die Behauptung, Christus habe Gott mit uns versöhnt«, ist »nicht nur unbiblisch,
sondern auch widerbiblisch.« »Unbiblisch ist sie schon deshalb, weil Gott selbst

---

[59] ALBRECHT RITSCHL: Rechtfertigung und Versöhnung. 3. Aufl. Bd. 3. 1888, S. 446.
[60] OTTO KIRN: Artikel »Versöhnung« in RE Bd. 20, S. 571.
[61] FRIEDRICH AD. PHILIPPI: Kirchliche Glaubenslehre. 3. Aufl. Bd.. 1. 1883, S. 20.
[62] HEINRICH VOGEL: Gott in Christo. 1951, S. 771.
[63] MARTIN KÄHLER: Zur Lehre von der Versöhnung. 1898, S. 362.

der Vollzug der Versöhnung zugeschrieben wird, wo überhaupt der Handelnde genannt ist, Christus dann aber als Werkzeug erscheint. Aber auch widerbiblisch ist« die Annahme, »daß Gott sich durch einen Dritten mit den Sündern versöhnen lasse. Im Heidentum freilich meint man, die Götter mit ihrem Neid und Haß besänftigen und begütigen zu sollen, aber«, so betont nun gerade auch Kähler, »die Vergleichung der alttestamentlichen Sühne mit jener heidnischen führt zur Erkenntnis eines bedeutsamen Unterschiedes. Dort sind die Gottheiten die Gegenstände der sühnenden Einwirkung, hier ist das Gott nie, auch nicht sein Zorn, obwohl es ja auf die Abwendung seiner Auswirkung dabei abgesehen ist«.[64]»Umzustimmende« sind »nur die Menschen«.[65]

Von den dargelegten beiden Punkten abgesehen, besteht zwischen den verschiedenen Richtungen, die hier ins Auge zu fassen sind, eine Reihe tiefgehender Differenzen. Während in der einen wesentliche Abstriche am alten Versöhnungskonzept vorgenommen werden, ist in der anderen das eindringliche Bemühen um die Bewahrung der zentralen Glaubensgehalte zu spüren. Wir werden hier allerdings in besonders schwierige Unterscheidungen und Überlegungen verwickelt, welche die Erörterungen des vorigen Abschnitts womöglich noch übertreffen und das überaus Problematische dieses zentralen Glaubensgegenstandes deutlich werden lassen.

Was zunächst *Albrecht Ritschl* betrifft, so gehört er fraglos überwiegend dem anthropozentrischen, also dem dritten der früher genannten Typen an, wobei jedoch »eine eigentümliche Spannung« in seinen Aussagen festzustellen ist, wie sie ganz ausgezeichnet *Helmut Thielicke* charakterisiert hat. Für A. Ritschl erscheint nicht nur das Metaphysische überhaupt, sondern insbesondere ein transzendentes Geschehen in Gott nicht diskutabel, weil es »der Reduktion der Theologie in den Horizont menschlicher Existenz widerspräche. Bei der Vergebung geschieht deshalb kein Wandel in Gott, sondern ein Wandel im Menschen«. Diese »Anthropologisierung des Versöhnungsgeschehens zeigt sich« vor allem »darin, daß nicht Gott es ist, der unter dem Zerbruch der Gemeinschaft mit dem Menschen leidet, sondern daß es ausschließlich um die Heilung des Schuld-›Gefühls‹ auf Seiten des Menschen geht«.[66] Die Anthropologisierung ist jedoch keine vollständige. Schließlich ist es ja eine »Tat Gottes«, »ein schöpferischer Willensakt«, wenn er den Menschen »in die Gemeinschaft mit sich aufnimmt«[67], obgleich es sich bei der Versöhnung im Grunde »nicht um eine aktuelle Zuwendung Gottes, sondern um seine permanente *Zugewandtheit*« handelt.[68] Diese eigentümliche Spannung in Ritschls Denken erstreckt sich auch auf die Auffassung der Person Jesu und seines Wirkens. Jesus Christus ist Ritschl weit mehr als der von der Aufklärung geschätzte Lehrer, der »sich selbst überflüssig machen« kann. Er ist im Gegenteil »der bleibende Mittelpunkt der

---

[64] S. 347f.

[65] S. 362.

[66] Helmut Thielicke: Glauben und Denken in der Neuzeit. 1983, S. 369.

[67] S. 369f.

[68] S. 371.

christlichen Religion«.[69] Aber was er nun bewirkt in seinem Leben und mit
seinem Sterben, das ist eigentlich doch nicht mehr, als daß er etwas »demonstriert«: er bietet den »Erweis einer immer gleichbleibenden Liebe« und die
»Bewährung seiner ›Berufstreue‹ im Dienst an der ›sittlichen Gottesherrschaft
und Verwirklichung des Gottesreiches‹. Auch sein Leiden hat« »den gleichen
exemplarischen Hinweischarakter wie die Gestalt des Offenbarers insgesamt«.[70]
Kurz gesagt: Es geht Ritschl auch hier um die sittliche Ausstrahlungskraft Jesu
auf die Menschheit – das ist offensichtlich zu wenig, um dem eigentlichen
Glaubensanliegen entsprechen zu können.

Ritschls hauptsächliche Bedeutung in Sachen der Versöhnung liegt offensichtlich in seinem Bestreben, alle rein rechtlichen Kategorien aus dem religiös-
sittlichen Vorstellungsbereich auszuscheiden. Darüber hinaus entwickelt er eine
stark humanisierte Gottesanschauung, in welcher der immer wieder durch die
Versöhnungslehre geisternde Zorn Gottes keinen Platz mehr hat: »Die Sünder
können nicht zugleich«, wie namentlich bei Luther, »als Gegenstände der Liebe
und des Zornes Gottes gedacht werden«.[71] Aber selbst die Gerechtigkeit und
sogar die Heiligkeit werden Gott von Ritschl abgesprochen. Gott ist für ihn
Liebe und nichts anderes. Entschieden abgewiesen wird das stellvertretende
Strafleiden, da Christus »sein Leiden nicht mit Schuldgefühl begleitet« hat,
sondern sich »bewußt war, für sich keine Strafe verdient zu haben«.[72] Auch der
mehrdeutige Begriff der Sühne verfällt deshalb der Ablehnung. Sofern er in dem
Sinne genommen wird, »daß Christus die Strafe für die Sünden der Menschheit
als Strafe erlitten habe«[73], ist diese Ablehnung schon mit dem Gesagten gegeben. Von den übrigen Bedeutungen dieses Begriffs streift Ritschl nur den
»Frieden«, ohne ihm im Zusammenhang der Versöhnung besonderes Gewicht
beizulegen.

Bei Ritschls positiver Auffassung der Versöhnung kann es sich nach allem
lediglich um die Offenbarung der den Sündern in Jesus Christus entgegenkom-
menden Liebe Gottes handeln. Wenn Jesus die Sündenvergebung nicht lediglich
verheißen hat, wenn sie vielmehr an »die Tatsache seines Todes« geknüpft ist[74],
so kommt nach Ausscheidung der rechtlichen Begriffe dafür nur noch als rein
religiöser Gedanke das Opfer in Betracht – das Opfer im alttestamentlichen
Sinne, wie schon gesagt, das weder auf die Umstimmung Gottes vom Zorn zur
Gnade gerichtet ist noch eben einen Strafakt darstellt. Bezweckt wird vielmehr
ganz einfach, daß »die Gläubigen zu Gott geführt, ihm mit dem Opfer nahe
gebracht werden.«[75] Auf Christus übertragen heißt das aber, daß dieser »durch
seinen im Tod bewährten Berufsgehorsam seine Gemeinde in die Gottesnähe

---

[69] Ebd.
[70] S. 372.
[71] RITSCHL: Rechtfertigung, S. 251.
[72] S. 450f.
[73] S. 537.
[74] RITSCHL: Unterricht in der christlichen Religion. 5. Aufl. 1895, S. 36.
[75] S. 39.

versetzt und einen neuen Bund mit Gott für sie gestiftet hat, dessen Gut Sündenvergebung ist«.[76] Freilich, »Berufsgehorsam«, »Erprobung«[77] und »Bewährung der Berufstreue«[78], ein wie merkwürdig nüchterner Gesichtspunkt wird
damit herangezogen! Klingt dieser für Ritschls Christusauffassung zentrale Begriff nicht ein wenig nach der Beurteilung eines Beamten oder einem Nachruf
für ihn? Sollte damit der volle Sinn seines Opfers erschöpft sein? Ein Opfer im
Sinne »einer Selbsthingabe des Gekreuzigten, die den Abgrund zwischen Gott
und Mensch überbrückte, kann«, um noch einmal Thielicke anzuführen, »schon
deshalb nicht in Frage kommen, weil dieser Abgrund von Seiten Gottes ja« für
Ritschl »gar nicht besteht, vielmehr nur der Mensch – infolge seines Mißtrauens
– unter dem *Schein* des Abgrundes leidet und (sehr pointiert ausgedrückt) von
dieser Phantasmagorie geheilt werden muß, indem er durch den Offenbarer von
der unveränderlichen Geneigtheit Gottes erfährt. Christus ›schafft‹ also nichts
durch sein Leiden (es gibt in diesem Sinne gar nichts zu schaffen), sondern in echt
Abälardschem Sinne ›demonstriert‹ er nur etwas durch sein Leiden.«[79] Der
Begriff des Opfers im tieferen Sinne ist bei einer solchen Auffassung offensichtlich nicht mehr recht angebracht, vielmehr sogar ausgesprochen fehl am Platze,
ebenso wie der »Berufsgehorsam« Jesu oder das »Mißtrauen« des Menschen
gegen Gott. Alle diese Begriffe gehen sonderbar daneben, treffen einfach nicht
mehr ins Ziel.

Was aber bleibt dann noch von dem christlichen Versöhnungsgedanken übrig?
Das, was Ritschl positiv meint, worum es ihm recht eigentlich zu tun ist, gelangt
vielleicht am klarsten und sehr konzentriert in dem folgenden Satz zum Ausdruck: »Weil Christus durch den Gehorsam bis in den Tod sich in der Liebe
Gottes behauptet hat, so ist dadurch die verzeihende Liebe Gottes im voraus
denen sicher gestellt, welche zu Christi Gemeinde gehören, indem ihre Schuld
für Gottes Urteil nicht in Betracht kommt, da sie in dem Gefolge des von Gott
geliebten Sohnes zu der von diesem eingenommenen und behaupteten Stellung
zugelassen werden.«[80] Aber warum mußte, so wird man hier zu fragen berechtigt sein, der sündlose Jesus sich erst in der Liebe Gottes behaupten, wenn Gott
doch sogar die Sünder liebt? Und warum und inwiefern wirkt sich im Urteil
Gottes der Gehorsam Christi auf die in seinem Gefolge Befindlichen so positiv
aus? Unvoreingenommen, rein sachlich gesehen, dürfte weder das eine noch das
andere überzeugend sein. Ritschl gibt dem Glauben zu wenig, mutet einem
kritischen Denken aber immer noch viel zu viel zu.

Wie anders ist das alles bei *Martin Kähler!* Wieviel reicher und inniger nicht nur
der Versöhnungsglaube selbst, wie viel bewegter, freilich noch problematischer,
auch sein um diesen kreisendes theologisches Denken! Gewiß schätzt auch
Kähler die Bedeutsamkeit des subjektiven Moments, die Aneignung der göttli-

---

[76] KIRN: S. 572.
[77] RITSCHL: Rechtfertigung, S. 451.
[78] S. 455.
[79] THIELICKE: Glauben und Denken, S. 372.
[80] RITSCHL: Rechtfertigung, S. 516.

chen Gnade durch den einzelnen Menschen nicht gering ein gegenüber der Tat
Christi. Aber wie viel größer werden Gewicht und Tragweite der göttlichen
Initiative, wenn Kähler mit Paulus sagt: »Gott war in Christus und versöhnte *die
Welt* mit sich« (2. Kor 5,19)! Treffend hat man den entscheidenden Sachverhalt
im Vergleich der so verschiedenen Einstellungen dahin bestimmt: »Nach der
alten Lehre« (der Kirche) »ist die Versöhnung ein Vorgang in Gott, nach der
modernen Theologie«, zu der in diesem Zusammenhang auch Ritschl zu zählen
wäre, »ein Vorgang im Menschen, nach Kähler ist sie ein Vorgang in der
Weltgeschichte«.[81] Für ihn ist die in Jesus Christus erfolgte »Äonenwende«, die
Thielicke bei Ritschl mit Recht vermißt[82], Wirklichkeit.

Auch Kähler betont, wie schon erwähnt, mit besonderem Nachdruck, daß
Gott nicht umgestimmt zu werden braucht, daß die Versöhnung vielmehr von
ihm ausgeht. Dabei genügt ihm jedoch eben nicht eine Offenbarung im Sinne
der »Aufdeckung eines bisher zwar Verborgenen, aber doch Vorhandenen«[83],
sondern es bedurfte dazu einer einmaligen »Tat Gottes«.[84] Wenn nun ein ewiger
Sachverhalt wie die Gesinnung Gottes, seine Liebe, nicht ausreichte, um die
Gemeinschaft zwischen ihm und den Menschen herzustellen, wenn also erst
etwas Neues, ein besonderes Geschehen eintreten mußte, ist es dann »nicht doch
so, daß auch Gott selbst hat versöhnt werden müssen? Gehört nicht zur Versöhnung eine beiderseitige Umstimmung der Gemüter?«[85] Zur Klärung dieser
Frage wird von Kähler eine wichtige Unterscheidung eingeführt: zwischen
»Gesinnung und Verhalten« Gottes.[86] »Die Dinge können so liegen, daß er der
Umstimmung nicht bedurfte, jedoch die Betätigung seiner Gesinnung für ihn
unzulässig war ohne jene Tatsache, in welcher er die Versöhnung der Welt mit
sich begründete.«[87] Gott war zwar von jeher von Liebe zu den Menschen erfüllt.
Aber aus einem ganz elementaren Grunde konnte er diese seine Gesinnung sich
nicht auswirken lassen, den Sündern nicht ohne weiteres vergeben. Gott ist
nämlich »nicht ein Individuum, und wenn man Vergleiche anstellen will, so ist
er nicht mit einem Privatmann, sondern mit dem Fürsten als dem Vertreter des
Ganzen zu vergleichen«[88], der die unabdingbare grundlegende Ordnung zu
berücksichtigen hat. »Der Bruch dieser Ordnung vonseiten des Menschen
macht unerläßlich, daß ihre Geltung nicht nur verkündigt, sondern auch bestätigt werde.«[89] »Um unseretwillen und um Gottes willen« ist die Ordnung der
sittlichen Welt indispensabel. Eine heilsame Umstimmung der Sünder ist nicht
zu denken ohne die tatkräftige Geltendmachung des göttlichen Gesetzes und
seiner Schuldforderung. Und darum ist eine Versöhnung mit Gott für die
Sünder sittlich unmöglich und für den Gott der heiligen Liebe unmöglich, wenn
nicht das Hemmnis der Schuld behoben, wenn nicht der Zorn des Heiligen zur
Auswirkung gekommen und so die Unwandelbarkeit seiner Weltordnung auf-

[81] Bernhard Steffen: Das Dogma vom Kreuz, 1920, S. 4.
[82] Thielicke: Glauben und Denken, S. 371.
[83] Kähler: Versöhnung, S. 361.
[84] S. 360.   [86] S. 366.   [88] Ebd.
[85] S. 362.   [87] S. 363.   [89] S. 367.

recht erhalten ist«.[90] »Die Unwandelbarkeit seiner Gesinnung ist der feste
Punkt, an dem die Frommen des alten und des neuen Bundes alle Zweifel
zerschellen lassen«[91], aber für die Verwirklichung des göttlichen Zwecks mußte
etwas Neues hinzutreten: die Versöhnung durch und in Christus. Die immer
wieder unter Hinweis auf den Satz »Gott ist Liebe« behauptete Sündenvergebung ohne weiteres, d. h. ohne Herbeiführung zunächst einer Versöhnung im
eigentlichen Sinne weist Kähler zurück mit der Feststellung: »Was für Liebe jener
Satz meine, das wissen wir« »ganz und lebensvoll erst durch Christus«.[92]

So sieht Kähler im Leiden und Sterben Christi »nicht nur ein Ringen mit
geschichtlich waltenden Mächten, sondern darin wird die Vollstreckung des
göttlichen Zornes erfahren«. Christus steht unter der Auswirkung des »Sünden-
bannes« und »Gesetzesfluches«[93], Sünde und Schuld müssen zunächst in vollem
Maße erkannt und entmächtigt werden, und das war, wie betont, nicht durch
eine bloße neue Anschauung über Gott möglich, sondern nur durch einen
»Vorgang in der Geschichte, der etwas in dem Verhältnisse Gottes zur ganzen
Menschheit geändert hat«.[94] Dieser Vorgang ist der Tod Jesu als das von Gott
geordnete »Sühnopfer« und »Strafopfer«, die »stellvertretende Strafduldung«:
der Tod des Sündlosen, den »Gott zur Sünde gemacht hat« oder, wie Kähler mit
Paulus sagt: der »sich selbst zur Sünde gemacht« hat[95]: »Mit dem Innersten
restlos hineingelebt in unser ganzes Geschick stirbt der Menschensohn willig
den Tod der Sünder.« Deshalb konnte er »die Gesamthaftbarkeit bewußt und
persönlich« auf »sich nehmen«[96], so daß nun gilt: »Die Strafe liegt auf ihm, auf
daß wir Frieden hätten«.[97] Insofern ist die Passion »unter den Gesichtspunkten
des Gerichts und des Opfers zu betrachten«[98] und die Versöhnung »Gottes
Mittel, um den Sündern zu ihrem Frommen die freie Bindung an die Weltordnung in dem Zugange zur Gemeinschaft mit ihm zu ermöglichen«.[99] Wenn es so
steht, dann wäre mit dem von Christus vollbrachten »vollkommensten Opfer«[100] »der entscheidende Umschwung in der Geschichte der Menschheit eingetreten«.[101] Deshalb bleibt es dabei: Nicht Gott wird Genugtuung geleistet,
um ihn gnädig zu stimmen, wohl aber mußte Gott zunächst seiner sittlichen
Weltordnung genugtun, wenn er der heilige Gott bleiben sollte. Er gewährleistet
diese Ordnung, indem er die Versöhnung so einrichtet, daß der sündlose Heiland die sündige Menschheit vertritt. Die »Vorstellung von einer an Gott geleisteten Genugtuung« wird ersetzt durch »die treffendere, der Offenbarungsöko-
nomie entstammende Anschauung einer von Gott den Menschen dargebotenen

---

[90] Ebd.   [91] S. 365.   [92] S. 363.
[93] MARTIN KÄHLER: Die Wissenschaft der christlichen Lehre. Neudruck der 3. Aufl. von
1905. 1966, S. 359.
[94] KÄHLER: Versöhnung, S. 369.
[95] S. 399.   [96] Ebd.   [97] S. 397.
[98] Wissenschaft, S. 358.
[99] Versöhnung, S. 411.
[100] Wissenschaft, S. 362.
[101] S. 367.

Sühne«. In ihr ist »das von Gott geordnete Opfer mit dem von Gott vollzogenen Gericht« zusammengefaßt. [102]

Im Gegensatz zu dem vergleichsweise plausiblen, doch im Grunde ziemlich primitiven Standpunkt der Satisfaktionslehre operiert Kähler auf einem ungleich schwierigeren Gelände, wenn er erstens die Versöhnung eindeutig von Gott ausgehen läßt, zweitens die Unwandelbarkeit der Gesinnung Gottes betont und sich dabei drittens den alten Motiven des Zornes Gottes, des Gerichts, der stellvertretenden Straferduldung und des Sühnopfers verpflichtet weiß. Bei aller Hochachtung vor dieser tief überzeugten, dabei auch durchaus nachdenklichen Anschauungsweise läßt sich kaum verkennen, daß Kähler hiermit einen nicht nur sehr gewagten, sondern auch reichlich diffizil und künstlich anmutenden Standpunkt eingenommen hat. Der Begriff der Stellvertretung zunächst wird mit Bezug auf das Versöhnungswerk nicht annehmbarer durch die Unterscheidung zwischen einerseits willkürlichen und andererseits gewachsenen, geborenen, von Gott gegebenen und persönlich gewordenen Vertretern. [103] Die Frage ist vielmehr, inwiefern bzw. ob in diesem Bereich des innersten Lebens eine Stellvertretung, gleich welcher Art, überhaupt stattfinden kann. Ebenso rückt uns die Übernahme der Strafe, d. h. die Erduldung der der Menschheit gebührenden Folgen der Sünde durch Jesus Christus nicht dadurch näher, daß Kähler auf die Mutter verweist, die sich der Schuld ihres Kindes verhaftet fühlt. Seelisch verhaftet ist sie dieser gewiß; haftbar rein rechtlich aber nur, sofern sie es an der Erziehung und nötigen Aufsicht hat fehlen lassen, und keineswegs ohne weiteres auch sittlich verantwortlich. Vollends verschlägt es nichts, wenn die These, die Schuld eines anderen zu übernehmen, sei unmöglich, als ein »Rest des Atomismus in der Betrachtung des persönlichen Lebens« hingestellt, als übermäßiger Individualismus also abgelehnt wird. Was Kähler hier verwirft, die unbedingte praktische Selbstverantwortlichkeit, dürfte in Wahrheit unerläßliche Bedingung und ein integrierendes Element alles entwickelten sittlichen Lebens sein. Es ist einfach unzulässig, daß der Begriff der Strafe in ein über den jeweils eigentlichen Schuldigen hinausgehendes »Verfahren zur Behauptung einer Ordnung im Leben der Personen«[104] ausgeweitet wird. Sehr richtig bemerkt deshalb O. *Kirn:* »Nimmt man den vollständigen Begriff der Strafe zum Maßstab, wonach sie die Durchsetzung des Gesetzes an der Person des Schuldigen ist, so würde die Heilstat Jesu zutreffender durch den Begriff der Sühne bezeichnet.«[105] Das angenommene Fehlen der Schuld als entscheidender Voraussetzung der Strafe ist in der Tat gerade im Falle Jesu so gravierend, daß jede Verwendung dieses Begriffes im Zusammenhang mit dem Sündlosen schief wirken muß und sich letztlich verbietet.

---

[102] S. 369.

[103] Versöhnung, S. 389.

[104] S. 393.

[105] KIRN: Versöhnung, S. 573. Hinsichtlich der Nichtübertragbarkeit der Strafe war RITSCHL also sicherlich im Recht gegen Kähler. Ebenso urteilte auch Th. Haering, der jedoch im Unterschied von Ritschl die »Sühne« gleichfalls beibehalten wollte.

Schließt man von der Sühne das Element der Strafe eindeutig aus, so würde freilich eine neue Lage gegeben sein. Es wäre dabei nicht unbedingt notwendig, sich an die ursprünglich vorwiegende Bedeutung des deutschen Wortes Sühne zu halten, die in die Richtung »Beilegen« (eines Streits) »Ausgleichung durch Buße« weist. Kähler denkt an das »Bedecken« im alttestamentlichen Opferritus: »Was bedeckt wird, das ist der Sünder mit seinem Frevel und dessen befleckende Wirkungen«.[106] In diesem Sinne wäre das Sühnopfer und die Sühne als das von Gott »angewiesene«, »geordnete«, »dargebotene Mittel« anzusehen, »um den Sünden ihre störende Folgen für das Verhältnis zu ihm zu benehmen«[107], »damit die Bußfertigen sich der Vergebung ihrer vergebbaren Sünden getrösten können«[108], das Mittel, »unser Verhalten zu Gott und damit natürlich auch unser Verhältnis zu Gott zu wandeln«[109], »die Gemeinschaft mit Gott für Sünder zu öffnen und offen zu halten«[110]. Während aber im Alten Testament Sühne und Strafe nebeneinander stehen, so daß sie sich gegenseitig ausschließen, also jeweils »entweder Sühne oder Strafe« gilt[111], kommt Kähler immer wieder auf die in Jesus vollzogene Strafduldung zurück, in der er »das vollkommene Opfer« sieht. »In dieses Opfer hinein gehört notwendig auch der Verzicht, der ihn die Strafe« auf »sich nehmen ließ, das Sterben als Gottes Fügung für und über ihn, das Vergießen des Blutes für viele«[112]. So wird dieses »Strafopfer« zur eigentlichen »Sühne«.[113] Es würde mithin gar nicht im Sinne Kählers liegen, die Sühne von der Strafe zu sondern und uns dadurch verständlicher zu machen: »Die Gnadenbezeigung in der Darbietung der Sühne gelangt« vielmehr »erst dadurch zu ihrer Vollkraft, daß die willige Straferduldung als diese Sühne geordnet und die sühnende Anteilnahme an den Sündenfolgen eine Handlung der heiligen Liebe Gottes wird.«[114]

Daß Gott in seiner heiligen Liebe die Sühne den Menschen »geordnet«, »dargeboten« hat, läßt ihn »heidnischen Göttern, die sich durch alle möglichen Zuwendungen umstimmen lassen, in der Qualität seiner Gesinnung sicherlich weit überlegen sein. Das von ihm vorgesehene Mittel zur Behebung der Lage zu akzeptieren, daß nämlich die unermeßliche Schuld aller durch das Leiden des einzigen, der ohne Schuld war, getilgt wurde, erscheint jedoch dem, der nicht schon von vornherein auf diesen Glauben festgelegt, sondern aus einer gewissen Distanz vorsichtig abwägend zu urteilen bemüht ist, schlechterdings nicht möglich. Das würde schon unter Voraussetzung der Existenz eines solchen sündlosen Menschen gelten. Aber eben diese Voraussetzung bildet ein weiteres schier unüberwindliches Hindernis; mutet doch die Annahme eines Menschen, der so völlig aus dem Rahmen aller übrigen herausfällt, daß er von keiner Sünde wußte, allzu mythisch an. Gewiß, der von Christus geleistete »Ersatz der für den Sünder unmöglichen Schuldabstattung« soll nicht ein Ersatz sein, »der die

---

[106] KÄHLER: Versöhnung, S. 348.
[107] S. 379.
[108] S. 382. vgl. S. 383. [110] S. 407. [112] S. 407.
[109] S. 384. [111] S. 388. [113] Ebd.
[114] KÄHLER: Wissenschaft, S. 371.

Hingabe des eigenen Willens an Gott überflüssig«, sondern ein Ersatz, der diese gerade möglich macht, ein Ersatz, »den Gott selbst für uns« »beschafft, damit wir vermögen, für die Dauer in das Verhältnis zu ihm einzutreten«[115]. Soweit kann man Kähler vielleicht noch einigermaßen folgen, gegen diese Zielsetzung wäre wenigstens nichts Entscheidendes einzuwenden; das Mittel jedoch erscheint auch beim besten Willen zum Verständnis und zur Verständigung nur noch historisch begreiflich, auf uns heute bezogen indessen schwerlich auch nur diskutabel.

Die Problemlage spitzt sich mithin in sehr eigentümlicher Weise zu einem letzten tiefsten Gegensatz zu: Aus Gründen der sittlichen Weltordnung kann Gott die menschliche Sünde nach Kähler in Übereinstimmung mit Paulus und Luther nicht einfach unter den Tisch fallen lassen, weshalb die Versöhnung auf dem Wege der Übernahme der Schuld und Strafe durch Jesus Christus herbeigeführt werden mußte. Aber eben diese Übernahme der Schuld durch einen anderen ist wiederum aus Gründen der sittlichen Ordnung spätestens seit Kant für uns nicht mehr annehmbar. Kähler ist ein feinsinniger Kopf, dessen Ringen um die Bewahrung des Glaubensgehalts in seinem ganzen Reichtum man nur mit großer Anteilnahme verfolgen kann. Seine eigentliche Bedeutung beschränkt sich jedoch darauf, daß er die Eigenart der Versöhnung für den Glaubenden besonders engagiert zum Ausdruck bringt und durchdenkt. Wenn er einen dem Glauben Fernstehenden nicht zu überzeugen vermag, so dürfte das weniger an ihm als an der Sache liegen, die er vertritt. Kähler mühte sich an einer zutiefst widerspruchsvollen Glaubensposition ab und versuchte damit Unmögliches, während Ritschls Vorschlag weniger herausfordernd erscheint, aber auch sehr viel weniger besagt und dem ursprünglichen Glaubensgehalt nicht gerecht wird.

Nach der Darlegung des Versöhnungsproblems bei Ritschl und Kähler wenden wir uns kurz einem zweiten, radikaleren und noch gegensätzlicher eingestellten Theologenpaar zu: Rudolf *Bultmann* und Karl *Barth*. Hatte Ritschl entscheidende Motive der Lehrtradition wie das Strafleiden Jesu und die dadurch bewirkte Sühne abgelehnt, einen Rest des Versöhnungsglaubens jedoch festhalten wollen, so geht Bultmann nun aufs Ganze, indem er diesen Glauben im bisherigen Sinne insgesamt als Mythologie einstuft. »Als mythisches Ereignis ist es verstanden, wenn wir den objektivierenden Vorstellungen des Neuen Testaments folgen: gekreuzigt wurde der präexistente, Mensch gewordene Gottessohn, der als solcher sündlos war. Er ist das Opfer, dessen Blut unsere Sünde sühnt; er trägt stellvertretend die Sünde der Welt, und indem er die Strafe der Sünde, den Tod, übernimmt, befreit er uns vom Tode. Diese mythologische Interpretation, in der sich Opfervorstellungen und eine juristische Satisfaktionstheorie mischen, ist für uns nicht nachvollziehbar.«[116] »Die einzelnen Motive« dieser Gesamtanschauung lassen sich, was besonders beachtenswert erscheint,

---

[115] S. 369.
[116] Bultmann: Neues Testament, S. 45.

»leicht auf die zeitgeschichtliche Mythologie der jüdischen Apokalyptik und des gnostischen Erlösungsmythos zurückführen«: »für den Menschen von heute« sind sie »unglaubhaft«.[117] Wie für Ritschl ist für Bultmann »die Vergebung der Sünde nicht im juristischen Sinne als bloßer Straferlaß gemeint«; »das in Christus sich ereignende Geschehen ist« in Wahrheit »die Offenbarung der Liebe Gottes, die den Menschen von sich selbst befreit zu sich selbst«.[118] Weit weniger Gewicht jedoch als Ritschl mißt Bultmann dem Kreuz als geschichtlichem Ereignis zu, wenngleich er es im Unterschied von der Auferstehung als historischen Sachverhalt nicht völlig fallen läßt. Aber entscheidend ist nicht das Faktum des Kreuzes als solches, sondern nur seine »Bedeutsamkeit«[119]. »An das Kreuz glauben, heißt das Kreuz als das eigene übernehmen, heißt, sich mit Christus kreuzigen lassen.«[120] Daß wir uns selber kreuzigen lassen, darauf kommt es an. An die Stelle des Opfers Jesu oder gar seiner Satisfaktion tritt das existentielle Verhalten des Menschen. Der Akzent rückt ganz von der objektiven, christologischen Seite auf die subjektive, anthropologische. Das ist sicherlich nicht mehr die eigentliche christliche Versöhnung.

Der Gegensatz könnte nicht schroffer gedacht werden, wenn man sich von hier aus Karl Barth zuwendet. Bescheinigt Bultmann dem heutigen Menschen von vornherein die Unglaubhaftigkeit des neutestamentlichen Weltbildes einschließlich entscheidender Konsequenzen für den Glauben, so breitet Barth ohne Rücksicht auf den, welcher bei der von ihm gebotenen Dialektik auf der Strecke bleibt, den vollen Gehalt der Verkündigung vor uns aus, um so den Glauben auf seine prägnanteste, pointierteste, ja, paradoxeste, eben damit reinste, unverwechselbare gültige Form zu bringen.

»Es geschah, daß der Sohn Gottes das gerechte Gericht über uns Menschen damit vollstreckte, daß er selbst als Mensch *an unsere Stelle* trat und an unserer Stelle *das Gericht*, dem wir verfallen waren, *über sich selbst* ergehen ließ.«[121] In der Passion Jesu Christi handelt es sich »als Passion um eine Aktion, eine Tat«. »Daß das Subjekt der evangelischen Geschichte in ihr zum Objekt wurde, ändert nichts daran. Es geschah auch das und gerade das in der Freiheit dieses Subjektes.« »Ein Opfer, das sich selbst opfert – und das ohne erkennbaren Sinn und Zweck!«, »eine Tat Gottes, die mit dem freien Tun und Leiden eines Menschen zusammenfällt«.[122] Barth ist sachlich genug, um nicht mit dem Appell an das Mitgefühl der Leser Dogmatik zu schreiben. Welcher andere Theologe hätte es so unverblümt auszusprechen gewagt: »Der Gedanke legt sich nahe, daß Viele doch sehr viel Schwereres länger und schmerzlicher erlitten haben möchten als jener Eine in der immerhin beschränkten Prozedur jenes eines Tages. Vielen, denen dabei von Menschen Leid geschah, geschah damit formal nicht geringeres, sondern wohl noch größeres Unrecht als ihm.«[123] Es handelt sich demnach

---

[117] S. 16.   [119] S. 44 f.

[118] S. 42.   [120] S. 46.

[121] KARL BARTH: Kirchliche Dogmatik. Bd. 4, T. 1, S. 244.

[122] S. 269 f.   [123] S. 270.

nicht so sehr um ein besonders schreckliches, schmerzvolles Leiden, wie es sonst immer wieder dargestellt oder vorausgesetzt wird. »Das Geheimnis dieser Passion« ist vielmehr »seine *Person*: es ist der eine ewige Gott selber, der sich in seinem Sohn dazu hergegeben hat, Mensch zu sein und als Mensch solche, diese menschliche Passion auf sich zu nehmen«.[124]»Es geht um die Erniedrigung und Entwürdigung Gottes selbst«, darum, daß Gott »eben in solcher Erniedrigung und Entwürdigung aufs Höchste Gott, in diesem Tode aufs Höchste lebendig war«.[125] Er hat damit »daß er – der an unsere, der Sünder Stelle trat – in den Tod gegangen ist, mit *uns als Sündern* und damit mit der *Sünde* selbst in seiner Person *Schluß gemacht*«.[126] Klarer, bestimmter, härter kann man das nicht sagen. Aber diese unerbittliche Konsequenz und Kompromißlosigkeit einer Sicht, die von der absoluten Geltung des alten Glaubens ausgeht, läßt wenig Raum für eine Erörterung der Problematik und erst recht keinerlei apologetische Tendenzen aufkommen, so daß die Möglichkeit einer Diskussion im Grunde genommen fortfällt. Hier bleibt nur noch zu glauben oder sich entschlossen abzuwenden.

Am Ende wird man im Blick auf diese beiden großen Theologen um die Feststellung nicht herumkommen, daß Bultmann den christlichen Versöhnungsglauben mit seltenem Mut richtig beurteilt, in dem aber, was er selbst daraus machen wollte, ihn mehr als dezimiert: ganz und gar verfremdet und im Grunde aufgibt. Umgekehrt hat Barth das Wesen dieses Glaubens in grandioser Weise formuliert, wobei man jedoch den Mut bewundert, der den so bestimmten Glauben, also in seiner krassesten Form, als Wahrheit nimmt und bekennt.

Kaum weniger eindeutig als Barth, wenn auch vielleicht nicht ganz so provokativ, stellt Emil *Brunner* den christlichen Versöhnungsglauben jeglicher Vermittlungstheologie und allem wesensfremden Denken überhaupt gegenüber: »Das Kreuz scheidet deutlicher als alles andere die biblische Offenbarung von aller Religionsgeschichte und allem Idealismus.«[127] Dieses Urteil trifft jedenfalls in vollem Umfang zu.

Ausführungen so starker Geister sind überaus eindrucksvoll, doch bieten sie in ihrer Geschlossenheit kaum Ansätze für eine weiterführende Entwicklung der Probleme. Anders steht es mit einem Autor wie Otto *Weber*. Er zeigt viel Verständnis für die bei diesem Problem der Probleme auftretenden Bedenken und bringt sie selbst weitgehend zur Sprache, das Hauptargument macht er sich sogar ausdrücklich zu eigen. Eine wesentliche Erleichterung für die Auseinandersetzung bedeutet es namentlich, daß dieser Theologe die wichtigsten Aussagen in diesem Bereich betontermaßen als Bilder für die Sache, für das eigentlich Gemeinte, auffaßt: das »pro nobis«, »für uns«, die Stellvertretung, auf die alles hinausläuft.

Indessen entsteht hier eine neue Schwierigkeit. Wenn das Opfer im allgemeinen von der Anschauung ausgeht, daß es ohne Blutvergießen keine Vergebung

---

[124] S. 271.   [126] S. 279.
[125] Ebd.   [127] Brunner: Mittler, S. 394 f.

gibt und deshalb »das Tier erleidet, was der Mensch nicht leiden soll«[128], so kann doch nach Ansicht dieses Autors für den Menschen »nur der Mensch eintreten«. Und während die alttestamentlichen Opfer täglich und jährlich wiederholt werden müssen, ist das Opfer Jesu Christi »einmalig und endgültig (1Pt 3,18; vergl. auch Hebr 10,18)«. »Das ›Opfer‹ des neuen Bundes ist« insofern »zwar nicht ohne Analogie, aber« diese Analogie ist »mittelbar, mehr nicht. Die Opferterminologie führt an die Schwelle, aber nicht über sie hinaus«.[129] Ebenso zeigt sich die Grenze bei der Bedeutung der rechtlichen Bilder, wenn man die Frage stellt: »*Wieso* kann Christus für den schuldverhafteten Menschen eintreten? Die Antwort lautet: er kann es nur, wenn dieser Mensch mit ihm *zusammengehört*«.[130] Das führt zu einer dritten Aussageweise des Neuen Testaments, vom Rechtlichen »nicht klar geschieden«, die sich zusammenfaßt in der paulinischen Formel »in Christus«, was »bedeutet: in seinem Machtbereich«. »Wer getauft ist, der ist ›der Sünde gestorben‹ (Röm 6,2). Denn der Getaufte ist auf den Tod Christi getauft; sein eigenes, eigenmächtiges und eigenwilliges Leben ist auf Grund dessen zu Ende, daß Jesus gestorben ist.« Der alte Mensch »ist ›mitgekreuzigt‹ worden, damit der Sündenleib zunichte werde und wir der Sünde nicht mehr dienen«.[131] Hierzu wäre nur zu sagen, daß auch die Taufe letztlich als ein Bild zu verstehen sein dürfte und auch das »Mit Christus Gekreuzigtwerden« und »Gestorbensein« ja nicht mehr als eine Analogie darstellt.

Weber macht es sich nicht leicht, er geht der Sache auf den Grund. »Wie soll ich mir vorstellen, daß Jesus ›für mich‹ gelebt hat und gestorben und auferstanden ist? Die kirchliche Lehre antwortet: Er hat meine Schuld getragen. Auf ihm hat die Strafe gelegen. Schuld aber ist nicht übertragbar.« »Es kann uns ein anderer Mensch so nahestehen wie nur denkbar – Schuld kann er uns nicht abnehmen. In unserer Schuld sind wir einsam.«[132] »Wie jeder seinen eigenen Tod stirbt, so hat auch jeder seine eigene Schuld.«[133] »Auch Strafe ist nicht übertragbar.« Diese Unübertragbarkeit von Schuld und Strafe wird sogar »unbestreitbar« genannt – ein entscheidender Fortschritt in diesem langwierigen Gedankenprozeß. Der Begriff der Stellvertretung erscheint deshalb für ein so persönliches Verhältnis nicht geeignet. »Solange die Ich-Einsamkeit des Menschen« »nicht aufgebrochen ist, kann davon keine Rede sein«.[134]

Deshalb muß nach einem Ausweg gesucht werden, der noch über den Gedanken der Zusammengehörigkeit hinausführt: »Meine Schuld kann mir nur Einer abnehmen, der mich gleichsam *mir selber abnimmt*. Oder auch: der meiner Verhaftung in mich selbst ein Ende setzt. ›Stellvertretung‹ ist daher in dieser Sicht kein objektivierbares Geschehen, sondern *Eingriff* in mein Selbst.« Die damit angebahnte Lösung soll also in einer einschneidenden Veränderung meiner Person liegen: »Indem ich mein – neues – Sein aus der Person Jesu Christi empfange, indem er sich mir zum Herren macht, indem ich Glied an seinem

---

[128] OTTO WEBER: Dogmatik. Bd. 2, 6. Aufl. 1983. S. 229.
[129] S. 230.   [131] S. 229f.   [133] S. 234.
[130] S. 231.   [132] S. 233f.   [134] S. 235.

Leben bin, *empfange ich mich selbst, weil ich mich verliere.*« Für dieses den Christen in das Sein und Verhalten des Christus einbeziehende Verhältnis bedient sich Weber des Begriffs der »inklusiven Stellvertretung«.

Auch H. *Thielicke* spricht später von dem »notorisch inklusiven Charakter« der Stellvertretung[135], wobei der springende Punkt dieser Sicht besonders deutlich, zugleich der entscheidende Einwand gegen sie am stärksten herausgefordert wird; denn wie Weber sieht Thielicke sich veranlaßt, die Identität der Person letztlich aufzuheben. Was der Angeklagte »hinter sich hat (und er hat es wirklich hinter sich!) das ›ist‹ nun nicht mehr. Christus hat es durchgestrichen und als Last auf sich genommen (Kol 2,14)«. Das »ist das Wunder der Wandlung. Ich bin nicht mehr identisch mit meiner Vergangenheit (›ich lebe – doch nun nicht mehr ich‹, Gal 2,20), sondern ich bin der ›Geselle‹ Christi und gewinne darin eine neue Identität. Eingeschlossen zu sein in seine Stellvertretung: das ist nun mein ›Wesen‹.«[136] Kann man aber von Identität überhaupt noch sprechen, wenn diese doch vielmehr im wesentlichen aufgegeben werden soll? Ist nicht der Preis, der hier gezahlt werden muß, allzu hoch? Es handelt sich ja um nicht weniger als die Zumutung, dem Menschen, der ich bisher war und der so ganz zu meinem Wesen gehört, ja, mein Wesen ausmacht und ohne den ich eben gar nicht mehr dasselbe Ich wäre, den Abschied zu geben, während Thielicke in der Tat meint: »Eingeschlossen zu sein in seine Stellvertretung: das ist nun mein ›Wesen‹«, ein Satz, dem der bisherige alte, gewöhnliche Mensch mit seinem gewohnten, normalen Denken einfach hilflos gegenübersteht. Was sich in uns dagegen auflehnt, den alten Menschen aufzugeben, ihn durchstreichen zu lassen, ist ja nicht der mangelnde Wille, sich zu ändern, sich zu entwickeln, besser zu werden, sondern der Sinn für die Wirklichkeit, die Abneigung, Grenzen zu verwischen, die unverzichtbar sind und nur mit dem Ende des Lebens ihre Geltung verlieren.

Sehr klar wird die neue Lösung auch bei Gerhard *Ebeling*, der die Lage insgesamt so treffend beschreibt, daß einige seiner Feststellungen hier wörtlich angeführt werden sollen. »Die in der Sprache der Frömmigkeit und der Theologie fest verwobenen Vorstellungen und Wendungen wie die vom Sühnetod, von Stellvertretung und Satisfaktion, von Opfer und Loskauf, vom befreienden Sieg über die Mächte, von der erlösenden Kraft des Blutes und der Wunden, vom leidenden Gerechten oder vom wahren Märtyrer werden vielfach nicht mehr als Schlüssel zum Verstehen empfunden, sondern nur als unverständliche Verschlüsselungen.« »Der Sühne- und Opfergedanke hat die allgemeine Geltung, die er einst besaß, gerade durch die ausschließliche Beziehung auf das Kreuz eingebüßt.« »Die Vorstellung vom Kampf mit personifizierten Mächten ist uns fremd, weil mythischer Art. Der Gedanke der Satisfaktion nicht minder, weil er das Gottesverhältnis als ein Rechtsverhältnis faßt. Selbst die von der Reformation so stark herausgestellte Formel pro me, pro nobis hat zwar suggestive Kraft, hilft aber nicht ohne weiteres.«[137] Hinsichtlich der Stellvertretung wird auch

---

[135] Thielicke: Glaube, Bd. 2, S. 496.
[136] S. 501 f.
[137] Ebeling: Dogmatik. Bd. 2, S. 152.

hier hervorgehoben: »Jeder muß für sich sterben, wie denn auch jeder für seine eigene Schuld haftet«.[138] Dieses Für-sich des Ichs soll nun aber wiederum überwunden werden durch die Überschreitung der scharf abgegrenzten in sich ruhenden Person zum Mit und In. Für uns ist Christus gestorben. Dieses »Für uns vollzieht sich lebensmäßig als ein Sein mit Christus, als ein Hereingenommensein in das, was an ihm und durch ihn geschehen ist, als ein Teilnehmen daran, also ein Mitsterben, ein Mitgekreuzigtwerden, das die Verheißung in sich schließt, mit ihm aufzuerstehen, mit ihm zu leben. Das Weiterwirken hat also den Charakter einer Seinsverbundenheit. Deren innere Realisation kann außer durch das Für und das Mit auch durch das wechselseitige In zum Ausdruck kommen: Wir in Christus, Christus in uns«[139]. Damit sind jene unbrauchbar gewordenen ziemlich eindeutigen Bilder endgültig aufgegeben zugunsten eines sehr viel weniger bestimmten, freilich noch stärker irrationalen »inklusiven« Verhältnisses zu Christus, wenngleich der Begriff der »inklusiven Stellvertretung« selbst hier nicht auftritt. Die Sache ist dieselbe, und sie erscheint uns immer noch gleich unmöglich.

Der Begriff der inklusiven Stellvertretung, der bereits bei Ritschl gelegentlich am Rande auftaucht, ohne eine positive Rolle zu spielen, wurde dagegen schon von *Althaus* eindringlich befürwortet: »Jesus ist dazu an dem Glaubensverhältnis der Menschheit gestorben, daß alle mit ihm stürben und durch das Gericht Gottes gingen, ohne das Heiligung nicht möglich ist.«[140] Aber die sogenannte inklusive Stellvertretung, die sich uns als besonders problematisch erwiesen hat, ist auch schon dem bloßen Begriff nach eine regelrechte contradictio in adiecto, weil es sachlich nicht »Sinn und Ziel« einer Stellvertretung sein kann, »die Vertretenen in die innere Haltung des Vertretenden hineinzuziehen«. Ein solches Hineingezogenwerden ist zwar vielleicht nachträglich denkbar, gehört aber keineswegs zur Stellvertretung selbst. Diese ist im Gegenteil ein Vorgang, durch den der Vertretene zunächst eher ausgeschaltet wird. Man kann nicht einen Vertreter bestellen und dann den Vertretenen wieder an seiner eigenen Stellvertretung beteiligen. Etwas anderes wäre es, den Vertretenen, nachdem der Vertreter seine Aufgabe besonders gut wahrgenommen hat, darauf einzuschwören, sich nun diesen Vertreter zum Vorbild zu nehmen und in seinem Geiste zu wirken. Aber dies würde unter die Rubrik Einfluß, Teilnahme fallen, hat jedenfalls nichts mit der Stellvertretung als solcher zu tun. In unserem Falle müßte sich das geforderte Mitsterben mit Christus als eine Folge seines Sterbens ergeben, würde jedoch nichts daran ändern, daß dessen vorausgehende Leistung für sich durchaus allein steht, so daß die Vertretenen keineswegs an ihr selbst schon beteiligt sind. Wem die Stellvertretung Jesu Christi fremdartig und fragwürdig erscheint, der sollte das offen sagen, dagegen nicht den an sich klaren Begriff der (selbstverständlich exklusiven) Stellvertretung umfunktionieren zu einer angeblich inklusiven, die es wie gesagt gar nicht geben kann. Die nachträgliche

---

[138] S. 205f.
[139] S. 220.
[140] PAUL ALTHAUS: Das Kreuz Christi. In: Theol. Aufsätze. [Bd. 1] 1929, S. 45.

Gleichschaltung der Vertretenen, ihre Einstimmung in die Gesinnung des Vertreters, ein Leben in seinem Sinne, berührt nicht den Sachverhalt seiner ursprünglichen und tatsächlichen Leistung selbst. Die verbale Einbeziehung der Vertretenen in die Stellvertretung durch den Zusatz »inklusiv« ist eine durchaus künstliche Konstruktion, die das für uns Anstößige oder doch mehr als Problematische der eigentlichen Stellvertretung dadurch zu mildern sucht, daß diese auf eine breitere Grundlage gestellt, dem Begriff also willkürlich ein weiterer Umfang gegeben wird, der in Wahrheit der Sache gar nicht entspricht. Wer von Christus vor Gott vertreten wird, für den ergeben sich in seinem Leben gewiß wichtige Folgerungen, aber das ihnen gemäße Verhalten liegt in einer anderen Dimension, es steht zur echten Stellvertretung in einem passiven und konsekutiven Verhältnis, nimmt jedenfalls nicht aktiv an ihr teil. Es würde eine wünschenswerte Wirkung der Stellvertretung, aber nicht selbst Teilhabe an der Stellvertretung sein und, dogmatisch gesprochen, eher zum Paragraphen »Heiligung«, nicht in den die »Versöhnung« betreffenden gehören. Das Kreuz Christi hat mithin, so sehr es auf die Vertretenen gerichtet, für sie bestimmt ist, einen primär exklusiven Sinn, um den man vergeblich herumzukommen sucht durch eine Mit- und In-Lösung, die, sofern das neue Sein nicht nur gesinnungsmäßig, sondern wirklich seinsartig gemeint ist, etwas beinahe oder geradezu Mystisches haben würde.

Auch für Paul *Tillich* hat der Mensch »durch die Teilnahme am Neuen Sein, das das Sein Jesu als des Christus ist«, »teil am versöhnenden Handeln Gottes«. Von »inklusive« ist bei ihm jedoch nicht nur nicht die Rede, der Begriff des »stellvertretenden Leidens« wird vielmehr überhaupt als »ein sehr irreführender Ausdruck« beurteilt.[141]

Von einer stellvertretenden Bedeutung im inklusiven Sinne des mit Jesus Sterbens spricht dagegen auch W. *Pannenberg*. Die vielfache Ablehnung der Stellvertretung führt er, wie einst schon Kähler, auf den »extremen ethischen Individualismus« des neuzeitlichen Menschen zurück, der ihm »durch die soziale Umformungskrise der Gegenwart aber doch erschüttert« zu sein scheint.[142] Daß dem Individualismus in der Ethik indessen ein weit höherer Rang und sogar unentbehrliche Geltung zuzusprechen ist, wurde bereits betont.

Unberücksichtigt bleiben darf hier D. *Sölles* Stellungnahme mit ihrem bezeichnenden Schaukeln zwischen Atheismus und Theismus bei starker Schlagseite zum Atheismus.[143]

Auch ein heute weithin bekannter Theologe wie *Jürgen Moltmann* bewegt sich streckenweise »Jenseits von Theismus und Atheismus« und äußert sich über das »Recht des christlichen Atheismus«, was für manche Leser einen prickelnden Reiz haben mag, solchen Reizen Abgeneigten dagegen eher verdächtig erscheinen wird. Wenn ein Überlebender von Auschwitz berichtet, daß, als jemand angesichts des eine halbe Stunde während Todeskampfes eines erhängten Jungen fragte: »Wo ist Gott?« und nach langer Zeit noch einmal rief: »Wo ist Gott jetzt?«, eine Stimme in ihm antwortete: »Wo ist Er? Hier ist Er... Er hängt am Galgen...", so wäre »jede andere Antwort« für Moltmann »Blasphemie«[144], eine Auskunft, die ihre emotionale Wirkung vielleicht nicht verfehlen

---

[141] TILLICH: Theologie, Bd. 2, 1958, S. 189.

[142] PANNENBERG: Christologie, S. 272.

[143] DOROTHEE SÖLLE: Stellvertretung. Ein Kapitel Theologie nach dem »Tode Gottes«. 1965.

[144] JÜRGEN MOLTMANN: Der gekreuzigte Gott. Das Kreuz Christi als Grund und Kritik christlicher Theologie. 3. Aufl. 1976, S. 262.

mag, aber in Wahrheit nicht geeignet sein dürfte, den Standpunkt des Glaubens zu verdeutlichen und zu empfehlen. Wie auch sollte dies möglich sein, wenn, »so wie die Welt wirklich beschaffen ist«, »sich der Glaube an den Teufel viel näher« legt »als der Glaube an Gott«[145] und wenn Gott »ein Geschehen« ist, kein »himmlisches Du«, zu dem man beten kann.[146] Moltmann sieht »das Recht des christlichen Atheismus« um des Kreuzes willen »in der Absage an den unmenschlichen Gott, an einen Gott ohne Jesus«[147], als ob umgekehrt Jesus ohne einen Gott, der mehr als ein Geschehen ist, überhaupt gedacht werden könnte! Mit dem christlichen Kreuz haben Moltmanns trinitarische Spekulationen – dem »himmlischen Du« wird abgesagt, aber vom »Schmerz des Vaters« ist die Rede[148] – offensichtlich nur noch wenig zu tun. Lediglich um anzudeuten, wohin es mit dem Kreuzesglauben einmal kommen kann, wurden diese Ausführungen hier erwähnt.

3. Das Kreuz als historisches, ethisches und existentielles Problem

Nachdem zunächst von der Herkunft der hauptsächlichen Motive und Modelle des Versöhnungsgedankens und seiner Entwicklung die Rede war und dieser dann anhand von Ausführungen einiger namhafter Theologen geklärt und gelegentlich auch schon kritisch beleuchtet worden ist, darf die Betrachtung nunmehr zu einer rein sachlich angeordneten Beurteilung übergehen.

Was das in diesem Glauben zutage tretende Verständnis des Menschen angeht, so erheben sich die schwersten Bedenken gegen jene sonderbare überpersönliche Sündenmacht, welche die ganze Menschheit zu einer massa perditionis werden ließ. Der Mensch, wie er sich aus niederen Lebensformen entwickelt hat, zeigt gewiß mancherlei primitive Merkmale und ist trotz aller unerhörter Fähigkeiten ein sehr unvollkommenes Wesen, in einzelnen Exemplaren von entsetzlicher Bösartigkeit, denen manche überaus gutherzige und hochherzige Gestalten gegenüberstehen, während der Durchschnitt Positives und Negatives in den verschiedensten Mischungsverhältnissen aufweist. Wenn auch noch ungewiß ist, ob es nicht mit der Menschheit als ganzer gerade infolge ihrer außerordentlichen Begabung eines Tages ein schlimmes Ende nehmen wird, so kann doch von einem Beherrschtwerden durch eine samt und sonders unheimliche zielstrebige Macht des Bösen nicht die Rede sein. Eine solche Vorstellung gehört fraglos dem mythischen Denken an.

Sie aber hat den Kreuzesglauben selbst entscheidend mitgeprägt: Die im Banne des Bösen stehende Menschheit insgesamt, einschließlich zukünftiger Generationen, war es, die Jesus Christus ans Kreuz gebracht hat und so an ihm schuldig geworden sein soll. Auch ein alles andere als überspannter theologischer Forscher und Denker wie Adolf *Schlatter* erklärte unbedenklich: »Durch unser falsches Lebenwollen ist er gestorben.«[149] Historisch gesehen scheint vielmehr der Konflikt Jesu mit seiner Umwelt in Wahrheit unvermeidlich gewe-

---

[145] S. 205.   [147] S. 237.
[146] S. 234.   [148] S. 266.
[149] ADOLF SCHLATTER: Jesu Gottheit und das Kreuz. 2. Aufl. 1913, S. 70.

sen zu sein, und seine Gegner waren wohl auf ihrem Standpunkt sogar mehr
oder weniger im Recht, wenn sie ihn bekämpften und verfolgten. Einem heutigen neutestamentlichen Forscher, *Peter Stuhlmacher*, stellt sich die Lage folgendermaßen dar: Von den »einflußreichen jüdischen Gruppierungen« »konnte
keine« »Jesu Wirken auf die Dauer tolerieren. Den Pharisäern mußte« sein
»freier Umgang mit der Tora und seine Unbekümmertheit gegenüber dem Ideal
der levitischen Reinheit unerträglich sein. Für die Zeloten war das den religiösen
Gegner mitumschließende Gebot der Feindesliebe, Jesu Unvoreingenommen-
heit selbst römischen Militärs gegenüber (Lk 7,1 ff. par) und sein Votum zur
kaiserlichen Kopfsteuer (Mk 12,13 ff.) mehr als eine Provokation. Die Saduzäer
und der hohepriesterliche Adel mußten sich durch Jesu freie, von der kultischen
Sühne unabhängige Sündenvergebung, sein (dunkles) Wort von der Zerstörung
des Tempels (Mk 14,58 par; Joh 2,18 ff.) und dann natürlich durch die – allerdings von vielen für unhistorisch gehaltene – Stellungnahme gegen den Op-
fertierhandel und den Geldwechsel bei der Tempelreinigung aufs äußerste herausgefordert fühlen. Der Zulauf, den Jesus zeitweilig im Volke fand, dürfte
schließlich auch die politischen Kräfte im Lande, die Herodianer, das Synhe-
drium und dann natürlich auch die Römer mit Verdacht erfüllt haben.«[150] So
läßt sich mit *Ernst Fuchs* sagen: Jesus ist »zwar nicht als politischer Organisator
aufgetreten«, »obwohl man ihn um des der Gottesherrschaft freilich immer
innewohnenden politischen Anspruchs willen so verstanden hat. Aber Jesus zog
nach Jerusalem. Ein Blick auf seine Anhänger konnte dieses Auftreten in der Tat
wie einen Aufruhr erscheinen lassen. Je nach dem Verhalten der Inhaber der
behördlichen Gewalt *war* das schließlich auch Aufruhr. Szenen wie das Eindringen in den Tempel kann man schwerlich anders bezeichnen.«[151] Alle diese
Gegner hatten also Gründe, aus ihrer Sicht gute, keineswegs bösartige Gründe
für ihr Verhalten. Wenn auf seiten der Römer ein Mißverständnis im Spiel war,
so sind sie offenbar schon insofern weitgehend entschuldigt. Aber auch hinsichtlich der Juden ist es notwendig, sich den Sachverhalt zu vergegenwärtigen.
Sollte Jesus, was freilich außerordentlich fraglich ist, wirklich einzelnen Menschen Sündenvergebung zugesprochen haben, mußte dies die Frommen auf
schwerste reizen, mit vollem Recht reizen, denn das war für sie nichts anderes als
Gotteslästerung. Im »Vorwurf der Gotteslästerung (Mk 14,64) durch die Inanspruchnahme einer nur Gott zustehenden Vollmacht« sieht z. B. *Pannenberg* »das
eigentliche Motiv für das Vorgehen der jüdischen Behörde gegen Jesus«.[152] Die
Hinrichtung Jesu wegen eines religiösen Vergehens nimmt auch F. *Hahn* an.[153]
Deshalb kommt man nicht um das Urteil herum: Wenn sich die Sünde der

---

[150] STUHLMACHER: Jesus, S. 98 f.

[151] ERNST FUCHS: Zur Frage nach dem historisches Jesus. In: Ges. Aufsätze. Bd. 2. 2. Aufl.
1965, S. 158.

[152] PANNENBERG: Christologie, S. 258.

[153] FERDINAND HAHN: Methologische Überlegungen zur Rückfrage nach Jesus. In: Rückfrage nach Jesus. Zur Methodik und Bedeutung der Frage nach dem historischen Jesus. Hrsg. von
Karl Kertelge. 1974, S. 43 f.

Ablehnung Jesu in der Sicht des Glaubens darauf bezieht, daß der Mensch »das Evangelium verschmäht« hat, wenn »das Ungeheuerliche der Kreuzigung« darin bestand, »daß man eben den zurückwies, der sich selbst in Liebe gegeben hatte«[154], so waren seine Gegner damals im Grunde genommen unschuldig, weil jener Gesichtspunkt sich ihnen überhaupt nicht gestellt hat, sie mit anderen Worten im guten Glauben handelten. Die Annahme, daß eine böse Macht, die »Welt«, die Menschheit als ganze, Jesus ans Kreuz gebracht hat, läßt sich demnach, historisch gesehen, nicht aufrechterhalten. Daß sein Leiden und Sterben gar auch noch *unsere* Schuld sei, die Schuld der heutigen Menschheit, und daß deshalb »in diesem Tode« »ein Todesurteil über alle Menschen gefällt« ist[155], kann der auf den christlichen Glauben nicht schon festgelegte, sondern rein sachlich interessierte Betrachter nur als eine unerhörte Übertreibung, mehr: als eine schlechthin unbegreifliche, durch nichts gerechtfertigte Behauptung empfinden.

Und dieser Tod Jesu, mit dem die sündige Menschheit das Maß ihrer Schuld voll gemacht haben soll, ist nun zugleich ins Werk gesetzt worden von Gott selbst zum Zwecke der Versöhnung! Durch diesen ungeheuerlichen Widerspruch entsteht ein Gedankenkomplex von nicht zu überbietender Irrationalität, der allenfalls einzelne bis zu einem gewissen Grad verständliche Züge enthält. Der biblische Gott, dessen Wesen es nicht zuläßt, sich nach Art der heidnischen Götter umstimmen zu lassen, was ja, wie schon betont, zweifellos einen Vorzug bedeutet, bleibt andererseits nicht wie eine unpersönliche sittliche Weltordnung unberührt von der Lage der Menschheit. Trotz allem liebt er die Sünder und hat sich vorgesetzt, sie mit sich zu versöhnen. Als dem heiligen Gott ist es ihm jedoch nicht möglich, die Schuld einfach zu annullieren, die Sünder ohne weiteres zu begnadigen, wiederum ein Zug, der vom sittlichen Standpunkt aus zunächst positiv beurteilt werden kann. Gott muß der sittlichen Ordnung Rechnung tragen, ihr Geltung verschaffen. Ohne Gericht geht es deshalb nicht. Aber nun verwickelt sich dieser Gedankenprozeß in unglaublicher Weise: Gott sendet der Welt seinen Sohn, um in dessen Leiden und Sterben die Sünder zu richten. Dieser Mensch Jesus ist mithin göttlicher Art, es ist sogar vom »Anteil der Gottheit Jesu an seinem Sterben« die Rede.[156] Als göttlich ist der Christus ohne Sünde, und nur so ist er in der Lage, den Schlußstrich unter die Sünde zu ziehen. Diese Sündlosigkeit steht freilich wiederum in Widerspruch zu allem, was Menschenantlitz trägt, und ein wirklicher, echter Mensch soll Jesus ja doch gewesen sein. Indessen, ohne ihm auch nur von ferne irgendetwas unter die Rubrik sündigen Verhaltens oder auch nur Denkens Fallendes konkret zutrauen zu wollen, bleibt ein vollkommener, in keiner Hinsicht hinter einem gedachten Soll zurückbleibender Mensch für uns ein unbekanntes und ganz und gar unvorstellbares Wesen. Und auf diese Aussage, die bereits für sich genommen so sehr

---

[154] Thielicke: Glaube, Bd. 2. S. 491.
[155] Hans Joachim Iwand: Christologievorlesung 1958/59. In: Diskussion (Klappert), S. 286.
[156] Schlatter: Gottheit, S. 100.

über Erfahrung und Verstehen hinausführt, wird jetzt die weitere gesetzt, die nun wirklich ein Non plus ultra darstellt, der Satz: »Den, der von keiner Sünde wußte, hat Gott für uns zur Sünde gemacht«. Man möchte zunächst vermuten, daß der Apostel damit nur stark zugespitzt hat sagen wollen, der Sündlose sei in die Welt der Sünde eingetreten, er habe unter Sündern gelebt und die Auswirkungen ihres sündigen Tuns am eigenen Leib erfahren. Aber nein, ein gerade auf diesem Gebiet besonders interessierter Theologe erklärt ausdrücklich: Jesus *ist* »Sünde. Er wird nicht nur so behandelt, als sei er es, sondern Gott hat ihn wirklich dazu gemacht«.[157] Der Gegensatz zu der ihm andererseits eigenen Sündlosigkeit muß offenbar total sein.

Besonders klar findet sich der Grundriß dieses Prozesses, der den durch menschliche Sünde ausgerenkten Zustand der Welt wieder in Ordnung zu bringen bestimmt ist, in der folgenden Formulierung F. K. *Schumanns* »Gott rechtfertigt den Sünder – d. h. nichts anderes als: Gott setzt sein Gottsein am Sünder durch und behält Recht mit seiner Gerechtigkeit, indem er sich selbst in seinem Sohn, ›der von keiner Sünde wußte, für uns zur Sünde gemacht‹; darin hat er in Einem den Sünder gerichtet und der Gerechtigkeit Gottes überführt *und* die Sünde des Sünders mit seiner Gerechtigkeit Gottes überwunden. Indem Gott den Sünder rechtfertigt, setzt er seine Gerechtigkeit nicht etwa *aus*, sondern *durch*.«[158] Ist nun diese Logik mit ihrer Vertauschung der Subjekte Mensch, Gottes Sohn, Gott zu einfach oder zu verzwickt und verkehrt? Jedenfalls hat sie für die einen, wenn auch als Geheimnis, offenbar durchaus befriedigend funktioniert, während die anderen ihr ohne jede Möglichkeit des Verstehens gegenüberstehen.

Verstärkt wird die das Ganze beherrschende Dialektik noch durch einen zweiten Zug, den bei Markus und Matthäus dem Sterbenden in den Mund gelegten Verzweiflungsschrei aus Psalm 22, der doch wohl besagen soll, daß Jesus am Kreuz nicht nur gottlos war in dem Sinne, wie es der Hingerichtetwerdende nach allgemeiner Ansicht überhaupt war, sondern daß er sich darüber hinaus ganz persönlich zuletzt von Gott verlassen gefühlt hat. Bei Lukas und Johannes ist dieses drastische Motiv gemieden, aber spätere Theologen sind immer wieder auf die Gottverlassenheit Jesu am Kreuz zurückgekommen, um die Not des Leidenden auf ihren höchsten Grad zu steigern.

Trotz dieses radikalen Zur-Sünde-Gemachtwerdens und Von-Gott-Verlassenseins erscheint uns nun allerdings ein noch so extrem intensives Leiden während einer Reihe von Stunden einerseits und das Anliegen bzw. das Ziel andererseits, der Menschheit ihre unermeßliche Schuld abzunehmen und sie mit Gott zu versöhnen, als ganz und gar unverhältnismäßig. Die in die Augen fallende Geringfügigkeit des Mittels im Vergleich mit dem zu erreichenden Effekt: Wer würde sich nicht darum reißen, eine so einzigartig sinnvolle, großartige, herrliche, unvergleichlich befriedigende, unendlich dankbare Aufgabe

---

[157] Bernhard Steffen: Dogma, S. 88.
[158] Friedrich Karl Schumann: Rechtfertigung und Erlösung. 1951, S. 29 f.

übernehmen zu dürfen! Menschlich gesehen, von unserer Einstellung aus beurteilt, paßt hier wirklich nichts, aber auch gar nichts zusammen. Man hat zwar gesagt: »Was Jesus Christus unter dem Zorn Gottes als Gericht an unserer Statt durchlitten hat, das kann nicht als zeitlich im Sinne der Stunden- und Minutenzeit betrachtet und daher als der ewigen Sündenstrafe nicht äquivalent beurteilt werden. Hier sind Ewigkeiten in Sekunden der Uhrzeit hineingerafft. Der Gottessohn erleidet den Zorn Gottes. Tiefer und schrecklicher, als ihn je der ewig Verdammte erleiden kann.«[159] Aber eine derartige Manipulation der Zeit, die völlige Deformation ihres Wesens, wie sie uns schon früher begegnet ist, kann nur als ein verzweifeltes Ausweichmanöver angesehen werden und ändert nichts an dem Eindruck, daß die gesamte Struktur dieses Glaubensdenkens von Grund auf verdreht und verkehrt ist.

Den Gipfel des so überaus befremdlichen Gedankenbaus bildet die zentrale dialektische Aussage, daß mit und in Jesu Leiden und Tod die Sünde gerichtet und zugleich die Sünder begnadigt werden. Der ohne ideologische Voraussetzungen Herantretende wird im Kreuz weder die Strafe Gottes noch den Erweis seiner Liebe erkennen können. Beides wird hineingelegt, nicht vorgefunden. Ohne alle Glaubensvoraussetzungen ist der Tod Jesu ein schreckliches Geschehen wie so vieles auf dieser Erde, sogar eine besonders grausame Art der Hinrichtung, aber nicht etwas ganz und gar Einzigartiges. Wenn moderne Theologen hier nahezu allen dogmatischen Ballast aus dem Weg räumen und namentlich von Gericht und Strafe in diesem Zusammenhang nicht mehr viel wissen wollen, um dann im Kreuz nur noch die offenbar werdende Liebe Gottes zu proklamieren, so ist diese nach Beseitigung alles Unbequemen beliebte Beschränkung auf den erwünschten Rest alles andere als überzeugend. Ob Jesus aus Liebe zu den Menschen bewußt in den Tod gegangen oder nicht vielleicht im Kampf für seine sachlichen Ziele wie andere auch gescheitert und zugrunde gegangen ist, wissen wir nicht, und ob die Liebe von oben zu seiner Liebe ihr Ja gesagt und es gar so gefügt hat, noch viel weniger. Das Kreuz selbst gibt darüber keinen Aufschluß.

Vor allem ist unser Wissen über Jesus in diesem Punkt eben äußerst problematisch. An seinem Tode hat man drei wesentliche Momente hervorgehoben: Daß er zugunsten der Menschheit, daß er im Gehorsam gegen Gott und daß er freiwillig erfolgt ist.[160] Diese Freiwilligkeit ist von entscheidender Bedeutung: daß Jesus das Sterben »nicht von sich stieß, sondern mit klarem Bewußtsein und befestigtem Willen als von seinem Beruf mit umfaßt ergriffen hat. Er hat nicht nur das Kreuz, sondern auch den auf das Kreuz gerichteten Willen in sich getragen«.[161] Ohne seinen »strengen Willen zum Leiden«[162] ist der Kreuzesglaube nicht denkbar. Der damit hervorgehobene Sachverhalt, daß die Pas-

---

[159] SCHUMANN: Versöhnung, S. 373.
[160] ERNST CREMER: Die stellvertretende Bedeutung der Person Jesu Christi. 2. Aufl. 1900, S. 138.
[161] SCHLATTER: Gottheit, S. 4.
[162] FUCHS: Frage, S. 161.

sion nicht bloß Widerfahrnis, sondern Initiative und Aktivität war, ist ein ganz
wesentliches Charakteristikum des Versöhnungswerks und seiner Bedeutsamkeit. Hier zeichnet sich deshalb noch ein entscheidendes Bedenken ab, das nicht
nur den Sinn dieses Glaubens betrifft, sondern zugleich ein historisches Problem
darstellt: Stimmt die für den Glauben so wichtige Annahme, daß Jesus sein
Geschick bewußt und gewollt auf sich genommen hat, mit dem historischen
Befund überein? Das heißt: Wie steht es genauer mit Jesu eigenem Verständnis
seines Leidens und Sterbens? Damit geht unsere kritische Betrachtung, die
bisher auf den sachlichen Gehalt der Versöhnung gerichtet war, zu einem zweiten Aspekt über, der rein historischer Art ist: Wie steht es mit Jesu eigener
Auffassung seiner zentralen Aufgabe?

Da ist es nun außerordentlich beachtenswert, daß die Leidensweissagungen
bei den Synoptikern (Mk 8,31; 9,31; 10,33 f. par) »mit ihren detaillierten Angaben« »und ihrer Betonung der göttlichen Notwendigkeit aller Einzelheiten
dieses Geschehens nicht zur ältesten Überlieferung gehören«. Sie geben vielmehr den Glauben der Urgemeinde wieder, »daß das Leiden Jesu trotz seiner
Rätselhaftigkeit (vgl. Lk 24,20 f.) Gottes Heilsplan entspricht«. Das läßt sich in
der Tat schon »aus der Formelhaftigkeit und Detailliertheit dieser Texte« ersehen, »die keine unabhängige Einzelüberlieferungen vermitteln«.[163] Wie die
ganze Leidensgeschichte »von intensiver theologischer Deutung geprägt« ist[164],
so sprechen diese Worte »nicht eine scharfsichtige Analyse der Lage aus, sondern
eine göttliche Notwendigkeit des Leidens«. »Sie enthalten bereits die Deutung
der Passion von Ostern her.«[165] Wir haben es hier also mit der Dogmatik der
nachösterlichen Gemeinde zu tun, nicht mit den Gedanken des historischen Jesu.
Diese Erkenntnis entspricht dem, wenn nicht nahezu einhelligen, so doch ganz
überwiegenden Urteil der Forschung.

Nicht anders steht es mit dem Spruch vom Menschensohn, der gekommen
ist, »zu dienen und sein Leben hinzugeben als Lösegeld für viele« (Mk 10,45). Er
ist besonders wichtig, weil er als einziges der überlieferten Jesusworte, die hier in
Betracht kommen, sich deutlich auf Jesajas 53 bezieht.[166] Die Ansichten über
sein Alter gehen auseinander. Hatte noch *Bultmann* die Leidenssprüche sämtlich
in der hellenistischen Gemeinde angesetzt, so trägt das Wort vom Lösegeld nach
Lohse »eindeutig palästinensischen Charakter«[167], wurde jedoch »von der hellenistischen Gemeinde aufgenommen« und für griechische Ohren »umge-
formt«.[168] Auch *Bornkamm* sieht darin »einen Predigtspruch der palästinensischen Urgemeinde«. Wenn aber Lohse es zur ältesten Überlieferung der Herrenworte rechnet, so ist das nach *Kümmel* schwerlich möglich, der Spruch steht

---

    [163] KÜMMEL: Theologie, S. 76 f.
    [164] CONZELMANN: Historie und Theologie in den synoptischen Passionsberichten. In: Con-
zelmann u. a.: Zur Bedeutung, S. 38.
    [165] CONZELMANN: Jesus Christus. In: RGG³ Bd. 3, Sp. 630.
    [166] BORNKAMM: Jesus von Nazareth. 1956. S. 205.
    [167] LOHSE: Märtyrer, S. 117.
    [168] LOHSE: Grundriß, S. 54.

»völlig isoliert und ist nicht sicher erklärbar«.[169] Auf Jesus selbst kann der Spruch schon deshalb nicht zurückgehen, weil nicht nur die Worte über den leidenden Messias später als die vom kommenden zu datieren sind, sondern weil nach der schon in anderem Zusammenhang erwähnten, sich immer mehr durchsetzenden Ansicht Jesus überhaupt »den Hoheitsnamen ›Menschensohn‹ noch nicht für sich gebraucht hat«.[170] Namentlich Ph. *Vielhauer* hat eingehend gezeigt: »Daß Jesus der ›Menschensohn‹ sei, ist ein Satz der Urgemeinde, nicht schon Jesu selbst.«[171]

Sehr bemerkenswert ist ferner der Umstand, daß sich in der Spruchquelle der Leidensgedanke überhaupt nicht findet. Wenn dieses argumentum e silentio auch keinen stringenten Beweis abgibt, so kommt doch eins zum anderen. Zieht man das heute allgemein anerkannte Wachsen der Überlieferung in Betracht und bedenkt, wie einzelne Jesusworte aus den verschiedensten Gründen teils manipuliert, teils sogar erfunden worden sind, so gehört schon viel Mut dazu, in den Aussprüchen über seinen Tod die persönliche Einstellung des vorösterlichen Jesus finden zu wollen. J. *Jeremias* meint zwar, »die urchristliche Sinndeutung des Sterbens Jesu als Erfüllung von Jes 53 bis auf Jesus selbst zurückverfolgen« zu können, jedenfalls »mit großer Wahrscheinlichkeit – von Sicherheit kann nicht die Rede sein«.[172] Aber diese Ansicht ist, wie schon früher erwähnt, mehr als umstritten. Nach *Bultmann* »zeigen die überlieferten Jesusworte keine Spur davon, daß er sich als den ›Gottesknecht‹ von Jes 53 gewußt habe«[173]. Auch *Bornkamm* erscheint ein sicherer Beweis dafür nicht möglich[174].

Den Gedanken der göttlichen Notwendigkeit des Leidens und Sterbens Jesu Christi im Dienste der Versöhnung als die persönliche Einstellung des historischen Jesus zu nehmen, ist also nicht erlaubt. Eine ganz andere Frage ist die, ob Jesus aufgrund der Gesamtsituation seines Wirkens und der Ablehnung, auf die er dabei gestoßen ist, einen tödlichen Ausgang vorausgesehen oder doch mit einer solchen Möglichkeit gerechnet hat. *Kümmel* nimmt immerhin an, Jesus habe »gewußt, daß er in Jerusalem einem Todesschicksal entgegengehe«[175], und *Lohse* hält es wenigstens für »sehr wahrscheinlich«, daß Jesus »mit seinem frühen Tod gerechnet« hat[176], gibt aber zu: Da die ihm »in den Mund gelegten Logien von der nachösterlichen Gemeinde geprägt sind, kann von ihnen aus die Frage, welche Bedeutung der historische Jesus seinem bevorstehenden Tod beigemes-

---

[169] Nach Jeremias (Das Lösegeld für viele. Mk 10,45. In: Abba. 1966, S. 228) und Lohse (Märtyrer, S. 120) ist das Lösegeld eschatologisch gemeint: ein Lösegeld im Endgericht, doch hat das Wort für Lohse, insofern Jesu Dienen als Vorbild des Dienens der Jünger hingestellt wird, »seine eschatologische Spitze verloren« (S. 122).
[170] Bornkamm: Jesus. S. 208.
[171] Vielhauer: Jesus, S. 136.
[172] Jeremias: Opfertod, S. 30.
[173] Bultmann: Theologie, S. 32.
[174] Bornkamm: Jesus, S. 205.
[175] Kümmel: Theologie, S. 77.
[176] Lohse: Märtyrer, S. 117, Anm. 2.

sen hat, nicht mehr sicher beantwortet werden«.[177] *Jeremias* ist allerdings der
Ansicht, Jesus habe »in der Heilsgeschichte eine ununterbrochene Kette von
Martyrien der Gerechten« »gesehen und namentlich das Schicksal des letzten in
der Reihe, des Täufers, deutete ihm sein eigenes an«.[178] Und »sowohl die
Übertretung des Sabbats als auch die Lästerung Gottes«, »die ihm vorgeworfen
wurden, waren Vergehen, die die Strafe der Steinigung mit nachfolgendem
Aufhängen des Leichnams nach sich zogen«.[179] Eine solche Perspektive ist in der
Tat nicht auszuschließen ünd könnte sich sogar nahegelegt haben. Nur wäre ein
derartiges Rechnen mit einem ungünstigen Ende seiner Wirksamkeit, auch
einschließlich des Aspekts des Martyriums, eben, wie schon gesagt, etwas
grundsätzlich und total anderes als ein bewußtes Sterbenwollen für die Menschheit, d. h. als der Heilstod im paulinischen Sinne.

Es läßt sich aber auch noch an eine ganz andere Möglichkeit denken. *Gräßer*
wirft die Frage auf, ob Jesus etwa »statt der Kalkulation seines möglichen Todes
das nahe Ende« dieses Äons »in Rechnung stellte«, so daß »es gar nicht mehr
zum normalen Ablauf der Dinge würde kommen können«. Außerdem findet
dieser Forscher in der synoptischen Tradition noch Spuren, »die darauf schließen
lassen«, daß Jesus von seinem Geschick »ziemlich plötzlich und unvermutet«
ereilt wurde. Dabei ist vor allem »das Verhalten der Jünger an Karfreitag und
Ostern« gemeint, das »nicht gerade auf Vorbereitung schließen läßt«[180] und
nicht dafür spricht, »daß Jesus den Gang der Ereignisse vorauswußte und auch
voraussagte«.[181]

Unser Wissen ist jedenfalls in diesem Punkte mehr als bescheiden und ganz
und gar unsicher. »Der Umfang dessen, was wir als sicheren Tatbestand feststellen können, ist«, wie *Conzelmann* sagt, »minimal. Das gesicherte Kern-Faktum
ist, daß Jesus gekreuzigt wurde. Daraus kann geschlossen werden, daß man ihn
verhaftete und daß ein Gerichtsverfahren erfolgte, und zwar ein römisches.«
»Alles übrige im Ablauf der Ereignisse ist strittig.«[182] W. *Marxsen* glaubt deshalb
»nicht, daß unsere Quellen überhaupt noch erkennen lassen, wie Jesus seinen
Tod verstand«.[183]

Die Tatsache, wie wenig wir über Jesu Haltung zu seinem Tode wissen,
schließt überdies eine fatale Möglichkeit ein, die, im äußersten Gegensatz zur
Sicht des Glaubens stehend, natürlich auch nicht beweisbar, aber eben auch nicht

---

[177] Wenn LOHSE im Hinblick auf die Gegnerschaft, die der Vollmachtsanspruch Jesu hervor-
rief, sagt, daß »Jesu Kreuz in unlöslichem Zusammenhang mit seiner Botschaft steht« (Grund-
riß, S. 49), so bezieht sich diese Feststellung offenbar auf das historische Kreuz als Ereignis der
Hinrichtung und nicht auf »das Wort vom Kreuz« im Sinne des Heilstodes, wie STUHLMACHER
(Jesus, S. 98) die Äußerung Lohses verstehen möchte, daß nämlich »sich auch in Bezug auf Jesu
Tod eine Konvergenz von Kerygma und historischer Rekonstruktion feststellen läßt«.

[178] JEREMIAS: Opfertod, S. 24.

[179] S. 523 f.

[180] GRÄßER: Parusieverzögerung, S. 21.

[181] S. 24.

[182] CONZELMANN: Historie, S. 37 f.

[183] MARXSEN: Auferstehung (1964). S. 32.

auszuschließen und schon als bloße Möglichkeit von nicht geringem Gewicht ist. Drei bedeutende Theologen haben im Laufe von hundert Jahren auf sie aufmerksam gemacht. Schon *David Friedrich Strauß* hat ausgesprochen, wir seien »nicht einmal sicher, ob« Jesus »nicht schließlich an sich und seinem Schicksal irre geworden ist«.[184] Ähnlich hat sich später ein Theologe geäußert, der einen besseren Ruf als Strauß genießt und dem diese Einsicht besonders schwer gefallen sein muß, *Wilhelm Herrmann*: »Nicht einmal das ist« mit den Mitteln der historischen Forschung »sicher zu entscheiden, ob in dem Kreuzestode uns der siegende Wille des Erlösers erscheint oder ob das ein Schicksalsschlag war, der einen uns im wesentlichen unbekannten Menschen getroffen hat«.[185] Und so weit sich sonst der Schüler von seinem Lehrer entfernte, hier urteilt *Rudolf Bultmann* nicht anders, nämlich, »daß wir nicht wissen können, wie Jesus sein Ende, seinen Tod verstanden hat«. Bultmann findet es »symptomatisch, daß so gut wie allgemein angenommen wird, Jesus sei bewußt in Leiden und Tod gegangen und habe diesen als organischen bzw. notwendigen Abschluß seines Wirkens verstanden. Aber woher wissen wir das, wenn die Leidensweissagungen von der kritischen Forschung als Vaticinia ex eventu verstanden werden müssen?«[186] So stehen wir vor dem Ergebnis: »Hier bleibt alles Vermutung. Sicher ist nur, daß er von den Römern gekreuzigt worden ist, also den Tod eines politischen Verbrechers erlitten hat. Schwerlich kann diese Hinrichtung als die innerlich notwendige Konsequenz seines Wirkens verstanden werden; sie geschah vielmehr aufgrund eines Mißverständnisses seines Wirkens als eines politischen. Sie wäre dann – historisch gesprochen – ein sinnloses Schicksal. Ob oder wie Jesus in ihm einen Sinn gefunden hat, können wir nicht wissen. Die Möglichkeit, daß er zusammengebrochen ist, darf man sich nicht verschleiern.«[187] So manches gegenüber Bultmanns Auffassungen inzwischen von einer Reihe von Forschern anders gesehen wird, in diesem Punkt dürfte sein Urteil nicht zu erschüttern sein.

Wenn etwa H. *Schürmann*[188] unter Absehen von den »umstrittenen« Leidensworten – in Wahrheit sind sie doch kaum mehr umstritten – aus Jesu gesamtem Verhalten entnehmen zu können meint, daß er die den Jüngern abverlangte Martyriumsbereitschaft selbst besessen, »die Möglichkeit eines gewaltsamen Todes innerlich gelebt«[189] und, als er in Jerusalem die letzte Entscheidung suchte, mit dem vollen Risiko gerechnet hat, so ist das zwar nicht völlig auszuschließen, aber angesichts der Unwissenheit über seine Motive und das ganze Geschehen besagt es allzu wenig; denn die andere, von Bultmann berührte Möglichkeit kann eben auch nicht ausgeschlossen werden. Ganz schlecht aber ist es mit dem Versuch Schürmanns bestellt, an das Rechnen Jesu mit seinem Scheitern die Möglichkeit anzufügen, daß er seinem Tod gar eine Heilsbedeutung zugesprochen haben

---

[184] STRAUß: Glaube, S. 51.
[185] WILHELM HERRMANN: Ethik. 5. Aufl. 1913, S. 99.
[186] BULTMANN: Verhältnis, S. 11 f.
[187] S. 12.
[188] HEINZ SCHÜRMANN: Wie hat Jesus seinen Tod bestanden und verstanden? In: Orientierung an Jesus. Hrsg. von Paul Hoffmann. 1973, S. 325–360.
[189] S. 339.

könnte. Aus dem sehr ungewiß Gewordenen das ganz Unwahrscheinliche zurückgewinnen zu wollen, geht wirklich nicht an. Die von Bultmann erwogene letzte Verzweiflung Jesu einerseits und Jesu Rechnen mit der Heilsbedeutung seines Todes andererseits sind unerweisbare extreme Möglichkeiten, von denen jedoch die Verzweiflung im Sterben, rein menschlich gesehen, immer noch eher vorstellbar erscheint als das Inbetrachtziehen seines Heilstodes durch Jesus selbst.

Dem Ergebnis der zuletzt dargelegten Problematik kommt nicht nur historische, sondern zugleich eine tiefgreifende grundsätzlich-sachliche Bedeutung für die Stellungnahme zum Glauben an den Gekreuzigten zu. Dieser Glaube, daß Jesus für die Menschheit gestorben ist, für die Menschen aller Zeiten, setzt zweierlei voraus. Erstens muß wie gesagt Jesus selbst seinem Tod diesen Sinn gegeben, ihn in diesem Sinne gewollt und auf sich genommen haben. Etwas von der Tragweite, wie sie von seinem Heilstod ausgesagt wird, kann nicht etwa Nebeneffekt eines gar nicht von ihm beabsichtigten und zu verantwortenden Geschehens gewesen sein. Wenn erst andere seinem Tod später diesen bestimmten besonderen Gehalt beigelegt haben, so wird damit nicht der Sinn seines eigenen Wollens, Handelns und Leidens berührt, der eben durchaus entscheidend ist. Bei dieser Sachlage fällt auch die früher genannte zweite Voraussetzung dieses Glaubens fort, daß nämlich der Glaubende dieses Sinnes von Jesu Tod gewiß ist bzw. gewiß zu werden vermag. Etwas historisch so unsicher Gewordenes wie Jesu Verständnis seines Endes kann nicht mehr Gegenstand des Gewißheit fordernden Glaubens sein und gar dessen Zentrum bilden. Die spätere Deutung anderer ist für uns keineswegs verbindlich. Wir wissen von Jesus allenfalls, bestenfalls oder richtiger: wir nehmen an, wir sind geneigt, anzunehmen, daß er der von ihm vertretenen Sache treu geblieben, im Kampfe mit seinen Gegnern nicht zurückgewichen ist, möglicherweise im Bewußtsein des vollen Risikos. Auf jeden Fall ist eine konkrete religionspolitische Auseinandersetzung mit tödlichem Ausgang etwas völlig anderes als der bewußt und planmäßig auf sich genommene Tod für das Heil der Menschheit. Daß Jesus diesen für den Glauben allein in Betracht kommenden und entscheidenden Sinn in seinem Tod gesehen hat, ist nach allem überaus ungewiß und eher unwahrscheinlich, sehr unwahrscheinlich. Diese historische Erkenntnis bahnt sich zwar, wie gesagt, seit längerem an, sie ist aber noch längst nicht in das allgemeine Bewußtsein übergegangen. Die Christentumskritik hat diese historische Problematik und den durch sie gegebenen grundsätzlichen Aspekt noch gar nicht bemerkt, geschweige seine volle Bedeutung erkannt.

Und noch in einer anderen Hinsicht ist für die Beurteilung des Versöhnungsglaubens ein wenigstens teilweise historisches Problem von Belang. Nur wenn Jesus nicht im Tode geblieben ist, nur zusammen mit seiner Auferstehung besteht nämlich, wie schon anfangs betont, die Möglichkeit, das Kreuz positiv zu deuten. »Ist Christus nicht auferstanden, dann ist jeder Glaube an den Gekreuzigten nichtig, weil wir noch in unseren Sünden wären (1Kor 15,17). Wollte man diese Einheit von Kreuz und Auferstehung lösen und nur den Satz vom Tode Christi festhalten, seine Auferstehung aber leugnen, so würde der Glaube entleert.«[190] Die ohnehin ungewiß bleibende Liebe, die im Kreuz erfahren werden soll, wäre dann zumindest nicht weltüberwindend gewesen. Das kritische Urteil über die Auferstehung Jesu ist aber eben zu einem wesentlichen Teil ein historisches Problem. Was davon zu halten ist, wurde im vorigen Abschnitt ausführlich dargestellt. Alles in allem ist deshalb der Glaube an den Gekreuzigten schon rein intellektuell eine Crux sondergleichen geworden.

Dazu kommt jetzt noch eine weitere äußerst schwerwiegende Problematik: die ethische. Sie kann verhältnismäßig kurz behandelt werden, weil von der sittlichen Unmöglichkeit der Stellvertretung schon ausgiebig die Rede gewesen ist.

Die Eigenart des christlichen Versöhnungsglaubens liegt wesentlich in der engen Verbindung des religiösen und des sittlichen Moments. Insbesondere der eminent sittliche Charakter des christlichen Gottes ließ es nicht zu, daß er aus Liebe zum Sünder die Schuld schlicht annulliert. »Die Heiligkeit Gottes fordert Vernichtung des gottwidrigen Willens.«[191] »Während es sittlich ist zu sagen: der Mensch soll vergeben, ist es ja im höchsten Maße unsittlich zu sagen: auch Gott soll vergeben.«[192] Mit Rücksicht auf die sittliche Weltordnung kann er es nicht ohne weiteres. Es bedurfte dazu einer besonderen Veranstaltung. Die Versöhnung »ist das Geschehnis, in dem Gott seine Heiligkeit und seine Liebe gleichzeitig *in einem* Geschehen« »zu erkennen gibt«.[193] »Die Vereinigung dieser Momente, heiligen Ernstes und milden Erbarmens«, erscheint als »der hervorstechendste Zug im Leben und Wirken Jesu«.[194] Es verhält sich demnach so, »daß Gott in das Leiden und den Tod seines Sohnes gewilligt hat, weil er, der heilige Gott, sich nicht anders als die Sünde richtend unter den Sündern offenbaren konnte«.[195]

Nach dem schon von den Sozianern und der Aufklärung betonten und dann von Kant endgültig festgelegten grundlegenden Sachverhalt, daß die sittliche Schuld »keine transmissible Verbindlichkeit« darstellt, also »nicht von einem anderen getilgt werden« kann[196], womit die für den christlichen Versöhnungsglauben zentrale Voraussetzung fortfällt, ist die neuere philosophische Ethik dadurch gekennzeichnet, daß das sittliche Element vom religiösen immer mehr isoliert und emanzipiert wird. Sie sieht weitgehend von Gott überhaupt ab, um das sittliche Subjekt ganz auf sich zu stellen und so die absolute Geltung der sittlichen Ordnung für den autonomen Menschen zu gewährleisten. Niemand hat das so klar und entschieden herausgearbeitet wie *Nicolai Hartmann*, der, wie im ersten Teil erwähnt, die Autonomie der sittlichen Werte gegenüber ihrer

---

190 Lohse: Märtyrer, S. 148.
191 Brunner: Mittler, S. 401.
192 S. 404.
193 S. 406.
194 Julius Kaftan: Dogmatik. 7./8. Aufl. 1920, S. 545f.
195 S. 550.
196 Kant: Die Religion innerhalb der Grenzen der bloßen Vernunft. 2. Stück, 1. Abschn. c.

Heteronomie auf dem Boden der Religion hervorhebt und daraus vor allem auch
die Konsequenz für das Problem der Schuld und Vergebung zieht. Für die Ethik
gilt »die Ewigkeit und Unaufhebbarkeit der Schuld«. »Das Böse, worin es
material auch bestehen mag, ist axiologische Qualität des eigenen Verhaltens;
und dieses ist nicht mehr zu ändern, weder mit Sinnesänderung und ›Besserung‹
des Schuldigen noch durch die echte Vergebung des Anderen.« »Die Vergebung
mag dem Schuldigen wohl jenen besonderen Stachel der Schuld nehmen, der in
verdienter Verachtung oder Feindschaft seitens des Betroffenen liegt, und ihm
äußeren Frieden wiedergeben, den er verscherzt hat, aber nie kann sie ihm die
sittliche Schuld selbst abnehmen. Es gibt moralisch wohl eine Überwindung des
Bösen – durch Gutes«, »aber nicht eine Vernichtung der Schuld als solcher«.[197]
Und jetzt die für unseren Zusammenhang entscheidende Feststellung: »Nicht
nur, daß es sittlich keine Schuldabnahme gibt – das würde dem nicht widerstrei-
ten, daß es sie im religiösen Sinne gibt, denn was der Mensch nicht kann, das
kann Gott können – sondern *die Schuldabnahme ist auch ethisch falsch, verkehrt*«.
»Sie wäre, selbst wenn sie möglich wäre, – und sei es selbst durch göttliche
Gnade – ein Übel, und zwar *das größere Übel* im Vergleich zum Tragenmüssen
der Schuld; denn sie wäre wirklich *ein moralisches Übel*, die Entmündigung und
Entwürdigung des Menschen.«[198]

Damit sind die beiden für dieses Problem fundamentalen ethischen Sachverhalte herausgestellt: Eine Abnahme der Schuld gibt es nicht und darf es nicht
geben, sie ist nicht nur nicht möglich, sondern nicht einmal wünschenswert und
deshalb sittlich unzulässig. Das eine folgt aus der Autonomie der Werte, das
andere aus der Autonomie des sittlichen Subjekts. Die Bedeutsamkeit dieser
Erkenntnis kann gar nicht hoch genug eingeschätzt werden. Die im christlichen
Versöhnungsgedanken vorliegende enge Verbindung von Glauben und sittli-
chem Interesse wird aufgelöst durch die Einsicht, daß der Mensch die Vergebung Gottes nicht annehmen darf, daß der Gedanke einer göttlichen Vergebung
ausgeschlossen werden muß im Namen des Sittlichen, zugunsten einer von
Glaubenselementen befreiten reinen Ethik.

Angesichts dieser Sachlage, bei welcher Vergebung nur in beschränktem
Maße im Verhältnis von Mensch zu Mensch möglich und wohltuend erscheint,
das sittliche Subjekt dabei jedoch im wesentlichen auf seiner Schuld sitzen bleibt,
läßt sich allenfalls ein sehr bescheidener Trost finden, der in einem zweifachen
Gedanken besteht. Hinsichtlich der Vergangenheit muß berücksichtigt werden,
daß mein schuldhaftes Handeln oder Nichthandeln, alles in allem genommen,
nicht anders ausfallen konnte, weil der Wille bei zunächst mehr oder weniger
beträchtlichem psychologischen Spielraum doch im einzelnen von vielerlei Faktoren bestimmt wird, deren Vorkommen und Verhältnis zueinander letztlich
nicht mehr in meiner Macht stehen. Die Qualität meines vergangenen Verhaltens erfährt durch eine solche Betrachtung natürlich keine nachträgliche Veränderung, doch wird es unter Umständen eher verständlich, wohl nicht eigentlich

---

[197] Hartmann: Ethik. S. 744.   [198] S. 745.

entschuldbar, vergebbar, doch bis zu einem gewissen Grade begreiflich, und mag so im Laufe der Zeit vieleicht in einem milderen Licht erscheinen. Im Blick auf die weitere Zukunft aber habe ich die Gewißheit, daß meine Schuld, so wenig ihre Auswirkungen in allen Fällen ungeschehen gemacht werden können, als Inhalt meines oder irgendeines anderen Bewußtseins mit der Zeit vergehen und so eines Tages ganz vergessen sein wird. Meine einstige Schuld, die jetzt noch einen unaufhebbaren Bestandteil meiner Persönlichkeit bildet, wird damit gewiß nicht getilgt, durchgestrichen, durch einen einzelnen Akt, einen Spruch ausgelöscht, aber sie wird einmal restlos verblichen, »vergangen« sein. Eine solche Perspektive ist zwar alles andere als völlig befriedigend, aber sie könnte jedenfalls mehr oder weniger beruhigend wirken – ein schwacher Trost, zugegeben, aber der allein mögliche. Unter Verzicht auf eine göttliche Vergebung wahrt sie den Ernst der sittlichen Beurteilung, ohne in derart horrende Schwierigkeiten zu führen, wie sie sich auf dem Boden des Versöhnungsglaubens ergaben. Daß es sich damit leben läßt, dürfte die Erfahrung in zunehmendem Maße zeigen.

Sündenvergebung, Versöhnung mit Gott sind im vorstehenden zunächst unter dem Gesichtspunkt des gedanklichen Gehalts und im Blick auf die historische Problematik des Selbstverständnisses Jesu erörtert worden, bevor zuletzt der Einwand von seiten der Ethik zu würdigen war. Jetzt soll abschließend noch ein weiterer Gesichtspunkt berücksichtigt werden, der sich mit dem ethischen zum Teil stark berührt, aber nicht mit ihm verwechselt werden darf. Er betrifft die existentielle Lage und Verfassung des Menschen.

Erwies sich für die ethische Einstellung als entscheidend, daß ich mir im Blick auf mein Wertbewußtsein und meinen Charakter als autonomes sittliches Subjekt nicht vergeben lassen und vor allem auch selbst nicht vergeben *kann*, da ein schlechtes Verhalten eben schlecht ist und bleibt und deshalb als unentschuldbar betrachtet werden muß – man denke namentlich auch an die im ersten Teil besprochenen Ausführungen Kurt Ports –, so gibt es daneben eine Haltung, die sich von Gott nicht vergeben lassen *will*, weil das mit dem Selbstbewußtsein und der Eigenständigkeit des Menschen, mit seiner Würde nicht vereinbar erscheint. »Ich bin zu stolz, nicht kann ich sühnen sehn/ ein schuldlos Herz/ für mein Verschulden.«[199] Nicht nur das Erleiden der Strafe für eine Schuld ist peinlich; auch der Erlaß der Strafe, die Begnadigung hat für einen feinfühligen, selbstbewußten Menschen etwas Demütigendes, und das gilt erst recht von der intimeren Vergebung. Auch sie kann insofern als peinlich empfunden werden, ein Standpunkt, der, auf Gott bezogen, dem früher erwähnten existentiellen Atheismus entsprechen würde. Er dürfte der Zahl seiner bewußten und ihn artikulierenden Vertreter nach kaum ins Gewicht fallen, ist aber an sich wichtig genug, um hier wenigstens genannt und von einer anderen Art der existentiellen Stellungnahme abgehoben zu werden.

---

[199] Verner von Heidenstam: zit. nach »Die heilige Erde. Ein Hausbuch für freie Menschen«. Hrsg. von Louis Satow. 1923, S. 28.

Diese andere Weise, in welcher die Ausschaltung oder doch das Zurücktreten des Motivs der Sündenvergebung aufgrund der existentiellen Einstellung zu verzeichnen ist, läßt sich um so häufiger beobachten. Ja, es hat den Anschein, daß sie immer mehr zur beinahe allgemein verbreiteten Haltung wird. Noch ein Gellert hatte gesungen: »Mein Herz erbebt; ich seh und ich empfinde den Fluch der Sünde.« Wie fern liegt uns das! Der heutige Mensch leidet ja kaum noch unter ihr. Die Vorstellung ewiger Strafen ist im Zeitalter des vom Gedanken der Resozialisierung bestimmten Strafvollzugs ohnehin antiquiert und Vergebung von Gott, Versöhnung mit Gott in der Gegenwart, von kleineren gläubigen Kreisen abgesehen, kaum noch gefragt. Die hochgradige Indolenz in dieser Hinsicht reicht weit in die sogenannte Christenheit hinein. Worunter man leidet, Nichtchristen wie Christen, das ist nicht die Sünde, sondern der Gedanke an die etwaige Sinnlosigkeit des Lebens. Was nachdenkliche Menschen beschäftigt, ist nicht so sehr das Anliegen einer göttlichen Vergebung als vielmehr immer wieder die Sinnfrage, ein offensichtlich gar nicht spezifisch christliches Motiv. Es ist erstaunlich, in welchem Maße Predigten, Andachten, Betrachtungen darauf einschwenken trotz des in dieser Hinsicht unverkennbaren Substanzverlusts. Was bedeutet das Evangelium noch, wenn in einem so zentralen Punkt einfach das Thema gewechselt, dem alten unversehens ein neues untergeschoben wird?

Mußte schon der Auferstehungsglaube nach allem als eine intellektuelle Zumutung empfunden werden, so wird der Versöhnungsglaube zur Zumutung in einem noch breiteren und tieferen Sinne. Nach Paulus war das Wort vom Kreuz den Juden ein Ärgernis und den Griechen eine Torheit, ein Unsinn (1Kor 1,23). Zwischen jenen und den heutigen Gegnern des Kreuzesglaubens liegen fast zweitausend Jahre, in denen dieses »Wort« manchen Menschen viel, wenn nicht alles, bedeutet hat, Menschen, die zu uns gehören oder gehörten und zu denen wir vielleicht aufsehen. Insofern würden wir unsere Distanz nicht derart schroff formulieren. Aber sie verliert damit nicht an sachlichem Gewicht und persönlicher Entschiedenheit. Die heutzutage überwiegende Haltung zum Kreuz erscheint als eine höchst sonderbare Mischung von Tradition, Pietät, Respekt, Gedankenlosigkeit oder bewußtem Verzicht auf Nachdenken. Im Gegensatz dazu wurde hier versucht, diesen Glauben noch einmal ernstzunehmen und ihm die Ehre einer aufrichtig bemühten Auseinandersetzung zu erweisen. Das Ergebnis konnte freilich nicht vom guten Willen abhängen, es ist sachlich unabweisbar geworden und wird, wie die Dinge liegen, wahrscheinlich als endgültig hingenommen werden müssen. Der allgemeine Prozeß einer dementsprechend weitgehenden und tiefgreifenden Bewußtseinsänderung ist jedenfalls nicht erst seit gestern in vollem Gange. Wie merkwürdig: ein Thema, das so lange die Herzen und Köpfe bewegt hat, die Last der Sünde und die Befreiung von ihr durch die Versöhnung mit Gott, tritt allmählich in den Hintergrund, versickert und verflüchtigt sich schließlich so sehr, daß viele kaum mehr wissen, was damit gemeint ist, worum es eigentlich geht. Wer aber das Problem von allen Seiten kritisch durchdacht hat, wird hier jedenfalls auch beim besten Willen nur noch ein Motiv von ausgesprochen archaischem Charakter erblicken können. Nicht nur die Antwort des Glaubens vermag uns nichts mehr zu sagen in diesem Punkt, schon die Frage ist verstummt, das Motiv überhaupt im Begriff zu verlöschen.

Vierter Abschnitt

Jesus aus Nazareth

Der Jesus Christus, der, um die Menschen mit Gott zu versöhnen, gestorben, der nach seinem Tode auferstanden ist und lebt und am Ende der Tage mit dem Anbruch der Gottesherrschaft in seiner Herrlichkeit erscheinen wird, war in seinem irdischen Leben nicht ein gottmenschliches Wesen, ein Halbgott nach Art des Mythos, sondern auch für den Glauben ein wirklicher Mensch. Er besaß demnach nicht etwa nur unter anderem eine »menschliche Natur«, die in einem bestimmten Paragraphen der Dogmatik abgehandelt wird, sondern er ist als ein Bestandteil der Geschichte ausgewiesen, und als Ausgangspunkt der im Christentum vorliegenden Glaubensbewegung gewinnt dieser Jesus ein Interesse, das uns fragen läßt, wie er nun näherhin gewesen ist, ein Interesse also, das über diesen Menschen genauer Bescheid wissen möchte. Damit wird er zum Gegenstand der historischen Forschung. Da Jesus aber zugleich den Gegenstand und Mittelpunkt des Glaubens bildet, müssen wir uns am Ende auch fragen, in welchem Verhältnis Geschichte und Glauben hier nun letztlich stehen.

Einen »historischen Jesus« als Problem und Ergebnis der Forschung gibt es erst seit der Aufklärung. Diese Feststellung verlangt freilich nach einer begrifflichen Klärung und Ergänzung. Den »historischen Jesus«, der nicht nur erst in der Aufklärungszeit entstanden ist, sondern sich auch mit dem jeweiligen Stande der Forschung verändert, müßte man eigentlich unterscheiden von demjenigen Jesus, der einem solchen »historischen Jesus« zugrundeliegt und den es schon gegeben hat, bevor es den »historischen Jesus« gab. Den Jesus der Geschichte selbst also würde man den geschichtlichen Jesus nennen können, wenn dieser Begriff nicht schon mit einem anderen Sinn besetzt wäre. Als der »geschichtliche Jesus« wird nämlich in der Theologie seit Martin *Kähler* der Jesus bezeichnet, der als der geglaubte in der Geschichte gewirkt, der insofern Geschichte gemacht hat, unabhängig davon, wie er sich der historischen Forschung darstellt. Den geschichtlichen Jesus in diesem Sinne, einen Jesus des Glaubens also, hat es seit der Auferstehung gegeben, genauer: seit der Entstehung des Auferstehungs*glaubens*. In der Auferstehung selbst, diese als wirkliches Geschehen verstanden, ist der »irdische« Jesus für den Glauben der »auferstandene Herr«, der »Erhöhte« geworden. (Nur unter traditionsgeschichtlichem Gesichtspunkt spricht man auch vom »vorösterlichen« Jesus im Unterschied von der »nachösterlichen Gemeinde«[1]). Was jedoch nach solchen Unterscheidungen immer noch fehlt,

---

[1] Vgl. HAHN: Überlegungen. S. 62.

wäre gewissermaßen der Ur-Jesus, der schon vor der Entstehung sowohl des Glaubens als auch der historischen Forschung existiert hat: der Jesus »an sich« sozusagen.

Nach dem Erwachen des historischen Interesses an Jesus im Zeitalter der Aufklärung hat vor allem die liberale Theologie des 19. Jahrhunderts die Persönlichkeit Jesu und den Verlauf seines Lebens und Wirkens herauszuarbeiten versucht. Wenn jene Theologie nach Abzug der supranaturalen und sonstiger allzu befremdlicher Züge einen Propheten Jesus gewonnen zu haben meinte, der in der Art seines Verhältnisses zu Gott und den Menschen als ein sittlich wie religiös vorbildlicher Mensch gelten konnte, so veränderte sich diese Sicht gründlich, als Johannes *Weiß* um 1890 erkannte, daß Jesu Glauben, Denken und Trachten so allgemein nicht zu fassen ist, sondern in eine ganz bestimmte Richtung weist, und zwar völlig von der Erwartung des nahe bevorstehenden Endes dieses Äons und des Anbruchs der neuen Welt beherrscht war, eine Haltung, die dem im Zeichen der Entwicklung und des Fortschritts lebenden modernen Menschen bei ihrer Entdeckung damals besonders fern liegen mußte. Albert *Schweitzer*, der die eschatologische Jesusauffassung auf die Spitze getrieben hat, schrieb in seiner »Geschichte der Leben-Jesu-Forschung« zugleich den Nachruf auf den liberalen Jesus.

Wissenschaftlich bei weitem wichtiger als die der Person Jesu geltende Arbeit der damaligen Theologie waren die Bemühungen des 19. Jahrhunderts um die literarkritische Klärung der synoptischen Evangelien, als deren Ergebnis vor allem die sogenannte Zweiquellentheorie zu nennen ist. In einem Bereich, wo so vieles zunächst unsicher war und großenteils auch bleiben muß, stellt sie eine durchaus verläßliche wissenschaftliche Erkenntnis dar. Sie führt die beiden großen Evangelien des Matthäus und Lukas auf das ältere Markusevangelium und eine Matthäus und Lukas gemeinsame, Markus zeitlich noch vorausgehende »Spruchquelle« (Q) sowie ein jedem von beiden vorliegendes »Sondergut« zurück. Das Johannesevangelium dagegen kommt als historische Quelle für Jesus selbst allenfalls gelegentlich am Rande, grundsätzlich und ganz überwiegend aber nicht mehr in Betracht. Wesentlich ergänzt und vertieft wurde die Betrachtung, als man um 1920 dazu überging, die vorliterarische Jesustradition, ihre Gattungen und Stilgesetze zu untersuchen. Diese »formgeschichtliche« Arbeit führte zur Annahme einer größeren Anzahl ursprünglich geschlossener Einzelstücke des mündlich überlieferten Stoffes, jeweils um ein Jesuswort angeordneter kleiner »anekdotischer« Szenen. Die »formelhaften Zeitangaben« und »stereotyp wiederkehrenden Ortsangaben« sowie der gesamte »Rahmen« der Erzählungen wurden dagegen der späteren Redaktionsarbeit von Sammlern und letztlich der Evangelisten zugewiesen. Schließlich konnte die »redaktionsgeschichtliche« Untersuchung die leitenden Gesichtspunkte und Konzeptionen der einzelnen Evangelisten, die ihren Werken den je besonderen Charakter gegeben haben, genauer bestimmen.

Aus alledem ergab sich die gewichtige Einsicht, daß es sich bei unseren Evangelien und dem, was ihnen vorausging, nicht um historische Berichte, sondern um Glaubenszeugnisse handelt, die der Verkündigung und Erbauung dienen wollen. Was davon für das historische Erkennen verwertbar ist, muß immer erst im einzelnen sorgfältig ermittelt werden. Hatte noch *Schweitzer* geurteilt, »daß wir von wenigen Persönlichkeiten des Altertums so viele unzweifelhaft historische Nachrichten und Reden besitzen wie von Jesus«, weil er nicht, wie etwa Sokrates, von Schriftstellern, sondern von literarisch unbegabten Christen dargestellt wurde[2], so gab *Bultmann*, einer der Begründer der formgeschichtlichen Forschung, der entgegengesetzten Ansicht Ausdruck, »daß wir vom Leben und von der Persönlichkeit Jesu so gut wie nichts mehr wissen können, da die christlichen Quellen sich dafür nicht interessiert haben, außerdem sehr fragmentarisch und von der Legende überwuchert sind und da andere Quellen über Jesus nicht existieren«[3]. Es kann nicht zweifelhaft sein, daß die Wahrheit bei dieser Alternative auf seiten Bultmanns liegt. Tatsächlich hat sich die urchristliche Gemeinde den in ihr tradierten Stoffen gegenüber nicht weniger schöpferisch verhalten als Platon zu seinem Gegenstand. Als wichtigstes Ergebnis der neueren Forschung in dieser Hinsicht ist deshalb die allgemeine Erkenntnis zu nennen, daß die Urchristenheit »in ihrer Einflußnahme auf den Traditionsprozeß kaum überschätzt werden kann; sie hat die Traditionen geformt, gekürzt oder eliminiert, interpretierend ergänzt und – nicht zuletzt – geschaffen«.[4]

Die Konsequenzen dieser Sachlage sind überaus einschneidend. Was früher als die Persönlichkeit Jesu und sein Wort gegolten hat, stellt sich als ein Glaubensbild heraus, das sich die christliche Gemeinde von ihm gemacht hat. Infolgedessen wird nicht nur der Versuch einer regelrechten Biographie Jesu, der Darstellung seines Lebenslaufs, von vornherein aussichtslos; auch sein Charakter verschwimmt weitgehend im Unbestimmten und kann allenfalls in dem einen oder anderen Zug mehr oder weniger deutlich vermutet werden. Und selbst die Bestimmung dessen, was wenigstens den Kern seiner Verkündigung ausgemacht hat, wird zu einer außerordentlich problematischen Aufgabe. Bultmann hat in seiner immer noch grundlegenden »Geschichte der synoptischen Tradition« und in seinem Jesusbuch hier und da selbst Ansätze und Beiträge zu einer solchen Bestimmung gegeben, wenn er auch von diesem Jesus im ganzen historisch nicht mehr viel wissen zu können meinte und theologisch beinahe nichts mehr von ihm hat wissen wollen. Gewiß war Jesus von Nazareth auch weiterhin Gegenstand der Arbeit kompetenter Forscher, aber im großen und ganzen trat er jahrzehntelang in auffallendem Maße zurück. Wie Karl Barth, so hielt sich auch Bultmann, wenngleich in anderer Weise, einseitig an die neutestamentliche Verkündigung, das christliche Kerygma.

Erst einige der Schüler Bultmanns brachten in den fünfziger Jahren dem Jesus

---

[2] ALBERT SCHWEITZER: Geschichte der Leben-Jesu-Forschung. 6. Aufl. 1951, S. 6.
[3] RUDOLF BULTMANN: Jesus. 1951, S. 11.
[4] GEORG STRECKER: Die historische und theologische Problematik der Jesusfrage. In: EvTh Jg 29. 1969, S. 466.

der Geschichte wieder ein größeres Interesse entgegen. Seit dem Vortrag Ernst *Käsemanns* über »Das Problem des historischen Jesus« (1953) wurde die »neue Frage nach dem historischen Jesus« bewußt in Form der »Rückfrage« gestellt. Das Neben- und Ineinander der vor allem von R. Bultmann geübten Zurückhaltung einerseits und eines neuen Zutrauens zur historischen Bemühung in diesem Punkte andererseits sollte sich als fruchtbar erweisen. Da wir »nicht mehr die Zuverlässigkeit der synoptischen Überlieferung über Jesus im allgemeinen voraussetzen« können, »hat sich unsere Fragestellung derart zugespitzt und erweitert, daß wir nicht mehr die etwaige Unechtheit, sondern gerade umgekehrt die Echtheit des Einzelgutes zu prüfen und glaubhaft zu machen haben«.[5] So wurde die Frage nach den Kriterien der Echtheit dringend. Das Wichtigste dieser Kriterien, sogleich von Käsemann formuliert, war zweifellos dieses: »Einigermaßen sicheren Boden haben wir nur in einem einzigen Fall unter den Füßen, wenn nämlich Tradition aus irgendwelchen Gründen weder aus dem Judentum abgeleitet noch der Urchristenheit zugeschrieben werden kann.«[6] Aber schon bei diesem kritischen Prinzip ergeben sich Schwierigkeiten: »Es versagt dort, wo unleugbare Zusammenhänge mit jüdischer Tradition vorliegen, oder umgekehrt dort, wo die Urgemeinde sich eng an Jesu eigene Redeweise angelehnt hat, was durchaus auch zentrale Aussagen betreffen kann.«[7] Das »Prinzip der ›Unähnlichkeit‹«[8] muß deshalb ergänzt werden durch andere Kriterien, so vor allem durch das »Prinzip der ›Kohärenz‹«, was besagt, »daß Konsequenzen aus dem Vergleich von höchstwahrscheinlich echten oder höchstwahrscheinlich unechten Einzelüberlieferungen auf andere verwandte Überlieferungen gezogen werden«.[9] Neben solchen allgemeinen Kriterien stehen einige »konkrete Einzelkriterien« wie die Gleichnisrede, die »charakteristisch jesuanische« Verkündigung der Königsherrschaft Gottes, das einleitende »Amen« oder die Anrede Gottes als »Abba«[10] [11]. Insgesamt können »erst durch die gleichzeitige Anwendung mehrerer Kriterien und durch gegenseitige Ergänzung und Korrektur der Beobachtungen« »brauchbare Ergebnisse bei der Beurteilung der Jesusüberlieferung im Zusammenhang der Rückfrage nach Jesus gewonnen werden«.[12] [13]

Die entscheidende Frage ist natürlich, wie weit man damit kommt. Auch Käsemann war sich sogleich darüber im klaren: »Der historische Jesus begegnet uns im Neuen Testament, der einzigen wirklichen Urkunde über ihn«, »nicht,

---

[5] Ernst Käsemann: Problem, S. 142. Umgekehrt fordert Jeremias (Neutestamentliche Theologie. T. 1. 1971, S. 45) nach wie vor, daß die Unechtheit bewiesen wird.

[6] Käsemann: Problem, S. 144.

[7] Ferdinand Hahn: Überlegungen, S. 34.

[8] S. 33.

[9] S. 34.

[10] S. 35.

[11] s. hierzu vor allem Jeremias: Theologie, S. 38–45.

[12] Hahn: Überlegungen, S. 36.

[13] Zu der von Hahn geforderten und entworfenen »Kriteriologie« s. ergänzend Helge Kjaer Nielsen: Kriterien zur Bestimmung authentischer Jesusworte. In: Studien zum Neuen Testament und seiner Umwelt. Serie A, Bd. 4, S. 5 ff.

wie er an und für sich gewesen ist, sondern als der Herr der an ihn glaubenden Gemeinde«.[14] Dieser Ausgangspunkt bleibt also auch für die neue Forschung der Rückfrage unverrückbar: »Wir besitzen die vorösterliche Tradition allein im nachösterlichen Verstehenshorizont.«[15] Die ursprüngliche Jesusüberlieferung war nicht nur gesammelt, sondern zugleich ausgewählt, d. h. reduziert worden. Sie hatte ferner Umbildungen, z. T. auch Neubildungen erfahren, wobei solche Gemeindebildungen »unterschiedslos als Herrenworte weitergegeben« wurden, so daß die »Jesusüberlieferung in einer für uns nicht überall von vornherein durchschaubaren Weise interpretatorisch überlagert« vorliegt.[16] Und es muß deshalb wohl bei Bultmanns resignierter Einsicht bleiben, »daß nie für ein einzelnes Jesuswort der bestimmte Beweis seiner Echtheit zu führen ist«[17]. Daß die Forschung sich angesichts dieser Lage nicht gescheut hat, von neuem ans Werk zu gehen, um dem Jesus, nicht wie er geglaubt worden, sondern wirklich gewesen ist, näher zu kommen, verdient zweifellos Anerkennung, und insgesamt kann die in diesem so ungemein schwierigen Gelände geleistete und im Gange befindliche Arbeit, die ohne ein vorsichtiges Tasten und Lavieren nicht möglich ist, nur mit großem Respekt betrachtet werden. Bei einem Vergleich des Standes der Jesusforschung vor hundert Jahren, zur Zeit des erfolgreichen Heinrich Julius Holtzmann und auch noch seines Schülers Albert Schweitzer mit dem heutigen lassen sich die trotz noch bestehender unterschiedlicher Ansichten erzielten Fortschritte mit Händen greifen. Man ist Jesus näher gekommen, zweifellos. Erreicht wurde er indessen nicht. Man hat die jüngeren Schichten von der ältesten zu unterscheiden gelernt und Jesus mittels der erwähnten Kriterien eingegrenzt. Aber wie sich die älteste Schicht zu Jesus selbst verhält, wie nahe man ihm also nun wirklich gekommen ist, vermögen wir nach wie vor nicht mit letzter Gewißheit zu sagen. Das ist der Forschung durchaus bewußt. So stellt z. B. N. *Dahl* fest: »Eine klare und scharfe Trennung zwischen echten Worten Jesu und Gemeindebildungen läßt sich auf keinen Fall erreichen. Wir kommen nicht um die Grenze herum, die dadurch gegeben ist, daß wir Jesus nur so kennen, wie sich die Jünger an ihn erinnerten.«[18] Und E. *Schweizer*, der meint, »daß ein beträchtlicher Teil der Tradition wahrscheinlich historisch ist«, fährt doch fort: »Fragt man aber, was denn absolut sicher, über jeden Zweifel erhaben sei, dann bleibt sehr wenig«.[19] Jesu eigentliche Identität ist eben doch nicht erkannt und, bei vielerlei Fortschritten im einzelnen, letztlich, wie man wohl sagen muß, unerkennbar.

An äußeren Daten steht immerhin einiges wenige fest. Wir kennen zwar weder Jesu genaues Geburts- und Todesjahr noch die Dauer seines öffentlichen

---

[14] KÄSEMANN: Problem, S. 132.

[15] HAHN: Überlegungen, S. 26.

[16] S. 25.

[17] RUDOLF BULTMANN: Die Erforschung der synoptischen Evangelien. 4. Aufl. 1961, S. 42.

[18] NILS ALSTRUP DAHL: Der historische Jesus als geschichtswissenschaftliches und theologisches Problem. In: Kerygma und Dogma. Jg 1. 1955, S. 117.

[19] EDUARD SCHWEIZER: Die Frage nach dem historischen Jesus. In: EvTh Jg 24. 1964, S. 409.

Auftretens, aber wir können sagen, daß dies in die Zeit um 30 n. Chr. fällt.[20] Wir wissen ferner, daß Jesus nicht, wie für den Messias geweissagt, in Bethlehem geboren wurde, das Matthäus und Lukas als Geburtsort angeben, sondern aus Nazareth in Galiläa stammte. Wir wissen auch, daß Jesus sich von Johannes hat taufen lassen, doch scheint er selbst nicht getauft zu haben. Er hat als Wanderprediger Zulauf gefunden und einen engeren Kreis von Anhängern, doch wohl nicht den festen Kreis der »Zwölfe«, um sich geschart. Zuletzt ist er nach Jerusalem gezogen, wo ihm der Prozeß gemacht wurde. Der Bericht darüber hat nicht historischen, sondern ausgesprochen literarischen Charakter. (Allenfalls sind »an einzelnen Stellen« »vielleicht« noch »Spuren« eines Augenzeugenberichts vorhanden.) Insgesamt ist dieser Bericht »erst nachträglich aus der Vorstellung der Christen entworfen«[21]. Am Ende steht die Hinrichtung durch die Römer. Daß Jesus ihnen als angeblicher Messiasprätendent verdächtig war, kann man nur vermuten.[22]

Zum Wirken Jesu gehörten sowohl Taten als auch die Verkündigung bestimmter sittlicher Forderungen und Glaubensüberzeugungen.

Jesu Taten haben hauptsächlich in Heilungen und Exorzismen bestanden, diese kaum grundsätzlich verschieden von jenen, aber nicht genauer bestimmbar. Was sollten schon die Dämonen gewesen sein, mit denen er es zu tun hatte? Als etwas völlig anderes als die Heilungen und Austreibungen müssen dagegen die ihm nachgesagten Naturwunder gelten, die Brotvermehrung etwa oder die Stillung des Sturmes und drei Totenauferweckungen. Während die Heilungen bei einer derartigen Gestalt nicht aus dem Rahmen fallen, sind die reinen Naturwunder als Legenden aufzufassen. Bemerkenswerter erscheint Jesu Verhalten darin, wie er sich über die herrschenden Vorurteile hinsichtlich deklassierter Menschen hinwegsetzte, vor allem unbefangen mit »Zöllnern« und Frauen von schlechtem Ruf zusammenkam. Das dürfte von einer nicht geringen Originalität, einer gewissen Größe und wohl auch Güte zeugen. Offen, wenn nicht sogar äußerst zweifelhaft muß bleiben, ob Jesus wirklich einzelnen Menschen Sündenvergebung zugesprochen hat oder ob ihm diese nicht vielmehr aus der späteren Sicht des Gemeindeglaubens in den Mund gelegt worden ist, galt sie doch in Israel unbedingt als Gott vorbehalten, so daß sie von seiten Jesu als schwere Gotteslästerung hätte empfunden werden müssen.[23]

Die Verkündigung Jesu, der wir uns jetzt zuwenden, erscheint insofern außerordentlich problematisch, als das in ihr bestehende Verhältnis zwischen Ethik und Endzeiterwartung bis heute nicht geklärt ist und wohl auch gar nicht geklärt werden kann. Die Schwierigkeit hängt offenbar damit zusammen, daß in der

---

[20] Conzelmann: Jesus Christus. Sp. 626.
[21] Sp. 647.
[22] Es gibt jedenfalls »keinen einzigen Beleg, daß je einer wegen des von ihm erhobenen Messiasanspruches von der jüdischen Obrigkeit angeklagt und zum Tode verurteilt wurde« (Bornkamm: Jesus. S. 150).
[23] Anton Vögtle: Der verkündende und verkündigte Jesus »Christus«. In: Wer ist Jesus Christus? Hrsg. von J. Sauer. 1977, S. 44 f.

Gestalt Jesu ein Rabbi und der Endzeitprophet in höchst eigentümlicher Weise
nebeneinander stehen. Wie ist dieses Verhältnis zu denken? *Bultmann* kommt das
Verdienst zu, in seinem Jesusbuch auf »die Schwierigkeit« hingewiesen zu
haben, »das Nebeneinander als Einheit zu begreifen«.[24] Die Überwindung
dieser Schwierigkeit ist auch ihm nicht gelungen. Einerseits betont er, daß Jesu
Worte vom Willen Gottes »streng im Lichte der eschatologischen Botschaft zu
verstehen« sind.[25] Andererseits will er sie keineswegs wie A. Schweitzer als
»Interimsethik« auffassen, die nur bis zum bevorstehenden Weltende gilt. Nach
Bultmann würde die gesuchte Einheit darin bestehen, daß der Mensch immer in
der Entscheidung steht. Aber darin vernimmt man eher die Stimme des Existentialismus oder der Dialektischen Theologie als die Jesu. Wichtig ist jedoch vor
allem Bultmanns Beobachtung, daß »das Wort Liebe und das Gebot der Liebe in
den Worten Jesu merkwürdig selten vorkommen«[26], nämlich, abgesehen von
der Forderung der Feindesliebe nur in der Antwort auf die Frage nach dem
höchsten Gebot, in welcher die Nächstenliebe neben die Gottesliebe tritt. Bultmann stellt deshalb fest: »Weder Jesus noch seine Gemeinde haben gedacht, mit
der Liebesforderung ein besonderes Programm der Ethik aufzustellen.« Für
heutige Predigten ist das Gebot der Nächstenliebe gewiß ein dankbares Thema;
einem so kämpferischen extremen Manne wie Jesus und insbesondere dem
Verkündiger der bevorstehenden und schon hereinbrechenden Gottesherrschaft
könnten weniger naheliegende Gebote, radikalere Forderungen mehr entsprochen haben. Wohl mag es seiner ganzen Einstellung gemäß gewesen sein, in
einer Umwelt wie der seinigen für die Überordnung der sozialen Forderungen
über die kultischen, rituellen Vorschriften einzutreten: Der Sabbat ist um des
Menschen willen da. Auf seine Zeit bezogen ist diese Stellungnahme zweifellos
als richtig und verdienstvoll anzuerkennen. Für uns heute dagegen wird man
diesen Punkt kaum noch interessant, vielmehr einfach selbstverständlich finden,
ohne irgendwelche praktische Bedeutung für den modernen Menschen.

Am nächsten kommen wir Jesu ethischer Haltung vermutlich in den radikalen
sogenannten Antithesen der Bergpredigt Mt 5. Es handelt sich um sechs solcher
Antithesen, die hier kurz aufgeführt werden müssen. 1. Ihr habt gehört: Du
sollst nicht töten; ich aber sage euch: *Schon wer seinem Bruder zürnt, ist dem Gericht
verfallen* (v. 21 f.) – 2. Du sollst nicht ehebrechen. Ich aber sage euch: *Jeder, der eine
Frau begehrlich anblickt, hat schon die Ehe mit ihr gebrochen in seinem Herzen* (27 f.) –
3. Die dritte Antithese betrifft die *völlige Unlöslichkeit der Ehe* (31 f.) – 4. Vom
Verbot des Falschschwörens ausgehend betont Jesus: Ich aber sage euch, daß ihr
überhaupt nicht schwören sollt… (33 f.) – 5. Gegenüber dem Grundsatz der Vergeltung (Auge um Auge, Zahn um Zahn) heißt es: Ich aber sage euch, daß ihr *dem
Bösen nicht Widerstand leisten sollt*, sondern wer dich auf die rechte Backe schlägt,
dem halte auch die andere hin (38 f.) – 6. Nach Erwähnung des Gebots der
Nächstenliebe erklärt Jesus: Ich aber sage euch: *Liebet eure Feinde…* (43 f.)

---

[24] BULTMANN: Jesus. S. 111.
[25] S. 108.
[26] S. 95.

Bei diesen sechs Paaren von Thesen und Antithesen werden in der Forschung zwei Gruppen unterschieden. Auf der einen Seite steht das erste, zweite und vierte Paar (nicht töten; nicht einmal zürnen – nicht ehebrechen, eine Frau nicht einmal begehrlich ansehen – keinen Meineid schwören, überhaupt nicht schwören), wobei die Thesen jeweils von einem dem Dekalog entnommenen Verbot ausgehen. Die andere Gruppe bilden das dritte, fünfte und sechste Paar (Regelung der Ehescheidung; Verwerfung der Ehescheidung – Vergeltung Auge um Auge; Ablehnung jeden Widerstands – Nächstenliebe und Hassen des Feindes; Feindesliebe). Hier enthalten die Thesen anderweitige positive Anordnungen[27] und die Antithesen »eigenständige sittliche Forderungen«, »ohne zwingend der Thesen zu bedürfen«, »die Form der Antithese wirkt« deshalb »künstlich«.[28] Die früher übliche Kennzeichnung der ersten Gruppe als Verschärfung, die der zweiten als Aufhebung des alttestamentlichen Gesetzes wurde aufgegeben, weil die Grenzlinie zwischen Verschärfung und Aufhebung »nicht klar zu ziehen« ist.[29] Die Unterscheidung der beiden Gruppen bleibt jedoch unabhängig davon berechtigt.

Ganz entgegengesetzt werden die Antithesen in literarischer Hinsicht beurteilt. Nach *Strecker* sind die der ersten Gruppe vormatthäisch[30], d. h. also, sie wurden von Matthäus vorgefunden[31], während es sich bei den Antithesen der zweiten Gruppe um matthäische Bildungen handelt.[32] Nach der Ansicht Streckers setzen die Antithesen der zweiten Gruppe die der ersten voraus.[33] In ihnen (nicht zürnen, eine Frau nicht begehrlich anblicken, nicht schwören) sieht Strecker die Urform der Antithesen, die nach ihm auf den historischen Jesus zurückgeht.[34] Eben dies nimmt S. *Schulz* von denen der zweiten Gruppe an (Verbot der Ehescheidung, Verzicht auf Widerstand, Forderung der Feindesliebe)[35].

Im folgenden wird von der Frage der historischen Priorität und Authentizität abgesehen und lediglich zum Gehalt der Antithesen als möglicherweise mehr oder weniger mit der Einstellung Jesu sich berührend Stellung genommen.

Eine wie starke Radikalisierung der Ethik in den Antithesen der Bergpredigt vorgenommen wird, zeigt die folgende Formulierung eines Neutestamentlers: »Nicht erst der Mord, schon die Verachtung des Menschen; nicht erst der offene Treuebruch in der Ehe, schon das gedankliche Spiel mit der Treulosigkeit; nicht erst der Bruch des Eides, schon die Unwahrhaftigkeit jeden Wortes; nicht erst die Maßlosigkeit der Strafe, schon die Strafe überhaupt; nicht erst die Nichtachtung des Nächsten, schon die Entmenschlichung des Gegners zerstört die Gemeinschaft.«[36] Auf diese Kennzeichnung folgt die Frage: »Wer wollte behaupten, daß das nicht wahr wäre und daß dieses Wahre nicht einfach sei?« Aber das wäre nun eben doch die Frage, ob ein derartiger Grad von vereinfachender Radikalität Anspruch auf Wahrheit erheben kann.

---

[27] GEORG STRECKER: Die Antithesen der Bergpredigt. In: ZNW Bd. 69. 1978, S. 44.

[28] HERBERT LEROY: Jesus. Überlieferung und Deutung. 1978, S. 81.

[29] STRECKER: Antithesen, S. 44.

[30] S. 47.   [32] S. 47.

[31] S. 45.   [33] Ebd.

[34] STRECKER: Die Bergpredigt. 1984, S. 67.

[35] SIEGFRIED SCHULZ: Die neue Frage nach dem historischen Jesus. In: Neues Testament und Geschichte. Festschr. Oscar Cullmann zum 70. Geb. hrsg. von H. Baltensweiler u. B. Reicke. 1972, S. 39.

[36] TRAUGOTT HOLTZ: Jesus aus Nazareth. 2. Aufl. 1979, S. 72. (Die Wiederholung der Stellenangaben in dem Zitat wurden hier weggelassen.)

Wenn man in der Erklärung, daß nicht nur das Töten, d. h. der Mord verwerflich ist, sondern schon der Zürnende sich schuldig macht, den allgemeinen Hinweis sehen will, daß nicht nur die böse Tat, sondern schon die entsprechenden Gedanken und Gefühle verwerflich sind[37], so wäre einer solchen Verinnerlichung ein gewisses Recht sicherlich nicht abzusprechen. Der unmittelbare Gehalt dieser ersten Antithese, die Ablehnung des Zorns überhaupt, geht jedoch weiter, und sie dürfte höchstens insofern begründet sein, als der Mensch sich nicht durch jede Kleinigkeit und Nichtigkeit zu stärksten Affekten und Reaktionen hinreißen lassen sollte. Im übrigen aber ist Zorn in bestimmten Fällen nicht nur sehr natürlich, er kann auch durchaus berechtigt und geradezu notwendig sein. Eine Welt, in der man nicht mehr zürnen darf, wäre nicht wirklich menschlich, sie würde sonderbar unlebendig, schattenhaft, abstrakt anmuten. In Erwartung des Endes aller Dinge wird man freilich nicht mehr zum Zorn aufgelegt sein und kann ihn sich in der Tat ersparen. Aber solange wir mit dem Fortbestand der Welt zu rechnen haben, müssen wir uns, wo es sich nicht um kleinliche Zänkereien, sondern um das Interesse an Werten handelt, deren Hintansetzung oder gar Bekämpfung wir erleben, das Recht zum Zorn vorbehalten.

Ähnlich steht es damit, daß schon der begehrliche Blick auf eine Frau Ehebruch bedeuten soll. Ein wenig mehr Zucht im Verhältnis der Geschlechter wäre gewiß zu begrüßen. Aber auch, wer die Ehe ernster nimmt, als das heute vielfach üblich geworden ist, wird doch nicht einer zu engen Haltung das Wort reden wollen, so daß der Mann eine andere Frau nicht mehr schön, vielleicht auch »begehrenswert« finden dürfte, sofern dieses Interesse »interesselos«, es also bei einem grundsätzlich ästhetischen Eindruck oder dem Gefühl der Sympathie bleibt. Sittlich verantwortliches Verhalten muß jedenfalls nicht geradezu puritanisch sein.

Das absolute Verbot der Ehescheidung liegt, zeitgeschichtlich gesehen, im Hinblick auf das patriarchalische, den Mann einseitig begünstigende Eherecht jener Zeit zweifellos im Interesse der Frau. Damit wurde »zum ersten Mal die theologische und gesellschaftliche Gleichberechtigung der Frau in die Wege geleitet«[38] – ohne Frage eine Stellungnahme, deren Bedeutung bis in unsere jüngste Vergangenheit reicht. Für uns dagegen erscheint auch dies in keiner Weise mehr aktuell. Auch wer die Häufung der Ehescheidungen heutzutage für ein bedenkliches Symptom hält, kann nicht daran vorübersehen, daß die Möglichkeit der Ehescheidung in modernen Verhältnissen unumgänglich und bereits völlig selbstverständlich geworden ist.

Was die Ablehnung des Schwörens betrifft, so ist sie vom Standpunkt des alten Judentums, das den Namen Gottes auszusprechen vermied und erst recht seine leichtfertige, unverantwortliche Anrufung verwarf, verständlich. Unter Umständen jedoch wie den unsrigen, wo der Schwur mit oder ohne Gott jedermann freigestellt ist, entbehrt die Ablehnung der Eidesleistung jeder sachli-

---

[37] STRECKER: Bergpredigt, S. 69.
[38] SIEGFRIED SCHULZ: Die Spruchquelle der Evangelisten. 1972, S. 39.

chen Begründung, und als Verpflichtung, eine Aussage wirklich ernst zu nehmen und sie unbedingt nach bestem Wissen und Gewissen zu machen, kann der Eid von erheblicher praktischer Bedeutung sein.

Am anfechtbarsten sind die beiden letzten Antithesen. Die Forderung, dem Bösen nicht zu widerstehen, ist für Menschen, die nicht dem Ende entgegensehen, sondern in vollem Maße dem Leben gehören, eine totale Unmöglichkeit. Nach einem Schlag auf die eine Backe dem Angreifer noch die andere hinzuhalten, wäre nichts anderes als pervers. Wohl ist nicht zu bestreiten, daß der Verzicht auf Vergeltung, ein schweigendes Hinnehmen des Unrechts, ausnahmsweise einmal einen positiven Eindruck machen, Besinnung bei dem anderen bewirken kann. Aber das sind keine Musterfälle, die die Regel bilden könnten. Das Normale, nicht nur im statistischen und psychologischen, sondern auch im ethischen Sinne, ist die Abwehr des Unrechts. Daran kann es keinen Zweifel geben. Was es heißt, in fast aussichtsloser Lage Widerstand gegen ein verbrecherisches Regime zu leisten, haben Dietrich Bonhoeffer und die übrigen Widerstandskämpfer gezeigt. Das sind die Heiligen unserer Zeit, wir kennen keinen höheren Grad von Verehrungswürdigkeit. Anstelle der Erwartung des Weltendes, welche die Forderung der Widerstandslosigkeit allein verständlich macht, ist freilich für uns der Gedanke an das atomare Holocaust getreten. Unmittelbar konfrontiert mit der Möglichkeit des allgemeinen Untergangs könnte das bisher Allgemeingut bildende Schillerwort »und setzet ihr nicht das Leben ein, nie wird euch das Leben gewonnen sein« in der Tat außer Kraft gesetzt gedacht werden, so daß Werte und Würde des Menschen, die dann ohnehin verloren wären, für die Erhaltung des nackten Lebens zu opfern in dieser einmaligen Lage angebracht sein möchte. Von dieser einen ungeheuerlichen Möglichkeit abgesehen, die keinen Augenblick zu früh angenommen werden darf, gibt es keine Rechtfertigung der Widerstandslosigkeit.

Für die Feindesliebe schließlich ist nicht einmal eine solche Ausnahmesituation denkbar. So sehr wir auch im Feind den Menschen zu sehen und zu achten, ihm notfalls selbstverständlich auch Hilfe zu leisten haben, die Forderung der Feindes*liebe*, in welcher, wie man gesagt hat, die Wesenszüge der Predigt Jesu gebündelt erscheinen[39] und die auch nach *Strecker* vielleicht wirklich auf den historischen Jesus zurückgeht[40], kann nur als durchaus unnatürlich, geradezu unmöglich bezeichnet und entschieden abgelehnt werden.

So ergibt sich, daß die sittlichen Forderungen Jesu, sofern sie in den besprochenen Antithesen enthalten sein sollten, teils als nicht aktuell, teils als geradezu abwegig zu beurteilen sind. Da andere seiner Forderungen uns ganz unabhängig von ihm mehr oder weniger selbstverständlich geworden sind oder einfach keine Rolle mehr spielen, dürfte der sittliche Prediger Jesus uns mithin kaum noch etwas zu sagen haben.

Was nun die zentrale Glaubensverkündigung Jesu betrifft, so wird sie von dem

---

[39] Strecker: Bergpredigt, S. 184.
[40] Strecker: Antithesen, S. 67.

ältesten Evangelisten in dem bekannten Wort zusammengefaßt: »Erfüllt ist die
Zeit, die Herrschaft Gottes ist nahe herbeigekommen. Kehrt um und glaubt an
das Evangelium« (Mk 1,15). Dazu bemerkt freilich z. B. E. *Lohse:* »Wie die
Einleitung, die auf die Erfüllung der Zeit hinweist, und der Schluß dieses Satzes,
der den urchristlichen Begriff« Euangelion »nennt, erkennen lassen, liegt eine
Formulierung des Evangelisten vor«.[41] Unverkennbar findet sich der entscheidende Punkt der zeitlichen Nähe der Gottesherrschaft auch in dem Gleichnis
vom Grünwerden des Feigenbaums angedeutet (Mk 13,28 f. = Mt 24,32 f.; Lk
21,29–31). Für W. G. *Kümmel,* der die eingehendste Untersuchung über das
Problem »Verheißung und Erfüllung in der Verkündigung Jesu« geliefert hat,
besagt dieses Bild, »daß Jesus die Gegenwart – seine Gegenwart – »als Hinweis
auf die bevorstehende eschatologische Vollendung verstanden wissen will«.
Diese Texte sind danach »zur ältesten Tradition und damit zur sicheren Jesusüberlieferung« zu rechnen.[42] Wenigstens gibt es keinen Grund, die Naherwartung des Reiches Jesu abzusprechen. Sie findet sich auch in dem schon der
Spruchquelle angehörenden Missionsauftrag an die Jünger »Geht hin und predigt: Das Himmelreich ist nahe herbeigekommen!« (Mt 10,7 = Lk 10,9). Und
eine weitere Steigerung erfährt diese Erwartung der Nähe in dem Wort, das wir
ebenfalls der Spruchquelle verdanken: »Wenn ich mit dem Geiste« – Lukas sagt
noch plastischer: »Finger« – »Gottes die Dämonen austreibe, dann ist also die
Gottesherrschaft zu euch gekommen« (Mt 12,28 = Lk 11,20). Wenn überhaupt
ein Jesuswort als authentisch angesehen werden kann, so möchte man es in
diesem unvergleichlich konkreten Ausspruch gegeben sehen. Auch *Bultmann*
erkennt ihm »den höchsten Grad an Echtheit« zu.[43] *Kümmel* findet darin »deutlich die Überzeugung Jesu, daß die zukünftige Gottesherrschaft in seinem Wirken bereits begonnen habe«.[44] Auch das Wort Lk 10,18 (»Ich sah den Satan wie
einen Blitz vom Himmel fahren«) soll in dem Sinne verstanden werden: Die »für
die Endzeit erwartete Überwindung des Satans ist bereits geschehen, der Satan
ist entmächtigt, seine Herrschaft ist gebrochen.«[45]

Die Ablösung des gegenwärtigen bösen Weltzustandes durch einen vollkom-
menen, ewigen, die Ersetzung »dieses« Äons durch »jenen«, ist, wie wir wissen,
kennzeichnend für die Apokalyptik, die den Rahmen der Verkündigung Jesu
bildet. Die schon im ersten Abschnitt betonte Zugehörigkeit Jesu zu jener
Geistesrichtung schließt freilich nicht aus, daß sie bei ihm eine durchaus eigene
Prägung erhalten hat. Von der jüdischen Apokalyptik unterscheidet sich die
Erwartung Jesu, wie vor allem *Lohse* hervorhebt, dadurch, daß das Kommen der
Gottesherrschaft nicht mehr an bestimmte Bedingungen gebunden ist. »Weder
wird es abhängig gemacht vom Ablauf einer bestimmten Folge apokalyptischer
Ereignisse noch vom Gehorsam Israels gegen das Gesetz, der den Beginn«

---

[41] LOHSE: Grundriß, S. 25.
[42] KÜMMEL: Verheißung, S. 16.
[43] BULTMANN: Tradition, S. 174.
[44] KÜMMEL: Verheißung, S. 100 f.
[45] S. 107.

»beschleunigen könnte«.[46] Es hängt ganz allein vom Willen Gottes ab. Nur das scheint Jesus völlig gewiß gewesen zu sein, daß die große Wende unmittelbar bevorsteht, die »Zeichen sind schon wahrzunehmen«.[47] Wenn die Sinnesänderung, die Umkehr, nicht als Bedingung für den Anbruch der Gottesherrschaft galt, so sollte sich diese Forderung allerdings für den einzelnen als eine aus dem Ernstnehmen der Reich-Gottes-Erwartung folgende Forderung ergeben. Dabei steht indessen im Hintergrund der Verkündigung Jesu nicht wie bei dem Täufer das drohende Zorngericht Gottes, vielmehr ist ihr eine ausgesprochen positiv bestimmte Note eigen: »Diese Botschaft bedeutet Freude«[48]. Man wird sich jedoch immer wieder hüten müssen, etwas von der nachösterlichen Glaubenseinstellung in Jesu Erwartung der Gottesherrschaft einzutragen. Das »Evangelium« von Mk 1,15 hat der historische Jesus, wie schon erwähnt, nicht verkündet. Das Moment der Freude, das zu seiner Erwartung gehört, findet sich abstrakt auch kaum formuliert, dafür müssen wiederum hauptsächlich Gleichnisse herangezogen werden, vor allem das vom Schatz im Acker und das von der wertvollen Perle (Mt 13,44–46). Aber sie sprechen in der Tat eine deutliche Sprache: »Um des einen kostbaren Gutes willen wird alles hingegeben.« Und »es gilt, die Stunde nicht zu versäumen und die Einladung anzunehmen (Lk 14,15–24; Mt 22,1–14).«[49] Die Einladung ergeht zu einem Freudenmahl. Insgesamt bedeutet die Predigt von der anbrechenden Gottesherrschaft »beides in einem, den Zuspruch der barmherzigen Nähe Gottes und den Anspruch der Umkehr und des glaubenden Gehorsams«.[50]

Es dürfte mithin bei Jesus ein ganz besonderer Fall des apokalyptischen Denkens vorliegen, in der Klangfarbe wie auch in zeitlicher Hinsicht. Was die letztere angeht, so ist zusammenfassend zu sagen, »daß im Zentrum der Verkündigung Jesu die Ankündigung des nahen künftigen Kommens der Gottesherrschaft stand«[51], daß Jesus aber »in seiner Person, seinem Handeln, seiner Verkündigung die kommende Gottesherrschaft sich in der Gegenwart bereits verwirklichen sieht«[52]. Eine solche Feststellung vermag *Kümmel* zu treffen, obgleich er es andererseits aufgrund einiger Jesus zugeschriebener Worte (Mk 13,30; 9,1) für möglich hält, daß dieser mit dem Eintreffen der vollen Gottesherrschaft vielleicht erst in Jahren, wenn nicht Jahrzehnten, wenigstens aber noch »zu Lebzeiten seiner Generation«[53] gerechnet hat. Es ist jedoch durchaus möglich, wenn nicht sogar sehr wahrscheinlich, daß in diesen Worten schon das von der Gemeinde erlebte Ausbleiben des Kommens des Reiches zum Ausdruck

---

[46] LOHSE: Grundriß, S. 26.

[47] S. 29.

[48] S. 30. So auch KÜMMEL: Verheißung, S. 145.

[49] Ebd.

[50] LOHSE: Die Frage nach dem historischen Jesus in der gegenwärtigen neutestamentlichen Forschung. In: ThLZ Jg 87. 1962, Sp. 169.

[51] KÜMMEL: Verheißung, S. 144.

[52] Ebd.

[53] KÜMMEL: Der persönliche Anspruch Jesu und der Christusglaube der Urgemeinde. In: Kümmel: Heilsgeschehen und Geschichte. 1965, S. 435.

kommt, über das sie sich auf diese Weise tröstet bzw. getröstet wird. Wie dem auch sei, auf jeden Fall wird man es mit *Gräßer* »zu den historisch gesicherten Ergebnissen der neutestamentlichen Wissenschaft« rechnen dürfen, »daß die Botschaft von der Zukunft der Welt« »bei Jesus die Form der gespannten Naherwartung hatte, und das nicht am Rande, sondern im Zentrum seiner Verkündigung«.[54] Alles in allem handelt es sich »um unmittelbar bevorstehende Zukunft und nicht um Gegenwart«, aber um eine Zukunft, »die bereits die Gegenwart prägt«.[55]

Nach dieser kurzen Darlegung der hier vorliegenden Verhältnisse ist nun an einer Feststellung nicht vorbeizukommen: »Es bedarf keines Wortes«, wie *Bultmann* erklärt, »daß sich Jesus in der Erwartung des nahen Weltenendes getäuscht hat«.[56] »Die Naherwartung«, sagt auch *Lohse*, »hat sich nicht erfüllt«[57], *Kümmel* betont nicht ohne Grund noch ausdrücklich: »Es ist darum unmöglich zu behaupten, Jesus habe sich in dieser Frage nicht geirrt.«[58] Darin liegt insofern erheblicher Sprengstoff, als der Gedanke nicht von der Hand zu weisen ist, daß, wer sich in einer so sehr im Vordergrund stehenden entscheidenden Existenzfrage so gründlich geirrt hat, auch in anderer Hinsicht an Glaubwürdigkeit verliert, wie der im ersten Teil behandelte Philosoph *W. Kaufmann* bemerkte. Und hinzugefügt werden muß, daß es für uns heute ja nicht mehr nur um das Nichteintreffen der Naherwartung geht. Es verhält sich vielmehr so, daß mit diesem Irrtum Jesu das apokalyptische, das im eigentlichen Sinne eschatologische Denken insgesamt desavouiert, der apokalyptische Glaubensgrundriß als solcher abgetan ist. Eine positive Endverwandlung der Welt kommt nach den Betrachtungen unseres ersten Abschnitts überhaupt nicht mehr in Betracht. Der Irrtum Jesu bezieht sich deshalb nicht nur auf eine brennende Terminfrage, sondern auf die Ausrichtung seiner Predigt insgesamt. Darüber pflegt die Theologie großenteils merkwürdig unbedenklich hinwegzusehen.

Um so dringender wird jetzt die Klärung des Problems, welches Verständnis Jesus von sich gehabt, welche Rolle er in dem bevorstehenden und bereits im Gange befindlichen Gesamtgeschehen sich selbst zuerkannt hat. Zweifellos ist es als ein ganz wesentlicher Fortschritt anzusehen, daß die frühere Alternative »Messias oder nur Prophet« weitgehend aufgegeben worden ist. In der Forschung der letzten Jahrzehnte hat sich einerseits die Ansicht durchgesetzt, daß Jesus selbst sich keinen der messianischen Hoheitstitel zugelegt hat, und sie

---

[54] Gräßer: Naherwartung, S. 126f. Vgl. auch S. 123.
[55] Leroy: Jesus. S. 75f. – Der Verf. erklärt: »dadurch daß Jesus den kommenden Äon als Herrschaft Gottes auslegt, diese aber trotz des weiter bestehenden alten Äons in actu wirksam werden sieht, hat er sich geradezu radikal von der apokalyptischen Erwartung abgesetzt« (S. 71) Demgegenüber wird hier der Ansicht anderer Autoren beigepflichtet, daß die zu den einschneidenden Besonderheiten gehörende »sich realisierende Eschatologie« Jesu (J. Jeremias) seine Zugehörigkeit zur Apokalyptik nicht aufhebt.
[56] Rudolf Bultmann: Das Urchristentum im Rahmen der antiken Religionen. 1949, S. 102. Vgl. auch Herbert Braun: Jesus. 1969, S. 59.
[57] Lohse: Grundriß, S. 30.
[58] Kümmel: Verheißung, S. 141.

betont andererseits, daß er als der »Endzeitprophet« ein einzigartiges Vollmachtsbewußtsein besessen hat, das mit dem Selbstbewußtsein der übrigen Propheten nicht zu vergleichen ist. Insbesondere nimmt man heute überwiegend an, daß Jesus sich, wenn er den Begriff des Menschensohnes überhaupt verwendet haben sollte, in diesem Zusammenhang nicht an sich selbst gedacht hat, weder im Blick auf die zukünftige Welt noch gar auf sein damaliges irdisches Leben bezogen. Das ist deshalb von so großer Bedeutung, weil damit der wohl schwerste Anstoß fortfällt, welchen die Persönlichkeit Jesu früher hervorgerufen hat. Wie schneidend, geradezu vernichtend und nach dem damaligen Erkenntnisstand unabweisbar hatte einst David Friedrich *Strauß* in seinem berühmtberüchtigten Buch »Der alte und der neue Glaube« erklärt: »Entweder ist auf unsere Evangelien überall nichts Geschichtliches zu begründen, oder Jesus hat erwartet, zur Eröffnung des von ihm verkündeten Messiasreichs in allernächster Zeit in den Wolken des Himmels zu erscheinen. War er nun der Sohn Gottes oder sonstwie ein höheres, übermenschliches Wesen, so ist dagegen nichts einzuwenden, außer daß es nicht eingetroffen ist, daß mithin, der es vorhersagte, ein göttliches Wesen nicht gewesen sein kann. War er aber dies nicht, sondern ein bloßer Mensch, und hegte doch jene Erwartung, so können wir uns und ihm nicht helfen, so war er nach unseren Begriffen ein Schwärmer.«[59] Noch Albert *Schweitzer* hielt es für erforderlich, eine derartige Erwartung Jesu wegen des dadurch entstandenen ernstlichen psychiatrischen Verdachts mit einer Unbedenklichkeitserklärung zu versehen, versuchte dies jedoch unter Hinzuziehung eines medizinischen Sachverständigen, als der er in diesem Falle selbst auftreten konnte, vergeblich.[60] »Schwärmerei« wäre in der Tat die allermindeste hier in Betracht kommende Diagnose, in Wahrheit doch nur ein allzusehr verharmlosender und beschönigender Begriff für eine viel weitergehende: Paranoia.

Wie aber soll man sich diesen Jesus nun positiv vorstellen, wenn er sich nicht für ein bereits gegenwärtiges oder wenigstens designiertes höheres Wesen, eben den Menschensohn oder Messias, gehalten hat und seine Rolle doch über die eines Propheten weit hinausgehen sah? Das, was ihn über einen solchen völlig hinaushob, war nach dem Urteil der neueren Forschung sein unvergleichliches Vollmachtsbewußtsein, das in einer »unmittelbaren Gewißheit, Gottes Willen zu kennen und zu verkündigen« begründet war.[61] »Jesus hat mit einer unerhörten Souveränität am Wortlaut der Tora und der Autorität des Moses vorübergehen können.«[62] Tatsächlich ist »nicht mehr Mose die letzte Autorität für Jesus«[63]. »Kein Prophet konnte sich der Autorität des Moses entziehen, ohne zum Lügenpropheten zu werden.«[64] Vor allem kommt »keinem Propheten die escha-

---

[59] STRAUSS: Glaube, S. 52.
[60] Vgl. ALBERT SCHWEITZER: Die psychiatrische Beurteilung Jesu (1913) sowie kritisch dazu H. GROOS: Schweitzer, S. 266 ff.
[61] KÄSEMANN: Problem, S. 148.
[62] S. 146 f.
[63] HAHN: Überlegungen, S. 44.
[64] KÄSEMANN: Problem, S. 148 f.

tologische Bedeutung zu«[65], die Jesus in seinem Dämonen überwindenden Wirken anscheinend gegeben sah, und nicht nur darin. Auch in seinem Wort, hat Jesus gemeint, komme die Basileia, die Gottesherrschaft, zu seinen Hörern.[66] *Käsemann* ist deshalb, wenngleich er alle Stellen, an denen das Messiasprädikat erscheint, für Gemeindebildung hält[67], der Ansicht, daß seine Jünger es ihm mit Recht beigemessen haben.[68] Im vorliegenden Zusammenhang kann der Messias nunmehr aus dem Spiel bleiben, es genügt, die einzigartige Souveränität seines Auftretens zu erkennen. Beide Seiten des Sachverhalts bringt G. *Bornkamm* zum Ausdruck, wenn er einerseits betont, daß Jesus »in seinem Wort und seinem Tun nicht seine Würde zu einem Thema seiner Botschaft vor allem anderen macht«, ihn dann aber andererseits in sich selbst den »Anbruch der Gottesherrschaft Ereignis« werden sehen läßt.[69] Einigermaßen festzustehen scheint jedenfalls: »In der Auseinandersetzung um das Sabbatgebot, in der Gemeinschaft mit Zöllnern und Sündern und in den Debatten mit Schriftgelehrten und Pharisäern sprach und handelte Jesus in einer unvergleichlichen Vollmacht.«[70] Und das Kommen, den bereits im Gange befindlichen Anbruch des Reiches hat er anscheinend gar mit seiner Person verbunden.

Das ist zunächst ein rein historischer Sachverhalt, der gewiß auch so schon interessant und wichtig genug ist, aber nun auch fragen läßt, was er grundsätzlich für den Glauben bedeutet. Die ethischen Probleme, um die es Jesus gegangen zu sein scheint, sind heute, wie gesagt, meistens nicht mehr aktuell, seine Stellungnahme in den in Betracht kommenden Fällen, soweit sie denn die seinige sein sollte, war, wie ebenfalls schon ausgeführt, z. T. sicherlich berechtigt und vielleicht sogar menschlich imponierend, heute aber ist sie größtenteils nicht mehr nachvollziehbar und jenes darin zum Ausdruck kommende Vollmachtsbewußtsein für uns auf keinen Fall maßgebend. Erst recht aber verhält es sich so mit dem Bewußtsein seiner eschatologischen Bedeutung im engeren Sinne. Vielfach zieht man dafür die Stelle heran, in welcher Jesus auf die Anfrage Johannes' des Täufers, wer er sei, eine Antwort gibt, die auf seine Heilungen, Totenauferweckungen und die den Armen zuteil werdende Heilsverkündigung hinweist (Mt 11,2 ff.). Aber Worte, die sein Verhältnis zum Täufer betreffen, sind im allgemeinen mit Vorsicht zu verwenden; *Bultmann* rechnet diese Stelle zu den Stücken, für die der Ursprung als Gemeindebildung »wahrscheinlich oder sicher« ist.[71] Das wird auch für das Wort gelten, nach welchem von den Tagen des Täufers an dem Himmelreich Gewalt geschieht (Mt 11,12 f.), ein Logion, das überdies in seinem Sinn unklar und umstritten ist. Es bleibt also für die eschatologische Selbstbeurteilung seines Wirkens im Grunde hauptsächlich das Wort von der in den Dämonenaustreibungen bereits erscheinenden Gottesherrschaft (Mt 12,28 = Lk 11,20). Diese Dämonenaustreibungen fallen indessen für das

---

[65] S. 149.   [67] S. 150.
[66] Ebd.   [68] S. 145.
[69] BORNKAMM: Jesus. S. 155 f.
[70] LOHSE: Grundriß, S. 49.
[71] BULTMANN: Tradition, S. 57.

Urteil der Gegenwart nicht schwerer ins Gewicht als seine fragwürdig gewordene Vollmacht im sittlichen Bereich. Sowohl seine ethische als auch seine eschatologische Verkündigung sind in der Tat so beschaffen, daß durch sie der Standpunkt des heutigen Menschen kaum noch berührt wird.

Neben der somit weitgehend negativ zu beantwortenden Frage nach der Bedeutung von Jesu Anspruch für uns bleibt jetzt immer noch die andere, in welches Licht seine Persönlichkeit selbst durch dieses Vollmachtsbewußtsein gerückt wird. Dadurch, daß die Forschung ihn von den messianischen Hoheitstiteln distanziert hat, erschien, wie betont, der psychiatrische Verdacht zunächst abgewendet. Die Sache ist nur die, daß das Problem damit nicht endgültig ausgeräumt wurde, vielmehr mit der Herausstellung seines eigentlichen, nun nicht mehr unmittelbar messianischen Vollmachtsbewußtseins noch einmal auftaucht und jetzt erst recht prekär wird. Was soll man von einem Menschen halten, der das ewige Schicksal seiner Mitmenschen von ihrer Stellungnahme zu seiner Person abhängig sein läßt, wie dies in Lk 12,8 f. (vgl. Mk 8,38) der Fall ist: »Wer mich bekennt vor den Menschen, den wird auch der Menschensohn bekennen vor den Engeln Gottes. Wer mich aber verleugnet vor den Menschen, wird auch verleugnet werden...“? »Ein unüberbietbarer Anspruch liegt in dieser Forderung«, wie H. E. *Tödt* bemerkt. »Kein Prophet in Israel hat den Anspruch erhoben, daß man sich zu ihm bekennt.«[72] *Bornkamm* meint, daß wir hier »das Urgestein der Überlieferung, Jesu eigene Worte vor uns haben«.[73] Andere Autoren halten dies für fraglich.[74] Sollte das Wort wirklich auf Jesus zurückgehen, so würde es jedenfalls zeigen, daß auch wenn man die Selbstidentifikation Jesu mit dem Menschensohn oder Messias fallen läßt, das Problem seines einzigartigen Anspruchs dadurch kaum weniger schwierig wird, dieser Anspruch eher noch seltsamer erscheint. Eine solche für das Verhältnis der Menschen zu Gott grundlegende zentrale Bedeutsamkeit hat noch niemals ein Mensch auf jüdischem Boden sich beigemessen. Dieses einzigartige Vollmachtsbewußtsein ist nun einmal im höchsten Grade sonderbar, im psychiatrischen Sinne »auffällig«, so daß mindestens der Verdacht des Größenwahns sich nicht völlig ausschließen läßt.

Dabei kann freilich nicht genug betont werden, daß nie der möglicherweise abwegige Inhalt einer derartigen Vorstellung als solcher als krankhaft zu gelten hat, sondern lediglich »die Beziehung einer Größenvorstellung auf sich selbst«.[75] Wenn also jemand den Vollmachtsanspruch Jesu für sich persönlich akzeptiert und entscheidend sein läßt, so besagt das selbstverständlich psychiatrisch gar nichts. Das Problem ergibt sich immer nur hinsichtlich des Inhabers eines so maßlosen Hoheitsbewußtseins. Insofern aber wird der psychiatrische Verdacht allerdings beinahe unabweisbar. Daß diese Problematik durch den Verzicht auf das Messiastum Jesu nicht erledigt ist, wurde weder von christen-

---

[72] Heinz Eduard Tödt: Menschensohn, S. 40.
[73] Bornkamm: Jesus. S. 161.
[74] Vgl. Groos: Schweitzer, S. 309, Anm. 206.
[75] Wilhelm Lange-Eichbaum: Genie, Irrsinn und Ruhm. 3. Aufl. 1942, S. 273.

tumskritischer noch von theologischer Seite bisher berücksichtigt.[76] Andererseits soll die Lage auch nicht übertrieben werden. Ein übermäßiges Selbstbewußtsein braucht nicht unbedingt in einem ausgebildeten Wahnsystem begründet zu sein, nicht alles Abnorme ist schon krankhaft. Daß manche große geistige
Leistung auf dem Boden einer recht fragwürdigen Veranlagung erwachsen ist,
daß die Genialität vielfach in einer mehr oder weniger abartigen Natur wurzelt[77], ist unbestreitbar. Trotzdem bleibt der Sachverhalt, der dem Glaubenden
selbstverständlich ist, ohne die Voraussetzung des Glaubens überaus merkwürdig, ja, wie man wohl sagen muß, bedenklich.

Anzumerken wäre hier noch, daß für Jesu außerordentliches Vollmachtsbe-
wußtsein nicht zuletzt auch die Fälle der von ihm ausgesprochenen Sündenvergebung herangezogen werden könnten. Diese Ausübung des ausschließlichen
Hoheitsrecht Gottes durch Jesus hätte jedoch nach *Vögtle*, wie schon erwähnt,
stärksten Widerspruch finden müssen, von dem nichts berichtet wird. Die
Annahme, Jesus habe selbst Sünden vergeben, steht außerdem hinsichtlich der
Beschaffenheit der in Betracht kommenden Belege »auf schwachen Füßen«[78].
So darf dieser Punkt hier, wie schon in einem früheren Zusammenhang, außer
acht gelassen werden.

Aber sollte Jesus nicht doch noch mehr als lediglich der Verkünder des Willens
Gottes und seiner bevorstehenden Herrschaft sein? Wird er nicht auch und vor
allem als der Erlöser, der Heiland, der Heilsbringer und Heilsmittler geglaubt?
»In der ›Dialektik‹ von Vergebung Gottes und Umkehr des Menschen setzt Jesus
den Akzent eindeutig auf Vergebung Gottes«, erklärt *Vögtle*.[79] Insoweit jedoch
beim Heiland und Erlöser an seine Passion, sein Versöhnungswerk gedacht ist,
hat dies, wie früher ausgeführt, mit dem historischen Jesus höchstwahrscheinlich nichts zu tun. Der Glaube an den Gekreuzigten gehört zum Glauben der
christlichen Gemeinde an den Auferstandenen.

Und dennoch scheint noch etwas zu fehlen, ist doch Jesus dem Glauben stets
mehr als nur der Offenbarer des göttlichen *Willens* gewesen. Sollten wir nicht in
ihm auch die Offenbarung göttlichen *Wesens* erleben? Nach dem Johannesevangelium (1,14) haben die Glaubenden, denen die Augen dafür aufgegangen waren, es erlebt: Das Wort »wohnte unter uns, und wir sahen seine Herrlichkeit«.
Das ist es, was noch fehlte: seine Herrlichkeit, von der den Jüngern schon vor
dem allgemeinen Anbruch der neuen Welt etwas sichtbar geworden sein soll.
Seitdem man jedoch weiß, daß das vierte Evangelium für die Erkenntnis des
historischen Jesus kaum herangezogen werden darf und auch die Synoptiker[80]

---

[76] s. dazu die ausführliche Behandlung des psychiatrischen Jesusproblems bei GROOS:
Schweitzer.
[77] Vgl. das soeben genannte Werk von LANGE-EICHBAUM.
[78] VÖGTLE: Jesus »Christus«, S. 45.
[79] S. 37.
[80] Vgl. die Seligpreisung der Augenzeugen (Lk 10,23 f.; par. Mt 13,16): »Selig die Augen, die
sehen, was ihr seht«, die freilich eine unmittelbare Beziehung auf die Person Jesu ursprünglich
wahrscheinlich nicht meint, wenngleich der Evangelist sie wohl im Sinn hat (BULTMANN:
Tradition, S. 114).

nur in sehr beschränktem Maße verwendbar sind, so daß immer erst von Fall zu Fall, von Wort zu Wort ermittelt werden muß, sind der Jesus, wie er gelebt hat, und der, wie er geglaubt wird, auseinandergetreten, wodurch ein ebenso zentrales wie schwieriges Problem entstanden ist.

Die Beiträge zum Thema: »Der historische Jesus und der Christus des Glaubens« bzw. »der kerygmatische Christus« haben sich beinahe schon zu einer Literaturgattung ausgewachsen. Dabei liegt hier in Wahrheit gar kein Problem vor, an dessen Lösung ernsthaft gedacht werden könnte. Es handelt sich vielmehr lediglich darum, eine in der Sache liegende fundamentale Schwierigkeit festzustellen, ihre Gründe zu klären und damit zugleich die Unmöglichkeit ihrer Überwindung einzusehen.

Der historische Jesus kann dem Glauben nicht genügen, das ist offensichtlich. Er gehört einer anderen Dimension an als der Christus des Glaubens. Aus diesem Grunde hatte Martin *Kähler* sich von dem »historischen Jesus« der Forschung bewußt abgewandt und stattdessen an den »geschichtlichen Jesus« gehalten: die Gestalt, die Geschichte gemacht hat, den von den Jüngern gepredigten, von der Gemeinde geglaubten Christus, und namentlich Rudolf *Bultmann* hat dann die nahezu völlige Trennung zwischen dem Jesus der Forschung und dem Christus des Glaubens vollzogen. Als Historiker erklärt er, beinahe allzu bescheiden, daß wir fast nichts vom historischen Jesus wissen können. Und für den Glauben, meint der Theologe Bultmann, diesen Jesus auch kaum noch zu benötigen. Mit Ausnahme des »Daß« seiner »Historizität« seines »Gekommenseins« und insbesondere seines Kreuzes besitzt er für Bultmann keine Bedeutsamkeit: »Christus, der Gekreuzigte und Auferstandene, begegnet uns im Worte der Verkündigung, nirgends anders. «[81] An der historischen Frage sei z. B. der christliche Osterglaube nicht interessiert, meint Bultmann. Das ist indessen bestimmt unzutreffend. Mit Recht hat *Althaus* Bultmann entgegnet: »Der Offenbarungscharakter der Geschichte Jesu wird nicht *durch* historische Besinnung und Begründung erkannt. Aber auf der anderen Seite doch auch *nicht ohne* sie. Denn das Evangelium handelt von Tatsachen, die in dieser unserer Geschichte geschehen sein sollen. «[82] Mit dem Verzicht auf das Historische »gibt man mehr preis, als der Glaube vertragen kann«[83]. Ohne das einmalige geschichtliche Handeln Gottes in Jesus Christus, ohne den irdischen Jesus also, wird das Kerygma »zu einer im leeren Raum schwebenden Hypostase«[84]. »Besteht hier nicht die Gefahr, daß die lebendige Person Christi mehr oder weniger zu einem Ereignis wird, das kaum mehr persönliche Züge trägt?«[85] In der Tat, bei Bultmann ist »die Brücke zwischen dem historischen Jesus und dem gepredigten Christus sozusagen zum

---

[81] RUDOLF BULTMANN: Offenbarung und Heilsgeschehen. 1941, S. 66.

[82] PAUL ALTHAUS: Das sogenannte Kerygma und der historische Jesus. 1958, S. 19.

[83] S. 20.

[84] EDUARD ELLWEIN: Fragen zu Bultmanns Interpretation des neutestamentlichen Kerygmas. In: Ein Wort lutherischer Theologie zur Entmythologisierung. Hrsg. von E. Kinder. 1952, S. 31.

[85] S. 29.

Einsturz gekommen«[86]. »Das Kerygma hängt in dieser merkwürdigen Theorie völlig in der Luft.«[87]

Aber wenn die am Erdboden haftende *These*, welche die Verehrung des historischen Jesus nach Art der liberalen Theologie vertritt, nicht für voll zu nehmen und die *Antithese* des in der Luft schwebenden Christuskerygmas nicht lebensfähig ist, so heißt das noch nicht, daß die Möglichkeit bestehe, zur Althausschen *Synthese* des historischen Jesus und des kerygmatischen Christus überzugehen oder zurückzukehren. Einerseits stellt die Forschung in Ziel und Methode höhere Ansprüche an Beobachtung und Interpretation, als dies bei den Aussagen des Glaubens der Fall ist. Andererseits können wissenschaftliche Ergebnisse, auch wenn sie in die Richtung des Glaubens weisen würden, immer nur dem jeweiligen Stand der Forschung entsprechen und deshalb nur relative Gewißheit bieten, während der Glaube mehr meint und verlangt. Er braucht unbedingte Gewißheit und darf sich deshalb nicht von den fortschreitenden Ansichten und zur Zeit noch so gesichert erscheinenden Urteilen der wissenschaftlichen Arbeit abhängig machen. Das sieht natürlich auch ein Theologe wie *Althaus* ein. Aus dem Umstand, daß »historische Urteile immer nur der sachkundige, geschulte Forscher maßgeblich vollziehen« kann, ergibt sich eine für den Glauben unhaltbare Lage: »Zwischen Jesus Christus und dem Christen steht zwar nicht mehr der Priester, aber der Professor – der Ungelehrte wird an der zentralen Stelle seines Christenstandes wieder zum ›Laien‹ degradiert.«[88] Althaus versucht die hier auftretende Verlegenheit zu überwinden, indem er dem Historiker neben seiner induktiven Arbeit an den Quellen ein Stück von Intuition, von lebendiger »Begegnung mit dem vergangenen Stück Leben« zuschreibt[89] und dann darüber hinausgehend allgemein sagt: »Die Beziehung zur vergangenen Geschichte ist nicht allein und durchaus durch die wissenschaftliche Historie und ihre Methoden vermittelt, sondern geschieht zuvor und entscheidend in unmittelbarer Begegnung des Geistes mit dem vergangenen Stück Leben.«[90] Dieser an sich nicht zu bestreitende Umstand nützt nur gerade dort nichts, wo es so sehr darauf ankäme und sich in unserem Falle alles entscheidet. Durch die Kleinarbeit der historischen Forschung hat sich ja eben gerade herausgestellt, daß Jesus höchstwahrscheinlich nie daran gedacht hat, durch seine Passion die Menschheit mit Gott zu versöhnen. Und durch die Kleinarbeit der historischen Forschung ist die Auferstehung Jesu noch problematischer geworden, als sie es schon vorher war. Dem Glauben ist dadurch so viel Gelände genommen, daß er seiner nicht mehr recht sicher und froh werden kann. Wohl sieht man einiges von Jesus oder kann es doch bis zu einem gewissen Grade erschließen, vermuten, d. h. wir sehen Möglichkeiten, manchmal Wahrscheinlichkeiten, vielfach aber auch nur Probleme. Wenn sich der Glaube auf den »Jesus

---

86 S. 23.
87 ERNST STEINBACH: Mythos und Geschichte. 1951, S. 14.
88 ALTHAUS: Kerygma, S. 39.
89 S. 40.
90 S. 41.

Christus in seiner geschichtlichen, seiner anschaulichen Fülle, in seinem Fleisch und Blut« bezieht[91], so sehen wir einen solchen Jesus jedenfalls nicht. »In dem Menschenbilde Jesu« sollte nach *Althaus* »der Charakter Gottes« ergriffen« werden, »in Jesu geistigem Antlitz das Antlitz Gottes«[92]. Davon kann nicht mehr die Rede sein.

Die Menschen, die mit Jesus waren, haben ihn von Angesicht zu Angesicht gesehen, erlebt, und einige meinten, nach seinem Tode auch den Auferstandenen gesehen zu haben. Als die unmittelbaren Zeugen nicht mehr zur Verfügung standen, hat man sich auf ihre Aussagen berufen und diese weitergegeben, indem der eigene Glaube sich nun auf den Glauben anderer stützte. Und die Wahrheit dessen, was man nicht mit eigenen Augen und Ohren vernommen hatte, sollte dann durch den Heiligen Geist, durch die von ihm vermittelte »Heilige Schrift« beglaubigt werden. Jahrhunderte hat man sich daran gehalten. Inzwischen aber hat sich die Lage von Grund auf verändert. Weder gehören wir zu den Augenzeugen des Auftretens Jesu noch wird uns die Wahrheit der Verkündigung durch irgend jemand anderen oder irgend etwas anderes gewährleistet. Und während die Kraft und Kompetenz des Glaubens geringer geworden ist, hat sich ein ganz neuer Aspekt ergeben, der den Menschen von heute ungemein bereichert, aber zugleich gerade im entscheidenden Punkt ärmer, arm macht: das historische Bewußtsein und der historische Wahrheitsbegriff. Dabei wird zwingend deutlich, daß das neue historische Interesse und der alte Glaube nicht miteinander vereinbar sind. Sie beeinträchtigen sich gegenseitig so sehr, daß eine Beseitigung dieser Spannung nicht nur nicht in Sicht, sondern ganz und gar undenkbar geworden ist. Soviel Mühe man an das Problem des historischen Jesus und des geglaubten Christus in ihrem gegenseitigen Verhältnis gewandt, so sehr man immer wieder versucht hat, beide miteinander zu verbinden: es geht nicht, es kann nicht gehen. Unbeschwert und unbeirrt geglaubt werden konnte Jesus Christus nur, solange es den historischen Jesus als Gegenstand und Ergebnis der Forschung nicht gab. Seitdem es ihn gibt und man erstens erkannt hat, wie bedingt, relativ und ungewiß unser Jesusbild insgesamt beschaffen ist, und man zweitens einsehen muß, wie irrig und geradezu bedenklich Jesu Glaube in den noch am besten gesicherten wichtigsten Punkten beschaffen war, steht das negative Ergebnis der Verhandlung über die Frage Glaube und Geschichte bzw. Geschichte und Glaube fest. Sich entschlossen von einem so problematischen historischen Jesus abzuwenden und blind dem Glauben an den Christus des Kerygmas zu überlassen, ist, wie sich gezeigt hat, kein möglicher Ausweg aus dieser Not. Der historische Jesus geht uns nach und holt uns ein. Er vermag den Glauben nicht zu begründen oder wenigstens zu stützen, aber er ist stark genug, ihn zu beeinträchtigen, zu beunruhigen, in Frage zu stellen und auf die Dauer zu zersetzen. An den Christus des Kerygmas kindlich und unbeirrt glauben konnte nur eine Zeit, die auf dem Gebiete des Historischen noch im Stande der Unschuld lebte. Sie ist dahin.

---

[91] Steinbach: Mythos, S. 18.
[92] Althaus: Kerygma, S. 27.

Von allen unmöglichen Positionen die unglaubwürdigste blieb den Vertretern der neuen Gott-ist-tot-Theologie vorbehalten, die, kritisch genug, beim Gottesglauben entscheidend zurückzustecken, nun, nicht kritisch genug, ersatzweise wieder auf Jesus umschalten. Das ist dann aber schon eine sehr künstliche, um nicht zu sagen, krampfhafte Angelegenheit.

Um eine zweifache Einsicht läßt sich nicht herumkommen: Der christliche Glaube ist ohne den der Geschichte angehörenden Jesus aus Nazareth nicht denkbar und nicht lebensfähig. Das Bild eben dieses Jesus ist andererseits trotz aller Erkenntnisfortschritte so problematisch geworden und außerdem teilweise in ein so zweifelhaftes Licht gerückt, daß es für den Glauben nicht mehr in Betracht kommen kann. Das historische Bewußtsein erweist sich für ihn als geradezu tödlich. Was wir zu sehen vermögen, in schwachen Umrissen sehen, ist eine ebenso originelle wie starke, aber auch extreme kämpferische Persönlichkeit, in der Konfrontation mit überalteten und engen Gebräuchen und Vorschriften nicht weniger in die Zukunft weisend als bahnbrechend mit einer unerhört intensiven Glaubensanschauung, die ihn in zwei Punkten einem furchtbaren Irrtum verfallen ließ: in der verblendeten Erwartung einer im Kommen befindlichen ganz neuen Welt und mit der ungeheuerlichen Überzeugung, daß sich in der Stellungnahme zu ihm, dem Menschen Jesus, das ewige Geschick aller Menschen entscheidet. Daß er einer der ganz Großen der Weltgeschichte geworden ist, beruht wohl nur zum Teil, immerhin zum Teil auf seiner Persönlichkeit, teilweise dagegen auf Umständen und Faktoren, die sich ohne sein Zutun ergeben haben und im einzelnen nicht in vollem Maße erkennbar sind – alles in allem, soweit wir sehen und urteilen können, eine gewiß hochbedeutende, aber nicht nur sehr problematische, sondern auch in Wesen und Wirkung ambivalente Gestalt.

Fünfter Abschnitt

Der Vatergott

Nach der Auseinandersetzung mit den zentralen Aussagen des Christusglaubens, bei welcher historische Erörterungen vielfach einen verhältnismäßig breiten Raum einnehmen mußten, um eine sachgemäße Auffassung als Voraussetzung für die kritische Stellungnahme sicherzustellen, stehen wir jetzt vor der Betrachtung des Gottesglaubens im engeren Sinne. Und hier wird es nun erst recht kritisch. »Gott«, so schreibt der namhafte Theologe Eberhard *Jüngel* in seinem Werk »Gott als Geheimnis der Welt«, »das ist einst ein anspruchsvolles Wort gewesen. Doch es droht immer mehr zu einem unpassenden Wort zu werden«. »Im Horizont derzeitigen wissenschaftlichen Denkens kommt Gott allenfalls noch als Zitat vor.« »Die Wissenschaft bedarf Gottes in keiner Weise.«[1] Die Philosophie unseres Jahrhunderts hat es ja auch ganz überwiegend mit Gott gar nicht mehr zu tun, dagegen ist uns in ihr ein sehr beachtlicher entschiedener Atheismus begegnet. Was schließlich die Theologie einst an Gotteserkenntnis durch reines Denken erarbeitet hat, darf nunmehr ohne weiteres abgeschrieben werden. Mit Gottesbeweisen holt man keinen Hund mehr hinter dem Ofen hervor. Daß jedes Urteil über die Existenz von etwas ontologisch Wirklichem Erfahrung voraussetzt, ist allgemein anerkannt.

Es bliebe also höchstens noch die religiöse Erfahrung, die unter dem uns leitenden Gesichtspunkt noch einmal reduziert werden muß auf die christliche Erfahrung, und genau genommen spitzt sich schließlich alles, was über Gott zu sagen ist, auf Jesus Christus zu, den Anfänger und Vollender des Glaubens. Christliche Theologie kann nach Jüngel »das Wort ›Gott‹ sinnvoll nur in einem Zusammenhang verwenden, der durch das Verständnis des Menschen Jesus bestimmt ist«.[2] Er erinnert an Luther, »der Gott überhaupt nur in Jesus, im Gekreuzigten, kennen wollte«[3] und erklärt: »An Jesus glauben bedeutet, ihn als denjenigen Menschen zu verstehen, durch den und in dem Gott definitiv zugänglich geworden ist.«[4] »Der Gottesgedanke folgt aus diesem Geschehen, ist also nicht dessen Voraussetzung.«[5]

Der damit bezeichnete Weg wird uns indessen durch die bisherigen Betrachtungen versperrt. Das, was wir von Jesus wissen, ist einerseits viel zu wenig und das wenige andererseits auch keineswegs derart, daß ihm diese Leistung und

---

[1] Eberhard Jüngel: Gott als Geheimnis der Welt. 3. Aufl. 1978, S. 1.
[2] S. 13.   [4] S. 207.
[3] S. 46.   [5] Ebd.

damit Bedeutsamkeit für uns heute zugesprochen werden könnte und wir sagen dürften, daß Gott uns in ihm wirklich zugänglich geworden ist. Wenn es eine andere Quelle und Stütze eines wahren Gottesglaubens nicht gibt, dann sind wir damit am Ende. Zur Ergänzung und Bestätigung soll nunmehr wenigstens das Problem des Vatergottes und anschließend das des Schöpfergotts kurz erörtert werden.

Die kürzere Behandlung, die beim folgenden möglich erscheint, dient, was namentlich den vorliegenden Abschnitt betrifft, noch einem besonderen Zweck. Sie möchte sich als so etwas wie eine kleine Demonstration verstanden wissen, die besagen will, daß bei der bestehenden Sachlage an dieser Stelle kaum noch ein eigentliches Problem zu bearbeiten, sondern im Grunde genommen nur noch eine Feststellung zu treffen ist.

Das heißt nicht etwa, daß der Glaube, der den Gegenstand dieses kleinen Abschnitts bildet, lediglich periphere Bedeutung besäße. Im Gegenteil kommt dem Vatergott für den christlichen Glauben, wie kaum ausgeführt zu werden braucht, eine ganz wesentliche und grundlegende Stellung zu. Die Klammer, die ihn mit dem christologischen Glaubensbereich zusammenfaßt, ist ja unverkennbar die, daß der Gott, den der Christ als Vater anruft, zugleich der »Vater unseres Herrn Jesu Christi« ist und daß die in diesem geoffenbarte Liebe den eigentlichen Halt des Glaubens an den göttlichen Vater darstellt.

Abgesehen sei dabei von einer Anschauung, nach welcher die Liebe Gottes »als Grund aller Dinge«, als »Ursprung alles Geschehens« zu verstehen ist, so daß »jedes einzelne Ereignis als Werk schöpferischer Liebe« zu gelten hat.[6] Eine derart totale Sicht wird manchem zu hoch und zu weit erscheinen. Sie dürfte auch in die allergrößten Schwierigkeiten führen. Aber gewiß ist die Aussage »Gott ist Liebe« sehr umfassend, sie enthält, wenn man von dem ursprünglichen Zusammenhang dieser Formel (1.Joh 4,16) absieht, jedenfalls heilige Liebe, Sünderliebe, Gnade und Vergebung, Barmherzigkeit, Güte und Treue. Was aber die *Vater*liebe im besonderen anbelangt, so gehören zu ihr sicherlich vor allem Gerechtigkeit einerseits, Vergebung und liebevolle Fürsorge andererseits. In Gott, dem Vater, sieht der Glaube ein entsprechendes komplexes Verhalten in vollkommener Einheit gegeben.

Die Vaterliebe Gottes zeigt sich bei den Synoptikern und erst recht bei Paulus namentlich im Gedanken der Vergebung und Versöhnung. In dem bekannten Gleichnis vom verlorenen Sohn bei Lukas läuft der Vater dem Heimkehrenden entgegen und nimmt ihn wieder auf (Lk 15,20 ff.). Nach Paulus hat Gott seinen Sohn gesandt, damit wir die Kindschaft, das Recht adoptierter freier Kinder »empfingen« (Gal 4,5 f.), hat darum »seinen eigenen Sohn für uns alle dahingegeben« (Röm 8,32).

Für uns alle – hier stößt man freilich sofort auf eine schlimme Verlegenheit: Der Glaube scheint sich angesichts derer, die nicht zu ihm gelangen, hoffnungslos in sich selbst zu verfangen. Wie ist die Tatsache zu verstehen, daß der

---

[6] PANNENBERG: Theologie, S. 23 f.

für alle geltende Glaube durchaus nicht alle erreicht und das in ihm vermittelte
Heil somit nur einer Minderheit innerhalb der Menschheit zuteil wird? Die
größten Vertreter der Christenheit, Paulus und Johannes, Augustin, Luther und
Calvin haben sich angesichts dieser Kalamität zum Gedanken der Prädestination
bzw. der Erwählung bekannt. Paulus, bei dem einerseits (Röm 11,32) davon die
Rede ist, daß Gott sich aller erbarme, schreibt in demselben Briefe (9,18)
andererseits »Also erbarmt er sich, wessen er will, aber verstockt auch, wen er
will«, und Luther bringt die hier entstehende Paradoxie auf einen in der gesamten Literatur wohl einmalig krassen Ausdruck mit dem Satze: »Das ist der größte
Grad des Glaubens, zu glauben, daß der gütig ist, der so wenige rettet, so viele
verdammt; zu glauben, daß der gerecht ist, der durch seinen Willen uns notwendig verdammenswert macht.«[7] Was ist das für eine Gerechtigkeit, was für eine
Liebe, die damit von Gott ausgesagt wird? Der Glaube verstrickt sich auf diese
Weise offenbar in einen heillosen Widerspruch.

Wenn neben der väterlichen Vergebung Gottes für die sündigen Menschen-
kinder das alte, besonders beliebte Motiv der Fürsorge für den einzelnen im
Neuen Testament nur verhältnismäßig selten erwähnt wird, vor allem in dem
Hinweis des synoptischen Jesus, daß Gott ja auch für die Vögel sorgt, wieviel
mehr für den Menschen, dessen Haare alle gezählt sind (Mt 10,29 ff. = Lk 12,6 f.,
auch v. 24–30), so mag das daran liegen, daß der Vorsehungsglaube in der
christlichen Frühzeit einerseits als selbstverständlich galt und keiner weiteren
Ausführung und Betonung zu bedürfen schien, andererseits aber die Sorge für
das tägliche Ergehen im Glauben des frühen Christentums hinter der intensiven
Ausrichtung auf das in Kürze erwartete Reich der Zukunft weitgehend zurücktrat. Das umgekehrte Verhältnis treffen wir im individualistischen Zeitalter Paul
Gerhardts und des Pietismus an. Auf der göttlichen Führung im irdischen Leben
liegt jetzt der Hauptton: »Befiehl du deine Wege und was dein Herze kränkt der
allertreusten Pflege des, der den Himmel lenkt. Der Wolken, Luft und Winden
gibt Wege, Lauf und Bahn, der wird auch Wege finden, da dein Fuß gehen
kann.« Oder die Gewißheit des Gesanges »In allen meinen Taten«: »Es kann mir
nichts geschehen, als was Er hat ersehen und was mir selig ist«, das Bewußtsein:
»Was Gott tut, das ist wohlgetan«, »Er ist mein Gott, der in der Not mich wohl
weiß zu erhalten, drum laß ich ihn nur walten«. In diesen zu den schönsten
Zeugnissen des christlichen Glaubens gehörigen Liedern kommt sicherlich eine
in gewisser Hinsicht beneidenswerte Lebensauffassung zum Ausdruck, die man,
ins Extrem gesteigert, in Biographien des Pietismus und bei dessen Ausläufern,
etwa in Kreisen der Inneren Mission, noch im 20. Jahrhundert finden kann. Wie
da Gott für alles und jedes im Leben bemüht wird, bekundet freilich vielfach ein
sich auf den Glauben erstreckendes Wichtignehmen der privaten Belange, das
uns heute nur noch schwer glaubhaft und kaum erträglich erscheint. Dieser
Befiehl-du-deine-Wege-Glaube trat in der Moderne, wie es nicht anders sein
konnte, allmählich zurück, er findet sich jedoch in seinem Kern bis in die

---

[7] LUTHER: De servo arbitrio. Im lateinischen Original: Weimarer Gesamtausg. Bd. 18, S. 633.

Gegenwart bei manchen tief gläubigen, auch bei geistig ausgesprochen hochstehenden Menschen eindrucksvoll lebendig, und die ausdrückliche Verwerfung
dieses Motivs bleibt auf dem Boden des Christentums eine seltene Ausnahme.
Eine solche Ausnahme stellt ein jetzt wohl beinahe vergessener Theologe
ausgerechnet mit dem Namen Liebe dar, Reinhard *Liebe*, nach welchem es sich
so verhalten würde, daß »Gottes individuelle Liebe nur einzelnen Menschen
gilt«[8] – religiösen Naturen, die in einzelnen Augenblicken das Einswerden der
Seele mit Gott erleben –, während die »breitchristliche Lehre«, daß »Gott
prinzipiell in gleicher Weise alle einzelnen Menschen täglich fürsorglich liebe«[9],
entschieden abgelehnt wird. Wir sind »viel zu klein und viel zu sehr bloß
›Menschen‹, als daß Gottes Vatergüte andauernd um unser Persönchen sich
mühen sollte«.[10] Gottes »Liebe hat nichts, auch gar nichts mit mütterlicher Liebe
gemein, ist nicht einmal der ›Vaterliebe‹ ähnlich.«[11] Während der Gedanke der
Prädestination zwar eine problematische einseitige Auffassung darstellt, jedoch
aus der christlichen Gesamtposition nicht auszuschließen ist, führt die soeben
erwähnte These fraglos ins Abseits und kann nicht im mindesten mehr als
christlich gelten, wie besonders an der Behauptung deutlich wird, die göttliche
Liebe sehe »mit gelassener Ruhe dem blutigen Lebenskampfe aller Wesen zu«.[12]
Die neuere christliche Einstellung hat zwar jenes übertriebene, zuweilen ans
Geschmacklose grenzende Bewußtsein des Geführtwerdens durch Gott in allem
und jedem Geschehen durchweg überwunden, aber grundsätzlich und in gewissen Grenzen bleibt das Motiv der Führung und Fürsorge Gottes und damit die
heute sogar besonders geschätzte »Geborgenheit« ohne Frage ein unabdingbares
Element der persönlichen Glaubenshaltung.
Genau entgegengesetzt wie der zuletzt genannte aus der theologischen Art
geschlagene Autor hat neuerdings H. *Thielicke* in seiner griffigen Sprache den
springenden Punkt formuliert: »Wenn es wirklich stimmt, das einer da ist, der
sich für mich interessiert.« Thielicke sieht (in einer Weihnachtsbetrachtung) »in
diesem Kinde« »den väterlichen Hintergrund der Welt«, »daß Liebe über und in
der Welt waltet«.[13] Es kommt dabei für uns lediglich auf die behauptete Existenz
einer »Liebe über und in der Welt« an, nicht unbedingt auf das Kind von
Bethlehem, das ja in dem Zitat den ganzen Jesus aus Nazareth vertritt. Auch
dieser vermag jedoch nach dem früher Ausgeführten dem Glauben weder Stütze
noch Gegenstand zu sein. Aber »daß einer da ist, der sich für uns interessiert«, ist
und bleibt zweifellos die Quintessenz des christlichen Glaubens, so negativ auch
dieses *Wenn* – »wenn es wirklich stimmt« – jetzt vielfach beurteilt werden wird.
Auch dem gläubigen Menschen kann indessen die Frage nach dem Sinn des
Leidens zur schweren Bedrückung werden, wenn er die Warum-Frage an Gott

---

[8] REINHARD LIEBE: Über die Kraft der Liebe Gottes. In: ZThK Jg 19. 1909, S. 381
[9] S. 356.
[10] LIEBE: Die Neugeburt des Christentums. 2. Aufl. 1926, S. 166.
[11] LIEBE: Über die Kraft, S. 385.
[12] S. 386.
[13] HELMUT THIELICKE: Warum ich Weihnachten feiere. 1985, S. 69 f.

richtet. Als eine der möglichen Antworten erscheint dann die, daß Gottes Wege nicht unsere Wege sind, daß Gott völlig souverän und für uns ein undurchdringliches Geheimnis ist, so daß dem Menschen nichts übrig bleibt, als sich demütig und gehorsam zu fügen. Das ist die Sicht, zu welcher Hiob sich durchringt – eine fromme Antwort, aber noch nicht eigentlich die volle christliche. Für diese ist es nicht so sehr die Rätselhaftigkeit Gottes, vor der die Klage über das Leiden verstummt, als der Blick auf den, der durch sein Leiden und Sterben die Welt überwunden und uns eine bessere Zukunft eröffnet hat. »Die Leiden der gegenwärtigen Zeit bedeuten nichts gegenüber der Herrlichkeit, die künftig an uns offenbar werden soll« (Röm 8,18). Und nochmals: »Das augenblickliche Leiden wiegt leicht und bringt uns doch ein, was schwer wiegt, ewige Herrlichkeit in überschwenglichem Ausmaß« (2Kor 4,17). Wer gewiß ist, daß ihn »nichts scheiden kann von der Liebe Gottes, die in Christus Jesus, unserem Herrn, ist« (Röm 8.38f.), für den besteht hier offensichtlich kein Problem. So erklärt z. B. H. *Gollwitzer* kurz und bündig: »Die Beantwortung der Warum-Frage geschieht eschatologisch, wenn ›Gott abwischen wird alle Tränen von ihren Augen‹ (Offb. 21,4)«[14]. Aber eben diese eschatologische Lösung ist nach allem, was sich uns früher ergeben hat, unannehmbar geworden. Weder den Grund, den der Glaube in Christus gelegt sieht, noch die Vertröstung auf die Zukunft vermag eine unabweisbare kritische Betrachtung anzuerkennen. Erst recht erscheint es kaum noch notwendig, zu jenem auf das irdische Leben bezogenen Führungsglauben, dem unbedingten Gottvertrauen in jeder Lebenslage, kritisch Stellung zu nehmen. So schön und beinahe beneidenswert dieses Vertrauen anmutet, so begründet ist der Verdacht, daß es ins Leere geht und letztlich eine Illusion darstellt. Noch am wenigsten anstößig erscheint das zurückhaltendere Motiv, im Leiden eine Prüfung Gottes zu sehen, die den Menschen erziehen und ihm Gelegenheit zur Glaubensbewährung geben will. Wenn der Glaubende sich dadurch beruhigt, getröstet und gestärkt fühlt in schweren Erfahrungen, so ist das verständlich, für uns jedoch auch kaum mehr überzeugend, zumal diese Haltung allzu sehr einem Passe-partout-Schlüssel gleicht, der sich immer und überall gebrauchen läßt.

In neuester Zeit hat sich das Problem unter dem Stichwort »Auschwitz« noch erheblich zugespitzt. In einem Beitrag »Die Massenvernichtung als theologisches Problem« zu dem Buch »Gott nach Auschwitz« bezieht sich R. *McAfee Brown* auf R. *Rubenstein*, der »meint, nach Auschwitz sei die Existenz Gottes überhaupt nicht mehr denkbar. Jede andere Schlußfolgerung hält er für unmöglich. Denn Gott müßte, falls ein Gott nach Auschwitz noch existieren könnte, ein moralisches Ungeheuer sein«.[15] In diesem Sinne fragt auch Fr. *Heer* »Kann die Gottheit als ein Vater erscheinen nach Auschwitz?«[16] Gewiß hat es auch in

---

[14] HELMUT GOLLWITZER: Krummes Holz – aufrechter Gang. Zur Frage nach dem Sinn des Lebens. 1970, S. 376.

[15] Gott nach Auschwitz. 1979, S. 89.

[16] FRIEDRICH HEER: Theologie nach Auschwitz. In: Auschwitz als Herausforderung für Juden und Christen. Hrsg. von Günther B. Ginzel. 1980, S. 478.

früheren Zeiten schreckliche Leiden und massenhafte Tötungen von Menschen gegeben, aber in der menschlichen bzw. unmenschlichen Perfektion des Geschehens steht Auschwitz beispiellos da, so daß man denken könnte, hier sei die Quantität in Qualität umgeschlagen und mache es beinahe unmöglich, den Tatbestand in Worte zu fassen. Dem Glauben gilt freilich als das non plus ultra eines schändlichen Geschehens die Kreuzigung Jesu. Sie nennt E. *Brunner* »einerseits Gottes Tat, ja die Tat Gottes schlechthin, die Tat, auf der der ganze Christusglaube beruht; sie ist aber zugleich das unvergleichliche, das furchtbarste Schandmal der Menschheitsgeschichte.«[17] Zieht man jedoch vom Karfreitagsereignis die ihm durch die Beleuchtung des Glaubens verliehene besondere Bedeutung ab und nimmt dieses Geschehen rein als solches, so ist es wahrscheinlich ein Märtyrertod gewesen wie viele andere und wird, wie man wohl sagen muß, durch Auschwitz in den Schatten gestellt. Das, was in diesem Namen beschlossen liegt, ist in der Tat so ungeheuerlich, so unvorstellbar, daß man wirklich fragen muß, wie es noch weiterhin möglich sein soll, damit die Gerechtigkeit und Liebe Gottes zusammenzudenken, um dann den in der Erfahrung gegebenen Befund, so gut oder so schlecht es geht, mit jenem Glaubensgehalt auszugleichen.

Aber auch vor Auschwitz hat sich ja bei so manchem Fall unverschuldeten schweren Leidens immer aufs Neue die alte Frage erhoben: Wie konnte Gott dies zulassen? Durch die unerhörte Steigerung der Bosheit, der Grausamkeit, die Systematik und das Ausmaß der Qualen ist allerdings psychologisch mit Auschwitz eine neue Lage entstanden. An sich war es indessen längst an der Zeit, die seit der Aufklärung immer wieder erörterte Problematik der sogenannten Theodizee, wie sich zu einem vollkommenen Gott die Wirklichkeit des Bösen und der Not, des unsagbaren Leidens verhalte, abzustellen und erst einmal zu fragen, inwiefern von Gerechtigkeit und Liebe Gottes überhaupt die Rede sein kann, worin also diese Annahme eigentlich begründet ist. Durch Auschwitz dürfte diese Umkehrung der Fragestellung nur noch einleuchtender, dringlicher, unabweisbar geworden sein.

Und Auschwitz, so sehr es alles Furchtbare, Grauenhafte, das sich je ereignet hat, übertrifft, gehört, unter unserem Gesichtspunkt betrachtet, noch wieder mit anderen Phänomenen mehr oder weniger zusammen. Fast täglich ist von den ungezählten Hungernden und Verhungernden die Rede – man schätzt die Hungerleidenden jetzt auf eine Milliarde, jeden vierten der Erdbevölkerung. Wer möchte nicht gern helfen; wir wissen auch, daß allerlei, vielerlei geschieht, doch nicht entfernt genug. Aber man fragt sich unwillkürlich auch: Was tut eigentlich Gott, der, wie es heißt, für die Vögel sorgt und erst recht für die Menschen, nun wirklich in Afrika, wenn jahrelang der Regen ausbleibt und es auch bald so viele Menschen geben wird, daß selbst ein günstigeres Wetter und gute Ernten die Bevölkerung dort nicht mehr satt machen können? Auschwitz und der Hunger in der Welt sind die beiden Sachverhalte, die in unserer Zeit

[17] BRUNNER: Dogmatik. Bd. 2, S. 194.

wohl am eindringlichsten gegen den fürsorglichen Vatergott zeugen, aber sie sind durchaus nicht die einzigen, wenn es sich um dieses Problem handelt. In Wahrheit ist ja schon die göttliche Fürsorge für die Tiere eine sehr naive, geradezu abwegige Vorstellung, die durch die Einsicht in die auf unbarmherzigen Kampf ums Dasein der Arten und der Individuen angelegte Beschaffenheit der Natur auf den Kopf gestellt wird. Und die die Menschen immer wieder heimsuchenden Naturkatastrophen wie Erdbeben und Überschwemmungen sprechen nicht weniger als die Seuchen und ungezählten Kriege eine ganz andere Sprache. Dies gilt erst recht für dauernde, wohl gar lebenslängliche Krankheit oder Mißbildung von Geburt an. Neben dem Hunger im eigentlichen Sinne ist aber auch an den ungestillten Hunger nach Liebe, namentlich bei so vielen Frauen der Vergangenheit zu denken, denen die herrschenden Ansichten und Sitten die Erfüllung ihrer Natur, ihres Lebens, und dies im Namen christlicher Gebote, verwehrten. Und wie steht es etwa mit dem Phänomen der Homosexualität? Muß dieses nicht ganz besonders nachdenklich machen? Es ist gewiß zu begrüßen, daß die so Veranlagten nicht mehr in dem Maße wie früher der Verfehmung ausgesetzt sind. Aber nur mit einer humaneren Beurteilung und Behandlung dieser Menschen ist es ja nicht getan. Unwillkürlich ergibt sich auch hier die Frage, worin, als Gott sie so andersartig – früher hätte man gesagt: abartig – schuf, seine väterliche Güte und Fürsorge für sie bestanden haben mag. Und dieses Beispiel steht wiederum mit für alle die anderen Menschen, die offensichtlich allzu schlecht weggekommen sind bei ihrer Ausstattung fürs Leben. Die Auskunft, daß Gott seine besonderen Gedanken mit einem jeden von ihnen habe, daß das ihnen auferlegte Schwere eine Prüfung sei, eine Gelegenheit zur Bewährung ihres Glaubens, jene schon genannte und im Grunde genommen einzig übrigbleibende Möglichkeit, wie sich der Glaubende mit solchen Dingen abzufinden sucht, wird auf die Dauer nicht mehr imstande sein, die hier entstehenden schwersten Bedenken und Zweifel zu überwinden, ganz abgesehen davon, daß der Gedanke einer göttlichen Prüfung, auf Auschwitz oder die Verhungernden bezogen, beinahe gotteslästerlich anmutet. »Wenn *Camus* fragt, warum Gott zuläßt, daß in dieser Welt Kinder gefoltert werden, leiden und sterben«, so gesteht ein Theologe wie H. *Zahrnt*, darauf keine Antwort geben zu können. Er könne »nur bezeugen, daß Gott auch diese Kinder in seiner Hand hält und selbst im Leiden bei ihnen ist«[18]. Wieviel wiegt ein solches Zeugnis? Papst Johannes Paul II. hat sogar erklärt, daß »Gott die Armen ganz besonders liebt«[19]. Wäre dem so, dann müßten allerdings die am meisten von Gott Geliebten die gefolterten Kinder und die Opfer von Auschwitz sein. Wer im Interesse der Wahrheitsfindung allzu ausgefallene Annahmen grundsätzlich beiseite lassen zu müssen meint, der wird, anstatt sich mit derartigen Bekenntnissen und Behauptungen aufzuhalten, schlicht und einfach fragen: Was spricht eigentlich

---

[18] HEINZ ZAHRNT, zit. nach: Diskussion um Kreuz und Auferstehung. (Klappert), S. 152.
[19] Zit. nach JOSEPH KARDINAL HÖFFNER in der Beil. »Die geistige Welt« der »Welt« vom 19. Oktober 1985.

sachlich, ganz unvoreingenommen geurteilt, für den Glauben an die Liebe Gottes, ohne daß diese immer schon vorausgesetzt und dann mit dem Mut der Verzweiflung festgehalten wird? Mit anderen Worten: Wir möchten nicht glaubend den Kopf in den Sand stecken, sondern erstreben sehr nüchtern eine rein sachliche Antwort. Nicht blindes Glauben an die Liebe Gottes, die nun einmal zum Glauben gehört, sondern gezieltes Fragen, nicht Bekennen, sondern Beobachten, Urteilen und Begründen sind gefordert.

Der Glaube ist von der väterlichen Gerechtigkeit und Liebe Gottes überzeugt aufgrund der Offenbarung, und die Theologie hat diese Grundlage zu akzeptieren. Die im Zeitalter der Aufklärung von der Philosophie ausgegangene Erörterung des Problems, der Versuch, Gott in einer »Theodizee« gegen gewisse Anklagen zu rechtfertigen, blieb der Theologie bis heute im Grunde genommen wesensfremd. Sieht man sich nun zwangsläufig veranlaßt, die theologische Fragestellung durch die philosophische zu ersetzen, so gilt es jetzt, ganze Sache zu machen, d. h. auch das Verfahren der Theodizee einzustellen und ganz von vorn zu beginnen. Es geht hier also nicht um die Beurteilung der Versuche, die Gerechtigkeit und die Liebe Gottes mehr oder weniger erfolgreich zu verteidigen, es muß vielmehr jetzt gefragt werden: Wie kommt es überhaupt zu dieser Annahme, und wie steht es mit ihrer Begründung? Auf diese Umkehrung der Fragestellung ist es abgesehen.

Die gewaltige Ungleichheit der Begabungen und die Unterschiede in den Anlagen insgesamt sind kennzeichnend für die menschliche Art. Ein ungerechtes Schicksal wird dem Menschen gleichsam schon in die Wiege gelegt, es ist geradezu a priori gegeben. Inwiefern gilt Gott eigentlich als gerecht? Und was insbesondere seine Liebe betrifft, so hat ein alles andere als atheistisch eingestellter Philosoph, Karl *Groos*, der dem Gottesproblem auf dem Wege einer induktiven Metaphysik beizukommen suchte, überdies ein milder, ganz und gar nicht polemischer Denker, hier die entscheidende Weichenstellung vorgenommen und die Sachlage sehr prägnant formuliert: »Sieht man nur auf die Tatsachen«, stellt er, einige Jahre vor Auschwitz, fest, »so kann man bei dem Anblick der furchtbaren Leiden, denen das Leben ausgesetzt ist, schwerlich auf den Gedanken kommen, daß der Weltlenker von Liebe zu den Menschen beseelt sei«[20]. So sachlich, kurz und klar ist dieser ebenso einfache wie bedeutungsvolle Sachverhalt kaum je ausgesprochen worden.

Es ist auch nicht etwa möglich, die Annahme der Liebe Gottes mit der im menschlichen Bereich erfahrbaren Liebe im Sinne der christlichen Nächstenliebe und humanitären Güte in der Weise in Zusammenhang zu bringen, daß diese auf jene, die göttliche Liebe, zurückgeführt wird, denn was an solcher Liebe und Güte in der Menschheit zu finden ist, läßt sich durch die Evolution hinreichend erklären. Dazu wird Gott nicht benötigt. Die Nächstenliebe ist nicht irgend-

---

[20] KARL GROOS: Seele, Welt und Gott. 1952, S. 161. Zuerst in: Blätter f. dt. Philos. Bd. 13. 1939, S. 375. – Der genannte Autor war der Lehrer des Verfassers, dieser jedoch nicht mit ihm verwandt.

wann irgendwo einmal vom Himmel gefallen, vielmehr wie die Gerechtigkeit als Norm und Praxis des Verhaltens im Verlaufe der natur- und kulturgeschichtlichen Entwicklung ausgebildet worden, freilich nirgends so besonders und stark ausgeprägt, betont und verwirklicht wie auf dem Boden des Christentums – das soll nicht von ihm genommen, sondern ihm ausdrücklich bestätigt und hier hervorgehoben werden. Aber dieser geschichtliche Sachverhalt ist etwas anderes als derjenige, um den es im Glauben geht. Die Aussage, daß Gott uns *zuerst* geliebt hat (1.Joh 4,19), ist eben nicht empirischer Art. Sie ist ein Glaubensgedanke und, wie man wird sagen müssen, letztlich ein Wunschtraum, schwerlich etwas anderes und mehr. Ausgangspunkt unseres Denkens und maßgebend für unser Urteil muß die Beschaffenheit der Wirklichkeit sein, und sie spricht, wie sich immer wieder gezeigt hat, nicht für einen Vatergott. Nicht, daß die Welt etwa ebensogut als ein Werk des Teufels gelten könnte, wie man auch wohl gesagt hat[21], keineswegs. Nicht nur der mythische Charakter dieser Figur läßt eine solche Auffassung ungeeignet erscheinen, sie würde auch der durch und durch ambivalenten Qualität des Lebens selbst durchaus nicht gerecht werden. Aber wir haben uns allerdings einzugestehen: Der Gedanke der Liebe Gottes liegt, wenn man die Erfahrung ausschlaggebend sein läßt, alles andere als nahe. Er ist überhaupt nicht begründbar und schlechthin nicht zu halten.

Man muß deshalb ernstlich fragen, ob vom Vatergott noch weiterhin mit gutem intellektuellen Gewissen die Rede sein kann. Die vielleicht letzte schöne Blüte des christlichen Glaubens, bevor die Aufklärung die Axt an die Wurzel des Baumes zu legen begann, die Überzeugung von der göttlichen Fügung und Führung des persönlichen Lebens – diese Erkenntnis ist nicht zu umgehen – dürfte endgültig zum Absterben verurteilt sein. »Es führt kein Weg zurück zum Kindervater, der Wolken, Luft und Winden Wege, Lauf und Bahn gibt«, stellt D. *Sölle* fest.[22] Damit wird nun auch von theologischer Seite unumwunden ausgesprochen, was nicht mehr zu leugnen ist und woran es nichts mehr zu deuten gibt. Es *ist* einfach so. Das heißt: Der vorliegende, dem Vatergott geltende Abschnitt besteht lediglich in einer Fehlanzeige, nicht mehr und nicht weniger.

---

[21] Vgl. dazu J. MOLTMANN: Der gekreuzigte Gott. S. 206.
[22] DOROTHEE SÖLLE: Atheistisch an Gott glauben. 1968, S. 58.

Sechster Abschnitt

Der Schöpfergott

Von dem biblischen Schöpfungsbericht und insbesondere dem Sechs-Tage-Werk Gottes braucht hier nur zweierlei festgehalten zu werden. Im Unterschied von der Mehrzahl der außerbiblischen Mythen, die den Schöpfungsvorgang als einen »Kampf mythisch-personifizierter Urkräfte« verstehen, ist in Gen 1–2,4 »von dem Gott die Rede, der vor aller Welt war und der die Welt aus der Freiheit seines Willens geschaffen hat«.[1] Der Gott, der da am Werk ist, auf dessen schöpferisches Wort hin Himmel und Erde, Pflanzen, Tiere und Menschen geworden sind, strahlt eine unendliche Erhabenheit und Machtfülle aus. In Gen 2,4 setzt freilich ein anderer Bericht mit der naiven Vorstellung ein, daß Gott den Menschen wie ein Töpfer aus einem Tonkloß macht. So oder so jedoch, die Schöpfung gipfelt im Menschen, und aus dem Willen Gottes ist alles hervorgegangen.

Der Glaube an diesen Schöpfergott des Alten Testaments, der auch der Gott des christlichen Glaubens ist, mußte mit den Naturwissenschaften zusammenstoßen, als nach den grundlegenden Veränderungen des Weltbildes im übrigen (Kopernikus, Kepler, Galilei, Newton) auch noch der Mensch und seine Herkunft in eine ganz neue Sicht rückten, die mit dem Namen Darwins verbunden ist. Genauer genommen sollte man hier noch eine Unterscheidung beachten. Darwinismus wird üblicherweise oder doch, sofern man das Wort nicht auf die Waagschale zu legen pflegt, sowohl die Deszendenztheorie als auch die Selektionstheorie genannt. Die Abstammung des Menschen und überhaupt der höheren Lebensformen von niederen ist jedoch bekanntlich schon vor Darwin vertreten worden, so daß es »historisch richtiger« ist, nur die Selektionstheorie als Darwinismus zu bezeichnen. In ihr besteht wenigstens »die eigentlich originale Leistung Darwins«.[2]

Was zunächst die Deszendenztheorie betrifft, insbesondere die Abstammung des Menschen von äffischen Vorfahren, so hat sie geistesgeschichtlich wohl noch höhere Wellen geschlagen als einst die Wandlung des astronomischen Weltbildes. Sie mußte bei gläubigen Christen Zweifel und starke Beunruhigung hervorrufen und stieß in der Theologie zunächst auf heftigen Widerstand, schien sie

---

[1] GERHARD VON RAD: Die biblische Schöpfungsgeschichte. In: Schöpfungsglaube und Evolutionstheorie. Eine Vortragsreihe. 1955, S. 30.
[2] GERHARD HEBERER: Darwinismus. In: RGG³, Bd. 2, Sp. 42.

doch nicht nur dem Menschen seine Sonderstellung zu nehmen, sondern damit auch der größte und wichtigste Teil des göttlichen Schöpfungsaktes sich zu erübrigen. Die Vertreter eines konservativ-orthodoxen Standpunkts wollten anfangs sogar am Sechs-Tage-Werk und an der Konstanz der Arten festhalten. Die absolute Einzigartigkeit des Menschen und die unmittelbare Wirksamkeit des Schöpfers sollten auf keinen Fall geopfert werden. Von dieser Denkweise sind wir heute sachlich weiter entfernt, als es ein Zeitraum von nicht viel mehr als hundert Jahren erwarten lassen würde.

Nicht nur der Abstammungslehre kommt trotz gewisser im einzelnen noch bestehender Probleme längst der Rang einer Tatsache zu, auch die Selektionstheorie genießt als kausale Ergänzung der Deszendenztheorie inzwischen ziemlich allgemeine wissenschaftliche Anerkennung, obschon nicht in ganz demselben Maße. Als Hauptfaktoren, die zur Entstehung und Umwandlung der Arten geführt haben, gelten danach erstens die Mutabilität, wie es anstatt der noch nicht eindeutigen Variabilität Darwins heute heißt, und zweitens die »natürliche Zuchtwahl«, die eigentliche Selektion, die nicht nur der Ausmerzung des Lebensuntüchtigen dient, sondern auch positiv als Begünstigung des Brauchbaren aufzufassen ist, ja, der als solcher geradezu schöpferische Bedeutung zukommt.[3] Nimmt man noch einige wenige nicht ganz so wichtige andere Faktoren wie Einmischung, Isolation und Zufallseinwirkungen auf das Erbgut einer Population hinzu[4], so sind die Mechanismen genannt, denen unter Ausschließung jeder Art von teleologischen, zielstrebigen, lenkenden, also metaphysischen Kräften, die Evolution zugeschrieben wird. G. *Heberer*, einem der führenden Forscher auf diesem Gebiet scheint es jedenfalls, »als ob die experimentelle Phylogenetik mit der Analyse des aktuellen Evolutionsmechanismus die Grundzüge der Kausalität der Evolution überhaupt erfaßt hat«.[5] Und mit ihrem mechanistischen Charakter steht und fällt diese Theorie.

Die Selektionstheorie hat deshalb nicht nur vom Glaubensstandpunkt aus Widerstand erfahren; rein sachliche Einwände und Bedenken sind immer wieder einmal auch von einzelnen Naturforschern[6] und gelegentlich von philosophischer Seite, so schon von Eduard v. Hartmann und neuerdings von Erich Brock[7] erhoben worden, Einwände, die man mindestens zunächst keineswegs ohne weiteres von der Hand weisen wird, ja, die sogar z. T. recht plausibel anmuten. Um drei Punkte geht es dabei hauptsächlich. Einmal um den Hinweis, daß bei der Höherentwicklung die allmähliche Steigerung der zunächst noch gar

---

[3] Vgl. ERNST MAYR: Zufall oder Plan. Das Paradox der Evolution. In: Evolution und Hominisation. Festschr. zum 60. Geb. von Gerhard Heberer. 1962, S. 27.

[4] Über die Faktoren s. WILHELM LUDWIG: Die Selektionstheorie. In: Die Evolution der Organismen. Hrsg. von G. Heberer, 2. Aufl. Bd. 1. 1959, S. 673 ff.

[5] GERHARD HEBERER: Theorie der additiven Typogenese. In: Evolution der Organismen. Bd. 2, S. 909.

[6] Zuletzt: JOACHIM ILLIES: Der Jahrhundertirrtum. Würdigung und Kritik des Darwinismus. 1983.

[7] ERICH BROCK: Naturphilosophie. 1985.

nicht nützlichen Anfangsstadien nicht erklärbar ist. Um sich in dieser Weise auswirken zu können, müssen sie ja erst einmal da sein. Die Schwierigkeit, ferner, komplexe Merkmale zu erklären, die sich aus zahlreichen anscheinend harmonisch aufeinander abgestimmten, aber offenbar ganz getrennt entstandenen Komponenten zusammensetzen. Schließlich und erst recht die Bildung unendlich komplizierter, wiederum harmonisch strukturierter, vielfach auch überaus eigenartiger und schöner Gestalten und Typen, die einen Bauplan vorauszusetzen scheinen, besonders schwer vorstellbar im Blick auf die Entstehung weit voneinander entfernter Formen (»transspezifische Evolution«[8]). Für die durch paläontologische und experimentelle Arbeit unterstützte phylogenetische Forschung spielen solche Einwendungen indessen kaum eine Rolle. Mit größter Bestimmtheit betont *Heberer* das »additive Entstehen komplizierter Gefüge«[9] und den hohen Wahrscheinlichkeitsgrad der »additiven Typogenese«[10].

Von dieser ihrer Sache sehr sicheren Haltung der zuständigen Wissenschaft aus muß man sich daran erinnern, daß Darwin selbst über seine neue Entdeckung anfangs ungemein überrascht und beinahe bestürzt war. Er meinte geradezu, »in einer einfach hoffnungslosen Sackgasse« zu stecken: »Ich kann nicht glauben, daß die Welt, wie wir sie sehen, das Ergebnis von Zufall ist, und andererseits kann ich nicht jede Einzelheit als planvoll betrachten.« E. *Mayr*, der diesen Satz zitiert[11], würdigt »das wahre Ausmaß von Darwins Zwangslage«: »Fast alle Schritte, die zum Evolutionsgeschehen beitragen, scheinen vollständig oder weitgehend vom Zufall bestimmt zu sein; dennoch ist vollkommene Adaption das Endprodukt der Evolution. Wie kann dieser scheinbar hoffnungslose Widerspruch gelöst werden?«[12] Die Antwort lautet: durch die Unterscheidung der beiden für die Evolution entscheidenden Faktoren. Die Mutationen sind in der Tat beherrscht allein vom Zufall. »Genau das Gegenteil trifft für die Selektion zu: Hier geht es um Überleben und unterschiedliche Beiträge zur Fortpflanzung der Art, und da herrscht alles andere als blinder Zufall. Es gibt ein englisches Sprichwort, das sich hier anwenden läßt: ›Nichts hat so viel Erfolg wie Erfolg‹, und das ist das Geheimnis der Auslese.«[13] So kann dieser Autor das Problem auf die brillante Formel bringen: »Die Lösung von Darwins Paradox ist, daß die Auslese selbst den Zufall in Plan verwandelt.«[14]

Die Verdrängung der Schöpfung durch eine derartige Theorie hat die Theologie verständlicherweise zunächst rundweg abgelehnt. Auf einen extremen Ausdruck wurde diese Ablehnung von G. *Wobbermin* gebracht: »Daß von selbst und zufällig Zellen, welche die Fähigkeiten besitzen, sich zu furchen, zu teilen, zur Morula und Blastula sich auszugestalten, zur Gastrula sich einzustülpen, entodermische, ektodermische und mesodermische Gebilde zu entfalten und so

---

[8] Vgl. Bernhard Rensch: Neuere Probleme der Abstammungslehre. 3. Aufl. 1972.
[9] Gerhard Heberer: Theorie, S. 896.
[10] S. 910.   [12] S. 24.   [14] S. 34.
[11] Mayr: Zufall, S. 21.   [13] S. 25.

schließlich höchst komplizierte Organismen hervorzubringen, bis hinauf zum Menschen, der das Weltall selbst zum Gegenstand seines Fragens und Forschens macht«, »daß solche Zellen zufällig und auf rein kausal-mechanischem Wege entstanden sein sollten, das zu behaupten – ist Wahnsinn, hat es gleiche Methode.«[15] Da es unmöglich geworden schien, Gott jederzeit spontan-willkürlich unmittelbar in das Kausalgeschehen eingreifen zu lassen, hat man sich vielfach mit einer Ergänzung des kausalen Geschehens durch teleologische Faktoren (Entelechien, Dominanten, élan vital und dergl.) geholfen, wobei deren Verhältnis zur anderen, mechanischen Kausalität freilich nie recht geklärt werden konnte. Aber so geht es ohnehin nicht mehr. Zu entschieden besteht die Genetik auf dem mechanistischen Sinn ihrer Methode und Ergebnisse.

Eine außerordentlich wichtige Bestätigung und Ergänzung hat die Selektionstheorie durch die junge Wissenschaft der Molekularbiologie erhalten. Die Evolution muß, wie Manfred *Eigen* ausführt, »von Zufallsereignissen ausgehen. Das ist jedoch nicht gleichbedeutend mit der Annahme, daß das einfachste ›lebende System‹ durch zufällige Anordnung seiner Bausteine zustande gekommen ist«. 1. »Der Vorgang der Selbstorganisation« – die Erkenntnis der »Selbstorganisation der Materie« ist sicherlich als bahnbrechend, ja, epochemachend anzusehen – »benötigt bereits auf der molekularen Ebene eine Instruktion.« »2. Instruktion erfordert Information.« Erforderlich ist »eine Beziehung zwischen Information und Funktion. Diese Beziehung muß eine ›Bewertung‹ der Information zum Ausdruck bringen, und der Wertbegriff muß sich auf physikalische Eigenschaften zurückführen lassen. Dazu brauchen wir einen Ausleseprozeß, das heißt: 3. Information durch Selektion.«[16] »In jedem, auch noch so einfachen ›lebenden System‹ ist Information und Funktion durch vielfältige Rückkoppelung miteinander verknüpft.« Bereits das Virus besitzt seinen »raffiniert ausgeklügten Bauplan. In diesem sind die räumliche Anordnung wie auch die Funktion von Millionen von Atomen exakt festgelegt.« »Jedes Lebewesen besitzt seinen eigenen Organisationsplan!« Und was wohl das Merkwürdigste ist: »Die molekulare ›Geheimschrift des Lebens‹ bedient sich eines Alphabets von nur vier ›Buchstaben‹, repräsentiert durch vier verschiedene Untereinheiten der Nukleinsäuren.« Während diese den Code zur Verfügung stellen (Legislative), wird die Ausführung des Planes (Exekutive) von den Proteinen übernommen. Und besonders wichtig: »Die biologisch wirksamen Makromoleküle sind nicht spontan entstanden, sondern haben sich Schritt um Schritt ihrer Funktion angepaßt. Eine Selbstorganisation muß schon auf molekularer Ebene, d. h. vor Entstehung der uns bekannten niedrigsten Organisationsformen zellulären Lebens begonnen haben. Das bedeutet, daß Darwins Prinzip der natürlichen Auslese bereits im molekularen Bereich Gültigkeit besitzt.«[17] So steht es dem-

---

[15] GEORG WOBBERMIN: Der christliche Gottesglaube in seinem Verhältnis zur heutigen Philosophie und Naturwissenschaft. 2. Aufl. 1907, S. 96.
[16] MANFRED EIGEN: Selbstorganisation der Materie und die Evolution biologischer Makromoleküle. In: Die Umschau: Jg 70. 1970, S. 777f.
[17] DERS.: Leben. In: Meyers Lexikon. Bd. 14. 1975, S. 713f.

nach: Zufall und Naturgesetzlichkeit fassen ineinander, zwei Säuren arbeiten
Hand in Hand. »Die Entstehung des Lebens ist bei Erfüllung der materiellen
Voraussetzungen ein physikalisch determiniertes, unabwendbares Ereignis.«[18]
C'est la vie! Mechanistischer geht's nimmer!

Wenn die Betrachtung nunmehr zu der Frage übergeht, was die Theologie aus
dieser Lage gemacht hat, so sei nochmals betont, daß es sich dabei nicht mehr um
die Abstammung handelt, um die Tatsache der Evolution als solche mithin; sie
ist auch von der Theologie in vollem Umfang akzeptiert. Das Problem ist einzig
und allein die theologische Bewältigung ihrer *Erklärung*, die Erklärung des dabei
wirksamen Mechanismus: der Selektion.

Der Theologe und Naturwissenschaftler Günter *Altner* unterscheidet drei
theologische Versuche einer Bestimmung des Verhältnisses von Schöpfung und
Evolution. Der erste: »Unter Anerkennung eines allgemeinen Entwicklungszu-
sammenhanges werden naturwissenschaftlich nicht faßbare Einflüsse (Sprünge
und Zielgerichtetheiten) behauptet, die das kausale Faktorengefüge beeinflussen
sollen. Hinter dieser Behauptung steht die metaphysische Vorstellung eines
göttlichen Schöpferwirkens, das den natürlichen Entwicklungsprozeß umgreife
und sich in der Durchbrechung und Steuerung immanenter Wirklichkeitsbezüge
manifestiere.«[19] Altner weist auf die apologetische Tendenz dieses Ansatzes hin
und bemerkt: »Das gegenwärtige Gespräch über Entwicklung und Schöpfung
wird von dieser Einstellung kaum noch berührt.«[20] Die damit erfolgte Feststellung ist sehr begrüßenswert, weil sich hierdurch eine nochmalige Auseinandersetzung mit einer Reihe namhafter Theologen erübrigt.

Bei dem zweiten Versuch wird »die natürliche Entwicklung des Kosmos und
des Lebens« »für naturwissenschaftlich analysierbar gehalten. Schöpfungsglaube und Entwicklungsgedanke stellen nach dieser Sicht der Dinge Erkenntnis-
weisen auf verschiedenen Ebenen dar, die sich wohl am gemeinsamen Gegenstand durchdringen können, nicht aber in Konkurrenz zueinander stehen müssen«.[21] Das naturwissenschaftliche Weltbild wird also uneingeschränkt anerkannt, aber durch die theologische Betrachtung ergänzt, überlagert. Über diese
Art der Verhältnisbestimmung, die vor allem der Dialektischen Theologie und
in ihrer Nachfolge stehenden Autoren zuzuordnen ist, sagt Altner: »Nicht das
Verhältnis von Schöpfung und Entwicklung, sondern das Verhältnis von Schöpfungsglaube und Entwicklungsgedanke« stehe dabei »zur Debatte«.[22] Wem es
nicht um die Betrachtung von Einstellungen, Anschauungen, sondern allein um
die Sache selbst zu tun ist, der kann sich eine Auseinandersetzung mit dieser Art
der Stellungnahme erst recht ersparen.

Ein dritter Ansatz will die Wirklichkeit der Schöpfung als »Einheit von
Gotteswirklichkeit und Weltwirklichkeit« begreifen. »Der Dualismus von

---

[18] S. 715.
[19] GÜNTER ALTNER: Grammatik der Schöpfung. Theologische Inhalte der Biologie. 1971,
S. 7.
[20] Ebd.   [21] S. 7f.   [22] S. 8.

Transzendenz und Immanenz wird dergestalt überwunden, daß die Zukunft der natürlichen Entwicklung als die Zukunft Gottes aufgefaßt wird. Die fortschreitende Entwicklung muß nun so gedacht werden, daß die Offenheit der Welt Zeichen ihres Schöpfungsseins ist«.[23] Dieser von Altner selbst vertretene Standpunkt erscheint freilich mehr als fragwürdig. Man wagt nicht wie einst, theologische Positionen zu verteidigen, die im Gegensatz zu naturwissenschaftlichen Anschauungen stehen, und begrüßt es um so mehr, an die mit Heisenbergs Unschärferelation eingetretene Lage in der Mikrophysik anknüpfen zu können. Deshalb meint man, das evolutionäre Geschehen nicht mehr ganz so streng kausal auffassen zu müssen. Es wird als in einem bestimmten oder vielmehr unbestimmten Grade offen angenommen, so daß Raum für schöpferische Entwicklung bleibt.

Die einzelnen Stufen der Evolution sieht der Autor gemäß der Abstammungslehre als aufeinander rückführbar an, macht jedoch darauf aufmerksam, daß sie sich der unmittelbaren Ableitung entziehen. Vor allem »entzieht sich die Menschwerdung des Menschen einer rein biologischen Analyse und bedarf der Ergänzung durch spezifisch humane Kategorien«.[24] Und sicherlich wird beim Menschen alles sehr viel verwickelter, unvergleichlich vielseitiger und reicher, was entsprechend berücksichtigt werden muß. Aber dies besagt doch nur, daß der Mensch nicht lediglich in die Biologie bzw. Zoologie gehört, sondern eben auch und insbesondere Gegenstand einer Anthropologie ist. Damit sind wir jedoch noch nicht bei der Theologie und einem etwaigen schöpferischen Willen Gottes. Dieser Hinweis führt also in der Sache nicht weiter.

Besonders bezeichnend ist die These, entgegen der »Vision vom ewigen und unabänderlichen Kausalgesetz« erweise »sich das Evolutionsgeschehen als ein Prozeß«, »mit offenem Anfang und nicht voraussagbarem Ende«.[25] Dies darf keinesfalls überbewertet werden. Wohl läßt sich die Zukunft in dem Sinne offen nennen: »Die nächsthöhere Stufe kann erwartet, nicht aber vorausgesagt werden.«[26] Aber diese Nichtvoraussagbarkeit schließt keineswegs aus, daß nicht doch alles im Sinne der Selektionstheorie mit rechten Dingen, d. h. rein mechanistisch zugeht. Wenn einerseits der naturwissenschaftliche Standpunkt, eben die Selektionstheorie, wirklich in vollem Umfang vorausgesetzt und andererseits der Gedanke an eine innerhalb des Evolutionsprozesses spontan erfolgende Schöpfung nahegelegt wird, so ist unerfindlich, wie das miteinander vereinbar sein soll. Die Zukunft ist ja in Wahrheit nur so weit offen, wie die Selektionstheorie es erlaubt.

Mit einem zweiten Schritt erreicht diese neue Theologie vollends den Anschluß an das moderne Denken, indem sie sich über den Dualismus von Gott und Welt, Transzendenz und Immanenz hinwegsetzt, ihn »überwindet«. Gott geht in die Evolution ein.

Durchaus zustimmen könnte man der Feststellung: »In aller Erklärbarkeit bleibt die Entstehung von Höherem aus Niederem als paradoxer Sachverhalt«

---

[23] Ebd.   [24] S. 70.   [25] Ebd.   [26] S. 71.

bestehen[27], wenn nicht dessen paradoxer Charakter durch die Deutung als Schöpfungsereignis wieder beseitigt würde. Gott soll irgendwie unmittelbar an dem Evolutionsgeschehen beteiligt gedacht, »als der in die Dynamik des Geschehens ›Eingeflochtene‹ verstanden« werden, wie es unter Hinweis auf die amerikanische »Prozeßtheologie« heißt.[28] Daß Teilhard de Chardin hier nicht fern ist, versteht sich, aber Altner scheut sich nicht, auch Manfred Eigen heranzuziehen, in dessen Modell der Epigenese er »eine Reihe von Interpretationselementen« finden will, »die auch für die christliche Schöpfungstheologie konstitutiv sind«.[29] So hält er es »im Rahmen eines epigenetischen Konzeptes« für »notwendig, die Transzendenz Gottes immanent bzw. evolutiv zu denken«[30]. Und zur Beseitigung des Gegensatzes von Immanenz und Transzendenz kommt noch die Vereinnahmung des heilsgeschichtlichen Denkens in das natürliche Evolutionsgeschehen. »Wäre es nicht möglich«, meint der Autor, »die Inhalte des christlichen Glaubens, die Lehre von der Schöpfung, die Christologie, die Eschatologie, den Sündenbegriff, die Lehre von Gesetz und Evangelium in den Dimensionen einer evolutiven Transzendenz zu denken?«[31] Nein, kann man hierzu nur sagen, das ist ganz und gar nicht möglich. Mit dem Verfahren, alles zu einem Eintopf zusammenzurühren, ist weder dem naturwissenschaftlichen Denken noch dem Glaubensdenken gedient. Gotteswirklichkeit und Weltwirklichkeit als Einheit begreifen, die Transzendenz Gottes immanent, evolutiv denken – mit einer solchen Zielsetzung werden von jeher mit Recht unterschiedene, klar entgegengesetzte wichtige Begriffe, Anschauungen, Positionen vorsätzlich ineinander geschoben, verwischt und damit entwertet. Wenn ein Naturwissenschaftler wie Eigen betont, daß der Gott, von dem aus seiner Sicht allenfalls die Rede sein kann, »ein Synonym für Natur« ist[32], so weiß er, was er sagt, und hat seine guten Gründe dafür. Wenn dagegen ein Theologe sich in diesem Sinne äußert, dürfte er seine Aufgabe verfehlen. Nur als ganz abwegig kann es in christlicher Sicht gelten, wenn die Zukunft der natürlichen Entwicklung als die Zukunft Gottes ausgegeben wird, wie überhaupt der Begriff der Zukunft Gottes höchst befremdlich ja, verdächtig erscheint. Gott ist dem christlichen Glauben der ewige, der gewiß die Zukunft bestimmt, aber nicht eigentlich eine Zukunft hat, jedenfalls nicht der Zukunft unterliegt. Wenn man also jetzt von seiner Zukunft spricht, so geschieht das vermutlich im Interesse der Aktualität, um ihn so dem modernen Denken anzunähern und einzugliedern. Erreicht wird damit jedoch lediglich, daß Gott seinen Charakter verliert, seine Substanz einbüßt.

---

[27] S. 72.
[28] GÜNTER ALTNER: Zwischen Natur und Menschengeschichte. Perspektiven für eine Schöpfungstheologie. 1975, S. 43.
[29] S. 41.
[30] S. 43.
[31] ALTNER: Grammatik, S. 75.
[32] MANFRED EIGEN u. RUTHILD WINKLER: Ludus vitalis. In: Mannheimer forum. 73/74, S. 113.

Eng berührt sich mit den skizzenhaften Darlegungen Altners die jüngste ausführlichere theologische Arbeit über das Schöpfungsproblem: »Gott in der Schöpfung« von Jürgen *Moltmann* (1985). Auch hier das Andauern der Schöpfung, die Evolution als Schöpfung, die Offenheit der Zukunft und der Übergang der Schöpfungslehre zur »neuen Schöpfung«, in die Eschatologie. Uns beschäftigt wiederum vor allem das Verhältnis der vom Autor ins Auge gefaßten Evolution zum naturwissenschaftlichen Denken einerseits und zur Schöpfung im Sinne des Glaubens andererseits. Sonderbar mutet schon die Frage an: »Ist der Mensch ein Zufallstreffer der Selektion oder eine sinnvolle Spätgeburt der Evolution?«[33] Naturwissenschaftlich genommen besteht hier gar keine Alternative, da es nach der geltenden Theorie im Wesen der mit Zufällen vermachten Evolution liegen soll, daß sie etwas so Sinnvolles wie den Menschen hervorgebracht hat, und Moltmann sieht ja seine Aufgabe darin, »die Schöpfung und das Wirken Gottes in der Welt im Rahmen der heutigen Erkenntnisse der Natur und der Evolution neu zu begreifen«. Umgekehrt will er »die Welt als Schöpfung und die Geschichte der Welt« auch der naturwissenschaftlichen Vernunft »als Wirken Gottes« verständlich machen[34], womit gewiß nicht wenig versprochen wird.

Ins Feld geführt werden dabei, um nur die wichtigsten Stichwörter zu nennen, die Einmaligkeit und Unumkehrbarkeit des Naturgeschehens, die dadurch bedingte Relativität der Naturgesetze, die Kontingenz der Natur, ihre Indeterminiertheit im Sinne der Unschärferelation und damit, nicht zu vergessen, die besagte Offenheit der Zukunft. Die Gegenwart ist »partiell bestimmt und partiell unbestimmt. Sie steht zwischen Notwendigkeit und Zufall und entfaltet sich in der Evolution der Zufälle«.[35] Wenn hier eine gewisse Ermäßigung der strengen Kausalität gemeint ist, so wäre dazu zu bemerken, daß eine solche Auffassung keineswegs die einzig mögliche und zutreffende darstellt. Was feststeht, ist lediglich die nicht mehr mögliche Voraussagbarkeit der atomaren Elementarvorgänge. Die etwaige Annahme dagegen, daß im einzelnen tatsächlich jeweils mehrere Möglichkeiten des Geschehens vorliegen, wäre durch nichts gerechtfertigt. Und was soll das bedeuten: »Die Welt ist in ihren Einzelheiten und im ganzen ein gottoffenes System. Gott ist ihre außerweltliche *Umgebung*, von der und in der sie lebt. Gott ist ihr außerweltlicher *Vorraum*, in den hinein sie sich entwickelt. Gott ist Ursprung der neuen Möglichkeiten, aus denen sie ihre Wirklichkeiten gewinnt«[36]? Klingt das alles nicht reichlich expressionistisch? Wie kommt Gott in eine als Selektion verstandene Evolution überhaupt hinein? Aus welchem Grunde und in welcher Weise er bei dem Evolutionsgeschehen beteiligt ist, müßte erst noch gesagt werden. Keine Frage ist lediglich die Offenheit des Geschehens im subjektiven Sinne, d. h. für die Sicht des Menschen, während die Offenheit für eine Mitwirkung Gottes durchaus problematisch erscheint. Und ob die mikrophysikalischen Vorgänge wirklich

---

[33] JÜRGEN MOLTMANN: Gott in der Schöpfung. 1985, S. 193.
[34] S. 200.   [35] S. 209.   [36] S. 213.

offen sind oder nicht; im makrophysikalischen Bereich – die Evolution der Organismen gehört ja zweifellos zu diesen – steht es jedenfalls ganz anders. Hier gilt die Kausalität ohne Wenn und Aber. Um noch einmal etwas anderes handelt es sich, wenn von höheren Stufen der Evolution die Rede ist. »Die reichere Gestaltenfülle ist mit wachsender Unbestimmtheit des Verhaltens und dieses wiederum mit wachsenden Zukunftsmöglichkeiten verbunden.«[37] In Wahrheit geht es hierbei erst recht nicht mehr um Unbestimmtheit im eigentlichen Sinne, sondern um eine freilich unübersehbar vielfältige Bestimmtheit, die auf dem Boden der Geschichte eine altbekannte Sache ist: Man kann die Zukunft im allgemeinen oder doch meistens schwer oder gar nicht voraussagen, weil die Verhältnisse zu verwickelt sind. Daß deshalb irgend etwas im Einzelleben oder in der Geschichte auch anders hätte verlaufen können, als es jeweils tatsächlich geschah, läßt sich keinesfalls behaupten. Die besagte Offenheit darf also nicht überschätzt und mißdeutet werden, ein in dieser angeblichen Offenheit auf ein im eigentlichen Sinne schöpferisches Element hinweisender Sachverhalt ist weit und breit nicht ersichtlich.

Dem Stande der neuen Molekularbiologie entsprechend bezieht Moltmann auch die anorganische Natur in die fortdauernde Schöpfung ein. »Die ganze Schöpfung ist geistgewirkt. Durch seinen Geist ist Gott auch in den Materiestrukturen präsent. Es gibt in der Schöpfung weder geistlose Materie noch immateriellen Geist, denn es gibt nur informierte Materie.«[38] Diese neuen Bestimmungen sollen mit dem alten Schöpfungsbegriff durch eine Unterscheidung, die an den Text der biblischen Schöpfungsgeschichte anknüpft, zusammengebracht werden, die Unterscheidung zwischen dem »Schaffen«, der ursprünglichen, allerersten Schöpfung einerseits und dem »Machen« als der fortgehenden Schöpfung, der Evolution andererseits. Mit Schöpfung im ersteren, engeren Sinne wird »das Wunder des Daseins überhaupt bezeichnet. Der Schöpfungsakt erfaßt das ganze, in sich zeitlich ausgedehnte und im Reichtum der Formen differenzierte Dasein in einem einzigen göttlichen Augenblick.«[39] Evolution dagegen »beschreibt den fortgesetzten Aufbau der Materie und der Lebenssysteme«. So irrational und transzendent sich das Wesen jener ersten, eigentlichen Schöpfung darstellt, so rational, weltlich und natürlich erscheint der nunmehr im Gange befindliche Prozeß. »Die unmittelbare Fortsetzung der Evolution, die zur Entstehung der menschlichen Art auf der Erde geführt hat, liegt heute in der Hand der Menschen selbst: Sie können diese Evolutionsstufe vernichten oder sich selbst zu einer höheren Form des Zusammenlebens als bisher organisieren und die Evolution vorantreiben.«[40] Der Mensch ist auch nicht mehr das Ziel der Entwicklung, die Evolution geht weiter. Wie wenig hat die Evolution in dieser Auffassung mit dem alten Schöpfungsgedanken gemein! Man wird jedoch bezweifeln können, daß sie damit für das naturwissenschaftliche Denken an Interesse gewinnt.

Dem herrschenden Zustand der informierten, sich selbst organisierenden

---

[37] S. 210.   [38] S. 219.   [39] S. 204.   [40] Ebd.

Materie und der sich selbst organisierenden Menschheit scheint der alte Gott sehr, sehr fern gerückt zu sein. Der Frage nach der Beschaffenheit, dem Charakter der Evolution in theologischer Sicht folgt deshalb noch drängender die, was für ein Gott ihr eigentlich entspricht und hier gemeint sein kann. Moltmann gibt darauf eine ebenso kühne wie befremdliche Antwort: »Im Blick auf die Anfangskontingenz der Welt hat sich immer der Theismus angeboten, der Gott und Welt unterscheidet. Im Blick auf die Evolution des Kosmos und des Lebens aus den Geschehenskontingenzen aber liegt der *dynamische Pantheismus* viel näher. Die sich selbst organisierende Materie transzendiert sich selbst und produziert ihre eigene Evolution. Sie ist also in dieser Hinsicht selbstschöpferisch.« Und nun heißt es weiter: »Dieses Phänomen *kann* man mit Hilfe der Gesamttheorie Spinozas deuten. Natura est natura naturans. Deshalb: Deus sive natura.«[41] Wenn es schon nicht alle Tage vorkommt, daß ein Theologe sich so unverblümt Spinoza nähert und sich dessen Pantheismus zu eigen macht, so erscheint fast noch sonderbarer, wie die eigentliche Schöpfung des ersten Anfangs dagegen abgesetzt wird. Läßt sich auf ihren Schöpfer der Begriff des Theismus überhaupt noch anwenden? Wahrscheinlich würde man dem Autor unrecht tun mit der Meinung, er gelange hier im Grunde genommen eigentlich zum Deismus, der in Theologenaugen etwas noch Anrüchigeres ist als der Pantheismus. Moltmann strebt ja im Gegenteil in die umgekehrte Richtung, er denkt an die Zukunft Gottes. Aber wie überaus problematisch dieser Begriff ist, wurde schon betont. Wenn die Schöpfung den ewigen, unerschöpflichen Gott preist und »der bleibende Sinn des menschlichen Daseins« »in der Teilnahme an diesem Lobgesang der Schöpfung Gottes« liegen soll[42], so möchte man fragen: Kann dieser Gott, der so sehr in die Schöpfung eingegangen ist, den Lobgesang überhaupt hören?

Das Unternehmen, Schöpfung und Evolution zusammenzufassen, an einen dem Glauben gemäßen Schöpfungsgedanken eine naturwissenschaftlich hieb- und stichfeste Evolution anschließen zu wollen, ist in sich letztlich widerspruchsvoll und aussichtslos. Entweder muß dabei der rein sachlich, mechanistisch vor sich gehende Prozeß des Geschehens irgendwie unterlaufen werden, um Raum für spontan schöpferisches Geschehen zu gewinnen, oder Gott wird auf den ersten Anfang und in der Folgezeit auf die Rolle eines Beifahrers beschränkt, der sein eigenes Loblied singt. Die Frage, was das für ein Gott ist, bleibt im Raume stehen. Man kann eben nicht naturwissenschaftlich-mechanistisch und zugleich theologisch wahrhaft gläubig denken. Wer über die strukturierte, informierte, sich selbst organisierende Materie informiert ist, der scheint in Gefahr zu geraten, daß ihm die rechte Information über den Gott des Glaubens abhanden kommt.

Moltmann hat seine Schöpfungslehre sogar in einen trinitarischen Rahmen gestellt, und eine trinitarische Auffassung wird auch von S. M. *Daecke* befürwortet. »Gott als Schöpfer und Christus als Vollender der Evolution«, dazu die

---

41 S. 219.
42 S. 204.

»Immanenz des Heiligen Geistes im Geist der Materie«[43], eine solche Betrachtungsart scheint der gegenwärtigen Theologie als besonders zeitgemäß zu gelten. Aber die Frage liegt nahe, ob sie sich mit einem so eigentümlichen spekulativ konstruierend in die Immanenz ausschweifenden Vorgehen nicht allzusehr
vom Boden der naturwissenschaftlichen Tatsachen wie auch vom Wesen des
Schöpfungsglaubens entfernt. Die Art, wie man hier die wissenschaftlich bis in
die letzten Einzelheiten analysierte Materie der Physik und die Evolution der
Biologie in großzügigster und anscheinend bedenkenloser Weise mit Gott, Jesus
Christus und dem Heiligen Geist verbindet, kann weder dem Naturwissenschaftler einleuchten noch dem Glauben gerecht werden. Dieses Verfahren ist
nicht wirklich sachgemäß, es muß als geradezu abwegig bezeichnet werden, und
schon ein gewisses Stilempfinden sträubt sich dagegen, derart verschiedenartige
Denkgegenstände und Dimensionen in dieser Weise vermischt zu sehen. Der
Gott, der hier am Anfang der Schöpfung steht und dann in der Evolution west,
ist nicht mehr »der Herr«, den ein Christenmensch meint, wenn er vom Schöpfer spricht, der Herr, mit dem man auch denkend nicht alles machen kann.

Die Betrachtung der Natur führt beim heutigen Stand der Dinge offensichtlich nicht mehr zu einem Gott, den der christliche Glaube noch als den Schöpfer
Himmels und der Erden anzusehen vermöchte. »Manfred Eigens These von der
Entwicklung des Lebens«, stellt Eike Christian *Hirsch* fest, »ändert auch den
christlichen Schöpfungsglauben«[44]: »Gottes Handeln bleibt unsichtbar hinter
der Selbstorganisation der Materie«[45]. Wo das Werden der Erscheinungswelt in
ihrer Gestaltenfülle nicht mehr auf das Wort Gottes hin erfolgt, sondern aus dem
Code jenes Säurealphabets hervorgeht, ist Gott selbst allzu fern. Es bleibt
natürlich immer die Auskunft möglich, daß die Einrichtung des Alphabets einst
von Gott vorgenommen worden sei. Aber begreift man denn nicht, daß der
Gott des Glaubens und die in unseren Tagen entdeckte Qualität der Materie
völlig verschiedene Konzeptionen darstellen, die nicht mehr miteinander zu
vereinbaren sind? Schlicht und treffend hat ein anderer Theologe, Hans *v. Campenhausen*, in einer Gesprächsrunde über Schöpfungsglauben und Evolutionstheorie zugegeben: »Wir müssen Gott auf einem anderen Wege begegnet sein,
um ihn so kennengelernt zu haben, daß wir uns seine Wirklichkeit dann freilich
auch bei der Natur« »nicht mehr wegdenken können.«[46] Wer die bisherigen
Betrachtungen dieses Buches hinter sich gebracht hat, von dem wurden jene
anderen Wege bereits vergeblich zu beschreiten versucht, und der muß nun
einsehen, daß es auch hier nicht weitergeht.

Bei *Altner* begegneten wir der Feststellung, die Entstehung von Höherem aus
Niederem sei in (bei, trotz) aller Erklärbarkeit ein paradoxer Sachverhalt. Ein

---

[43] Sigurd Martin Daecke: Gott – Opfer oder Schöpfer der Evolution? In: Kerygma und
Dogma. Jg 28. 1982, S. 244 f.
[44] Eike Christian Hirsch: Expedition in die Glaubenswelt. 1981, S. 28.
[45] S. 29.
[46] In: Schöpfungsglaube und Evolutionstheorie. 1955, S. 150.

solcher Sachverhalt wird von einer in Sachen der Evolution ungewöhnlich gut unterrichteten philosophischen Autorin, Hedwig *Conrad-Martius* bestritten: »Es ist ausgeschlossen, daß sich Höheres aus Niedrigerem, Reicheres aus Ärmerem ›entwickelt‹ hat, falls man nicht entsprechende Potenzen annehmen kann. «[47] In Form einer Frage kommt von naturwissenschaftlicher Seite auch H. *Staudinger* auf diesen zentralen Punkt zu sprechen: »Ist es von einem philosophischen Standpunkt aus überhaupt denkbar, daß höhere Struktur, höhere Ordnung sich aus den Bereichen der niederen Ordnung und mit deren Gesetzmäßigkeiten entwickelt, ist das denkbar, ist eine solche Annahme überhaupt zulässig?«[48] Damit ist die entscheidende Frage formuliert und nun zuletzt vor das Forum der Philosophie gebracht, die sich nicht auf die Dauer in Gegensatz zu einer Einzelwissenschaft setzen, aber immer ein Stück weit über deren Rand hinausblicken darf.

Zweierlei wird hier vor allem hervorzuheben sein. Einerseits: Für die naturwissenschaftliche Forschung besteht gar keine andere Möglichkeit als die mit dem mechanistischen Denken verbundene Methode. Mit teleologischen Faktoren und erst recht mit Einwirkungen Gottes unmittelbar kann die Genetik nichts ausrichten. Andererseits ist mit der mechanistischen Denkweise dieser Forschung notwendig eine gewisse Einseitigkeit verbunden, deren man sich wenigstens bewußt sein muß und deren etwaige Überwindung oder Ergänzung sich bei aller erforderlichen Vorsicht als Problem immerhin gelegentlich stellen kann. Außerhalb des naturwissenschaftlichen Denkens findet man die Neigung verbreitet, der höheren Struktur oder Ordnung über das Wertmäßige hinaus auch bezüglich der kausalen Ableitung grundsätzlich den Primat zuzusprechen. Die eigentliche Frage lautet nunmehr: Kann diese Sicht in der Tat eine Art apriorisches Recht beanspruchen oder müssen wir sagen, daß in ihr lediglich jene naive Geisteshaltung zum Ausdruck kommt, die für die Erklärung des Werdens in der Natur das Modell der Vernunft eines Handwerkers, Architekten oder bildenden Künstlers für unentbehrlich und selbstverständlich hält? Werden wir jetzt also zum vollständigen Umdenken gezwungen oder könnte dem Primat der höheren Ordnung auch kausal gesehen noch ein gewisses eigenständiges Recht zuzugestehen sein?

Aufschlußreich, wenn auch nicht endgültig befriedigend, ist die Stellungnahme Nicolai *Hartmanns*, der für das Verhältnis der niederen und höheren Schichten wie kein anderer philosophischer Denker zuständig war. Er weist besonders daraufhin, daß von allen Determinationsformen die finale »die dem Menschen geläufigste« ist, da er sie von der eigenen Aktivität her kennt. »Und da sie das ohnehin ihm Geläufigste ist, so überträgt er sie auf den Organismus, auf das eigene Lebensschicksal, auf den Lauf der Geschichte, auf die Welt als Ganzes. Zweckmäßigkeit ist vielleicht die am meisten dominante Kategorie des bewuß-

---

[47] Hedwig Conrad-Martius: Abstammungslehre. 2. Aufl. 1949, S. 345 f.
[48] In: Schöpfungsglaube. S. 146.

ten personalen Geistes.«[49] Hinsichtlich des Organismus geht man, wie Hartmann betont, von einer falschen Alternative aus. »Da er kausal nicht zu verstehen ist, muß er teleologisch zu verstehen und also final determiniert sein.«[50] In
Wahrheit ist die lineare Kausalität jedoch zur Erklärung des Organischen zu
einfach, die Finalität zu kompliziert. »Aber der Fehler ist ungleich. Die Übertragung des Kausalnexus ist an sich berechtigt, sie reicht nur nicht an die Autonomie organischer Funktionen heran. Die Übertragung des Finalnexus dagegen
ist« durchaus »unberechtigt, sie verstößt gegen« »das kategoriale Wesen der
Finalität selbst.«[51] Hartmann fordert deshalb für das Reich des Organischen
weitere Determinationsformen. »Hat der Organismus seine eigene Form der
Determination, so sind die extremen Theorien, die ihn nach Art der Dinge
mechanisieren oder nach Art des personalen Wesens finalisieren wollen, erledigt.«[52] Die Feststellung, daß die Kausalität zur Erklärung des Organischen
nicht genügt, wird freilich von Hartmann nicht durchgehalten, so daß er sich in
einen auffallenden Widerspruch verwickelt. »Die ›besonderen Gesetze‹ des Organismus«, die er annimmt, »sind tief verborgen. Wir können auf sie nur
›reflektieren‹, um uns ihnen zu nähern«.[53] Nach dieser vielversprechenden, aber
zugleich resignierten Auskunft wird Darwins Natürliche Zuchtwahl überraschend positiv beurteilt. Hartmann sieht darin in der Tat »genau das, wonach
gefragt war: Die Entstehung des Zweckmäßigen aus dem Zwecklosen«[54], was
der Kantischen Formel »Zweckmäßigkeit ohne Zweck« entspricht, oder, wie
Hartmann genauer sagt: Zweckmäßigkeit »ohne zwecktätige Entstehung«[55].
»Und da die Wissenschaft bis heute keinen zweiten auch nur annähernd gleich-
wertigen Versuch gebracht hat, so darf man sagen, daß das Selektionsprinzip
sich in den Grenzen seiner Reichweite (die allerdings noch umstritten sind)
einstweilen als Realkategorie bewährt hat.«[56] Wird damit nicht von Hartmann
der streng, d. h. ausschließlich mechanistische Charakter der Selektion verkannt? Jedenfalls scheint er nicht bemerkt zu haben, daß durch ihre Anerkennung jene von ihm geforderten »besonderen Gesetze« des Organischen nachträglich relativiert, wenn nicht sogar aufgehoben, weil überflüssig werden. »Es
liegt gar kein Grund vor zu meinen«, schreibt er, »daß bei der unübersehbaren
Mannigfaltigkeit dessen, was« »›zufällig‹ zustandekommt, nicht auch ›Zweckmäßiges‹ entstehen sollte. Das folgt einfach aus den Gesetzen der Statistik«.[57]
Wenn sich das wirklich so verhält, wozu dann noch andere Determinations-
arten?

---

[49] NICOLAI HARTMANN: Teleologisches Denken. 1951, S. 27.
[50] S. 29.
[51] S. 93.
[52] S. 94.
[53] NICOLAI HARTMANN: Philosophie der Natur. 1950, S. 632.
[54] S. 642.
[55] S. 630.
[56] S. 645.
[57] DERS.: Teleologisches Denken, S. 93.

Wie immer es sich mit der kausalen und einer etwaigen organischen Form der Determination verhalten mag, auf die Frage »Warum halten wir die Entstehung des Zweckmäßigen aus dem Zwecklosen a priori für unmöglich?«[58], antwortet Hartmann: »Daran ist die alte Vorstellung schuld«, »daß jede andere als die finale Determination unproduktiv ist. Wo Zweckmäßiges entstehen soll, da muß irgendeine schöpferische Macht am Werke sein«.[59] Hierin liegt nach seiner Ansicht ein Grundfehler des Denkens, weshalb Theismus, Deismus, Pantheismus gleichermaßen abzulehnen sind. Jede Art von physikotheologischem Argumentieren hat auszuscheiden. Aber auch dem, der mit Hartmann in der Ablehnung dieser Lösung einig ist, wird nicht verdacht werden dürfen, wenn er das Problem selbst schwerer nimmt, als dieser es tut; denn die Last, die Anstößigkeit des Paradoxons, das die Zweckmäßigkeit ohne Zweck darstellt, dürfte nach wie vor nicht beseitigt sein. Indessen sieht auch ein so kompetenter Forscher und Denker der nächsten Generation wie Carl Friedrich *v. Weizsäcker* hier keine Schwierigkeit: »Die heutigen naturwissenschaftlichen Erkenntnisse geben uns keinen Anlaß daran zu zweifeln, daß die Selektionstheorie eine hinreichende Erklärung für die Evolution anbietet.«[60] Das Urteil der Naturwissenschaft ist somit weitgehend einheitlich.

In den Überlegungen des vorliegenden Abschnitts war allerdings kein eindeutiges Ergebnis zu erzielen. Weder ließ sich einsehen, welche Funktion unter Voraussetzung der Selektionstheorie Gott bei der Schöpfung zuzuschreiben sein sollte, noch konnte trotz der geschlossenen wissenschaftlichen Meinung ein letzter Zweifel überwunden werden, ob diese Theorie bei aller unbestreitbar weittragenden Bedeutung für die Erklärung des Organischen völlig ausreicht. Dadurch unterscheidet sich die Problemlage am Ende dieses Abschnitts von der aller vorhergehenden. Dort war nicht nur die Lösung, die jeweilige Aussage des Glaubens, nicht haltbar, sondern das Problem selbst konnte damit als erledigt abgelegt werden. Er blieb kein Rest, der uns noch weiterhin zu beschäftigen brauchte. Das ist hier anders. Wer die Erklärung des Befundes an Zweckmäßigem in der Natur als Wirkung einer höheren, schöpferischen, göttlichen Macht nicht mehr vertreten zu können meint und andererseits die Erklärung des Pfauenrades aus dem Schönheitssinn der Hennen und dem durch ihn bewirkten Zuchterfolg nicht ausreichend zu finden vermag, dem bleibt nur, diese Frage aller Fragen offenzulassen. In der Hauptsache steht das negative Ergebnis jedoch auch hier fest: Der Schöpfergott wird sich nicht zurückholen lassen. Daß er mit dem Konzept der Naturwissenschaft auf keinen Fall mehr in Einklang zu bringen ist, dürfte nach allem unverkennbar sein, gerade die behandelten neuesten theologischen Versuche haben dies besonders deutlich werden lassen. Die Tatsache heutiger Gottverlorenheit hätte kaum eindrücklicher zum Ausdruck kom-

---

[58] S. 94.

[59] S. 96.

[60] CARL FRIEDRICH V. WEIZSÄCKER: Bemerkungen zum Gespräch zwischen Naturwissenschaft und Theologie. In: Gott – Geist – Materie. Hrsg. von H. Dietzfelbinger u. L. Mohaupt. 1980, S. 76.

men können als in jener krampfhaften Bemühung, Gott in alles Sein und Werden hineinzuziehen, hineinzulegen. Von dem eigentlichen Schöpfergott, jenseits und über der Welt, eben nicht – der Biologie zu Gefallen – in sie »verflochten«, war bei ihnen in einer dem Glauben gemäßen Weise kaum mehr die Rede. Auch ohne Gott aber und mit mechanistischer Erklärung oder ohne sie ist und bleibt die Natur das Welträtsel Nr. 1, ein Geheimnis, ein Wunder. Für ein Geheimnis hält den Ursprung des Lebens auch ein Vertreter der theoretischen Physik wie Paul *Davies*, der freilich äußert, man brauche »aus einem Nicht-Verstehen nicht gleich auf ein Wunder zu schließen«.[61] Nachdem indessen der Faktor Gott in diesem Zusammenhang unzweideutig ausgeschlossen worden ist, wird am Wunder in dem betonten Sinne der Unerklärlichkeit festgehalten werden dürfen. Je einsichtiger die Natur und darüber hinaus die Welt überhaupt mit zunehmender Erkenntnis im einzelnen wird, um so dunkler im ganzen. Ein Schöpfer aber, wie gesagt, kann nicht des Rätsels Lösung sein. Einerseits darf Gott nicht zum bloßen Lückenbüßer werden, andererseits wäre diese Lösung auch zu einfach, zu naiv, wie wir heute urteilen müssen, in einem etwas primitiven Sinne zu rationalistisch; letztlich, in Wahrheit, nicht rational genug.

Wir sind am Ende. Wenn P. *Davies* zwar »die Vorstellung vom Schöpfergott überflüssig« findet, einen »allumfassenden Geist« jedoch nicht ausschließen will[62], so wird damit ein Bereich berührt, um den es sich hier nicht mehr zu handeln hat. Einzelne Vertreter der neuen Physik, dieser rationalsten der empirischen Wissenschaften, zeigen eine eigentümliche Neigung, in Randbemerkungen über das bloß Vernunftmäßig-Sachliche hinauszugehen und etwa »die Einfachheit und Eleganz der Naturgesetze«[63] zu bewundern. So beeindruckte Einstein »die Schönheit... logischer Einfachheit von Ordnung und Harmonie«[64], und für James *Jeans* ist Gott Mathematiker.[65] In derartigen Äußerungen wird in einer etwas spielerischen Als-ob-Denkweise von Gott gesprochen. Die Naturgesetze existieren im Sinne der Geltung; eines Gottes, der sie geschaffen hätte, bedarf es dazu nicht. Allenfalls könnte in ihnen die Beschaffenheit des letzten, tiefsten Seins gesehen werden; mit dem Gott des Glaubens hat eine derartige Impression, Reflexion oder Spekulation rein nichts zu tun. Es ist geradezu rührend, wie man sich auch da noch an das Wort Gott klammert, wo von ihm in vollem Ernst keine Rede sein kann. Vielleicht zeugt der offene, unzweideutige Verzicht auf den Gebrauch des Gottesbegriffs und alle seine Implikationen von einer größeren Achtung vor Haltung und Gehalt des Glaubens als geistvolltiefsinnige Variationen über ein allzu weit hergeholtes Thema Gott. Nachdem die lebendige Natur nach heutiger Erkenntnis nichts mehr zur Annahme der Existenz eines Gottes hat beitragen können, sind abstrakte Naturgesetze erst recht nicht dazu angetan, eine solche Annahme zu stützen. Es bleibt deshalb dabei: Man muß Gott mit der Natur schlechthin gleichsetzen oder ganz auf ihn verzichten. Für den Schöpfergott, den alten, im vollen Sinne, oder den modernen, konstruierten, ist auf keinen Fall noch Raum.

---

[61] Paul Davies: Gott und die moderne Physik. Aus d. Engl. 1986, S. 99.
[62] S. 286.   [63] S. 284.   [64] S. 283.   [65] S. 284.

Siebter Abschnitt

Glauben

Es liegt auf der Hand, daß Glauben im spezifisch christlichen Sinne nichts mit bloßem Vermuten zu tun hat: ich glaube, daß das Wetter morgen gut wird; ich glaube, daß es mit meiner Gesundheit wieder aufwärts geht. Beim Glauben, von dem hier die Rede war und ist, geht es überhaupt nicht in erster Linie um das Fürwahrhalten einer bestimmten Aussage, obgleich das Fürwahrhalten durchaus dazugehört und keinesfalls fortfallen darf. Andererseits wird christlicher Glaube mißverstanden, wenn er als »frommer Gemütszustand, als numinoses Gefühl oder als Seinsweise der Existenz bestimmt wird unter Absehen von seinem intentionalen Charakter«.[1] Daß dieses »an« Jesus Christus und Gott meint, versteht sich von selbst. Weniger leicht ist das Glaubensverhältnis, wenn es weder in Erkenntnis noch reinen Gefühlszuständen besteht, positiv zu beschreiben. Es ist jedenfalls etwas sehr Komplexes, das ebenso sehr mit Gewissen und Gehorsam wie mit Vertrauen, Geschenk, Glück und Heil zusammenhängt. Daß es neben der alltäglichen und der wissenschaftlichen Erfahrung eine Zone des Glaubens aus eigenem Recht gibt, war einmal selbstverständlich. Das ist nicht mehr der Fall. Das Glauben ist zum Problem geworden, zu einem großen Problem, sofern es überhaupt noch ein Problem ist.

Gegen das Glauben erheben sich aus kritischer Sicht drei schwerwiegende Argumente. Das erste betrifft die mangelhafte Begründung des Glaubensgegenstandes. Wohl gibt es immer noch nicht wenige Menschen, denen Gott gewiß ist und Geborgenheit bietet. Aber eine kritische Einstellung nimmt ihnen diese Gewißheit nicht mehr ohne weiteres ab. Vor allem der Einwand, daß der Begriff Gott leer oder mit unbegründbaren Prädikaten ausgestattet erscheint, ist nicht von der Hand zu weisen. Auch manche Theologen werden mit Aussagen über Gott immer zurückhaltender, um sich stattdessen um so mehr an die Gestalt Jesu zu halten. Aber hier wird es erst recht problematisch.

Die einst mit Jesus waren, haben den Herrn gesehen, und den Glaubenden, die ihm nicht mehr von Angesicht zu Angesicht begegnet sind, den Generationen in den Jahrhunderten seither, wurde er vertraut aufgrund des »Wortes«, der Heiligen Schrift. Seit diese nicht mehr buchstäblich und wörtlich als das Wort Gottes genommen wird, meinte man in einer Zeit des Übergangs, die Gestalt Jesu, wenn auch nicht in allen Einzelheiten, so doch in ihrem Kern historisch erkennen

---

[1] Hans Grass: Glaube. In: RGG³ Bd. 2, Sp. 1601.

zu können. Es war die Zeit der »Leben-Jesu«-Anschauung. Eben dies änderte
sich mit dem Fortschreiten der historischen Forschung und der Ausbildung des
historischen Bewußtseins überhaupt. Da es für die wissenschaftliche Betrachtung nur mehr oder weniger große Wahrscheinlichkeit gibt, kann ein Mensch
der Vergangenheit, der den Gegenstand geschichtlicher Forschung bildet, schon
grundsätzlich nicht zugleich Gegenstand des Glaubens im eigentlichen und
vollen Sinne sein; Glauben vermag nicht von Relativitäten zu leben, es braucht
absolute Gewißheit. Zu dieser grundsätzlichen Unmöglichkeit des Glaubens an
einen geschichtlichen Menschen kommt das tatsächlich weitgehend zweifelhaft
und unbestimmt gewordene Bild dieser geschichtlichen Persönlichkeit Jesus.
Das Ergebnis einer ungemein sorgfältigen historischen Forschung war, daß
in der Geschichte Jesu nicht vieles wirklich feststeht, daß wir von Jesus, von
seinem Leben und Wirken wie von seinem Wesen, seinem Charakter außerordentlich wenig und fast nichts bestimmt wissen, ja, daß das allermeiste bestimmt
nicht so gewesen ist, wie es berichtet wird. Deshalb ist ein Glaube, welchen man
dem der anderen Religionsanschauungen unendlich überlegen ansah, nunmehr
besonders schlecht daran. Daß derjenige große Forscher, der zu einem erheblichen Teil an diesem historischen Forschungsergebnis mitgewirkt hat, Rudolf
Bultmann, zum Rückzug für den Geschichtsglauben blies, also für die Glaubenseinstellung nichts mehr vom historischen Jesus wissen wollte, ist sehr verständlich, es war unvermeidlich. Um so sonderbarer, unbegreiflich geradezu, daß er
Glauben nun wieder wie einst ganz auf das »Wort«, die Verkündigung, das
Kerygma stützen wollte: Gottesglauben »nur als Antwort auf Gottes Wort«,
»dieses im Neuen Testament vorliegende, dieses im Christus-Ereignis begründete Wort«.[2] Daß »in dem, was damals geschah, es möge gewesen sein, wie es
wolle, Gott gehandelt hat«[3], wie Bultmann sagt, ist eine, kritisch genommen,
durch nichts gerechtfertigte Behauptung. Der Anspruch des »Wortes«, die
Vergangenheit in die Gegenwart zu überführen und so die inzwischen verlaufene
Zeit zu überbrücken, setzt denjenigen Glauben, den es begründen und stützen
soll, offensichtlich schon voraus. Die Geschichte konnte, wie früher dargelegt,
nur so lange Grundlage und Gegenstand des Glaubens sein, als man historisch
noch naiv, unschuldig war, unberührt eben von dem, was die historische
Einstellung ausmacht. Diese, das Verständnis dafür, was wir wissen und nicht
wissen und auch nicht wissen können, hat unseren Horizont wesentlich erweitert. Aber diese bildungsmäßige Bereicherung wurde bezahlt mit der Möglichkeit des ursprünglichen, unbefangenen eigentlichen Glaubens. Noch einmal:
Glauben braucht Gewißheit, braucht Gegenwart. Mit dem mehr oder weniger
wahrscheinlichen historischen Wissen von der Vergangenheit kann es sich nicht
begnügen. Der Geschichtsglaube, das auf die geschichtliche Dimension bezoge-
ne Glauben überhaupt, dieses spezifisch christliche Glaubensverhalten, das eigentliche Glaubensverhältnis, ist dadurch zum Scheitern verurteilt.

---

[2] RUDOLF BULTMANN: Die Krisis des Glaubens. In: Glauben u. Verstehen. Bd. 2, 1952, S. 11.
[3] S. 16.

Zu der grundsätzlich so zweifelhaften Gewißheit bzw. mangelhaften Begründung der Glaubensaussagen kommen zweitens handgreifliche Widersprüche, in
die das Glauben sich verfängt, so namentlich, was das Verhältnis des Menschen
zu Gott in der zentralen Frage des Heils betrifft. Der Christ glaubt, Gott Glauben
zu schulden, ein Glauben, das andererseits Gottes Gabe ist, dem Menschen
geschenkt wird. »Betreibt euer Heil mit Furcht und Zittern«, schreibt Paulus
Phil 2,12, um fortzufahren: »Gott ist es, der in euch bewirkt das Wollen und das
Vollbringen.« Verbunden aber sind diese These und Antithese durch ein »denn«.
Eklatanter, schneidender als mit diesem sonderbar unmotivierten »denn« kann
der hier auftretende Widerspruch nicht formuliert werden. Glauben ist Forderung an uns und Geschenk für uns. Hinsichtlich der schon früher berührten
Frage, wie es sich etwa mit denen verhält, die nicht glauben können oder wollen,
jedenfalls nicht zum Glauben kommen, hat Paulus einmal an einer vereinzelten
Stelle, aber in einem nicht unwichtigen Zusammenhang (Röm 8,18) an Verstok-
kung durch Gott gedacht. Das liegt dem Denken der Gegenwart so fern, daß
man geneigt ist, es nicht ganz ernst zu nehmen. Man möchte das Schicksal der
Nichtglaubenden lieber dahingestellt sein und diesen Punkt auf sich beruhen
lassen. Für das Glauben mag das angehen; für das Denken ist diese Auskunft
wiederum schwerlich akzeptabel. Denn der Widerspruch wird in diesem Punkt
in einer unüberbietbaren Weise verabsolutiert: Glaube als »Gnadengeschenk«
und als »individuelle Entscheidung, Glaubensakt, doch so, daß die Gabe den Akt
einschließt und der Akt wiederum die Gabe selbst ist«. »Hier ist Gott absolut der
Geber, und hier ist der Mensch absolut in die Entscheidung gerufen.«[3a]

Einen entsprechenden Widerspruch weist die negative Kehrseite des Glau-
bensverhältnisses auf, die Aussagen über Sünde und Schuld, durch die der
Mensch erst recht vergebungs- und heilsbedürftig wird. Der allmächtige, heilige
Gott will nicht das Böse. Woher aber kommt es dann? Die Herleitung von einer
anderen, außergöttlichen Macht würde Gottes Allmacht einschränken, eine
vorübergehende Duldung als Mittel zum Zweck seine Heiligkeit beeinträchtigen, die das Böse ganz und gar ausschließt. Mit dem Festhalten beider Prämis-
sen, der Allmacht und der Heiligkeit, die für den christlichen Gottesbegriff
unverzichtbar sind, wird nach dem Urteil eines Theologen wie W. *Joest* »die
Möglichkeit der Sünde schlechterdings zum Rätsel«.[4] Die Auswege, die man
hier einzuschlagen versucht hat, führen auch nach der Ansicht des genannten
Autors zu nichts. Weder kann das Böse als nur negativ hingestellt und so mit
Gott halbwegs in Einklang gebracht werden, noch läßt es sich auf die menschliche Freiheit zurückführen, insofern Gott das freie Ja des Menschen wolle. Eine
derartige »neutrale Ausgangslage« wird im Interesse des Glaubens abgelehnt.
Noch bedeutsamer aber als dieser theologische Gesichtspunkt dürfte der Umstand sein, daß die Annahme einer menschlichen Freiheit im Sinne echter Willensfreiheit auch philosophisch als durchaus abwegig gelten muß, da sie weder

---

[3a] P. Jacobs: Glaube. In: Ev. Kirchenlexikon. 2. Aufl. Bd. 1, Sp. 1195.
[4] W. Joest: Sünde und Schuld. In: RGG³ Bd. 6, Sp. 499.

denkbar noch sittlich brauchbar oder auch nur erträglich ist; denn Freiheit im strengen Sinne würde auf den absoluten Zufall hinauslaufen und ein sittliches Leben, anstatt es zu ermöglichen, geradezu ausschließen.[5] Letztlich muß, wie *Joest* zugibt, »die Frage nach dem Möglichkeitsgrund des Bösen und der Sünde in der Schöpfung Gottes als schlechterdings nicht beantwortbar offenbleiben«, auch und gerade im Interesse des Glaubens.[6] Damit erweist das Glaubensdenken bei der Sünde wie im Falle des Heils wiederum sein völliges Versagen.

Wie sollte sich für den, der auf das Denken nicht verzichten will, eine solche Art von Glauben noch aufrecht erhalten lassen, nachdem auch bei diesem letzten Durchgang wiederum nichts als Undenkbarkeiten aufgetreten sind! Zu unserem unbestreitbar sehr geringen Wissen von Jesus und unserem Nichtwissen von Gott kam nun noch die Unmöglichkeit, über das dem Glauben entsprechende Verhältnis des Menschen zu Jesus Christus und zu Gott irgend etwas auszusagen, das nicht sofort den größten Bedenken ausgesetzt ist. Einmal der verhängnisvolle logische Zirkel des Glaubens an die geschichtliche Offenbarung in Jesus Christus: dieser Glaube, der durch sie begründet werden soll und doch schon vorausgesetzt werden muß, um sie annehmen zu können. Dann der unerträgliche Widerspruch in der Aussage über das Verhältnis des Glaubenden zu Gott: ein Glaube, der vom Menschen als eine Art von Gehorsamsakt gefordert wird und ihm doch, damit er glauben kann, schon geschenkt sein muß. Schließlich der handgreifliche Widerspruch, daß dem Menschen seine Mängel und Verkehrtheiten als Sünde und Schuld angerechnet werden, während er so, wie er beschaffen ist, vom allmächtigen Schöpfer geschaffen ist, auf welchen somit das menschliche Sein und Tun letztlich zurückfällt. Denn die Unzurechnungsfähigkeit bzw. Schuldlosigkeit, die im Falle psychischer Krankheit oder bei schwerer erblicher Belastung dem Schwerverbrecher zuzugestehen selbstverständlich geworden ist, hat ja im Grunde genommen für jeden Menschen zu gelten, sofern er seine Natur aus der Hand des Schöpfers empfangen hat. Mit seiner Veranlagung kann und darf er leben, wenn diese normal oder glücklich geartet ist, und muß er leben, wenn schwere und schwerste Belastung vorliegen. So oder so, das Geschöpf eines allmächtigen Gottes kann nie anders als »im Auftrage« handeln.

Bedenkt man, wie schlecht es mit der Begründung so zentraler Glaubensgehalte wie der Liebe Gottes oder auch nur der Annahme seines Schöpferseins bestellt war, und daß der neuerdings beliebte Ausweg, sich statt an Gott um so mehr an die Gestalt Jesu zu halten, ganz und gar fortgefallen ist, zieht man ferner noch die zuletzt berührten Widersprüche in Betracht, die das Verhältnis des Glaubenden zum Gegenstand seines Glaubens aufweist, so bleibt nur noch zu fragen, wie das Glauben als solches im Rahmen der geistigen Funktionen heute überhaupt einzuschätzen ist.

Hiermit tritt ein dritter Einwand ins Blickfeld. Das Glauben galt einmal gegenüber dem Wissen und Denken als eine unabhängige, selbstverständlich

---

[5] Vgl. Groos: Willensfreiheit.
[6] Joest: Sünde, Sp. 500.

berechtigte und vielfach dem Range nach sogar überlegene Dimension. Davon kann längst nicht mehr die Rede sein. Das Glauben ist auf der ganzen Linie in die Defensive geraten und in den Hintergrund getreten, für die meisten ohne erhebliches Interesse. Es noch als einen selbständigen Bereich eigenen Rechts anzusehen, für den das kritische Denken als nicht zuständig oder wenigstens nicht entscheidend wichtig abzuweisen ist, geht nicht mehr an. Und dieser offensichtliche Rückgang des Glaubens bezüglich seiner Verbreitung und Schätzung wird jetzt als reine Tatsache zu einem zusätzlichen kritischen Gesichtspunkt. Welch ein Vorgang dieser Aufstieg und Niedergang des Glaubens, wie da eine Weltbetrachtung und Glaubensanschauung, die weitgehend im jüdischen Geschichtsdenken und in der Apokalyptik wurzelt, durch die Verbindung des frühen Christentums mit der einerseits innerlichen, andererseits universalistischen Mentalität des Abendlandes im Mittelalter einmal eine solche Geltung erlangen konnte! Zweifellos handelt es sich bei dieser großartigen Synthese um eines der bedeutendsten geistigen Phänomene in der Geschichte der Menschheit. Und dann dieser seit langem unübersehbare Niedergangs- und Auflösungsprozeß! Der alte Glaube in seiner Eigenart und inneren Kraft führt heute nur noch hier und da ein inselhaftes Dasein. Das Bild, das die evangelische Kirche gegenwärtig bietet, kann auch der Wohlmeinende nicht anders als dürftig und traurig finden. Die große Mehrheit der Gemeindeglieder glaubt nicht nur nicht mehr im vollen Sinne, sondern vermag sich kaum noch vorzustellen, was Glauben einmal war und eigentlich bedeutet. Und bis zu einem gewissen Grade erkennt man, wie es steht, auch in einsichtigen kirchlichen Kreisen selbst. Man sieht dort, daß die Kirche mit allen ihren neuerdings aufgekommenen Aktivitäten – Unterhaltung, Geselligkeit, politisches Engagement – auf die Dauer ihrem Wesen untreu wird, Man weiß, daß es vielmehr ankäme auf wirkliche »Gottesdienste«, daß es jedoch dazu an dem Entscheidenden fehlt, an der »geistlichen Substanz«.[7] Dies aber liegt nicht am mangelnden guten Willen, es ist ein Zeichen der Zeit, Ausdruck einer übergreifenden Entwicklung, die sich nicht aufhalten lassen wird.

An die Stelle einer Mentalität, die der geistlichen Sicht und Haltung den Primat zuerkennt, ist der Säkularismus getreten. Die so entstandene Lage ist wohl nicht die unmittelbare Auswirkung der hier behandelten Probleme, eine Folge der Distanz, die sich zwischen Denken und Erkennen einerseits und christlichem Glauben andererseits herausgestellt hat, auch was dessen zentrale Gehalte wie den Gekreuzigten und Auferstandenen betrifft. Aber auf die Dauer kann die Lebenskraft des Glaubens nicht unberührt bleiben von den Interessen und Maßstäben des Erkennens, seine faktische Geltung nicht unabhängig von der Geltung im kritisch-rationalen Sinne. Und wer vermöchte sich des Eindrucks zu erwehren, daß es sich bei dem Rückgang der Schätzung und Anteilnahme, die nicht nur dieser Glaube, sondern das Glauben überhaupt von seiten des Menschen der Gegenwart erfährt, um einen mit der Moderne einsetzenden

---

[7] Aktuelles aus der evangelischen Welt. ZDF 18. 1. 1987.

tiefgreifenden, weiterführenden und endgültigen Prozeß handelt! So naheliegend und beinahe selbstverständlich es einmal war, eine andere, höhere, göttliche Welt als wirklich anzusehen, so naheliegend nimmt sich für unsere Zeit in
zunehmendem Maße das säkularistische Denken aus. Dieses rechnet nur mit
einem einzigen, in sich zusammenhängenden Sein, das ein zufällig-notwendiges
Geschehen darstellt. Für personhafte Motive und Tendenzen, welche sich auf die
Schöpfung und Oberleitung des Ganzen beziehen, ist darin kein Platz. Das
universale Sein schließt das Wunder des Geistes ein, kennt aber nicht eine *geistliche* Dimension und fordert oder erlaubt dementsprechend auch nicht mehr so
etwas wie ein in sich ruhendes Glauben. Die Zeit, in der man selbstverständlich
glauben durfte, ja, glauben sollte und mußte, ist im wesentlichen Vergangenheit. Zweifellos machen sich immer wieder religiöse Bedürfnisse und Strebun-
gen geltend. Auch okkulte Phänomene und fernöstliches Denken finden Interesse; der seelisch so viel reicheren Haltung des christlichen Glaubens im vollen
Sinne dieses Wortes und erst recht der mit ihm gemeinten Wirklichkeit wird
dagegen heutzutage weitgehend mit Verständnislosigkeit und Gleichgültigkeit
begegnet. Eine nennenswerte Ausstrahlung auf weitere Kreise oder gar den
Zeitgeist überhaupt geht von ihm jedenfalls nicht mehr aus, ob man dies nun
bedauert oder nicht.

Eine kritische Betrachtung des Glaubens kann der überzeugte Christ unter
Berufung auf Luther als Glaubens-»anfechtung« auffassen, die notwendig ist,
um den Glauben lebendig zu halten und nicht zu einem »Denkschema« erstarren
zu lassen.[8] Er kann sogar Gott zum Autor des Zweifels machen.[9] Ob freilich der
Zweifel damit so ernstgenommen wird, wie im vorstehenden versucht wurde,
den Glauben noch einmal ernst zu nehmen, erscheint fraglich.

Das Christentum hat einmal begonnen mit der Erwartung des nahenden
Gottesreichs. Seinen Schwerpunkt und Höhepunkt bildete sodann der Glaube
an die Erlösung des sündigen Menschen durch den Kreuzestod des Heilands und
dessen Erhöhung in der Auferstehung. Schließlich trat der Gott in den Vordergrund, der nicht nur die Welt geschaffen hat, sondern in dessen fürsorglichen
Händen auch das Geschick des einzelnen Menschen liegt. Die beiden zuerst
genannten Motive sind im wesentlichen verklungen, das dritte ist dem heutigen
Menschen noch nicht ganz so fremd, jedoch unsicher und fraglich geworden.
Das Christentum ist auch nicht ein Phänomen, das von einem Tag auf den
anderen zusammenbricht. Es verliert nur im Laufe der Zeit seine Eigenart und
Ausstrahlungskraft, es erlischt als lebendiger Glaube und geht über in das
Interesse für sittliche Bestrebungen sozialer Art. In dieser Gestalt kann es in
beschränktem Maße mehr oder weniger lange weiterleben: der Begriff des
Christlichen, während sein eigentlicher Gehalt, der Glaube, dem Zeitgeist mehr
und mehr entrückt.

---

[8] CARL HEINZ RATSCHOW: Der angefochtene Glaube. 2. Aufl. 1960, S. 237.
[9] S. 238.

Zur christlichen Ethik

Im Gegensatz zur Ablehnung des christlichen Glaubens pflegt die christliche Ethik vielfach ausdrücklich anerkannt und dem Christentum gutgeschrieben zu werden. Obgleich eine Stellungnahme zur christlichen Ethik nicht unbedingt zu der im vorstehenden vorgenommenen Auseinandersetzung mit der Glaubenswelt gehört, soll, nachdem sie im ersten Teil bei einigen Autoren eindeutig ablehnend zur Sprache gekommen ist, hier in ein paar thesenartigen Bemerkungen eine gewisse Differenzierung wenigstens angedeutet werden.

1. Die Aufforderung der Bergpredigt, dem Bösen nicht zu widerstehen, läßt sich wohl nur aus der Annahme und Erwartung des bevorstehenden Weltendes begreifen. Sie ist verhältnismäßig selten wirklich praktiziert worden und grundsätzlich unhaltbar. Gewiß kann, wie schon an anderer Stelle zugegeben wurde, in bestimmten Situationen das Darbieten auch der anderen Backe den Angreifer vielleicht einmal beschämen und zur Besinnung bringen. Von solchen vereinzelten Fällen abgesehen, ist und bleibt der Kampf gegen das Böse so sehr ein unerläßlicher Grundzug des sittlichen Lebens, daß die konsequente Widerstandslosigkeit nicht ernsthaft in Betracht kommt.

2. Die Entwertung der Sexualität, die im Gegensatz zur Nichtabwehr des Bösen in früheren Jahrhunderten große praktische Bedeutung erlangt hat, braucht kaum noch ausdrücklich beurteilt und nachdrücklich verurteilt zu werden. Die Tatsache, daß sie in neuester Zeit ins unerfreuliche Gegenteil umgeschlagen ist, macht diese Entwertung um nichts besser. Sie stellt in der Tat einen der dunkelsten Punkte in der Geschichte des Christentums dar. Wie viele, die weder mit geistigen Gaben noch wirtschaftlichen Gütern ausgestattet waren, sind auch noch um diese ihnen zugängliche Seite des Lebens gebracht worden! Und wie mancher ist so der natürlichen Harmonie beraubt und nicht selten seelisch schwer geschädigt worden! Für die christliche Haltung in der Gegenwart spielt jedoch die Geringschätzung und Unterdrückung der Sexualität ebensowenig noch eine Rolle wie der geforderte Verzicht auf Widerstand, so daß von diesem traurigen Kapitel hier nicht weiter die Rede zu sein braucht.

3. Noch aktuell ist von der christlichen Ethik vor allem die sogenannte Nächstenliebe. Während es für diesen Begriff etwa im Englischen und Französischen wie im Lateinischen (caritas) und neutestamentlichen Griechisch (agápe) ein eigenes Wort gibt, ist die deutsche Zusammensetzung mit Liebe wenig sachgemäß und sinnvoll, denn die in der Wurzel erotische eigentliche Liebe ist

etwas ganz anderes, der gegenüber die Nächsten-»liebe« weniger ursprünglich und etwas blaß anmutet. Gegen eine allgemeine Menschenliebe wendet sich erst recht der Einwand, daß man nicht eine Vielheit von Menschen oder gar alle lieben kann. Freilich haben auch andere derartige sittliche Begriffe ihre Mängel und Nachteile. Vor allem gegen das Mitleid spricht, daß es für sittliche Zwecke zu gefühlig und, sofern es, wie vielfach, passiv bleibt, praktisch wertlos ist. Außerdem hat das Mitleid den Nachteil, daß es auf den Bemitleideten verletzend wirken kann. Im Unterschied vom Mitleid steht die Barmherzigkeit der Praxis näher, doch ist dieser Begriff eben deshalb mit dem Nachteil verbunden, mehr oder weniger in den Bereich der Organisationen und der ihnen eigenen Geschäftigkeit geraten zu sein. Im Bewußtsein solcher negativer Aspekte gilt es, mangels eines völlig einwandfreien Begriffs mit dem gegebenen Sprachmaterial auszukommen.

Sachlich negativ zu beurteilen ist das Gebot der Nächstenliebe, sofern es das Verhältnis zum Mitmenschen allein oder ganz vorwiegend zu bestimmen beansprucht und, über das sexuelle Verhalten hinaus, auch die natürliche Sympathie degradiert. Demgegenüber wird man darauf bestehen müssen, daß neben der als Nächstenliebe bezeichneten Forderung Erotik, Freundschaft und Sympathie selbstverständlich ihr eigenes Recht besitzen. Und sogar Antipathien gehören durchaus zu einem natürlichen, ganzen, echten Menschen, sofern einerseits die Eigenart des innerlich mehr oder weniger Abgelehnten in ihrem notwendigen Gewordensein nicht verkannt und andererseits die in einer konkreten Notlage etwa erforderlich werdende praktische Hilfeleistung dadurch nicht beeinträchtigt wird. Von dieser Vielschichtigkeit der menschlichen Beziehungen abgesehen, gilt es aber auch, der Mehrdimensionalität des Wertbewußtseins gerecht zu werden. Neben den sozialen Erfordernissen stehen ökonomische, politische, theoretische, ästhetische Interessen. Der absolute Vorrang der Nächstenliebe würde u. U. andere Zwecke und Ziele, die in der Umwelt der Bergpredigt keine nennenswerte Rolle spielten, bei uns jedoch in hoher Geltung stehen, verkümmern lassen. Allerdings ist die soziale Not gerade in der heutigen Menschheit so verbreitet und bedrückend, daß die Dringlichkeit der Hilfeleistung von niemandem bestritten werden kann. Mit Rücksicht auf die Kultur insgesamt kommt jedoch eine einseitige sittliche Zielsetzung wiederum nicht in Frage.

Eindeutig positiv zu beurteilen ist die Nächstenliebe im Sinne der Barmherzigkeit in der akuten Notlage des Einzelfalls, in welcher der Pflicht der Hilfeleistung der unbedingte Primat gebührt. In der praktischen Barmherzigkeit, die in ihrer Selbstverständlichkeit unproblematisch ist, besteht nicht nur die schon früher betonte große geschichtliche Leistung des Christentums, sondern liegt auch ein berechtigtes und unentbehrliches Element für jede vom Glauben losgelöste Ethik. Erscheint das Mitleid, wie schon gesagt, reichlich gefühlvoll, so dürfte umgekehrt der neuerdings befürwortete und gern benutzte Begriff der Solidarität zu abstrakt und, ernst genommen, reichlich anspruchsvoll sein. Wäre das Bewußtsein der Solidarität maßgebend und wirksam, so dürfte man sich eigentlich nichts Gutes mehr gönnen, solange noch ein einziger Mensch hungert. Zwischen jenem Mitleid und dieser Solidarität liegt das geforderte Verhalten zur konkreten Not dessen, der mir begegnet und mich somit unmittelbar angeht, der wie im Samaritergleichnis mein »Nächster« ist, so daß einerseits nicht ein reflektiertes allgemeines »Mitleid«, sondern ein wirklich teilnehmendes echtes Mitleiden, mein ganz persönliches Mitleiden geweckt wird und andererseits ganz spontan der Wunsch zu helfen und das Bewußtsein der Verpflichtung zur Hilfeleistung entsteht. Die Barmherzigkeit in dieser engen Verbindung von Gefühl und Willen ist etwas, wofür die außerchristliche Welt kein eigenes Wort besitzt. Und dem Christentum wird ja eben nicht nur das Wort verdankt, die christliche Barmherzigkeit in ihrer spontan mitfühlenden und selbstverständlichen Aktivität kann sogar als vorbildlich gelten, was nicht ausschließt, daß eine entsprechende Einstellung sich im modernen Leben auch selbständig entwickelt. Das heißt: Auch ohne dieses reiche und schöne, jetzt aber mehr und mehr aus dem Gebrauch kommende Wort und ohne die Verankerung im Glauben ist das entsprechende Verhalten denkbar, möglich und nicht nur zu fordern, sondern vielfach schon Wirklichkeit.

Alles in allem kann die Nächstenliebe nur ein Element innerhalb einer Gesamtkultur bilden. Aber ohne so etwas wie Barmherzigkeit ist auch eine nachchristliche Kultur nicht denkbar.

4. Im Vordergrund des Interesses weitester Kreise steht gegenwärtig das Ziel des Friedens. Daß die Predigt Jesu nicht ohne das Friedensgebot zu denken ist, braucht kaum gesagt zu werden. Ebenso liegt es auf der Hand, daß nicht alle heutigen Kämpfer für den Frieden vom Geiste Jesu erfüllt sind. Die eigentliche Problematik dürfte sich auf den Sachverhalt beziehen, daß es Christen gegeben hat und gibt, bei denen die Kenntnis und Würdigung des Friedensgebots ihres Herrn die Erfüllung der aus der Wirklichkeit oder Möglichkeit des Krieges entstehenden Pflichten keineswegs ausschließt. Luthers Gedanke der beiden Reiche, in denen der Christ lebt, ist weder gering einzuschätzen noch wohl als eine endgültige Lösung anzuerkennen. Im Blick auf die Geschichte des Christentums wird man sagen müssen, daß das Motiv des Friedens nicht entfernt die innere Mächtigkeit und praktische Ausstrahlungskraft wie das der Liebe und Barmherzigkeit erlangt hat.

Persönlich-sachliche Schlußbetrachtung

Der Verfasser weiß sich dem Gegenstand dieses Buches durch eine immer erneute Beschäftigung mit der Theologie verbunden, deren aufschlußreiche und bedeutsame Ergebnisse auf dem Gebiete der neutestamentlichen Forschung für seine Erörterungen weitgehend bestimmend geworden sind. Hinzu kommt, daß er in der persönlichen Entwicklung nicht nur vom christlichen Standpunkt ausgegangen ist, sondern daß dieser bei zunehmender Entfernung in gewisser Hinsicht immer noch den gefühlsmäßigen Hintergrund seiner Einstellung bildet. Das Interesse für die Welt des Christentums und die Sympathie für eine echt christliche Gesinnung, zu der im Unterschied von der bloßen Zugehörigkeit zur Kirche immer auch die Inständigkeit des Glaubens und dessen das ganze Leben bestimmende Mächtigkeit gehört, hat er nie verloren. Als so anders und gegensätzlich das Ergebnis seiner Auseinandersetzung in dieser Sache sich darstellt, in der Meinung, daß Glauben nicht etwas ist, das man neben wer weiß wie vielem anderem zu seinem Recht kommen lassen kann, hat er sich denen, die mit Ernst Christen sein wollen, von jeher zugehörig gefühlt. Das Verständnis für deren intensive Konzentration auf das Eine, was not ist, dürfte in der Tat die Voraussetzung sein für die Behandlung aller hier sich ergebenden Probleme. Nachdem in den bisherigen Ausführungen die rein sachliche Blickrichtung und Aufgabenstellung möglichst folgerichtig durchgehalten worden ist, möchte der Verfasser jetzt noch auf die persönliche Seite seiner Haltung ein paar Streiflichter werfen in Form einiger Erinnerungen fast anekdotischer Art, die jedoch nicht um ihrer selbst willen herangezogen werden, sondern nur, um den Grad der persönlichen Betroffenheit zu veranschaulichen. Sie behalten auch nicht das letzte Wort. Vielmehr laufen sie aus in eine Betrachtung, die, noch sehr persönlich motiviert, wieder ins Grundsätzlich-sachliche zurückführt, zu der Frage, wie einer, der sich den Glauben nicht mehr zu eigen machen kann und nun ohne ihn auskommen muß, leben soll: wie und wovon. Diese Frage reicht über persönliche Reminiszenzen weit hinaus und dürfte in ihrer Einheit von persönlicher und allgemeiner Ausrichtung den modernen Menschen überhaupt angehen.

Für den in einem Pfarrhaus Aufwachsenden drehten sich schon die kindlichen Spiele um die Kirche, und bald durfte ich dem bejahrten Kirchendiener bei allerlei Verrichtungen helfen: die Nummern der für den nächsten Gottesdienst bestimmten Gesänge anstecken, die Bälge beim Orgelspiel treten und vor allem beim Läuten der Glocken mitmachen – sie wurden damals ja wirklich noch »von Hand« geläutet. Aus halbem Spiel wurde Ernst, als im Ersten Weltkrieg die Männer, die das Läuten zu besorgen hatten, zum Heeresdienst einrückten, so daß ich dann bis zum Schulabschluß regelmäßig und geradezu passioniert dieses Geschäft betrieben habe, und schöne volle Geläute, namentlich großer, tiefer

Bronzeglocken höre ich heute noch für mein Leben gern. Mit dem Wohllaut der Töne selbst verschmilzt dabei für mich der ihnen innewohnende Sinn, wenn auch nicht mehr der ursprüngliche, so doch um so mehr der Ruf zu ernster Besinnung auf das über Tag und Stunde Hinausweisende.

In verstärktem Maße trat daneben allmählich die Vorliebe für die Orgel und Choräle. Sie bedeuteten schon dem Zwölfjährigen, gewiß sonderbar, weit mehr als Spiel und Sport. Hierbei standen mir im Vordergrund nicht etwa die zarten Verse der Mystiker, die leidenschaftlich predigenden der Pietisten oder gar die gutgemeinten, aber ein wenig frostig wirkenden Loblieder der Aufklärungszeit, die bei den Schulandachten bevorzugt wurden. Was mich anzog, waren auch nicht so sehr die bekannten verhältnismäßig anspruchslosen Lieder des persönlichen Gottvertrauens als vielmehr die kraftvollen Gemeindegesänge der Enderwartung: »O Ewigkeit, du Donnerwort«, »Wachet auf, ruft uns die Stimme«, »Jerusalem, du hochgebaute Stadt«, dann aber auch die herrlichen Lobgesänge »Großer Gott, wir loben dich«, »Lobet den Herrn, den mächtigen König der Ehren« – nicht zu vergessen das bilderreiche, in Melodie und Rhythmus einzigartige »Wie schön leuchtet der Morgenstern« und schließlich »Herzlich lieb hab ich dich, o Herr«, wobei mir in der Schlußstrophe dieses Liedes die Bitte »alsdann vom Tod erwecke mich« durchaus zurücktrat hinter dem großartigen, beinahe auf einem einzigen, sich mehrfach wiederholenden Ton hingezogenen unvergleichlichen Ausklang »Ich will dich preisen ewiglich«. Der Sinn für das Majestätisch-Erhabene Gottes war von jeher stark in mir angelegt, des Gottes, von dem der Psalmist nicht nur sagt: »Der Herr ist mein Hirte«, sondern den er vor allem staunend-ergriffen anbetet: »Ehe denn die Berge wurden und die Erde und die Welt geschaffen wurden, bist du, Gott, von Ewigkeit zu Ewigkeit« – in saecula saeculorum! Wie sehr mich die Erlebnisarten und Ideale des Wahren, Guten und Schönen gedanklich beschäftigten, ich war davon durchdrungen, daß sie nicht heranreichten an das, was dies alles weit unter sich läßt: das, was wir das Heilige nennen. Die Messen unserer großen Meister gipfelten für mich von jeher im Gloria und im Sanctus.

Soweit die Texte und Gesänge unserem Geschmack und Denken allzu wenig mehr entsprechen, entschädigen mich die Melodien. Aber irgendwie gehören ja doch die durch den Glauben bedingten Gehalte, obzwar nicht in den Einzelheiten der Aussagen und Bilder, zur Gesamtwirkung mit dazu. Das, was ich dabei heute immer noch im gleichen Maße verspüre, geht, wie ich meine, auch nachdem die zugrundeliegenden Glaubenselemente nicht mehr bejaht werden, über die rein ästhetische Einstellung, zumindest über das lediglich musikalische Interesse, hinaus. Es gehörte einmal zu mir und bewegt mich weiterhin. Heimweh vergeht ja auch nicht mit der Gewißheit, daß es keine Rückkehr gibt.

Ein Höhepunkt im Erleben dieser Einheit von Wort und Ton lag für mich in der Christvesper des Heiligen Abends mit ihrem reizvollen Wechsel von Schriftverlesung, Chor- und Gemeindegesang. Nach ihrem Ende, wenn die Glocken das Weihnachtsfest einläuteten und meine jüngeren Brüder sich kaum noch zu lassen wußten in der Erwartung der Bescherung, sank meine Stimmung jäh auf den Nullpunkt: Nun würde es wieder 365 Tage dauern bis zu dieser soeben vergangenen schönsten Stunde des Jahres! Erst später ging mir auf, wieviel mehr als Weihnachten Ostern bedeutet. Jedenfalls gehörten Christentum und Kirche unlöslich zu meinen frühen Jahren, und mein Wahlspruch schien das Psalmwort werden zu sollen: »Herr, ich habe lieb die Stätte deines Hauses«. Manchmal glaubte mein Vater, wohl mit Recht, eine gewisse Überspanntheit bei mir feststellen zu müssen, so daß er versuchte, mäßigend auf mich einzuwirken, wenn ich etwa nach dem sonntäglichen Vormittagsgottesdienst in unserer Vorortsgemeinde zuweilen nachmittags in die Stadt fahren wollte, um einen zweiten Gottesdienst in einer der großen Hamburger Hauptkirchen zu besuchen. Die Kirche war wirklich so etwas wie meine »Liebhaberei« im eigentlichen, höchsten Sinn dieses Wortes, und ein anderer Beruf als der des Pastors schien für mich nicht in Betracht zu kommen. Als beim Ausbruch der Revolution im November 1918 der Arbeiter- und Soldatenrat in Hamburg die Abschaffung des Religionsunterrichts an den öffentlichen Schulen beschlossen hatte, erreichte ich – es war kurz vor der Reifeprüfung – in einer Vollversammlung der soeben gebildeten Schülerräte aller hamburgischen »höheren Schulen«, daß in einer von ihr beschlossenen, sogar in den Zeitungen abgedruckten Erklärung seine Beibehaltung gefordert wurde.

Nun machte mein theologisch und kirchenpolitisch ausgesprochen liberal eingestellter Vater von seinem Standpunkt aus einen Fehler, indem er mich, angeregt durch einen meiner Klassenkameraden, mit diesem für ein Jahr auf die Theologische Schule in Bethel ziehen ließ. Lange schon hatte mich die Unkirchlichkeit der meisten damals sogenannten Gebildeten, vor allem der zahlreichen in unserem Vorort Fuhlsbüttel wohnenden Hamburger Lehrer, bedrückt, für die ich meistens vergeblich die Glocken läutete. Auch in meinem Elternhaus herrschte ein sehr »freier« Geist. Es gab weder Morgen- oder Abendandachten, noch auch nur ein Tischgebet. Aber gelegentlich der Besuche bei den Großeltern beeindruckten mich die trotz täglicher Wiederholung immer gleich eindringlich und innig gesprochenen Gebete der frommen Mutter meines Vaters vor und nach der Mahlzeit. Den Ton ihrer Stimme bei der Bitte »Komm, Herr Jesus, sei unser Gast, und segne, was du uns bescheret hast« und nach dem Essen beim Psalmwort »Danket dem Herrn, denn er ist freundlich, und seine Güte währet ewiglich« habe ich heute noch im Ohr. In Bethel lernte ich nun zum ersten Male ein ebenso gläubiges wie tatkräftiges Christentum näher kennen. In den Gottesdiensten der Zionskirche mit den vielen an ihnen teilnehmenden Epileptikern, von denen immer wieder einer, vom Krampf überwältigt, zusammenbrach, ging es nicht ganz so feierlich zu, wie ich es gern hatte, aber der hier sich aussprechende Glaube überzeugte durch seine Schlichtheit und die allseitige Durchdringung des ganzen Lebens. Bei der Rückkehr nach Hause erklärte der Neunzehnjährige seinem Vater, von echtem Christentum könne in seiner Gemeinde keine Rede sein. Am besten wäre es wohl überhaupt, in einer Stadt wie Hamburg an die Stelle des üblichen Kirchenbetriebs erst einmal die Mission treten zu lassen!

Dann ging es auf die Universität – nach Tübingen. Im Schwabenland lernte ich ein Volksleben kennen, das nach dem Ersten Weltkrieg noch verhältnismäßig weitgehend durch die kirchliche Sitte geprägt war und darüber hinaus vergleichsweise stärker von christlichem Geist erfüllt schien, und in Tübingen, dessen theologische Fakultät eine der angesehensten in Deutschland war, ein gläubiges und zugleich kritisches Denken. Zum alten genius loci gehörten sowohl Johann Tobias Beck als auch David Friedrich Strauß, wenngleich beide Extreme keineswegs typisch waren. Aber jetzt begannen für mich die Probleme! Als blutiger Anfänger stürzte ich mich, von der Wahrheitsfrage besessen, sogleich auf die üblicherweise den späteren Semestern vorbehaltenen systematischen Fächer. Ich hörte Dogmatik nicht nur bei dem soeben nach Tübingen berufenen Karl Heim, zu dem alle strömten, sondern daneben auch, als einziger Norddeutscher, bei seinem Kollegen und scharfsinnigen Kritiker Friedrich Traub, dem Stiftsephorus, überdies sogar in der katholischen Fakultät bei Karl Adam, und geriet so medias in res. Eine Bestärkung in meiner kritischen Haltung, die ich durch das Neben- und Gegeneinander der hier ausgetragenen verschiedenartigen Einstellungen und Ansichten erfuhr, führte trotz großer Hochschätzung und Verehrung dieser und anderer Theologengestalten zu einer hinsichtlich meines Glaubens starken Beunruhigung. An Engagement aber hat es jedenfalls nicht gefehlt. Ich war im Seminar bei Adolf Schlatter, lernte Heim auch persönlich kennen und trat namentlich in engere Beziehung zu seinem emeritierten Vorgänger Theodor Haering, dem »alten Haering« (im Unterschied von seinem gleichnamigen Sohn, dem »jungen Haering«, dem Philosophen, der mich in einem späteren Stadium meiner Entwicklung selbstlos gefördert hat). Dem alten Haering durfte ich in seinem Studierzimmer meine Glaubensprobleme und die dadurch entstandenen inneren Schwierigkeiten eingehend vortragen. Es kam zu einer Art Privatseminar, in dem mündliche Aussprache, schriftliche Ausarbeitung meiner Bedenken, die ich ihm in seinen Briefkasten werfen mußte, schriftliche Antwort seinerseits, die er mir in den meiner Wirtin steckte, erneute mündliche Besprechung bei ihm, in mehrfacher Wiederholung dieses Turnus, aufeinander folgten. (In der von Hermann Haering verfaßten Darstellung des Lebens und Wirkens seines Vaters ist dieses »Privatseminar« erwähnt). Ich werde des verehrungswürdigen, feinsinnigen alten Theologen mit dem gütigen Verständnis für den jungen Zweifler immer dankbar gedenken, wenn er mir auch nicht endgültig helfen konnte. Er war ein Vertreter der einst besonders einflußreichen Ritschlschen Schule, die, zwischen dem Supranaturalismus der »positiven« einerseits und der liberalen Theologie andererseits stehend, in Jesus, jenseits der Gottmenschlichkeit im strenggläubigen Sinne und einem rein menschlichen Prophetentum, die einmalige, einzigartige geschichtliche Offenbarung Gottes sah. Daß eine Gestalt der Geschichte, die als solche der Relativität historischen Erkennens unterliegt, zentraler Gegenstand des auf absolute Gewißheit dringenden Glaubens sein könne, vermochte ich schon damals nicht einzusehen. Von Tübingen nach Marburg gekommen, machte ich mich mit dieser mich so sehr bedrängenden Frage sogleich bei der

Anmeldung zum Seminar an Bultmann heran. Aber da erging es mir ganz anders als beim alten Haering. Bultmann hatte für meine Frage kein einziges Wort. Den bei seinem Schweigen eigentümlichen Blick, der wie ins Leere zu gehen schien, konnte ich nicht vergessen. Nach Monaten des Hin- und Hergerissenwerdens zwischen Zweifeln und Hoffen scheiterte mein Glaube. Das intensive Interesse für die Theologie hat mich gleichwohl nie verlassen.

Meine theologischen, philosophischen und literaturwissenschaftlichen Studien an der Universität mündeten in eine größere Untersuchung, die sich mit dem Verhältnis des Deutschen Idealismus zum Christentum beschäftigte. Sie suchte die von Grund auf nichtchristliche Einstellung der großen Denker und Dichter unserer klassischen Zeit herauszuarbeiten. Um dies möglichst sachlich bewerkstelligen zu können, wurde dabei, im Unterschied von den übrigen Arbeiten über das damals viel diskutierte Thema, eine Wertung dieser beiden großen geistigen Welten sowie eine Entscheidung zwischen ihnen aus der Aufgabenstellung ausgeschlossen. Nur auf das Aufzeigen des wesensmäßigen Gegensatzes als solchen kam es mir an. Manche Rezensenten des Buches waren dann freilich neugierig hinsichtlich der eigenen Stellungnahme des unbekannten Verfassers, und einige tappten in ihren Vermutungen völlig daneben. Karl Heim beschränkte sich, als ich ihm das fertige Buch brachte, in seiner feinen Art auf die dies Interesse nur leise andeutende Frage, ob ich nun einen zweiten Band zu schreiben gedenke, der die Wahrheitsfrage behandeln werde. Meine diplomatische Antwort auf diese diplomatische Frage besagte, ich glaube nicht, daß man sich für die eigene Einstellung des jungen Dachses (26) interessieren würde. Schon damals hegte ich aber in der Tat die Absicht, mein Verhältnis zum Christentum eines Tages unzweideutig darzulegen. Genau ein halbes Jahrhundert später begann ich mit ihrer Ausführung, und nun gehöre auch ich zu den alten Männern, die hierzu das Wort ergriffen haben. Aber zu den *zornigen* alten Männern wird auch ein noch so unfreundlicher Kritiker mich nicht rechnen können, denke ich. Wie wenig abfällig ich über das urteile, von dem ich mich sachlich distanzieren mußte, soll hiermit angedeutet werden.

Bewahrt habe ich mir vor allem immer eine ausgesprochene Hochachtung und mehr als Hochachtung vor Menschen, in denen der christliche Glaube einen wirklich überzeugenden Ausdruck gefunden hat. Drei Christen namentlich, drei Pastoren übrigens, haben mir einen denkbar großen, dauernden Eindruck gemacht. Noch in meine Schulzeit fällt die flüchtige, doch nachhaltige Begegnung mit einem der Geistlichen an dem in unserer Nähe gelegenen großen Hamburger Zentralfriedhof in Ohlsdorf, Hermann Rieffenberg. Der kirchlich zur liberalen Richtung gerechnete Junggeselle – die Richtungen in der Theologie und Kirche spielten damals noch eine große Rolle – hatte lange Jahre, bis er verhältnismäßig spät ein Gemeindepfarramt übernahm, von gelegentlichen Vertretungspredigten abgesehen, Tag für Tag nur Trauerandachten zu halten. Sein Gesicht war durch beinahe asketische Züge gekennzeichnet, sein mir noch nach mehr als siebzig Jahren deutlich vor Augen stehender Blick drückte äußerste Lauterkeit und eine unerhörte Weltüberlegenheit aus. Ehrgeiz oder ähnliche persönliche

Motive schienen ihm völlig fremd zu sein. In einem Nachruf auf ihn heißt es: Er war eine »eigenartige Mischung zwischen einer einsamen, fast klosterhaft abgeschlossenen Seele und einer ganz eminent aufgeschlossenen tätigen Natur«. »Für sich selbst hat er nie etwas gewollt... In den Pfarramtssitzungen schob er stets besonders den jüngeren Kollegen die großen Predigten zu und nahm die kleinen, ganz gewiß nicht aus Bequemlichkeit; denn er griff überall ein, wo ein Mann gebraucht wurde. Alles, was andere nicht gewollt oder beachtet hätten, nahm R. mit Leidenschaft.« Jahrzehnte nach seinem Tode entdeckte ich in einem alten Kirchenkalender ein Bild von ihm mit dem soeben erwähnten Nachruf von Hermann Dubbels, seinem früheren Kollegen in derselben Gemeinde, beim Schreiben des Nachrufs jedoch schon Hauptpastor an St. Katharinen, der einstigen Wirkungsstätte des Lessinggegners Joh. Melchior Goeze. Dubbels, selber ein hochgebildeter Mann und begabter Prediger, schrieb über R.: »Er war unser aller Seelsorger« und schloß mit dem Satze: »Wenn ich auf etwas stolz bin, so ist es das, daß Hermann Rieffenberg mich geliebt hat.« Ich meinerseits bin schon glücklich, daß ich ihn einige Male gesehen und gehört habe. Wenn ich mir Jesus – nicht zu seiner Zeit, sondern heute unter uns lebend – vorstellen möchte, meine ich, es nicht besser tun zu können, als indem ich mir diesen Kopf, seinen gütigen und doch fast unnahbaren Blick vergegenwärtige.

Die beiden anderen im engeren Sinne christlichen Persönlichkeiten, die mir einen besonderen Eindruck gemacht haben, gehörten einer ganz anderen, weitgehend entgegengesetzten Umwelt und Geistesart an. Der eine war der Vorsitzende des Gnadauer Verbandes, Walter Michaelis, der Führer der deutschen Gemeinschaftsbewegung. Er war in Bethel Dozent für Praktische Theologie, die mich damals eigentlich noch gar nichts angehen sollte. Ich besuchte seine Vorlesung nur, weil er die Faszination, von der er ergriffen schien, auch auf seine Hörer zu übertragen wußte. Wenn etwas mich beim Glauben hätte halten können, so wäre es der verklärte, bei allem nüchternen Ernst beinahe verzückt anmutende Ausdruck seines Gesichts gewesen. Es war, wenn er von seinem Manuskript aufsah und geradeaus in den Raum blickte, als ob er unmittelbar in eine andere, höhere Welt schaute. So stelle ich mir den Apostel Paulus vor.

Und dann »Pastor Fritz« (v. Bodelschwingh), des alten »Vaters Bodelschwingh« jüngster Sohn und damaliger Leiter der Betheler Anstalten. Die leuchtenden großen Augen dieses Mannes, die einen merkwürdigen Zusammenklang von Bescheidenheit und Bestimmtheit, von Energie und Herzlichkeit, von beinahe kindlicher Einfachheit und tiefer Einsicht vermittelten, werden jedem, der ihm einmal begegnet ist, unvergeßlich sein. Wenn er gelegentlich einmal predigte, zog er die in ihrer Auffassungskraft sehr herabgesetzten langjährigen Kranken ebenso in seinen Bann wie die Diakonissen und die »Brüder« (Diakone), die Studenten und die Kollegen. Er hatte etwas von der Art, die dem Jünger Johannes eigen gewesen sein mag.

Es gibt verschiedene Weisen, wie das Verhältnis eines Christen zu der von ihm geglaubten höheren Wirklichkeit sich ausdrücken kann. Männer wie die damaligen Dozenten für das Alte und das Neue Testament in Bethel, Theodor Oestreicher und Gottlob Schrenk, schienen beide in ähnlicher Weise unter einem lastenden Druck zu stehen, nicht im Sinne einer stimmungsmäßigen Depression, sondern gleichsam als Wirkung des Rufes einer überlegenen Macht, die in ihr Leben eingegriffen hat und ebenso sehr Geschenk wie Verpflichtung bedeutet. Ein ungeheurer Ernst in Verbindung mit einer gewissen Gespanntheit beherrscht solche Menschen, der alle persönlichen Eigenheiten und Eitelkeiten, alles bloß Interessante oder geistig noch so Bedeutende hinter sich läßt und beinahe auslöscht. Die ständige Ergriffenheit, deren Zeuge man hier wurde, hatte für den, der mit ihnen in Berührung kam, selbst etwas »Ergreifendes«.

Eine ganz andere Wirkung ging von einem Manne aus, den ich als letzten in diesem Zusammenhang nennen möchte. Seine hauptsächliche Wirksamkeit fällt in spätere Jahrzehnte, ist jedoch nun auch schon längst Vergangenheit. Ihn habe ich nur im Rundfunk gehört und gesehen: Hanns Lilje, den einstigen Landesbischof von Hannover, eine führende Persönlichkeit des Weltluthertums, Mitglied der höchsten internationalen kirchlichen Gremien, vielseitig begabt, erfahren, weltklug und wendig wie nur einer. Aber was ihn hier zu nennen Veranlassung gibt, ist nicht seine Bedeutung als Kirchenführer oder als Verfasser gehaltvoller Bücher und auch nicht einmal so sehr der Inhalt seiner Rundfunkpredigten an den hohen Feiertagen als vielmehr ein bestimmter festlicher Ton in diesen Predigten und in der Art, wie er bei solchen Gelegenheiten das Glaubensbekenntnis in der volleren Form des Nicaenums zu sprechen pflegte: »Ich glaube an einen Gott, den allmächtigen Vater, Schöpfer *alles Sichtbaren und Unsichtbaren,* und an einen Herrn Jesus Christus, den Sohn Gottes . . ., *Gott von Gott, Licht von Licht . . .*" Wie diese alten Formeln in seinem Munde einen wunderbaren, von einer höheren Region kündenden Klang annahmen, rechne ich zu jenen Grenzerlebnissen, welche, wenn überhaupt etwas, die Ahnung einer anderen Welt nahelegen könnten.

Wer derartige Eindrücke erfahren und sich bewahrt hat, konnte nicht ein Feind des Christentums werden, auch wenn er sich von ihm abwenden mußte. Mit voller Überzeugung pflege ich z. B. die in Gesprächen immer wieder einmal begegnende Bemerkung, die Pastoren glaubten selber nicht, was sie sagten, zurückzuweisen und zu betonen, daß man die Vertreter eines Berufes, der es heute, sofern die Glaubensverkündigung noch ernstgenommen wird, schwerer hat als jeder andere, nicht in dieser Weise herabsetzen sollte. Der verächtliche Gebrauch des Wortes »Pfaffe« in freigeistigen Kreisen ist mir von jeher äußerst unangenehm gewesen.

Mein Verhältnis zu den Angehörigen des »geistlichen Standes«, wie man früher sagte, geht unter Umständen sogar über eine gelegentliche Apologie oder stille Sympathie hinaus. Ich muß hier noch eine kleine Initiative meinerseits erwähnen, die ausgerechnet bei dem dieses Schreibenden in den Augen mancher Leser gewiß ein Kuriosum darstellt. Sie bezieht sich auf den einstigen Hauptpastor an St. Michaelis, dem »Hamburger Michel«, Georg Behrmann, Senior der hamburgischen Geistlichkeit (der »Senior« war bis zur Einführung des Bischofsamtes der höchste geistliche Repräsentant der Landeskirche). Behrmann war nicht nur ein bedeutender Kanzelredner von universeller Geistesbildung, sondern auch ein großer Gelehrter und Kenner alter Sprachen, insbesondere Orientalist – schon der Gymnasiast lernte aus eigenem Antrieb Persisch und Arabisch –, Verfasser eines wissenschaftlichen Kommentars zum Buche Daniel, auch Herausgeber der Werke Matthias Claudius' mit einer ausführlichen biographischen Einleitung, nicht zuletzt ausgezeichnet durch schlagfertigen Witz und feinen Humor. Mehr noch vielleicht als aus seinen »Erinnerungen« erfährt man über die Eigenart und breite Wirksamkeit dieses Mannes, auch über seine bemerkenswerte Bibliothek, aus dem Band »Senior D. Georg Behrmann. Eindrücke und Erinnerungen, gesammelt von seinen Freunden«. Während es eine ganze Reihe von Straßen in Hamburg gibt, die nach einstigen Pastoren benannt sind, findet sich sonderbarerweise keine solche Erinnerung an diese herausragende Persönlichkeit. Deshalb habe ich mich mehrfach bemüht, eine derartige Ehrung für ihn nachträglich noch zu erreichen, leider vergeblich. Unsere schnellebige Zeit ist über ihn hinweggegangen.

Doch es kommt noch merkwürdiger – soll ich sagen: komischer? Ja, es sollte mich nicht wundern, wenn jemand mein jetzt zu berichtendes Verhalten beinahe pervers finden würde, aber es ist so: Für so notwendig ich eine gründliche und besonnene Christentumskritik halte und so lange und angelegentlich sie mich selbst beschäftigt hat – wenn sie innerhalb der Kirche vor sich geht, wenn einer ihrer Amtsträger eine solche Kritik betreibt, lehnt sich dagegen nicht nur mein Sinn für Ordnung und Sauberkeit auf, dann wird auch eine letzte noch bestehende Anhänglichkeit an die alte geistige Heimat in mir berührt. Als es während eines sogenannten Lehrzuchtverfahrens gegen einen Hamburger Geistlichen nach langem Zögern der Kirchenbehörde so aussah, als werde man wohl nur noch sehr schwer die Kraft aufbringen, den innerlich längst nicht mehr zu ihr Gehörigen, aber immer weiter Agierenden, Agitierenden und Zulauf Findenden von sich abzustoßen, da habe ich geradezu um diese Kirche gebangt und meiner Meinung auch entsprechenden Ausdruck gegeben. Im Gegensatz zu einem unentwegten Liberalismus, der beinahe jedem, wenn er nur zur Kirche gehören will, das Recht zugesteht, offen in ihr zu sagen, was er glaubt und nicht glaubt, meinte ich, vielleicht reichlich naiv, ihr den Rücken stärken zu sollen, indem ich betonte: Selbst ein sich nicht mehr zu ihr zählender, aber interessierter Beobachter sieht ein, daß hier der unvermeidliche Schnitt klar und entschieden vollzogen werden muß. So sehr ich zu meiner von außen vorgenommenen Kritik des Glaubens stehe: daß die Kirche ihr von innen her ausgesetzt und so zersetzt wird, dafür ist sie mir immer noch zu schade. Das Recht zur Kritik, das ich mir als Nichtglaubender nehmen darf, ist vereinbar mit einem großen Respekt vor der Haltung des Glaubens. Bei demjenigen, der diesen Glauben von Amts wegen zu predigen hat, ihn jedoch völlig umfunktioniert und in sein Gegenteil verkehrt, vermisse ich diejenige Achtung, in welcher ich mich mit dem Glaubenden zusammenfinde, indem ich den Glauben, unabhängig von meiner Einstellung zu ihm, wenigstens so nehme, wie er genommen sein will. Dem entspricht es, daß bei Interviews eines Vertreters der Kirche durch einen Journalisten, wie man sie manchmal im Fernsehen erleben kann, die heute übliche ein wenig arrogante und reichlich aggressive Art des Fragestellens mir nicht gefallen kann und ich mich innerlich meist auf seiten des Befragten stehen finde.

Mit dieser meiner Einstellung hängt es auch zusammen, daß ich die den vollen Glaubensgehalt vertretenden Richtungen der Theologie weit mehr schätze als die betont moderne, die sich nicht vor einer tiefgreifenden Umdeutung der Glaubenssubstanz scheut. Auf die Gefahr hin, für unbescheiden gehalten zu werden, gestehe ich, manchmal den Eindruck zu haben, daß der christliche Glaube mir Nichtglaubendem seinem Wesen nach vertrauter, einsichtiger und sogar sympathischer ist als jenen Noch-Christen, denen er vor allem als Ausgangspunkt dient für Entwicklungs- und Welthungerhilfe, Friedensarbeit oder Umweltschutz und dergleichen, so gut gemeint, berechtigt und notwendig diese Bestrebungen sicherlich sind. Ob nicht mancher Prediger sich bei den genannten guten Werken deshalb besonders engagiert zeigt, weil er damit, namentlich bei der jüngeren Generation, besser »ankommt« als mit der eigentlichen Glaubensverkündigung? Ich bezweifle, daß es der Kirche gelingen kann, sich durch die Beteiligung an derartigen Dingen unentbehrlich zu machen. Solches alles können auch die Heiden.

Meine quasi-christliche Empfindlichkeit für Echtheit in dieser Hinsicht geht bis in das Rhetorische hinein. Der neu aufgekommene, bei jeder Gelegenheit verwendete Begriff der »Aktivitäten« z. B. mag sehr zweckmäßig sein, um vielerlei zusammenzufassen, und man fragt sich geradezu, wie es früher möglich war, ohne ihn auszukommen. Aber muß ein Geistlicher ihn auf der Kanzel verwenden, wenn er sagen will, daß die kirchliche Liebestätigkeit nicht wegen fehlender Geldmittel eingeschränkt werden dürfe? Ist dieser Begriff hier nicht reichlich stilwidrig? Im besonderen Maße gibt mir die Sprache des Gebetes Anlaß zur Verwunderung und Beanstandung, wenn etwa der Redner es nach der Predigt dazu benutzt, um diese, gut disponiert, wie sie war, kurz noch einmal zu repetieren, wobei er sich doch offenbar mehr an seine Hörer wendet als an Gott. Wenn ich mich schon anheischig machen sollte, mit dem großen, allmächtigen, heiligen Gott zu reden, so würde ich versuchen, wirklich zu *Ihm* zu sprechen, wobei ich wahrscheinlich über die Anrede nicht hinauskäme, jedenfalls aber meine Predigt Predigt sein ließe. So meine ich, mir bei aller Entfernung ein gewisses positiv getöntes Verhältnis zur christlichen Haltung bewahrt zu haben. Immer wieder beeindruckt mich, den geborenen Protestanten und längst nicht mehr Glaubenden, beim gelegentlichen Eintreten in eine katholische Kirche der Brauch des Kniebeugens vor dem Hochaltar, wenn er nicht, wie häufig, nur flüchtig angedeutet, als Pflichtübung erfolgt. Der Mensch wird nicht geringer, denke ich, indem er sich vor dem Höchsten beugt. Nicht also ein fehlender Sinn, eine mangelnde Bereitschaft zur Verehrung und Anbetung ist schuld an meiner Glaubensentfremdung – fast möchte ich sagen: im Gegenteil, sie war wohl sogar in besonderem Maße in mir angelegt. Daß, während das Fernsehen bei der Übertragung von Sportveranstaltungen die festgesetzte Zeit nicht selten erheblich überschreitet, ein Gottesdienst im Hörfunk einmal mitten im Vaterunser oder Segen abgebrochen wurde, als ob die nächste Sendung nicht noch ein paar Sekunden warten könnte, habe ich geradezu als Ärgernis empfunden.

So finde ich mancherlei Voraussetzungen für ein Verständnis der Belange in mir gegeben, die beim Glauben eine Rolle spielen. Nicht zuletzt auch die Dankbarkeit für das in einem langen Leben und schweren Zeiten erfahrene Glück. Scheint Neanders Lobgesang nicht für mich geschrieben zu sein: »Der dir Gesundheit verliehen, dich freundlich geleitet«, ja: »der aus dem Himmel mit Strömen der Liebe geregnet«? Nicht nur die von Kindheit an vertrauten Worte und die mitreißende Melodie dieses Gesanges also, sondern auch die eigene Lebenserfahrung und -stimmung machen es mir schwer, innerlich nicht mit einzustimmen. Warum? Zunächst ist es gewiß der Gedanke an das Schicksal ungezählter anderer Menschen, der mich hindert, das meinige auf Gott zu beziehen, als von Gott so gefügt zu betrachten. Aber es handelt sich natürlich um mehr.

Warum bin ich letztlich aus der Welt des Glaubens ausgebrochen? Bestimmend war für mich die sich immer mehr befestigende Einsicht, daß das Denken, welches ja nicht die geringste Begabung des Menschen ist, mir verbietet, den Gehalt des christlichen Glaubens als Wahrheit anzunehmen. Daß jemand, der in einer lebendigen Glaubenstradition steht oder seinen Glauben in persönlichen Erfahrungen bewußt erlebt hat, ohne von einem starken Erkenntnistrieb belastet und von kritischen Erwägungen bedrängt zu sein, ihm treu bleibt, begreife ich gut. Was mich dagegen immer wieder beschäftigt hat, ist die Frage, wie es sachkundigen Theologen, darunter hochbegabte Köpfe, gelehrt, scharfsinnig, ja geistvoll, möglich ist, sich in voller Kenntnis der Probleme nach wie vor eine Position zu eigen zu machen und für sie einzusetzen, die sich mir in ständig erneuter Prüfung als völlig unhaltbar erwiesen hat. Es kann weder an mangelnder Denkfähigkeit bei ihnen noch an mangelnder Glaubensbereitschaft, an fehlendem Ernst und gutem Willen bei mir gelegen haben. Ich bin einen anderen Weg geführt worden, würde der Christ sagen.

Wie bin ich nun ohne den Glauben, der mir einmal viel, sehr viel bedeutet hat, gefahren, wie läßt sich ohne ihn auskommen? Als ich nach dem letzten Kriege, einmal wieder im alten Tübingen, dem mir von früher persönlich bekannten Theologieprofessor Karl Fezer, der inzwischen auch Stiftsephorus geworden war, begegnete, lud dieser, der über mein Verhältnis zum Christentum im Bilde war, mich zu seinem jungeselligen Mittagessen ein und wollte dann eben dies von mir wissen, wie ich mit meiner Einstellung leben könne. Der geistesgeschichtsträchtige Ort des Tübinger Stifts und das Amt meines Gesprächspartners haben mir diese Unterhaltung sehr gegenwärtig bleiben lassen. Die Antwort fiel mir nicht schwer, wenn ich auch damals noch nicht die Formulierung fand, mit der ich später an einer anderen denkwürdigen Stätte, auf der Burg Ludwigstein, nicht weit vom Hohenmeißner, bei einer Diskussion in der Freien Akademie, einen Heiterkeitserfolg erzielte. Als man mir dort nach meinem Vortrag über ein ganz anderes Thema dieselbe Frage stellte, wie ich damit leben könne, berief ich mich auf eine Antwort, die man bei uns in Hamburg von einem

Bekannten auf die Erkundigung nach seinem Ergehen nicht selten zu hören
bekommt: »Muscha!« (»Muß ja« – es muß eben gehen).

Hierbei wäre allerdings zu fragen, ob es wirklich nur das harte Muß ist, der
Umstand also, daß einem nicht mehr Glaubenden gar nichts anderes übrigbleibt, als mehr oder weniger enttäuscht sich mit der nun einmal gegebenen
Lage, so gut es geht, abzufinden. Oder sollte sich an der neuen Einstellung
möglicherweise auch etwas Positives erkennen lassen? Vielleicht suche ich am
besten zunächst Klarheit darüber zu schaffen, was ich mir letztlich und zutiefst
wünsche, ein Leben mit Gott oder ohne Gott. Selbst ein so entschiedener Atheist
wie der Philosoph Kurt Port gestand, er würde die Existenz Gottes insofern
begeistert begrüßen, als sie ihm die Gewähr gäbe, trotz allem werde das Gute am
Ende siegen. Dann führte er jedoch einige in eine andere Richtung weisende
Gesichtspunkte an, darunter einen sehr persönlichen »Erlebnisgrund«, der ihm
das Verhältnis zu einem Gott peinlich erscheinen lassen würde. Für Port über-
wogen schließlich in starkem Maße die Gründe gegen Gott. Die Frage ist
wichtig genug, um hier noch einmal aufgenommen zu werden. Wofür würde *ich*
mich, alles in allem, entscheiden, wenn ich einen Wunsch frei hätte, für eine Welt
und ein Leben mit oder ohne Gott?

Man wird einwerfen: Kann das überhaupt eine Frage sein, Gott und die
Anwartschaft auf ein Leben in seinem Reich oder die Sinnlosigkeit des Lebens
mit dem drohenden Nichtsein vor Augen? Aber es verhält sich ja in der Tat so,
daß das Bewußtsein der Gegenwart Gottes beglücken oder auch bedrücken
kann. Den einen ist Gott das höchste Gut, das wahre Leben, das Ziel ihrer
tiefsten Sehnsucht; die anderen wollen von ihm nichts wissen; schon der Gedanke an einen ewigen Aufpasser oder doch möglichen Beobachter ist ihnen zuwi-
der. Zu welcher dieser beiden geistigen Gattungen gehöre ich? Auf der einen
Seite also die Aussicht auf die Errichtung des Gottesreichs, die Errettung von
Sünde und Tod, die tröstliche Gewißheit: »Es kann mir nichts geschehen, als was
Er hat ersehen und was mir selig ist«. Auf der anderen Seite die Autonomie des
sittlichen Menschen, für den ein lohnender und strafender Gott nicht nur nicht
notwendig erscheint, sondern nicht sein darf, wenn ein sittliches Handeln, als
reiner Selbstzweck genommen, möglich werden soll, so daß das Schillermotto
ganz wörtlich zu verstehen ist: »Nehmt die Gottheit auf in euren Willen, und sie
steigt von ihrem Weltenthron!« Über den sittlichen Bereich im engeren Sinne
hinaus dann aber auch die Haltung der Autarkie, das Sich-selbst-genug-sein des
Nichtbetenden, Bescheidenheit und Stolz gleichermaßen des metaphysisch einsamen Menschen, der sein Leben in die eigene Hand genommen hat, die tapfere
Selbstbeschränkung dessen, der den unser irdisches Dasein überschreitenden
Hoffnungen den Abschied gegeben hat und seinen kurzen Lebenstag gelassen, in
innerer Ruhe und Freiheit verbringen möchte. Wieviel ehrliche Bemühung hat
der Mensch seit den Tagen der alten Skeptiker und Stoiker aufgewandt, um
dahin zu gelangen, daß er das Schicksal, indem er sich ihm fügt, zu bewältigen
lernt, – was weniger ist und auch mehr sein könnte als Vertrauen und Ergebung
in den Willen Gottes! Ist nicht der Dreiklang von Autonomie, Autarkie und

Ataraxie, außer der Selbstbestimmung und einer gewissen Selbstgenügsamkeit also auch ein Stück diszipliniertes Gleichmuts, gelebte Unerschütterlichkeit, etwas, das sich neben den so viel weitergehenden Ansprüchen und Hoffnungen des Christen sehr wohl hören oder sehen lassen kann, jene grundsätzliche Resignation, deren Kehrseite eine herrliche innere Souveränität ist? Erst in dieser Zuspitzung könnte die Sachlage zur Entscheidung anstehen: dort die gesicherte Gegenwart und die große Zukunft des kleinen Menschen bei Gott in seinem ewigen Reich, hier die innere Größe, des in die engen Grenzen dieses kurzen Lebens Eingeschlossenen, allein auf sich gestellt und im Besitze der ihm so wichtigen Selbständigkeit und geistigen Freiheit, zugleich aber im Zeichen der Vergänglichkeit und in der Perspektive des Nichts stehend und immer wieder mit der Sinngebung des Sinnlosen ringend. Welche von den beiden Möglichkeiten einer Gesamthaltung liegt mir näher, welche würde ich vorziehen?

Wenn ich mich indessen jetzt endgültig entscheiden sollte, so würde das im Grunde nur etwas über mich persönlich, das Verhältnis der in mir vorhandenen Gegebenheiten aussagen, ohne der sachlichen Auseinandersetzung zwischen den grundsätzlichen Standpunkten zu dienen. Deshalb erscheint es zweckmäßig, die Frage einstweilen in der Schwebe zu lassen und sie noch ein wenig hin und her zu wenden.

Obgleich die in einer bewußten Resignation beruhende innere Souveränität sicherlich als ein Gipfel menschlicher Existenz gelten kann, wäre ich vielleicht nicht so sehr auf meine persönliche Unabhängigkeit und Freiheit erpicht, daß ich sie nicht preiszugeben bereit wäre, wenn ich Gottes gewiß zu werden vermöchte und er mich annehmen wollte. Wohl hätte ich dann mein Denken vergeblich bemüht, aber was bedeutet letztlich alles Denken und Trachten eines Menschen, was können selbst Jahrtausende geistigen Ringens der Menschheit gegenüber der Zuversicht bedeuten, dereinst in Gottes Reich einzugehen, Gott zu schauen! Würde ich den Status der Autonomie und Autarkie insofern nicht bereitwillig hingeben für die gewisse Hoffnung des Glaubens, einmal dem himmlischen Chor anzugehören und einstimmen zu dürfen in die ewige Anbetung und Verherrlichung Gottes?

Käme es allein auf mein Wünschen an, so wäre es nicht ausgeschlossen, daß ich mich gern der Sicht des Glaubens öffnete. Aber wir stehen, aufs große Ganze gesehen, nicht unter Bedingungen, die dem Wünschen und Wählen eine maßgebliche Rolle zuweisen. Vielmehr empfindet der Mensch seine durch Anlage, Tradition, Umwelt und entsprechende individuelle Entwicklung erworbene geistige Haltung durchweg als zu sich gehörig und deshalb notwendig: die einen, die sich ihrem Glauben überlassen, die sich geführt fühlen und auf ein Leben mit und bei Gott hoffen zu dürfen meinen, und die anderen, die aufgrund einer durch Besinnung oder wie immer bedingten Einstellung ihr Leben gemäß der eigenen Natur und Geistesart selbst bestimmen wollen, denen die innere Freiheit über alles geht, die auch harte Schicksalsschläge zu verkraften gelernt haben, die sich vor allem in das Unvermeidliche zu schicken, sich mit der Notwendigkeit abzufinden wissen und dem Ende ihres Lebens gefaßt, ohne

Furcht und Hoffnung entgegensehen. Daß das Bewußtsein der Geborgenheit als Ausdruck und Wirkung eines starken Gottvertrauens ein beneidenswerter Lebenszustand zu sein vermag, läßt sich keinen Augenblick bezweifeln. Nicht weniger aber kann sich bei einem innerlich gefestigten Menschen das Praktizieren der Lebensführung auf eigene Rechnung und Gefahr bewähren. Wer, auf sich allein gestellt, vielleicht durch schwere Erfahrungen hindurchgegangen, eine gewisse Ausgeglichenheit und Abgeklärtheit erworben hat, strahlt unter Umständen eine Art von Sicherheit und Gelassenheit aus, die sich der Gewißheit, von Gott geleitet und getragen zu werden, menschlich gesehen, ebenbürtig an die Seite stellen läßt: Gnade-empfangen-haben, Sich-beschenkt-wissen oder aber Sich-bescheiden mit dem, was uns die Wirklichkeit und unser Wertbewußtsein an Möglichkeiten bieten, und so das Leben bestehen, gläubige Zuversicht oder auf sich gestellte Gelassenheit – von der Lebensform her gesehen besitzen beide Haltungen ihren Reiz und ihren Rang.

Wie wenig selbstverständlich freilich eine gleichgewichtige Einschätzung dieser beiden entgegengesetzten Lebensanschauungen dem Denken auch noch der neueren Zeit tatsächlich erscheint, zeigt sich etwa bei einem eher skeptisch gestimmten Geist wie Theodor Fontane. Beim Lesen von Senecas Betrachtungen über den Tod urteilt er, daß die Bildung solcher Gedanken »Trost verleihen und das Gemüt adeln« kann; als fertigen Rat genommen findet er sie dagegen unfruchtbar. »Da wirkt ein Gesangbuchvers von Paul Gerhardt doch anders.« Aber hier ließe sich nun eben fragen, ob es sich nicht vielleicht in Wahrheit gerade umgekehrt verhält: Was die bloße Lebensform betrifft, dem Niveau und Rang nach auf der gleichen Stufe stehend, könnte die, kurz gesagt, stoische Haltung, sobald die Alternative unter dem Gesichtspunkt der Vernunft und der praktischen Lebensweisheit betrachtet wird, sich als die überlegene empfehlen, weil sie so viel weniger anspruchsvoll ist in bezug auf ihre Voraussetzungen, ohne Anleihe bei der Dimension des Glaubens auskommt und den Menschen zu einer in sich ruhenden Lebensanschauung gelangen läßt. Trotzdem sind auch vom Glauben nicht in vollem Maße überzeugte Zeitgenossen vielfach bereit, der christlichen Haltung eine Art Vorzugsstellung einzuräumen, so daß von da aus eine Denkweise, die den Primat des Erkennens und der praktischen Vernunft vertritt, nur allzu leicht in den Geruch des einseitigen Rationalismus und des Freidenkertums zu geraten pflegt. Wer indessen die unter dem Gesichtspunkt des Stils und geistigen Ranges stehende Betrachtung der beiden konkurrierenden Lebenshaltungen überschreitet, um die quaestio iuris, die Wahrheitsfrage, in den Vordergrund zu stellen und dem Denken, dem theoretischen und dem praktischen Denken, die Entscheidung zu überlassen, dem möchte sich der Standpunkt des Glaubens als ein sehr, ein allzu hohes Risiko darstellen. Muß der Glaubende doch immer damit rechnen, daß sich alles in Wirklichkeit ganz anders verhält und der wesentliche Glaubensgehalt am Ende eine Illusion sein könnte! Der durchschnittliche Kirchen- oder gar der bloße Namenschrist pflegt freilich nicht allzuviel in den Glauben zu investieren. Der Gedanke aber an die, welche ihm ihre ganze Kraft und Liebe opfern – im Extrem etwa die Angehörigen der strengen geistlichen Orden, die jedes weltliche Interesse in sich abzutöten suchen – ist im Hinblick auf den möglicherweise völlig negativen Ertrag dieses Aufwands grauenhaft und könnte so etwas wie einen Missionseifer in umgekehrter Richtung rechtfertigen. Pascal hat bekanntlich seinen Lesern einmal eine Wette um Gott vorgeschlagen, ob es ihn gibt oder nicht, und geraten zu wetten, daß es ihn gibt, da man im Falle seiner Nichtexistenz nichts verliere. Für eine doch wohl reichlich frivol erscheinende Wette um Gott mag das zutreffen. Wer aber sein Leben und Trachten wirklich ganz und gar auf Gott ausgerichtet hat, auch wenn er nicht auf die Regeln eines Ordens festgelegt ist, der behält, falls dieser Glaube enttäuscht werden sollte, weniger als nichts. Er hat nicht nur falsch gedacht und geglaubt, sondern auch vergeblich gelebt und geliebt, indem er sein ihm von der Natur zugewiesenes einmaliges wirkliches Leben verfehlte.

Wie anders, wenn ein Mensch seinen »irdischen« Wünschen nicht zugunsten einer Welt des Glaubens und eben damit möglicherweise von Illusionen entsagt, sondern sie aufgrund seiner Lebenserfahrung und -einsicht in einem Reifungsprozeß allmählich einschränkt, bewußt ohne den Beistand einer höheren Macht auszukommen sucht und sich aller jener unser Leben überschreitenden Hoffnungen ein für allemal entschlägt! Ein solcher Rückzug aus der Sphäre des Wünschens braucht nicht ein Zeichen der Schwäche zu sein; er läßt sich auch als Ausdruck innerer Kraft und Weisheit verstehen. Weniger Wünschen, Glauben und Hoffen, weil man sich mit den Gegebenheiten zu bescheiden gelernt hat, Lebensweisheit in Richtung stoischen Denkens, wenn auch weniger einseitig als dieses, wird damit zum ebenbürtigen, wenn nicht überlegenen Widerpart des Glaubens. Zwar kann und darf die Wirklichkeit in ihrer oft krassen Prosa und Banalität uns nie und nimmer genügen. Ohne Werte und Ideale kein Leben, das des Lebens wert wäre; ein Leben ohne Hoffnung indessen gegebenenfalls sehr wohl. Mit weniger zweifelhaften Voraussetzungen und hochverzinslichen Anleihen zu leben, würde von hier aus vernünftiger, lebensklüger, weiser sein, als sich einer überschwenglichen Heilserwartung hinzugeben, die eben doch sehr ungewiß bleibt und in starkem Verdacht steht, einmal nicht erfüllt zu werden.

Muß in dieser Welt der Relativitäten und Ambivalenzen das Verlangen nach einem absoluten Sein und ewigen Heil nicht geradezu vermessen erscheinen? Im Geflecht von Ursache und Wirkung, Mittel und Zweck, Leistung und Lohn, Licht und Schatten, Stärken und Schwächen, in einem Dasein, das auch vorbildliche Eigenschaften und große Verdienste nicht selten dialektisch als Kehrseite von Mängeln und Fehlern erkennen läßt, ist Vollkommenes nur ausnahmsweise anzutreffen. Immerhin: Bei dem erkennenden sowie dem künstlerisch schaffenden, aber auch von einigen charakterlich besonders gearteten Menschen erhalten wir in einzelnen Fällen den Eindruck, einem ohne Einschränkung in sich Gültigen zu begegnen. Unbeschadet weiterer Fortschritte und Ergänzungen gibt es Erkenntnisse, die einfach richtig sind, ein für allemal wahr. Es gibt Werke der Kunst, die unerhört schön, schlechthin vollkommen sind. Es gibt Menschen, die in ihrer Gediegenheit, Güte und Größe etwas von höchster Beispielhaftigkeit besitzen und einer Steigerung kaum mehr fähig zu sein scheinen. Wenn der

Mensch ein absolut gültiges Werk zu gestalten oder einen Zustand zu erreichen imstande sein sollte, in dem, um einmal mit Goethe zu reden, der Augenblick Ewigkeit ist, dann hier. Kann man so etwas auch vom glaubenden Menschen, von einzelnen Glaubenserlebnissen und bestimmten Glaubensgehalten sagen? Die in den vorausgehenden einzelnen Abschnitten angestellten Untersuchungen und Überlegungen waren nicht dazu angetan, dies anzunehmen. Letztlich wird die Einsicht nicht zu umgehen sein, daß die Position des christlichen Glaubens, ernstgenommen, ohne Abzüge vertreten, intellektuell schwerlich noch zu verantworten ist, d. h. daß das Erlebnis eines letzten unerhörten Fascinosums keinen erkennbaren realen Hintergrund besitzt. An die Stelle eines solchen könnte allenfalls ein kosmisches Phänomen treten, jenes schier unglaubliche und doch wirkliche Wunder, daß ein auf einem Planeten einer von Milliarden Sonnen aus primitivsten Seinsformen hervorgegangenes geistbegabtes Lebewesen in ungeahnter und einstweilen ständig fortschreitender Weise sich ein ziemlich zutreffendes Bild vom Universum gemacht wie auch die Erkenntnis seiner eigenen Welt und seiner selbst zustandegebracht, überdies andere vielfältige Leistungen von höchstem Wert aufzuweisen hat. Das ist wunderbarer als alles, was in Mythen und Glaubensanschauungen je erträumt und erdacht wurde. Ein Grund jedoch, deshalb an der lediglich irdisch-natürlichen Beschaffenheit, insbesondere an der Vergänglichkeit und endgültigen Verlorenheit der Welt und unseres Lebens zu zweifeln, läßt sich weit und breit nicht ersehen. Das überaus Merkwürdige und Wunderbare liegt vielmehr eben darin, daß alle jene Leistungen und Erlebnisse entstehen konnten und in einem so hohen Grade gültig sind, obwohl das sie hervorbringende Lebewesen Mensch eine so ganz und gar ephemäre Erscheinung ist und nunmehr auch gelernt hat, sich selbst und sein Werk mit totaler Vernichtung zu bedrohen.

Zu dem Unvergleichlichen, Einmaligen, das dieses unvollkommen-großartige Lebewesen aufzuweisen hat, gehört nun eben auch, um das noch einmal hervorzuheben, die bei manchen Menschen auftretende Fähigkeit, dem individuellen Schicksal aus eigener Kraft zu begegnen, es innerlich zu bewältigen, sich mit dem Unabänderlichen, Unvermeidlichen abzufinden und sich zur inneren Ruhe durchzuringen, indem schwerste Erlebnisse im Hinblick auf den Zusammenhang von Ursache und Wirkung sowie ihre Bedeutung insgesamt, sub specie aeternitatis betrachtet, bewußt gemacht, durch Vergleichen und Einordnen bis zu einem gewissen Grade entschärft, durch Gewöhnung einerseits, durch Ablenkung andererseits, gedämpft, abgestumpft, neutralisiert werden und ein gar nicht mehr assimilierbarer furchtbarer Schlag innerlich abgekapselt wird, bis die, wie man sagt, alles heilende Zeit ihre Wirkung tut. Lediglich vereinzelte besonders furchtbare Schicksalsschläge entziehen sich jedem Versuch einer geistigen Überwindung, so daß nur das wehrlose, allenfalls gefaßte und würdige Aushalten bis zum Letzten bleibt: »Wenn's etwas gibt, gewalt'ger als das Schicksal, so ist's der Mut, der's unerschüttert trägt.«

Anderes, nicht so extrem Schweres, vor allem, wenn es sich um die Folgen bloßer Mängel oder Zufälligkeiten handelt, läßt sich weniger dramatisch, mehr im epischen Hamsun-Stil betrachten: »Alles geht... Warum sollte nicht alles gehen!«, eine Gelassenheit, die sich für das eigene Leben unter Umständen sogar zu einer ausgesprochenen Zufriedenheit und selbst Heiterkeit zu erheben vermag, ohne freilich das Bewußtsein auszuschließen, daß vielerlei Unrecht und das Übermaß an menschlicher Not auf keinen Fall hinzunehmen ist, so daß insofern eben doch nicht alles geht, angehen darf, daß namentlich der Kampf gegen das eigentlich Böse niemals aufhören sollte. An die Stelle des Gegensatzes von Mensch und Gott oder der Spannung zwischen Erfahrung und Glauben tritt damit die Distanz zwischen der Wirklichkeit, wie sie ist, und der Welt der Werte, welch letztere dem Menschen Motive und Normen geben und ihm damit zum Ansporn und Maßstab seines Handelns werden.

Hierbei kommt noch eines in Betracht: daß das Böse, so sehr es nicht nur ernstgenommen, sondern, anders als die Bergpredigt will, unablässig aktiv bekämpft werden muß, bei der dargelegten Sicht doch in ein weniger schlimmes, bösartiges Licht rückt. Es braucht vor allem nicht einer widergöttlichen Macht oder verhängnisvollen Ursünde, dem Ungehorsam gegen Gott, einem Abfall von ihm, zugeschrieben zu werden, der dann zu seiner Behebung einen großangelegten Erlösungsprozeß erforderlich macht. Vielmehr liegt es an der nun einmal gegebenen Unvollkommenheit der Welt, daß der Mensch durchweg so viel zu wünschen übrigläßt. Deshalb gehört es zum Grundbestand menschlicher Lebensweisheit, nicht zuviel zu erwarten und sich durch Enttäuschungen nicht entmutigen zu lassen. Gewiß soll damit wie gesagt nicht einem banalen Alltagsrealismus das Wort geredet werden, der das Leben stets so nimmt, wie es eben ist und fünf gerade sein läßt. Auf dem Boden eines vernunftgemäßen Realidealismus heißt es immer zugleich, sich keineswegs mit allem abzufinden, nicht müde zu werden im taktischen und strategischen Einsatz für das Gute oder Bessere, wo immer sich eine Gelegenheit dazu bietet oder herzustellen ist. Stets kommt es auf das jeweils angemessene Verhältnis von Anspannung und Gelassenheit an. Auch in einer aufs Ganze gesehen hoffnungslosen Welt erscheint so, wenn man an ihre überraschend positiven Gegebenheiten anzuknüpfen versteht, ein vergleichsweise sinnvolles Leben möglich.

Nichts findet man allerdings immer noch so verbreitet wie die Ansicht, daß es ein sinnvolles Leben und Wirken recht eigentlich nur geben könne unter der Voraussetzung, daß das erstrebte Ziel, der zu erreichende Zustand, Gewähr für Dauerhaftigkeit bietet. Wenn mit der Zeit alles von uns Geschaffene vergeht und das Leben jedes einzelnen selbst der Vernichtung verfällt, so sei, meint man, im Grunde genommen, alles sinnlos. Und wer könnte sich der beklemmenden Schwere dieses Gedankens entziehen! Die Wahrheit der Gleichung vergänglich = vergeblich ist der dunkle Hintergrund allen unseres Handelns und des Lebens überhaupt. Man kann sie nicht durch Wegsehen überwinden, sie muß ausgehalten, durch immer erneutes Sichbewußtmachen bewältigt werden. Je mehr wir uns ihr stellen, desto deutlicher wird dann aber auch, daß diese Wahrheit nicht die ganze Wahrheit ist. Was über dem Memento mori nicht vergessen werden darf, ist das Leben selber, sind vor allem die durch das Leben vermittelten Werte und das Geheimnis der erfüllten Gegenwart, jener schon gedachten Ewigkeit des Augenblicks. Der Sinn des Lebens ist immer zunächst das Leben selbst. Was beim Menschen als Besonderes hinzukommt, ist seine bewußte Zielstrebigkeit und die bei der Verwirklichung seiner Vorhaben erlebte Befriedigung. Sie gehört zu seinem Wesen und ist ihm wesentlich. An die Dauer des Erreichten muß sie indessen nicht unbedingt gebunden sein. Er schafft nicht für die Ewigkeit. Und diese Unabhängigkeit vom Gesichtspunkt der Dauer gilt noch in einer darüber hinausgehenden Hinsicht. Das unbegreiflich große Wunder des Lebens und des Geistes besteht ja eben darin, daß Gestalt, Bewußtsein, alle wertvollen Sachverhalte, aus sinnlosem physikalisch-chemischem Geschehen hervorzugehen scheinen, um sich nach einer kleineren oder größeren Zeitspanne wieder darin aufzulösen. Ist dies alles, sind Leben und Geist weniger wirklich, bejahenswert, bedeutsam, weil ihnen eine geringe Herkunft und eine hoffnungslose Zukunft zuzuschreiben ist? War eine Rose nicht schön, eh' sie verblühte, finden wir das Singen eines Liedes weniger lohnend, weil es im Nu verklungen sein wird? Es ist ein verständlicher Irrtum, nichtsdestoweniger ein Irrtum, daß ein vergängliches Leben, dem keinerlei Zukunft gehört, sinnlos sein muß. Inmitten des weiten Meeres mit seinem eintönig-sinnlosen Wellenschlag die kleine Insel eines Menschenlebens, das sich Ziele setzt und sie bald erreicht, bald verfehlt. Auch wenn diese Insel einmal wieder von der See verschlungen sein wird: noch gibt es sie, und dann wird es sie einmal gegeben haben. Ist nicht ein von Werten und ihrer Verwirklichung erfülltes Leben, das auf bewältigte Aufgaben oder auf ein intensives Erleben der Welt in ihrer Mannigfaltigkeit zurückzublicken vermag, ein Leben mit Handeln und Hoffen, mit den Erfahrungen des Gelingens und Scheiterns und dem Nachklingen der Begegnung mit einzelnen Menschen, mit Stunden auch der inneren Einkehr, ist nicht selbst ein überwiegend schweres, mühevolles, entbehrungsreiches oder von Kämpfen erfülltes Leben insgesamt mehr, sinnvoller gewesen, als wenn es nicht gewesen wäre? Es hat sehr wohl einen Sinn gehabt, meinen wir, sofern man mit dem Begriff Sinn eben nicht die ungerechtfertigte Forderung der Dauer verbindet, deren Wegfall dann zum Nihilismus eines »Alles ist eitel« führt.

Sinn wird erlebt, indem wir das entgegennehmen, was sich uns an Gütern und Gaben bietet, oder in der Erfüllung von Aufgaben, in der Überwindung von Schwierigkeiten und Hindernissen auf dem Wege zu Zielen, die wir uns gesetzt haben. Die Erfüllung von Aufgaben macht das Leben im besonderen Maße sinnvoll und damit lebenswert. Unter Umständen, in Fällen besonderer Schwere und Härte einer Gesamtsituation, kann das Leben selbst zur Aufgabe werden, in deren Bewältigung der Mensch Willen, Kraft und manchmal auch seinen Stolz setzt. An einem solchen Leben ist sein Wert ohne weiteres abzulesen. Seinen Sinn brauchen wir uns mithin nicht nehmen zu lassen. Nicht die so oft erörterte Sinnfrage also ist es, an welcher der in einigermaßen erträglichen Verhältnissen lebende und nicht übermäßig anspruchsvolle Mensch zu kranken braucht. Außerhalb einer Zone vernünftiger und befriedigender Lebensbewältigung stellt allzu viele nur der krasse Mangel, die übergroße nackte Not.

Gegen Hunger und unerträgliche Schmerzen helfen keine Sentenzen und Maximen.

Auf dem Boden dieser Sicht, vermöge der Einsicht namentlich, daß der Tod ein Mittel ist, viel Leben zu haben[1], und daß die Vergänglichkeit notwendig zur Endlichkeit eines Einzelwesens gehört, müßte es dem Menschen schließlich auch möglich sein, mit der Erfahrung des körperlichen und seelisch-geistigen Alterns und Sterbens fertig zu werden und das ihm als einem selbstbewußten Lebewesen in besonderem Maße eigentümliche Schaudern vor dem Gedanken an das restlose Aufhören seiner Existenz in Grenzen zu halten. Wer wollte sich des Gefühls des Bedauerns, ja der tiefen Wehmut im Hinblick auf die Vergänglichkeit zumal des menschlichen Lebens schämen! Solche Eindrücke, Stimmungen, Gefühle, gehören nicht weniger zu einem vollen, ganzen Menschen als seine Vernunft. Aber diese ist jedenfalls nicht dazu da, aus den Gefühlen des Bedauerns, ja, der Todesfurcht auf dem Wege über eine »Phänomenologie der Hoffnung«, daß es nämlich »zum Wesen des Menschen« gehöre, »über den Tod hinaus zu hoffen«[2], eine Überzeugung zu entwickeln und Wünsche für Wahrheit zu nehmen. Vielmehr hat die Vernunft die im menschlichen Selbstbewußtsein begründete Annahme oder Forderung einer Fortdauer über den Tod hinaus als unberechtigt zurückzuweisen. Sie kann nur urteilen, daß hier wirklich allein der Wunsch der Vater des Gedankens ist und sonst nichts dafür spricht. Das gilt auch für den dem Glauben wichtigen Gedanken einer Neuschöpfung zum Ewigen Leben. Es muß klipp und klar ausgesprochen werden, daß jede derartige Hoffnung mit großer Wahrscheinlichkeit als nichtig zu gelten hat. Dieses unser jetziges Leben ist, wenn nicht alles trügt, das eigentliche und einzige Leben, das dem Menschen beschieden ist. Dafür, daß ihm als endlichem Lebewesen einmal ein Leben ohne Ende zuteil werden könnte, spricht schlechterdings nichts. Ein Goethe meinte freilich noch, daß nach einem rastlosen Wirken »die Natur verpflichtet« ist, »mir eine andere Form des Daseins anzuweisen, wenn die jetzige meinen Geist nicht ferner auszuhalten vermag«[3], eine Ansicht, die uns heute geradezu vermessen erscheinen will. Wieviel bescheidener, demütiger nicht nur, sondern auch realistischer, einsichtiger denkt der todkranke David Friedrich Strauß in seinen letzten Versen: »Heute heißt's verglimmen, / wie ein Licht verglimmt, / in die Luft verschwimmen, / wie ein Ton verschwimmt. « Der Christ steht zwischen derartigen Perspektiven. Er weiß, daß er nicht von Natur unsterblich ist, daß sein zukünftiges Geschick von Gott abhängt und dieser keineswegs verpflichtet ist, ihm ein neues Leben zu geben. Aber er hofft darauf, er meint, eines Lebens bei und mit Gott gewiß sein zu dürfen, in welcher Form auch immer. Demgegenüber bleibt es dabei, daß als überaus wahrscheinlich und nahezu gewiß die totale Vergänglichkeit gelten muß, die in ihrer Unausweichlichkeit der Mensch sich immer mehr vertraut machen sollte. Für jene Hoffnung eines ewigen Lebens, ob aufgrund der Auferstehung Jesu Christi oder ohne

---

[1] Vgl. das in Goethes Werke hineingeratene anonyme Fragment »Die Natur«.
[2] PANNENBERG: Grundzüge, S. 81.
[3] GOETHE: Gespräch mit Eckermann vom 4. Febr. 1829.

diese, gibt es nicht die Spur eines Anhaltspunktes. Vielmehr spricht allein schon die Entstehungsweise des Menschen, der ganzen Art wie auch des Individuums, im höchsten Grade für die Endgültigkeit seines Todes. Entstanden wie jedes Säugetier, geprägt durch eine bestimmte Anzahl von Genen, mitgestaltet durch die Umwelt, läßt seine einzigartige seelisch-geistige Begabung den Menschen, der damit den Höhepunkt der uns bekannten Welt darstellt, doch keineswegs aus dem Rahmen eines Naturgebildes herausfallen. Wenn Denken auf diesem Gebiet überhaupt erlaubt ist, so kann man nur urteilen, daß zu einem noch so begabten Naturwesen wesensgemäß seine endliche Dauer gehört. Die von theologischer Seite vielfach befürwortete Hilfsvorstellung eines dem Christen verliehenen ewigen Lebens außerhalb der Zeit entbehrt jeder tieferen Begründung. Gefühle, Gedanken, Zielsetzungen, die alle zusammen das menschliche Leben ausmachen, entstehen und vergehen. Motive, Intentionen, Denk- und Willensakte können nicht zeitlos oder von absoluter Dauer sein, und ebenso dürfte der individuellen Eigenart eines Menschen nur eine zeitlich endliche Existenz entsprechen. Die Annahme eines Lebens, das einmal begonnen hat, dann aber nicht mehr aufhören oder irgendwann einmal nach dem Tode zu einem neuen, zeitlosen Leben ansetzen wird, stellt beinahe einen Widerspruch in sich dar. Ohne Zeit kein Gefühlsschwang, kein Streben, keine geistige Bewegung, keine Reifung der Persönlichkeit. Ohne Entwicklung, Altern und Vergehen ist menschliche Existenz undenkbar. Ohne Zeit müßte wohl auch ein ewiges Leben ohne rechten Gehalt sein, statisch, eintönig, schal, im Grunde langweilig, unerträglich. Ewig im Sinne von zeitlos sind nur logische und mathematische Beziehungen, Gesetzmäßigkeiten, abstrakte Sachverhalte, deren Geltung unabhängig ist von ihrem subjektiven Erkanntwerden. Ihre Unbedingtheit und Ewigkeit ist gebunden an ihre Leblosigkeit. Alles Konkrete dagegen, alles wirkliche Sein ist dem Wandel unterworfen, jedes Einzelwesen dem Untergang verfallen. Das Vergehen ist nur die Kehrseite des Werdens, beide zusammen machen das Leben aus. Die Bewegung des Auf und Ab, die Dynamik des Anfangens und Aufhörens gehört wie zu allem sonstigen, so auch in besonderem Maße zum seelischen Leben des Menschen, seine Begrenztheit ist sogar die Voraussetzung auch der Genußfähigkeit. Der Gedanke an die Vergänglichkeit und relative Kürze unseres Lebens kann, so gesehen, sogar zu einer Steigerung des Lebensgefühls führen, so daß die endliche Dauer eine durchaus positive Seite hat. Thomas Mann wußte, warum er das »Lob der Vergänglichkeit« gesungen hat: »Sie ist die Seele des Seins, ist das, was allem Leben Wert und Würde und Interesse verleiht.«[4] In diesem Sinne leben, bewußt leben, ist auch etwas: Darum wissen oder lernen, daß Leben im Blick auf das Nichts nicht nichts ist.

Und noch in einer anderen Hinsicht wird man in der Vergänglichkeit auch einen leicht positiv getönten Sachverhalt sehen können. So abstoßend in ihrer schneidenden Kälte die Feststellung des Mephisto anmutet, »alles, was besteht, ist wert, daß es zugrunde geht« – ein Wahrheitsmoment läßt sich darin nicht ganz

---

[4] 1952.

verkennen. Selbst den bedeutendsten und edelsten Gestalten der Menschheit haftet ja ein Erdenrest an, der, wenn auch nicht eigentlich peinlich zu tragen ist, doch jedenfalls nicht verdient, in alle Ewigkeit bewahrt zu werden. Insofern hat der Tod mit seinem Auslöschen der persönlichen Eigenart neben allem tief Bedauerlichen, Niederdrückenden, Schmerzlichen, auch etwas Versöhnliches, im höheren Sinne Befriedigendes. Wohl wünschen wir uns meistens ein langes Leben, doch in alle Ewigkeit? Das ist ein Ungedanke, zu dem den Menschen, wie schon gesagt, sein Selbstbewußtsein und sein Wunschdenken verführt haben, nicht die Vernunft. Das eigentlich Große am Menschen ist neben einer vereinzelt auftretenden besonders eindrucksvollen persönlichen Eigenart und großer Güte sowie der ästhetischen Erlebnis- und Gestaltungskraft seine geradezu phantastische Erkenntnisfähigkeit mit ihrer rein theoretischen wie auch ihrer praktisch-technischen Bedeutung, das Denken also, nicht das Wunschdenken, welches ihn zur Schöpfung Gottes und zum Gegenstand seiner Liebe macht und ihn ewiges Heil erhoffen läßt. Größer als in dem sein Heil suchenden Glauben und Hoffen ist der Mensch ohne ein solches Wunschdenken. Solange er sachlich denkt, ist er groß, weil er als einziges uns bekanntes Wesen in die Zusammenhänge des Seins einzudringen vermag. Aber was er erkennt, sind immer nur Beziehungen und Beziehungsgefüge, nicht das A und O, nicht der Anfang und das Ende, nicht das Ganze, auch nicht Gott. Die enormen Erfolge der Forschung sind der Bescheidung zu verdanken, dem Absehen von persönlichen Motiven und Interessen, dem Ausklammern des Ich-Aspekts, soweit es irgend angeht. Und dieses von Wünschen unabhängige Denken, in dem die Stärke des Menschen besteht, macht ihn zugleich klein, lehrt ihn, daß er selbst durchweg sehr wenig bedeutet, nicht ein Kind Gottes ist, sondern eine beseelt-denkende Eintagsfliege auf einem Staubkorn im Weltall und mit seinem unausweichlich eintretenden Ende nahezu ein Nichts. Das völlige Verlöschen des einzelnen in seiner Einmaligkeit, so schrecklich der Gedanke daran die meisten Menschen immer wieder anmutet, ist nicht nur überaus wahrscheinlich und auch nicht nur etwas, mit dem man sich nolens volens abzufinden hat, sondern genau und sich selbst nicht zu wichtig genommen, wird man sogar sagen müssen: Es kann nicht nur nicht anders sein, es sollte wohl auch nicht anders sein. Nein, wir sind nicht für die Ewigkeit geschaffen. Daß uns eine Weltsekunde zu leben vergönnt ist, darf oder muß uns genügen, wenn wir die Zeit »auskaufen«, das Leben auszukosten bestrebt sind. Jenes Grauen, das den Menschen als selbstbewußtes Wesen bei dem Gedanken an das schlichte Aufhören seiner Existenz überkommt, muß er denkend zu bewältigen suchen, indem er Tod und Vergänglichkeit in ihrer Selbstverständlichkeit bewußt immer mehr in sein Leben einbezieht. Auch ein in dieser Hinsicht würdiges Sterben will gelernt, Leben im Hinblick auf das Ende geübt sein: Überwindung von Hoffnung und Illusion durch Einsicht und Resignation. »Carpe diem« und »Memento mori« gehören zusammen. Eine ferne Zukunft – wenn es dann noch Menschen geben sollte – wird auf die Glaubensannahme eines neuen, ewigen Lebens einmal so zurückblicken wie wir heute auf den Animismus.

Erst recht versöhnlich mutet die Notwendigkeit des endgültigen Vergehens und Sterbens an, wenn man das menschliche Leben einmal von einer höheren Warte betrachtet. Welche Bereicherung ergibt sich nicht nur durch den Prozeß des Aufblühens, Reifens, Alterns und Vergehens der Individuen, sondern auch mit dem Einanderablösen der Generationen! In dieser Dynamik des Kommens und Gehens der Geschlechter besteht der Reiz des biologischen wie auch des geistigen Lebens. Auch für dieses ist der Tod das Mittel, viel Leben zu haben.

Im übrigen scheint sich gegenwärtig überhaupt ein bedeutsamer Wandel unserer Einstellung zum menschlichen Leben in quantitativer Hinsicht, was sowohl seine Dauer als auch seine Verbreitung betrifft, abzuzeichnen. Eine allgemeine tiefgreifende Veränderung ist ja schon in der anderen Grundfrage eingetreten, beim Verhältnis zu dem, was man die Sünde nannte und unter Erlösung verstand. Anstatt sich wie einst immer wieder seine Schlechtigkeit bewußt zu machen und wer weiß wie unter der Sünde zu leiden, anstatt die Gedanken fortgesetzt um das Erlangen göttlicher Vergebung kreisen zu lassen, ist der Schwerpunkt des Interesses nunmehr offensichtlich ganz pragmatisch auf die pädagogische Beeinflussung des unreifen, auf die sozialtherapeutische Behandlung des abgeirrten und auf die praktische Hilfeleistung gegenüber dem notleidenden Menschen übergegangen. Eine entsprechende Ernüchterung und Versachlichung erfährt gegenwärtig nun eben auch unser Verhältnis zum Leben und Sterben. Wie der moderne Mensch die vom Platonismus und vom frühen und mittelalterlichen Christentum überkommene Geringschätzung des vergänglichen Lebens als solchen nicht mehr teilt, so wird andererseits das Sterben, mag es bei den einem am nächsten Stehenden zu erleben nach wie vor vielfach noch so schmerzlich sein, heutzutage deutlich weniger sentimental oder gar tragisch empfunden. Mit diesem Wandel im Lebensgefühl verbinden sich entscheidende Abstriche am Glauben und eine wesentliche Änderung in der Beurteilung der Gesamtlage. Unsere Zeit ist dabei, in zunehmendem Maße zu erkennen, daß es sich mit dem Phänomen des menschlichen Lebens überhaupt anders verhält, als man bisher geglaubt und gedacht hat: daß nicht nur die neutestamentliche Erwartung eines zukünftigen Lebens bei Gott aufgrund eines Neuanfangs mehr als fragwürdig ist, sondern daß schon der alttestamentliche Imperativ »Seid fruchtbar und mehret euch!« sich auf die Dauer geradezu verhängnisvoll auswirken muß. Damit bahnt sich ein ganz neuer Aspekt an. Nicht der Tod, sondern ein Übermaß an Leben, nicht die Vergänglichkeit des menschlichen Einzelwesens: die immer weitergehende Ausbreitung der menschlichen Art stellt die eigentliche Bedrohung dar. Unsere größte Sorge hat nicht so sehr einem Zuwenig an Leben für den einzelnen zu gelten als vielmehr einem Zuviel an Leben für die Menschheit als ganze, und diese Erkenntnis, auch wenn sie neuerdings im Zunehmen begriffen ist, kommt auf alle Fälle zu spät, das ist das überaus Bedenkliche. Das Universum wird immer größer, die Erde, unser Lebensraum, immer kleiner.

Ob die damit sich ankündigenden Existenzfragen der Menschheit noch eine halbwegs erträgliche Antwort finden werden, erscheint in hohem Maße zweifelhaft. Für die Lebensführung des einzelnen wird jedenfalls nicht mehr das Glauben ausschlaggebend sein, sondern das Denken immer mehr in den Vordergrund treten, nicht ein lediglich zweckhaftes, technisch-organisatorisches Denken hoffentlich, so erfolgreich und unentbehrlich es an seinem Platze ist, sondern eine Gesinnung, die sich bei aller Sachlichkeit und zunehmenden Nüchternheit eine tiefer angelegte Lebensauffassung bewahrt. Eine solche Einstellung schließt die Hochschätzung der Glaubenshaltung, von der sie sich innerlich entfernt hat, nicht aus. Ein Bild in der Hamburger Kunsthalle, das mir von jeher besonders lieb war, ist Wilhelm Leibls »Drei Frauen in der Kirche«, die junge, wohl noch eine Spur weniger tief in ihr Gebetbuch versenkt als die Alte neben ihr, und die dritte mit zusammengelegten Händen, den Blick auf den Altar gerichtet, betend. Das ist nicht nur künstlerisch meisterhaft beobachtet und vollendet gestaltet, es ist auch, was den menschlichen Gehalt betrifft, unendlich schön. Was für eine Ruhe, welch ein Frieden geht von diesen Gestalten aus, wie gesammelt und hingegeben sind diese Frauen! Die Haltung des Glaubens zeigt sich hier von ihrer anziehendsten, eindrucksvollsten Seite, auch dem, der weiß, daß das nicht mehr unsere Welt ist.

So muß die anfangs gewählte Fragestellung zuletzt aufgegeben werden. Die Frage, ob ich mir den Glauben wünschen bzw. zurückwünschen soll oder darf, läßt sich im Ernst nicht aufrechterhalten. Eine Option für das Glück oder gar das große Glück, das ewige Heil, ist nicht vorgesehen. Umgekehrt bin ich zum Nichtglauben sicherlich auch nicht deshalb gelangt, weil mir diese Haltung etwa irgendwie attraktiver erschienen wäre. Vielmehr ist es das intellektuelle Gewissen, das mir den Glauben überhaupt versagt. Es mag einer Art von Biogenetischem Grundgesetz im Geistigen entsprechen, daß auch der einzelne Mensch vielfach mit einer religiösen Phase beginnt und in der Regel später zu einer mehr kritisch-reflektierenden und vergleichsweise autonomen Einstellung übergeht, wobei er einsehen lernt, daß es auf unser Wünschen und Sehnen nicht ankommt, alles aber darauf, das Leben gefaßt und getrost zu bestehen, und daß dem Menschen insofern dann allerdings letztlich weniger mehr sein kann. Daß die beiden Haltungen, die gläubige und die glaubenslose, als Typen, was also den Lebensstil angeht, beide ihren Wert und Rang besitzen, wurde im Vorausgehenden mehrfach betont. Etwas anderes ist die Entscheidung einzig und allein unter dem Gesichtspunkt der Wahrheit. Was das Niveau und Format betrifft, dürften echte, wirklich gläubige Christen manchem modernen Diesseitsmenschen weit überlegen sein. Trotzdem liegt nach allem die Annahme nahe, daß der Standpunkt des Glaubens, allgemein gesehen, das Jugendalter der Menschheit darstellt und dem Nichtglauben die Zukunft gehören wird. Der Gott, der liebt und ruft, hört und erhört, ist eben doch wohl, ohne alle Überheblichkeit, aber auch ohne falsche Scheu gesprochen, ein Kindergott. Die wahre, tiefste Wirklichkeit ist vermutlich sehr unkindlich, unmenschlich, ungöttlich, schlechthin ganz anders. Erkenntnis und Lebensweisheit erlauben in der Lage, wie sie sich uns ergeben hat, nicht Sichtrösten im Blick auf eine herrliche Verheißung. Es heißt vielmehr sich zusammenzunehmen und innerlich starkzumachen: die Zähne zusammenbeißen, die Ohren steif halten! Nochmals: Was wir brauchen, ist etwas von der Ataraxie, dem Gleichmut des Stoikers, und zugleich etwas von der Gelassenheit des Mystikers, nicht die Hoffnung jedenfalls, die zuschanden werden kann, sondern Sichbesinnen und Sichbescheiden, nicht Beten, sondern Sichfügen in ein Schicksal, das weder sieht noch sorgt. Die Welt steht nicht unter dem Ausrufungszeichen der »guten Nachricht«, sondern vor einem riesigen Fragezeichen. Wer meint, ohne den Trost und die Zuversicht, welche nur der Glaube zu geben vermag, durchs Leben gehen zu müssen, hat es sicherlich in mancher Hinsicht schwerer als der Glaubende. Aber in *einem* Punkte ist er diesem gegenüber im Vorteil: Er braucht nicht darüber zu grübeln, wie all das Furchtbare, Schreckliche, Grauenhafte, von dem er immer wieder erfährt, sich zum Willen Gottes und seiner Barmherzigkeit verhalten mag. Dem Nichtglaubenden ist Erwartungshorizont und Maßstab nicht die reichste und höchste Denkmöglichkeit. Gerade weil er damit rechnet, daß die Welt in ihrem tiefsten Grund kalt, erbarmungslos ist, erfährt er um so mehr beeindruckt und beglückt, daß Leben und Liebe, Geist und Güte und das Erlebnis des Schönen auch ein Stück Wirklichkeit sind. Er wundert sich nicht so sehr über das viele Schlechte, Bedauernswerte, Böse, als vielmehr über alles Gute, Schöne, Herrliche, Großartige, dem er begegnet und das sich ihm bietet. So fällt es ihm leichter, sich mit der Sphinx dieser Welt, mit der Ambivalenz des Lebens abzufinden. Er nimmt die Welt als das einmalige große Rätsel und unerhörte Wunder, das sie in der Tat ist. Die Losung heißt deshalb nicht: Sursum corda! und Gottvertrauen, sie gilt auch nicht der Hoffnung auf ein zukünftiges ewiges Reich. Sie kann nur lauten, *in* sich zu gehen und *um* sich zu schauen, dann und wann auch gleichsam von außen auf sein kleines Ich zu blicken und es einzureihen in den Zusammenhang alles Seins; das trägt dazu bei, es in die richtige Proportion und Perspektive zu rücken. In einem schwäbischen Dorf steht an dem der Kirche am nächsten gelegenen Haus, unmittelbar ihr gegenüber, der Spruch: »Glück und Unglück/ beides trag in Ruh/ alles geht vorüber/ und auch du.« Wer sich genötigt sieht, die einst so trostreiche Voraussetzung einer göttlichen Fügung und Führung und den hoffenden Ausblick auf das Heil mit und bei Gott aufzugeben, wer die Einsicht ernst nimmt, daß alle unsere Möglichkeiten an diese Welt, dieses gegenwärtig so mangelhafte, vielfach entsetzliche, grausame und dann wieder so reiche, wundervolle Leben gebunden sind und in ihm sich erschöpfen, wer vor allem die Unvollkommenheit und Vergänglichkeit seines eigenen kleinen Lebens als notwendig, nochmals: einem endlichen Wesen allein angemessen, nicht nur rational begreift, intellektuell einsieht, sondern auch existentiell bejaht und sich innerlich zu eigen macht, der hat den Punkt erreicht, in dem Selbstbewußtsein und Sichbescheiden, Würde und Resignation, Wichtigkeit und Nichtigkeit koinzidieren und schließlich auch Weg und Ziel dem Wanderer einswerden: »Wem Zeit wie Ewigkeit und Ewigkeit wie Zeit, der ist befreit von allem Streit!«

Literaturverzeichnis

Adorno, Theodor W. in einem Gespräch mit Eugen Kogon: Offenbarung und autonome Vernunft, in: Frankfurter Hefte Jg13, 1958
Aktuelles aus der evangelischen Welt, ZDF, 18. 1. 1987
Albert, Hans, Das Elend der Theologie. Kritische Auseinandersetzung mit Hans Küng, 1979
– Theologie als Wissenschaft, in: Gottesbilder heute. Hrsg. von S. Moser u. E. Pilick, 1979
– Theologische Holzwege. Gerhard Ebeling und der rechte Gebrauch der Vernunft, 1973
– Traktat über kritische Vernunft, 4. Aufl., 1980
– Die Wissenschaft und die Fehlbarkeit der Vernunft, 1982
Albertz, Martin, Zur Formgeschichte der Auferstehungsberichte, in: ZNW 21, 1922
Alpers, Hans, Die Versöhnung durch Christus. Zur Theologie der Schule von Lund, 1964
Althaus, Paul, Die christliche Wahrheit, Bd. 2, 1948
– Das Kreuz Christi, in: Theol. Aufsätze, (Bd. 1), 1929
– Die letzten Dinge. Lehrbuch der Eschatologie, 5. Aufl., 1949
– Das sogenannte Kerygma und der historische Jesus, 1958
– Die Wahrheit des kirchlichen Osterglaubens, Einspruch gegen Emanuel Hirsch, 2. Aufl. 1941
Altner, Günter, Grammatik der Schöpfung. Theologische Inhalte der Biologie, 1971
– Zwischen Natur und Menschengeschichte. Anthropologische, biologische und ethische Perspektiven für eine neue Schöpfungstheologie, 1975
Aulén, Gustav, Die drei Haupttypen des christlichen Versöhnungsgedankens, in: ZSTh Jg. 8, 1931
Baden, Hans Jürgen, Die zweite Aufklärung, in: Abschied vom Christentum. Siebzehn Antworten von Publizisten und Theologen auf eine zeitgemäße Herausforderung. Hrsg. von Axel Seeberg u. Heinz Zahrnt, 2. Aufl. 1967
Barth, Karl, Die Auferstehung der Toten, 4. Aufl. 1953
– Kirchliche Dogmatik, Bd. 4,1, 1953
– Der Römerbrief, 2. Aufl. 1947
Bartley, William W., Flucht ins Engagement, 1987 (The retreat to Commitment, 2. Aufl., 1984, dt.)
Bartsch, Hans Werner, Das Auferstehungszeugnis. Sein historisches und theologisches Problem, 1965
– Der Urprsung des Osterglaubens, in: ThZ Jg. 31, 1975
Bauer, Gerd, Ende oder Wende des Christentums. Ein kulturpolitisches Manifest, 1967
Baur, Ferdinand Christian, Das Christentum und die Kirche der drei ersten Jahrhunderte, 1853
Bense, Max, Warum man Atheist sein muß, in: Club Voltaire, Bd. 1 1963
Bethel in den Jahren 1939–1943. Eine Dokumentation zur Vernichtung lebensunwerten Lebens, Bethel-Arbeitsheft 1, 4. Aufl. 1979
Bornkamm, Günther, Jesus von Nazareth, 1956
– Paulus, 1969
Bote von Bethel, Nr. 120, 1977
Bousset, Wilhelm, Kyrios Christos, 2. Aufl. 1921
Brandt, Wilhelm, Friedrich v. Bodelschwingh 1977–1946, 1967

Braun, Herbert, Gerichtsgedanke und Rechtfertigungslehre bei Paulus, 1930
– Jesus, 1969
– Die Problematik einer Theologie des Neuen Testaments, 1960, in: Studien zum Neuen Testament und seiner Umwelt, 1962
Brock, Erich, Befreiung und Erfüllung, 1958
– Entwurf einer Naturphilosophie, Jahrb. der Schweizerischen Philosophischen Gesellschaft, vol. 32, 1973
– Die Grundlagen des Christentums, 1970
– Naturphilosophie, 1985
– Rezension (Deschner: Das Kreuz mit der Kirche. Eine Sexualgeschichte des Christentums), in: Der Landbote, Tagebl. von Winterthur u. Umgebung, 9. 8. 1975
Brock, Erich – 30. August 1889 bis 28. Januar 1976, Trauergottesdienst in der Kirche zu Predigern, Zürich
Brunner, Emil, Dogmatik, 2. Aufl., Bd. 2, 1960
– Das Ewige als Zukunft und Gegenwart, 1965
– Der Mittler, 4. Aufl. 1947
Bultmann, Rudolf, Das Befremdliche des christlichen Glaubens, in: Glauben und Verstehen, Bd. 3, 1960
– Die christliche Hoffnung und das Problem der Entmythologisierung, in: Glauben und Verstehen, Bd. 3, 1960
– Die Erforschung der synoptischen Evangelien, 4. Aufl. 1961
– Die Erforschung der synoptischen Evangelien, in: Glauben und Verstehen, Bd. 4, 1965
– Geschichte der synoptischen Tradition, 3. Aufl. 1957
– Geschichte und Eschatologie, 2. Aufl. 1964
– Jesus, 1951
– Die Krisis des Glaubens, in: Glauben und Verstehen, Bd. 2, 1952
– Neues Testament und Theologie, in: Kerygma und Mythos. Hrsg. von H. W. Bartsch, (1.), 1948
– Offenbarung und Heilsgeschehen, 1941
– Theologie des Neuen Testaments, 3. Aufl. 1958
– Das Urchristentum im Rahmen der antiken Religionen, 1949
– Das Verhältnis der urchristlichen Christusbotschaft zum historischen Jesus, 2. Aufl. 1961
– Zur Frage der Entmythologisierung, in: Kerygma und Mythos, Bd. 3, 1954
Buri, Fritz, Die Substanz des christlichen Glaubens – ihr Verlust und ihre Neugewinnung. Eine Besinnung im Blick auf Gerhard Szczesnys »Die Zukunft des Unglaubens«, 1960
Campenhausen, Hans Freih. v., Der Ablauf der Osterereignisse und das leere Grab, 2. Aufl. 1958
– in: Schöpfungsglaube und Evolutionstheorie, 1955
Claudius, Matthias, Werke. Hrsg. von Georg Behrmann, 1910
Conrad-Martius, Hedwig, Abstammungslehre, 2. Aufl. 1949
Conzelmann, Hans, Auferstehung, in: RGG³ Bd. 1
– Historie und Theologie in den synoptischen Passionsberichten, in: *ders.* u. a., Zur Bedeutung des Todes Jesu, Exegetische Beiträge, 2. Aufl. 1967
– Jesus von Nazareth und der Glaube an den Auferstandenen, in: Der historische Jesus und der kerygmatische Christus. Hrsg. von H. Ristow u. K. Matthiae, 1961
– Zur Analyse der Bekenntnisformel 1.Kor 15,3–5, in: EvTh Jg. 25, 1965
Cremer, Ernst, Die stellvertretende Bedeutung der Person Jesu Christi, 2. Aufl. 1900
Cullmann, Oscar, Heil als Geschichte. Heilsgeschichtliche Existenz im Neuen Testament, 1965
Daecke, Martin, Gott – Opfer oder Schöpfer der Evolution, in: Kerygma und Dogma, Jg. 28, 1982
Dahl, Nils Alstrup, Der historische Jesus als geschichtswissenschaftliches und theologisches Problem, in: Kerygma und Dogma, Jg. 1, 1955
Davies, Paul, Gott und die moderne Physik, 1986 (God and the new physics, dt.)
Delling, Gerhard, Die Bedeutung der Auferstehung Jesu für den Glauben an Jesus Christus. Ein

exegetischer Beitrag, in: W. Marxsen u. a., Die Bedeutung der Auferstehungsbotschaft für den Glauben an Jesus Christus, 6. Aufl. 1968

Deschner, Karlheinz, Abermals krähte der Hahn, 2. u. 3. Aufl. 1964 (Taschenbuchausg.)
– Das Christentum im Urteil seiner Gegner, Bd. 1, 1969. Bd. 2, 1971
– Ein Jahrhundert Heilsgeschichte. Die Politik der Päpste im Zeitalter der Weltkriege, 2 Bde 1982/83
– Das Kreuz mit der Kirche. Eine Sexualgeschichte des Christentums, 1974
– Kriminalgeschichte des Christentums, Bd. 1: Die Frühzeit, 1986
– Der manipulierte Glaube. Eine Kritik der christlichen Dogmen, 1971. Neue Ausg. u.d.T. Der gefälschte Glaube, 1980
– [Hrsg.:] Warum ich aus der Kirche ausgetreten bin, 1971
– [Hrsg.:] Warum ich Christ/Atheist/Agnostiker bin, 1977
– [Hrsg.:] Was halten Sie vom Christentum? 1957
Dibelius, Martin, Jesus, 2. Aufl. 1949
– Paulus. Zu Ende geführt von W. G. Kümmel, 1951
Dirks, Walter, (zur Diskussion:) »Offenbarung und Vernunft«, in: Frankfurter Hefte, Jg. 13, 1958 S. 392
– Die Zukunft des Unglaubens und die Zukunft des Glaubens, in: Frankfurter Hefte, Jg. 14, 1959 S. 45–54
Diskussion um Kreuz und Auferstehung. Zur gegenwärtigen Auseinandersetzung in Theologie und Gemeinde. Hrsg. von Bertold Klappert, 4. Aufl. 1971
Ditfurth, Hoimar v., So laßt uns denn ein Apfelbäumchen pflanzen, 1985
Ebeling, Gerhard, Dogmatik, Bd. 2, 3, 1979
– Kritischer Rationalismus? Zu Hans Alberts »Traktat über kritische Vernunft«, 1973
– Das Wesen des christlichen Glaubens, 1959
Eigen, Manfred, Leben, in: Meyers Lexikon, Bd. 14, 1975
– u. *Ruthild Winkler*, Ludus vitalis, in: Mannheimer Forum 73/74
– Selbstorganisation der Materie und die Evolution biologischer Makromoleküle, in: Die Umschau, Jg. 70, 1970
Einwände gegen das Christentum. Vier Cambridger Diskussionsvorträge. Eingel. u. hrsg. von A. R. Vidler
Ellwein, Eduard, Fragen zu Bultmanns Interpretation des neutestamentlichen Kerygmas, in: Ein Wort lutherischer Theologie zur Entmythologisierung. Hrsg. von E. Kinder, 1952
Engelland, Hans, Gewißheit um Jesus von Nazareth, in: ThLZ Jg. 79, 1954
– Die Wirklichkeit Gottes und die Gewißheit des Glaubens, 1966
Flake, Otto, Der letzte Gott. Das Ende des theologischen Denkens, 1961
Friedrich, Gerhard, Die Auferstehung Jesu, eine Tat Gottes oder ein Interpretament der Jünger?, in: Kerygma und Dogma, Jg. 17, 1971
Fries, Heinrich, Ärgernis und Widerspruch. Christentum und Kirche im Spiegel gegenwärtiger Kritik, 2. Aufl. 1968
Fuchs, Ernst u. *Walter Künneth*, Die Auferstehung Jesu Christi von den Toten. Dokumentation eines Streitgesprächs. Hrsg. von Chr. Möller, 1973
Fuchs, Ernst, Das Ende der Geschichte, in: EvTh Jg. 8, 1948/49
– Zur Frage nach dem historischen Jesus, in: Ges. Aufsätze, Bd. 2, 2. Aufl. 1965
Für und wider die Theologie Bultmanns. Denkschrift der Ev.-theol. Fakultät der Universität Tübingen, 2. Aufl. 1952
Geense, Adrian, Auferstehung und Offenbarung. Über den Ort der Frage nach der Auferstehung Jesu Christi in der heutigen deutschen evangelischen Theologie, 1971
Goethe, Joh. Wolfgang v., Gespräch mit Eckermann v. 4. Febr. 1829
– Die Natur. Fragment
Gollwitzer, Helmut u. *Wilhelm Weischedel*, Denken und Glauben, 2. Aufl. 1965
– Krummes Holz – aufrechter Gang. Zur Frage nach dem Sinn des Lebens, 1970
Goppelt, Leonhard, Die Auferstehung Jesu. Ihre Wirklichkeit und Wirkung nach 1. Kor 15, in:

Der auferstandene Christus und das Heil der Welt. (Das Kirchberger Gespräch über die Bedeutung der Auferstehung. . .) 1972
- Die Auferstehung Jesu in der Kritik. Ihr Sinn und ihre Glaubwürdigkeit, in: Grundlagen des Glaubens (Tutzinger Texte, hrsg. von P. Rieger u. J. Strauß, 8)
- Das Osterkerygma heute, in: *ders.*, Christentum und Ethik. Aufsätze zum Neuen Testament, 1968
Gräßer, Erich, Die Naherwartung Jesu, 1973 (Stuttgarter Bibelstudien, 61)
- Das Problem der Parusieverzögerung in den synoptischen Evangelien und in der Apostelgeschichte, 3. Aufl. 1977
Graß, Hans, Das eschatologische Problem in der Gegenwart, in: Theologie und Kritik, Ges. Aufsätze u. Vorträge, 1969
- Art. ›Glaube‹ in: RGG, 3. Aufl., 1957–1965
- Ostergeschehen und Osterberichte, 2. Aufl. 1958
- Die Ostergeschichten, in: Wilhelm Schmidt, Bibel im Kreuzverhör. Geschichte und Bedeutung der kritisch-historischen Forschung mit Textanalysen, 1968
- Zur Begründung des Osterglaubens, in: Theologie und Kritik, 1969
Groos, Helmut, Albert Schweitzer. Größe und Grenzen. Eine kritische Würdigung des Forschers und Denkers, 1974
- Der deutsche Idealismus und das Christentum. Versuch einer vergleichenden Phänomenologie, 1927
- Willensfreiheit oder Schicksal? 1939
Groos, Karl, Die induktive Metaphysik und der Gottesbegriff, in: Blätter für Deutsche Philosophie, Bd. 13, 1939. Auch in: *ders.*, Seele, Welt und Gott, Ges. Aufsätze zur Naturphilosophie und Metaphysik des Geistes, 1952
Grubbe, Peter u. *Jürgen Stahf*, Kirche nein – Pfarrer ja. (Über die Lage in Berlin) 3. Fernsehprogr. des NDR, 15. 3. 1987
Gummerer, Gerhard, Weltbild ohne Dogma. Zeitkritische Betrachtungen, 1986
Haering, Theodor, Gehört die Auferstehung zum Glaubensgrund?, in: ZThK, Jg. 7, 1897
- Ritschls Versöhnungslehre, 1888
Hahn, Ferdinand, Methodologische Überlegungen zur Rückfrage nach Jesus, in: Rückfrage nach Jesus. Zur Methodik und Bedeutung der Frage nach dem historischen Jesus. Hrsg. von Karl Kertelge, 1974
Harnack, Adolf v., Das Wesen des Christentums, Ausg. von 1920
Hartmann, Eduard v., Das Christentum des Neuen Testaments, 1905
Hartmann, Nicolai, Ethik, 2. Aufl. 1935
- Philosophie der Natur, 1950
- Teleologisches Denken, 1951
Hase, Karl, Geschichte Jesu, 2. Aufl. 1891
Heberer, Gerhard, Art. ›Darwinismus‹ in: RGG, 3. Aufl., 1957–1965
- Theorie der additiven Typogenese, in: Die Evolution der Organismen, 2. Aufl. Bd. 2, 1959
Heer, Friedrich u. *Gerhard Szczesny*, Glaube und Unglaube. Ein Briefwechsel, 1959
- Theologie nach Auschwitz, in: Auschwitz als Herausforderung für Juden und Christen. Hrsg. von Günther B. Ginzel, 1980
Heidenstam, Verner von, Zit. nach: Die heilige Erde. Ein Hausbuch für freie Menschen. Hrsg. von Louis Satow, 1923
Heiderich, Birgit, Zum Agnostizismus bei Karl Löwith, in: Der moderne Agnostizismus. Hrsg. von H. R. Schlette, 1979
Heim, Karl, Zeit und Ewigkeit, die Hauptfrage der heutigen Eschatologie, in: Glauben und Leben, Ges: Aufsätze, 2. Aufl. 1928
Herrmann, Wilhelm, Dogmatik. Hrsg. von M. Rade, 1925
- Ethik, 5. Aufl. 1913
- Grund und Inhalt des Glaubens, 1982, in: Ges. Aufsätze. Hrsg. von F. W. Schmidt, 1923
Heyder, Hartmut, Rezension (Otto Flake, Der letzte Gott), in: Die freigeistige Aktion, Jg. 6, 1962

Hirsch, Eike Christian, Expedition in die Glaubenswelt. 32 Proben auf das Christentum, 1981
- Das Grab ist offen und alle Zweifel auch. Ostersendung des Norddeutschen Rundfunks (2. Progr.) vom 22. 4. 1984
Hirsch, Emanuel, Die Auferstehungsgeschichten und der christliche Glaube, 1940
Höffner, Joseph, Kardinal in der Beil. ›Die geistige Welt‹ der ›Welt‹, 19. 10. 1985
Hoffmann, Georg, Das Problem der letzten Dinge in der neueren evangelischen Theologie, 1929
Holmström, Folke, Das eschatologische Denken der Gegenwart, in: ZThK Jg. 12, 1933/34
- Das eschatologische Denken der Gegenwart. Drei Etappen der theologischen Entwicklung
. des zwanzigsten Jahrhunderts. Neubearb. u. verkürzte Ausg. Ins Deutsche übers. von Harald Kruska, 1936
Holtz, Traugott, Jesus aus Nazareth, 2. Aufl. 1979
- Kenntnis von Jesus und Kenntnis Jesu, in: THLZ Jg. 104, 1979
Holtzmann, Heinrich J., Die Synoptiker (Handkommentar zum Neuen Testament, Bd. 1, Abt. 1), 3. Aufl. 1901
Holtzmann, Oscar, Leben Jesu, 1901
Horkheimer, Max, Kritische Theorie. Eine Dokumentation, Bd. 1, 1968
- Die Sehnsucht nach dem ganz Anderen. Ein Interview mit Komm. von Helmut Gumnior, 1970
- Zum Schicksal der Religion. Rede anläßlich der Verleihung des Lessingpreises 1971 in Hamburg
Hunke, Sigrid, Das Ende des Zwiespalts. Zur Diagnose und Therapie einer kranken Gesellschaft, 1971
- Europas andere Religion. Die Überwindung der religiösen Krise, 1969
Ihmels, Ludwig, Die Auferstehung Jesu Christi, 1906
- Zur Frage nach der Auferstehung Jesu, in: Studien zur Systematischen Theologie. (Festschr. für Th. Haering), hrsg. von F. Traub, 1918
Illies, Joachim, Der Jahrhundertirrtum. Würdigung und Kritik des Darwinismus, 1983
Iwand, Hans Joachim, Christologievorlesung 1958/59, in: Diskussion (Klappert), 4. Aufl. 1971
Jacobs, Paul, Art. ›Glaube‹, in: Ev. Kirchenlexikon, 2. Aufl. Bd. 1
Jaspers, Karl, Der philosophische Glaube angesichts der Offenbarung, 1962
- u. *Heinz Zahrnt*, Philosophie und Offenbarungsglaube, 1963
Jeremias, Joachim, Das Lösegeld für viele. Mk 10,45, in: Abba. 1966
- Neutestamentliche Theologie, T. 1, 1971
- Der Opfertod Jesu, 1963
Joest, Wilfried, Art. ›Sünde und Schuld‹, in: RGG, 3. Aufl. 1957–1965
Jüngel, Eberhard, Gott als Geheimnis der Welt, 3, Aufl. 1978
Just, Adolf-Dieter, Kritischer Rationalismus und Theologie, in: ZEE Jg. 15, 1971
Kähler, Martin, Der sogenannte historische Jesus und der geschichtliche biblische Christus, 2. Aufl. 1896
- Die Wissenschaft der christlichen Lehre. Neudruck der 3. Aufl. von 1905, 1966
- Zur Lehre von der Versöhnung, 1898
Käsemann, Ernst, Die Heilsbedeutung des Todes Jesu nach Paulus, in: Zur Bedeutung des Todes Jesu. Exegetische Beiträge von Hans Conzelmann u. a., 2. Aufl. 1967
- Das Problem des historischen Jesus, in: ZThK Jg. 51, 1954
Kaftan, Julius, Dogmatik, 7./8. Aufl. 1920
Kahl, Joachim, Das Elend des Christentums, 1968
- Warum ich Atheist bin, in: Friedrich Heer u. a., Warum ich Christ/Atheist/Agnostiker bin. Hrsg. von K. Deschner, 1977
- in: Warum ich aus der Kirche ausgetreten bin (Hrsg. von K. Deschner)
Kaltenbrunner, Gerd-Klaus, Rezension (Kolakowski, Falls es keinen Gott gibt), in: Die Welt, 4. 12. 1982
Kant, Immanuel, Die Religion innerhalb der Grenzen der bloßen Vernunft, 2. Stück, 1. Abschnitt

Kantzenbach, Friedrich Wilhelm, Religionskritik der Neuzeit, 1972
Kaufmann, Walter, Der Glaube eines Ketzers, 1965 (The faith of a Heretic, dt.)
– Religion und Philosophie, 1966 (Critique of Religion and Philosophy, dt.)
Kerler, Dietrich Heinrich, Jenseits von Optimismus und Pessimismus. Versuch einer Deutung des Lebens aus den Tatsachen einer impersonalistischen Ethik, 1914
– Weltwille und Wertwille. Linien eines Systems der Philosophie. Aus hinterlassenen Notizen aufgebaut u. hrsg. von Kurt Port, 1925
Kirn, Otto, Art. ›Versöhnung‹, in: RE, 3. Aufl., 1896–1913
Klappert, Berthold (Hrsg.) s. Diskussion um Kreuz und Auferstehung
Kliefoth, Theodor, Christliche Eschatologie, 1886
Koch, Gerhard, Die Auferstehung Jesu Christi, 1959
Köberle, Adolf, Zur Krisis des Christentums, in: ZW Jg. 19, 1947/48
Kolakowski, Leszek, Falls es keinen Gott gibt, 1982 (If there is no God, dt.)
– Geist und Ungeist der christlichen Traditionen, 1971, übers. aus d. Poln.
– Interview mit Fritz Raddatz, in: »Die Zeit«, 1977, Nr. 43
– Der Mythos des Christentums und die Realität des Bösen. Ein Gespräch (Gesine Schwans) mit Leszek Kolakowski, in: Her Korr Jg. 31, 1977
Kreck, Walter, Die Zukunft des Gekommenen, 2. Aufl. 1966
Kümmel, Werner Georg, Der persönliche Anspruch Jesu und der Christusglaube der Urgemeinde, in: Heilsgeschehen und Geschichte, 1965
– Die Theologie des Neuen Testaments und seiner Hauptzeugen Jesus, Paulus, Johannes, 1972
– Verheißung und Erfüllung. Untersuchungen zur eschatologischen Verkündigung Jesu, 1953
Künneth, Walter, Die Auferstehung Jesu Christi von den Toten, 1973. – Siehe Fuchs, Ernst
– Entscheidung heute. Jesu Auferstehung – Brennpunkt der theologischen Diskussion, 1966
– Glauben an Jesus?, 3. Aufl. 1969
– Theologie der Auferstehung, 4. Aufl. 1951
Landgrebe, Ludwig, Philosophie und Theologie, in: NZSTh Bd. 5, 1963
Lange-Eichbaum, Wilhelm, Genie, Irrsinn und Ruhm, 3. Aufl. 1942
Leppich, Johannes, S. J., in: Die Welt, 15. 3. 1986
Leroy, Herbert, Jesus. Überlieferung und Deutung, 1978
Lessing, Gotthold Ephraim, Über den Beweis des Geistes und der Kraft. Werke, ed. Fritz Fischer, Bd. 6
– Von ewigen Strafen, ebd.
Liebe, Reinhard, Die Neugeburt des Christentums, 2. Aufl. 1926
– Über die Kraft der Liebe Gottes, in: ZThK Jg. 19, 1909
Löbsack, Theo, Versuch und Irrtum. Der Mensch: Fehlschlag der Natur, 1974
Löwith, Karl, Atheismus als philosophisches Problem, in: Moderner Atheismus und Moral (Welrgespräch 5)
– Gott, Mensch und Welt in der Metaphysik von Descartes bis Nietzsche, 1967
– Mensch und Geschichte, in: Gesammlte Abhandlungen. Zur Kritik der geschichtlichen Existenz, 1960
– Mensch und Menschenwelt (Sämtl. Schriften, Bd. 1, 1981)
– Natur und Humanität, in: Gesammelte Abhandlungen. Zur Kritik der geschichtlichen Existenz, 1960
– Die philosophische Kritik der christlichen Religion im 19. Jahrhundert, in: ThR N.F. Jg. 5, 1933
– Die Sprache als Vermittlerin zwischen Mensch und Welt, in: Gesammelte Abhandlungen. Zur Kritik der geschichtlichen Existenz, 1960
– Von Hegel zu Nietzsche, 2. Aufl. 1950
– Vorträge und Abhandlungen. Zur Kritik der christlichen Überlieferung, 1966
– Welt und Menschenwelt (Ges. Abhandlungen. Zur Kritik der geschichtlichen Existenz, 1960)
– Weltgeschichte und Heilsgeschehen, 2. Aufl. 1953

- Wissen, Glaube und Skepsis, 3. Aufl. 1962
- Zu Heideggers Seinsfrage. Die Natur des Menschen und die Welt der Natur. Aufsätze u. Vorträge 1930–1970
Lohse, Eduard, Die Frage nach dem historischen Jesus in der gegenwärtigen neutestamentlichen Forschung, in: ThLZ Jg. 87, 1962
- Grundriß der neutestamentlichen Theologie, 2. Aufl. 1979
- Märtyrer und Gottesknecht. Untersuchungen zur urchristlichen Verkündigung vom Sühnetod Jesu Christi, 1955
Ludwig, Wilhelm, Die Selektionstheorie, in: Die Evolution der Organismen. Hrsg. von G. Heberer, 2. Aufl. Bd. 1, 1959
Luther, Martin, De servo arbitrio. Weimarer Gesamtausg. Bd. 18
Mackie, John Leslie, Das Wunder des Theismus. Argumente für und gegen die Existenz Gottes, 1985 (The miracle of theism, dt.)
Mc Afee-Brown, R., Die Massenvernichtung als theologisches Problem, in: Gott nach Auschwitz, 1979
Mächler, Robert, Eduard v. Hartmann, in: Das Christentum im Urteil seiner Gegner (Deschner), Bd. 1, 1969
- Der Mensch ist nicht für das Christentum da, s. Marti, Kurt
- Rezension (Karlheinz Deschner, Warum ich Agnostiker bin), in: Basler Zeitung, 17. 3. 1978
- in: Warum ich aus der Kirche ausgetreten bin (Hrsg. von K. Deschner)
Mann, Thomas, Lob der Vergänglichkeit, in: Ges. Werke in zwölf Bänden (S. Fischer), Bd. 10, 1960
Marti, Kurt u. Robert Mächler, Der Mensch ist nicht für das Christentum da. Ein Streitgespräch über Gott und die Welt zwischen einem Christen und einem Agnostiker, 1977
Marxsen, Willi, Die Auferstehung Jesu als historisches und theologisches Problem, 1964
- Die Auferstehung Jesu von Nazareth, 1968
Mayr, Ernst, Zufall oder Plan. Das Paradox der Evolution, in: Evolution und Hominisation, Festschr. für Gerhard Heberer, 1962
Metzger, Manfred, Theologie als Wissenschaft, in: Ernst Bloch zu Ehren. Beiträge zu seinem Wirken. Hrsg. von Siegfried Unseld, 1965
Meyer, Arno Heinrich, Die Frage des Menschen nach Gott und Welt inmitten seiner Geschichte im Werk Karl Löwiths, 1977
Meyer, Arnold, Die Auferstehung Christi, 1905
Michaelis, Wilhelm, Die Erscheinungen des Auferstandenen, 1944
Michel, Otto, Unser Ringen um die Eschatologie, in: ZThK Jg. 13, 1932
Mildenberger, Friedrich, Auferstanden am dritten Tage nach den Schriften, in: EvTh Jg. 23, 1963
Mitscherlich, Alexander, Auf dem Wege zur vaterlosen Gesellschaft, 1963
- Thesen zu einer Diskussion über Atheismus, in: Club Voltaire, Bd. 1, 1963
Mohaupt, Lutz, Pastor ohne Gott? Dokumente und Erläuterungen zum »Fall Schulz«, 1979
Moltmann, Jürgen, Der gekreuzigte Gott. Das Kreuz Christi als Grund und Kritik christlicher Theologie, 3. Aufl. 1976
- Gott in der Schöpfung. Ökologische Schöpfungslehre, 1985
- Theologie der Hoffnung, 6. Aufl. 1966
Moser, Tilman, Gottesvergiftung, 3. Aufl. 1977
Motschmann, Jens, in: Die Welt, 17. 5. 1985
Nestle, Wilhelm, Die Haupteinwände des antiken Denkens gegen das Christentum, in: Archiv f. Religionswiss. 37, 1941
- Die Krisis des Christentums, 1947
Abschied von Wilhelm Nestle (Privatdr.)
Niebuhr, Richard R., Auferstehung und geschichtliches Denken, 1960
Nielsen, Helge Kjaer, Kriterien zur Bestimmung authentischer Jesusworte, in: Studien zum Neuen Testament und seiner Umwelt, Serie A, Bd. 4
Noller, Gerhard, Ontologische und theologische Versuche zur Überwindung des anthropologischen Denkens, in: EvTh Jg. 21, 1961

Ott, Heinrich, Eschatologie. Versuch eines dogmatischen Grundrisses, 1958

Overbeck, Franz, Christentum und Kultur, 1919

Pannenberg, Wolfhart, Die Auferstehung Jesu und die Zukunft des Menschen, 1978

– Dogmatische Erwägungen zur Auferstehung Jesu, in: Kerygma und Dogma, Jg. 14, 1968

– Grundzüge der Christologie, 5. Aufl. 1976

– Heilsgeschehen und Geschichte, in: Kerygma und Dogma, Jg. 5, 1959

– Theologie des Reiches Gottes, 1971

– Wissenschaft und Theologie, 1973

Philippi, Friedrich A., Kirchliche Glaubenslehre, 3. Aufl. Bd. 1, 1883

Port, Kurt, Erwiderung zum Theodizeeproblem, in: Die Pforte (zit. als Pf) H. 2 (Jg. 1, 1947/48)

– Freie Religion und freireligiöse Gemeinden, in: Pf H. 33/34 (Jg. 3, 1951/52)

– Gespräch über Religion und Idealismus, in: Pf H. 3 (Jg. 1, 1947/48)

– Glaube und Wissen, in: Pf H. 21/22 (Jg. 2, 1950)

– Gottesbeweise und Gottesrechtfertigungen, in: Pf H. 4 (Jg. 1, 1947/48)

– Ist Liebe Religion?, in: Pf H. 69 (Jg. 7, 1956)

– Der naturalistische Unfug des Pantheismus und Faulnationalismus, in: Pf H. 143 (Jg. 19, 1972)

– Die neuen Religionen und der Wertidealismus, in: Pf H. 111/112, 113/114 (Jg. 12, 1962), H. 121/122 (Jg. 13, 1963), H. 125/126 (Jg. 14, 1964)

– Die praktische Bedeutung des Wertidealismus, in: Pf H. 117/118 (Jg. 13/14, 1963/64)

– Reformation des Christentums, der Religion?, in: Pf H. 68 (Jg. 6, 1954/55)

– Die religiöse Entwertung des Wertes zur Wirklichkeit und die kategoriale Rückverlegung des Wertursprungs, in: Pf H. 81 (Jg. 8, 1957)

– Rezension (Pzillas, Die Lebenskräfte des Christentums), in: Pf H. 109/110 (Jg. 11, 1961)

– Sittliches Wissen und unsittliches Glauben, in: Pf H. 5 (Jg. 1, 1947/48)

– Über die Erotik. Religion wird Sittlichkeit und Seelentiefe, in: Pf H. 82/83 (Jg. 8, 1957)

– Übergänge, in: Die Pforte H. 1 (Jg. 1, 1947)

– Übersinn ist Sinnwidrigkeit, in: Pf H. 10 (Jg. 2, 1950)

– in: Warum ich aus der Kirche ausgetreten bin. (Hrsg. v. K. Deschner)

– Warum nicht Religion? in: Pf H. 68 (Jg. 6, 1954/55)

– Was haben wir mit Gott vor? in: Pf H. 8 (Jg. 1, 1947/48)

Pzillas, Friedrich, Historische, ethische und religionswissenschaftliche Kirchenkritik, in: Pf H. 117/118 (Jg. 13, 1963)

– Die Lebenskräfte des Christentums, 1960

Rad, Gerhard v., Die biblische Schöpfungsgeschichte, in: Schöpfungsglaube und Evolutionstheorie. Eine Vortragsreihe, 1955

Ratschow, Carl Heinz, Der angefochtene Glaube, 2. Aufl. 1960

Reischle, Max, Der Streit um die Begründung des Glaubens auf den »geschichtlichen« Jesus, in: ZThK Jg. 7, 1897

Rengstorf, Karl Heinrich, Die Auferstehung Jesu. Form, Art und Sinn der urchristlichen Osterbotschaft, 5. Aufl. 1967

Rensch, Bernhard, Neuere Probleme der Abstammungslehre, 3. Aufl. 1972

Ritschl, Albrecht, Rechtfertigung und Versöhnung, 3. Aufl. Bd. 3, 1888

– Unterricht in der christlichen Religion, 5. Aufl. 1895

Rößler, Dietrich, Gesetz und Geschichte. Untersuchungen zur Theologie der spätjüdischen Apokalyptik und der pharisäischen Orthodoxie, 1960

Russel, Bertrand, Warum ich kein Christ bin, 1968 (Why I am not a Christian and other Essays on Religion and Related Subjects, dt.)

Sartre, Jean Paul, Ist der Existentialismus ein Humanismus? 1947 (L' existentialisme est un humanisme, dt.)

– Das Sein und das Nichts. Versuch einer phänomenologischen Ontologie, 1952 (L'être et le néant, dt). Übers. u. hrsg. von Julius Streller

Sauter, Gerhard, Zukunft und Verheißung. Das Problem der Zukunft in der gegenwärtigen theologischen und philosophischen Diskussion, 1965

Schlatter, Adolf, Jesu Gottheit und das Kreuz, 2. Aufl. 1913

Schleiermacher, Friedrich, Der christliche Glaube, 7. Aufl. Hrsg. von M. Redeker, 1960

– Reden über Religion. Krit. Ausg. von Bernhard Pünjer, 1879

Schlette, Heinz Robert, Vom Atheismus zum Agnostizismus, in: Der moderne Agnostizismus, 1970

Schlier, Heinrich, Das Ende der Zeit, in: Exegetische Aufsätze und Vorträge, Bd. 3, 1971

Schlinck-Lazaraga, Elke, Ist Pastor Schulz Christ? Auseinandersetzung mit seinem Buch

Schmid, Carlo, Erinnerungen, 1979

Schmidt, Hans Wilhelm, Zeit und Ewigkeit. Die letzten Voraussetzungen der dialektischen Theologie, 1927

Schmithals, Walter, Jesus und die Apokalyptik, in: Jesus Christus in Historie und Theologie. Neutestamentl. Festschr. für Hans Conzelmann. Hrsg. von G. Strecker, 1975

– Jesus und die Wirklichkeit des Reiches Gottes, in: Ev. Kommentare, Jg. 1, 1968

Schnehen, Wilhelm v., Der moderne Jesuskult, 2. Aufl. 1907

Schniewind, Julius, Das Evangelium des Markus, übersetzt u. erklärt, 1952

Schöpfungsglaube und Evolutionstheorie. Eine Vortragsreihe (des Süddeutschen Rundfunks) 1955

Schürmann, Heinz, Wie hat Jesus seinen Tod bestanden und verstanden?, in: Orientierung an Jesus. Hrsg. von Paul Hoffmann, 1973

Schütz, Paul, Parusia. Hoffnung und Prophetie, 1960

Schulz, Paul, Ist Gott eine mathematische Formel? Ein Pastor im Glaubensprozeß seiner Kirche, 1977

Schulz, Siegfried, Der historische Jesus, in: Jesus Christus in Historie und Theologie, 1975

– Die neue Frage nach dem historischen Jesus, in: Neues Testament und Geschichte (Festschr. für Oscar Cullmann). Hrsg. von H. Baltensweiler u. B. Reicke, 1972

– Die Sprachquelle der Evangelien, 1972

Schumann, Friedrich Karl, Rechtfertigung und Erlösung, 1951

– Versöhnung und Rechtfertigung, in: ELKZ Jg. 4, 1950

Schweitzer, Albert, Geschichte der Leben-Jesu-Forschung, 6. Aufl. 1951

– Die Mystik des Apostels Paulus, 1930

– Die psychiatrische Beurteilung Jesu, 1913

Schweizer, Eduard, Die Frage nach dem historischen Jesus, in: EvTh Jg. 24, 1964

Sölle, Dorothee, Atheistisch an Gott glauben, 1968

– Stellvertretung. Ein Kapitel Theologie nach dem »Tode Gottes«, 1965

Spitta, Friedrich, Die Auferstehung Jesu, 1918

Stange, Carl, Die Auferstehung Jesu, in: ZSTh Jg. 1, 1923

– Kreuz und Auferstehung, in: ZSTh Jg. 24, 1955

Steffen, Bernhard, Das Dogma vom Kreuz, 1920

Stegmüller, Wolfgang, Hauptströmungen der Gegenwartsphilosophie, Bd. 1, 1978

Steinbach, Ernst, Mythos und Geschichte, 1951

Strauß, David Friedrich, Der alte und der neue Glaube, 12.–14. Aufl. 1895

– Die christliche Glaubenslehre, Bd. 2, 1841

Strecker, Georg, Die Antithesen der Bergpredigt, in: ZNW Bd. 69, 1978

– Die Bergpredigt, 1984

– Die historische und theologische Problematik der Jesusfrage, in: EvTh Jg. 27, 1969

Strobel, August, Apokalyptik, Christusoffenbarung und Utopie, in: Das Mandat der Theologie und die Zukunft des Glaubens. Hrsg. von G. F. Vicedom, 1971

– Kerygma und Apokalyptik. Ein religionsgeschichtlicher und theologischer Beitrag zur Christusfrage, 1967

Stuhlmacher, Peter, Erwägungen zum Problem von Gegenwart und Zukunft in der paulinischen Eschatologie, in: ZThK Jg. 64, 1967

– Jesus als Versöhner, in: Jesus Christus in Historie und Theologie. Neutestamentl. Festschr. für Hans Conzelmann. Hrsg. von Georg Strecker, 1975

Szczesny, Gerhard, Die Disziplinierung der Demokratie oder die vierte Stufe der Freiheit, 1974
- Glaube und Unglaube. Ein Briefwechsel (mit Friedrich Heer), 1959
- Die Zukunft des Unglaubens. Zeitgemäße Betrachtungen eines Nichtchristen, 1958
Thielicke, Helmut, Darum feiere ich Weihnachten, in: Zeig uns den Weg. Christen erzählen vom Glauben, 1985
- Der evangelische Glaube, Bd. 2, 1973, Bd. 3, 1978
- Glauben und Denken in der Neuzeit. Die großen Systeme der Theologie und Religionsphilosophie, 1983
- Rezension (Paul Schulz) im Hamburger Abendblatt, 23. 10. 1976
Tillich, Paul, Systematische Theologie, Bd. 3, 1966
Timm, Hermann, Karl Löwith und die protestantische Theologie, in: EvTh Jg. 27, 1967
Tödt, Heinz Eduard, Der Menschensohn in der synoptischen Überlieferung, 2. Aufl. 1963
Topitsch, Ernst, Atheismus und Naturrecht, in: Club Voltaire, Bd. 3, 1967
- Erkenntnis und Illusion, 1979
- Vom Ursprung und Ende der Metaphysik. Eine Studie zur Weltanschauungskritik, 1958
Traub, Friedrich, Die christliche Lehre von den letzten Dingen, in: ZThK Jg. 6, 1925
Troeltsch, Ernst, Die Soziallehren der christlichen Kirchen und Gruppen, 1922
- Über historische und dogmatische Methode in der Theologie, in: Ges. Schriften, Bd. 2, 1913
Vielhauer, Philipp, Gottesreich und Menschensohn in der Verkündigung Jesu, in: Aufsätze zum Neuen Testament, 1965
- Jesus und der Menschensohn, in: Aufsätze zum Neuen Testament
- Rezension (Campenhausen, Ablauf), in: ZKG Bd. 65, 1953/54
Vögtle, Anton, Der verkündende und verkündigte Jesus »Christus«, in: Wer ist Jesus Christus? Hrsg. von J. Sauer, 1977
Völter, Daniel, Die Entstehung des Glaubens an die Auferstehung Jesu, 1910
Vogel, Heinrich, Gott in Christo, 1951
Walz, Hans Hermann, Der christliche Glaube in der Krise des Christentums, in: MPTh Jg. 38, 1949
Warum ich aus der Kirche ausgetreten bin. Hrsg. von K. Deschner, 1970
Weber, Otto, Dogmatik, Bd. 2, 6. Aufl. 1983
Weischedel, Wilhelm, Denken und Glauben (mit Helmut Gollwitzer), 2. Aufl. 1965
- Der Gott der Philosophen. Grundlegung einer philosophischen Theologie im Zeitalter des Nihilismus, Bd. 2, 1965
Weiß, Johannes, Der erste Korintherbrief, 1910
Weiße, Christian Hermann, Die evangelische Geschichte, Bd. 2, 1838
Weizsäcker, Carl Friedrich v., Bemerkungen zum Gespräch zwischen Naturwissenschaft und Theologie, in: Gott-Geist-Materie. Theologie und Naturwissenschaft im Gespräch. Hrsg. von H. Dietzfelbinger u. L. Mohaupt, 1980
Wilckens, Ulrich, Auferstehung. Das biblische Auferstehungszeugnis historisch untersucht u. erkl., 1970
- Das Offenbarungsverständnis in der Geschichte des Urchristentums, in: Offenbarung und Geschichte. Hrsg. von W. Pannenberg, 1961
- Die Überlieferungsgeschichte der Auferstehung Jesu, in: W. Marxsen u. a., Die Bedeutung der Auferstehungsbotschaft für den Glauben an Jesus Christus, 6. Aufl. 1968
Wobbermin, Georg, Der christliche Gottesglaube in seinem Verhältnis zur heutigen Philosophie und Naturwissenschaft, 2. Aufl. 1907
Wrede, William, Paulus, 2. Aufl. 1907
Wyneken, Gustav, Abschied vom Christentum, 1963
- Acht Pastoralbriefe wider den heiligen Schlendrian, 1958
Zahrnt, Heinz, Gelitten, gekreuzigt, gestorben, in: Diskussion um Kreuz und Auferstehung (Klappert), 4. Aufl. 1971
- Gespräch über Gott. Die protestantische Theologie im 20. Jahrhundert. Ein Textbuch, 1968

– Gott kann nicht sterben. Wider die falschen Alternativen in Theologie und Gesellschaft, 2. Aufl. 1970
– Warum ich glaube. Meine Sache mit Gott, 1974

Autorenverzeichnis

die behandelten und angeführten sowie einige in den Zusammenhang gehörige Verfasser

DATE DUE

HIGHSMITH   #LO-45220